R$ 82,90

CORPOS DIVINOS

A marca FSC® é a garantia de que a madeira utilizada na fabricação do papel deste livro provém de florestas que foram gerenciadas de maneira ambientalmente correta, socialmente justa e economicamente viável, além de outras fontes de origem controlada.

GUILLERMO CABRERA INFANTE

Corpos divinos

Tradução
Josely Vianna Baptista

Copyright © 2010 by Herdeiros de Guillermo Cabrera Infante
Todos os direitos reservados.

*Grafia atualizada segundo o Acordo Ortográfico da Língua Portuguesa de 1990,
que entrou em vigor no Brasil em 2009.*

Título original
Cuerpos divinos

Capa
Raul Loureiro

Foto de capa
Rene Burri/ Magnum Photos/ Latinstock

Preparação
Silvia Massimini Felix

Revisão
Huendel Viana
Carmen T. S. Costa

Dados Internacionais de Catalogação na Publicação (CIP)
(Câmara Brasileira do Livro, SP, Brasil)

Cabrera Infante, Guillermo, 1929-2005.
 Corpos divinos / Guillermo Cabrera Infante ; tradução Josely
Vianna Baptista — 1ª ed. — São Paulo : Companhia das Letras, 2016.

 Título original: Cuerpos divinos
 ISBN 978-85-359-2676-7

 1. Ficção cubana I. Título.

15-11179   CDD-cb863.4

Índice para catálogo sistemático:
1. Ficção : Literatura cubana   cb863.4

[2016]
Todos os direitos desta edição reservados à
EDITORA SCHWARCZ S.A.
Rua Bandeira Paulista, 702, cj. 32
04532-002 — São Paulo — SP
Telefone: (11) 3707-3500
Fax: (11) 3707-3501
www.companhiadasletras.com.br
www.blogdacompanhia.com.br

Nota dos editores

A versão de *Corpos divinos* que aqui se publica corresponde ao último manuscrito de um livro no qual Guillermo Cabrera Infante esteve trabalhando, com longas interrupções, desde o período em que foi adido cultural da embaixada de Cuba em Bruxelas até seus últimos dias. Isso é confirmado pelos papéis encontrados com o timbre de Kraainem — o município no qual ele morava com Miriam Gómez desde 1962 —, que correspondem fielmente às primeiras páginas do livro que o leitor agora tem em mãos.

Em consequência de seus longos anos de exílio e da doença que padeceu desde 1972 — um transtorno que o obrigou a submeter-se a dezoito sessões de eletrochoque —, o método de trabalho de Cabrera consistia em longas elaborações de uma mesma história, que depois corrigia diversas vezes, ou no próprio manuscrito, ou numa infinidade de cadernos e folhas soltas, com uma caligrafia grande que às vezes lhe servia para desenvolver uma simples frase ou para anotar uma citação que posteriormente incorporaria ao livro.

O que se colige aqui é, pois, a versão datilografada e mais acabada de uma longa sequência de um livro que poderia ter tido muitas páginas a mais ou a menos, conforme a vontade de um autor que, infelizmente, não está mais entre nós para nos oferecer seu texto definitivo. No entanto, o interesse destas páginas, seu enorme valor testemunhal, justifica que se dê a lume o que, em suas próprias palavras, quis ser "um romance e foi apenas uma biografia velada".

Todos os personagens são reais. Seus nomes são os da vida real. A história aconteceu de verdade. Assim, apenas o livro — estas páginas brancas impressas com letras pretas, a brochura, a capa espalhafatosa —, apenas o livro é fictício.

Primeira parte

Fit as a fiddle, que é exatamente o oposto de pronto para a festa. *Fit as a fiddle*, que é vivo como um violino e não violento como um violão. *Fit as a fiddle and ready for love, riddle for love* que é *vole, volé* (ve olé), *randy for love and feet as two fiddles* musicais, e o destino se fez desatino porque o fado é pior em organizar as coisas do que a sorte, que se ordena melhor do que uma frase, *Fit as a pit*. Ia cantando em bom andamento e não estava sozinho, mas com Raudol ao lado, cantando agora para a loira quando a olhei ainda sem tê-la visto, meu órgão sem registro tocando sonatas Würlitzer antes da função começar, *organ in the pit*, piano no poço, no fosso com toda aquela luz de giz em cima, ao lado, defronte, violenta sem se tornar violeta pelo menos por algumas horas.

Foi então que eu a vi sem tê-la olhado, sem realmente tê-la olhado, sem sequer dirigir meu olhar para ela, e vi que era loira, loira de verdade, embora parecesse pequena, mas mesmo sem medi-la soube que era feita sob medida para mim. O que ela procurava? Decerto não era eu, porque segurava um papel, um papelzinho, como um bilhete suave, e olhava para cada porta, cada fachada, cada frontão daquele edifício, e me ofereci para salvá-la de seu extravio, aquela menina na selva de concreto em busca, talvez, do absoluto relativo aos dois.

Há momentos na vida — sei disso — em que a alma está vazia, o coração amargurado, e nenhum desses clichês consegue demonstrar aquele estado de espírito que uma canção americana define como *I'm ready for love*: pronto para o amor seria a tradução, mas serve apenas para mostrar alguém que tem o espírito e o corpo (não dá para esquecer o corpo) abertos para o amor. Eu conheço esse estado particular e sei que quem procura acha. Assim, não estranhei tê-la encontrado, nem o amor que ela despertou em mim: o que mais estranhei foi a facilidade com que poderia não tê-la encontrado ou como foi fácil o encontro.

Acho que a vi primeiro. Talvez Raudol tenha me cutucado para chamar minha atenção. Tínhamos acabado de lanchar e de fazer um duo de don Juans de araque no café que fica embaixo do cine La Rampa. Saímos pela passagem que sobe e entra no cinema e dá na rua 23, e pelo desvio (por que não fomos diretamente para a rua?), atravessando aquele corredor cheio de fotos de estrelas de cinema com um frio de ar-condicionado e um bafio de cinema, que é (juntamente com os eflúvios da gasolina, o cheiro do carvão incandescente e o aroma da tinta de impressão) um de meus odores preferidos, essa manobra casual pode chamar-se de destino. Só consigo me lembrar de seus olhos me observando com estranheza, ela sempre divertida, sem dar ouvidos para os meus galanteios, me perguntando alguma coisa e eu percebendo que ela procurava algo que nunca havia perdido, me pedindo um endereço. E eu dei, encontrei-o e dei a ela. Ela sorriu para mim ou aquilo foi só um trejeito zombeteiro? Ou ela de fato agradeceu por eu ter procurado, quase inventado os números da rua? Por pouco fico sem saber para sempre.

Raudol dirigiu seu Chrysler a noventa por hora pela Infanta, e ao chegar à Carlos III emparelhou com um Thunderbird cor-de-rosa e tocou a buzina. A mulher que estava dentro do carro olhou, sorriu e disse alguma coisa. Raudol fez-lhe um sinal para que virasse à direita e parasse. Estacionamos logo atrás. Ele saiu e começou a falar. Deviam estar conversando havia uns dez, quinze minutos, talvez até menos de três, mas eu já estava me cansando. Pelo menos ele deixou o motor ligado e o ar-condicionado mantinha fresco o interior do carro, ainda que lá fora o sol de junho, ao se pôr, acendesse as copas dos flamboyants e as flores vermelhas fossem outro incêndio vegetal sobre os galhos. Ele ainda ria quando voltou, depois de apertar o braço róseo que sobressaía como se fosse um acessório do carro. Levantou a antena. Deslizou a mão pela haste de metal e parou um dedo na ponta. Para esperar o 26, gritou para o outro carro, ou para o braço, que fez um gesto que em cubano quer dizer "Rapaz... você é de morte". Entrou no carro e arrancou tocando — e a palavra é esta, pois eu ouvi as sete, talvez as oito primeiras notas de "La comparsa", uma por uma — a buzina. Fez a volta dobrando em U a toda a velocidade diante do semáforo, e ao passar pelo policial cumprimentou-o com um aceno de mão e talvez com o letreiro de IMPRENSA no para-brisa dianteiro e no de trás.

— Você viu?

— O quê?

— O que eu gritei sobre o 26 ali na esquina, apesar do guarda.

— Não estou entendendo.

— O rádio, rapaz.

Eu não entendia. O rádio estava ligado, como sempre, e agora o locutor lembrava, com voz sedosa, depois de transmitir um disco popular de cujo nome não posso lembrar: dedique-nos um botão no rádio de seu carro, senhor motorista, por favor.

— Não estou entendendo.

— A antena, menino, a antena. Pra pegar a Sierra, meu velho.

— Que bom.

Lá estava Ramón Raudol, vestindo camiseta polo de cor creme, calça de um bege suave e mocassim castanho-escuro, sempre bem penteado, sempre usando, de dia, uns óculos Calobar verde-garrafa, sempre com um Rolex: sempre elegante e sempre esportivo e sempre vistoso. Veio da Europa por caminhos tortuosos. Era espanhol e saiu fugido da Espanha, de Madri, não sei por quê, mas ele sempre disse que foi por motivos políticos. Contava que da Espanha foi para a França e não sei como apareceu nos julgamentos de Nuremberg como membro da MP.*
Como ele deixou o palco sobre o qual se montava o crepúsculo dos deuses no banco dos réus e veio para Cuba, é uma coisa que só um computador IBM poderia destrinchar: o método de uma meada concêntrica de mitos, mentiras e meias verdades. Um dia, de brincadeira, Darío Milián pegou lápis e papel, anotou uma a uma as aventuras contadas e somou. Raudol devia ser uns dois anos mais velho do que eu, talvez três, mas o total de suas proezas dava sessenta anos e o transformava num Dorian Gray errante, que deixava a marca dos anos impressa em suas façanhas, enquanto ele permanecia eternamente jovem, numa encarnação da ideia platônica do Herói. Muitas de suas histórias, todavia, eram verdadeiras, e nelas se misturavam heroísmo e ridículo em partes iguais. Ele era o protegido do diretor da revista, que fora aluno de seu pai em Madri. Acho que seu pai havia sido um notável cientista espanhol — embora Unamuno tenha dito que há uma *contradictio in adjecto* nos termos. Raudol não herdou o amor pela ciência, e sim um ódio pelo exato, que pode ser

---

* Military Police. (N.T.)

ou não ser seu contrário. Seis meses atrás, estivera preso por cerca de dois meses. A história toda é muito nebulosa e pela primeira vez Ramón não foi explícito. Dizem que flagrou em seu apartamento um conhecido galã de televisão exercendo *ex cathedra* seu glamour com a mulher de Raudol, que também era estrela da televisão e do rádio, um encanto de moça, falava arrulhando muito antes de Marilyn Monroe ficar famosa e era dona de uma beleza exuberante, e fazia com seu vestido o que a vegetação tropical da ilha faz com a paisagem, transbordando-a. Nunca acreditei nessa história, mas é a única que existe. O fato é que o ator tinha como padrinho (as mesmas vozes que o situavam no apartamento de Raudol com a mulher deste o descrevem em seu estúdio de solteiro, sentado aos pés de seu protetor, que lhe acaricia a cabeleira fotogênica enquanto ouvem a gravação do programa no qual o galã é o herói romântico de mulheres que se chamam Laura de Montesinos, Julieta Montemayor ou Virginia de Alvear) um poderoso magnata, e de repente apareceram pistolas na história e a polícia apreendeu a arma como sendo de Raudol. Ele foi automaticamente enquadrado entre os infratores da Lei contra o Gangsterismo, uma lei feita para que ninguém que não fosse gângster tivesse porte de arma. Fez papel de ridículo, e acho que pela primeira vez admitiu isso. Quando se deu o assalto ao quartel de Matanzas (que foi, justamente, outra matança, para encerrar o ciclo dos avatares de um nome: a cidade ganhou essa denominação para celebrar uma injustificável mortandade de índios cometida nos primeiros tempos da colonização), ele compareceu como fotógrafo, pois entre suas habilidades contavam-se não só a que o tornou crítico de cinema em seis meses, o que não é difícil, mas também as que o tornaram um grande repórter, escritor mediano e bom fotógrafo em menos tempo do que levou para aprender a falar *cervesa, grasia* e *cabayeros* — e seu sotaque era sempre criticado, como arrivismo linguístico, pelo diretor da revista. Raudol fez fotos muito boas, entre as quais destaco duas — uma delas a de um rapaz assustado, ferido, caído no chão com as mãos amarradas, e outra a do pátio do quartel, onde os corpos de doze rebeldes mortos rodeavam o caminhão utilizado no ataque. Um capitão do quartel liquidou o rapaz ferido, jogou-o junto com os outros doze mortos e tiraram novas fotos. Alguém percebeu que Raudol fizera fotos antes e depois disso e então lhe pediram o filme, mas Raudol, que pertencia à Associação de Prestidigitadores de Cuba, tirou o rolo que era e num passe de mágica o transformou no rolo que não era, daí puxou o filme em toda a sua extensão e o expôs à luz, velando-o. Depois o entregou ao coronel da tropa, que tinha nome de mulher e cuja crueldade estava além da mulher e do homem, porque não era humana — e Ramón sabia disso, todos nós sabíamos. Algumas dessas fotos, por um ato de prestidigitação jornalística, apareceram na *Life* com o título THE MISTERY OF THE THIRTEENTH CORPSE, ou seja, o mistério do cadáver número treze foi revelado ali, e armou-se um escândalo político. Ramón teve que se esconder por duas ou três semanas, mas depois de passados dois anos ele tinha um automóvel novo, grande, com ar-condicionado, e quando saíamos era sempre ele que pagava a conta. Mas isso não era tudo. Ramón era tão falso e tão verdadeiro quanto seu sotaque, que podia ser o de um espanhol querendo se passar por cubano e também o de um cubano fingindo ser espanhol, e que nele se tornava autêntico, necessário e dúctil. Além do mais, seu sucesso com as mulheres, com o dinheiro, com a vida me deixava fascinado.

— Pego ela toda noite.

— É mesmo?

— Pega clarinha, clarinha. Nem preciso mais ir pra estrada, pra Guanabo, pra Cantarranas ou pro Cotorro, no caminho já consigo escutar. Às vezes paramos o carro e ficamos ouvindo tranquilamente, e como sempre eu vou com algum brotinho, posso fingir que estou de *arrumacos*.*

Às vezes ele deixava cair na conversa um termo espanhol que nos pegava de surpresa, fazia com que perdêssemos o embalo e oscilássemos entre a noção de estar diante de um estrangeiro acrioulado ou de um pedante nativo, mas no fim aceitávamos sua forma de falar como um estilo.

Chegamos à revista, ele me deixou nos fundos e arrancou novamente.

— Vou até o *noticiero*.

Aprendera a falar *noticiero* em lugar de noticiário. Não o vi sair e cumprimentei o segurança que estava na porta, mas em vez de entrar dei meia-volta e peguei um táxi na esquina.

— E aí?

— Pra onde?

— Infanta com Malecón.

— Como vão as coisas?

— Como sempre.

— Notícias da Sierra?

— Não sei nada sobre isso. Me pergunte sobre cinema, sobre os filmes que estão passando ou sobre que artista se casou com quem e eu te digo na hora.

Era o motorista que ficava sempre na esquina. Diziam que era delator, dedo-duro remunerado ou um informante do Ventura, sei lá. Para mim ele sempre pareceu um prodígio sexual — pelo menos em suas histórias. Um dia me contou que morava com uma mulher meio bronca, mas gostosa, cuja filha era uma uva, e que estava dormindo com as duas. Primeiro a mulher, a mãe, ficou furiosa e pôs a boca no mundo quando flagrou os dois em sua própria cama, e

---

* Namorico, chamego. (N. T.)

quis bater na filha, mas ele disse, ora, Cabrona, pois se foi você mesma que a ensinou, e a botou para fora de casa. De madrugada, a mulher veio e pediu que ele a deixasse dormir em seu quarto, porque, caso contrário, teria que dormir no parque. Agora a coisa tinha se ajeitado, mas ele estava vendo como fazer para dormir com as duas ao mesmo tempo — e vamos ver se a gente consegue que elas façam suas coisinhas e tudo o mais, embora isso seja mais difícil. Tinha a cara bronzeada, de ficar o dia inteiro sentado ao volante com o sol na cabeça, e talvez tivesse sido loiro quando menino. Com os olhos sempre vermelhos, irritados, e com o perpétuo charuto na boca, parecia um peixe sem nome mordendo uma isca eterna. Nós o chamávamos de Desade.

— Dá uma olhada naquilo ali, garoto.

Tirou a cabeça para fora do carro a fim de olhar uma mulata grande e gorda que Rubens teria acrescentado aos seus estudos de negros.

— Muito boa, você aí, muito boa.

Eu não disse nada e aproveitei para pagar a corrida.

— Deixa isso pra depois.

Sempre tentava receber depois, e vivia adiando a ocasião. Acho que ele queria que eu ficasse lhe devendo, se não um favor, ao menos dinheiro. Insisti, porque só andar no carro dele já podia parecer muita cumplicidade. E eu também queria descer rápido e se não pagasse teria que me despedir com um até logo amável e demorado, e com algum íntimo postscriptum: tomar um café ali na esquina, olhar juntos outra mulher.

— Aqui nessa esquina.

— Mas não é o Malecón com a Infanta.

— Aqui está bom.

— Compadre, você sempre apressado.

Desci e corri até o ônibus que chegava à esquina, pois eu a vira.

— Não pegue esse.

Ouvi minha voz soando estranha e com uma autoridade não desejada. Ela me olhou com o mesmo ar de estranheza, mas realmente surpresa, sem ironia, dessa vez.

— Como?

— Disse pra não pegar esse ônibus.

Será que foi minha firmeza diante de sua pergunta, de nossos olhares, que fez com que ela abaixasse a mão que já estava quase segurando a alça da porta, desse um passo atrás e deixasse o veículo ir embora? Depois ela me explicou que nunca soube por que fez aquilo.

— O que você quer?

— Não se lembra de mim?

— Sim, de agorinha mesmo, quando eu procurava um endereço.

— Encontrou o que procurava?

— Sim, era um escritório que precisava de uma recepcionista.

— Conseguiu o trabalho?

— Não, porque precisava saber pelo menos um pouco de datilografia.

— E você não sabe?

Estávamos na esquina, no mesmo lugar, eu ainda quase saindo do carro e ela ainda com o gesto ou o rastro, a lembrança do gesto de subir no ônibus, olhando-nos nos olhos. As pessoas saíam dos escritórios, das lojas, do trabalho, e os ônibus viravam da rua 23 para a Infanta e da Infanta para a 23, lotados, inclinados com tanto peso, soltando fumaça e barulho e ar quente, deixando estrias profundas no asfalto amolecido. Os carros rodavam Malecón acima e Malecón abaixo e alguns viravam para pegar a 23, desviando das pesadas curvas dos ônibus. O bar El Gato estava lotado, com gente bebendo no balcão e jogando dados, acrescentando ao barulho do trânsito e ao burburinho do terraço e do bar o crótalo dos dados no covilhete, o golpe seco sobre a madeira quando se esvaziava o copo de couro com dramatismo de jogador e os cinco cubos de osso rolavam sobre o balcão. Às vezes, o apito da cafeteira assoviava por cima do barulho e se ouviam as pessoas pedindo e pagando e tomando café no quiosque da mesma esquina.

Nós não ouvíamos nada, e nem víamos o sol se pôr na tarde de julho, serena, rápida e âmbar lá em cima no céu e sobre o mar.

Decidimos caminhar. Acho que nós dois decidimos isso em silêncio. O fato é que quando percebi já estava atravessando a rua 23 para caminhar pela calçada do Ministério da Agricultura e, sob os pinheiros novos, dobramos a rua O acima, passamos diante da entrada do Nacional e seguimos em frente, para depois descermos a rua até chegar à pracinha que fica diante do parque do Maine, onde nos sentamos nos (duros) bancos de mármore. Ficamos conversando enquanto a prima noite se tornava segunda, o começo de noite quase silencioso, a não ser por nossa conversa em voz baixa e pelo ruído próximo dos carros que passavam pelo Malecón. De que falamos? De bobagens, na certa, pois nem me lembro direito do assunto da conversa, só do tom, que foi ficando mais íntimo até que, uma hora, paramos de falar.

Lá estava ela, sob a lua, sua cara cheia de lua plena, beleza lunar sem história, moça temporã. Isso parece um sonho, acho que eu disse. Mas o que eu realmente disse foi juro pela lua e ela quase me disse não jure pela inconstante lua. O som inconstante foi meu. Mas seu rosto continuava ali. Ela, que estava de cara para a lua, a luz refletida da lua se refletindo em seu rosto, seus grandes e redondos olhos verde-claros recebendo agora a luz da lua, seu nariz menor do que quando visto sob o sol, sua boca de cupido desnudo e o queixo, que arrematava sua cara de lua à luz da lua. De repente surgiu uma nuvem, a lua escureceu, seu rosto se eclipsou e ela riu ao dizer: Está vendo? Querendo dizer claramente nunca jure pela lua, que é inconstante, que é um bolero. Ela queria dizer isso, mas disse apenas: Está vendo? Quase como se quisesse dizer, viu só?

A luz devia estar brilhando em algum lugar do céu mas a gente nem ligava, eu só olhava intensamente para ela, na penumbra, e ela me devolvia o olhar: eu já estava apaixonado e, ao imaginar que a tomava nos braços e a beijava, e ao tornar real a imaginação apenas estendendo um braço e passando um dedo pelo desenho de seu queixo, me inclinei para ela, que não disse nada, que não se mexeu, que não devolveu meu beijo mas o permitiu, e que depois, quando insisti, também me beijou. Ficamos nos beijando, ternamente, sem a urgência da paixão, até que ela parou, reclinou-se para trás e disse:

— Que horas são?

Olhei para o relógio e vi que eram quase nove.

— Oito e meia.

— Preciso ir.

— Por que agora?

— Já devia estar em casa há horas.

— Estão te esperando pro jantar?

— Não, não tem ninguém em casa, mas vai que minha mãe telefona. Ela sabia que eu vinha procurar esse emprego e que ia voltar cedo. Ela está de plantão esta noite, das seis à meia-noite. Você sabe, ela é enfermeira.

Ah. Eu não sabia, claro que não sabia, sabia muito pouco sobre ela, só sabia que era inteligente e bem diferente das outras mulheres que conheci. Ela fez menção de se levantar e, nesse meio-tempo, perguntei por que não ficava mais um pouco e ela disse que não podia, mas que se eu quisesse podia acompanhá-la até em casa.

Em vez de voltar para a Infanta com a 23 e pegar o ônibus, caminhamos até a 23 e a L em busca do ônibus da linha 32. No caminho segurei sua mão e ela deixou, então saímos andando bem devagar, primeiro para cima, depois descemos a O, e finalmente subimos pela Rampa até chegar à rua L, junto da construção do edifício que logo seria o Habana Hilton. Não tivemos que esperar muito: o 32 estava quase vazio e nos sentamos no fundo, perto da porta de trás. Ainda lembro de como o ar que entrava pela janela bagunçava seus cabelos loiros, ela sem dizer nada, olhando para mim ou para a rua. Não lembro nem de quando paguei o motorista, desse percurso só lembro seu pescoço longo e bem desenhado sob a cabeleira e a expressão daqueles olhos quase amarelos, como se refletissem a cor dos cabelos. Percorremos um longo trajeto por toda a Quinta Avenida até o ponto final da linha 32, fomos os últimos a descer e ela avisou que ainda tínhamos que andar, e fomos andando entre os bares da praia, muito cedo para estarem em seu esplendor e muito tarde para ainda estarem fechados, até a avenida de Santa Fe, e um pouco além da entrada do Biltmore ingressamos pelas ruas laterais, lá onde ainda não havia nada edificado, apenas um loteamento, e caminhamos em direção ao rio Quibús até chegar a uma casa escura, mas nova, não muito grande, onde ela morava.

— Chegamos — disse ela, abrindo a porta com a chave.

Pensei que fosse me deixar entrar, mas parou, segurando a porta com os quadris, pronta para se despedir.

— Quero te dizer uma coisa — falei.

Passei a tarde inteira querendo dizer uma coisa para ela, mas sem me decidir entre o sim e o não. Por fim me decidi: era importante saber como reagiria.

— Sim? O que é?

Minha timidez me ajudou a dar o salto.

— Eu sou casado.

Ela apertou os lábios até esboçarem um quase sorriso.

— Ah — falou —, eu já desconfiava.

A outra versão da lembrança é que eu disse que era casado quando ainda estávamos sentados no parque, e que ao voltar a La Rampa eu a deixei esperando na rua por um momento enquanto procurava um telefone público. Devo ter dito que ia ligar para o trabalho e ela devia saber para quem eu ia ligar: para minha mulher, que estava sozinha em casa (minha mãe tinha levado minha filha para passar as férias no interior), com gripe. Quase tive pena da voz rouca que me atendeu e para a qual eu disse que ia ficar trabalhando até tarde da noite. Ela disse: venha cedo, estou me sentindo muito mal. Desliguei dizendo que sim, que tudo bem.

— Tinha que te contar — falei. — É tão importante assim?

— Você que deve saber — disse ela.

— Quer dizer, pra você.

— Eu poderia te dizer que isso não muda nada, porque desconfiava tanto que é como se já soubesse, mas também que muda tudo.

— Tudo?

— Tudo.

— Não, não diga isso. Não muda nada. Ainda somos você e eu.

— Pra você, sim. Mas é melhor a gente deixar essa conversa pra outro dia.

Ela fechava a porta: Elena fechava a porta. (Essa é outra coisa. Quando dissemos nossos nomes um ao outro? No parque, durante a longa conversa em que fiquei deslumbrado com a inteligência dela? Ou talvez antes, diante do El Gato, logo que nos conhecemos?)

— Estou muito cansada.

— Quando nos vemos?

— Não sei.

Felizmente, antes de fechar a porta, ela acrescentou:

— Diga você.

— Amanhã?

— Tudo bem. Amanhã.

— De tarde.

— Tudo bem.

Era uma sexta-feira. No dia seguinte, sábado, eu só trabalhava meio período: praticamente só ia na revista para receber.

— Onde?

— Você diz.

— Na esquina da 12 com a 23. Às quatro.

— Tudo bem — disse ela, e fechou a porta de vez.

Não houve beijo de despedida e fiquei olhando para a porta fechada, que era como todas as portas fechadas. Então senti que não a veria nunca mais.

Mas no dia seguinte, antes das quatro, eu já estava pegando sol na calçada do Atlantic, olhando para a 23 e para a 12 para ver se ela vinha ou não. Meu relógio marcou quatro horas, e quatro e cinco, e quatro e dez. Resolvi esperar até as quatro e meia e então atravessei a rua e fui para a calçada sombreada. Antes de chegar à outra calçada eu a avistei, vindo da esquina, com aquele jeito tão feminino dela andar, tanto que se tornaria inconfundível em sua lentidão saborosa, e depois inesquecível. Estava com um vestido florido (não me lembro se era de seda ou de algodão) que chegava um pouco acima do peito e ali terminava num decote completo, deixando os seios quase à mostra, enquanto seus ombros nus sustentavam as duas tirinhas multicoloridas que seguravam a roupa no corpo. Estava *ravishing*, este é o adjetivo que mais se ajusta a essa lembrança, pois dizer que estava arrebatadora não faz jus ao frescor de seu rosto, à linha perfeita de seus lábios pintados para levantar a boca carnuda, aos olhos levemente maquiados, agora maiores e mais redondos e amarelos do que na noite anterior: e sua cabeça quase perfeita, emoldurada pelos cabelos loiros, coroava aquele corpo ao qual a juventude acrescentava uma animalidade rampante. Ela sorriu para mim. Eu também sorri para ela, mas minha vontade era de rir, vitorioso: ela estava lá. Tomei-a pelo braço e senti sua pele suave e lisa sob meus dedos ávidos.

— Como vai?

— Muito bem, e você?

— Bem também. Eu não ia vir, sabe?

— Mas por quê?

— Falei com meu tio. Eu falo tudo pro meu tio e ele me disse que quando um homem diz pra uma mulher que é casado já de cara é que esse homem não tem boas intenções.

— E como o teu tio sabe das minhas intenções?

Enquanto falava, eu a levava pela rua 10 em direção à 17, sem lhe dizer ainda aonde iríamos.

— Ele não sabe. Eu não sei. Quais são as tuas intenções?

Demorei um pouco para responder.

— Também não sei quais são. O que são intenções?

— O que você quer fazer comigo.

— Mas é você que está fazendo alguma coisa comigo: estou apaixonado por você e você não está apaixonada por mim. Leva vantagem sobre mim.

No começo ela não disse nada, depois quase sussurrou um talvez, ou fui eu que tive a impressão de ouvi-la dizer isso.

— Aonde vamos?

— Ao El Atelier, aqui perto. O que acha?

— Pensei que a gente fosse ao cinema.

— Quem quer ir ao cinema se pode ficar com você no mesmo escurinho, só que sentados frente a frente, olho no olho? Eu usei mesmo tal palavreado ou estou inventando isso agora? Não importa... O importante é que ela estava ao meu lado, indo para o El Atelier, um *night club* que abria de tarde, e não fizera nenhuma objeção. Ela devia — tinha que — saber para que se ia ao El Atelier, além de dançar. Se não sabia (a verdade é que parecia muito jovem, inocente, naquela tarde, apesar da maturidade de seu corpo), logo iria saber. Eu atravessava as ruas com ela, muito orgulhoso e ao mesmo tempo cuidando para não cruzar com nenhum grupo de homens nas esquinas.

— Hoje tenho que voltar cedo, você sabe.

— É?

— É. É o dia de folga da minha mãe.

— E onde você disse que ia?

— Disse que ia ao cinema com uma amiga. Por quê?

— Não, por nada.

Tínhamos chegado. Lá fora, um anúncio que imitava uma paleta de pintor avisava que de noite Frank Emilio tocava ali. Entramos. De repente nos vimos em outra dimensão, abrindo caminho em meio à escuridão do clube, tentando não esbarrar nos poucos casais que dançavam, andando em direção a uma mesa livre. Nos sentamos e ela estremeceu levemente e reclamou do frio do ar-condicionado. Para mim era uma delícia passar do calor de forno úmido da rua ao frescor do clube, mas ela estava vestida para a rua, ao passo que eu usava paletó e gravata. Logo veio um garçom e nos perguntou o que queríamos beber e eu, por minha vez, perguntei-lhe o que queria beber e ela disse que não sabia, assim de repente não sabia.

— Bem — disse eu —, dois daiquiris.

Ela fez um gesto de aprovação e, ao ficarmos sozinhos, nossos rostos iluminados pela luzinha em cima da mesa, fraca e distante, segurei sua mão. Suas mãos eram a parte menos perfeita de seu corpo, pois eram curtas e gordas, mas então não me pareceram: nesse momento, para mim ela era a perfeição. Conversamos, e felizmente o tio conselheiro não apareceu mais na conversa. Tomávamos os daiquiris, espessos e tão gelados quanto a atmosfera condicionada do clube. Do toca-discos vinha a voz de Katyna Ranieri, que repetia incansavelmente *Acqua di fonte, acqua di fonte*, e pensei que não são apenas as canções cubanas que têm letra idiota. *Anche l'italiane...*

— *Anche l'italiane...*

— O quê?

— Ah, nada — falei, sorrindo —, ela está cantando em italiano.

— É, e você gosta?

— Não muito. E você?

— Dessa aí, não. De outras, sim.

A canção mudou para um *slow* das antigas, mas era bem disso que eu, que não sabia dançar, precisava para dançar.

— Quer dançar?

— Tá bem — disse ela, mas não passivamente.

Fomos dançar. Ela era baixinha: tinha justamente o tamanho que me convinha para dançar com ela. Pôs a mão em meu pescoço e eu a apertei contra mim. Minhas pernas se moviam com pouca habilidade, mas ela dançava bem e desfrutava plenamente o duplo prazer de se mover com a música e de estar colada — esta é a palavra — a mim. Ela sabia aproveitar a dança e eu resolvi me unir a seu corpo ondulante. Em determinado momento, recostei meu baixo-ventre em seu quadril e me esfreguei nela no ritmo da música. Ela deixou escapar, em meu ouvido, uma espécie de assovio intenso. Ficou mordiscando minha orelha. Ela sabia. Suas mordidas tinham a medida exata da dor e do prazer. Continuamos dançando até o final da música, mas fizemos uma ponte com o próximo disco, que começou a tocar quase em cima do que estava acabando. A música era "Les Feuilles mortes", transformada agora em "Autumn Leaves" por Nat King Cole, com sua voz pequena mas bem treinada sussurrando num inglês pronunciado com tanto cuidado que era quase um exagero. Ajudado pela música, gravei esse momento na memória; fiz isso de propósito, sabendo que um dia ia querer me lembrar dele, mas, mesmo assim, agora não consigo descrever com exatidão a atmosfera penumbrosa do clube, o burburinho das conversas em voz baixa, os amassos do casal da mesa mais próxima, a fricção dos pés, uma ou outra risada entrecortada, como uma espécie de sorriso sonoro, e acima de tudo a música enchendo o pequeno local com o tácito convite para sussurrar insinuações ou francas declarações para se amar: a canção pairando sobre tudo, rodeando-nos, entrando por nossos poros e ouvidos, pastosa, tornando quase sólida a voz sussurrada de Nat King Cole.

— O velho Nat King Cole — tive que dizer.

— O quê? — disse ela.

— O grande Nat King Cole — tive que corrigir.

— Gosto muito dele.

Então pensei que ela ou não tinha bom ouvido ou nenhum senso de humor. Mas eu não estava ali para fazer graça e sim para amá-la, e quando Nat King Cole parou de cantar no toca-discos, achei que era melhor nos sentarmos. A mesa estava fortemente iluminada, em comparação com o breu da pequena pista de dança, e pude ver seu rosto redondo e ao mesmo tempo afilado e senti que estava me apaixonando mais do que devia.

— Tem um cigarro?

— Sim, claro.

Peguei meu maço de Camel e lhe ofereci um cigarro. Pensei em acendê-lo em minha boca e depois entregá-lo, mas mudei de ideia quando ela estendeu a mão para alcançá-lo. Apresentei-o já destacado do maço, ela o pegou, eu peguei outro e acendi os dois quase ao mesmo tempo. Fumamos em silêncio por um momento, olhando-nos em meio à fumaça. Nossos daiquiris estavam quase derretidos, apesar do frio que fazia no clube.

— Não está com frio?

— Não, já me acostumei.

— Não, sério, você está vestida tão de verão e aqui tem tanto ar-condicionado...

— Não, já passou.

Agora penso em quantas vezes pronunciamos a palavra *não* para começar cada frase — no que estaria pensando naquele momento? Quando acabamos de fumar, me aproximei mais dela e pousei o braço sobre seus ombros nus. Em resposta, ela apenas sorriu e bebeu mais um pouco de daiquiri. Me aproximei ainda mais. Ou seja, aproximei minha cabeça da dela e num instante estávamos nos beijando. Eu a beijei primeiro, um beijo suave, mas ela respondeu entreabrindo os lábios e eu abri os meus para prender entre eles seu lábio inferior. Sua boca exalou um hálito de cigarro e álcool, aquele hálito que depois se transformou apenas em cheiro de fumaça e, depois, dias mais tarde, no próprio cheiro dela, quando descobri que fumava um cigarro atrás do outro, tensa, e seu hálito peculiar, apesar de ser tão comum o hálito que um cigarro deixa na boca, foi mais uma de suas chaves de identidade, sua identificação olfativa. E nos beijamos, ficamos aos beijos durante um tempo que agora me parece breve, mas que na ocasião foi eterno. Paramos de nos beijar para pedir outro drinque ao garçom, e enquanto ele o buscava nos beijamos até começar a beber o segundo daiquiri. Não bebemos muito, mas nos beijamos. Fomos dançar de novo, dessa vez quase pregados no lugar, movendo apenas os quadris, os rostos juntos, eu beijando seu pescoço, uma orelha, o rosto, e deixando-a sentir o quanto ela me exaltava sexualmente. Voltamos para a mesa e ali, pela primeira vez, pousei a mão em seu joelho e me alegrei ao ver que não usava meias-calças, que sempre me são quase asquerosas ao tato. Toquei suas coxas curtas e grossas, subi um pouco, mas quando cheguei ao púbis ela apertou as pernas de tal forma que as coxas bloquearam meu avanço. Olhei para ela, nos olhamos e nos beijamos de novo, mas não consegui, apesar de várias tentativas, chegar a seu púbis. Era sua zona proibida, dessa vez. Logo depois, entre beijos, ela me lembrou da hora. Estava na hora de ir embora e eu não pude mentir e dizer que ainda era cedo.

Lá fora, o sol já estava se pondo atrás dos terraços. Andamos de volta até a 23 com a 12 para pegar o ônibus da linha 32. Quando ele chegou eu também subi, e fizemos juntos o percurso até o ponto do Biltmore. Dessa vez não a acompanhei até a porta de casa e nos despedimos perto dali, com o sol já posto e a noite quase em cima de nós. Não nos veríamos no dia seguinte, era domingo e sua mãe ficaria em casa, mas na segunda-feira, assim que a mãe saísse de tarde para trabalhar, ela ia me ligar na revista.

Passei o domingo com minha mulher, que ainda estava mal, com a garganta inflamada, e enquanto o dia fluía lentamente fiquei lendo, ouvindo música e rezando para não pegar gripe. Não tive que tomar precauções extras.

Na segunda de manhã fui para a revista, como de costume, ainda que dessa vez o costume estivesse alterado pela viagem à Europa de Wangüemert, o chefe de reportagem, que me deixara no controle da parte prática da revista, não só como o chefe de redação que eu era, mas ocupando também o posto dele. Há tempos eu queria fazer mudanças na revista a partir de minha página, que era diferente do resto, para unificá-la num todo mais moderno, com mais brancos, fotos maiores e menos texto. Agora estava em confronto direto com Diógenes del Peso, o diretor de arte. Ele só aparecia na revista uma ou duas vezes por semana, e o restante do trabalho ficava nas mãos de segundos e terceiros, diagramadores que já trabalhavam ali antes de sua chegada, havia três anos, antes que a revista mudasse de dono e ganhasse nova administração. De certo modo, sua política artística (era um velho desenhista promovido a diretor de arte por sua amizade pessoal com o dono) era deixar os diagramadores fazer o que quisessem, enquanto ele mantinha zelosamente seu cargo e suas prerrogativas, uma das quais era ir três vezes por semana à quinta de Miguel Ángel Quevedo, o dono, o magnata das publicações semanais, homem que ele dizia ser mais do que um ministro, pois os governos passavam, mas sua revista, *Bohemia*, mantinha sempre o mesmo poder público.

Meu plano era modernizar a seção de contos cubanos e estrangeiros e, enquanto Wangüemert estivesse na Europa, mostrar para o diretor, com os fatos consumados, como o interior da revista estava melhor (seu exterior era invariavelmente um desenho de Andrés, e a experiência havia demonstrado que essa era uma de suas melhores características), e a partir dali renová-la toda. Eu levara um dos contos a ser publicados, um relato de ficção científica, para ser ilustrado e diagramado por Ithiel León, que trabalhava numa das melhores agências de publicidade e sabia (ou eu pensava que sabia) muito de diagramação. Juntos planejamos como mudar a negrura da revista com um ataque de brancos ao redor da ilustração do conto, que consistia numa exótica assembleia de dinossauros. Vimos, rindo, um presságio naquela ilustração, e comentamos que começávamos por atacar os próprios monstros antediluvianos. O título do conto ganhou, modificando as habituais letras compactas da revista, uma sobreimpressão de pontos brancos, que usavam muito na agência de publicidade e que se chamava *zip-a-tone*, ou, mais familiarmente, zipatom.

— É o coração da África negra que atacamos agora — disse Ithiel León. — Aperte o cinto.

Isso aconteceu justamente na quinta-feira anterior, e o conto, já diagramado, foi somado ao restante da revista. Na segunda, o caderno que estampava o conto estaria pronto para a inspeção do diretor e do diretor de arte, que sempre fazia um esforço para estar na revista às segundas-feiras, pois na terça toda a revista já estava impressa e era um fato consumado. Naquela manhã eu estava em meu escritório e vi Diógenes del Peso indo para a sala do diretor, onde ficou, a portas fechadas, por um bom tempo. Continuei lendo um dos contos para ver se era possível publicá-lo, e tudo o que eu queria era que a manhã terminasse logo e a tarde chegasse com a ligação de Elena. Mas o secretário do diretor, Pepe, que alguns apelidavam de Pepe, o Louco, para distingui-lo de outros Pepes possíveis, e que eu chamava de José-Hernández-que-não-escreverá-o-Martín--Fierro, saiu de seu canto e me procurou, com seu típico sorriso irônico, para dizer que havia uma reunião importante. Ele não se interessava nem muito nem pouco pelo aspecto ou pelo conteúdo da revista, e sua única tentativa de influir na publicação veio numa tarde de sábado, depois que ele recebeu o pagamento de manhã e passou a tarde inteira bebendo em La Cuevita, uma bodeguita-bar que ficava na frente da revista. Inesperadamente, ele irrompeu no meio da rua e foi falar com os operários que saíam do trabalho para incitá-los a tomarem a revista, toda a oficina de impressão, e se apropriarem dela. Estava usando como tribuna o Cadillac do administrador, e dali instava os operários a tomarem o poder. Alguns amigos da revista que ainda estavam por lá, e que talvez tivessem bebido com ele, conseguiram apeá-lo do capô e levá-lo embora. Depois disso, todos se lembraram que Pepe, o Louco, José-Hernández-que-não-escreverá-o-Martín-Fierro, embora fosse loiro, na verdade era um índio que não podiam deixar que bebesse. Felizmente a polícia não interveio e o administrador só deu queixa ao diretor (quando viu que o carro estava intacto, apesar dos murros que o orador havia dado nele), que se limitou a dizer a Pepe que ele devia tomar cuidado quando bebesse. Ao que Pepe, fingindo contrição, disse que sim, que não ia beber mais. Esse mesmo Pepe era quem agora me avisava que havia uma reunião adversa na diretoria.

A reunião terminou com a saída de Diógenes e o regresso de Pepe a seu canto da antessala. Quase imediatamente, Pepe voltou e disse que o diretor queria me ver. Talvez agora eu deva falar de minha relação com o diretor. Conheci-o em 1947 (parece mentira que já tivessem se passado dez anos), quando fui a sua sala de chefe de redação da *Bohemia*, num velho edifício da Trocadero, entregar-lhe um conto que escrevi parodiando a sério Miguel Ángel Asturias. Na época eu tinha dezoito anos e uma timidez acentuada pela adolescência, mas me animei (graças à intervenção de Franqui, que leu o conto e me aconselhou a levá-lo à *Bohemia*, e até me disse o que eu devia dizer), subi as escadas correndo, cheguei à sala dele e disse bem rápido:

— De um admirador do seu conto "Ready", pra que o senhor me dê a sua opinião.

Em seu espanhol muito marcado e rápido, ele me mandou voltar na quinta-feira seguinte, e na outra semana eu soube que meu conto não só era publicável como seria publicado: meu primeiro conto! Depois me recomendou uma lista de leituras e me disse para passar em sua casa alguns dias mais tarde para ele me emprestar uns livros que eu deveria (tinha que) ler. Assim, fiz amizade com aquele homem, que criou um cargo para mim — virei seu secretário particular — e que teria muita influência naqueles primeiros anos de minha vida, tanto que muitas vezes o considerei um verdadeiro pai. Depois, quando

Quevedo comprou a revista *Carteles*, ele passou a ser o diretor e criou para mim a página de cinema, que comecei a escrever com um pseudônimo pelo qual muita gente passou a me conhecer. Eu já trabalhava como revisor de provas na *Carteles*, antes da revista ser adquirida pela *Bohemia*, e continuei trabalhando no mesmo ofício por mais alguns anos, até que o diretor me nomeou chefe de redação. Penso que a ficção não deve encobrir seu verdadeiro nome: Antonio Ortega, que chegou, em sua relação comigo, até a ser padrinho de minha primeira filha. Agora eu falava com o diretor.

— O Carlos acabou de sair daqui, ficou furioso ao ver as páginas que o senhor diagramou. — Ortega sempre me tratou com certa formalidade. — Por que não me consultou antes?

— Queria lhe fazer uma surpresa e que visse o resultado por si mesmo.

— Sim, mas não esqueça que o Carlos é o diretor de arte.

— Mas se ele mal se ocupa da revista... Na verdade, todo o trabalho é feito pelo Domingo e pelo Cardoso. Eu só diagramei a seção de contos estrangeiros. O resto da revista continua como antes.

— Bem. É melhor que você deixe as coisas como estão. Podemos pensar numa nova diagramação um dia desses. Contando com o Carlos, é claro.

Ortega era, na verdade, um mediador entre as diretrizes da *Bohemia* — que não queria ver a *Carteles* transformada numa adversária séria — e as necessidades mais imediatas da revista, para que esta continuasse na posição de segunda do país. Conciliador, ele me disse:

— Vem comigo?

Eu fazia, invariavelmente, o trajeto com ele, que todo dia passava na *Bohemia*, a caminho de casa, e depois me deixava na rua 23 com a avenida dos Presidentes para eu pegar o ônibus até minha casa. Dessa vez também o acompanhei. Quando saí do escritório, o sorriso conhecedor de Pepe me esperava.

Eu ia na *Bohemia* para me inteirar, mais do que das notícias, das últimas fofocas políticas. Ortega ia pela necessidade de checá-la todos os dias, e por apego: estava acostumado a essa visita diária, tirando os finais de semana, quando não havia ninguém lá. Várias pessoas estavam na redação, entre elas meu amigo Leandro Otro. Estavam contando piadas cabeludas e, num intervalo entre uma e outra, Miguel Ángel Quevedo saiu de sua sala. Todos pararam de rir e Leandro chegou a se levantar. Sempre me divertia a atmosfera cesarista que reinava na *Bohemia*, onde Quevedo era o césar, rodeado de acólitos e até por seus peixinhos da vez. Dizia-se muita coisa de Quevedo, entre outras que, solteirão, na verdade era homossexual, e que muitos dos empregados, para não falar dos jornalistas que trabalhavam lá, eram de fato seus amantes. Mas faltava a esse boato, ainda que persistente, se não veracidade, pelo menos comprovação. O certo é que o homem tinha poder — verdadeiro poder político, como se demonstraria mais de uma vez: ministros esperavam para vê-lo — e ele se aproveitava disso, evidentemente satisfeito com sua força pública. Ficamos ali por um momento, Ortega falando brevemente com Quevedo e eu conversando com Leandro: havia poucas notícias políticas, a situação continuava a mesma. Desde o assalto ao Palácio, com sua sequela de assassinatos cometidos pela polícia, as diferentes forças políticas tinham se estabilizado e mesmo a situação na Sierra era estável, com os boletins contraditórios das forças do governo e dos grupos rebeldes.

Logo depois, fomos embora. Cheguei em casa para almoçar e quase não falei com minha mulher. Saí mais cedo do que de costume e fui de táxi para a revista, coisa que raramente fazia de tarde, ainda que de manhã sempre pegasse um carro de praça para conseguir chegar no horário, ou seja, um pouco antes da chegada de Ortega, às dez. De tarde passei o tempo lendo contos para publicar sem encontrar nada publicável. O tempo passava e nada de ela me ligar. Fazia muito tempo que não me sentia tão ansioso, ia atender o telefone toda vez que tocava, e nunca era para mim. Por fim, às quatro e meia ela ligou: reconheci imediatamente sua voz, com as arestas de falsete que a tornavam tão cubana — ou melhor, tão havanesa. Não podia me ver essa noite, sua mãe tinha jornada dupla de trabalho e não voltaria até bem tarde, mas ela não podia sair porque não tinha sua permissão.

— Tive uma discussão daquelas com a minha mãe — falou.

Bom, tudo bem: se ela não podia vir, eu iria.

Ela gostou da ideia.

— Você sabe direito onde fica a minha casa? — perguntou.

Claro que eu sabia, e de qualquer modo havia o clube Quibús para me orientar. Eu tinha que ir ao cinema, mas pegaria a sessão da tarde e iria para a casa dela quando o filme terminasse. Desligamos assim, sem nos dizer mais nada.

Fui ao cinema e saí por volta das oito. Depois peguei o já familiar ônibus da linha 32 até a praia. Caminhei pela avenida de Santa Fe até dar com o beco que era a rua dela. Quando cheguei, a casa estava às escuras. Toquei a campainha e ninguém foi abrir. Toquei de novo. Nada. Resolvi ir até o Quibús para telefonar. Entrei no Quibús, um clube de aparência rústica iluminado por dentro com luzes coloridas e completamente deserto a essa hora. Um garçom logo veio me atender: o primeiro freguês da noite. Mas quando eu disse que só queria telefonar ele perdeu todo o interesse por mim, apontou para um lado e me deixou, mais do que ver, entrever o telefone preso na parede. Disquei e o telefone tocou e tocou e tocou. Desliguei e liguei de novo: inacreditável, ela não teria feito eu vir só por capricho — ou talvez tivesse acontecido alguma coisa fora do normal. Finalmente atenderam. Por um momento não reconheci sua voz e temi que fosse sua mãe, mas não: era ela. Adormecera me esperando, disse.

— Vem pra cá — acrescentou.

Fui e quando cheguei a porta estava entreaberta, mas a casa continuava às escuras. Ela despontou a cabeça pela porta entreaberta.

— O que houve? — perguntei.

— Nada — disse. — Só me deitei. Estou de pijama.

Sob a luz frouxa da entrada, pude ver que usava uma combinação transparente, e por baixo estava nua.

— E não vai me convidar pra entrar?

— Por que não deixamos pra amanhã? Estou morrendo de sono.

— Ah, não. Deixe de bobagens. Me convide pra entrar.

— Não, você não pode entrar comigo desse jeito — falou. — Espere aqui — e apontou para uma das poltronas de ferro do vestíbulo.

Fechou a porta. Sentei na poltrona, e de repente senti tanta fome que resolvi dar um pulo no *pickin' chicken* da avenida de Santa Fe para comprar um frango frito. E fui. No caminho, eu pensava no que ela pensaria quando saísse para me procurar e gostei da ideia de que pensasse que eu tinha ido embora: isso demonstrava que ela estava lidando com um sujeito original. Voltei com meu frango na embalagem. A casa continuava às escuras. Toquei novamente a campainha. Dessa vez ela não demorou a aparecer: ainda estava vestida para dormir.

— Ah — disse —, pensei que você tivesse ido embora.

— Não, fui comprar um frango. Vamos comer.

— Não, obrigada. Eu já jantei. Mas coma você.

— Aqui fora?

— Não, é melhor você entrar. Algum vizinho pode te ver e depois lá vem a fofocagem.

Entrei na sala, da qual ela saía rapidamente por outra porta.

Por dentro a casa era tão classe média recente quanto por fora. Sentei numa poltrona, acho que com um estofado de nylon, e comecei a comer o frango, calmamente. Nunca comi um frango frito tão delicioso. Será porque eu o comia em circunstâncias favoráveis ao apetite? Ainda estava comendo quando ela voltou, agora vestida, e sentou-se à minha frente.

— Quando a tua mãe volta? — perguntei.

— Lá pela meia-noite, por quê?

— Então temos tempo.

— Não, não quero que você fique aqui muito tempo.

— Mas por quê?

— Não sei. Ela pode voltar de repente, sei lá.

— Tudo bem. Mas amanhã vamos sair.

— Amanhã não, depois de amanhã, quando a minha mãe estiver de novo de plantão.

— Não posso te ver amanhã?

— Não, melhor não. Ela já anda desconfiada.

— Desconfiada de quê?

— Não sei, desconfiada que saio muito, que mudei, como ela diz, e quando ela diz que eu mudei…

— O que acontece?

— Nada, não tira o olho de mim, não me deixa nem ir até a esquina e eu tenho que ir sempre escondida, como na época da escola.

Reparei num retrato de homem sobre a mesinha de centro.

— Quem é esse? O teu pai quando era jovem?

— Não, esse é o queridinho da minha mãe. — Sempre dizia minha mãe e não mamãe ou seu nome: foi aí que me dei conta de como ela chamava a mãe, talvez pelo tom em que disse. — Um verdadeiro babaca. Foi meu namorado há mais ou menos um ano.

— É mesmo?

— É, agora está nos Estados Unidos, exilado ou sei lá o quê. Primeiro andava pelo México. Você deve ter ouvido falar dele. Se chama Simón Sans.

— Nunca na minha vida ouvi falar dele. E por que eu deveria saber quem é?

— Não sei, como você é jornalista e tudo o mais... Ele é muito conhecido pelo pessoal do 26 de Julho.

Era a primeira vez que a ouvia falar, ainda que remotamente, de política.

— Pois não o conheço. Nem quero conhecer.

— Por quê? Porque é perigoso?

— Pra você, não pra mim.

— Pra mim? Já te disse que ele é um babaca de marca maior.

— Bom, isso me alegra.

Terminei de comer o frango.

— O que faço com a embalagem?

— Me dê aqui, vou jogar no lixo.

— Mas e se a tua mãe descobrir?

— Ela não vai revistar o lixo. Além disso, se ela descobrir eu digo que estava com fome e que comprei esse frango no *pickin' chicken*.

Entreguei-lhe a caixa. Enquanto ela ia até a cozinha, fiz uma coisa que eu achava desagradável: limpar a mão e a boca com meu lenço. Teria preferido ir ao banheiro, mas era confiança demais. Ela voltou e sentou-se novamente. Eu me levantei, fui até ela e acariciei seus ombros.

— Não vai me dar um beijo?

Ela ficou quase de pé, mas eu me agachei para beijá-la. Seus beijos tinham a medida exata de sabedoria e inocência e eram, ao mesmo tempo, outra carícia.

— Ah — disse ela, entre o desagrado e a constatação —, você está com gosto de frango.

— Esse é o inconveniente do frango: é delator.

Eu ia dizer que deixava um rastro delator, mas isso sempre me lembrou uma piada habitual: o que é que a vaca deixa quando passa? O rastro delator. Me esqueci da piada beijando-a ali na sala. Nos beijamos um pouco, depois ela se afastou.

— Bom, agora vá.

— Já?

— Sim, é melhor ir agora.

Vi que ela se continha: também queria continuar me beijando — ou pelo menos foi o que pensei.

— Ainda falta muito tempo pra meia-noite: a minha carruagem não vai virar abóbora nem os cavalos vão virar ratos. Não sou Cinderelo.

— Eu sei, eu sei. Mas é melhor você ir agora.

Ela não tinha muito senso de humor; além do mais, estava ficando obsessiva, então resolvi ir. Na saída trocamos um último, prolongado beijo, e ela fechou a porta. Saí me sentindo outro homem: ou melhor, me sentindo um homem. Atravessei a avenida de Santa Fe com uma curiosa sensação de desafio: naquela noite eu não tinha medo de nada nem de ninguém. E com essa sensação de superioridade, fui pegar meu 32, de volta a Havana — ou melhor, a El Vedado.

No dia seguinte não aconteceu nada na revista, que já circulava dentro do edifício. A guerra entre os brancos e os pretos tinha terminado num curioso armistício: eu devia me limitar à diagramação de minha página, ali eu podia fazer o que me desse na telha, mas tinha que deixar o resto da revista tal como estava, e ainda que agora estivesse sentado no lugar de Wangüemert, eu continuava sendo apenas o chefe de redação e devia cuidar de minha província, que era a literatura: o resto da revista ficaria, em termos de diagramação, extramuros. E assim o conto dos dinossauros bradburyanos foi só uma avis rara, e embora o zipatom tenha sido adotado pelo comitê de diagramação prática, Domingo, Cardoso e Carlos, que se deu a alcunha de Maldito, eu não devia interferir novamente na aparência da revista, que continuaria preta e conservadora como fora até o dia anterior. Por outro lado, a lembrança de Elena, que uma noite antes me tornara imortal com um beijo, ainda me perseguia o suficiente para que eu esquecesse minha guerra contra o preto em favor dos brancos.

No dia seguinte nos encontramos no local combinado, mais tarde do que da outra vez.

— Quase que eu não vim — disse ela.

— O que houve?

— Tive uma briga com a minha mãe.

Foi então (já no El Atelier, ou talvez lá fora, sentados no banco de um parque: não lembro direito) que ela me contou sua história. Sua mãe não era sua mãe. Ela não soube que era filha adotiva (recolhida, disse ela) até pouco tempo antes, um ano ou dois, quando sua mãe adotiva ficou com ciúmes do marido por sua estreita relação com a garota, que a cada dia se tornava mais mulher. Houve uma discussão entre as duas pelo modo como ela, Elena, tratava o pai, "com tanta confiança", nas palavras da mãe. Que finalmente lhe disse para levar em conta que ela não era sua filha verdadeira. Elena levou um choque terrível, e exigiu que lhe contassem toda a verdade. Foi seu pai adotivo que, expressando-se com grande consideração, lhe contou tudo. E depois, com outra revelação, ela soube que sua mãe era uma louca de Pinar del Río e que seu pai era da província de Oriente. Ao me dizer o sobrenome completo do pai (morto pouco depois dessa série de revelações), identifiquei-o como um político menor, mas conhecido. Dizia-se também que era um drogado, o que Elena me confirmou: seu estilo de vida tinha acelerado sua morte. Agora a tensão entre a mãe adotiva e a filha se tornava cada vez maior. Perguntei a Elena se ela chegara a conhecer a mãe, e ela me disse que fora vê-la em Pinar del Río, no manicômio em que estava internada, mas que não tinha sentido nenhuma emoção especial com o encontro, que foi como se visitasse uma louca desconhecida — o que, afinal, era a mais pura verdade.

— A minha mãe ameaçou trocar a fechadura da porta.

— Por quê? — perguntei.

— Porque eu vou ficar sem chave pra sair e entrar quando quiser. Ela já sabe que não fico em casa quando ela está de plantão.

— Bom — falei —, não deixe isso estragar o teu dia.

Devia dizer tua noite, porque já era tarde quando ela acabou com as revelações. Meu interesse era que ela se concentrasse em nossa relação e meu plano consistia em levá-la para algum hotelzinho. Sabia de antemão que teria de vencer uma dificuldade mais do que aparente.

— Por que não vamos pra um lugar onde possamos ficar sozinhos?

— Não estamos sozinhos aqui? — Então não restava dúvida, estávamos no parque e não no El Atelier.

— Quero dizer nós dois, a sós.

— Eu sei o que você quer dizer — disse ela, e sorriu.

— Não me leve a mal — disse eu. — Só quero te beijar em paz.

— Tudo bem, vamos — disse de repente, o que me pegou de surpresa. Ela, sempre surpreendente: pensei que seria necessária muita persuasão em vez de um simples convite. Caminhamos até a 2 com a 31, onde ficava o hotelzinho, não muito longe da 10 com a 17, onde estávamos no momento. Evitei a rua 23 e descemos toda a 25 até a 2: não queria que ninguém nos visse a caminho do hotel, pois embora nosso passeio não fosse, por si só, revelador, para mim ele era, e talvez fosse, também, para algum conhecido que encontrássemos por acaso. Ao chegar, entramos pela porta escura por onde entram os carros. Eu a deixei no escuro e fui até o balcão ou recepção, nunca soube como se chama esse lugar nos hoteizinhos. Perguntaram se era a noite toda ou só por um tempo.

— Por um tempo — disse, e paguei.

Entramos no quarto que me indicaram. Ela o olhou, ou melhor, inspecionou-o cuidadosamente: via-se que nunca estivera num lugar desses. Pelo menos, não nesse.

— Bem deprimente — falou.

— É mesmo, com essa luz. Mas me deixe apagá-la e acender a da cabeceira.

Apaguei a luz e acendi a lâmpada da cabeceira, que era vermelha. Resolvi me sentar numa cadeira e ao mesmo tempo convidei-a a sentar-se. Mas antes que eu a convidasse ela começou a tirar a roupa, ou melhor, o vestido.

É preciso levar em conta a época e as cubanas dessa época para saber como sua ação foi inusitada. Eu vinha preparado para um longo interlúdio de conversa e de reiterados convites para nos deitarmos, e eis que ela, sem sequer uma palavra, começava a se despir. Mais do que surpreso, eu estava embasbacado. Ela ficou de anágua e vi que não usava sutiã: outra de suas surpresas. Sentou-se na cama, eu me sentei do outro lado, não sem antes tirar o paletó: não me atrevia a ficar de cueca porque talvez isso fosse abrupto demais para ela, que tinha tirado apenas o vestido.

Então nos deitamos e começamos a nos beijar; nenhum foi como o beijo que ela me deu na porta de sua casa uma ou duas noites antes, mas nos beijamos por um bom tempo, enquanto minhas mãos lhe acariciavam os seios e as coxas.

— Espere um pouco — disse, e tirei a calça e a camisa e fiquei de cueca. Enquanto fazia isso eu podia ver seu corpo pequeno e compacto, tão feminino, fulgurante de carne jovem à luz vermelha da cabeceira. — Por que não tira a anágua? — pedi, e ela disse "Está bem" e a tirou, ficando de calcinha, que devia ser branca porque parecia rosada sob aquela luz vermelha que era como a lâmpada de revelação de uma câmara escura. Seus seios eram pequenos, mas compactos, e estavam bem de acordo com seu corpo, embora ela fosse mais estreita em cima do que embaixo, com seus quadris amplos e as coxas grossas. Os seios se exibiam róseos e firmes e os acariciei com as mãos, primeiro, e depois desci para beijá-los uma e outra vez, para por fim sugá-los. Ela se contorcia na cama e acariciava minha cabeça. Continuei descendo até seu umbigo e mais abaixo até chegar ao púbis, mas ela não me deixou chegar, puxou minha cabeça pelos cabelos e disse "Não!", com muita firmeza. Voltei a beijar seus seios, a beijá-la, e agora, em cima dela, beijava-a na boca, nos lábios, no rosto, e ela respondia a meus beijos.

Tentei convencê-la a tirar a calcinha, mas ela não quis e eu não insisti: essa era a primeira vez que eu estava com ela e não ia pôr tudo a perder com minha insistência: essa era sua zona proibida e adotei a paciência como método. Continuamos nos beijando, eu me esfregando nela sem parar até finalmente gozar na cueca, que não tirei em nenhum momento. Ela pareceu se acalmar ao mesmo tempo que eu e aproveitei para ir ao banheiro e me lavar e lavar a cueca. Voltei nu para o quarto e me deitei novamente a seu lado.

— Vamos embora — sussurrou-me.

— Como? — perguntei, achando que não tinha ouvido direito.

— Quero que a gente vá embora — falou.

— Já?

— Sim, não aguento mais este lugar.

Voltei ao banheiro, vesti a cueca molhada. Quando saímos, vimos tudo molhado: tinha chovido. Já no ônibus, quase sozinhos no veículo, reprovei que não tivéssemos consumado o ato.

— É um favor que eu te faço — disse ela.

— Um favor?

— É.

— Você, pra mim?

— Eu, pra você. Sabe quantos anos eu tenho realmente?

— Não. — Não sabia, nós dois tínhamos falado de muitas coisas, mas nunca falamos de sua idade.

— Ainda não completei dezesseis.

Eu me assustei ao saber que estava saindo com uma menor, mas, para não deixar que percebesse meu susto, fiquei quieto. Não conversamos mais durante o percurso, só segurei sua mão entre as minhas.

Descemos do ônibus e atravessamos a avenida. A noite estava fresca pela umidade que a chuva deixara também aqui. Os carros passavam ao nosso lado, indiferentes, deixando um rastro de orvalho móvel que a luz dos faróis dos carros que vinham atrás transformava em arco-íris. Perguntei-me se a palavra *arco-íris* teria plural: a luz dos carros transformava em arcos-íris. Soava atroz. Nesse momento ela me puxou pelo braço.

— Por aqui — disse.

Estranhei, porque sempre seguíamos pela avenida de Santa Fe até virar na rua em que ela morava. Agora caminhávamos por uma rua curvada e lateral, por entre solares ermos, mal iluminada por uma luz distante.

— Vamos por aqui, que não vai ter ninguém — disse ela.

Senti, agora, uma nova sensação de cumplicidade, perdida dias antes.

— Além disso — acrescentou —, por aqui vamos demorar um pouco mais.

Caminhamos de mãos dadas. Ouvi o coaxar das rãs e o cri-cri dos grilos. Ao passar pelo poste, riu, sozinha.

— Está rindo de quê?

Como sempre fazia, ela se calou por um momento antes de responder. Eu ainda não tinha notado esse seu hábito, mas essa noite reparei nele particularmente.

— Estou rindo de você — disse por fim.

— Eu disse alguma coisa?

Ela não respondeu.

— Eu fiz alguma coisa que devia ou não devia fazer?

Uma rãzinha pulou na nossa frente e, de um salto, ela desceu da calçada. Fiquei pensando em como ela imaginava essas brincadeiras: que tipo de senso de humor seria o seu? Mas era sério: ela tinha medo de rãs, vi isso claramente em seu semblante. Mas foi ela quem sugeriu que fôssemos por esse caminho cheio de rãs. Ou repleto de coaxos.

— Você estava rindo de quê, Elena?

Ela ainda era Elena. Mais tarde seria Elenita e, às vezes, somente Ele, mas agora era Elena.

Ela me encarou.

— Da tua covardia — falou, sem pestanejar.

— Eu? O que te faz pensar assim?

Eu não estava surpreso por ela me chamar de covarde: isso não era novidade. Estava surpreso por me dizer isso agora: dez minutos ou uma hora antes eu não me surpreenderia; agora, sim.

— Não era bem disso que eu estava rindo — disse ela. — Não é pra rir. Acho graça porque penso que se as pessoas que têm medo de você te conhecessem como eu, te desprezariam.

— Por quê?

— Porque você é um covarde e não parece. Não parece mesmo. Imagino que muita gente tem medo de você — eu a interrompi para pensar que tinha razão — e te respeita. Mas é porque não te conhecem. Quando eu te vi pela primeira vez, pensei: "Vai me fazer muito mal". E disse a mim mesma: rejeite-o, porque ele vai te prejudicar muito, e tinha medo de te ver novamente. Mas agora estou convencida de que você não é capaz de fazer mal a ninguém, não por altruísmo, mas porque tem medo, porque é um covarde.

Ela se deteve; não só parou de falar, como parou para me olhar de frente. Eu disse, mas disse bem para mim, sozinho: "Está enganada, menina. No fim eu é que vou te prejudicar. Você vai ver. Vai estar viva pra ver".

— Mas os covardes prejudicam mais do que qualquer um — falei em voz alta.

— É, isso é verdade. Mas agora não tenho medo de você. Não sinto mais nenhum tipo de medo de você. E sabe de uma coisa?

— Não. O quê?

— Eu te amo.

— Eu sei.

— Não, o que você sabe é que estou apaixonada por você, mas não sabia que te amo. Agora eu já sei e então você pode saber também.

Segurei seus ombros estreitos e tentei beijá-la, mas ela desviou a boca, inclinou o rosto de tal forma que beijei sua bochecha, não a boca.

— Agora não — disse ela. — Agora não quero te beijar nem quero que você me beije. Vamos chegar, primeiro.

Estávamos exatamente atrás de sua casa, com o clube Quibús iluminando a noite de vermelho e de azul à esquerda, do outro lado do rio. Continuamos caminhando, devagar, mas a passos firmes, para a casa dela, deixando para trás os solares ermos e passando por entre outras casas vizinhas. Já não estávamos de mãos dadas. De repente, ela perguntou:

— O que você faria se ao chegar em casa desse de cara com a minha mãe?

— Eu? Nada. Quer dizer, acho que estenderia a mão pra cumprimentá-la, que é o que costumo fazer, automaticamente, quando estou numa situação embaraçosa e alguém começa a gesticular à minha frente. — Ela sorriu. — O problema seria se ela ficasse bem tranquila. Daí eu não saberia o que fazer. De verdade.

— Faz algumas noites que eu me pergunto o seguinte: o que ele vai fazer se der de cara com a minha mãe?, e não consigo responder.

— É melhor que eu não tenha que dar de cara com ela.

— Mas você vai ter que vê-la mais cedo ou mais tarde. Isso vai acontecer mais cedo ou mais tarde.

— Melhor que aconteça mais tarde.

Ela desceu da longa calçada do loteamento e disse:

— Chegamos.

— Quase.

— Não, é melhor você ficar por aqui e eu entrar sozinha.

— Mas por quê? A tua mãe não vai estar aí.

— Não, ela não vai estar. Pelo menos espero que não esteja e que ao chegar me encontre dormindo, inocente.

Deu aquele seu sorriso sardônico.

— Pelo menos aparentemente. Sabe de uma coisa?

— O quê?

Estávamos parados no meio da rua lateral, mas não havia perigo de vir nenhum automóvel. Ela demorou bastante para responder.

— Você não vai acreditar, mas eu nunca tinha ido pra cama com ninguém.

— Então você nunca foi pra cama com ninguém, porque hoje à noite nós não fomos pra cama. Simplesmente ficamos juntos sobre uma cama, mas isso não é ir pra cama. Bom, é ir pra cama, mas também não é.

— Não, nem mesmo isso. Nunca tinha feito isso antes.

— E o Simón Sans?

Ela riu. Agora pude ver todos os seus dentes perfeitos.

— Eu já te disse que ele era um babaca.

— É — falei —, mas *anche* os babacas vão pra cama.

— Sim, mas não ele, que era superformal. Não o viu no retrato?

— Eu o vi uniformal, não formal. Quer dizer, eu o vi de uniforme militar. Ele é soldado, não é?

— Não, é aviador, e também era, é, o delírio da minha mãe. Mas era tão formal que era incapaz de fazer alguma coisa comigo.

— Talvez ele tivesse medo do um ano, oito meses e vinte e um dias.

— Do quê?

— É o tempo em que te deixam preso por dormir com uma menor, mesmo que ela consinta.

— Ah, é? Não sabia que era tanto. Sabia que isso dava cana, mas não tanta cana.

— Pois pode ser que disso aí ele tivesse medo.

Sei que essa frase acima está mal construída, mas foi assim que a construí na época.

— Ele não sabia de nada. Eu nunca disse nada pra ele. Quer dizer, sobre a minha idade, e eu de cabelo comprido parecia mais velha do que agora.

— Talvez ele tenha adivinhado a tua idade verdadeira. Ou a tua mãe contou pra ele.

— Não, não é isso. É que ele era um perfeito cavalheiro.

Riu.

— Ele mesmo dizia isso de si mesmo.

— Pode ser.

— É, pode ser.

Ficou séria de repente.

— Que foi?

— Nada, já vou indo.

— Mas não vá embora assim.

— É que... — E ela fez uma de suas pausas.

— É quê?

— Que, em todo o caso, você recebeu o recado.

— Eu? Como assim?

— Está vendo? Você nem se tocou.

— Mas do quê?

— Que eu te disse que era a primeira vez que me deitava, que ia pra cama com alguém. Isso é importante, acho.

— Claro que é importante. Eu já sabia disso antes de você me dizer.

— Não, não sabia. Você pensava que era outra coisa. Na certa pensou que eu estava me fazendo de difícil.

— Não, juro por Deus que não, nunca pensei que você estava se fazendo de difícil.

Ela acreditou em mim, mas, na verdade, eu tinha mesmo pensado que ela se fazia de difícil. E tem mais, quando a senti se mexendo sob meu corpo imaginei que já tivesse ido pra cama antes. Agora eu não sabia se dizia sim ou não ao dilema: talvez ela falasse a verdade. Em todo caso, acreditou em mim e antes de ir embora me deu um beijo, rápido, nos lábios. Passou pelo pequeno vestíbulo da casa, abriu a porta e entrou.

No dia seguinte não nos vimos, porque era o dia em que eu escrevia minha crônica, e para isso havia todo um ritual, além do mais sua mãe não estava de plantão. Eu começava minha crônica quando todos iam embora. Antes, quando Wangüemert não estava de férias, quase sempre ele era o último a sair. Até esse momento eu ficava lendo contos ou falando com ele ou conversando com Pepe lá no canto dele. Mas quando todos saíam, eu começava a escrever. O início era, invariavelmente, o título, quase sempre paródico e alusivo. A primeira linha era o título verdadeiro, que eu sublinhava cuidadosamente. Depois vinha o primeiro parágrafo, que era uma exposição do argumento. O resto podia ir em frente ou não, dependendo do funcionamento dos mecanismos de construção naquele dia. Agora, apaixonado, era mais divertido escrever, porque o amor se refletia em tudo, mas ao mesmo tempo havia mais distrações, como esperar o telefone tocar ou rememorar um encontro. Isso se somou ao ritual da crônica, que às vezes se fazia e se refazia quase sozinha, embora em certas ocasiões se detivesse por completo, com um pretexto qualquer: procurar um dado num livro de referência ou na enciclopédia, lembrar de um momento determinado para relatá-lo ao leitor. Se eu estivesse vestido, como quase sempre, de paletó e gravata, a essa hora o paletó já estaria descansando no encosto da cadeira giratória, pois, mesmo com o ar-condicionado, eu ficava encalorado. Depois afrouxava a gravata e desabotoava o colarinho. Mais tarde a gravata inteira desaparecia de meu traje e ia parar de um lado da escrivaninha, serpenteando fixa sobre os papéis já escritos ou por escrever, nessa hora já não havia mais ninguém no prédio, salvo os faxineiros que faziam a limpeza e o segurança da porta de entrada, lá embaixo, sentado em sua banqueta. Talvez houvesse um linotipista retardatário, esperando minha crônica ou adiantando o material para a semana seguinte, pois àquela hora a revista devia estar finalizada, diagramada e com os negativos feitos, e minha crônica era a última a chegar aos linotipos. Deviam ser sete ou oito da noite. Se eu estivesse com sorte, a crônica estaria bem adiantada e lá pelas oito e meia eu podia dar uma parada, ajeitar a camisa, dar o nó na gravata, vestir o paletó e caminhar até La Antigua Chiquita para jantar. Que invariavelmente era um filé ao ponto, banana frita e salada, um tradicional pudim de pão com frutas cristalizadas de sobremesa, mais café e cigarros. Depois eu voltava para a revista e para a minha crônica, que crescia com o tempo: no começo eram umas poucas páginas a cada quinze dias, depois a cada semana, e agora eram verdadeiros calhamaços de até vinte laudas por semana. Se a crônica estava indo bem, ou muito mal, eu cancelava a saída para jantar e continuava trabalhando. Nos últimos tempos, em vez de escrever a crônica na sala da redação, empurrava a cadeira giratória até a sala do diretor, que eu abria com a chave de Pepe, e lá, num espaço mais concentrado, produzia minha prosa às vezes carregada, pesada, às vezes simples e fluida, mas sempre tendendo a um barroquismo essencial. Em outras ocasiões eu terminava a crônica à meia-noite ou às três da manhã, e então pegava o ônibus que me deixava na 12 com a 23 para jantar no Fragua y Vázquez: uma bisteca (ou uma costela), banana amassada frita e arroz ou uma salada e, de sobremesa, flan, arrematando com os sempiternos café e cigarros. Em outras ocasiões, ainda, o pássaro maravilhoso do espírito santo não pousava em meu ombro, como dizia meu amigo Mendoza, e a crônica se demorava até o amanhecer, e de manhã um linotipista me surpreendia vindo à redação para buscar material, ou era Wangüemert que chegava, eu completando a crônica nas primeiras horas da manhã, a tempo apenas de ir para a composição, ser corrigida, fotocomposta, diagramada e fotolitada para ficar pronta no último minuto do offset: agora, com os anos, fico maravilhado com a paciência, quase o amor respeitoso que todos tinham por minha crônica, a ponto de acatar tanta indisciplina e a custosa demora. Eu era o último redator a entregar o material e o primeiro a exigir espaço. Como conseguiram lidar comigo naqueles seis anos

— "um lustro que dura mais de um lustro" — em que escrevi minha crônica para a *Carteles*?

Saímos juntos no sábado, talvez de tarde, porque lembro de voltar com ela de ônibus, esperando que ele fizesse a volta na praia, e de topar com seus únicos passageiros: o compositor Luzguardo Martí, sua mulher e seus detestáveis filhos, que me olharam (ele e a mulher) com olhos arregalados, pois conheciam minha mulher, e é claro que aquela garota que eu levava pelo braço não era ela. Tacitamente, evitamos nos cumprimentar e quando contei a Elena, a caminho de sua casa, quando imitei os olhos redondos de Martí e descrevi seu bigode enorme, as entradas na cabeça, com as quais imitava o outro Martí, rimos muito da respeitabilidade do artista quando burguês.

Acho que saímos outras vezes, mas não me lembro: devia me lembrar, mas não me lembro, pois são indistintas, umas iguais às outras. Talvez tenhamos ido ao cinema ou ao El Atelier ou a algum outro lugar parecido, mas sei que não voltamos ao hotelzinho, respeitando tacitamente o fato de Elena ser menor de idade e sabendo, no entanto, que a consumação de nosso ato de amor era a única meta possível, a única coisa que realmente importava agora: romper essa barreira era nosso destino e pensamos tanto nisso (pelo menos eu) que quando realmente aconteceu houve uma espécie de anticlímax. Mas era só isso?

Na segunda-feira ela me ligou cedo. Tínhamos um encontro de tarde e estranhei o telefonema.

— Ah, até que enfim você chegou! — disse-me. — Já te liguei umas dez vezes. Aconteceu uma coisa.

— Onde você está?

— Aqui em casa.

— O que houve?

— Quase matei a minha mãe. Você tem que vir, tem que vir e me tirar daqui.

— Tudo bem, já vou. Não faça nada até eu chegar.

Desligamos. Fui para a rua e parei o primeiro táxi que vi, já que o carro de praça da esquina ainda não estava no ponto. Disse para o motorista me levar até a praia e o homem me perguntou que praia. Expliquei que não era exatamente para a praia que eu queria ir, mas sim para um local perto do clube Quibús. Por sorte ele o conhecia. Me deixou na esquina da casa dela. Quando cheguei, ela estava no vestíbulo, sentada, me esperando. Eu receava encontrar sua mãe ferida, ou talvez morta, mas ela estava sozinha.

— Mas afinal, o que foi que houve?

— Venha ver — e me fez entrar na casa. Levou-me até o banheiro e apontou para a porta, que tinha vários sulcos. — Está vendo? Fiz isso com um machado. Eu a persegui até aqui e ela se trancou no banheiro. Por pouco não despedaço a porta toda e mato ela. Ainda bem que me controlei.

— Mas por quê? O que aconteceu dessa vez?

— Tivemos uma briga e ela me deixou furiosa. Me disse que sabia que eu estava saindo com um homem, que com certeza eu estava me deitando com ele e que ela não queria putas na sua casa. Foi isso que me deixou furiosa. Não aguento mais ela. Você tem que me tirar daqui. Hoje, agora mesmo.

Tentei ser conciliador:

— Bom, vamos ver. Não é preciso ser tão extremista. Não é preciso…

— Me tire daqui, eu imploro.

— … chegar a um extremo desses.

— Me tire daqui. Se você não me tirar, eu vou embora de qualquer jeito.

Parei para pensar e olhei para ela, acho que pela primeira vez no dia: estava linda. Não tinha chorado, mas seus olhos estavam úmidos. Percebi outra vez que realmente estava apaixonado por ela, e cedi.

— Está bem. Ponha toda a tua roupa numa mala.

— Não, não vou levar nada. Não quero nada dela. Vou assim como estou.

Estava vestida com um penhoar simples, desses de andar em casa.

— Pelo menos troque de roupa.

— Não, não quero pensar em roupa nem em nada. Quero ir embora daqui. Se eu não sair daqui agora, esta noite, quando ela voltar, eu mato ela. Mato ela e depois me mato e pronto.

Havia uma firme decisão em sua voz e pensei que ela era capaz disso: de fazer as duas coisas.

— Vista outra roupa e vamos.

Ela pareceu reagir. Mordeu o lábio inferior e disse:

— Está bem. Mas me tire daqui.

Foi até um dos quartos. Logo voltou, num singelo vestido azul-marinho, que ficava um pouco pequeno para ela.

— Foi o meu pai que me deu esse vestido de presente. Estou bem assim. Vamos.

— Tem certeza de que não quer levar nada?

— Certeza. Não quero nada dela e não quero ficar nem mais um minuto nesta casa.

— Tudo bem.

Fomos para a rua e caminhamos até a praia. Havia um ponto de táxi ali perto e pegamos um. Pedi que nos deixasse na esquina da rua Carlos III com a Infanta.

— Vamos acabar topando com ela — disse Elena. — Você sabe muito bem que ela trabalha no pronto-socorro.

Pedi ao motorista que nos deixasse diante do mercado da Carlos III, que ficava a umas três quadras do pronto-socorro. Eu precisava voltar à revista, não podia, numa segunda-feira, que era dia de fechamento, me afastar de lá a manhã toda. No caminho, pensei que era melhor deixá-la numa biblioteca. A da

Sociedad Económica de Amigos del País ficava na mesma avenida, a poucos passos do mercado. Quando descemos do táxi, sugeri que ela entrasse na biblioteca, pedisse uma coleção de periódicos dos anos 20 e me esperasse lá. Eu voltaria para almoçar com ela. Enquanto ia para a revista, pensava na ironia de utilizar uma sociedade tão respeitável quanto a Amigos del País como lugar de rendez-vous. Mas trabalhei a manhã toda pensando nela, querendo apenas que o meio-dia chegasse logo. Antes disso, por volta de onze e meia, decidi ligar para casa para dar uma notícia na qual havia pensado muito. Minha mulher atendeu mas pedi para falar com Silvina, irmã dela, que morava no mesmo prédio, só que três andares acima. Minha mulher estranhou e quis saber o que estava acontecendo. Eu disse que não queria falar com ela, que queria falar com Silvina. E agora preciso falar da relação especial que existia entre mim e Silvina. Éramos muito mais do que cunhados e secretamente nos amávamos com um amor que era maior do que o que pode haver entre dois irmãos. Vivíamos num apartamento de quatro quartos no térreo, com meus pais, meu irmão e minha avó. Agora só estavam na casa minha avó e minha mulher. Meu pai estava trabalhando e meu irmão tinha viajado para a União Soviética, de navio, para o Festival Mundial da Juventude. Era eu que tinha sido convidado, quase secretamente, por alguns amigos criptocomunistas, mas como eu não podia viajar meu irmão aproveitou a oportunidade e, com uma sessão de cinema em benefício dele, conseguiu o dinheiro da viagem até Praga. Silvina morava no quarto andar, num apartamento exatamente em cima do nosso, só que muito menor. Agora estava sozinha, mas até pouco tempo atrás morava com o marido, meu amigo íntimo René de la Nuez, que trabalhava comigo na *Carteles*, tinha sido meu colega no ensino médio e conheceu Silvina porque eu era namorado da irmã dela e um dia o convidei para sair com a gente. Ainda me lembro do dia do casamento, com Silvina meio bêbada, à noitinha, numa espécie de recepção no Little Theatre, grudada em mim (ainda circula por aí uma fotografia em que seu belo rosto aparece encostado num ombro: aquela camisa listrada é minha), seu belo rosto de traços italianos ainda mais belo com as cores ressaltadas pela bebida, com medo de ir para a lua de mel, apegada a nós, a sua irmã e a mim, mas sobretudo a mim, de maneira que naquela noite tivemos que acompanhá-los até o Tropicana, onde, no balcão, ela tomou um Alexander a mais e me deu um doce e suave beijo no rosto antes de adormecer e adiar a lua de mel, pelo menos por uma noite. Agora morava sozinha, separada de René, e eu era meio culpado pela separação.

Tudo começou no dia em que se deu o assalto ao Palácio Presidencial para matar Batista. Ou melhor, começou um pouco antes, talvez seis meses antes, quando Alberto Mora foi se esconder lá em casa, porque estava na clandestinidade. Alguns de meus amigos sabiam disso e, entre eles, René da la Nuez — que talvez fosse meu amigo mais antigo — sabia com certeza, pois morava em cima lá de casa. Franqui, que trabalhava como revisor de provas na revista, também sabia. Ali ele também editava o jornal clandestino para o qual eu às vezes o ajudava a redigir uma nota ou um editorial. Um dia Franqui me disse que o grupo revolucionário de Alberto Mora, o Diretório, planejava alguma coisa "grande". Ao voltar do trabalho, perguntei a Alberto o quanto de verdade havia nisso, nós dois sentados na cama no quarto de meu irmão, e Alberto reagiu com nervosismo, quase com violência. O grupo de Alberto, o Diretório Revolucionário, e o de Franqui, o 26 de Julho, lutavam encarniçadamente contra Batista, cada um por sua conta, mas não se viam com bons olhos.

Assim, quando Franqui me pediu que lhe conseguisse alguns explosivos com o Diretório, porque o 26 de Julho não tinha quase nada, Alberto demorou bastante para dizer sim, mas finalmente concordou. Ainda me lembro da tarde, ou melhor, da noite, em que ele passou diante da porta do segundo chefe da radiopatrulha, que morava pegado a nós, e chegou lá em casa com seu pacote de dinamite debaixo do braço, tranquilo, como se carregasse livros. Lembro que pusemos a dinamite sobre a cômoda do quarto de meus pais e de como minha mãe ficou nervosa ao perceber que Alberto e eu trazíamos alguma coisa nas mãos. Como Franqui estava demorando, resolvi tirar a dinamite lá de casa, considerando o nervosismo crescente de minha mãe, e carreguei-a até a esquina, onde peguei um táxi até a revista. Lembro de como o motorista falava comigo, fumando, e de vez em quando se virava para insistir num ponto, movendo a mão direita, com o cigarro, por cima do pacote que descansava a meu lado. Mas chegamos à revista sem contratempos, paguei e subi até a redação sem que o segurança de plantão se espantasse com minha chegada, pois todos eles estavam acostumados a me ver chegar fora de hora. Fiquei na redação à espera de Franqui, que se demorou com o grupo que vinha buscar a dinamite e causou uma pequena confusão cotidiana, mas finalmente o pacote foi levado. Não me lembro do local onde plantaram as bombas, só sei que ninguém ficou ferido nas explosões e isso me alegrou, porque fui um instrumento para se conseguir a dinamite. Nesse meio-tempo, Alberto continuava lá em casa, saindo de noite para se reunir com seu grupo. Um dia me perguntou se dava para esconder seu pai (que tinha nome de herói antigo, Menelao, e que morreu como um herói) na casa de René por alguns dias, pois temiam que a polícia tivesse descoberto seu esconderijo atual. René disse não e com isso salvou a vida de Alberto, que uma vez teve que sair de casa durante o dia para se encontrar com o pai, e ambos foram interceptados por uma viatura policial. Alberto saiu do carro e, enquanto se engalfinhava com o policial que os descobriu, dizia para o seu pai correr, mas só conseguiu o que queria depois de gritar várias vezes. Seu pai era uma figura importante no Diretório, e se a polícia o apanhasse seus planos podiam ir por água abaixo. Então Menelao correu enquanto o filho se atracava com o policial, e assim pôde escapar e Alberto foi preso. Por estar preso, não participou do assalto ao Palácio alguns dias mais tarde, o que salvou sua vida, ao passo que o pai e a maioria dos atacantes foram mortos no assalto.

Franqui também foi preso pouco depois, quando a casa em que imprimiam o jornal foi descoberta. Lembro da noite (quando voltei para casa com enxaqueca depois de ver algum filme ruim) em que recebi um telefonema de Elías Constante, que de dia era revisor na *Carteles*, mas de noite trabalhava no Nacional, e ele me disse, meio em código, que tinham acabado de prender os responsáveis pelo jornal clandestino. Imaginei que Franqui também tivesse caído e perguntei a Constante, e ele disse que não sabia, mas que era provável. Então fui me deitar lá pela meia-noite, e por volta das quatro da manhã bateram à porta. Era a mulher de Franqui, contou-nos que tinham acabado de prender seu marido, e ainda que não tenha acontecido nada com Franqui (ele podia ter sido morto no interrogatório, como tantos outros) e que sua condição de jornalista o tenha protegido, nunca me perdoei por não ter investigado se o haviam levado preso tarde da noite ou não, e por não procurar seu novo endereço (ele se mudara recentemente e eu não sabia onde ficava) para avisá-lo da prisão de seu grupo, já que a polícia só descobriu seu novo esconderijo às três da manhã, talvez porque alguém do grupo abriu o bico, talvez porque investigaram nas empresas de mudança, na época muito vigiadas por conta da movimentação dos grupos clandestinos.

Isso aconteceu em março, naquele mês de março de 1957 em que tantas coisas, heroicas e miseráveis, belas e horripilantes, aconteceram, e Franqui ainda estava detido no Departamento de Investigações e Alberto preso no Castillo del Príncipe quando se deu o assalto ao Palácio Presidencial, na tarde do dia 13. Lembro que eu estava almoçando quando Lydia Díez me ligou para dizer que tinha ouvido no rádio a notícia da morte de Batista. Também lembro do alvoroço na casa ao lado, a do coronel Díaz Argüelles, e da movimentação de viaturas policiais e de carros do Exército na rua 23. Liguei para a *Carteles*, mas ninguém na redação pôde me dar notícias, só me disseram que os fotógrafos estavam na rua, sinal de que algo grave estava mesmo acontecendo. Por volta das seis um carrinho parou na frente de minha casa, quase junto da entrada da garagem do coronel, e dele desceram Dysis Guira e mais dois homens, um deles mancando levemente. Quando entraram em casa reconheci um dos homens, Joe Westbrook, que eu sabia que era namorado de Dysis, e o outro me foi apresentado como primo de Joe. Vinham (e Dysis me disse isso de cara) para ver se podiam se esconder em casa, já que ambos tinham participado do assalto à rádio CMQ, de onde irradiaram a falsa morte de Batista (falsa, na realidade, mas real para os atacantes, que davam a morte de Batista no Palácio Presidencial como coisa certa). O primo de Joe estava com o pé ferido, tinham topado com um camburão, houve uma troca de tiros e Echeverría, o líder estudantil que vinha com eles da emissora, fora morto. Agora Joe chorava na sala, nos braços de Dysis. Era evidente que não podiam ficar lá em casa, pois não confiávamos na cozinheira (que era namorada de um soldado) e um homem ferido chamava demais a atenção. Depois Silvina se ofereceu para escondê-los em seu apartamento. Subimos todos ao apartamento, mas René não estava lá; estava, como eu devia estar, na revista, trabalhando. Tiramos o sapato do primo de Joe, que se chamava e ainda se chama Carlos Figueredo, e vimos que o ferimento não era profundo, mas que necessitava de cuidados médicos. Meu irmão se ofereceu para procurar um amigo que pertencia ao 26 de Julho e poderia conseguir um médico da clandestinidade, mas demorou bastante nessa diligência porque seu amigo, como membro do 26 de Julho, era absolutamente contra o assalto ao Palácio, que via como uma manobra do Diretório para adiantar-se a Fidel Castro, que ainda estava na Sierra. Mas ele finalmente concordou e o médico veio, viu que o ferimento era superficial, tratou-o, enfaixou-o e foi embora em absoluto silêncio, pois também era contra o assalto ao Palácio. Eram mais ou menos sete horas quando René voltou do trabalho para encontrar sua casa transformada, se não num refúgio de guerrilheiros participantes do assalto ao Palácio Presidencial, pelo menos de gente ligada aos que morreram no Palácio, "gente de ação", como eles se autonomeavam. Sua reação foi previsível, mas excessiva. Ninguém o consultara antes de transformar sua casa em abrigo de gente foragida, perseguida, e ele, que não era um homem político, embora, como quase todos, fosse inimigo do regime batistiano, não ia tolerar uma coisa dessas: ou saíam da casa os refugiados ou saía ele. Silvina encarou essa decisão como um abandono em circunstâncias extremas, e eu tentei aconselhar René a não ir embora, pois com isso ele punha em perigo não só a vida dos refugiados, mas também a de sua mulher. René tinha a intenção de ir passar a noite num hotel para refletir sobre a situação. Mostrei-lhe como seria perigoso um homem sozinho, jovem, aparecer num hotel para passar aquela noite, tão longa, de investigações e revanches. Depois ele pensou em ir para a revista, mas também lhe mostrei que ele não costumava, ao contrário de mim, aparecer fora de hora na revista, e que os seguranças que cuidavam do edifício iam estranhar, pois mesmo não sendo exatamente policiais, eram um corpo de vigilância. Por fim, ele resolveu ir dormir na casa dos pais. Combinamos que alegasse uma briga com Silvina — e assim René de la Nuez saiu de casa, e, com a mesma batida de porta, saiu da vida de Silvina, que nessa mesma noite decidiu se divorciar. A história dos refugiados não acaba aqui, mas cerca de duas semanas depois, quando decidiram mudar de esconderijo (pois, afinal, ainda estavam morando junto da casa do segundo chefe da radiopatrulha policial e, ainda que em princípio esse fosse o lugar em que menos iriam procurar, o perigo continuava existindo, sobretudo pelas visitas que Dysis lhes fazia todo dia, pois ela poderia perfeitamente estar sob vigilância policial), não sem antes passarem por um susto ou dois. Um deles foi quando minha mulher ligou para a revista e me disse que a quadra estava cercada por policiais, mas era apenas uma precaução policial para garantir o enterro tranquilo de suas vítimas, outro foi quando Joe Westbrook já estava em seu novo esconderijo (onde ia ficar muito seguro, o coitado, que durou tão pouco, porque esse refúgio foi descoberto pela polícia e ele, Joe, acabou morto, com apenas vinte anos de idade) e Silvina ficou sozinha com Carlos. Uma noite, já bem tarde, de madrugada, bateram à nossa porta: era Silvina; ela não conseguia controlar Carlos, que estava com uma dor no peito e queria ir para a rua. Tive que subir com ela e convencer Carlos de que não era uma ideia muito boa sair àquela hora, além do que, conforme pude comprovar quase como um especialista, a dor no peito era causada simplesmente por gases. No fim, Carlos encontrou outro refúgio seguro, mas René não voltou mais para casa, e foi assim que Silvina ficou sozinha.

— Alô? — era ela no telefone.

— Escute, é pra você dizer pra tua irmã que eu vou embora de casa.

— Como?! O que você está dizendo?

— Que eu vou embora, que não volto mais pra casa.

— Você não pode fazer isso.

— Então como é que estou fazendo?

— Não, você tem mulher e filha. Não pode deixá-las assim, sem mais nem menos.

— Claro que posso.

— Não.

— Prefiro que você conte.

— Ela está aqui do meu lado. Quer falar com ela?

— Não, só quero que diga pra ela que eu não vou mais voltar. Agora vou desligar.

— Escute, escute.

Desliguei. Não precisava imaginar a cena de choro que minha mulher devia estar armando nesse momento, mas tinha coisas mais urgentes a fazer do que visualizar o choro de minha mulher. Saí da revista e fui até a Sociedade Económica de Amigos del País. Quando entrei na biblioteca, ela estava quase sozinha lá. Sentei-me a seu lado.

— Vamos almoçar.

— Não tenho a menor vontade.

Curioso, eu também estava sem fome, apesar de já ser bem tarde.

— Bom, em todo caso, vamos sair daqui.

— E pra onde vamos?

— Não sei. Vamos dar uma volta por aí.

Saímos e descemos a Carlos III, sempre na direção oposta à do pronto-socorro. Caminhamos um pouco, em silêncio.

— O que vamos fazer? — perguntei finalmente.

— E você pergunta isso pra mim? Sei lá. Pensei que você soubesse.

— Bom, eu já disse pra minha mulher que não volto mais pra casa. Mas agora, o que você e eu vamos fazer?

— Eu não sei o que você vai fazer, mas sei que nunca mais na vida vou morar de novo com a minha mãe.

— Não, claro que não. Mas o que vamos fazer agora? É o agora que me preocupa, não o amanhã nem o depois de amanhã.

— Podemos ir pra um hotel.

— Com que bagagem? Não vão nos aceitar.

— Acha que não vão nos aceitar?

— Com certeza.

— Bom, podemos ir ao mesmo lugar em que fomos no outro dia.

— Aquele hotelzinho?

— É.

— Mas não agora. Preciso voltar pra revista.

Nós dois ficamos calados e continuamos caminhando em silêncio. Por fim, eu falei.

— O melhor a fazer é você voltar à biblioteca.

— Já li todos os jornais de hoje.

— Peça jornais atrasados, a coleção da *Social*, que é uma revista muito amena dos anos 30.

Eu não sabia como ainda tinha ânimo para fazer o elogio da *Social*.

— É natural que uma revista como essa seja lida por uma mulher — expliquei.

— *Social*. Tudo bem. A que horas você vem me pegar?

— Lá pelas seis...

Caminhamos de volta, ela para a biblioteca, eu para a revista. A tarde foi passando, ora devagar, ora ligeira, conforme meu estado de espírito, ansioso para ficar sozinho com Elena, mas temeroso da responsabilidade de assumi-la: eu não tinha me esquecido da questão da idade, ao contrário, acho que agora isso estava ainda mais presente. O curioso é que ninguém na revista, nem mesmo René ou Pepe, que conversaram muito comigo, perceberam meu estado. Deram as cinco e todos saíram da revista, Pepe e René também, e eu fiquei sozinho na redação, pensando, sentado na beirada da cadeira. Até o diretor foi embora, e se despediu de mim como sempre: ninguém estranhava que eu ficasse lá depois do horário de saída da revista. Perto das seis, fui buscar Elena. Não sabia se a biblioteca fechava a essa hora ou se ficava aberta de noite, então resolvi ir antes das seis. Encontrei-a esperando na porta: a biblioteca ainda estava aberta, mas ela estava sozinha.

— Até que enfim — disse. — Já faz um tempo que estou esperando.

— Desculpe. Não pude vir antes — menti, com grande naturalidade.

— É, eu desconfiei — disse ela, aceitando minhas desculpas; e se não aceitasse, ia fazer o quê?

Saímos andando, comecei a descer a Carlos III. Ela segurou meu braço.

— Podemos ir pela Infanta. A minha mãe já deve ter saído do trabalho faz tempo.

— Você deixou um bilhete pra ela, ou coisa parecida?

— Quer bilhete melhor do que o que eu deixei na porta do banheiro? — disse, quase sorrindo.

Era uma espécie de exibição de cinismo que não deixava de ter seu lado cômico, mas naquele momento não percebi isso.

— É melhor pegarmos uma condução — sugeri — e irmos pro hotelzinho. A menos que você queira jantar antes.

— Não estou com fome. E cansei de ficar sentada.

— Então podemos caminhar.

— Não, tudo bem. Vamos fazer como você disse.

Pegamos um táxi na esquina da Infanta, mas pedi que nos levasse até a 11 com a 24, para um outro hotelzinho que ela não achasse tão deprimente quanto o da 2 com a 31. Chegamos ainda de dia e, na recepção, estranharam quando eu disse que íamos passar a noite toda. Decerto pensaram que eu fosse um atleta do amor. Entramos no quarto, situado nos fundos, na parte que dava para o parque, e havia ar-condicionado. Estava agradável ali, pelo menos a temperatura, muito menos sufocante do que lá fora. Ela mediu o quarto com atenção e curiosidade e finalmente se deitou na cama, vestida. Sentei-me a seu lado. Foi então que reparei que não levava nem uma bolsa consigo: realmente não tinha nada além da roupa do corpo. Ela olhava para o teto.

— Foi pra isso que eu saí da minha casa? — perguntou.

Mas a pergunta não era dirigida a mim: era mais como se pensasse em voz alta, e decidi deixá-la sem resposta. Na verdade, ela tinha razão: escolhera mal o companheiro de fuga.

Ela ficou em silêncio por um momento, e então me aproximei de seu corpo e a beijei no rosto, levemente. Depois minha boca procurou a dela e nos beijamos, primeiro com ternura, depois quase com desespero. Ela se afastou de mim e disse:

— Um momento.

Levantou-se e começou a tirar a roupa. Dessa vez não ficou de anágua, tirou até a calcinha, veio nua para a cama e se cobriu com o lençol:

— Brrr. Está frio — disse.

— Vou desligar o ar-condicionado — disse, e me levantei.

Também tirei a roupa e me meti entre os lençóis, ao lado dela. Continuamos nos beijando, até que finalmente consegui ficar por cima dela, que abriu as pernas. Deu apenas um gemido, e me surpreendeu a facilidade da penetração. Pensei que ela não fosse virgem, que tivesse me enganado, mas o prazer me impediu de continuar pensando em sua virgindade e juntos nos movemos, meu corpo seguindo a sabedoria de seu corpo pequeno e compacto. Quando terminamos, depois de um clímax quase afônico, ela se levantou e foi ao banheiro. Saiu por um momento, com um pedaço de papel higiênico na mão.

— Estou sangrando — disse.

Sentei na cama e vi que o papel estava, de fato, manchado de sangue.

— É natural, não é? — falei.

— É — disse ela —, mas não gosto nem um pouco de sangue.

— E como ia matar a tua mãe a machadadas? Aí sim você ia ver sangue.

— É diferente — disse ela. — Naquela hora eu estava morrendo de raiva.

Entrou no banheiro novamente para se lavar. Pouco depois voltou para a cama. Logo recomeçamos.

— Dói? — perguntei.

— No começo doía um pouco, agora não.

Depois ficamos jogados na cama, relaxados, feito mortos.

— Você foi muito corajoso hoje — ela me disse logo depois.

— Eu?

— É, você.

— Quando?

— O dia todo. Indo me buscar lá em casa, cuidando de mim, vindo comigo pra um motel, sendo que eu sou menor de idade.

É verdade que na prática — para qualquer olho alheio, como o de um juiz, por exemplo — eu havia raptado uma menor, mas não tinha pensado nisso o dia todo.

— Agora quero te dar um presente.

— Você, pra mim? — Perguntei-me o que podia ser.

— É, por ter sido tão corajoso. Eu não tenho quinze anos, tenho dezesseis. Vou completar dezessete, acho.

Senti alívio e surpresa. Mais surpresa do que alívio, pois me espantava que ela me adiantasse essa informação que ia, praticamente, contra ela: eu já estava até pensando em me divorciar para me casar com ela. Ou seja, antes que a mãe avisasse a polícia.

— É mesmo? — limitei-me a dizer.

— É, meu amor — disse ela. — Não acha isso bom?

— Claro que sim, mas como é que você não sabe direito a tua idade?

— É muito simples. Os meus pais me adotaram quando eu tinha um ano, acho, e já faz mais de quinze que me adotaram. Em todo caso, comemorei os meus quinze anos há quase dois anos, quando o meu pai estava vivo.

— Isso foi quando você estava noiva daquele sujeito, qual é mesmo o nome dele?

— Simón. Simón Sans.

— Sim, Simón Sans. É um aliterado.

— Um o quê? — perguntou ela me encarando.

— Não tem importância. Um sujeito sem importância.

— Pra mim ele não importa nem um pouco. Mas ele está muito cheio dele mesmo.

— Está cheio de si.

— Isso.

Falou com tanta doçura em seu falsete que me desarmou. Ela recorria muito ao falsete havanês, mas só era puro falsete quando ela estava aborrecida ou brava. Agora era um falsete amoroso. Beijei seus olhos, seu nariz, sua boca, principalmente a boca.

— Não quer conversar? — perguntou ela.

— Agora não.

— Mas é que… estou cansada. Deixa eu descansar um pouco, vai!

Saí de cima dela e disse:

— Está bem, descanse. Mas a gente tem a noite inteira pra descansar.

— Também temos a noite inteira pra ficar juntos. Não acha isso estranho?

— Não particularmente.

— Eu acho, antes a gente tinha que ficar calculando o tempo. Agora temos todo o tempo pra nós.

Ficou quase sentada na cama, meio reclinada, meio deitada, repousando em seu lugar.

— Tem um cigarro aí?

— Sim. Quer um?

— Não fumei o dia inteiro. Foi isso que mais me deixou aflita naquela biblioteca. Ah, também tinha um sujeito atrás de mim. Mudou de lugar umas cinco vezes de manhã. Depois apareceu por lá de tarde e veio perguntar se eu me interessava pela *Social*.

— Ah, você pegou a revista?

— Eu respondi que não, pra ele me deixar em paz. Foi, eu pedi a revista e acho que me trouxeram a coleção inteira. Um monte assim.

— O que achou?

— Uma revista velha, o que eu podia achar? Não te interessa que eu conte do sujeito que me perseguia pela biblioteca?

Não particularmente, mas disse a ela que sim. Seguiu-se uma longa história de como ela mudava de lugar e aquele indivíduo, que ela me descreveu como alto e magro e com espinhas na cara, mudava de lugar toda vez que ela mudava. Ele fingia procurar uma luz melhor, mas o que procurava era um lugar melhor perto dela. Sua história me fez lembrar dos dias em que eu ia à biblioteca, principalmente a Nacional, quando ela ficava no velho Castillo de La Fuerza e tinha seus personagens habitués, como o sujeito baixinho e tímido que estava sempre lendo e o sujeito grande e forte e com a cabeça sempre suada, que segurava um pacote todo amarrado com barbante, e o outro sujeito, já velho, que estava copiando a enciclopédia *Espasa* página por página e tinha um lugar reservado para os seus papéis e seus lápis, muitos lápis, com os quais escrevia à mão o que estava em letra impressa no volume: os três eram loucos, evidentemente, ou, para sermos mais amáveis, no mínimo excêntricos leitores.

— ... e por último eu disse pra ele que se não me deixasse em paz eu ia chamar o bibliotecário, que era a última coisa que eu queria fazer no mundo, pois queria passar despercebida na biblioteca, parece que o sujeito notava isso, mas quando falei com firmeza ele parou de falar comigo e de chamar a minha atenção, mas não mudou de lugar e continuou ali na minha frente.

Enquanto isso eu pensava não na biblioteca de hoje, mas na biblioteca de amanhã, e na de depois de amanhã, e em todos os dias de biblioteca que a aguardavam, enquanto eu decidia o que fazer.

Ainda bem cedo nos levantamos, saímos do hotelzinho e atravessamos todo o bairro de El Vedado e Havana inteira até chegar à avenida do Puerto. Caminhamos um pouco e nos sentamos num banco do parque do Anfiteatro. Eram seis da manhã e não havia nenhum lugar aberto onde pudéssemos tomar o café da manhã, coisa impossível de se fazer no hotelzinho. Por algum motivo incerto (talvez fosse o jejum, pelo menos de minha parte) não conversamos durante todo o percurso, nem agora, mas de repente ela disse em seu falsete:

— Ai, que merda.

E vi um homem, já meio velho, vindo em nossa direção. Ao passar, pareceu reconhecer Elena e a cumprimentou com um "Como vai?", e ela respondeu "Oi". A realidade sempre se empenha em parecer ficção: Elena me explicou que era um tio dela. Parece incrível, mas é verdade: de todas as pessoas do mundo que podiam passar diante de nós, a primeira e às seis da manhã tinha que ser um tio dela!

— Mas não faz mal — disse ela. — Ele não se dá com a minha mãe mesmo.

Ela só disse isso e caímos novamente no mutismo, enquanto o sol subia por detrás de La Cabaña.

Pouco depois abriram o café El Templete, atrás do edifício homônimo, e caminhamos junto do Castillo de La Fuerza até lá. Pedimos café com leite e pão. Não estávamos exatamente com fome, ela menos do que eu, mas me senti melhor depois de comer, e embora tenhamos ficado ali bastante tempo depois de comer — eu tomei vários cafés pretos e ela pediu um maço de Camel —, não nos animávamos a sair, como se temêssemos (pelo menos eu) o dia que nos esperava lá fora. Por fim nos decidimos e saímos caminhando pelo Malecón. Já havia mais gente na rua, muitas pessoas desembarcando das lanchinhas que vinham de Casablanca. Quando vimos (ou quando eu vi) que íamos em direção ao Prado, fizemos meia-volta para procurar um ônibus que a deixasse na Sociedad Económica de Amigos del País e me deixasse perto da *Carteles*.

Ainda não havia ninguém na redação da revista quando cheguei, então aproveitei para ir ao banheiro lavar o rosto. Já tinha feito isso antes, no hotel, mas precisava me refazer do percurso matinal, e também sentia falta de uma escova de dentes. E me perguntava se ela, como eu, não se sentia desconfortável usando a mesma roupa. Na verdade, começava a sentir os efeitos da fuga mal planejada e da vida clandestina. Resolvi mergulhar no trabalho, na leitura dos contos, tentar esquecer a situação em que me encontrava. Logo depois Pepe chegou à redação, e em seguida chegaram outros, desenhistas, linotipistas em busca de material, diagramadores em busca de esclarecimentos sobre a importância de algum título: o pessoal da revista.

Mais tarde viriam os colaboradores e o ambiente na redação ficaria bem parecido com o de um café literário, para mim o pior, nesse momento.

Finalmente chegou o meio-dia, e embora eu costumasse sair por volta da uma, acompanhando o diretor, dessa vez saí assim que bateram as doze horas. Cheguei à biblioteca, onde Elena ainda examinava a mesma coleção da revista *Social* (talvez para uma tese de graduação...), e fomos almoçar. Embora nenhum dos dois estivesse com fome, fomos ao restaurante do mercado, na Carlos III. Como não sou Hemingway, não me lembro dos pratos, nos quais mal tocamos. Ficamos um pouco no restaurante, quase sem conversar, mas pensando (pelo menos eu) em nossa situação. O que íamos fazer? Podíamos continuar assim por muito tempo? Não dava para ela ir morar de novo com a mãe? Não, não dava nem para pensar nisso, que dirá fazer: ela não estava brincando quando disse que por um triz não matou a mãe. Felizmente, soaram duas badaladas e tive que voltar para o trabalho, e ela para a biblioteca.

A tarde passou devagar e cheia de visitas. Acho que Pepe percebeu algo, pois veio me perguntar, num momento em que fiquei sozinho, se estava acontecendo alguma coisa. Claro que não, eu só estava um pouco cansado. Depois, lá pelas seis horas, fui apanhar Elena. Agora ela queria caminhar um pouco.

— Estou entrevada — falou — de tanto ficar sentada.

Caminhamos por toda a Carlos III, sem tomar muito ou pouco cuidado com o pronto-socorro, chegamos até a ladeira do Príncipe, viramos na avenida dos Presidentes e fomos nos sentar no primeiro parque da avenida. Estávamos em território conhecido (pelo menos eu era conhecido ali: esse fora o meu bairro até bem pouco tempo atrás) e logo depois sugeri que fôssemos jantar. Mas ela estava completamente sem fome e eu também não sentia vontade de comer. Então sugeri que voltássemos para o hotelzinho. Caminhamos até o ponto que ficava na esquina da avenida com a 23 e pegamos um táxi.

Ainda não era noite quando chegamos lá. Acho que fui atendido pelo mesmo homem da vez anterior, aquele que se espantou com meu desejo de passar a noite toda, mas o sujeito não estava ali para reconhecer clientes, e também não estávamos fazendo nada ilegal, ainda que naqueles tempos qualquer coisa pudesse ser ilegal. Resolvi tomar uma ducha antes de ir para a cama, e estava embaixo do chuveiro quando Elena parou na porta para me espiar. Ficou me olhando e rindo.

— Está rindo de quê? — perguntei.

— Ah, você parece um macaco tomando banho — disse, imitando meu jeito de ensaboar o corpo.

Não achei a menor graça, ela enjoou de me olhar no banho e foi para o quarto. Quando saí do chuveiro ela já estava na cama, nua, deitada de bruços, seus quadris largos marcando o colchão, seu corpo de um tom quase castanho destacando-se, sensual, sobre os lençóis brancos. Eu me joguei sobre ela, mas fui rejeitado.

— Ah, não — disse ela. — O calor está demais.

— O ar-condicionado está ligado — foi a resposta que me ocorreu.

— Não, mas agora não — disse ela. — Não estou com vontade.

Decepcionado, ainda me lembrando de sua frase, dela dizendo que eu parecia um macaco tomando banho (não a esqueci: essa frase casual se tornou determinante em minha vida com ela), me deitei a seu lado. Pouco depois peguei o telefone para pedir uns drinques.

— Duas cubas-libres — disse para a voz anônima que me atendeu. — Quarto número 8 — acrescentei, embora a voz soubesse de onde estavam ligando.

Pouco depois bateram à porta e me levantei para pegar a bandeja com os dois copos que um braço tão anônimo quanto a voz do telefone me estendia.

— São oitenta centavos — disse o dono do braço. Fui pegar o dinheiro, dei-lhe um peso e disse que ficasse com o troco.

Coloquei um dos drinques na mesa de cabeceira dela (que continuava deitada de bruços) e sentei do meu lado da cama para tomar tranquilamente o meu. Pela primeira vez eu me sentia bem depois do banho, mas ao beber me senti levemente enjoado: o que não era estranho, com meu estômago vazio. Olhei para ela e me perguntei se teria adormecido (seu rosto estava virado para o outro lado) e decidi que não tinha, então passei o dedo pelo canal de suas costas até chegar a suas nádegas redondas e lisas. Eu gostava de seu corpo pequeno e feminino e de sua pele bronzeada. Comecei a beijar seus ombros e desci até a cintura e lhe beijei as nádegas e mais abaixo também. Então ela se virou e me abraçou: e nos beijamos. Olhei-a e vi seu rosto passar do tédio à paixão e pensei na frase ("Você parece um macaco tomando banho") e depois parei de pensar nisso para me concentrar em seus beijos. Agora eu estava em cima dela e ao penetrá-la ela fez uma careta de dor.

— Dói? — perguntei.

— Não, agora não — disse. — Continue.

Suavemente, continuei a penetrá-la, pensando nesta palavra que começa com *pene*, mas logo deixei os pensamentos de lado para sentir seus movimentos sábios, antigos, os mesmos que me levaram a pensar, daquela primeira vez, que ela não era virgem. Primeiro suave e depois ritmada e por fim violentamente, gozamos ao mesmo tempo, ela gemendo e me dizendo coisas (palavras que eu mal entendia ou ouvia) em seu doce falsete, e eu calado, me movendo, para fora e para dentro, para dentro e para fora, e me movendo mais até lhe arrancar o último gemido.

E nos largamos na cama, cada um do seu lado, e eu olhei para o teto, procurei meu drinque com as mãos na penumbra do quarto e o encontrei ao longo do braço, enquanto a via levantar-se para ir ao banheiro. Logo depois ela estava de volta, procurou o cigarro na bolsa e começou a fumar furiosamente, como sempre. Fizemos amor várias vezes nessa noite, seguida, sossegada e gravemente: não há humor no amor.

No dia seguinte saímos cedo para a mesma peregrinação. Dessa vez fomos dar no parque Central, onde nos sentamos num banco: eu tive a ideia e ela topou. Talvez não quisesse esbarrar no tio outra vez. Do banco, eu olhava os pórticos do Centro Gallego onde o sol começava a bater, esperando que um dos cafés dos arredores abrisse para tomar o café da manhã. Não havia mendigos no parque e éramos os únicos sentados ali. Tentei puxar conversa com ela, mas de manhã cedo seu humor não era lá essas coisas, então fiquei quieto e comecei a pensar nas circunstâncias, que não eram as melhores do mundo: aqui estava eu, com a mulher que amava (eu não tinha dúvida nenhuma de que era amor) e, no entanto, eu a sentia como um peso e não como um alívio para a alma: isto, estar com ela, a sós, foi o que eu quis desde o começo, mas agora não sabia o que fazer com aquela liberdade, que era como uma forma de prisão. Logo começou a passar gente no parque, evidentemente indo para o trabalho, e surgiram veículos nas quatro ruas até então solitárias, exceto pelo ônibus ocasional. Os cafés abriram e sugeri que fôssemos comer alguma coisa: acho que foram as primeiras palavras que trocamos naquela manhã. Não que eu não entendesse que a situação era incômoda para ela, ao menos de um ponto de vista físico (de noite ela se levantou para lavar a calcinha), mas não me ocorreu outra coisa a fazer. Ficou claro desde o primeiro dia que não podíamos ir para um hotel: nem ela nem eu queríamos ir para casa pegar nossas coisas, mas alguma solução devia haver, e eu devia procurá-la e encontrá-la. Talvez minha demora em encontrar uma saída a deixasse com aquele humor áspero e silencioso, mas, verdade seja dita, ela não reclamou da situação nem uma vez, assumindo-a desde o primeiro instante em que decidiu fugir da casa da mãe.

Depois do café, cada qual voltou a seu refúgio: eu fui para a revista e ela para a biblioteca, e certamente nós dois fomos os primeiros a chegar. Apareci tão cedo na *Carteles* nesse segundo dia de fuga que ao me ver lá, às nove horas, Pepe falou:

— Você se apegou ao cargo do Wangüemert.

— Eu? Não. Por quê?

— Agora você chega antes de todo mundo, como se quisesse dar o exemplo.

Eu estava longe de ser um exemplo, e lhe disse isso.

— De qualquer forma, você se apegou à cadeira dele, pois desde cedo já está aí, sentado nela.

— Também vou embora cedo — falei.

E era verdade: assim que dava meio-dia eu saía da revista para pegar Elena na biblioteca. E às seis em ponto já estava de saída, coisa que não fazia antes, quando chegava tarde e também saía tarde.

— Que foi que houve? — Pepe me perguntou de repente.

Era evidente que devia estar na cara: já fazia uns dois dias, no mínimo, que eu não me barbeava. Nunca tive muita barba, na época tinha menos ainda, mas dava para notar que eu estava com a barba por fazer — ou talvez tudo estivesse na cara.

— Comigo? Nada. Por quê?

— Não sei. Faz dias que você está se portando de um jeito estranho. Algum problema em casa?

— Não sei. Que eu saiba, não.

Assumir para Pepe que eu não estava a par do que acontecia em minha casa foi um lapso, e tive receio, por um momento, de que ele tivesse percebido. Mas aparentemente ele nem me ouviu.

— Não se mate de tanto trabalhar — disse ele —, não vale a pena. De qualquer modo, não vão te dar o cargo do Wangüemert.

Disse isso rindo, em tom de caçoada, mostrando os grandes dentes manchados de nicotina e alguns cariados nas bordas.

— Você realmente acha que eu quero o cargo do Wangüemert?

— Não sei. Mas sei que pelo menos você gostaria de ter o cargo do Carlos, não é? Pra mudar o formato da revista, como já tentou.

— Tentei fazer isso, de fato, mas não pra pegar o cargo dele.

— Bom, pra dá-lo a alguém que pudesse fazer melhor do que ele.

— Talvez. Em todo caso, eu sabia e sei que o Carlos está firme no cargo. O que eu tentei…

— O que você tentou foi uma espécie de golpe de Estado.

— … foi mudar a seção de contos. Bem, chame de golpe de Estado, se preferir.

— E de que outra forma poderia chamá-lo? Estou contagiado pelo meio.

Ele aludia à situação política, o que era raro em Pepe, denominado o Louco, José-Hernández-que-não-escreverá-o-Martín-Fierro, que detestava se envolver com política; pelo menos foi o que ele me disse, quando tentei lhe vender uns bônus do 26 de Julho:

— Não vou contribuir pra perder a minha liberdade. Assim com o Batista está bom pra mim.

Ele não era batistiano, nem mesmo era politizado, já que se referia à sua liberdade de perambular pelas ruas de Havana, sozinho, de se embebedar aos sábados, de trabalhar o mínimo possível na revista, de viver uma vida de boêmio, anônima mas livre — ou melhor, anônima e livre.

— Então foi um golpe de Estado frustrado — falei.

— Exato — disse ele, e deu novamente aquela risada sarcástica, ou melhor, um sorriso largo, carregado de ironia e nicotina.

Comecei a juntar alguns papéis da mesa, e disse:

— Bom, estou indo.

— Não vai junto com o chefe?

— Não, hoje não. Não posso.

— Vai perder as fofocas da *Bohemia*.

— Tenho outra coisa pra fazer.

— Bom, quem sai perdendo é você.

Disse isso num tom meio de brincadeira, meio a sério, e Pepe sempre tinha essa atitude meio ferina, como se tivesse um espinho cravado em alguma parte do ânimo, que o tornava desagradável para os outros, mas que para mim era como uma marca registrada: seria estranho se ele não fosse sarcástico ou brincalhão, ainda que suas brincadeiras carecessem de *esprit* — na verdade, Pepe era um escritor fracassado e sua alma não estava livre de uma inveja que às vezes era cruel, sobretudo com os velhos escritores da revista, em sua maioria republicanos espanhóis desterrados, como o diretor, embora tivessem se tornado próximos por acaso: eles já eram colaboradores da revista quando o diretor chegou, e o que ele fez foi dar mais destaque a um ou outro, como o velho Fernando de la Milla, que começou a assinar "Este pequeño mundo en que vivimos", uma das seções mais amenas da revista. Mas os sarcasmos de Pepe dirigidos a mim se revestiam de uma espécie de respeito, talvez por uma questão geracional, talvez por uma espécie de admiração que ele sentia por mim ou pela camaradagem dos sábados em que saíamos para beber juntos e nos reunir no bordel da esquina: a *Carteles*, apesar de seu ar de revista respeitável, ficava no coração do Pajarito, como era chamada essa outra zona da luz vermelha de Havana para diferenciá-la do bairro de Colón, em cuja periferia, curiosamente, a *Bohemia* ficava antes de se tornar uma revista de tanto sucesso. Assim, as primeiras revistas de Cuba tinham vivido (as duas) num bairro de putas, e uma ainda vivia.

Saí da revista correndo (já era bem mais de meio-dia) para chegar à biblioteca e apanhar Elena, pensando no que pensariam os funcionários da biblioteca desta coalizão entre uma habitué (que Elena agora era) e um homem que vinha buscá-la ao meio-dia e às seis. Encontrei-a outra vez na saída: "Não aguento mais a biblioteca", foi seu cumprimento, e me doeu ver agora em sua boca, onde antes sempre houvera um sorriso de dentes pequenos e perfeitos, tanta amargura. Achei que para animar nossa refeição devíamos ir a um restaurante agradável, e escolhi La Maravilla, em Havana Velha. Pegamos um táxi na esquina, os dois em silêncio, até que ela perguntou:

— Aonde vamos?

— A um restaurante agradável — falei. — Onde se come do bom e do melhor.

Ela torceu a boca, como se a última coisa que lhe importasse no mundo fosse a comida: na verdade, era isso mesmo, mas naquele momento eu não sabia disso.

Chegamos ao restaurante e nos sentamos perto da porta, de onde se via a igreja do Cristo e o parque com seus jovens fícus compridos e a hera que cercava uma das torres da igreja: era uma bela vista de Havana Velha. Não olhei para ninguém no restaurante, só quando o garçom trouxe o cardápio eu me virei para ver os outros comensais e vi Berto e Tony. Os dois me conheciam bem, e me conheciam como homem casado, os dois eram jovens católicos e não precisei olhar direito para notar sua cara de reprovação. Berto promovia umas reuniões de jovens intelectuais católicos às quais eu às vezes comparecia, frequentemente acompanhado por Roberto Branly, e nós dois dizíamos que íamos pelo bom uísque que era servido na casa (Berto era filho de milionários), mas na verdade íamos por certo esnobismo literário e social. Parte dessa gente se reunia de noite no restaurante El Jardín, em El Vedado, e falarei sobre isso mais adiante.

Quase disse a Elena o que enfrentávamos, mas já sabia que ela não estaria nem aí para isso, então não disse nada, pedimos o almoço e, apesar de ele parecer muito apetitoso, quando chegou eu já não tinha fome nenhuma e Elena apenas beliscou de seu prato. Saímos do restaurante antes de Berto e de Tony e, sem olhar uma única vez na direção deles, eu podia imaginar de que forma estavam nos olhando, principalmente Tony, que, do grupo, era o que mais se interessava por mulheres, embora houvesse outros com um interesse maior do que o adequado para jovens católicos exemplares, e um integrante do grupo, quando tinha uma ereção por maus pensamentos, começava a fazer ginástica e chegava até cinquenta *push-ups* para conter sua natureza tropical. Quem contou isso para mim e para Branly foi Andrés Casablanca, o qual, embora tivesse estudado com os jesuítas do colégio de Belén e conhecesse muito bem vários católicos do grupo, zombava deles com seu marxismo incipiente: ele era tão da alta sociedade quanto os outros do grupo, mas não participava em nada do que ele chamava de "sagrada beataria", pronunciando beataria quase como bateria.

Caminhamos um pouco rua Teniente Rey abaixo, mas nenhum dos dois tinha muito o que dizer. O que eu poderia dizer? Que a amava? Que ela era meu grande amor? Já devia saber, além do mais lhe soaria como pura retórica. O que ela poderia me dizer? Que estava cansada? Que essa não era a vida que ela queria ter, fugitivos os dois, quase uns delinquentes unidos pelo amor? A única comunicação possível nós tínhamos na cama, de noite, que era quando ela me entregava seu corpo e juntos atingíamos o clímax do amor. Continuamos caminhando até a rua Compostela, com Havana Velha adormecida na hora da sesta, com seu repouso interrompido apenas pelos ônibus que passavam sem parar em direção ao porto.

Então eu tive uma ideia, mais brilhante do que desesperada, e sem dizer nada a Elena peguei abruptamente um táxi e a deixei na biblioteca. Prossegui até a rua 26, esquina com a 23. Com muito cuidado, passei ao lado de minha casa, entrei no edifício e subi as escadas até o último andar. Felizmente Silvina estava sozinha em casa. Seu espanto foi grande ao me ver parado na porta, mas aumentou quando me ouviu falar.

— Já voltou? — perguntou-me.

— Com a sua irmã? Não, ainda não.

— E o que está fazendo aqui?

— Venho te pedir um favor. É um grande favor que você pode me fazer.

— O que é?

Ela estava em guarda, mas mesmo assim a peguei de surpresa.

— Quero que você hospede a Elena, é o nome dessa moça, por alguns dias.

Seus olhos, grandes e belos, ficaram ainda mais abertos do que já eram por natureza.

— O quê?

— Você ouviu. Quero que me faça esse favor.

— Mas você está louco! É, ficou louco. Como vou fazer isso com a minha irmã?

— Não vai fazer nada de negativo pra tua irmã, mas fazer algo positivo pra mim. Veja o meu estado.

— Estou vendo mesmo.

— Faz três dias que estamos zanzando por Havana, passamos a noite num hotelzinho e de dia ela me espera na biblioteca.

— Não quero saber de nada.

— Por favor.

— Não, não dá.

Mas nessa segunda resposta percebi que ela estava amolecendo.

— Faça isso por mim. É por poucos dias. Talvez menos do que isso.

Ela não disse nada, mas estava pensando: isso já era um grande avanço.

— Por favor.

— Bom, tudo bem. Mas eu não vou falar com ela.

— Não precisa falar com ela. Só tem que deixá-la morar aqui por alguns dias. Afinal, você mora sozinha.

— A Ivette está morando comigo agora.

— Ah, é. Tinha me esquecido.

— Bom, pois estou te lembrando.

— Não precisa falar nada pra ela. Só que é uma amiga tua. Vou trazê-la hoje à noite e subir com cuidado. Ninguém vai ficar sabendo. Além disso, ninguém lá de casa vai desconfiar que a Elena está vivendo comigo. Pra todo mundo, pode ser uma amiga tua que te pediu o favor de morar aqui por alguns dias.

— Bom, já disse que tudo bem. Mas só por alguns dias, só isso.

— Alguns dias.

Saí da casa antes que ela mudasse de opinião e fui para a revista. Saí da revista como sempre, às quinze para as seis, e fui para a biblioteca. Dessa vez Elena estava me esperando no parque da avenida: via-se que estava farta da biblioteca. Contei-lhe o que tinha acontecido e ela, com a mesma inércia dos últimos tempos, não aprovou nem desaprovou, só me seguiu. Caminhamos pela avenida, como no dia anterior, até chegar à Príncipe, e depois subimos pela avenida dos Presidentes até a rua 23, onde finalmente, e já de noite, pegamos um táxi até a esquina da 24 com a 23. Entrei, com infinita cautela, no edifício, pois a luz de minha casa estava acesa. Elena estava poucos passos atrás de mim. Subimos os três andares e bati de leve na porta de Silvina, como se temesse que alguém ouvisse lá embaixo. Ela a abriu e dei passagem para que Elena entrasse e fosse apresentada. Foi um confronto bem esquisito, para não dizer excessivo: ali estavam, frente a frente, a irmã de minha mulher e a mulher com quem eu a estava enganando — não: por quem a havia abandonado —, a última buscando refúgio na casa da primeira, e eu ainda apresentando uma à outra. Isso se chama cara de pau, mas também desespero, e acho que foi assim que Silvina encarou a coisa. Elena sorriu e disse "Tudo bem?", meio apática, mas como quem diz "Muito prazer" com grande entusiasmo. Silvina respondeu "Muito prazer" como quem diz "Tudo bem", e entramos todos. Havia em Silvina uma grande calma que eu não sabia a que atribuir, já que nessa tarde ela devia estar alterada com a possibilidade da presença de Elena em sua casa, e agora que essa presença se tornava real e definitiva, ela levava tudo com a maior naturalidade, tanto que Elena manteve o sorriso, nem tímido nem forçado, mas vagamente irônico (para mim, que já a conhecia; para outros, e talvez para Silvina, era um sorriso sem sentido), e ainda sorria quando nos sentamos na sala. Esse encontro me lembrou a reunião com Joe Westbrook, na tarde de 13 de março, tão diferente e ao mesmo tempo igualmente clandestina e quase tão heroica quanto, pelo menos para Elena, que mostrava sua decidida coragem. Felizmente Silvina começou a tratá-la sem formalidades.

— Então você foi embora de casa — disse com a mais leve das entonações, para não fazer da frase uma pergunta.

— Bem — disse Elena —, é o que parece, né? — Levantou o queixo para mim, como se indicasse mais um culpado do que um cúmplice de sua fuga. — Você sabia, né? — perguntou Elena, respondendo com a mesma informalidade.

— Sim, sim, eu já sabia.

Era evidente que a conversa não ia progredir muito, então falei:

— Elena, Silvina, é só por alguns dias. Já vou procurar um outro lugar pra ficarmos.

— Está bem — disse Silvina. — Por mim tudo bem. — E para Elena: — Quer ir ao banheiro?

— Bem, se der... — disse Elena.

Silvina se levantou, foi para o interior da casa e Elena a seguiu. Logo Silvina voltou, sentou-se a meu lado e, muito calmamente, me disse:

— Já contei tudo pra Mirta.

— Como?! — disse eu, quase com um pulo. — Por quê?

Não preciso dizer que Mirta era minha mulher.

— Por que você ia acabar contando tudo pra ela e eu é que ia me dar mal.

— Mas por que você fez isso? Não tinha necessidade.

— Fiz isso pra me eximir de responsabilidade. Não quero confusão com a Mirta. Você ia contar pra ela mais cedo ou mais tarde.

— Não. Pelo menos não isso. Eu pensava que era um segredo entre nós dois.

— Três.

— Bom, entre nós três. Isso equivale a uma traição.

— E o que você está fazendo com a Mirta?

— Bom, isso é uma coisa entre mim e ela.

— Entre nós três de novo, porque você veio pedir refúgio a mim.

— Porque pensei que você fosse minha amiga.

— Mais do que irmã da minha irmã?

— Bem, sim: mais amiga minha do que irmã da tua irmã. Não foi sempre assim?

— Talvez. Em todo caso, você é um irresponsável.

— Irresponsável por quê?

— Porque sim. Como é que um homem casado como você tira uma garota de casa e ainda por cima a leva pra que a sua cunhada a esconda da sua própria irmã?

Era uma pergunta complexa para a qual não havia uma resposta simples.

— Você não conhece toda a verdade.

— E por que não me conta tudo?

— Aos poucos você vai saber. Me dê tempo, só te pedi tempo e agora vejo que complicou o assunto mais do que eu gostaria. E se a tua irmã fizer alguma coisa desesperada ou insensata?

— É responsabilidade tua, não minha. Essa garota também é responsabilidade tua.

— É.

— Claro que...

Silvina se calou, pois Elena estava voltando do banheiro. Era evidente que tinha lavado o rosto e se penteado, e mesmo com os dias de fuga e clandestinidade revelava seu viço e beleza. Acho que foi num desses momentos que a certeza de que eu estava apaixonado, loucamente apaixonado por Elena, me tomou de assalto.

— Vocês ainda não jantaram? —perguntou Silvina.

— Eu não quero nada. Obrigada — disse Elena.

— Eu também não — falei para Silvina, e dirigindo-me a Elena, mas ao mesmo tempo para Silvina: — Agora vou descer. Daqui a pouco subo de novo.

— Está bem — disse Elena. — Mas não precisa fazer isso por minha causa.

"Mas se eu fiz tudo isso por você", deveria ter sido minha resposta, que talvez meus olhos declarassem. Minha boca disse:

— Faço isso por mim.

Desci e abri a porta de casa, que havia deixado três dias antes, talvez para sempre, e a casa era a mesma: lá estava a antessala com minha mesa e minha estante de livros, onde Mirta via televisão, ela sozinha, minha avó certamente dormindo em seu quartinho e meu pai fora de casa, como sempre fazia toda noite depois do jantar.

— Oi — disse para Mirta, como se estivesse voltando do trabalho num dia qualquer, mas ela não respondeu: continuou com os olhos fixos na tela da tevê, talvez fingindo interesse num programa que não lembro qual era e que na certa era indistinguível de qualquer outro programa que ela estivesse vendo.

Não sabia o que fazer e fiquei parado na sala por um bom tempo, depois fui até meu quarto. Queria tomar um banho e trocar de roupa. Principalmente trocar de roupa, fazer a barba, escovar os dentes com minha escova em seu lugar de sempre: tudo estava como se eu nunca tivesse ido embora e assim devia ser, pois o que são três dias numa vida? No entanto, aqueles três dias tinham mudado minha vida e a de Elena, radicalmente, e talvez a de Mirta, mas não tinha mudado nem o quarto nem o banheiro, que continuavam iguais, indiferentes como a natureza: lá fora era uma noite qualquer de junho.

De banho tomado e roupa limpa, voltei para a sala. Mirta continuava vendo tevê ou fingindo que via tevê e pensando sabe-se lá no quê, decerto em meu abandono e minha rejeição, que se tornaram evidentes com minha fuga. Pouco depois, eu disse: "Vou até a esquina comprar cigarros", e foi como se eu tivesse dito isso ao comediante da tevê que agora fazia um público invisível rir, mas não a visível espectadora, que ouviu ou não ouviu meu recado. Saí e fui até a esquina, na mercearia, e comprei um maço de Marlboro e outro de Camel. Depois voltei e subi os três andares até o apartamento de Silvina. Bati à porta e ela veio abrir. Elena estava na sala, sentada, e era evidente que eu tinha interrompido uma conversa: bastara uma hora, talvez uma hora e meia, para que Silvina e Elena conversassem como velhas amigas. Entreguei o maço de Camel para Elena. "Tome", falei. "Ah, obrigada", disse ela, e abriu o maço, pegou um cigarro e, procurando na bolsa, apanhou uma caixinha de fósforos e acendeu seu cigarro como se já esperasse há algum tempo que eu o trouxesse. De repente me senti um garoto de recados. Tinha interrompido a conversa entre Silvina e Elena e não conseguia me encaixar nem começar uma nova conversa, já que não havia nada a dizer para Silvina e eu não queria um intercâmbio com Elena, eu queria seu corpo, mas era mais do que evidente que eu não podia ter nenhum contato com Elena enquanto ela estivesse morando na casa de Silvina, não como Joe e Dysis, que escandalizaram Silvina quando começaram a fazer amor na primeira noite de seu refúgio, coisa que, por outro lado, eu achei muito natural e menos surpreendente do que o choro de Joe lá embaixo, na minha casa. Agora me sentava para observar Silvina e Elena, que estavam conversando de novo, mas já não prestava atenção em suas palavras, só as olhava conversar, com calma e certa satisfação, ao mesmo tempo que apreciava a beleza serena de Silvina e a beleza perturbadora (pelo menos para mim) de Elena. Não as olhei por muito tempo, mas agora me parece que foi uma hora ou talvez um dia em vez dos poucos minutos que fiquei lá em cima.

— Bom — falei —, vou dormir.

— Já vai? — perguntou Silvina, sem maior interesse.

— Sim, estou muito cansado. Você também deve estar cansada, Elena, por que não vai dormir? Já tem um lugar pra ela? — perguntei para Silvina.

— Sim — disse ela.

— Mas eu não estou cansada — disse Elena, e senti um vago sentimento, que hoje sei que é ciúme, ao saber que ela queria continuar conversando com Silvina.

— Bem, como quiser — disse, e saí.

Ao voltar, encontrei a casa às escuras: Mirta tinha ido dormir. Entrei no quarto sem acender a luz, tirei a roupa e me deitei a seu lado. Sabia que ela estava acordada, e apesar da pouca luz entrando pelas persianas, via seu perfil suave e seus olhos fechados, que, entretanto, davam a seu rosto um aspecto cadavérico quando ela dormia ou estava deitada. Em silêncio, virei para o meu lado, mas nesse momento senti sua mão tocando meu ombro e, quando eu toquei sua mão com a minha, Mirta começou a chorar, primeiro caladamente, depois com mais força, enquanto espasmos de pranto sacudiam seu corpo.

No dia seguinte fui para o trabalho como num dia normal qualquer, mas antes de sair (meu pai já tinha ido para o trabalho) falei um pouco com minha avó em seu quarto.

— Mandou buscar a tua mãe — disse-me, e isso porque minha mãe estava em minha cidade, de férias com minha filha. — Mandou um telegrama pra ela. Eu a ouvi conversando pelo telefone.

Agradeci a minha avó pela informação e saí. Claro que não fui diretamente para a rua, antes subi para ver Elena. Sabia que não devia fazer isso, mas não conseguia me controlar: vê-la era mais importante para mim do que qualquer outra coisa no mundo, e fui vê-la. Tinha acabado de se levantar e estava fresca e bela, e, como Silvina dera uma desculpa para sair da sala e nos deixar sozinhos, perguntei como se sentia.

— Muito melhor — me disse.

— Dormiu bem?

— Sim, dormi bem, sim.

— O que está pensando em fazer hoje?

— Não sei. Nada. Agora não consigo pensar em nada que eu tenha que fazer.

Eu estava tentando saber quais eram seus planos, mas Elena continuava vivendo cada dia, sem pensar em nenhum momento no dia seguinte, caminhando naturalmente, um passo após o outro.

— Vamos almoçar juntos?

— Já disse pra Silvina que ia almoçar com ela, aqui na sua casa.

— Ah — disse eu, tentando falar com naturalidade, embora estivesse chateado com a amizade que havia surgido, espontânea, entre Silvina e Elena: eu teria preferido uma certa tensão entre elas em vez dessa evidente cumplicidade de Silvina com a mulher com quem eu estava traindo sua irmã. Mas não era isso o que eu mais queria? Não sei, naquele momento eu não sabia. Só sabia que queria ficar a sós com Elena, não um pouco, mas o tempo todo, e agora Silvina vinha interromper essa possibilidade. — Bem, então vou indo. Vejo você de tarde. Hoje vou resolver onde você vai morar.

— Está bem — disse Elena, com sua voz indiferente.
— Até logo.

Na *Carteles* tive uma ideia, não sei como não tinha pensado nisso antes: Branly era a solução. Ele morava com a mãe numa pensão da rua Línea. Eu só precisava conseguir um quarto lá para Elena. A primeira coisa que devia fazer era saber quanto custaria. Mas dinheiro era o de menos: eu podia aumentar minhas colaborações na revista para cobrir os gastos. Decidido, subi até a sala dos revisores para falar com Branly: ele me devia esse favor, afinal de contas ele tinha seu cargo de revisor graças a mim. Encontrei-o lendo, enquanto Elías Constante corrigia uma prova. Esperei que terminasse e o levei até o terraço, para conversar com ele mais à vontade. Expliquei a situação o mais brevemente que pude e por fim perguntei se podia me conseguir um quarto em sua casa. Ele disse que não sabia, mas que me diria quando voltasse do almoço.

Fiquei na revista na hora do almoço e lia um conto quando o diretor, de saída, perguntou se iríamos juntos. Eu disse não, claro, disse que tinha de ler um conto, e, assim, passei por chefe de redação perfeito: na verdade estava esperando Branly voltar de sua missão. Por volta das duas ele voltou e me disse que havia um quarto disponível. Vi o céu se abrir: podia tirar Elena da casa de Silvina e levá-la para um lugar de confiança. Branly me disse quanto era por mês, e não era uma quantia exorbitante por um quarto com as refeições: eu podia pagar, e havia, ainda, colaborações futuras para as revistas que poderiam cobrir maiores gastos. Depois voltei diretamente ao apartamento de Silvina para dizer a Elena que estivesse pronta às cinco, e fui para casa. Minha mulher não estava: ninguém, nem a empregada, nem minha avó, sabia onde ela tinha ido. Minha avó me disse, muito confidencialmente:

— A tua mãe volta amanhã.

— Ótimo — respondi —, se quiser voltar, que volte.

Minha avó estava do meu lado: nunca tinha gostado muito de Mirta e embora ouvisse tudo de seu quarto e soubesse tudo o que acontecia na casa — e fora dela —, não acredito que já soubesse que Elena estava morando lá em cima com Silvina: Mirta escondeu essa revelação das outras pessoas da casa, sua falta de orgulho não era tanta a ponto de admitir que meu pai e minha avó soubessem que a mulher com quem seu marido tinha fugido estava bem e morando na casa de sua irmã. Pedi para Elsa, a empregada, um café com leite e torradas e comi isso como almoço tardio.

Às quatro e meia subi à casa de Silvina. Elena me disse que estava pronta: não tinha nem uma escova de dentes para levar consigo. Silvina e Elena se despediram como velhas amigas que logo vão se rever. Quase me surpreendeu a intimidade com que se tratavam, mas na verdade não havia motivo de espanto: Silvina era uma pessoa excepcionalmente compreensiva e Elena era muito amistosa quando queria, e quis ser assim com Silvina.

Descemos as escadas, eu com cuidado, Elena atrás de mim, não desanimada, mas despreocupada: ela se comportara desde o primeiro dia como quem não tem nada a perder na vida, e, de fato, era isso mesmo. Fomos até a esquina sem dar com ninguém, a não ser com o policial sempre a postos na casa do coronel. Pegamos um táxi e fomos até a revista apanhar Branly, e ao apresentá-lo a Elena, ele me perguntou se era esse o rosto que tinha lançado ao mar os mil navios. Claro que Elena não entendeu, mas eu sorri: não estava, agora, para esses engenhos de Branly, sempre disposto a fazer graça, o que me preocupava era que nos aceitassem — que aceitassem Elena — como hóspede na casa de Branly, embora ele tivesse deixado bem claro, de tarde, que não havia nenhum problema. No caminho, expliquei a Elena o que devia dizer sobre a falta de bagagem e Branly disse novamente que não havia nenhum problema, que a dona da pensão era uma velha amiga de sua mãe e dele, que era fofoqueira como todas as velhas, mas que seu negócio lhe interessava mais do que mexericos.

Chegamos e descemos. Eu conhecia a dona de vista e acho que até já falara com ela uma ou duas vezes, quando, no passado, costumava visitar Branly, na época em que estudava na escola de jornalismo e ainda não trabalhava.

— Ah, que ótimo — disse a dona, que Branly chamava de Cacha, mas que eu não sabia se devia chamar de dona Caridad ou não. — Que moça mais linda. Vai ficar muito tempo com a gente?

Elena disse que não sabia, que não dependia dela, e Branly aproveitou para dizer que talvez ela viesse a se tornar uma inquilina tão antiga quanto sua mãe (que, espantosamente, não saíra para ver a nova inquilina: decerto ainda estava trabalhando), mas não tão boa amiga. A velha compreendeu o tom de Branly e disse:

— Este Robertico: sempre com os seus gracejos.

Nós três saímos da sala e fomos para o quarto em que Elena ia morar: não era muito grande, mas também não era pequeno, e tinha uma varanda ampla que dava para o pátio. Eu não saberia dizer se Elena gostou ou não, já que ela, com sua habitual indiferença, disse que estava bom. Eu e a velha Caridad combinamos o preço.

— Pagamento sempre adiantado — disse —, mas como você é amigo do Robertico não precisa pagar o mês adiantado, é só me pagar no fim do mês os dias que faltam e daí começamos a receber adiantado.

Respirei aliviado. Eu tinha cada vez menos dinheiro e não levava comigo nem o necessário para pagar uma semana na pensão, mas deu tudo certo: vi nisso um bom augúrio. Elena nem teve que explicar a falta de bagagem e saímos para nos sentar no pórtico, Branly, ela e eu de um lado e a dona do outro, em sua cadeira de balanço habitual. Logo depois a mãe de Branly chegou, e me levantei para cumprimentá-la: ela era sempre muito afetuosa comigo, sempre tinha sido, mas agora era mais, desde que consegui o trabalho para Robertico. Apresentei-lhe Elena, e a mãe de Branly, que se chamava Paula e era uma senhora já na meia-idade, amargurada pela fuga do pai de Branly com a melhor amiga dela, se soubesse de tudo não estaria tão bem disposta a receber Elena em sua casa (ela agia como se a pensão fosse propriedade dela), mas era ao mesmo tempo uma velha distraída e acho que não sabia nem que eu era casado, e a menos que Branly lhe dissesse (o que ele não faria, tenho certeza: sua comunicação com a mãe não era muita), não tinha por que ficar sabendo. Em todo caso, acolheu Elena muito bem por um momento e depois disse que estava morta de cansaço (ela sempre estava morta de cansaço: nunca a ouvi dizer outra coisa mais pessoal) e que ia se deitar um pouco. Assim Branly, Elena e eu continuamos no pórtico e quando anoiteceu convidei Branly para ir comer alguma coisa conosco no Delicatessen, que ficava na rua Calzada, exatamente atrás da pensão.

Elena, como sempre, não comeu quase nada e eu a segui, comendo apenas um sanduíche de presunto e um café com leite, mas Branly estava de bom humor e melhor apetite (acho que ele sentia minha aventura como aventura dele), e comeu uma salada de frango e um pedaço grande de torta de maçã.

Voltamos para a pensão e nos sentamos no pórtico. Ou melhor, quem se sentou foi Elena (a quem um dos inquilinos, cavalheiresco, cedeu a poltrona), e Branly e eu ficamos de pé junto dela. Branly continuava de bom humor e via-se que Elena se sentia, se não bem, pelo menos melhor do que nos três dias de biblioteca e hotelzinho, embora sua natureza inerte indicasse pouca mudança da casa de Silvina para cá. Mas logo depois Elena disse que estava cansada e ia se deitar. Branly me cutucou com o cotovelo e sorriu. Deve ter pensado que eu ia me deitar com Elena, o que eu não pensava em fazer mesmo antes da dona da pensão dizer, no pórtico, nessa mesma noite e em outra conversa, mas bem alto, para que pudéssemos ouvi-la, que se sua casa tinha alguma reputação, era a de não permitir indecências. Imagino que dormir com Elena caberia nessa definição e me limitei, quando ela se levantou para sair, a dar um leve beijo em seu rosto, embora meus lábios (e todo o meu corpo) desejassem outra coisa.

Quando voltei para casa, minha mulher (talvez seja melhor dizer minha esposa: agora a outra era minha mulher) estava dormindo, ou talvez fingisse dormir para não repetir a cena lamentável da noite anterior. Um grande barulho na casa me acordou cedo. Ao me levantar, vi que minha mãe tinha voltado (quanta velocidade imprimira à sua viagem de regresso: devia ter relação direta com o texto do telegrama, no qual eu devia estar descrito como um homem terrível, ou não, talvez somente se referisse a Elena como uma mulher fatal) e fiquei contente de ver minha filha. Minha mãe pediu para falar comigo (que ainda estava em trajes menores) a sós e nos fechamos em seu quarto.

— Quer dizer que você foi embora com uma ordinária? — foram suas primeiras palavras.

— Sim, fui embora, mas não com uma ordinária.

— Como quer que eu qualifique a pérfida que tira um homem casado de casa?

Talvez minha mãe tenha dito perdida em vez de pérfida, mas foi mais ou menos isso que ela quis dizer.

— Ninguém tirou o marido de ninguém — disse eu. — Fui eu quem decidiu dar o fora.

— Mas essa mulher devia saber que você era casado. Ou não sabia?

— Contei pra ela no primeiro dia. Ou não, acho que foi no segundo. É, no segundo dia.

— E ela aceitou isso, claro. É isso que é uma ordinária.

— Peço por favor que não a chame assim.

— E como quer que eu a chame?

— Ela se chama Elena, mas você não precisa dizer seu nome, se não quiser.

— Claro que não quero.

— Pode dizer essa mulher ou a mulher. Qualquer coisa menos ordinária, porque isso ela não é.

— Bom, tudo bem. E pode-se saber por que você foi embora com ela?

— Porque estou apaixonado.

— Ah, está apaixonado. Ora, não é a primeira vez que isso acontece, mas é a primeira vez que você sai de casa e abandona o lar, deixando a tua filha órfã.

"Por favor, que quantidade de lugares-comuns", eu ia lhe dizer, mas disse apenas:

— Por favor.

— Que favor o quê. O que você tem que fazer é terminar com essa mulher e voltar pra tua casa.

— Já estou na minha casa.

— Sim, mas na certa ainda não terminou com ela. Está indo pelo mesmo caminho do teu pai.

— Por que você não diz pelo caminho do meu avô?

Meu avô tinha uma amante no povoado e minha avó desconfiava, então um dia me levou para passear pela costa e fui eu, com minha vista da época (quem diria que, quando ficasse grande, ia ser míope e precisar de óculos?), que vi meu avô ao longe, passeando de braço dado com sua amante. Minha avó terminou com meu avô e exigiu que ele fosse embora de casa, mas meu avô, em vez de ir morar com a amante, deixou a cidade e foi para Holguín, para a casa de sua irmã. Lá, morreu de asma, suplicando um perdão que minha avó, nem mesmo depois de morto, concedeu-lhe, odiando-o até o último momento com um ódio espanhol e terrível. Minha mãe, que era a filha favorita de meu avô, a quem ela amava com loucura, nunca perdoou verdadeiramente minha avó por isso, o que criou entre elas uma espécie de tensão muito sutil, mas evidente a meus olhos. Era visível que minha mãe não gostava da referência a meu avô e preferia falar de meu pai, que, muito na moita, tivera sua aventura mais ou menos dissimulada para os seus olhos perspicazes.

— Porque você é que tem que parecer com o teu pai e fazer as coisas com mais discrição. O que deu em você? Ficou louco ou essa mulher te enlouqueceu?

— Não, não estou louco, só estou apaixonado e estou aqui porque não tenho alternativa, mas preferia estar em outro lugar.

— Com essa mulher.

— Que seja…

— Que seja, nada! Como eu odeio essa mulher! Tomara que se dê mal.

Minha mãe manteve esse ódio por Elena até sua morte. Muito tempo depois e no remoto bairro de Kraainem, Bruxelas, Bélgica, odiava uma funcionária do supermercado próximo apenas porque era parecida com Elena — como e quando ela a viu é um mistério a ser desvendado, mas o ódio estava presente muito antes de tê-la conhecido.

— Bom, tudo bem então. Isso realmente não é da tua conta.

— Não é da minha conta? E você acha que eu vou permitir que você deixe a tua filha sem pai por causa de outra mulher?

— Ninguém está deixando ninguém, pelo menos por enquanto. Então se acalme, por favor. Agora vou sair e não quero ouvir mais nenhuma palavra sobre esse assunto, senão vou mesmo embora de casa.

— Sim, você é bem capaz, porque já foi embora uma vez.

Saí do quarto pela porta lateral, atravessei o quarto de meu irmão e entrei no banheiro: ainda não tinha lavado o rosto nem escovado os dentes. Ao entrar no banheiro, flagrei minha mulher se maquiando. Teria ouvido toda a conversa dois quartos adiante? Não era possível, mas tampouco me importava que tivesse ouvido.

— Aonde vai tão cedo?

— Sair.

— Aonde?

— Por aí. Vou dar uma volta com a menina. Talvez vá à casa da minha tia. Você se importa?

— Eu?

— Sim, você. Do jeito que pergunta...

— Não, não me importo. Aqui cada um faz o que lhe der na telha.

— Fico contente em saber.

— Pensei que já soubesse.

E saí do banheiro para entrar no meu quarto, que ainda era o nosso quarto. Vesti a calça e o sapato e esperei minha mulher sair do banheiro para entrar e me lavar. Tinha a intenção de ver Elena antes de ir para a revista, mas agora — entre a conversa com minha mãe e o tempo investido por minha mulher em se maquiar — não me restava tempo para ir. Faria isso ao meio-dia: talvez almoçássemos juntos, não na pensão, mas no Delicatessen ou em qualquer restaurante próximo.

Além disso, me distraí mais um pouco brincando com minha filha, que tinha voltado muito linda, queimada de sol, sua pele bronzeada contrastando com os olhos verdes: eu gostava de minha filha e ela, mimada, sabia disso. Brinquei com ela antes do café da manhã e depois ainda queria continuar brincando: nós dois queríamos. Mas não era possível e fui para o trabalho.

Ao chegar, subi até a sala dos revisores. Lá estavam Branly, René e Elías Constante. Depois de cumprimentá-los, fiz um sinal para Branly de que queria falar com ele e fomos para o terraço.

— E aí? Como a Elena se deu lá na casa?

— Acho que bem. Parece que se dá bem com a Cacha.

Cacha era a dona da pensão.

— Pelo menos foi o que vi hoje na hora do café da manhã.

— Ah, que bom, ainda bem.

— Não me parece uma moça difícil. Pelo menos pra lidar com pessoas mais velhas.

— Bem, ela não se dava exatamente bem com a mãe dela.

— Isso eu não sei. Mas até conversou com mamãe, e tudo o mais.

Branly podia ser muito efetivo em caso de apuro, para ajudar um amigo, mas a agudeza psicológica não era seu forte. Eu queria saber mais da vida de Elena na casa, sozinha — em especial de sua relação com a população masculina da casa. Mas não queria perguntar isso a Branly diretamente, e ele não se dava conta de que meus rodeios iam dar numa única pergunta.

— Ela é uma uva — disse Branly, mais com admiração do que lascívia.

— Você acha?

— Ora, ora, você também acha.

— Não, ela não é ruim.

— Não é ruim, só isso? É muito boa, muito boa mesmo.

— Cuidado que vou ficar com ciúme.

— Não, você sabe que comigo não tem problema.

Eu sabia bem disso: Branly era um tímido sexual.

Saí da revista ao meio-dia e fui até a pensão. Esperava almoçar com Elena. Mas quando cheguei lá, Cacha me disse que Elena tinha saído sem comer, pois não quis almoçar. Não, não sabia aonde ela tinha ido, só disse que ia dar uma volta, mas não tinha deixado nenhum recado. Perguntei-me onde ela poderia ter ido e pensei que estava mais segura na biblioteca ou na casa de Silvina do que na pensão. Andei até a esquina na esperança de vê-la, mas claro que não estava à vista. Fui para casa almoçar, embora estivesse com pouca fome, e comi pouco, com a mesa mais cheia agora, minha mãe e minha filha fazendo companhia a minha mulher e a meu pai, que tinham sido os únicos comensais nos dias anteriores à minha fuga.

— O que foi? — perguntou meu pai. — Por que não come?

— Estou sem fome.

— E por que isso?

— Não sei. Simplesmente não tenho fome. Isso nunca aconteceu com você?

— Comigo sim, mas você sempre tem bom apetite.

— Pois não estou com vontade de comer agora. Só isso.

Meu pai continuava comendo com seu apetite de sempre, quase voraz — muitas vezes comia no café da manhã o que tinha sobrado da noite anterior —, e minha mulher não dizia uma única palavra, comendo em silêncio, enquanto minha filha espalhava toda a comida para fora do prato e sobre a roupa. E eu, nesse tempo todo, só pensava no que Elena estaria fazendo.

Voltei para a revista, consegui a duras penas não passar pela pensão, trabalhei um pouco durante a tarde e saí antes das seis. Fui de táxi para chegar mais rápido, e quando desci do carro vi Elena sentada no pórtico, fumando tranquilamente e, ao que parece, conversando com a velha Cacha. Cumprimentei Cacha mas não disse nada a Elena, e me sentei a seu lado, na outra poltrona. Logo depois Cacha entrou na casa e ficamos sozinhos.

— Onde você estava ao meio-dia? Vim aqui te procurar e não te encontrei.

— Ah, saí pra dar uma volta.

— Por onde?

— Por aí, pelo Malecón. Sentei um pouco na amurada.

— Por que não me esperou?

— Não sabia se você viria.

— Você sabia.

— Bem, mas não sabia a que horas. Estava cansada de ficar em casa, o teto parecia estar caindo na minha cabeça. Você sabe que isso me acontece.

— Sim, eu sei que isso te acontece, mas pelo menos devia ter esperado pra sair comigo.

— Quer dar uma volta agora?

— O que eu quero é ficar sozinho com você.

— Bem, você sabe que isso é impossível aqui nesse lugar.

— Eu sei.

— Podemos dar uma volta, se quiser.

— Não, não quero dar volta nenhuma agora.

— Queria sair ao meio-dia em pleno sol e agora que está fresco não quer sair. Não te entendo.

— Ao meio-dia vim te buscar pra irmos almoçar. Agora não quero sair porque não estou com vontade de andar pela rua.

— O que é, tem medo de ser pego pela tua mulher?

— Você sabe muito bem que eu não tenho medo disso.

— Eu não sei de nada. Na verdade, não sei nada sobre você.

— Somos dois.

Nesse momento, Branly acabava de chegar e cumprimentava Elena com muita familiaridade, excessiva, a meu ver. Entrou na casa e eu me calei porque sabia que ele sairia de novo, como de fato fez, e veio até nós.

— Como vai? — repetiu seu cumprimento a Elena.

— Tudo bem, Roberto, e você, como vai?

Ela o chamava de Roberto quando todos nós o chamávamos de Branly, e não creio que fosse por achar difícil pronunciar seu sobrenome.

— Eu estou bem, e você, como vai?

Era uma brincadeira de Branly, uma das suas: fazer um círculo de cumprimentos. Elena sorriu, apenas: era seu primeiro sorriso do dia e não era para mim. Talvez fosse seu primeiro sorriso em muitos dias, mas não era para mim. Não era para mim. Elena e Branly conversaram sobre alguma coisa, mas nem ouvi o que era pensando que ela sorria e que o sorriso não era para mim: o primeiro em muitos dias. Estaria feliz na pensão? Não quis perguntar porque sabia sua resposta, sabia que ela não acreditava na felicidade. Pelo menos usufruía de alguma companhia e sentia algo que podia se parecer remotamente com a felicidade. Eu não era feliz, no começo fui, mas não era feliz agora, teria ficado se soubesse que ela era um pouco feliz — e talvez fosse. Agora, pelo menos parecia, falando e sorrindo para Branly, ouvindo com um sorriso qualquer piada sem graça de Branly.

Numa pausa de sua conversa com Branly, ou melhor, da conversa de Branly com ela (Branly tinha sido abandonado por aquela sua timidez com as mulheres: talvez fosse minha companhia, mas parecia ser mais a companhia de Elena, o fato de agora serem vizinhos, ou melhor: de morarem sob o mesmo teto), num momento em que Branly parou de falar, eu disse:

— Quer ir ao cinema? Eu preciso ir.

— Não — disse ela. — Não estou com vontade. Obrigada.

— E o que vai fazer, então?

— Não sei. Acho que vou ficar aqui um pouco e depois vou me deitar.

— Bom. Tudo bem. Então até logo.

— Até logo — disse ela enquanto eu saía.

— Ei — disse Branly —, e de mim, não vai se despedir?

— Sim, Branly — disse eu. — Até amanhã.

— Até amanhã de manhã.

Haveria alguma alusão em sua despedida ou era apenas uma saída? Talvez quisesse dizer que esperava que no dia seguinte eu perguntasse sobre Elena, sobre esta noite. Mas eu não ia perguntar nada. O que fiz naquela noite foi ainda mais humilhante do que perguntar a Branly como Elena havia se comportado. Na saída do cinema fui até a pensão. Estava fechada, claro, mas entrei pelo pátio, fui direto até a janela de Elena e tentei ver se ela estava dormindo ou não. Não consegui ver nada, pois o quarto estava às escuras. Fui caminhando rua Línea abaixo, mas quando já estava perto do El Jardín atravessei a rua para caminhar pela outra calçada, para não encontrar a tertúlia de Cheché Sorzano no restaurante.

No dia seguinte não perguntei nada a Branly, mas fiz uma visita à sala de revisão. Ele não me disse nada e deduzi que a noite transcorrera serena na pensão.

Felizmente era sábado (eu tinha esperado por esse dia a semana inteira) e eu só teria que trabalhar meio expediente. Menos do que isso: poucas horas de espera até receber meu salário. Assim que o recebi fui de táxi até a pensão procurar Elena, que estava lá dentro conversando com uma vizinha, acho, já que meu gesto brusco de tirá-la da pensão foi maior do que meu interesse em suas relações. Pedi ao motorista que nos levasse à 11 com a 24, mas não disse nada a ela: ela já sabia, bem como o motorista. Entramos direto no hotelzinho, ocupamos o quarto e liguei o ar-condicionado, também pedi duas cubas-libres: esse seria nosso almoço. A bebida me caiu no estômago vazio e logo me senti enjoado, um pouco antes de tirar a roupa. Elena estava nua e não tínhamos trocado nenhuma palavra: vi seu corpo maciço ir da cama para o banheiro, e vice-versa, e a vi se enfiar entre os lençóis brancos, que contrastavam com seu corpo ainda bronzeado pelo sol da praia. De repente fui tomado por uma onda de felicidade e comecei a rir, a rir, e rindo me meti na cama. Estava realmente eufórico não só pela possibilidade de ter Elena só para mim a tarde inteira, mas porque ia desfrutar de seu corpo como não fizera durante quase uma semana. Continuei rindo e de repente vi que Elena me olhava, estranhando.

— Ei — me disse —, o que você tem?

— Eu, nada. Por quê?

— Tanta risada.

Olhou para mim de novo e não pude evitar, caí na gargalhada.

— Por acaso você está drogado? — foi sua pergunta.

Eu devia dizer que sim, que estava embriagado com a ambrosia de seu corpo, que logo estaria comendo o alimento dos deuses, que estava feliz porque ia saciar minha fome de seu corpo, mas a retórica me falhou e só lembrei que o padrasto de Elena era viciado em drogas, e que, se havia algum sentimento no jeito com que me olhou, esse era parecido com o horror.

— Não, pequena — falei. — Não estou drogado. Só me sinto muito bem.

Embora, na realidade, minha alegria já tivesse se dissipado bastante e eu tivesse parado de rir. Vi que ela ficou mais calma e pegou seu copo e bebeu sua cuba-libre pela primeira vez, depois acendeu um cigarro e começou a fumar. Eu me sentei tranquilo a seu lado, bebendo de meu copo, esperando que ela terminasse de fumar para sentir aquele gosto adocicado de seus beijos, em que se misturava o aroma do tabaco ao perfume de sua boca, mas resolvi me adiantar e tirei o cigarro de sua boca e o apaguei, não no cinzeiro, mas sobre a mesa de cabeceira, e comecei a beijá-la: logo estávamos nos beijando lenta, profunda, vagarosamente, e esqueci seu horror a minha alegria para me concentrar seriamente nos beijos, que eram os mais apaixonados que eu já dera em toda a minha vida, e em silêncio nos beijamos, e em silêncio agradeci a Elena por seus beijos, pela proximidade de seu corpo e pela possibilidade do amor.

O país estava tranquilo, mas com aquela tranquilidade expectante causada pelos assaltos aos postos do Exército na Sierra (depois que a reportagem de Herbert Matthews no *New York Times* provou que Fidel Castro estava vivo e lutando) e pelo ataque ao Palácio Presidencial, vivia-se o dia a dia, mas à espera de outra espetacular saída política. Estávamos nos acostumando, mais ou menos, às bombas esporádicas, e aquela inquietação e a raiva política que surgiram em minha vida com o ataque da polícia na rua Humboldt, número 7, onde Joe Westbrook morrera crivado de balas, tiveram seu epílogo na ida de Dysis Guira à Argentina, não sem antes aparecer na revista, sub-repticiamente, para que eu lhe desse fotos de mortos, de assassinados pela polícia, porque ela pensava em publicar fora de Cuba um artigo sobre a violência política na ilha. Franqui também estava no exílio, depois que nós, o pessoal da revista *Bohemia* e vários outros amigos, interviemos através do sindicato dos jornalistas para que o pusessem em liberdade. Havia passado um dia escondido em casa, e a noite que passou lá ele ficou acordado, olhando por entre as persianas Miami do vestíbulo, desconfiando da segurança do lugar, embora ninguém estivesse atrás dele, pois fora posto em liberdade por ordem do Tribunal de Urgencia. Assim, quando Olga Andreu e seu marido Titón Gutiérrez Alea (que depois, quando virou um diretor de cinema de verdade e deixou de ser o produtor dos curtas que agora projetavam nos cinemas na hora dos comerciais, se transformaria em Tomás Gutiérrez Alea, embora todos que o conhecessem o chamassem de Titón e fosse assim que ele assinasse os desenhos que fazia em seu tempo livre e nos quais descarregava sua energia criativa, conforme dizia) me falaram do estado do país, eu lhes disse que a única guerra civil que eu conhecia era a individual — e era verdade. Tanto quanto era verdadeiro que as mulheres eram meu campo de batalha. Alguns meses antes, quando Jean-Loup Bourget veio me ver com um jornalista francês que parecia muito influente em Paris, pois queriam um contato com alguém importante do Partido Comunista, eu fiz o contato para que o jornalista falasse com Carlos Rafael Rodríguez, então clandestino, mas o mais acessível para mim por intermédio de Olga e de Titón, com quem já me reunira mais de uma vez para trocar impressões sobre o que o Partido Comunista pretendia fazer a respeito da luta na Sierra, da qual eles não eram partidários, e conseguimos contatar Carlos Rafael (como todo mundo o chamava) e marcar a reunião com o jornalista francês, de cujo nome agora não quero lembrar, na casa de Olga e de Titón. Eu não estive presente porque naquela mesma noite ia encarar, como diziam, uma garota que eu conhecera numa pré-estreia no cine Atlantic, e não pude desmarcar o encontro com ela, que era o primeiro, para comparecer à reunião político-jornalística que tanto me interessava, porque o aroma da carne de Emilia, que era o nome da moça, o conhecimento de seu corpo e a penetração de sua carne falaram mais alto do que a sempre morna paixão política.

E era verdade que eu travava uma guerra civil particular. Tinha retornado para casa, que era tanto a casa de meus pais quanto a minha e a de Mirta, mas não voltara totalmente com ela. Acho que por fraqueza, ou pela lembrança do amor que existiu entre nós (que nunca foi muito de minha parte, mas foi uma paixão para ela, que no início, antes de namorarmos firme, se mostrava reticente a meus avanços, coisa curiosa, pois fui eu quem a pressionou para que a amizade se transformasse em amor, mas quando o casamento veio, foi mais por um sentimento de repúdio, um efeito colateral de minha breve temporada na prisão por ter publicado um conto com palavrões em inglês, do que o verdadeiro amor, e isso sem falar da paixão que sentia por Elena), não havia rompido totalmente com ela, mas tampouco havia criado uma fusão perfeita, e então fomos ao cinema pela primeira vez desde minha fuga. Eu tinha que ir ao cinema forçosamente e ela sabia, então a convidei e ela aceitou (embora não tivéssemos mais dormido juntos desde meus vaivéns, e aqui não resisto ao gracejo óbvio de dizer que ao penetrar novamente em sua vida não houve gozo, pelo menos para ela) na mesma hora. Fomos ao cinema e vimos *O incrível homem que encolheu*, que resenhei como um filme importante porque introduzia a metafísica na ficção científica, e por metafísica eu queria dizer, dessa vez, a religião, o conceito expresso no filme de que para Deus não existe o zero, e houve mais de um leitor surpreso, pois até então tudo que eu tinha feito fora negar a existência de Deus (ou não admitir a religião) em meus escritos.

Na volta do cinema, deixei Mirta no ponto de ônibus e disse que ia dar um pulo no El Jardín, para me reunir com o grupo que se encontrava ali toda noite e que ela conhecia, pelo menos de vista.

— Quer dizer que você vai e me deixa no ônibus — disse Mirta, como se eu realmente tivesse a obrigação de levá-la de volta para casa, o que, pensando bem, eu tinha mesmo, mas não mais desde minha recente fuga.

— Sim — falei —, vou conversar um pouco sobre literatura.

Nas reuniões do El Jardín se falava de tudo, menos de política, e o grupo era uma espécie de dissidência do grupo Orígenes, composto por jovens, católicos quase todos, muitos da Acción Católica, e todos interessados em arte e literatura. Eu ia lá não por causa do bom uísque, como nas reuniões na casa de Berto, e sim por curiosidade intelectual, embora eles e eu estivéssemos separados por mais de um golfo estético e político, mas fiquei impressionado com o que disse Cheché Sorzano, que era pintor, mas que com seu corpanzil e seus gestos mais parecia um estivador, embora fosse gente fina, quando ele disse que era católico porque rezava toda noite antes de dormir e assim não tinha medo de morrer durante o sono, e como um de meus muitos medos era morrer dormindo (que depois, curiosamente, se transformaria em medo de morrer durante o ato sexual), fiquei impressionado que Cheché Sorzano aludisse a esse medo quase cruel e que realmente parecesse tê-lo superado.

Mas naquela noite não falamos de medos metafísicos nem de minha aproximação com Deus (momentânea) através da crítica da ficção científica, que ainda não se produzira, já que nem sequer apareci no El Jardín, o que fiz foi me dirigir à pensão, que estava, naturalmente, fechada e com as luzes apagadas. Mas dei a volta pelo pátio e me aproximei da janela do quarto de Elena. Dessa vez ia munido dos instrumentos necessários, já que portava minha caneta-lanterna e pude iluminar o interior do quarto até descobrir a cama e comprovar que ela estava dormindo. Mas, por descuido, a luz da lanterna deu no quarto do lado e em seguida uma voz feminina, mas rude, disse: "Ei! Quem está aí?", e podia ser a voz de Cacha, a dona, então saí correndo e me refugiei na calçada. Mas estava tranquilo, pois pude comprovar que Elena estava dormindo e não, como eu temia, andando pela rua, aproveitando que nessa noite eu tinha que trabalhar.

— Por que não vamos morar juntos? — perguntou-me Elena na noite seguinte, ou talvez num outro dia.

— Não, não é possível. Pelo menos por enquanto.

— Mas por quê? Por quê?

— Não é possível.

— Você diz que me ama e eu acredito, mas quando me diz que não podemos morar juntos não acredito que você me ame.

— Você sabe que eu te amo.

— Mas não tanto quanto você diz. Venha morar comigo. Aqui — ela queria dizer na pensão — ou em outro lugar.

— Não, não. Não é possível.

— Por que não é possível? Vamos, me diga.

— Não, não posso te dizer.

— A verdade é que você ainda ama a tua mulher, não é?

— Não, não é isso.

— Me diga, vamos.

— Não posso te dizer.

— Mas por que não pode me dizer? Você pode me dizer tudo. Você sabe que pode dizer tudo pra mim.

— Eu sei. Eu sei que você não tem medo de nada.

— É, tem razão: não tenho medo de nada. Você tem medo de quê?

— Segundo você, de tudo. Não é mesmo?

— Não, não, agora. Do que você tem medo agora?

— Não posso te dizer.

— Tudo pode ser dito. Pra mim você pode dizer tudo.

— Menos isto.

— Mas o que é?

— Preciso te explicar primeiro.

— Bom, então explique.

— Quando eu me casei com a minha mulher — eu nunca dizia seu nome diante dela: não sei nem se ela sabia direito qual era —, eu era muito pobre. Continuei sendo pobre por um tempo, mas não por muito tempo. Pouco depois de me casar, as coisas começaram a mudar e comecei a escrever semanalmente para a *Carteles*, e virei um revisor de provas completo. Quer dizer, trabalhando em período integral. Quis a sorte que comprassem a revista e que meu chefe, o homem de quem eu era secretário particular, virasse o diretor da revista, e assim comecei a escrever a minha página semanal e depois me nomearam, isto é, ele, o diretor, me nomeou chefe de redação, e agora sou chefe de reportagem também, temporariamente, mas tenho uma posição muito importante na revista. E acho que devo tudo isso, com certeza, a minha mulher. Ela me deu sorte.

— Merda!

Foi tudo o que ela disse, e por três dias não falou mais do que o necessário, e quando chegou o sábado e se supunha que íamos outra vez à 11 com a 24 passar a tarde toda e parte da noite se ela quisesse, ela não quis. Não disse isso assim, simplesmente disse que estava naqueles dias e que não podia se deitar comigo, então fomos caminhar por El Vedado, no sábado à tarde, e chegamos até o Turf, um *night club* que, como o El Atelier, serve perfeitamente para se passar um tempo com uma mulher, e embora eu já não tivesse que passar um tempo com ela, forçosa ou forçadamente, entramos. Estavam tocando e tocaram muitas vezes "My Prayer", cantada pelos Platters, e essa melodia, essa harmonização popular, passou a fazer parte do momento, assim como acontecera no início com "Autumn Leaves", a versão de "Les Feuilles mortes" cantada por Nat King Cole, e em certo momento, entre essas canções americanas ou franco-americanas ou totalmente americanas, soaram as canções de Rolando Laserie, que punham o tempo todo em La Cuevita, defronte da saída da *Carteles*, tocadas no rádio porque em La Cuevita não havia toca-discos e elas sempre eram ouvidas em toda parte — e foi uma das primeiras vezes em que pensei como certa música fixa a lembrança e está tão intimamente ligada a ela que não dá para ouvi-la sem pensar na outra ou não se pode ter a lembrança sem as canções, sem a música, que são como uma ilustração, e foi assim naquela vez que vi com ela, com Elena, *Cinderela em Paris*, que é como se chamava em Cuba *Funny Face*, com Audrey Hepburn e Fred Astaire, na vez que fui a uma sessão privada e tive coragem de ir com ela e não com minha mulher, e os outros críticos, locais ou não, me viram com ela, é assim que lembro desse filme e de suas cores em infinitas variações e de sua música como algo que estava em função do filme, como suas cores, mas não só da música em si, a lembrança é una e global, como a lembrança dos momentos em que ouvi, talvez pela primeira vez, "My Prayer" ou "Autumn Leaves", que são as tais canções, junto com duas ou três de Rolando Laserie, mas não as canções, com sua voz, seus maneirismos, seu amaneiramento ao cantá-las, o que na época era novidade, o que lembro é do rosto dela — ainda chateada no Turf, um pouco resistente a ficar comigo —, seu cabelo, seus olhos, sua boca, sobretudo seus olhos e sua boca, e me chega o hálito sempre adocicado pelos cigarros americanos que ela fumava, quase um atrás do outro, e lembro seu corpo, não seu corpo nu, mas seu corpo vestido, vestido então quase com seu único vestido, depois com outra roupa, todas deselegantes, mas moldando sua figura robusta, como uma modelo boa para Maillol, com os pés firmes na terra e as mãos de dedos curtos, de unhas roídas quase até a cutícula, seu indicador e o dedo médio manchados de nicotina, e tudo isso a torna entranhável e ao mesmo tempo indiferenciável da música, como se sem música não pudesse haver lembrança, como se a vida fosse um filme, ou melhor, uma comédia musical, que precisasse da música para ser possível.

A outra lembrança é amarga: o ciúme. Agora Elena tinha o dia inteiro e muitas vezes a noite para fazer o que bem entendesse, e embora eu quisesse saber o que ela fazia durante as vinte e quatro horas do dia, muitas vezes não sabia nem se ela estava na pensão ou não, pois lá não havia telefone, e, por outro lado, como eu tinha que trabalhar muito, não podia vigiá-la como sua natureza inquieta demandava. Eu sabia que ela saía para caminhar durante o dia, e acho que não fazia isso de noite porque eu estava sempre prestes a chegar (para ela) e podia não encontrá-la em casa. Eu confiava em Branly para me manter informado, caso algo inusitado acontecesse, mas ele também trabalhava e mantinha uma certa reserva com referência a nossa relação (minha e de Elena), talvez por conhecer minha mulher, talvez por inclinação própria. O fato é que eu sabia pouco de Elena por ele (Branly) e muitas vezes nem me atrevia a lhe perguntar dela. Dei dinheiro suficiente para Elena ir comprar algumas roupas, ela foi e até comprou umas anáguas que fizeram minha delícia (seu corpo era especialmente feito para usar essa peça) nas tardes de sábado no hotelzinho. Também lhe dei algum dinheiro para comprar cigarros e alguma outra coisa de que precisasse. Por isso, achei estranho quando, quase um dia depois de ter lhe dado dinheiro, ela me pediu cinco pesos, e quando perguntei pelo outro dinheiro, ela me dissesse que já tinha acabado. Achei estranho, mas não disse nada e lhe dei os cinco pesos, e no dia seguinte, quando fui vê-la de noite, ela me pediu para ir até a esquina comprar um maço de Camel para ela. Perguntei novamente pelo dinheiro e depois de muitos rodeios soube que ela o havia dado a uma colega da pensão, uma peruana que estava em Havana de passagem e que tinha ficado sem um centavo. A atitude de Elena era louvável (sua generosidade sempre foi surpreendente, por mais acostumado com ela que eu estivesse), mas insisti em ver a peruana e ao voltar à pensão Elena foi buscá-la e nos apresentou. Era uma espécie de índia, baixinha, quase achatada e bastante feia. Meu ciúme esperava uma mulher linda, ou bonita, pelo menos, e senti vergonha de ter duvidado de Elena.

Mas um dia (sábado) fui buscá-la em casa e recebi um recado que dizia que ela estava na Unión Radio, que na época ficava onde era o cine Plaza, e que logo voltaria. Fui até a esquina, procurei o número da Unión Radio e telefonei, perguntando por ela. Por motivos desconhecidos ou absolutamente fortuitos chamaram-na ao telefone e ela, vacilando, me disse que já estava voltando, e eu disse não, que eu ia buscá-la na Unión Radio, mas ela insistiu e disse que já estava vindo para a pensão. Desliguei o telefone sem mais palavras e peguei um táxi para a Unión Radio e ao chegar a vi na calçada falando com um sujeito insignificante (não que eu me considerasse significante, mas ao lado dele eu podia ser um ator de tevê, em comparação com aquele suposto ator, digo suposto porque depois eu soube que ele não era ator. Tempos depois, muito tempo depois, quando daquele amor não restava mais do que a lembrança, Jesse Fernández, trabalhando comigo no jornal *Revolución*, me disse que conhecia um sujeito — na ocasião me disse o nome dele, que era completamente esquecível — que tinha se aproveitado de mim, eu perguntei de que forma e Jesse me disse que ele estava tendo um caso com uma moça que eu estava mantendo, e pela descrição que ele deu essa moça era Elena, mas na época eu não acreditei, ainda não acredito), e quando ela me viu descendo do táxi sem pagar, dizendo-lhe para me esperar, falou rápido com seu interlocutor, que saiu quase correndo para se abrigar atrás da porta do estúdio cênico da emissora. Ali mesmo perguntei quem era aquele sujeito e ela me disse que era um empregado da emissora que tinha perguntado alguma coisa e que ela estava respondendo quando cheguei, no exato momento em que ela estava esperando um carro de praça para ir me encontrar na pensão. Depois, como continuei fazendo perguntas, ela me explicou que na verdade o sujeito com quem ela estava falando era o que dava as entradas para os programas de auditório, que ela o conhecera por intermédio de sua amiga peruana e que queria ver um programa de rádio ao vivo porque nunca vira antes. O fato é que ela se contradisse várias vezes, e por fim decidi não perguntar mais nada, fui pegar o táxi para irmos até a 11 com a 24 e nessa tarde, com seu corpo, ela me fez esquecer o incidente, se não esquecê-lo, pelo menos lembrar dele com menos rancor, embora o ciúme não tivesse se dissipado, e se alguém quiser acreditar que serviu de estímulo para o prazer sexual posso dizer que não foi bem assim: que foi graças a suas artes na cama que eu pude esquecer aquilo durante as horas que passamos juntos, mas entre ato sexual e ato sexual eu ainda me lembrava da quase comédia de erros que se produzira entre nós naquela tarde. É verdade que ela se mostrou mais apaixonada do que de costume, mas isso não é mera sensação, e sim uma apreciação correta da realidade reforçada pela lembrança, pois hoje recordo mais a voluptuosidade de suas carícias, o vaivém de seu corpo pequeno sob o meu, sua sensualidade não aprendida, mas natural, o hálito morno que seu corpo soltava pela boca e pela vagina, esses dois pontos de contato do meu corpo com seu corpo, minha língua e meu pênis servindo de introdutores ao conhecimento de sua sexualidade, a paixão que pôs em todos os seus orgasmos (que para mim eram desconhecidos com minha mulher e conhecidos apenas com as outras mulheres, os outros corpos com os quais tive contato fora do casamento: com Margarita del Campo — esse não era seu verdadeiro nome, mas o que usava para a rádio e o teatro —, que tinha um seio parcialmente destruído por um fogo acidental quando menina e que, no entanto, sabia utilizar aquele defeito como um efeito verdadeiro, e que foi outro corpo que me fez conhecer a vida através do tato, do olfato, da visão e do gosto mediante o gozo do amor, e eu poderia falar de outras, mas agora é só de Elena que eu quero falar), do que o incidente na emissora de rádio, mesmo sentindo raiva por não entender que relação poderia haver entre ela e aquele indivíduo parado na porta da emissora, com Elena recostada numa coluna e ele com o braço por cima da cabeça dela, sua mão apoiada na mesma coluna num ato, ou melhor, num gesto, numa composição de maneiras que me pareceu, ao vê-la, fatalmente familiar.

Mas não foi só dessa vez que Elena me deixou com ciúme, um ciúme como eu nunca sentira antes e que sentiria depois, mas nunca antes, porque ela quase me ensinaria a senti-lo. Sim, eu sabia o que era o ciúme, soube disso desde que tinha sete anos, com minha prima, a primeira pessoa do sexo oposto com quem tive contato, um contato tão real que me lembro da ereção no dia em que nós dois nos fechamos no banheiro, e também me lembro de como a porta se abriu abruptamente para fazer surgir minha avó, terrível, ameaçadora e real na fantasia erótica que eu e minha prima estávamos elaborando, pois me lembro tanto desse momento ou do prazer antes do prazer de ter contato com seu corpinho (minha prima era apenas alguns meses mais velha do que eu) quanto de vê-la brincando com outros garotos e de se perder com Langue, o loiro de cabelo liso, entre as moitas altas, enquanto seus colegas de brincadeiras continuavam brincando, sem desconfiar de nada, sem desconfiar que eram vistos, Langue e minha prima se perdiam entre as moitas e eu, do outro lado da cerca, sentia, talvez pela primeira vez, o que era o ciúme. Elena me fez ter essa sensação, tão vívida, de estar prisioneiro do monstro de olhos verdes, ou melhor, do abutre biliar do ciúme, embora eu também tivesse sentido ciúme de Margarita del Campo, mas um ciúme quase incipiente, porque eu nunca fui realmente apaixonado por ela, o que tivemos foi uma relação puramente carnal, e antes eu havia sentido o ciúme desbotado de meu noivado com Mirta, minha mulher (e tenho sempre que dizer *Mirta, minha mulher*, porque seu nome é tão insípido quanto um dia sua pessoa se tornaria insípida para mim, e devo sempre lembrar o leitor, pois quando escrevo Mirta sei que ele teria que voltar atrás, para outras páginas, para saber realmente de quem se está falando), que durou bem pouco até que tive certeza de seu amor, e que, uma vez obtido, mesmo antes de se formalizar o noivado, se tornara amor de mão única. Assim o ciúme despertado por Elena foi, na verdade, quase o primeiro ciúme que senti e me fez sofrer o indizível, pois quanto mais eu queria segurá-la, prendê-la de corpo e alma, mais eu a sentia escapar, deslizar entre meus dedos amorosos como azougue que é açoite, com a mesma indiferença do metal por onde escorre: então, o tal incidente da emissora, mesmo quando eu tentava ou conseguia diminuir sua importância, só crescia justo quando parecia mais irrelevante, pois era apenas eu pensar nele que voltava a minha cabeça, recorrente, a imagem daquele indivíduo e de seu braço passado, com excessiva ou reveladora confiança, por cima da cabeça dela, sem tocá-la, mas dando a entender que o cerco parcial daquele braço era legítimo, que aquela posição lhe pertencia tanto quanto era sua a posse da moça ou da mulher (pois, a meu ver, nos últimos dias, quase desde o dia em que fugiu comigo, Elena adquirira uma maturidade antes insuspeita, insólita se comparada com a garota que foi pela primeira vez comigo ao El Atelier, com aquela imagem juvenil, de carne jovem e virgem, exposta para os meus olhos ali junto da loja da rua 23, diante do cine Atlantic, naquela tarde de junho em que praticamente nos conhecemos, já que nos demos a conhecer um ao outro e quem eu conheci era uma garota, ao passo que a Elena que tenho agora em minha mente já é uma mulher, amadurecida violentamente, como uma fruta machucada, em apenas poucos dias) que tinha sob seu braço, não quase fisicamente abraçada, mas abraçada tacitamente, posto que ela, Elena, consentia com aquela confiança que revelava, sem dúvida, uma certa intimidade. Onde ela conhecera aquele sujeito? Quando será que o conheceu? Há quanto tempo o conhecia? Essas perguntas me assaltaram uma atrás da outra, mas não me atrevi a formulá-las para Elena, sobretudo porque pensei que, se não desse importância ao assunto, ele deixaria efetivamente, como por magia simpática, de ser importante para ela. Não voltamos a mencioná-lo, mas ele ficou no meio de nós dois, abrindo uma espécie de abismo, uma fissura, uma das tantas que se abriram entre nós no dia a dia, de forma quase insensível, imperceptível ou pouco perceptível, sempre sentidas ou conhecidas mais por mim do que por ela, já que eu parecia o sócio passivo da relação, mas na verdade era ativo e, a não ser pelo primeiro impulso de sua fuga, Elena perdeu o controle da situação — pois era eu quem pagava. Acho que ela sabia disso muito bem, ou percebia claramente, mas não podia renunciar a sua atividade e ter uma presença passiva, já que quando eu virava as costas ela voltava a fazer o que queria, fosse sair "para dar um giro pelo Malecón", como ela dizia, fosse para ir sabe Deus aonde, enquanto eu trabalhava, trabalhava mais do que nunca, porque sua presença me impunha uma manutenção que eu estava longe de poder manter, pois tinha que arcar, meio a meio, com as despesas de minha casa, além das geradas por minha filha e minha mulher, que na época não trabalhava (mas que, pouco depois de minha aventura com Elena, decidiu trabalhar de novo, principalmente, acho, para ocupar seu tempo, já que nossa filha era mais filha de meus pais, em especial filha de minha mãe, do que filha nossa, pois não só dormia no quarto deles, como minha mãe a levava todo dia para passear, e lhe dava banho e a alimentava), e, por outro lado, tinha que manter Elena, seu quarto e as refeições, mais a roupa e os cigarros que consumia vorazmente (e as saídas para o cinema ou para jantar fora, porque eu tentava fazer com que estivesse comigo a maior parte do tempo possível, e mesmo sendo crítico profissional eu tinha que pagar a entrada em todos os cinemas, menos no La Rampa, e até então não me ocorrera explicar à revista que para manter minha independência de critério era essencial que eles me pagassem também a entrada do cinema), que me consumiam um dinheiro que eu já não ganhava. Ou seja, o que eu ganhava não era suficiente, e foi assim que, pela primeira vez, caí nas mãos de agiotas, esses incríveis tubarões do empréstimo, que pululavam em Cuba, por toda parte, e a mim coube um dos mais suaves que havia na *Carteles*, pois como eu trabalhava na redação e ele nas oficinas, ele me tratava com mais circunspeção, embora nem com menos juros nem com percentuais menores. Mas havia outros prazeres, além dos do corpo, que Elena me dava: não só o prazer de vê-la, de admirar sua beleza atemporal (às vezes ela parecia saída dos anos 20, com seu cabelo curto, outras era uma típica beleza dos anos 40, com as saias que costumava usar meio compridas, talvez por ter comprado um número maior sem perceber), mas também, às vezes, o de uma única frase, ora de uma inteligência maior, ora de um grande engenho muitas vezes impensado.

Eu falei ou acho que falei da tertúlia do El Jardín, mas não mencionei seus participantes, entre os quais estavam Virgilio Pérez, com sua leve manqueira byroniana e sua gagueira, e Elio de la Fuente, que, embora católico praticante, deixava ver sob sua pele canônica o que chamamos de um safadinho. Também apareciam por lá Berto e Junior Doce e Jean-Loup Bourget, que devo ter visto pela primeira vez ali, perto da *patisserie* de seu pai, e que um dia seria protagonista de um conto meu, mas, principalmente, quem visitava essa tertúlia, tolerado mas não admitido por completo, era o poeta Baragaño. Agora preciso falar um pouco do poeta Baragaño, porque sua imagem de poeta incidiu brevemente no engenho de Elena.

Ele era um moço do campo, de Pinar del Río, mais de uma cidade do interior que do campo, quando foi para Paris e lá fez amizade com alguns membros do grupo surrealista; imagino que deve ter sido com os extremos do movimento, não com os mais extremistas, mas com a periferia do movimento. O fato é que ele publicou seu primeiro livro de versos em Paris, um livro de poemas surrealistas que não eram totalmente ruins. Imagino que ele mesmo tenha pagado a edição, mas a verdade é que tinha certa fama de iconoclasta, a qual sabia cultivar muito bem, e um dia eu o encontrei (antes dele ir a Paris já o conhecia superficialmente, das reuniões literárias com pinceladas de violência que eram feitas na esquina do Prado com a Virtudes no final dos anos 40, naquela esquina onde toda noite se reuniam poetas e pintores e escritores e também membros dos grupos de gângsteres-políticos daquela época, como o UIR e o MSR,* o primeiro pertencente a Fidel Castro e o segundo a Rolando Masferrer, que depois teria grande importância no

---

* Unión Insurreccional Revolucionaria e Movimiento Socialista Revolucionario. (N. T.)

governo de Batista por liderar um grupo que combatia o fidelismo, apelidado de Tigres de Masferrer, mas o fato é que Masferrer, que dirigia um jornal, onde escrevia os editoriais num estilo direto e rude que lembrava o melhor da prosa anarquista, era antes de tudo um intelectual, e só os acasos da história impediram que desempenhasse o mesmo papel de Fidel Castro, embora seus papéis fossem intercambiáveis) esperando o ônibus na rua Reina, junto ao cine Reina, e o cumprimentei, e embora ele não se lembrasse de mim ficamos amigos, não sei se para o bem ou para o mal, e cheguei a defender sua intervenção num colóquio em homenagem a Paul Claudel, no qual tive que me levantar e enfrentar os membros celebrantes, todos sentados no palco da salinha-teatro do Lyceum, apossando-se da cultura, sem deixar que Baragaño, que estava na plateia e não no palco, interviesse, motivo pelo qual tive que me levantar e dizer que o presidente da assembleia não tinha sido muito tolerante com o tempo, pois falara durante dezoito minutos contados no relógio e agora não queria deixar um espectador intervir no colóquio. A presidência finalmente deu a palavra a Baragaño, que não foi brilhante como deveria para responder a pessoas como Lezama Lima, que já havia falado, e terminou sua intervenção surrealista e, naturalmente, anticlaudeliana dizendo: "Deixem que os mortos enterrem os mortos", que não era tão ruim como resumo do colóquio. No dia seguinte, na escola de jornalismo, Mario Parajón me disse que eu tinha despertado a ira de Lezama, quando ele já começava a me apreciar como crítico, e que eu visse bem por quem eu tinha feito aquilo. O fato é que minha intervenção me fez ganhar a amizade de Baragaño, que era meu contemporâneo, e isso era suficiente, embora muitas vezes no futuro eu tenha lamentado essa amizade, principalmente na fase em que (embora filho de um empreiteiro espanhol em Pinar del Río, se não rico, pelo menos com dinheiro) ele vivia em Havana da caridade dos amigos, os quais bicava como podia: certa vez ele veio caminhando, de sua casa naquele momento, que era perto do El Jardín (antes tínhamos vivido no mesmo bairro, quando eu morava na rua 27 com a avenida dos Presidentes e ele no Hotel Palace, onde, fiquei sabendo, seu pequeno apartamento tinha sido inundado e Virgilio Pérez, Héctor Angulo e Eulalia, mais conhecida como Lala Gómez, estavam tirando a água com um esfregão, e num canto do quarto, observando a operação, estava Baragaño, todo prosa por ter aqueles jovens intelectuais quase como empregados, e o que era ainda mais irritante: com a complacência de todos), até minha casa na 23 com a 26 para me pedir cinco pesos emprestados. Quando eu lhe disse que ele estava louco por me pedir tal quantia (aliás, ele nunca devolvia os empréstimos), primeiro ele diminuiu para três pesos, depois para um peso, mais tarde para cinquenta centavos e por fim me pediu dez centavos para pegar o ônibus, alegando que estava muito cansado para voltar a pé e conseguindo essa última quantia ele se dava por satisfeito.

Baragaño costumava usar cabelo comprido, uma cabeleira que às vezes lhe caía sobre os ombros, o que era muito incomum naquela época, e além disso, durante alguns meses, deixou crescer um grande bigode com longas guias em forma de guidão. Assim nós o encontramos, Elena e eu, certa noite em que tínhamos saído para dar uma volta pelo bairro e subimos a rua Calzada, e Baragaño, rodeado por Virgilio Pérez, Angulo e Lala (não, Lala não: havia apenas homens em seu grupo) e por mais alguém, nos cumprimentou, muito cerimonioso, dirigindo um olhar, entre cúmplice e libidinoso (libido que, além do mais, Baragaño gastava aparentemente em olhares, pois durante anos eu nunca soube de nenhuma mulher dele, e sua vida erótica, mesmo para mim, que cheguei a ser muito próximo, foi por muito tempo um mistério havanês), para Elena: "Muito boa noite". Apresentei Elena como pude e troquei poucas palavras com Baragaño, pois não estava com muita vontade nem de conversar nem de me reunir com o grupo: eu queria ficar sozinho com Elena, sempre. Quando Baragaño saiu, com seu grupo atrás dele, Elena disse:

— E esse, quem é? Um cantor de *punto guajiro*?*

— Sim — disse eu —, isso mesmo: um cantor de *punto guajiro*.

O que era um epíteto quase perfeito para insultar o jovem poeta surrealista que chegara "até a conhecer Breton", conhecimento que, por outro lado, eu sempre pus em dúvida, embora às vezes pense que talvez ele o tenha conhecido mesmo, pois no fim das contas Breton tinha fama de ser um homem acessível e talvez não tenha sido difícil para o poeta de Pinar del Río (agora um cantor de *punto guajiro*) conhecer o pontífice do surrealismo.

Outra frase de Elena que me acode à memória para ilustrar esse aspecto de sua personalidade é uma que me dirigiu (e que nunca lhe perdoei) nos dias em que estávamos em plena fuga, indo da biblioteca da Sociedad Económica de Amigos del País para o hotel da 11 com a 24, para dormir. Devo ter conseguido comer num daqueles dias, porque me lembro que, atravessando a rua Infanta, seguindo para o cine Infanta para ver um filme que eu tinha de resenhar, arrotei ao atravessar a rua e ela disse no ato: "Você está com indigestão, querido". O que era verdade, mas era também uma frase vil: já que era ela a causa de minha indigestão e parecia incapaz de perceber esse simples fato, essa relação de causa (ela) e efeito (minha indigestão), motivo pelo qual a frase me soou quase a desamor, e muitas vezes me perguntei, devido a esse e a outros episódios, se Elena me entregara apenas seu corpo

---

* Gênero de música popular cubana, de origem camponesa e raízes hispânicas. (N. T.)

e não sua alma, se ela nunca sentira amor por mim. Agora me lembro da história contada por Blanco, um dos jovens dirigentes dos operários da oficina, que, antes da existência de Elena, também era companheiro dos sábados em que, depois de receber, saíamos para beber, quase sempre num dos bares de putas do Pajarito, mas às vezes íamos até os bares do porto, do cais, como no dia em que, já de pileque, paramos num bar que ficava atrás do terminal ferroviário e, enquanto eu ia até o banheiro, Blanco deu um jeito de arrumar, ou melhor, comprar, uma briga de cadeiras quebradas e mesas de pernas para o ar — ele era alto e bastante forte —, da qual só fiquei sabendo quando saí do banheiro e vi a baderna no bar e algumas pessoas de nosso grupo, talvez José-Hernández-que-não-escreverá-o-Martín-Fierro e talvez René de la Nuez e mais alguém, segurando-o pelos braços, enquanto alguém ou alguns de um outro grupo agarravam o outro briguento. Mas o que eu ia contar é a história que Blanco me contou, na qual a versão cubana de Fausto está sentada na amurada do Malecón, uma noite, e de repente ouve uma voz que lhe diz:

— Sou o diabo e venho lhe fazer uma proposta.

— Veio roubar a minha alma? — pergunta o Fausto cubano.

— Eu não quero a sua alma — responde o diabo. — O que eu quero é o seu corpo.

— Como?

— Sim, se você me der o cu, eu lhe darei tudo o que desejar.

— Tudo?

— Sim, tudo.

Depois de pensar um pouco, o cubano Fausto concorda e se deixa sodomizar pelo diabo, em seu quarto.

— Bom — diz Faustino —, agora, aos pedidos.

— Ah — diz o suposto diabo —, mas você realmente acreditou que eu era o diabo? Eu sou é um pederasta da porra!

Talvez eu não quisesse a alma de Elena, tudo o que eu queria era seu corpo. E então, por que o ciúme? É possível ter ciúme de um corpo? Otelo estava loucamente apaixonado por Desdêmona ou só por suas carnes brancas? Não, eu queria a alma e o corpo de Elena. Claro que quando ela me entregava seu corpo, maior era meu amor por sua alma, mas eu a amava de corpo e alma. E ela? Às vezes duvido que me amasse, e acho que servi apenas para ela deixar a mãe, para se livrar da tirania materna, uma espécie de cortador de ferro para os seus grilhões. Em todo caso, se ela me amava tanto, por que procurou a companhia de outros homens, como é evidente que fez? Uma noite em que fui buscá-la na pensão e ela não estava, o útil Branly, que estava sentado no pátio tocando violão (talvez eu tenha me esquecido de dizer que Branly chegou à poesia e, mais tarde, militou num grupo poético, já na Revolução, pela via do bolero: compunha canções populares nas horas de folga, canções que certamente não eram ruins, embora nunca tivessem outra audiência fora de seu círculo íntimo), me deu a dica útil de que Elena estava no bar Ivonne. Eu nunca tinha estado no bar Ivonne, mas Branly sabia que ficava na rua 12, perto da 19. Lá fui eu voando num táxi, e entrei no bar mal iluminado procurando Elena às cegas por entre as pessoas sentadas no balcão e nas mesas. Não havia muito o que procurar: o bar Ivonne era apenas um cômodo com um balcão e algumas mesinhas quadradas. Era evidente que Elena não estava lá. Voltei para a pensão e Branly não estava mais no pátio, talvez tivesse ido se deitar, agora só havia gente desconhecida lá, mas me sentei na poltrona em que Branly estivera sentado e fiquei esperando. Deu meia-noite e ela não chegava. Por fim todos foram dormir, virando as poltronas ao contrário e pondo-as contra a parede, e eu fiquei sentado na minha, esperando. Uma hora e ela não chegava. Duas. Eu me levantava o tempo todo, a cada carro que passava, e me escondia atrás de uma das colunas do pátio, para surpreendê-la. Uma ou duas vezes fui até a esquina e voltei logo, temeroso de que tivesse chegado nesse meio-tempo, embora eu não descuidasse da vigilância da entrada da pensão. Finalmente, às três horas, um táxi parou na frente da casa e, por me esconder, não consegui ver se havia alguém com ela. Já ia entrar em casa quando a peguei pelo braço. Seu susto foi grande.

— Meu Deus! — disse. — Mas que susto você me deu! Onde você se meteu?

— Eu é que pergunto. Onde você se meteu?

— Ah — disse, sem demorar muito na resposta. — Estava entediada aqui e saí com uma amiga que mora ali na esquina.

— Com uma amiga? Será que não foi com um amigo?

— Ai, lá vem você com esse ciúme. Já disse que saí com uma amiga.

— E aonde você foi? Onde estava metida até essa hora?

— Fomos ao bar Ivonne e lá encontramos duas amigas da minha amiga e fomos todas até o apartamento dela, que fica na rua San Lázaro.

Até então nunca me ocorrera que Elena pudesse ter veleidades lésbicas: tampouco me ocorreu nesse momento, apesar de Margarita del Campo ter me confessado que, numa noite em que pensei que havia saído com um amigo e a esperei na porta de sua casa quase até o dia amanhecer, ela estava realmente com uma amiga lésbica e tinha ido com ela para Bayamo quando mandou para a *Carteles* um telegrama incrível dirigido a mim, que dizia: O TEMPO E A DISTÂNCIA ME FAZEM RECONHECER QUE TE PERDI, e além disso tentou me causar ciúme com sua amiga, o que conseguiu por um tempo, quando eu respondi com raiva a suas insinuações. Mas Elena parecia muito mulher.

— E você ficou nessa casa até agora?

— Sim, até agora há pouco, quando peguei um carro de praça.

Sempre me incomodava isso dos cubanos utilizarem três palavras para dizer táxi, mas agora não me incomodou: era evidente que eu estava mais incomodado com a fuga de Elena.

— E você acha que eu vou acreditar nisso?

— Não sei por que não iria acreditar, se é verdade.

— Você está me enganando.

— Sssh — disse Elena —, fale mais baixo, senão vai acordar todo mundo.

— Não me mande ficar quieto!

— Não, não estou mandando você ficar quieto. Só estou dizendo pra você falar mais baixo, porque tem gente dormindo.

— Eu sei que tem gente dormindo. Você devia estar dormindo há horas, eu também devia estar dormindo, e por tua culpa...

— Ah, mas eu não sabia que você ia aparecer hoje à noite. Te esperei até as nove, mais ou menos, e então essa minha amiga chegou e me convidou pra ir lá no bar Ivonne, que acabou de abrir, e como é novo...

— Você não pensou duas vezes...

— Por que pensaria? Achei que você não ia aparecer.

— É, e se por um acaso uma noite eu não vier, nem vou saber se você fugiu de novo.

— Eu não fugi! Ia te contar...

— Quem foge uma vez, foge cem vezes.

— ... amanhã. Quer dizer, hoje.

— Você já fugiu uma vez da casa da tua mãe.

— Com a tua ajuda.

— Sim, com a minha ajuda. Esse foi o meu erro.

— Bom, se quer ver isso como um erro... Pra mim foi o mais acertado, a melhor coisa que já fiz na vida. Graças a você não estou na prisão por ter matado a minha mãe. Não pense que não sou grata por isso. Mas eu também saí de casa em busca de liberdade. Não venha você tirá-la de mim agora.

— Liberdade? Você chama de liberdade o que fez esta noite? Isso qualquer putinha pode fazer.

— Mas eu não sou uma putinha. Sou uma mulher livre. Também sou grata a você por isso, por me ajudar a deixar de ser uma menina e me transformar numa mulher.

Sei que o diálogo soa nítido demais para ser verdadeiro, mas é assim que minha memória o reconstitui. Depois dessas palavras, Elena veio até mim e me beijou e não pude resistir à proximidade de seu corpo: também a beijei. A carne não é fraca, é forte demais, poderosa, e eu não pude conter o desejo de ter sua carne ao redor de minha carne e a teria penetrado ali mesmo no pórtico, não fosse pelo possível aparecimento de um vizinho ou, o que é pior, da polícia.

— Vamos sair amanhã — falei. — Eu fujo da *Carteles* mais cedo e damos uma saída, certo? O que acha?

Ela achava que seria muito bom, disse, enquanto me beijava.

Mas no dia seguinte veio a política se imiscuir em nossa física. Tinham matado Frank País em Santiago de Cuba e corriam muitos boatos. Um deles é que haveria uma greve geral que teria início com o luto pelo funeral de País. Assim, quando fugi da revista foi para dizer a ela que ficasse quietinha em casa, que havia problemas e não poderíamos sair. Também fui até minha casa para avisar da situação, e Silvina estava lá, conversando com Mirta. Falei para elas que a coisa parecia séria e que era melhor não pôr os pés na rua. Voltei para a *Carteles* e Blanco veio me ver (embora ele não fosse, de fato, do comitê das oficinas, figurava praticamente como o líder sindical. Barata e Onofrio, que tinham ajudado Franqui com seu jornal clandestino, estavam mais próximos do Partido Comunista que do Movimento 26 de Julho, do qual Blanco se aproximava, mas mesmo Barata e Onofrio, com sua habitual prudência, vieram me ver) para dizer que as oficinas estavam prontas para entrar em greve, e queria saber o que estava acontecendo na redação. Na redação não estava acontecendo muita coisa, pois naquele momento eu era toda a redação, todos os outros eram colaboradores. Estavam lá, é verdade, Pepe, como secretário do diretor, e os desenhistas: Andrés, que fazia as capas, e Ozón, que desenhava mapas e fazia caricaturas para a seção esportiva. Por outro lado, havia os revisores que, mesmo trabalhando na seção das oficinas, pertenciam à redação. Eu sabia que Branly e René de la Nuez fariam o que eu dissesse, mas não estava certo sobre Elías Constante, que era o revisor-chefe, além de admirador quase pessoal de Batista. No entanto, garanti a Blanco que a redação participaria da greve, que não estávamos esperando a ordem ser dada. O comitê de greve dos jornalistas só iria se formar em 1958, mas agora, em meados de 1957, havia uma espécie de unanimidade antibatistiana entre os jornalistas mais decentes, e o secretário do colégio de jornalistas era conhecido por sua posição antigoverno, então a greve podia começar a qualquer momento, e, com ela, também a repressão policial. Foram horas de tensão civil, que duraram até o começo da noite e se intensificaram no dia seguinte, com os rumores que chegavam de Santiago de Cuba. Falava-se de uma manifestação de mulheres de luto que foram até o cemitério, apesar da vigilância policial e da presença de Sala Cañizares, um verdadeiro carrasco como chefe da polícia de Santiago. Também se dizia que o caixão que continha os restos mortais de Frank País fora coberto com a bandeira vermelha e preta do 26 de Julho. Mas, de concreto, nada se sabia. Permaneci na redação o maior tempo possível, conversando a intervalos com um Ortega ao mesmo tempo nervoso e excitado, que não podia controlar a situação e sempre esperava a confirmação da *Bohemia*, de seu diretor, para tomar qualquer providência. Apesar de tudo, consegui ir ver Elena, que estava na pensão, dessa vez no refeitório, acho, não no quarto, muito menos no pátio, onde eu já a advertira para que não ficasse muito tempo. Apesar de tudo, a situação política causava uma espécie de excitação sexual, e eu teria ido para a cama com Elena se fosse possível, mas a presença ubíqua da velha Cacha — que perguntava constantemente: "E aí, moço, o que vai acontecer aqui?" — me impediu. Senti que o corpo de Elena respondia a meu estado de máxima tensão, mas ao mesmo tempo compreendia que meu dever era ficar na *Carteles* e sair de lá quando chegasse a ordem de greve geral. Barata e Onofrio, como se soubessem mais do que todos, sorriam ao comentar que não ia acontecer nada, que as massas não estavam preparadas e que a greve, caso se iniciasse, fracassaria. Por outro lado, havia a presença sempre cética de Pepe, esse José-Hernández-que-não-escreverá-o-Martín-Fierro, que não acreditava em nada, embora na redação Branly e René de la Nuez se reunissem comigo para comentar os ultimores (é assim que minha máquina escreve, agora, últimos rumores) trazidos à revista por Montaña, que tinha uma coluna política e se autoproclamava o homem mais bem informado da *Carteles*. O homem-mais-bem-informado informava, por sua vez, que não aconteceria nada, que o governo tinha a situação sob controle e que a participação política não passaria de Santiago de Cuba. Quem estaria com a razão? Lamentei que não fosse seis meses antes, quando Alberto Mora, que estava escondido lá em casa, era uma fonte de informação, mesmo que restrita à área do Directorio Estudiantil, e também havia Franqui, que tinha toda a informação possível do 26 de Julho, por dirigir o jornal clandestino da organização. Mas Alberto era alguém que às vezes eu visitava na prisão (tanto que minha filha, ao passar de ônibus perto da prisão do Castillo del Príncipe, sempre dizia: "Olha lá a casa do Alberto") e Franqui estava no exterior. Então eu não sabia nada do que estava realmente acontecendo, a não ser pela informação que recebia de Ortega, o diretor, que por sua vez a recebia da *Bohemia*, onde havia um grupo de jornalistas e repórteres normalmente bem informados. Mas a greve era um movimento espontâneo e clandestino, que parecia se mover de um lado ao outro do país e do qual nem o melhor dos repórteres sabia nada. Só restava esperar — e esperar significava ficar na revista o dia inteiro, longe de Elena. No entanto, dei um jeito de ir vê-la e a encontrei jogando ludo com outra hóspede, ela, Elena, a pessoa mais alheia à política que se podia imaginar.

— Pensei que você não ia aparecer — foi seu cumprimento.

— Vim agora porque talvez não possa ver você por muito tempo.

Eu dramatizava a situação, mas Elena não parava de jogar ludo. Por fim, aparentemente vencedora, ela parou de jogar e nos retiramos para um canto do pátio.

— O Roberto também está muito agitado — dizia ela, referindo-se a Branly.

— O Branly? — disse eu com uma inflexão que indicava não só dúvida, mas também a certeza de que Branly não tinha coragem para participar da greve.

— É — disse ela. — Teve uma discussão com a mãe hoje cedo. A velha disse pra ele não se envolver em nada, de jeito nenhum, e ele disse que ela também devia ir pra greve, e então a velha disse que não ia deixar o seu trabalho no laboratório nem se o próprio Batista ordenasse! O Roberto replicou que finalmente ela entendia o que estava acontecendo, muito irônico ele. Foi uma discussão muito engraçada — terminou Elena.

— Bem — falei —, só vim te ver um pouco, pra você saber que estou bem.

— Não vejo por que você estaria mal — disse ela. — Não vai acontecer nada com você.

E eu querendo que ela me visse quase no papel de um herói clandestino que arriscava a vida vindo vê-la! Mas Elena era o realismo em pessoa e via a realidade oculta pelas pretensões humanas mesmo através dos mais espessos véus. Imaginei sua relação com a mãe, possivelmente uma boa mulher que se virava como podia para viver com sua filha adotiva, desmascarada de seu papel de mãe exemplar pelas saídas de Elena. Talvez tenha sido esse o motivo das brigas entre mãe e filha, mais do que a súbita revelação de que ela não era filha verdadeira, mas adotada. Agora só me restava ir embora e não voltar de noite mesmo que pudesse, para tornar verdadeira minha situação de conspirador de araque. Para mim a situação era bem real e eu estava arriscando a vida como no dia 13 de março, quando acompanhei Joe Westbrook e seu primo à casa de Silvina e passei a maior parte do tempo com eles, evitando apenas passar a noite, mais por receio de que a situação de perigo unisse Silvina e eu além do conveniente do que por temer a situação política criada. Agora, como naquele dia, o possível perigo exterior me excitava sexualmente, e acho que Elena entendeu isso ao pegar minha mão e acariciá-la como só ela sabia fazer, e depois segurar minha orelha e abaixá-la quase até sua boca para me dizer: "Te amo". Ela dizia poucas vezes esta frase, como poucas vezes chamava a atenção sobre o que mais gostava em mim. (Um dia, num táxi rumo à 11 com a 14, ela me disse: "Gosto das tuas orelhas e das tuas mãos", e eu tive que aceitar aquele elogio malvado que eliminava todas as outras partes do meu corpo como passíveis de despertar seu prazer ou sua atenção, mas pelo menos eu sabia que alguma coisa em mim lhe agradava o suficiente para que ela me comunicasse isso sem que existisse uma relação de reciprocidade: eu não podia dizer que gostava de suas mãos, por exemplo, e nunca me liguei em suas orelhas. Embora eu gostasse de tantas coisas nela... Não, para falar a verdade, eu não gostava de tantas coisas nela, gostava dela, de seu corpo, seu corpo inteiro, e de sua alma também, ou melhor, de sua personalidade, daquela maneira que ela tinha de se comportar e de falar e de andar e de viver a vida que era o conjunto de seu ser. Mas isso, naturalmente, eu não podia dizer em troca do elogio a minhas mãos e orelhas, e aceitei calado sua declaração — ou aproveitei, acho, para lhe dar um cigarro, numa das raras ocasiões em que ela não estava fumando.)

Voltei para a revista e encontrei Blanco sentado na redação, não longe de Montaña e de Branly e de René de la Nuez, todos reunidos para comentar a situação. Aparentemente, a greve, a possibilidade de que se estendesse até Havana, se dissipara, segundo as últimas notícias, confirmadas agora pela entrada conjunta de Barata e de Onofrio, o duo que representava uma certa orientação comunista nas oficinas (na parte técnica das oficinas, posto que Blanco representava mais os verdadeiros operários do que eles, porque trabalhava na edição, diagramação e embalagem da revista, ao passo que Barata e Onofrio trabalhavam na seção de offset), que vinha, com seus meios sorrisos, declarando tacitamente saber mais do que todos o que estava acontecendo de fato, e o que estava acontecendo era o que eles tinham previsto: o fracasso de uma greve que não contava com as verdadeiras massas, ou seja, com o Partido Comunista dentro dos sindicatos. Logo depois entrou Pepe (que participava mais ou menos da reunião, sempre em seu canto, a meio caminho entre a redação e a direção e de costas para o departamento de arte) para me dizer que o diretor me chamava: "Ortega quer você", dando um certo tom irônico à frase, como sempre fazia. Saí da reunião e fui para a sala do diretor, que me perguntou assim que entrei:

— Como vai a coisa?

— Não se sabe nada ao certo — falei.

— Não — disse ele —, na *Bohemia* também não sabem de nada. Acabei de falar com o diretor e parece que Santiago voltou à normalidade. Mas essa notícia também não está confirmada.

— Deve ser isso, acho.

— Com certeza — disse ele. — É verdade que tem um comitê de greve aqui e que você está envolvido nele?

— Quem disse isso?

— São boatos que me chegam. Muito vagos, mas me chegam.

— Não, eu simplesmente falei com o Blanco e com algumas pessoas da oficina sobre a possibilidade de uma greve, que teria o apoio da redação.

— Mas você não é toda a redação.

— Bom, praticamente, e enquanto o Wangüemert não voltar, não tem mais ninguém na redação. Todos os outros são colaboradores. Exceto pelo pessoal da revisão, não há mais jornalistas na revista, e o pessoal da revisão, em sua maioria, também apoia a greve.

— É preciso ter muito cuidado com isso — disse Ortega —, não vamos provocar um confronto com a polícia aqui na revista. Você sabe o que aconteceu quando levaram o Franqui preso.

Ele se referia à visita que Franqui, preso, fez à redação, junto com três agentes do Departamento de Investigações. Ele apareceu de manhã, há coisa de uma semana ou dez dias, por aí, depois de ter sido detido, e foram todos à redação, ou melhor, dirigiram-se diretamente para a minha sala, e Franqui disse que trabalhava ali (o que não era verdade, pois ele era fundamentalmente um revisor e trabalhava numa sala que ficava sobre a oficina de linotipos) e dois dos agentes começaram a revistar minha sala, o que me assustou, pois havia entre meus papéis dois exemplares de *Cartas Semanales*, o jornal clandestino do Partido Comunista, e temi que o encontrassem, e enquanto Wangüemert dizia para Franqui que ele não trabalhava ali, mas nos fundos, os agentes procuravam alguma coisa entre meus papéis, mas não encontraram nada, felizmente, porque se distraíram com fotografias de estrelas de cinema, principalmente de atrizes, *stars* e *starlettes*, as últimas de maiô ou com pouquíssima roupa e em poses sugestivas, os corpos distraindo a investigação policial, até que um deles disse, depois de escrever alguma coisa em minha máquina, sobre um papel que pegou na escrivaninha: "Sargento, essa máquina é uma prova circunstancial: nela se escreveu parte do jornal clandestino ocupado", o que era verdade, já que eu mesmo havia escrito aqueles artigos, depois propagados pela fotocópia e pelo offset. A questão é que o sargento que comandava o grupo investigador disse para alguém da *Bohemia* ou quem sabe para alguém da própria *Carteles* que, se fosse por ele, levaria todo mundo para o Departamento de Investigações, querendo dizer, com isso, que queria prender os membros da redação e o próprio diretor da revista. Foi Ortega, creio, quem primeiro se inteirou dessa declaração de intenções do sargento investigador, e seu susto foi grande, por isso não era de estranhar que agora ele ficasse nervoso com a ideia da revista se declarar em greve, o que, aparentemente, não pretendiam fazer na *Bohemia*, e tampouco se sabia de outros periódicos que estivessem dispostos a se declarar em greve política.

— Sim — disse eu —, lembro muito bem do que aconteceu quando levaram o Franqui preso, mas veja que ele está solto há algum tempo e isso porque o governo não quer problemas com os jornalistas.

— Mas temos que ter muito cuidado em não provocá-los — disse o diretor. — Pra não levar chumbo — o que era uma declaração hilária, considerando que em todas as publicações sempre se lida com chumbo, principalmente no que se refere ao material no linotipo.

Mas na hora não pensei na comicidade dessa declaração, só agora. No fim, o diretor podia ter evitado aquele sermão, porque a greve nunca aconteceu, demonstrando que Barata e Onofrio, que desde o começo declararam que "era preciso preparar as massas para poder fazer uma greve geral política", estavam certos. Esse fracasso dava razão a eles, mas não havia ninguém para ouvir seus argumentos, pois na revista (com a possível exceção de Pepe, José-Hernández-que-não-escreverá-o-Martín-Fierro, que declarava não se interessar por uma política que viria apenas invadir sua liberdade, mas que não via com maus olhos os comunistas, pelo menos os parecidos com Barata e Onofrio, mais companheiros de viagem do que comunistas verdadeiros) ninguém queria saber dos comunistas, a não ser eu, e por isso Barata e Onofrio me consideravam um interlocutor válido e meus contatos com o 26 de Julho tinham diminuído desde a prisão de Franqui. Antes sim, teria havido espaço para uma conversa, quando Franqui fazia o jornal clandestino na revista e eu recebia as cartas, sobretudo de Santiago de Cuba, que vinham em meu nome mas no endereço da revista, cartas clandestinas, naturalmente, que eu nunca abria e entregava a Franqui tal e qual vinham, muitas delas, pelo que pude deduzir, vindas da Sierra, se não diretamente de Fidel Castro, de Frank País sem dúvida nenhuma.

A greve não aconteceu e retomei mais ou menos minha vida de antes, pois a presença de Elena em minha vida não tornava possível um retorno completo. Lembro que uma tarde (não devia ser um sábado, senão estaríamos na 11 com a 24 fazendo amor ou, como dizem em Cuba, com um verbo proibido, mas que soa lindo, *singando*) fomos, Elena, Branly e eu, à casa de Bolívar Simón, que era amigo de Branly mas que eu conhecia um pouco e sabia que estudava psiquiatria ou que pelo menos estava interessado nisso. Fomos principalmente para fazer um teste com Elena: eu estava muito interessado em conhecer sua alma e a psique era uma espécie de alma visível para mim, naquela época. Todos nós fizemos o teste para que Elena não desconfiasse de nada, e o fizemos em turnos, primeiro Elena, depois Branly e por fim eu. Tudo aquilo foi uma espécie de jogo, eu vendo vaginas em cada mancha de Rorschach, ou então jarras duplas, perfis e aves extraordinárias. Cada teste era individual, feito separadamente, o examinando fechado com o examinador num quarto (por um momento senti uma inquietação muito parecida com o ciúme, quando Bolívar ficou mais tempo do que o previsto fechado no quarto com Elena). Simón ou Bolívar, como nós o chamávamos, declarou que todos éramos normais, decretando em mim uma forte tendência paranoica, mas depois, quando Elena estava na sala com Branly, que tocava violão e cantava seus boleros (Branly às vezes tinha essa mania de não sair nem visitar os amigos se não levasse o violão), Bolívar me levou até a cozinha e disse:

— Você vai se casar com ela?

— Com a Elena? Não. Por quê?

— Tenha muito cuidado: é uma psicopata. O teste revelou muitos componentes de psicose na sua personalidade. Você precisa lidar com ela com muito cuidado.

Confesso que me alarmei: o diagnóstico descrevia muito bem a relação de Elena com sua mãe, até as machadadas desferidas na porta do banheiro-feito-refúgio. Claro que eu não disse nada para Bolívar Simón, mas ele insistiu em que o teste era válido, que ele havia feito muitos Rorschach, inclusive na clínica Galigarcía (que todos nós chamávamos de O Gabinete do Doutor Galigarcía), e observara com muita clareza os componentes psicóticos no teste de Elena.

— Como você soube disso? — perguntei.

— Bem — disse ele —, é difícil explicar, mas o fato dela ter descrito todas as lâminas como figuras em movimento, e especialmente a sua relação com as lâminas coloridas, faz pensar de imediato numa personalidade mais psicótica do que neurótica, como a sua, por exemplo.

— É fácil dizer que eu sou neurótico — falei. — Somos todos neuróticos. Não acredito muito nesse teste.

— Talvez porque você não queira acreditar que a Elena é psicótica. Veja bem, não estou te dizendo que ela seja. Só disse que a sua personalidade revelou componentes psicóticos.

— Não, você deixou bem claro que a personalidade dela é psicótica.

— Bem. É claro que eu exagerei, exagerei um pouco. Tenho que te dizer que também há componentes de autodestruição na personalidade dela.

— Quer dizer que é uma suicida?

— Supostamente, sim.

— Mas todos nós não somos?

— Não; eu, por exemplo, não sou nem um pouco: não há componentes autodestrutivos na minha personalidade, nem desejo de morte.

— E em mim?

— Há um tânatos muito forte, mas equilibrado por um eros também forte.

— Tudo isso você deduziu do Rorschach?

— Entre outras coisas.

Bolívar é um sujeito inteligente, sem dúvida, mas é evidente que há mais coisas entre o céu e a terra do que supõe sua psiquiatria.

Elena e eu decidimos que era hora dela se mudar da pensão, apesar de ter se dado bem com todo mundo lá, ou talvez por isso mesmo. Ela queria se mudar para um hotel onde pudéssemos ficar juntos, se quiséssemos. Tínhamos que procurar um lugar adequado: o Hotel Presidente, que ficava bem perto, era muito caro, com sua psicina (minha máquina escreve assim, psicina em vez de piscina, e é claro que ainda tenho presentes na cabeça a conversa e os testes de Bolívar Simón). Ocorreu-me que o Hotel Trotcha estaria bom. O Hotel Trotcha era um antigo balneário vitoriano, construído em fins do século XIX, no que, naquela época, era uma propriedade nos arrabaldes da cidade: El Vedado. No começo foi um teatro, mas depois se transformou nesse hotel, onde ficava a recepção e onde havia outros quartos, talvez mais caros: não sei, nunca os vi. O hotel propriamente dito conservava seus jardins, que eram intrincados e tinham figuras entre suas veredas: da varanda se ouvia ou se via o trânsito que transcorria pela rua Calzada. Caminhando, uma tarde, Elena e eu decidimos que aquele era o lugar. Outro dia, sozinho, entrei para perguntar quanto custava um quarto no velho balneário. Claro que eu não disse no velho balneário, mas nos quartos que davam para o jardim. Falei que preferia pagar semanalmente. O quarto não era para mim, mas para uma prima minha, que vinha do campo. Disseram o preço e devo tê-lo achado razoável, pois Elena logo estava instalada no Trotcha. Antes de deixar a pensão ela me disse uma coisa que me obrigou a pensar se não seria melhor deixá-la na pensão: pelo menos lá ela estava sob a vigilância ineficaz, mas vigilância, ao fim e ao cabo, de Branly.

— Sabe de uma coisa? Conheci um amigo teu.

— É mesmo? Quem?

— Se chama Junior.

O único amigo meu chamado Junior é o Junior Doce.

— Ah, é? E onde você o conheceu?

— Eu estava sentada na amurada do Malecón uma tarde dessas, olhando o mar, quando ele parou o seu carrinho, é um desses automoveizinhos chiques, você sabe.

Não é preciso descrevê-lo para mim: o carrinho é o MG de Junior.

— Sim, eu sei.

— Ele parou pra falar comigo. Perguntou o que eu fazia sozinha naquele Malecón imenso, e gostei do jeito que ele perguntou e falei que estava entediada em casa, não disse que era a pensão, e que me distraía olhando o mar. Ele me respondeu que normalmente as pessoas que sentavam na amurada do Malecón se distraíam olhando os carros passarem, e depois me convidou pra dar uma volta no carro dele.

— E você foi, claro.

— Não naquele dia, mas num outro dia em que também fui me sentar lá na amurada.

Quase não consegui conter a raiva, de tanto ciúme.

— E aonde vocês foram, dá pra saber?

— Ah, a nenhum lugar. Demos uma volta pelo Malecón no carro e depois ele me deixou de novo onde eu estava. Eu não contei onde morava nem nada.

— Claro, você mal conversou com ele.

Eu queria ser irônico, mas Elena respondia diretamente.

— Não, conversamos bastante, mas ele não me perguntou onde eu morava e eu não contei.

— E como você soube que ele era meu amigo?

— Conversando. A conversa foi parar em você e ele me disse que te conhecia. Ou melhor, me disse que era teu amigo. Depois disso foi muito correto comigo. Não que não tivesse sido antes, entende?

— Sim, entendo.

— Me dei muito bem com ele. Me dou bem com todos os teus amigos, você sabe.

— Você mal conhece os meus amigos.

— Bom, tem o Branly, o cantor de *puntos guajiros*, e agora o Junior. E tem a Silvina.

— Ela é mais minha cunhada do que minha amiga, embora você possa, claro, dizer que ela é minha amiga.

— Sabe que ela veio me ver?

Era o dia das revelações.

— Não. Como saberia?

— Bom, foi você que contou pra ela onde eu morava. Pelo menos foi isso que ela me disse.

Era verdade, eu tinha contado para Silvina, interessada na sorte de Helena (às vezes, helenicamente, tendo a escrever seu nome com *h*), que ela estava morando na pensão onde Branly também morava. Imagino que lhe dei o endereço, ou então ela já sabia de antes. Como Silvina poderia saber o endereço de Branly? Embora ele trabalhasse com René, não eram tão amigos assim. Além do mais, Branly começou a trabalhar com René depois da separação dos dois. Eu devo ter lhe dado o endereço, do contrário esse fato tão simples ia se transformar num denso mistério — e já havia muitas coisas ingratas entre mim e Elena, não era preciso acrescentar mais uma.

Para se mudar, Elena comprou uma malinha maluca onde pôs toda a roupa que ela tinha neste mundo, que não era muita: talvez por culpa minha. Sem talvez: por culpa minha. Eu devia lhe dar mais dinheiro para que comprasse alguma roupa. Mas o que ela faria? Na certa iria fumá-lo ou dá-lo a conhecidas em apuros. Em todo caso, quase todo o seu vestuário se compunha de anáguas: ela sabia o que lhe caía bem e ficava melhor de anágua do que vestida ou completamente nua. Não me lembro muito da mudança. Acho que nós dois fizemos juntos a mudança, mas só me lembro dela instalada no quarto número 3, e que eu ia lá para vê-la. Talvez ela tenha se mudado sozinha, mas quem pagou a semana adiantada no hotel? Só pode ter sido eu, certamente fui eu, mas não me lembro desses momentos nervosos na recepção, com o empregado olhando para nós dois, depois olhando só para ela, perguntando-se que relação podia haver entre esses evidentes não primos que se faziam passar por tais. O quarto dava para o jardim; na verdade dava para a galeria que ficava defronte ao jardim, assim suas janelas francesas se abriam para o corredor, que era a galeria, e do outro lado havia um quarto que dava para um pátio que nunca vi. As janelas — ou melhor, a única janela — que davam para a galeria estavam sempre fechadas, ainda que suas cortinas pudessem ser abertas, se quiséssemos, mas claro que não queríamos abri-las, só queríamos ficar sozinhos. Lembro que Elena estava deitada na cama, de anágua, e eu deitado a seu lado, completamente vestido, conversando, quando uma das cortininhas da janela se abriu e uns olhos espiaram através delas. Perguntamo-nos quem poderia cometer uma insolência dessas, quando, logo depois, bateram à porta. Abri e era um funcionário do hotel pedindo que eu fosse até a recepção. Quando fui ver o que era, sem imaginar o que poderia ser, o empregado me perguntou se eu estava registrado no hotel.

— Não — disse eu —, só a minha prima.

— Bom — disse ele —, você sabe que não são permitidas visitas nos quartos.

Isso era o fim da picada! O hotel se comportava realmente como um convento. Atordoado, nem lembro o que respondi, mas sei que disse que estava ciente disso; desde então todas as visitas que fiz a Elena tiveram que ser clandestinas: era evidente que estávamos condenados à vida clandestina. Lembro de todas as visitas que fiz ao hotel, que não foram muitas, pois Elena e eu não parávamos de discutir: ela queria que eu deixasse de vez minha mulher e fosse viver com ela, onde quer que fosse.

— Merda! — disse ela um dia. — Vir me dizer que não se separa da tua mulher porque ela te trouxe boa sorte. Que desculpa esfarrapada.

— Não é desculpa — falei. — É a verdade.

— Mas vai me dizer que acredita nisso? — disse ela, dobrando os braços, o dorso das mãos apoiado na cintura.

— É, é verdade.

— Mas não é possível! Eu preferia que você me dissesse qualquer outra coisa, que tivesse outra desculpa.

— Não é desculpa, eu acredito nisso. Por que não podemos continuar assim como estamos?

— Por quê? Porque simplesmente não estamos vivendo juntos como eu imaginava. Não, como você me fez acreditar quando saí de casa.

— Estamos juntos, não é?

— É, quando você tem um tempo livre, você o dedica a mim, como a um bom divertimento.

— Estou com você o tempo todo que consigo, o resto do tempo estou no trabalho.

— Ou no cinema.

— Sim, ou no cinema. Mas não vamos juntos muitas vezes?

— Odeio cinema — disse ela, que era quase como dizer que me odiava.

Mas acho que nunca houve ódio entre nós, a não ser como uma extinção do amor, que acabou quase com a mesma violência com que veio: pelo menos para mim. O sinal de que estávamos terminando foi uma gripe muito forte que peguei. Não fiquei de cama, mas devia ter ficado. Não quis fazer isso porque sabia que, se fizesse, tudo acabaria entre nós — e, de certa forma, a gripe foi o começo do fim. Lembro que caminhávamos pela rua Zulueta e passamos diante da Associação de Repórteres, com os velhos jornalistas habitués sentados em suas poltronas, no pórtico. Era de noite, cedo, e devíamos estar voltando de algum restaurante próximo. Eu caminhava quase abraçado a Elena, mas me sentia muito distante, como se ela não estivesse a meu lado, eu encerrado no casulo protetor da gripe, a doença me envolvendo em sua proteção e me isolando do entorno. Lembro também de um meio-dia no hotel, ela deitada só de anágua, fumando, quando a cinza do cigarro caiu em seu peito: ela a olhou, ainda acesa, arder sobre sua pele, eu sentindo o cheiro da carne queimada, e se passaram uns bons segundos antes que ela decidisse varrê-la com a mão, o que fez em meio a uma grande indiferença, a brasa lhe deixando a marca de uma queimadura para a qual ela nem ligou. Essa impermeabilidade à dor física, que até agora eu não havia observado em Elena, causou-me forte impressão, pois sou muito sensível à dor — e me lembrei do diagnóstico de Bolívar Simón e pensei que esse fato o transformava num psiquiatra muito perspicaz: era evidente que corria por Elena um veio de loucura. A terceira vez que marcou nosso fim foi uma noite em que eu tinha que ir ao cinema — era no Rodi, que fica bem perto do Trotcha — e passei para vê-la por um momento. Ela estava deitada, como sempre, de anágua, e aparentemente já ia dormir. Falávamos brevemente de assuntos sem consequência, mas ela deve ter adivinhado que essa era a última vez que eu vinha vê-la. A gripe tinha passado e a noite de setembro ameaçava chuva. Lembro que fiquei parado na porta, prestes a lhe dizer adeus — não até amanhã nem até logo, mas adeus —, e nesse momento vi na mesa de cabeceira, iluminada por uma pequena lâmpada, uma navalha de barbear. O aço afiado se destacou por um momento que durou mais do que um momento e então pensei — pensei não, soube — que Elena ia se suicidar. Acho que tentei entrar para levar a navalhinha comigo ou para falar com ela e lhe assegurar que nem tudo na vida era o fim ou, talvez, adverti-la contra o suicídio, mas não fiz nada disso, simplesmente fechei a porta e fui ao cinema, para ver, e depois criticar, *Teu nome é mulher*, uma comédia de Vincent Minnelli.

Ela se suicidou naquela noite. Ou melhor, tentou se suicidar, cortando as veias nos pulsos e nos cotovelos, mas fez isso com tão pouca perícia que não foi muito difícil ser salva por uma médica, meio lésbica, ou talvez lésbica inteira, que morava no hotel e com quem, como de costume, Elena tinha se dado bem: ela sempre teve uma rara habilidade para fazer amizades instantâneas. Uma dessas amizades instantâneas foi Junior Doce. Eu só fiquei sabendo da tentativa de suicídio muitos dias mais tarde, mas a conversa com Junior Doce aconteceu na semana seguinte. Ele me ligou e disse que queria falar comigo em particular. Pensei que se tratasse de uma conversa política (Junior e eu falávamos muito de política e lembro da conversa que tivemos certa noite, deve ter sido em 1955, porque estávamos sentados no parque da avenida dos Presidentes, perto da rua 27, de maneira que eu ainda morava naquele bairro e Junior, Berto e eu começamos a discutir a situação política e a examinar os acordos possíveis na luta contra Batista) e marcamos um encontro no El Carmelo. Sentamos a uma mesa para dois afastada do centro do restaurante, junto à banca de revistas. Lá Junior, com muito tato, falou que tinha uma coisa importante para me dizer. Pensei que me comunicaria sua decisão de partir para a Sierra, de lutar na guerrilha, mas o que ele me disse foi muito mais espantoso.

— Quero a tua opinião sincera — disse ele. — Somos amigos e podemos nos entender.

— O que foi? — perguntei.

— Bem, pra começar, vou dizer que conheci uma amiga tua.

— Sim, a Elena.

— Você já sabia?

— Ela me contou, quando aconteceu.

— Bem, agora aconteceu outra coisa. — Fez uma pausa. — Eu acolhi a Elena.

Por um momento me espantei, mas foi apenas um momento.

— Ela estava em péssimas condições no Hotel Trotcha e eu a levei pra minha casa. Era isso que eu queria te dizer e perguntar se você acha isso ruim.

— Eu? Muito pelo contrário! Acho a notícia ótima, a melhor que você poderia me dar.

— Tem certeza?

— Absoluta!

— Bem, você sabe, ela está vivendo comigo.

— Junior, você e eu somos amigos e eu não tenho por que te esconder a verdade. A Elena me preocupava, me preocupou até agora, até você me contar que estava cuidando dela. Sério, acredite, você não poderia me dar melhor notícia.

Parece que Junior não entendeu o que eu estava dizendo, ou quem sabe não acreditou que eu realmente não sentia raiva dele, ao contrário, que estava agradecido, pois assim Elena deixava de pesar em minha consciência. Eu já não tinha amor para lhe dar, mas sentia a responsabilidade de tê-la tirado de casa e depois deixá-la à própria sorte. Agora Junior, que era um ser compassivo, vinha me dizer que estava tomando conta dela, e embora talvez ainda restasse em mim um pouco de ciúme, quando ele me deu a notícia senti mais alívio do que qualquer outra coisa.

— Mesmo?

— Mesmo.

— Então, tão amigos quanto antes?

— Tão amigos quanto antes.

Evitei perguntar como Elena estava se dando com a mãe dele, logo ela, tão pouco burguesa, vivendo na casa burguesa de Junior, que eu já conhecia de uma noite em que fora lá para um jantar, acho, ou talvez para uma reunião informal, e de onde saí cedo porque éramos treze convidados. Fui embora um pouco por superstição e um pouco *pour épater le bourgeois*, embora eu seja, de fato, muito supersticioso. Agora Elena estava naquela casa de amplos arcos coloniais e sala escura, rodeada de árvores, arecas e taiobas em profusão, e não longe do Hotel Trotcha, e me perguntei como ela estaria passando. Pois foi isso que me perguntei e perguntei para o Junior, ainda que, na verdade, o que eu devesse era perguntar como sua mãe estava passando.

— E a Elena, como está? Está bem?

— Ela está muito bem. Pelo menos diz que se sente muito bem, contente por estar morando numa casa, por ter saído do hotel.

— Então — falei para o Junior, que acabou me vendo com mais admiração do que antes — todos nós estamos contentes. A história teve um final feliz: não podia ter um final melhor. A *happy ending*.

Junior sorriu e, como de hábito, não disse nada. E assim nos despedimos com um aperto de mãos, como quem confirma, num acordo de cavalheiros, uma cessão legal.

Não deixei de ter notícias de Elena, é claro. Uma noite eu a vi no café Viena, onde costumava ir, e a cumprimentei. Ela saiu da mesa em que estava com um grupo de amigas, veio até a minha e sentou-se. Lembro que a primeira coisa que fiz foi olhar seus braços nus e descobrir as cicatrizes da tentativa de suicídio. Ali ela me explicou como foi salva por sua amiga médica. Uma outra amiga a resgatou da rua — ela tinha deixado Junior, talvez por dificuldades com sua mãe: isso eu nunca soube direito —, e agora morava com Elena Mayor — as duas Elenas, como podiam ser chamadas. A Mayor eu conhecera na escola de jornalismo, era uma lésbica que não se escondia, antes corroborava, com a cabeça raspada e seus modos, sua condição de lésbica. Agora elas moravam juntas e tive trabalho para imaginar Elena como lésbica, mas acho que ela nunca teve uma direção moral muito definida e que seu sexo, como seu temperamento, era absolutamente livre: é assim que consigo entender essa relação de Elena. Mas não será a última vez que terei notícias dela.

Nesse meio-tempo, voltei de vez para a minha mulher. Para acentuar minha sobriedade, cortei o cabelo quase a zero.

Foi por esses dias que meu irmão regressou de uma viagem a Moscou, de barco, como tinha ido. Quase toda a família foi esperá-lo. Acho que meu pai foi, mas com certeza minha mãe e eu fomos, acompanhados por Branly. Eu e ele subimos no barco antes que meu irmão desembarcasse. Em sua cabine havia muitos maços de cigarros russos e ele os entregou a Branly e a mim para que não os descobrissem entre seus pertences. Mas quando saímos da cabine, Branly ficou tão nervoso com os maços de cigarros russos na mão que me convenceu a lhe dar também os meus e os escondeu em cantos escuros do barco, em cotovelos de encanamentos, em frestas no convés, e saímos de mãos vazias. Depois meu irmão, com toda a razão, ficou furioso com Branly, que se mostrou tão transtornado com o lance dos cigarros russos como se eles fossem granadas de mão. Eu, por minha vez, pensei no que um ou mais membros da tripulação diriam quando encontrassem aquele inofensivo contrabando tão bem dissimulado e distribuído por todo o convés. Já Branly não parava de repetir:

— São cigarros russos, são cigarros russos — dizia, e acrescentava: — E vão nos dar um flagra.

Para Branly, os cigarros eram uma forma de propaganda. Meu irmão ficou com raiva e disse:

— Eu não devia ter dado nada pra você, devia ter levado tudo sozinho.

Ele tinha razão para estar bravo. Mas Branly morria de medo do BRAC (Buró de Represión de Actividades Comunistas), do SIM (Servicio de Inteligencia Militar) e do Departamento de Investigações, e também dos postos de polícia locais e daqueles que ele chamava de verdugões — seu aumentativo zombeteiro para verdugos —, como Ventura e Carratalá; ele tinha mais medo de todas essas potências juntas do que de um possível desentendimento com meu irmão. Portanto, não ligou para os insultos e conseguiu enfrentar a ira de meu irmão com a passividade de sempre. Meu irmão disse que devia ter se lembrado da noite que passou na casa de Branly. Foi quando houve um problema na escola de jornalismo e acusaram vários amigos seus de serem membros do 26 de Julho. Ele esperava que a polícia viesse atrás dele, como fora atrás de alguns de seus companheiros, e decidiu passar a noite no quarto de Branly, mas não conseguiu dormir porque Branly, morto de medo, teve insônia e ficou vigiando pelas cortinas, esperando que a polícia chegasse, até que meu irmão se irritou e saiu antes do amanhecer, deixando Branly e seus medos na pensão.

Às vezes eu me lembrava com amor dos dias passados com Elena, do ciúme, mas, acima de tudo, me sentia culpado por tê-la deixado, e me queixava não apenas para Branly, mas também para René de la Nuez, que, com seu amável cinismo, pedia para eu me acalmar, para não pensar mais nela e esquecer esse assunto.

— Se não fosse você, seria outro — replicava quando eu dizia que Elena tinha abandonado a casa dela por minha causa.

— Não foi culpa tua — dizia ele. — É capaz, até, que ela tenha te usado pra fazer uma coisa que já devia estar planejada há muito tempo.

Mas eu me recusava a acreditar que isso fosse verdade, acreditava cegamente que era culpado pelo fato de Elena andar vagando pelo mundo. Mas não fiz nada, é claro, para emendar a situação, e me lembrei daquela vez em que ela disse que eu com certeza iria machucá-la, e pensei que ela estava certa, que antes de deixar que ela me machucasse eu a machucaria. Para René, porém, essas queixas todas, minhas jeremiadas, como ele dizia, não só eram inúteis como, vistas com fria lucidez, eram hipocrisia pura. Se eu achava que Elena andava perdida pelo mundo, por que não fazia nada para remediar a situação? Por outro lado, acrescentou René, o remédio já não surtiria efeito, porque Elena, ao conhecer essa liberdade de agora, dificilmente concordaria em ser fiel a mim, muito menos em retornar ao lar materno (René usava essas palavras deliberadamente, para demonstrar a cafonice de meus bons sentimentos), então o melhor era deixar Elena solta como estava, curtindo sua liberdade, mesmo sofrendo os dissabores que a liberdade trazia para uma mulher. Eram essas as palavras de René quando, volta e meia, saíamos da *Carteles* a pé e percorríamos toda a rua Infanta até a esquina da Hospital, onde René se despedia para ir à casa dos pais, com os quais morava desde que ele e Silvina romperam, depois daquele episódio em 13 de março. Mais tarde ele e Silvina voltaram e resolveram se mudar, movimento que vi como uma tentativa de René de tirar Silvina do âmbito de minha influência (Silvina e eu sempre conversávamos muito lá em casa, e falávamos até de Elena, que Silvina continuava vendo de vez em quando, não sei como, não sei onde), mas isso não aconteceu logo, só muitos meses depois, e agora René e eu fazíamos juntos a caminhada e às vezes tomávamos uma garapa, agora rebatizada, com muita fineza, com o nome de caldo de cana, na garapeira que havia ao lado do cine Infanta. Também saíamos juntos aos sábados, com Blanco e José-Hernández-que--não-escreverá-o-Martín-Fierro, para visitar os prostíbulos das imediações e tomar uns bons tragos, embora estivéssemos longe de ser os bêbados que as pessoas pensavam que fôssemos, principalmente porque era preciso ter muito cuidado com José-Hernández-que-não-escreverá-o-Martín-Fierro, pois ele ficava agressivo quando bebia e, em mais de uma ocasião, quase nos meteu numa bruta de uma encrenca.

Em minha casa as coisas pareciam voltar ao normal. Quando minha mulher resolveu trabalhar de novo, por estar entediada numa casa onde não tinha praticamente nada a fazer desde que minha mãe assumiu minha filha, arrumou um emprego de secretária num laboratório. Às vezes tentávamos ter uma vida normal de marido e mulher, mas minha fuga tornara isso praticamente impossível e nossa relação nunca mais foi a mesma, embora minha mulher se empenhasse em me segurar a qualquer custo, como se empenhou em me segurar depois que soube por que Adriano de Cárdenas e eu tínhamos brigado. Não foi num bom momento que ela resolveu me fazer a pergunta, durante uma espécie de segunda lua de mel que iniciamos indo para a minha cidade, primeiro, e depois para Santiago de Cuba. Chegamos à cidade em meio a um inusitado dilúvio que arrastava dos rios para o mar toneladas de uma água esbranquiçada pela argila das ruas, e nos hospedamos num dos dois hotéis lá existentes, onde, com um lenço molhado, matei cerca de cem mosquitos pousados nas paredes e no teto, sem conseguir acabar com eles porque entravam sem parar pelas janelas, centenas deles, devoradores, famintos, capazes de nos sugar todo o sangue numa noite. Foi lá que ela insistiu para eu contar por que Adriano e eu tínhamos dado fim a nossa amizade. Ela, tão desarmada, tão longe de casa, em visita a uma cidade estranha para conhecer uns parentes meus que para ela eram perfeitos estranhos, recebeu a brutalidade de minha franqueza: contei-lhe tudo.

Adriano de Cárdenas y Espinoza (ele pronunciava Espinoza para demonstrar, de brincadeira, sua velha estirpe cubana de avô educador e tios médicos e professores, mas às vezes pronunciava Spinoza para que concordasse com seu perfil judaico, herdado, como tantas outras coisas, da mãe) era, provavelmente, meu melhor amigo. Isso na época em que eu ainda não tinha carro e nós dois andávamos para cima e para baixo no dele — ou devo dizer nos dele, considerando que, assim que ele bateu o Chevrolet, o pai, um advogado rico, comprou-lhe um Karmann

Ghia? —, mas ainda eram os tempos do Chevrolet, quando íamos ao Yank comer *T-bone steak*, salada e *strawberry short-cake*, de noite, e às vezes, quando meu trabalho permitia, de tarde. Adriano foi apresentado a mim por Silvio Rigor, velho amigo desde os tempos de colégio, e nos demos muito bem e logo nos tornamos bons amigos, como preferirem. Eu gostava do jeito que ele tinha de jogar água na fervura dos burgueses com sua iconoclastia, de como ele chamava o pai de *bugarrón** e caçoava, de forma carinhosa, mas ferina, da mãe, separada do pai, com quem ele morava. Seu senso de humor tinha um ar culto que combinava muito bem com sua cara spinozista, e juntos passeávamos por Havana, lanchando no El Carmelo, jantando no El Potín, algumas vezes almoçando seu café da manhã (pois Adriano se deitava muito tarde e se levantava ao meio-dia) no Templete ou em qualquer outro restaurante de Havana Velha. Assim, nessa camaradagem, tentamos até fundar um grupo político clandestino que durou muito pouco, reunidos, como fazíamos, no quarto de sua casa, dado que as brincadeiras com que acolhíamos os possíveis perigos afundaram o futuro bote político antes mesmo de ele ser lançado nas águas da situação nacional.

Eu me lembro de uma das reuniões, na qual Adriano, de roupão e fumando uma de suas eternas Abdullah, cigarrilhas vindas da exótica Inglaterra que em Havana custavam o olho da cara mas que para ele eram como as de algumas marcas nacionais, como Regalías El Cuño ou Partagás, eu me lembro daquele dia, como estava dizendo, porque de repente apareceu na reunião Ramón Ventoso, que chamávamos de Raymond Windy, e, em face de uma tomada de posição (essa foi a frase empregada, a

---

* Sodomita. (N. T.)

sério, se não me engano, pelo próprio Adriano), Silvio, que estava recostado na cama, disse: "Como não! O Ventoso assim e eu assim", fingindo que estava comendo o cu de Ventoso, o que provocou não apenas uma gargalhada geral como quase causou a fuga de Ventoso, que pensou, talvez, ter caído sem querer num cenáculo de pederastas. Mas nossas intenções eram sérias, apesar das brincadeiras, não só de Silvio, mas também de Javier de Varona, cujo senso de humor o fazia pegar no volante do carro de Adriano e dirigi-lo, por duas ou três quadras, pelo centro do Paseo da Quinta Avenida, para consternação e espanto dos casais sentados, à noitinha, em muitos de seus bancos. Digo que nossas intenções eram sérias porque assim foram consideradas pelo Partido Comunista, que mandou um emissário de sua juventude comunista comparecer a uma das reuniões que fizemos, à tardinha, num escritório da Manzana de Gómez, vazio àquela hora. O contato tinha sido feito por meu amigo Héctor Pedreira, velho comunista, que agora era garçom na boate Mes Amis, onde, certa noite, fomos buscar um material de propaganda e ao chegar vimos Rolando Masferrer, que eu conhecia de vista. Imediatamente seus capangas se situaram à nossa direita e à nossa esquerda, com um "tigre" de cada lado para proteger seu chefe. Pedimos dois drinques com muita calma, e enquanto Héctor buscava o material de propaganda nos fundos do bar ouvimos o parecer de Masferrer, que disse: "Ah, meu velho! Não tem por que se preocupar. São paletós e lentes, só isso", referindo-se, é claro, ao fato de tanto Adriano quanto eu sermos míopes e estarmos de colarinho e gravata. Masferrer, porém, estava enganado, e a razão estaria com seus tigres, se eles tivessem visto que o que havia dentro do cartucho que, disfarçadamente, Héctor nos entregou num canto do bar, protegido pela escuridão ambiente, era um pacote de *Cartas Semanales*, a publicação oficial do Partido Comunista, que saía toda semana. Mas o que nos desencaminhou nessa questão política não foi só a fêmea fatal, foi também o dandismo. Adriano comprou umas luvas de pelica na loja El Encanto, onde seu pai tinha conta, e falou para o vendedor, meio a sério, meio de brincadeira, que eram para praticar tiro ao alvo, e logo a notícia chegou a ouvidos policiais, que rapidamente se transformaram em bocas amigas cochichando no ouvido do pai de Adriano (o qual, por outro lado, não tolerava as amizades do filho porque não eram gente da sociedade e ele queria para o filho uma posição social equivalente à que ele adquiriu ao se casar com a mãe dele) sobre o perigo das associações de seu filho. Nunca fui mesmo de andar em grupos, e nossa associação clandestina começou a se dissolver e logo caiu na indiferença e no desânimo, mas minhas veleidades políticas perduraram, indo do Partido Comunista, por intermédio de Pedreira e seus amigos, ao Movimento 26 de Julho, colaborando com Franqui no jornal que era feito na revista, e ao Directorio Estudiantil Revolucionario, por intermédio de Alberto Mora.

Foi nessa época de dissolução política que a amizade entre mim e Adriano se consolidou, e cheguei a lhe apresentar aquela a quem chamamos de Dama Negra dos Sonetos, conhecida também como Bettina Brentano. Ela era uma atriz negra com quem eu me deitara uma ou duas vezes antes de conhecer Adriano, e que agora saía conosco para jantar no Rancho Luna ou em qualquer outro restaurante campestre, nós três sentados no banco da frente, ela, a Rainha de Sabá (como às vezes era chamada), sentada entre nós dois, dando sua risada quase gutural de tão baixa que era, aprendendo a dirigir de noite, nos arredores da estrada do Mariel, depois de jantarmos juntos, ou indo conosco até Matanzas, sempre no carro de Adriano, sempre nós três juntos, como bons amigos, pelo menos era o que eu achava, pois já não me deitava com ela, principalmente porque a Dama Negra desconfiava de meu casamento e tinha escrúpulos em manter relações com um homem casado, e ao mesmo tempo me sentia protegido, em relação a Adriano, pela feiura de seu perfil semita e também por sua amizade. Não podia esquecer, no entanto, a potência sexual que o corpo da Dama Negra irradiava, capaz de inspirar sonetos até a um impotente: sua bunda era redonda e empinada e seus seios faziam um pendant frontal e suas coxas eram cheias e redondas (talvez redondas demais para o meu gosto, mas não para o gosto dos cubanos em geral) e seu rosto era de uma beleza inquietante, com os lábios carnudos, uns olhos negríssimos que sabiam olhar com malícia e aquele nariz mais núbio do que negro. Não é de estranhar que a posse de tanta beleza acabasse importando mais do que a amizade. Então, um belo dia Adriano me disse que achava que Bettina gostava dele (suas palavras foram exatamente estas) e que ele gostava de Bettina e me perguntava, já que eu não tinha mais relações sexuais com ela, se poderia (timidamente) iniciar uma tentativa de aproximação erótica. Eu lhe disse, é claro, que não tinha problema, que deixava o caminho livre para ele e que atacasse quando achasse conveniente. Esperava um retumbante fracasso porque desconfiava (desconfiava não: sabia) que Adriano não era do tipo que poderia agradar à Dama Negra, mas calculei mal seu oportunismo: não se deve esquecer que Adriano era rico, ou filho de rico, se preferirem, e que pertencia, por seu lado Espinoza ou Spinoza, a uma das melhores famílias de Cuba. Na verdade, fui muito vaidoso ao considerar Adriano fisicamente inferior (embora conhecesse, por tê-lo acompanhado mais de uma vez ao Mambo Club ou a outro prostíbulo de prestígio, suas proezas sexuais, que chegavam a superar as minhas: era notório entre seus amigos íntimos que podia chegar a sete assaltos numa noite, e embora uma vez eu tenha igualado essa quantidade de investidas, consegui isso apenas uma vez, com Margarita del Campo, numa tarde de puro desenfreio), e houve muito de condescendência, quase de paternalismo, na permissão que lhe dei para atacar a fortaleza sexual negra, já que não valorizava muito a capacidade donjuanesca de Adriano e chegara a lhe dar de presente uma antiga amante para que se deitasse com ela, pois sua timidez inata não lhe permitia ter relações sexuais senão com putas. Não estive presente, é claro, na primeira vez em que Adriano e a Dama Negra saíram juntos sozinhos. Nem sei como se iniciou o avanço, como ele realizou o assédio, quão fácil ou difícil foi a conquista. Sei que houve um buquê de flores e um convite para jantar, provavelmente em Matanzas ou em Varadero, mas não sei mais nada dessas preliminares. Só sei que Adriano parou de me convidar para sair, como fazia quase toda noite, e de repente deduzi que Bettina Brentano se tornara amante de Adriano. Uma tarde em que ele veio me buscar na *Carteles* tivemos uma conversa na qual, mais do que pedir que me contasse a história, lhe pedi explicações. A resposta veio, com uma parada súbita do carro, justamente embaixo do elevado de Tallapiedras, na forma de uma pergunta que ele me fez, para maior estranheza, em inglês: *"May I trust you?"*, disse ele, querendo perguntar se podia confiar em mim. Não sei o que me doeu mais: se a pergunta ou se o fato de Adriano estar se deitando com a Dama Negra, que já não era a de meus sonetos, mas a dos possíveis poemas de outro. Claro que senti ciúme, mas não poderia dizer se foi mais forte o ciúme que senti da Dama Negra do que o que senti de Adriano — seria possível uma mulher se intrometer em nossa amizade e destruí-la? Sim, era, e a culpa também era minha, mas eu pensei que podia confiar em Adriano, ainda que, pensando bem, que tipo de confiança podia haver? Afinal, eu não me deitava mais com a chamada Bettina Brentano e ela não era sequer minha amante, muito menos minha mulher, mas era, de qualquer maneira, uma mulher, e seu corpo, sólido, tridimensional, palpável, se intrometera em algo tão intangível quanto a amizade. Desci do carro ali mesmo e Adriano arrancou quando se convenceu de que eu não ia entrar nele de novo, de que estava tudo acabado entre nós, de que, de alguma maneira, acontecera uma traição, sem que se soubesse quem tinha traído quem. Então, anos depois, Adriano me contou que Bettina Brentano (era inútil esperar que ele a chamasse de outra forma) exigira que ele brigasse comigo para sair com ele. Eu, por minha vez, dediquei-me a procurá-los para surpreendê-los em flagrante delito, visitando os hoteizinhos próximos — na 11 com a 24, na 31 com a 2, e até na rua 80, em Miramar —, indo aos restaurantes que tínhamos transformado em nossos locais de reunião, procurando-os na rua, quando tinha oportunidade. Claro que não dei com eles e fico feliz por isso, pois se os tivesse encontrado, digamos, saindo de um hotel, com que direito eu ia enfrentá-los, ou melhor, enfrentar Adriano, já que a Dama Negra realmente pouco me importava? Minha atitude, claro, foi adolescente, mas eu sempre fui adolescente e acho que desse estado passarei direto a ancião, não mais sábio, mas sem dúvida mais velho.

Foi isso, mais ou menos, o que contei para a minha mulher em nossa segunda lua de mel. Por que fiz isso? Não saberia, não poderia explicar, mas meu álibi é que foi ela que me perguntou por que Adriano e eu não éramos mais amigos. Devia ter respondido com um verso de Catulo ou com uma elegia de Propércio, mas ela não sabia latim nem gostava de poesia e o que fiz foi lhe contar a verdade, mais ou menos, porque não acredito que fosse tão franco naquela época como sou agora, mas sei que lhe disse que tinha sido por causa de uma mulher, que não era ela, que não era ela, que não era ela. Depois continuei matando mosquitos nas paredes, no teto, em todas as partes do quarto, enquanto ela chorava mansamente sobre o travesseiro. Mas a lua de mel não foi interrompida, continuamos até Santiago e só o clima de estado de sítio que havia na cidade (era novembro de 1956), em que se esperava um levante civil ou um desembarque, levou-nos a cancelar a viagem e voltar a Havana quatro dias antes do desastroso desembarque do *Granma*.

A partir daí, nosso casamento não foi mais o mesmo, claro, mas nada conseguiu igualar, em consequências, minha fuga com Elena e o fato de tê-la levado para morar, mesmo que por poucos dias, na casa da irmã de minha mulher, em cima de nossa própria casa. Ainda não entendo como ela não se separou de mim naquela época, e a única explicação possível é essa forma de escravidão que é o amor unilateral.

Devidamente tonsurado, voltei à rotina habitual: da casa para o trabalho e do trabalho para casa. Até a ida à *Bohemia* se transformara novamente em rotina, todos os dias indo lá com o diretor ao meio-dia para saber das últimas notícias sobre a situação na Sierra, em particular, e no país, em geral. Um dia, essa rotina foi quebrada por um telefonema de alguém que estava ligando do interior, de um lugar perto do Mariel, entre Mariel e Guanajay, para ser exato. Era uma voz atropelada que pedia um jornalista e um fotógrafo para fazer uma revelação importante. O sotaque era camponês, mas a voz urgente tinha toda pinta de autenticidade, e animado por essa possível notícia, conhecida apenas na *Carteles*, entrei na sala do diretor para conseguir um fotógrafo e um automóvel. O diretor disse para eu não me animar, que certamente era uma coisa sem importância, e para eu não lhe dar qualquer atenção: isso acontecia o tempo todo na *Bohemia*. Mas era a primeira vez que acontecia na *Carteles*, e meu argumento finalmente convenceu o diretor e ele permitiu que eu fosse, na companhia de Ernesto, o mais jovem dos fotógrafos, quase um aprendiz, mas com quem eu me dava muito bem. Já com o fotógrafo na mão, telefonei para Titón, para o trabalho dele, e o convenci a ir conosco até Pinar del Río, pois talvez se tratasse de um desembarque clandestino, que, de todo modo, era uma notícia importante. Ele ficou de passar para me pegar na *Carteles* em cerca de meia hora, e exatamente nesse tempo seguíamos pela estrada do Mariel rumo a nosso destino, uma chácara chamada La Mocha. Fizemos o percurso sem grandes complicações: a estrada estava tranquila, quase deserta, e quando chegamos ao Mariel não percebemos nenhum sinal de alarme. A Academia da Marinha parecia calma lá no alto, como se em Cuba não acontecesse nada capaz de alterar a ordem marinheira, o povo estava sumido na modorra que sucede o meio-dia e mal se viam pessoas nas ruas. Por fim encontramos alguém que nos indicou a direção de La Mocha, que ficava a uns três quilômetros da cidade, saindo da estrada por um caminho vicinal e finalmente pegando uma espécie de picada que levava até a chácara. Estava tudo calmo, um pássaro cantava em algum lugar e no pórtico da casa havia um casal de camponeses, que aparentemente nos esperavam.

— Nós somos da *Carteles* — disse eu.

— Sim — disse o homem —, estávamos esperando vocês.

— Então se aproximou de nós, que saíamos do pequeno Renault de Titón, e falou bem baixinho: — Não sabe como estamos com pena de vocês, mas fazer o quê? Não deu pra evitar, quando a gente percebeu já era tarde demais.

— Ah, finalmente estão aqui! — disse outro homem que vinha dos fundos da casa. — Estive de olho o tempo todo até vocês chegarem.

O primeiro homem nos olhou com cara compungida, enquanto o segundo camponês caminhava exaltado em nossa direção.

— Venham, venham! — dizia e repetia: — Venham, venham! Venham ver!

Titón e eu nos olhamos, intrigados, enquanto Ernesto se dirigia ao local que o segundo homem apontava e para onde caminhava. Ele nos levou para trás da casa e parou a uns vinte pés de uma árvore, solitária naquela parte da chácara.

— Aí está ela! — disse, apontando para a árvore e levantando a voz, mas ao mesmo tempo dando-lhe um tom de confidência, e acrescentou finalmente: — A Virgem! A Virgem!

Nós três nos olhamos e depois olhamos, incrédulos, para a árvore que o camponês apontava, e então nos viramos para olhar o primeiro camponês: não havia nada na árvore, apenas um buraco no tronco, que formava uma espécie de cripta, mas isso era algo que só se via olhando depois do aviso. Não havia mais nada nos arredores enquanto o camponês, evidentemente um louco, gritava:

— A Virgem apareceu pra mim! Vejam ela, vejam ela! Não querem tirar uma fotografia dela? Fotografem, fotografem! — E segurava o braço de Ernesto, que não sabia o que fazer.

O outro homem, o camponês lúcido, aproximou-se de mim e disse baixinho:

— Vocês entendem, não é? Não dá pra fazer nada. Ele fugiu lá pra cidade e antes que a gente pudesse evitar ele já tinha ligado pra vocês.

Fiz que sim com a cabeça, como quem entende, mas no fundo estava pensando na decepção, na viagem da *Carteles* até ali, na cara que Ortega faria quando chegássemos com a "notícia". Ernesto continuava me olhando, enquanto o *guajiro* louco exaltava sua Virgem. Fiz-lhe sinais para que a fotografasse e Ernesto compreendeu que devia fingir que retratava a invisível aparição da Virgem.

Fomos embora em meio à exaltação do camponês louco e à vergonha do camponês lúcido que havia incomodado os jornalistas de Havana sem querer. Não abri a boca na viagem de volta e Titón não fazia outra coisa senão repetir gente, gente, gente, diversas vezes, e Ernesto, com sua tagarelice juvenil, exclamava:

— Que *guajiro* mais louco!

Voltando pela rodovia paramos na ponte de El Morrillo e fomos visitar o local onde o revolucionário Guiteras morreu, assassinado por Batista em 1934. Espantou-me que Titón, de consabidas simpatias comunistas, quisesse visitar o local onde havia morrido alguém tão anticomunista quanto Antonio Guiteras Holmes, o modelo para o John Garfield de *We Were Strangers*, o herói epônimo da esquerda anticomunista de Cuba, a lenda viva do revolucionário como homem de ação. Caminhamos pela praia deixada pela maré, não conseguimos encontrar, é claro, o local onde Tony Guiteras tombou, mas conseguimos esquecer o que Ernesto havia qualificado tão bem como o *guajiro* louco. Depois voltamos quase escalando a costa abrupta até a estrada e entramos no carro — foi apenas muitos quilômetros à frente que Titón percebeu que tinha perdido a carteira, com sua carta de motorista e algum dinheiro, na descida até o rio, e voltamos a El Morrillo, mas quando chegamos lá não conseguimos encontrá-la. Finalmente nos demos por vencidos e voltamos de vez para Havana. No dia seguinte, na *Carteles*, só Ortega, o diretor, me perguntou sobre a aventura do dia anterior. Wangüemert, que voltara de sua viagem à Europa, ficou sabendo de tudo por Ernesto e exclamou, ao me ver entrar:

— De maneira que você também caiu na esparrela — e acrescentou, para maior escárnio: — Não se preocupe, isso já aconteceu com todos nós, se não é um *guajiro* louco é um havanês lúcido, mas todos nós já passamos por essa experiência.

Decidi me concentrar no cinema e comecei a escrever, logo cedo, minha crônica daquela semana.

No mês de outubro fui a Nova York, convidado para o primeiro aniversário de estreia de *A volta ao mundo em oitenta dias*. Como da primeira vez, também fui de avião, mas a viagem foi mais acidentada: se esta fosse uma crônica de Pepys eu registraria o pavor que me assaltou quando descobri que um dos motores estava pegando fogo e que aterrissamos longe do edifício do aeroporto, onde logo estávamos rodeados de bombeiros. René Jordan, também crítico de cinema e que viajava a meu lado, percebeu meu duplo temor, dos aviões e do fogo, e disse: "Mas como você está com medo!", como se quisesse dizer que eu era um covarde, mas na verdade ele não disse aquilo para me humilhar, e sim para descrever uma realidade. Eu tinha um medo terrível de que meus dias acabassem no fogo: não sou uma fênix. Nova York, no outono, pareceu mais atraente do que no verão, com seu diversificado e triplo cheiro de manteiga frita, tapete novo e calefação. Eu me sentia como um habitante de Cápua em Roma: chegava à metrópole, à urbe, ao centro do império. A festa de aniversário celebrada no Madison Square Garden (íamos todos em traje de gala e comprovei que o smoking me caía tão bem quanto eu gostava de usá-lo: teria nascido para ser um cavalheiro, um gentleman, um dândi? Ninguém respondeu a essa pergunta, mas nem por isso deixei de fazê-la) foi uma ocasião vulgar e tumultuada, com um *cake* no centro que media mais de vinte pés e uma multidão de fotógrafos em volta de uma moça loira com uns seios que faziam *pendant* com o *cake*: eu nunca tinha visto peitos tão enormes e ela os exibia com uma espécie de exibicionismo modesto, que não deixava de ter seu encanto, embora também fosse patético. Mas lá eu conheci duas pessoas importantes: Victor McLaglen, que era um herói de minha juventude, e Jesse Fernández, um fotógrafo cubano radicado em Nova York que era quase um herói de minha adolescência tardia. Nova York me deixou entre a admiração e o desamparo. A admiração surgiu assim que desembarcamos, pouco depois do incêndio incipiente; o desamparo ocorreu quando fiquei mais tempo do que indicava o convite (era para três dias e os transformei em quinze) e tive que sair do hotel para cair num local da YMCA, que era um refúgio a céu aberto em meio ao desamparo: pelo menos era assim que eu sentia. Felizmente, liguei para o meu velho amigo Saulo Hernández, que agora se casara com uma moça de minha cidade, María Santos, e estava instalado em Nova York. Já da primeira vez que fui para lá, em 1955, fui morar em seu apartamento de solteiro, que ele dividia com um argentino que me fez provar pela primeira vez um mate (bebida horrível) e me fez conhecer os perigos da lei, ou melhor, de sua violação, já que ele era um cleptomaníaco empedernido e não conseguia entrar num supermercado, num bazar ou numa loja qualquer sem enfiar alguma coisa no bolso — e uma vez chegou a pôr algo em meu bolso. Quando percebi o que ele tinha feito, na saída de uma espécie de museu chinês, eu estava levando em minha capa de chuva uma tartaruguinha de cedro ou de jacarandá, não lembro direito, mas lembro bem da decisão que tomei, de nunca mais sair com ele, o que de fato fiz. Agora Saulo me oferecia sua casa, ou pelo menos um sofá na sala, e aceitei: naquele tempo tudo era uma aventura.

Não conheci nenhuma ninfa em Nova York, embora as visse passar a meu lado, altas e altivas, mas conheci bem Jesse Fernández, que me ensinou três coisas: a conhecer (e depois amar) o jazz, os sapatos de camurça e os carros esportivos. Tinha essas três coisas em sua casa, que nunca conheci, além de uma mulher e de uma filha, mas parecia (como eu também parecia) exclusivamente solteiro. Foi graças a ele que ouvi — ou melhor, vi — este nome hoje venerado: Thelonious Monk — que não cheguei a ouvir na época —, e que passeei pelas ruas rápidas de Nova York em seu Austin Healey veloz, chegando, às vezes, até um retirado restaurante no Brooklin, que mantinha o ar do começo do século. Ele também me fez conhecer a fotografia: a seu lado, todos os fotógrafos cubanos que eu conhecera até então eram meros batedores de chapas. Para Jesse Fernández, a fotografia era uma arte e assim conservei, graças a ele, meu encontro com McLaglen, que guardei por muito tempo. Fui com ele entrevistar um diretor alemão, autoritário e pedante, que não vale a pena mencionar, mas o que aconteceu depois é digno de nota. Saímos do apartamento perto do Central Park e eu procurava desesperadamente um hotel onde pudesse entrar e urinar; encontramos um não muito longe do parque, e assim que entramos nele tudo foi caos e confusão: ouvimos uma espécie de foguetes chineses e depois vimos gente correndo e finalmente emergiram dos fundos mulheres chorando. Eram manicures de uma barbearia onde tinham acabado de assassinar o mafioso Anastasia. Quando descobrimos o ocorrido e chegamos nos fundos do hotel, já havia um cordão de policiais e fotógrafos da imprensa, que pareciam ter surgido do nada. Jesse se amaldiçoou porque, por alguns segundos, não captou a cena crucial. Eu me abençoei por não termos nada com a Máfia e o submundo. Mas Jesse estava inconsolável. Ele era assim: covarde para as coisas cotidianas, a fotografia, sua execução, dava-lhe uma coragem inigualável. Aí parecia que a câmera era um escudo encantado que o protegia de todo mal possível. Impulsos como esse não ocorreram só naquela época, mas também muitas vezes no futuro, e logo falaremos disso, no devido tempo. Agora, no entanto, não havia nada a fazer e Jesse não pôde sequer tirar fotografias do morto, já coberto por um piedoso ou terminal lençol branco, pois alguém lhe exigia o crachá da imprensa para entrar na barbearia, coisa que, apesar de seu profissionalismo (ou por isso mesmo), Jesse não se preocupara em providenciar. Assim, entre filmes e as aventuras velozes com

Jesse, passaram-se os quinze dias de Nova York. No fim eu fui embora praticamente fugindo da *influenza*, que açoitava a casa de Saulo e parecia me rondar. Para mim, a mera possibilidade de ficar doente em Nova York era um desastre, e regressei sem demora, carregando meu tesouro de conhecimentos pessoais e, principalmente, fílmicos: não eram tantos quanto os que obtive durante um outro mês em que estivera em Nova York, dois anos antes, mas eram suficientes para nutrir minha crônica. Ao chegar a Havana, porém, apenas algumas horas mais tarde, caí de cama com uma gripe que não era o resfriado envolvente e protetor que eu conhecia, mas uma doença quase maligna. E se um resfriado me curou de Elena, uma gripe me adoeceu de Silvina: ela cuidava de mim enquanto minha mulher, sua irmã, trabalhava, e havia em sua solicitude tanta devoção, tanto carinho, e ao mesmo tempo uma indiferença em relação à doença, que me senti apaixonado por ela, soube que sempre a amara e que praticamente me casara com a irmã errada. Era Silvina quem devia ter sido meu amor, minha mulher. Um dia, dos nove que passei doente na cama, Silvina, sentada a meu lado, tocou meu rosto com os lábios, depois beijou os meus, suave, quase imperceptivelmente, num beijo terno e novo. A porta do quarto estava aberta e calhou de minha avó estar passando, ela que via tudo e sabia de tudo na casa, e pude ver a cara que fez ao ver Silvina tão perto de mim, talvez chegando a ver o beijo. Sei que contou para a minha mãe e que xingou Silvina de descarada, roubando o marido da irmã enquanto esta trabalhava. Falou assim, e achei estranho que ela defendesse os direitos de Mirta, de quem ela não gostava muito, eu sabia, mas na verdade o que ela fez foi mostrar seu calibre moral, como fizera vinte anos antes ao flagrar minha prima-irmã e eu no banheiro, pelados, e ao separar nossos corpinhos infantis, já sabedores do sexo, com uma maldição e nos dizendo, quase aos gritos:

— Degenerados, na minha casa ninguém faz isso!

Nós mal sabíamos o que estávamos fazendo, mais intuíamos do que sabíamos, e embora estivéssemos bem escondidos no banheiro, pensando que ninguém nos vira entrar, de repente irrompe ali minha avó, alta e magra, dominante por sobre nossos corpinhos quase horizontais, eu em cima do corpo de minha prima, tão bela — bonita era a palavra, na época —, mais bela do que jamais foi depois, e nos encontra fazendo "aquilo", e, para piorar, com minha mãe e meu pai presos por suas ideias políticas, longe, num lugar que se chamava Santiago e que ficava fora de qualquer imaginação possível. Agora, vinte anos depois, ela quase repetia o papel, só que dessa vez contou para a minha mãe, que logo, assim que Silvina saiu, me perguntou com muita naturalidade:

— O que há entre você e a Silvina?

— O que há entre mim e a Silvina? — disse eu. — Nada. O que poderia haver? Por quê?

— A mamãe — disse minha mãe — viu vocês se beijando aqui.

— Foi apenas uma expressão de carinho. Só isso.

— Pois que a Mirta não pegue vocês nessa expressão de carinho. Senão vai haver um escândalo na família.

— Então é disso que você tem medo, do escândalo familiar? Não pensei que fosse tão burguesa.

Havia entre mim e minha mãe esse tipo de confiança para falar desse modo, eu nem mesmo a chamava de mamãe ou coisa parecida, chamava-a pelo nome. A mesma coisa com meu pai. Eles tinham ensinado isso para mim e para o meu irmão quando éramos bem pequenos, como expressão de sua rebeldia diante do então predominante relacionamento entre pais e filhos, e nós dois os chamávamos pelos nomes, em igualdade de relações.

— Eu não sou burguesa, mas a sua mulher é.

— Não, ela também não é. Era puritana, católica, quando se casou comigo, educada num convento e tudo o mais, mas agora creio que ela nem acredita em Deus.

— Bom, estou falando isso pro teu bem — disse minha mãe.

— Se fosse ela, em vez da mamãe, que tivesse pegado vocês se beijando, teria armado um belo de um escândalo. Melhor você acabar com isso.

— Mas nem começou, acredite. Juro.

— Bom, eu acredito. Mas não deixe a Silvina vir te ver.

Ela queria dizer a sós e eu disse que faria isso — e foi o que fiz, e a possível relação entre mim e Silvina ficou numa espécie de limbo, onde agora nada iria acontecer.

Uma noite, já curado da gripe, passei pelo café Viena e vi Elena sentada sozinha, fumando. Segui meu impulso e me aproximei.

— E aí? — falei.

— Assim, assim — disse ela, meio apática. — Nem bem nem mal.

— O que você está fazendo aqui sozinha?

— Vim comer alguma coisa.

— Ah. Então não está esperando ninguém?

Ela devia saber que eu me referia à outra Elena.

— Não — disse ela. — Não estou esperando ninguém. Pode sentar. Se quiser.

Ao fazer isso, olhei para os seus braços nus e pude ver as marcas de seu suicídio frustrado e de repente senti muita pena dela — ou ainda seria amor? O fato é que me sentei e conversamos sobre banalidades e pedi dois cafés e perguntei se ela me deixava pagar a conta e ela respondeu que sim. Ficamos um bom tempo no café até que ela me disse preciso ir.

— Posso te acompanhar?

— Se quiser — disse ela, com a mesma indiferença existencial que demonstrava em relação a tudo.

Caminhamos meia quadra Línea acima e pensei que tivesse voltado para o Trotcha, mas ela me disse que estava morando numa pensão — outra pensão — perto dali, na rua F, na qual viramos.

— Não sabia?

— Não, não sabia.

— Mas da outra coisa você sabe?

— Que outra coisa?

— O Roberto não te contou?

— O Branly? Não, ele não me disse nada. Não falamos de você.

— Tem certeza?

— Certeza. Juro.

Ela fez uma pausa e aproximou o rosto do meu. Por um momento pensei que fosse me beijar, mas não.

— Porra! Até o teu cheiro é o mesmo.

Senti pena dela porque entendi sua nostalgia. Foi por isso que dei um tom de brincadeira a minhas respostas.

— O que você esperava? Que eu mudasse de cheiro com as estações?

Ela sorriu, mas foi um sorriso triste: mesmo na escuridão da rua isso era visível.

— Então você não sabe de nada? Curioso.

Curioso e mais curioso ainda: eu não sabia de nada.

— O que preciso saber? Diga logo.

Ela fez uma pausa, parou e olhou fixo nos meus olhos.

— Você não sabe com quem estou saindo agora?

— Não. Sei com quem você saía antes, mas de agora não sei nada.

— Bem, então vou te fazer uma surpresa. Estou saindo com o teu irmão.

Surpresa mesmo, e das grandes! Não esperava isso de jeito nenhum, e ela viu na minha cara. Sorriu, primeiro, depois riu.

163

— Porra — disse ela, soltando um desses palavrões que lhe caíam tão bem, e depois falando em seu querido falsete: — Agora só falta eu sair com o teu pai!

Essa podia ter sido uma boa linha para cortar nossas relações para sempre, posto que depois daquela noite não conversei mais com Elena e, quando a vi novamente, foi de longe, na companhia de meu irmão, num grupo com meu irmão, Branly e outra moça entrando no teatro, enquanto lá fora eu tomava café ou talvez entrasse com minha mulher: não sei, não me lembro. O que sei é que não nos falamos mais: salvo pelas palavras que ela disse depois, não trocamos mais nenhuma palavra.

— Se você quiser — disse ela —, eu posso deixá-lo. É um lance que está apenas começando.

Eu podia ter dito a ela que era uma coisa que estava recomeçando, que era uma substituição, que, já que não podia ficar comigo, ficava com meu irmão. Mas não disse nada.

— Não. Por que iria querer isso? Você faz o que achar melhor com a tua vida.

Ela deu sua risada em falsete.

— É cômico — disse —, juro que é cômico.

— Eu não acho cômico.

— Se não fosse cômico, seria trágico. Estou predestinada a me misturar com a tua família.

— Agora você tem uma vantagem: pelo menos o meu irmão é solteiro.

— Sim, e é menos supersticioso do que você. Não tem medo do meu azar.

— Eu nunca tive medo do teu azar. Você está torcendo as coisas. O que eu te disse foi bem diferente.

— Bom, você que sabe. Pelo menos agora eu sou dona do meu destino e não posso esquecer que você me ajudou nisso.

Fez uma breve pausa para acrescentar:

— Mas se pelo menos você tivesse um cheiro diferente, ajudaria.

Tínhamos chegado à porta de sua nova pensão. Soube disso porque ela disse aqui estamos.

— Aqui te deixo — acrescentou.

— Bem, até logo.

— Não, é melhor dizer adeus. Espero, pro meu próprio bem, não te ver de novo.

— Se você quer assim… Esta noite eu te vi por puro acaso.

— Detesto os acasos, não sabia? Nós nos conhecemos por acaso.

— Sim, é verdade. Bem, adeus, então.

E foi um adeus: só voltei a vê-la anos depois, e quando aconteceu, ela não estava sozinha. Era evidente que minha vida com Elena havia terminado.

Mas houve, inevitavelmente, um postscriptum. No dia seguinte meu irmão me enfrentou: veio até meu quarto, por volta das seis da tarde — ou talvez fosse mais cedo, pois minha mulher ainda não estava em casa —, atravessando o banheiro.

— Escute aqui o que eu vou te dizer — me disse, alterado. — Não quero que você tenha nada a ver com a Elena. Já sei que andou falando com ela, porque ela me disse, e não quero saber que você teve qualquer coisa a ver com ela de novo.

Havia muito de possessivo no tom e nas palavras de meu irmão, como se Elena lhe pertencesse por inteiro.

— Não tenho nada a ver com ela — disse eu, tranquilo.

Não queria que a conversa virasse uma discussão ou um pleito e baixei a voz de propósito, mas meu irmão estava disposto a fazer um escândalo, pois levantou a voz:

— Eu não quero, caralho, ficar sabendo nem que você a cumprimentou, está me entendendo?

— Sim, perfeitamente — disse, e saí do quarto.

Meu irmão estava a fim de armar um barraco, mas eu o deixei falando sozinho. Eu temia, por outro lado, que Mirta chegasse do trabalho e ouvisse aquela conversa, que ameaçava virar uma discussão. O adendo é que meu irmão e Elena ficaram juntos — ou se separavam e tornavam a se juntar, não sei — pelo menos durante três anos. Então, anos depois, meu irmão me contou que a fez reconciliar-se com a mãe, embora nunca tenham voltado a morar juntas. Eu só a vi de novo sozinha uma vez — mas isso pertence ao futuro. O presente era que meu grande amor tinha terminado quase com um lamento e não com um estrondo, como eu temia, e que voltei para a minha mulher como se retoma um velho hábito — e digo isso também no sentido de vestimenta.

René voltou com Silvina e um dia encontrou um visitante em sua casa: era meu amigo Chori Gelardino, velho apaixonado silencioso de Silvina, que se atrevera a visitá-la e, para o seu azar, René regressou antes da hora. Tudo o que Chori pôde fazer foi se esconder num closet, e de alguma forma o nervosismo de Silvina ou algum barulho inesperado fez com que René descobrisse seu esconderijo — e aqui René teve seu grande encontro com a famosa frase. Velho apaixonado por teatro, crítico de peças teatrais e quase empresário de pequenas companhias, René teve uma saída genial, abriu a porta do closet e, olhando Chori nos olhos, lhe disse, muito calmo:

— O que é isto: uma comédia de Labiche?

Chori, que em momentos perdidos era ator, reconheceu a superioridade de René na situação e saiu do closet sem dizer nada, apenas movendo sua grande cabeça e meio que sorrindo, mas sem sorrir totalmente, e saiu também da casa. Pouco depois

René e Silvina se mudaram daquele apartamento que dera a René tanta dor de cabeça e causara muitas mudanças na vida de Silvina: mudaram-se para o número 69 da rua C, para o pequeno apartamento do terraço, que eu conhecera quando ali moravam Vicente Erre e sua colega de quarto — pois não se pode dizer que fosse sua mulher, já que Vicente Erre era, e é, homossexual, ainda que, no fim das contas, talvez tenham vivido juntos — Adela Descartes, que tempos depois se casaria com outro amigo, ou melhor, outro conhecido que, como Vicente Erre, também era homossexual. Mas não é de Vicente nem de Adela que eu quero falar, e sim daquele apartamento que seria tão importante em minha vida e ao qual, se pudesse, eu dedicaria um canto. Ficava no último andar e tinha dois quartos, mais um banheiro e uma pequena cozinha — e isso era tudo: sua importância não está na arquitetura nem na topografia, mas na história —, que davam para a ampla soteia onde ocorreram todas as reuniões, primeiro de Vicente e depois de Silvina e René e depois de Silvina sozinha e de René por sua conta, já que os dois viveram juntos e sozinhos (e Silvina, mesmo divorciada de René e casada novamente, manteve o apartamento que anos depois e por acasos da história voltou a ser de René) nele, com sua soteia transformada em terraço que dava para o parque com a fonte de Netuno e de onde (do terraço ou da soteia) se podia ver o teatro-auditório e as duas entradas do El Carmelo, lugar que por um tempo seria meu mundo, de onde se podia contemplar, do alto, as árvores do parque, a maioria fícus, e a pérgola à esquerda, tão neoclássica, e as palmeiras de tâmaras tão mediterrâneas na calçada ou na parte norte do parque, e ver os carros passando velozes pela rua Calzada e também, debruçando-se um pouco sobre a amurada baixa, avistar o restaurante El Jardín, seu espaço a céu aberto, que também foi importante para mim, que será, nesta história — esse apartamento que era o último da rua C, número

69, com sua nobre simetria, não me pertence mais, não o guardo apenas na lembrança, ele pertence à literatura quando o desvelo com minhas revelações de agora e com outras que virão no futuro imediato, mas gostaria de lhe dedicar um canto, de preservá-lo como às ninfas, numa melopeia direta: se não pode ser assim, pelo menos eu o consigno, e os que o conheceram irão lembrar-se dele, e aqueles que não tiveram esse raro privilégio poderão vê-lo aparecer e reaparecer diversas vezes nestas páginas. Mas por enquanto vamos deixá-lo em paz.

Em setembro ocorreu o levante na base naval de Cienfuegos, cujo resultado (a morte de cerca de duzentos marinheiros e civis) já mencionei em outra parte. Essa notícia causou grande comoção política em Cuba, em geral, e comoveu-me em particular, pois eu esperava que o levante (primeiro como boato, depois tornado realidade) tivesse resultados positivos. Mas não foi isso que aconteceu. Agora, em novembro, a censura fora restabelecida e a *Carteles*, como todos os periódicos, estava sob seu indicador. O órgão de censura era dirigido por um coronel do Exército, de bigodinho e ar marcial, que visitou o diretor uma ou duas vezes para lhe explicar a necessidade da medida, e o censor era um homem gordo, de sobrenome Meruelo e irmão de um dos porta-vozes de Batista, Otto Meruelo. O censor queria ser bonachão e ter boas relações com os censurados, mas na verdade ninguém na *Carteles* o engolia, e ao redor dele se formava uma cortina de vazio que pesava na redação. Só Wangüemert e o diretor se permitiam ser amáveis com ele, talvez temendo uma mão censora mais dura, mas eu, que não tinha por que falar com ele, não agia dessa forma. Nem Pepe, o José-Hernández-que-não-escreverá-o-Martín-Fierro, que se mantinha em seu canto como um observador desinteressado. Assim se passou novembro e veio dezembro — e nesse mês fiz outro filho em minha mulher, que nasceria em agosto do ano seguinte, outra menina, mas naturalmente eu ainda não sabia disso. O Natal chegou, mas já não era comemorado com a alegria de antes — com o povo mergulhado na ditadura, a consciência turvada pelas notícias que vinham da Sierra dando conta tanto de vitórias sobre o Exército quanto de derrotas sangrentas, tornou-se impossível a clássica comemoração cubana das festas, com suas arvorezinhas exoticamente nevadas e os cartões de felicitações, também com sua neve adjunta: nada podia ser mais alheio a Cuba do que a neve, mas era tradicional tê-la em dezembro. Fez, sim, um pouco de frio, e ceamos em casa, como de costume. Também comemoramos o Ano-Novo, quando tivemos na *Carteles* uma despedida quase íntima, que se revelou obscena pela presença do censor, à qual se seguiu uma visita a um dos bordéis (conhecidos por uma palavra bem cubana: *bayú*) da vizinhança. Blanco foi conosco, éramos René de la Nuez, Cardoso, acho que José-Hernández-que-não-escreverá-o-Martín-Fierro, Ernesto e também Andrés García, que mesmo sendo homossexual era atraído por nossas reuniões heterossexuais, talvez para se entusiasmar com a atmosfera erótica criada ao nosso redor pelas jovens putas, as putinhas que também serviam como garçonetes. Bebemos bastante nesse dia de fim de ano e o bordel não era o *bayú* de Otto, que ficava quase na frente da *Carteles*, mas outro maior, dobrando a esquina, com um pátio interno que dava para os quartos, de onde as putinhas saíam cada vez com menos roupa (ou talvez fosse o efeito do álcool) para passear ao nosso redor. Veio uma mulata que eu conhecia de outras vezes, chamada Xiomara (o que não é de estranhar, já que é um nome de puta), embora ela não soubesse que se grafava com *x*. Depois de bebericar por mais ou menos uma hora, Xiomara parou a meu lado, vestida apenas com uma calcinha e uma blusinha aberta na frente que deixava à mostra seus grandes peitos, e começou a passar a mão em meu pescoço. Andrés ria maliciosamente e chegou a dizer que era um pouco estranho um homem não reagir imediatamente a tal carícia. Talvez adivinhasse o misto de fascínio e medo que eu sentia das putas, decorrentes do primeiro e desastroso encontro com uma delas, quando eu tinha uns dezoito anos e Franqui me levou a um bordel. Não aconteceu nada daquela vez, embora a puta em questão — pequena, loira oxigenada e com cara de macaca — me agradasse. Paguei-lhe, implorando para que não contasse nada (estava conosco um outro amigo, Pepito, que também se iniciava nessa noite de putaria no bairro de Colón, bastante afastado no tempo e no espaço desse bordel do Pajarito) a meus amigos, e foi o que aconteceu. A visita, novamente na companhia de Franqui, repetiu-se na semana seguinte, com o ritual da puta que abria a grande porta e perguntava minha idade, e insistia em saber se tínhamos certeza de que eu tinha mais de dezoito anos (o que era certo), eu encabulado com aquele tumulto de mulheres seminuas, quando não completamente nuas, correndo de um quarto para o outro, encandeado com as luzes e a música que vinha da Würlitzer gigante disposta no meio do salão, iluminada como um altar e regurgitando guarachas, espantado com os três andares do bordel dedicado a putear, a fornicar, a *singar*, como se diz em Cuba. Encontrei novamente a mesma putinha e fui com ela para o quarto e novamente não consegui consumar o ato, mas dessa vez ela não foi muito discreta e me aconselhou a procurar um médico. Eu sabia que não havia nada de estranho em minha situação, intuía que isso devia acontecer com mais de um novato, mas desde então, ao fascínio pelo *bayú*, com tudo o que significavam essas quatro letras, uniu-se o medo do fracasso, e ainda que eu tenha conseguido fazer algo com uma puta, isso só aconteceu quase dois anos mais tarde com uma *fletera* (uma puta de rua) negra, mas se consegui a ereção e a ejaculação, não posso dizer que tenha sido um sucesso, pois, por estar muito alto (andara bebendo com René de la Nuez e com Matías Montes naquele outro Natal e chovia quando eu os acompanhava na volta para casa, quando cruzamos, na Manzana de Gómez, com a moça negra — depois, no quarto, ela pareceu mais jovem do que na rua: devia ter no máximo dezessete anos — e eu deixei os dois falando sozinhos para seguir a negrinha, que, depois de uma ou duas palavras, se revelou puta), não participei do coito e vim a ter minha verdadeira iniciação nos mistérios do sexo compartilhado com uma colega de escola, uma das garotas mais bonitas do Instituto, quando ela já estava casada e eu com mais de vinte anos, deitados em sua cama, na casa dela, enquanto seu recente marido trabalhava, e transando aos acordes emprestados de *O mar* de Debussy, soando num toca-discos próximo que eu mesmo havia procurado — mas já contei essa história em outro lugar. Agora devo voltar ao *bayú* do Pajarito e a Xiomara, que se aproximava de mim, eu sentado, esfregando suas coxas duras e nuas em meu braço direito e em meu ombro.

— Hum — disse Andrés —, acho estranho você demorar tanto tempo pra reagir.

— Não se preocupe — falei —, que eu sei me controlar.

— Mas também deve saber quando é hora de se soltar.

Continuamos bebendo e Xiomara continuou com seu jogo de me excitar, mostrando seus grandes peitos empinados por entre a blusa aberta, fazendo biquinho como se fosse me beijar, sem me beijar, me provocando, com aquela sabedoria que faz da puta cubana a rainha da putaria caribenha. Por fim, mais bêbado do que o devido, levantei-me e passei um braço por sua cintura nua, acariciando a parte baixa das costas, e nos beijamos.

— Hum — disse Andrés novamente —, isso mais parece exibicionismo pra galera.

Andrés queria ver colegas em toda parte, por outro lado divertia a galera, que consistia nos acima mencionados, salvo por Blanco, que sentara uma putinha nas pernas e amassava seus peitos, com sua sem-vergonhice de sempre. Ernesto, por sua vez, tinha sumido. Resolvi fazer o mesmo, fui com Xiomara até um dos quartos e fechamos a porta. Eu estava bêbado demais para me deitar com uma puta e Xiomara era uma fêmea atraente a ponto de me fazer esquecer que era uma puta — mas a ocasião, por conta de minha bebedeira, resultou num fiasco mais melecante do que embaraçante, pois não percebi quando ia gozar e acabei dormindo em cima de Xiomara, que se alterou ao ver seu profissionalismo caído por terra devido a minha bebedeira: "Sai de cima, sai de cima!", dizia e repetia: "Sai de cima!", até que conseguiu me pôr de lado e se levantar, como boa puta cubana, para se lavar. Essa ocasião em que a amnésia ou a anestesia do álcool me fez esquecer que estava com uma puta, mas também me pregou a peça de uma ejaculação desajeitada, inadvertida, lembrou-me de outra visita a outro bordel do Pajarito, também com Blanco e não lembro se com René de la Nuez ou com quem mais (deve ter sido René, que costumava visitar *bayús* e era frequentador assíduo de um que ficava perto da casa de seus pais, quando solteiro e acho que até depois de casado, e que matava o tempo se requebrando na sala da casa das putas, falando com as putas, conversando com elas sobre seus problemas, sem ir para a cama, indo lá apenas para lhes fazer companhia e sendo recebido por elas com verdadeira amizade), mas não estava conosco o mais *bayusero* de meus amigos, Adriano de Cárdenas y Espinoza, cuja mãe, Consuelo Espinoza ou Spinoza ou Spinossa, com toda a sua aura aristocrática, decidiu que seu filho único, ao fazer dezesseis anos, precisava de uma mulher, e então ela mesma conseguiu com seu irmão o telefone de um dos melhores bordéis de prestígio de Havana, o que ficava em cima da agência

Mercedes Benz, na esquina do Malecón com a rua Hospital, e ela mesma ligou marcando o encontro para o filho, levado até lá pelo chofer da família, que o deixou na porta, esperou-o e depois o levou de volta à casa materna (seus pais já estavam divorciados) com toda pompa e dignidade, iniciando Adriano em seu gosto, ou melhor, em seu vício por putas, que nunca se extinguiu, como provam suas idas semanais ao Mambo Club, para onde fui com ele mais de uma vez para conhecer e depois reconhecer a atmosfera daquele bordel-boate ou para apanhar La Chimpancé, uma mulata que trabalhava na rua, ali pelo Prado, e que tinha cara de chimpanzé, com uma beiçola daquelas e tudo o mais, mas com um dos melhores corpos que já vi na vida, e, segundo Adriano, dona de enorme sabedoria sexual: essa chimpanzé agradaria e até assombraria Buñuel com as histórias de suas experiências de puta, entre as quais aquela do cliente que a levava até a casa dele e se deitava, nu, num caixão que tinha na sala, e lá ela tinha que chupá-lo, ou do outro cliente que precisava fingir que era uma galinha e, completamente nu, se acocorava, e ela tinha que ir até a geladeira, pegar um ovo e colocá-lo embaixo dele, tocar suas nádegas, e depois o homem-galinha cacarejava, cacarejava como se tivesse acabado de pôr o ovo, e só então conseguia realizar o ato sexual, ou aquela outra história do cliente que exigia que ela "fingisse ser uma velhinha" (aqui La Chimpancé imitava perfeitamente uma velha encolhida pela idade) para poder se deitar com ela, e La Chimpancé chegava a pintar rugas no banheiro para reaparecer no quarto feito "uma velhinha, velhíssima: tossindo e tudo o mais", contava ela, e suas histórias eram tantas e tão precisas que era impossível que as inventasse, e se fizesse isso não seria uma puta, mas um gênio sádico, inventando histórias no carro de Adriano enquanto rodávamos do Prado até um hotelzinho qualquer em El Vedado (eu sempre ficava no caminho, não sem antes pedir a La Chimpancé que nos falasse de seus clientes certos, que eram todos os que tinham essas aberrações), e lembrando de La Chimpancé, numa digressão da lembrança da visita ao bar-bordel, barbordel, do Pajarito, numa tarde de sábado, em que tivemos o azar de coincidir com a chegada ao porto de um barco americano que logo inundou o bar de marinheiros, enquanto a puta velha gritava por todos os cantos do bordel, mesmo nos fundos, onde estávamos: "Salão, salão!", e repetia: "Mocinhas, salão, salão!", e não é que fosse uma corruptela de *so long*, era o aviso para que todas as putas se reunissem no bar — o "salão" — para serem escolhidas pelos novos clientes, e essa foi outra experiência, como aquela da putinha que acabara de chegar de Pinar del Río e tinha um corpo perfeito, com seios maravilhosos, mas dentes podres, e que gostou de mim, gostou tanto que costumava me chamar aos gritos do lado da redação, que ficava no primeiro andar, xingando aos gritos, até que o diretor me disse que não tinha nada contra o fato de eu ir a bordéis (falou assim mesmo, e não casas de putas ou *bayús*), mas que não era nem um pouco conveniente eu manter esse tipo de amizade, quando o que mais me agradava era ter uma puta apaixonada por mim, tanto que até queria ser seu cafetão, para assim poder realizar o que Faulkner chamava de profissão subalterna ideal para um escritor: ser um cafetão, *macquereau* ou *pimp* não em Nova Orleans, mas em Havana, e escrever num quarto dos fundos, enquanto era alimentado, vestido e calçado pela putinha de Pinar del Río, cujos dentes, naturalmente, ele mandara arrumar primeiro, e enquanto ela recebia seus clientes, eu, em meu quarto, tecia e destecia palavras sobre o papel, preto sobre branco, escrevia, escrevia, escrevia. Fui tirado desse devaneio pela voz de Xiomara, que me disse: "Bom, esse menino, você sabe, tem que sair já".

No início de 1958, a política voltou a ser a coisa mais importante em minha vida. A censura fora suspensa e a *Carteles*, ainda que muito mais medrosa do que a *Bohemia*, voltava a publicar notícias políticas. Minha página também se tornou mais política e minha vida voltou a girar em torno do eixo casa-trabalho-cinema, que era o mesmo que dizer casa-trabalho-trabalho ou trabalho-casa-trabalho. Reapareceu lá em casa Alfredo René Guillermo, que era conhecido por esses três nomes, nenhum deles sendo o verdadeiro, com sua cara de jovem Jean Gabin cubano e seus modos misteriosos. Trazia uns bônus do partido comunista para que eu os comprasse e também ajudasse a vendê-los na revista. Então tive uma de minhas surpresas. Wangüemert comprou os bônus porque eram do partido, com o qual simpatizava, mas José-Hernández-que-não-escreverá-o-Martín-Fierro recusou-se a tomar conhecimento deles, o que me surpreendeu, mas me surpreendeu ainda mais o que aconteceu com Óscar Pino Santos, colaborador especial da revista que eu considerava um grande simpatizante do comunismo. Quando lhe ofereci os bônus, ele me disse: "Vou comprá-los porque são pra lutar contra Batista, não por serem comunistas". Assim ele me dava a entender que não comprava os bônus como tais, mas por pertencerem à oposição: um jeito estranho de me dizer que não era comunista, como eu desconfiava, como era comunista, por exemplo, outro colaborador assíduo da revista, Gregorio Ortega, que publicara havia pouco tempo um romance curto, *Una de sal y otra de azúcar*, que não tinha muito de comunista mas retratava personagens operários. A surpresa que tive com Óscar Pino foi compensada pela atitude de Andrés, que, mesmo sendo apolítico, me comprou os bônus com boa vontade. Depois, mais tarde, ocorreu um fato extraordinário: apareceram na revista Titón Gutiérrez Alea, José Massó e Julito García, que vinham me ver por conta própria, mas dando a entender que tinham o consentimento ou, no mínimo, o apoio do Partido Comunista. Eles queriam formar uma associação cívica que começasse com uma iniciativa da imprensa, e me procuravam para que eu a dirigisse. A associação lançaria um manifesto que seria apoiado, posteriormente, por todos os "intelectuais progressistas" (eu sabia muito bem que isso queria dizer comunistas ou companheiros de viagem), que imitaria o manifesto com o qual deram fim à ditadura de Pérez Jiménez na Venezuela muitos "intelectuais e outros elementos progressistas", apoiados posteriormente pela marinha de guerra venezuelana. Talvez em Cuba se possa conseguir algo similar, era seu propósito. A ideia da associação me pareceu boa, não porque me convidaram para dirigi-la, mas porque qualquer forma de lutar contra Batista era boa, e também porque não vi muito risco nisso: na verdade, o risco era muito menor do que o de ter escondido Alberto Mora em casa ou de ter conseguido dinamite para Franqui. Por outro lado, o manifesto ia ser redigido por mim, entre outros, e eu via nisso uma forma de fazer a literatura intervir num fato histórico. Naquela mesma manhã redigimos o manifesto, que, como muitos outros, tinha mais retórica política do que literatura verdadeira, mas parecia combativo e ao mesmo tempo equânime, qualidades necessárias se quiséssemos conseguir o maior número de assinaturas — e ali mesmo, na redação da *Carteles*, começamos a tarefa de recolher assinaturas, que seria, enquanto o manifesto não fosse publicado, uma atividade quase secreta. Gregorio Ortega disse que ia assiná-lo… depois que os outros o tivessem assinado. Ainda não tínhamos pedido a Wangüemert que assinasse, mas a Montaña sim, como comentarista político da revista que era — e ele começou a andar para trás e para a frente, que se o assinasse, que se não o assinasse, até que finalmente não o assinou, ficando para mais tarde seu compromisso com o manifesto por inteiro. (Depois ele o assinou, mas quando voltaram a impor a censura e suspenderam as garantias constitucionais, muito apressado ele veio me perguntar se eu havia destruído o projeto de manifesto, e então lhe dei a cópia em que sua assinatura estava para que ele mesmo a rasgasse.) Óscar Pino, ao que parece, também ia assinar, só que mais tarde: exceto por mim e por meus visitantes, todo mundo estava de acordo com o projetado manifesto, mas preferiam assiná-lo mais para a frente. Era óbvio que tínhamos que conseguir muitas outras assinaturas antes de pedir outras, seguindo um sistema de preferências que era, acima de tudo, ditado pelo medo. Então, naquela tarde, nós quatro — meus três visitantes e eu — fomos até a casa de Leandro Otro (sim, seu nome era este, não há nenhum erro) para comunicar-lhe a ideia do manifesto. Quando chegamos já estava escuro e na parte do Miramar em que ele morava não havia muita iluminação pública, mas mesmo assim vimos que havia um visitante na entrada de sua casa, que reconheci imediatamente: era Raúl Roa, que, com a Revolução, se tornaria ministro das Relações Exteriores quase vitalício, mas que naquele momento era um homem extremamente acabrunhado, numa situação que não entendi direito, pois Leandro saiu de casa para nos receber no pórtico e foi ali que conversamos. (Depois, quando Batista caiu, Leandro me explicou o motivo daquele ar de estranheza que cercava sua casa: escondera nela um dos líderes do 26 de Julho, Armando Hart, que depois seria ministro da Educação, mas que no momento era procurado pela polícia. Nunca soube se o semblante abatido de Roa era por ele saber que Hart estava escondido na casa — acho que nunca soube — ou por ter visto quatro estranhos descendo apressados de um carro e tê-los confundido com a polícia. É possível. Tudo é possível. E agora aproveito o parêntese para falar da bela criatura com quem Leandro Otro se casou. Eu a vi pela primeira vez num dia em que estava no carro de Leandro e ele ultrapassou um automóvel enquanto me dizia: "Venha, quero te mostrar uma coisa". Como era impossível eu deixar de ir, pois estava no carro dele, continuei ali até que ele emparelhou com um carro dirigido por uma mulher: eu nunca tinha visto uma criatura tão radiante: não era bonita, era bela: branca, muito branca, com o cabelo preto emoldurando o rosto oval, os olhos grandes e muito negros e curiosamente rasgados, a boca perfeitamente desenhada e muito rosada, sem batom, e o nariz grande e pontudo que era, ao mesmo tempo, o que dava personalidade à beleza que seu corpo irradiava como uma emanação. Leandro tocou a buzina e ela olhou para nós sem nos reconhecer momentaneamente, já que eu estava do seu lado, mas quando reconheceu Leandro abriu um sorriso de dentes grandes e bem-feitos: pude então contemplar a irradiação de sua beleza, e foi um momento inesquecível. Mais tarde, naquele mesmo dia, ouvi sua voz, que era uma carícia, com seus tons baixos e bem-educados, mas seu corpo estava longe de ser perfeito, com as pernas finas, o talhe curto e a pouca cintura, e ainda com a sombra de uma barriguinha que aumentou depois de ter um filho com Leandro. Outra de suas características era sua boa educação: era uma moça da sociedade bem-educada, e sabia disso. Ao mesmo tempo — disso eu soube depois — estava muito envolvida com o que na época se chamava de luta cívica: ou seja, era encarniçadamente contra Batista e, seguindo a trajetória de seu pai, militava na Revolução, mas no dia em que a conheci ela soube me ocultar isso muito bem.)

Falamos a Leandro brevemente do Manifesto (que agora ia ganhando letra maiúscula), num canto de seu pórtico, um pouco afastados de Roa, que continuava sumido em seu abatimento, coisa que não pude deixar de achar estranho, pois conhecia Roa de seus dias como diretor de Cultura, no Ministério da Educação, nos tempos de Prío, e ele era um homem que não parava de falar, gesticulando ao mesmo tempo que levantava a voz e se exaltava com a própria oratória. Quanto à diligência com Leandro, ficou claro desde o início que não íamos chegar a lugar nenhum: na época ele era (coisas da vida) ferozmente anticomunista (como o era também seu hóspede invisível, Armando Hart, e o dr. Roa não ficava atrás), e assim que viu quem compunha a comissão, eu soube que ele ia se negar a participar de qualquer empenho nosso — embora ele tivesse por mim, desde que fomos colegas na escola de jornalismo, muito respeito intelectual, acho que me via, como muitas outras pessoas, próximo demais dos comunistas para se sentir confortável. Mas naquele momento ele não disse nem sim nem não, só que ia pensar, pois havia coisas mais importantes a fazer do que assinar manifestos. Imagino que se referia aos atos de ação e sabotagem que o 26 de Julho realizava, não apenas em Santiago, mas também em Havana e em outros lugares: o objetivo de nossa comissão deixava claro que não apoiava a ação e a sabotagem, a não ser pela luta através das palavras. O fato é que saímos decepcionados do encontro com Leandro e nos dispersamos, indo para as nossas respectivas casas. O destino do manifesto (agora desinflado em minúscula) foi breve, pois antes de completar um número considerável de assinaturas, e muito antes de alçar algum voo, voltaram a impor a censura de imprensa e foi o fim de tudo: foi essa minha breve atuação como líder político.

Acho que já falei, em outra parte, das reuniões artístico-literárias que havia quase toda noite no restaurante El Jardín, no lado sul de seu terraço, presididas pela figura obesa de Cheché Sorzano, que não me inspirava nenhum respeito, nem como pintor nem como comentarista da vida cultural, mas que me interessava por sua truculência católica e pelo fato (que me parecia "assaz curioso", como diria um dos presentes às reuniões) de ser filho de Leonardo Sorzano Jorín, mais conhecido como Jorín, autor dos livros-texto de inglês que eu tivera que estudar no colégio. Às vezes comparecia a essas reuniões Jean-Loup Bourget, ou Jean L. Bourget, que apresentei com outro nome numa narrativa breve como alguém que, tarde da noite, me oferecia ao mesmo tempo jazz e maconha em sua casa, em cima da confeitaria de seu pai, lugar de reuniões de ricos gulosos que no conto transformei em trattoria. Acho que disse ali que aceitei seu jazz e recusei sua maconha, com a correção perante a segunda tingida um pouco pelo medo. Jesse Fernández, em Nova York, já me dera a conhecer um outro lado do vasto mundo do jazz, do qual eu conhecia um pequeno fragmento que ia de Louis Armstrong a Duke Ellington e que pouco tempo antes se enriqueceu quando conheci Coleman Hawkins, mas que não ia muito além disso. Graças a Jean Loup agora pude acrescentar ao misterioso Thelonious Monk, que Jesse Fernández me revelara, o igualmente fascinante (desta vez o som, não o nome) Miles Davis e seu trompete com "surdina como que feita de algodões", como acho que eu disse no relato. O velho toca-discos comunitário que havia lá em casa só servia para ouvir Cozy Cole e gente assim, então comprei o disco do Modern Jazz Quartet, que traz os quatro negros impecáveis na capa, e o ouvi pela primeira vez com Ramón Raudol, na casa de uma amiga dele (que na certa era sua amante), e ele, Raudol, me perguntou: "Mas o que é isso?", ao ouvir a estranha combinação de piano, baterias arranhadas com vassourinhas, vibrafone e piano que se ouve em "La Ronde", e que me fascinou na hora, mas que o aborreceu, pois ao saber que eu tinha um novo disco de jazz nas mãos que queria ouvir (eu mais do que ele), esperava que fosse um previsível seguidor de Louis Armstrong, talvez, ou até mesmo um epígono de Paul Whiteman. Então eu soube que tinha que comprar outra radiola para ouvir meus discos de jazz, interesse que superou o que tive por música clássica e ao que depois teria pela música popular cubana contemporânea, que já superava o fanatismo pelos discos velhos de *soneros* como Ignacio Piñeiro ou Nené Enriso. Pedi conselhos a um amigo músico, cujo nome não vale a pena introduzir, pois vem a estas páginas somente como conselheiro gramofônico, e ele me recomendou que comprasse um toca-discos Philco, que não era muito caro e que eu podia pagar à vista, o que fiz — e assim, se não estava na revista ou no cinema, estava ouvindo meus poucos discos de jazz, que pouco a pouco se transformaram em muitos: foi assim que acrescentei um novo interesse *dilettante* à política.

Jesse Fernández veio a Havana, enviado pela *Life en Español*, para cobrir as corridas de carros chamadas Primeiro Rally de Havana e para fazer uma reportagem ilustrada sobre Alicia Alonso, e foi assim que logo nos vimos de novo. Eu me deixo levar facilmente por quem mostre algum entusiasmo em qualquer direção possível, e o fervor, mais do que entusiasmo, de Jesse por Havana, me levou, me seduziu. Logo formamos um time e ele me propôs que eu fizesse o texto para a reportagem sobre Alicia Alonso, encargo que aceitei com prazer. Mas primeiro vieram as corridas, e a atmosfera monegasca, lemansesca, que a cidade adquirira acabou me contagiando. Ia para todo lado com Jesse, que com sua indumentária exótica e suas três câmaras penduradas no pescoço era a imagem do repórter gráfico moderno, bem distante dos fotógrafos de plantão que tínhamos no *Carteles*. Embora a mulher de Jesse estivesse com ele em Havana, ele agia como se fosse solteiro (vim a conhecê-la quase por acaso no mesmo dia das corridas, e me surpreendeu que fosse bem mais alta do que Jesse), e eu também me comportava assim. De alguma forma (os acontecimentos tinham o caráter brusco e imprevisível dos sonhos), topamos com duas coristas americanas do recém-inaugurado Hotel Capri: eram altas, uma loira, a outra ruiva, com longas pernas que pareciam lhes sair das axilas, e com bocas e olhos bonitos de tão bem pintados, ou talvez bem pintados por serem tão bonitos. No entanto, com a mesma celeridade, as duas modelos se reduziram a uma só, que seguia entre mim e Jesse. Já era noite quando a levamos para tomar uma sopa chinesa no Mercado Único (e eu nem sequer tive uma lembrança dessa época de minha vida, época ruim, em que moramos num quarto diante do mercado e aquela zona era meu bairro) e depois insistimos em levá-la *the way to Hemingway*, e este caminho de Hemingway era nada menos do que Cojimar, a praia e o vilarejo, que íamos mostrar para a nossa corista transformada em turista (não me lembro por que razão ela não trabalhava naquela noite).

Ela me olhou e disse, com espanto, como se falasse com um astrônomo que acaba de revelar que às vezes olha para o céu de noite:

— *Do you know Hemingway?*

Tive de lhe dizer:

— *Do I know Hemingway?*

Ela sorriu. Era um sorriso leve, apenas um esgar em sua boca.

— *You know Hemingway?*

Não parei de olhar para ela, mas dessa vez disse sem pestanejar:

— *Do I know Hemingway?*

As comissuras de seus lábios se distenderam ainda mais:

— *You know Hemingway.*

Vi seus olhos brilharem na noite, soube que deviam brilhar ainda mais de dia (afinal de contas, era noite), e isso me incentivou:

— *Do I know Hemingway?*

Ia lhe dizer que da primeira vez que vi Hemingway ele estava descendo aquele trecho de rua sem nome, *the street with no name*, que fica entre o Centro Asturiano e a Manzana de Gómez, com suas polidas pedras azuis. Hemingway não era Hemingway, mas um homem grande, vermelho como um camarão cozido, que caminhava vestido como um turista, usando sapatos baixos, não sandálias (um homem tão viril não ia alimentar os preconceitos havaneses contra quem usa sandálias. O próprio Cristo teria sido acusado de pederasta: Ecce Homo), e no entanto usava um short comprido, *bermuda short trunks* devia ser seu nome, que, com as meias compridas, transformavam suas pernas num bloco de músculos com panturrilhas salientes e coxas protuberantes. Usava uma espécie de pulôver solto e listrado, como se fosse metade homem, metade zebra. Tinha os longos braços tão musculosos quanto as pernas, e bem peludos. Por entre o decote do pulôver também sobressaía a penugem espessa do peito. Não usava barba e sua cabeça parecia enorme. Apesar das meias altas e do short comprido, o homem dava uma sensação definitiva de enormidade. Vendo-o descer em direção à praça de Albear pensei que fosse um turista à caça de cantinhos havaneses, como aquela pracinha com suas árvores altas e a estátua do engenheiro. A escultura era visível dos pés do monumento a José Martí no parque Central, onde a estátua, com o braço levantado, a mão no alto e um índice acusador, parecia apontar para o construtor do primeiro aqueduto de Havana. Os engraçadinhos diziam que na verdade Martí convocava Albear e lhe dizia: "Tome nota". Mas agora o visitante deixava a pracinha de lado e se encaminhava sem titubear ao Floridita, abria suas portas de vidro opaco e entrava como *Peter in his house*. Era um turista que procurava não a praça com uma pia em lugar de fonte, mas o oásis que, em vez de tâmaras, produzia daiquiris. Naquela ocasião eu não fazia a menor ideia de quem era Hemingway, o autor que em *Ter e não ter* pensou ter descoberto Havana e apenas descreveu essa pracinha para a qual agora não olhou nem de soslaio.

A próxima vez que vi Hemingway foi dentro do Floridita. Eu estava no balcão com Leandro Otro e Junior Doce. Leandro Otro, que sempre foi um entusiasta, disse-nos ao entrar:

— É aqui que o Hemingway vem tomar daiquiris. São feitos especialmente com suco de limão, rum e muito gelo, mas sem nada de açúcar. Quem sabe a gente o veja.

No balcão, pedimos o indicado: três daiquiris. Junior Doce e eu tomamos com açúcar, mas Leandro insistiu para que o dele fosse sem açúcar.

— Como o Hemingway — disse ao barman.

Tomamos mais três daiquiris e Leandro especificou novamente:

— O meu sem açúcar. Como o Hemingway.

Bebemos daiquiris com e sem açúcar o bastante para eu ficar tonto. Nunca estivera no Floridita, que era um bar, não uma bodega, com decoração moderna, talvez com art déco suficiente para justificar os espelhos negros atrás do balcão que não refletiam as fileiras de garrafas. Não era escuro porque luz suficiente se filtrava pelas amplas janelas com vidros opacos. Estava admirando a decoração, olhando através da porta, que não deixava a praça à vista, mas que recebia a luz do sol poente, quando vi o turista que descera pela rua inominada, com sua aura de fanfarrão que não tem inimigos naturais, só históricos. Apontei-o para Leandro.

— É o Hemingway! — exclamou. — Não acredito — e antes de terminar sua declaração incrédula já havia disparado em direção à mesa do canto na qual Hemingway estava.

Quando o vi estava olhando para a frente, mas agora escrevia num papel. Junior e eu tivemos que seguir Leandro: seu

184

entusiasmo era uma inércia que nos movia em sua esteira. Já estava diante da mesa quando o alcançamos. Hemingway continuou escrevendo e nem sequer levantou os olhos do papel. Usava uns óculos que pareciam os oculozinhos de costura de minha avó.

— Mr. Hemingway! — exultou Leandro. Mas só disse isso.

O escritor — era um homem que escrevia — levantou a vista e o olhou por sobre o aro de metal de seus óculos.

— Mr. Hemingway — disse novamente Leandro, que parecia prestes a acrescentar "Sou eu. Não me reconhece?". Havia tal veemência em sua voz, tanta admiração em seu semblante, que Hemingway lhe disse, teve que lhe dizer:

— *Yes?*

— Eu o admiro muito — disse Leandro em inglês. Isso era preciso reconhecer: para quem nunca esteve nos Estados Unidos, ele falava um inglês muito bom. É verdade que tinha estudado no Colegio Baldor, onde as aulas eram bilíngues, mas não tinha nenhum traço de sotaque cubano. — Faz tempo que eu queria conhecê-lo.

Hemingway tirou os óculos bem devagar, como se as hastes se enredassem em suas orelhas ou como se esse gesto fosse dolorido.

— Jovem — disse Hemingway com mais lentidão do que ao se livrar dos óculos —, não é porque uma pessoa está fazendo um ato privado num lugar público que essa atitude se torna necessariamente pública. Boa tarde.

Mas Leandro não se moveu, quem se moveu foi Hemingway. Levantou-se da mesa quase de um salto, rodeou-a e olhou para Junior Doce. Eu também olhei para Junior e vi que estava com o cenho franzido, que nele é um gesto passivo, mas que por alguma razão oculta manifesta uma agressividade potencial. Não tem como. Nunca conheci pessoa mais mansa do que Junior, e se seus seis pés e três polegadas parecem formidáveis em Cuba, certamente ele não podia ser uma ameaça para Hemingway, que agora, ao lado de Junior, não parecia muito mais baixo: talvez Junior fosse uma polegada ou duas mais alto do que ele. Sem dizer palavra, Hemingway levantou o braço com rapidez e disparou seu punho na direção da cara de Junior, mas Junior, que sempre foi um atleta natural, simplesmente moveu a cabeça para um lado e o soco de Hemingway passou do outro, sem tocar na cara de Junior nem em seu longo pescoço. Eu não sabia se estava mais espantado com o comportamento de Hemingway, tão desnecessariamente violento, ou com a habilidade de Junior para manobrar a situação com uma calma absoluta. Não só não fora tocado por Hemingway, como não respondeu ao ataque. Mais espantoso ainda do que aquilo foi o que Hemingway disse. Sorriu para Junior e falou:

— Ótimos reflexos. Devia ser boxeador.

Junior, sério como sempre, teve a última palavra:

— Obrigado. Não me interessa.

Hemingway voltou para a mesa, pôs os óculos anacrônicos e tratou de escrever. Nesse tempo todo eu não perdera Leandro de vista, mas agora o olhei e pude ver que todo o seu entusiasmo havia evaporado, ele mesmo tinha murchado, sua gordura perdida no desencanto. Voltamos para o balcão e pedimos três drinques. Dessa vez Leandro não insistiu para que seu daiquiri não tivesse açúcar. Mas quando fomos pagar tivemos uma surpresa. O garçom se recusou a aceitar nosso dinheiro.

— Já está tudo pago — e acrescentou, movendo a cabeça para um canto do bar: — O sr. Hemingway mandou que eu pusesse na conta dele tudo o que vocês consumissem.

Junior, altaneiro, sorriu — mas não para o garçom. Leandro voltou a recuperar seu peso específico ou atômico e parecia prestes a exclamar: "Esse é o cara!". Não lembro qual foi minha reação, mas deve ter se dirigido ao espanto que não me abando-

186

nara: onde Junior Doce adquirira esses reflexos de boxeador? Foi bom eu não ter insistido em ser o Menelau da inconstante Elena.

Voltei a ver Hemingway, inevitavelmente, acompanhado de Junior Doce e de Leandro Otro. Ao que parece, Leandro lhe telefonou depois do incidente no Floridita, e Hemingway não se desculpou — talvez pensasse que pagar a conta era desculpa suficiente, mas para mim isso não passava do vaivém do bêbado: agressivo ébrio, amoroso sóbrio —, mas o convidou para aparecer na chácara Vigía quando quisesse. Não precisava telefonar, bastava se apresentar à porta da casa (devia ter dito portal). Leandro decidiu que o convite não era dirigido somente a ele, talvez lembrando que fora Junior que impressionara Hemingway. Decidi ir porque a viagem a Santa María del Rosario era agradável no MG de Junior, embora estivesse um pouco espremido por Leandro, os dois à esquerda de Junior, com seu absurdo volante à direita. De onde ele tinha tirado essa esquisitice? Chegamos a um portão que ficava à esquerda, não à direita, como eu imaginara. Descemos, não sem certa dificuldade: mesmo para mim era difícil descer da miniatura do MG de Junior, e para Junior, com suas longas pernas que desapareciam no interior do carrinho, sair de entre alavancas, pedais e volante era uma proeza. Caminhamos até o portão, que mais parecia guardar um rancho do que uma chácara. Num dos lados, bem visível, vimos um cartaz. Como nós três sabíamos inglês, pudemos ler o aviso de que só convidados podiam entrar lá. Era uma saída diplomática para a entrada em sua casa. Os vizinhos, que deviam saber pouco inglês, não podiam sentir-se aludidos e, por outro lado, ao escrever o letreiro em inglês, ficava subentendido que só os que liam (e falavam, imagino) esse idioma eram capazes de entrar sem ser convidados. Além do quê, não existe palavra em espanhol para *gate-crasher*.

— Tem certeza de que fomos convidados, Leandrito?
— perguntou Junior, com o cenho franzido, e também usando o diminutivo que tanto lhe agradava e lhe caía tão bem: da altura de sua boca Leandro não podia ser menos do que Leandrito.

— Claro que sim — disse Leandro. — Ele disse claramente: "Venham quando quiserem". Referia-se a nós três.

Junior pareceu convencido, mas não deixou de franzir o sobrolho. Leandro levantou o laço metálico, quase uma argola de metal, que ligava o portão a um mourão lateral, e entramos. Teve a precaução de fechar novamente o portão atrás de nós. Começamos a subir uma encosta no alto da qual se via uma casa com uma torre ao lado. Não sabia por que chamavam a chácara de Vigía, se pela encosta, pela casa que ficava na encosta ou pela torre ao lado da casa. Era possível vigiar o bairro todo, San Francisco de Paulo inteiro, de qualquer uma das atalaias. De qualquer forma, ao subir vimos uma construção que não produzia relevo: era a piscina. Havia gente em volta dela, mas não estavam se banhando, e sim à sombra das árvores — fícus, jacarandás, talvez uma acácia importada? — ao redor da piscina. Hemingway não viu quando nos aproximamos porque estava observando o reflexo dos bambus e do álamo — eram isto: álamos — na piscina, mas quando percebeu era tarde demais e pela cara dele pudemos ver que pensou estar em decadência. Levantou-se de seu lugar à mesa onde um dia lhe apareceram dois negros em silêncio, um deles era muito grande e tinha uma cara que ele nunca esqueceria. Ao mesmo tempo, da casa-chácara saiu outro negro, não muito alto, com uma cara inesquecível, de tão boa. Leandro, que não vira Hemingway, disse:

— Esse é o René. É o mordomo-cozinheiro-valete do Hemingway — e parecia pronto para gritar "Ei, René, sou eu, o Leandro", quando, talvez, lembrou que ele não poderia reconhecê-lo porque não o conhecia.

René se aproximou de nós movendo a cabeça negativamente, dessa forma que só os negros que são realmente negros conseguem fazer, com um misto de incredulidade e zombaria. Estava quase do nosso lado, mas mesmo descendo a encosta não chegava nem no ombro de Junior. Ia falar alguma coisa quando uma voz disse:

— Deixe, René. São amigos meus. Bem-vindos, amigos.

Hemingway tinha uma voz que parecia demasiado metálica, sem sotaque nova-iorquino, mas tampouco de Chicago, talvez influenciada pela pronúncia de Ezra Pound, deixando todos os gês finais, deixando cair alguns ditongos. Mas agora, falando espanhol por um momento, surpreendeu-me que soubesse tão pouco de espanhol, que seu sotaque americano fosse tão denso, que sua voz se tornasse grave com a pastosidade de má pronúncia.

— Mr. Hemingway! — disse Leandro, exclamatório, como se nunca tivesse visto o escritor, estendendo a mão. — O senhor se lembra de nós?

Ao que parece, Leandro não ouvira o que Hemingway acabara de dizer em espanhol, ou talvez esperasse que o dissesse em inglês para dar-lhe certificado de identidade.

— Nós somos os rapazes do Floridita.

— Lembro sim — disse Hemingway, que era homem de poucas palavras e muitos palavrões. Mas dessa vez não usou nenhum. Palavrão, quero dizer, mas apertou a mão, talvez úmida, de Leandro sem muito entusiasmo.

— Como o senhor nos convidou, resolvemos visitá-lo.

A conversa era monopolizada por Leandro, enquanto Junior, que tinha a mesma altura de Hemingway mesmo estando na descida, continuava com o cenho franzido, talvez pelo sol que havia ali no descampado da Vigía. Eu resolvi olhar para a piscina, e ajudado por minhas boas lentes, que se transformaram imediatamente em binóculos, vi uma mulher se levantar da cadeira diante de uma mesa e esticar seu corpo alto e esbelto. Usava uma calcinha preta, acetinada, que combinava com seu belo cabelo negro. Era muito branca, apesar do cabelo escuro, ou talvez por contrastar com a pele. Estava de perfil, e ao ver seu queixo bem moldado e seu nariz perfeito, soube quem era. Mas agora Hemingway falava com todos nós, então tive que me incluir na conversa.

— Olhem, rapazes, o negócio é o seguinte. Vocês são bem-vindos a minha casa a qualquer hora, mas agora tenho convidados, uns amigos americanos. Não vou poder dar atenção a eles e a vocês ao mesmo tempo. O que acham de voltar outro dia?

Junior continuava com o cenho franzido, mas Leandro estava encantado:

— Perfeito, perfeito, Mr. Hemingway. Voltaremos outro dia.

Hemingway nos fitou com seus olhos que piscavam sob o sol tanto quanto as sobrancelhas de Junior se franziam, e disse:

— Me alegro que compreendam. Boa sorte.

Mas antes de se virar e de voltar a seu *party* na piscina, disse a Junior:

— Ainda não se interessa por boxe, jovem?

— Não, não, senhor — disse Junior em rápida resposta, como se estivesse esperando essa pergunta o tempo todo. Saímos todos, Hemingway encosta acima e nós encosta abaixo, em direção ao portão e ao MG minúsculo. Quando voltávamos a Havana, eu disse:

— Viram quem estava almoçando na piscina?

Nem Junior nem Leandro, naturalmente, tinham visto nada.

— A Ava Gardner.

— Ava Gardner? — disse Junior sem perguntar, mas interessado, apreciador de belas mulheres, como eu soube por experiência num dia do passado, que na época ainda era futuro. Mas Leandro não tinha olhos nesse dia, só ouvidos para as palavras de Hemingway.

— O Mestre sempre tem hóspedes ao seu redor. Por que vocês acham que o chamam de *papá* e ele chama todas as mulheres de filhas, mesmo as mais velhas, como a Marlene Dietrich?

Foi tudo o que Leandro disse na viagem de volta — isso e a perspectiva de voltar à chácara Vigía, mas eu nunca voltei. No entanto, vi Hemingway novamente, dessa vez mais de perto, a uma luz mais reveladora do que aquela, em sua chácara, mais intimamente próximos do que no Floridita: enclausurado em seu iate, que ele se empenhava em chamar, por modéstia ou arte marinheira, de bote. Tinham começado a rodar *O velho e o mar* e iniciaram pelo que havia sido um ato do acaso: a pesca do grande peixe-espada, mostrando com essa caça obstinada que o livro tinha mais parentesco com *Moby Dick* do que seu autor gostaria de admitir. Hemingway saía todo dia, ao amanhecer, em seu barco, mas não ia sozinho como Santiago em seu bote — embora os dois estivessem igualmente salgados. A cada entardecer o iate regressava, batizado de *Pilar*, carregado de fotógrafos, técnicos e isso que em Hollywood se chama de diretor de segunda unidade, que é para o diretor o que Auguste Maquet era para Alexandre Dumas. Além disso, o iate parecia um inseto marinho, rodeado de antenas que saíam como exploradores para o oceano: eram varas de pescar e molinetes e carretilhas. O convite para uma dessas expedições marinheiras veio por um intermediário da *Carteles*, que havia combinado com o romancista uma reportagem a bordo durante um dia de pesca. Esse repórter, um admirador do mar visto das margens, que não sabia nadar e que possivelmente enjoaria em alto-mar, com a corrente do Golfo movendo os barcos a seu bel-prazer, que era sempre contrário à maré e às rotas de navegação, era eu.

Na noite anterior tive uma entrevista com o diretor da segunda unidade, que era um ator secundário chamado Don

Alvarado, embora seu verdadeiro nome fosse Joe Paige, que era, tinha que ser, seu segundo nome. Esse antigo *latin lover* era agora um homem calvo, mas ainda alto, que falava espanhol com sotaque americano e inglês com sotaque mexicano. Naquela noite, ele me explicou que até então não tinham tido sorte na caça do marlim, como se empenhava em chamar o que os pescadores cubanos chamam de *castero*: peixe-espada, para todos. Mas esperavam ter alguma sorte no dia seguinte. Minha presença a bordo seria a de uma testemunha desse momento culminante do cinema — corrigiu-se: "Do nosso filme". Aquele instante em que Santiago pesca seu grande peixe. Mas se por acaso o enorme marlim não fosse pego, ele achava que não devia ser a crônica de um fracasso, porque o homem pode ter um fracasso, mas jamais admitir a derrota. Eu pensava ter ouvido essas palavras antes, mas não lembrava onde: talvez num dos eloquentes filmes mudos de Don Alvarado. Depois dessa advertência — porque era uma advertência ao meu testemunho de repórter —, começou a falar do suor. Tinha uma curiosa teoria de que o suor não era causado pelo calor, mas pelos nervos. Ninguém sua por causa do sol, e sim por causa dos nervos.

— Você está suando agora?

Era noite, estávamos no quarto com ar-condicionado do hotel — e mesmo assim eu suava. As palmas de minhas mãos sempre suavam. Mas não ia mentir para ele.

— Minhas mãos estão suando.

Pareceu espantado.

— Está nervoso?

Não, eu não estava nervoso. Por que estaria? Disse-lhe isso. Pareceu extremamente contrariado, tanto como diante do império feminino devastador de Marlene Dietrich em *Mulher satânica*. Pensei que ele devia aplacar sua ansiedade.

— Deve ser a noite tropical.

— Não, em Hollywood temos noites tropicais e ninguém sua. Você já viu uma estrela suando? Não suam nem mesmo sob os holofotes.

Tive que admitir que as estrelas não suavam no cinema. Mas não o contradisse nesse lance das noites tropicais da Califórnia.

— Só suam quando estão nervosas — corrigiu-me. — Você deve estar um pouco nervoso.

O coitado do José Paige ou Joe Paige ou Don Alvarado parecia tão agitado que resolvi acalmá-lo.

— Sim — admiti —, confesso que estou um pouco nervoso.

— Está vendo? Eu sabia. É uma teoria que não falha.

Estava ficando tarde. Não para mim, mas para Paige. Levantei-me e ele fez o mesmo, mostrando sua altura, que não o levara ao estrelato em Hollywood (certamente era uma cabeça mais alto do que Valentino, e Ramón Navarro devia bater em seu ombro), mas pelo menos o distinguia em nossa reunião de gente baixa. Foi o som que rebaixou Don Alvarado a diretor de segunda unidade, não só o que ele disse, mas como disse:

— Bem, meu amigo, e amanhã vamos à caça do grande marlim!

Eu devia ter rido, mas esbocei o mais próximo de uma risada que consegui: sorri. Ele me estendeu a mão comprida. Eu lhe dei a minha úmida, sem dúvida pelos nervos de conhecer numa mesma noite Don Alvarado e empreender a caçada ao grande marlim. Digo numa noite porque é claro que não dormi. Para mim era mais fácil passar a noite acordado do que tentar me levantar às quatro da manhã: sempre encontro o amanhecer, os poucos que vi em minha vida, do lado da madrugada. Passei o restante da noite lendo *Terre des hommes*, pois se ia passar o dia no mar era simétrico ou perverso que passasse a noite no deserto. Imaculado como um santo beatificado, saí para o local do encontro com aquele que devia se chamar José Pagés para repassar as páginas de sua identidade mexicana. Antes de sair tomei um Dramin que tinha comprado naquela tarde, como exorcismo do enjoo. Cheguei ao hotel às quatro em ponto, deixando boquiabertos todos aqueles desarticulados técnicos americanos acostumados com a singular noção de tempo dos latinos.

— *Hey* — gritou-me um deles, enquanto carregava a picape com câmaras e lentes e tripés —, *you certainly got up early this morning*.

Ia lhe dizer que meu nome não era Pancho, mas preferi, como nas fotografias, sorrir para a objetiva. Na entrada do Hotel Nacional, sempre elegante, saído de outra época, iluminado pela luz da noite, estava Raúl García, que seria meu fotógrafo naquele dia. Passou a seu lado Joseph Pageia, e lamentei que não fosse José Calleja para cumprimentá-lo por sua projeção da fidelidade que dura além da traição, matando Hank Quinlan, possuidor de um *touch of evil*. Mas ele me disse: "Venha comigo no meu carro, ande", e voltava à tramoia do cinema, essa que não está atrás da tela nem do projetor.

— O meu fotógrafo está comigo — disse-lhe, apontando para Raúl, que se aproximava.

— Pois ele que venha com a gente também.

Eu gostaria de tomar café da manhã antes de sair, mas tinha medo que o enjoo me revirasse o estômago cheio: só há um ato mais detestável do que vomitar, e é defecar. Para mim o vômito não é uma abominação como a merda — e no entanto há quem a entesoure.

Margeamos toda Havana, ainda adormecida, pelo Malecón até o cais da Caballería e dali pela Alameda de Paula até Tallapiedra, por sobre o Elevado, enfiando concreto na sordidez imaterial de toda essa zona de Havana que eu detestava porque interrompia com feia novidade e a persistência de algumas fábricas, sem contar as chaminés da central elétrica, a visão histórica do castelo de Atares. Nosso destino era Cojimar, e depois de viajar pela estrada até Guanabacoa nos desviamos em direção ao porto escondido, que era mais uma enseada, onde havia começado o caminho de Santiago rumo à imortalidade pela captura casual de um peixe-espada enorme, que logo se transformou num peixe hediondo em seu bote remador. Não sei por que curiosa simetria a flotilha devia sair daquele cais para procurar um peixe muito menor do que o que esse mítico pescador cubano havia pegado, numa bateira e sem apetrechos. Quando chegamos, estava amanhecendo. No caminho tomei mais dois comprimidos de Dramin e quando pisei em terra estava firme, apesar do caminho que levava ao mar. Estacionado junto ao cais havia um carro, um Chrysler conversível, branco, com capota preta e estofamento vermelho. Dentro do carro havia duas pessoas, uma mulher miúda, loira, e um homem grisalho, de cabeça maciça e pescoço de touro. Não precisavam me dizer quem eram. O casal permanecia sentado olhando fixamente para a frente, embora na frente não houvesse nada para olhar, exceto a parede de uma espécie de choça com pretensões de armazém. Imaginei que estivessem falando de coisas íntimas, mas era um pouco pior. Hemingway, consciente de sua importância, não saíra do automóvel para esperar no cais como o resto da cambada. Talvez pensasse que se o vissem esperando isso o diminuiria. Se tem uma coisa que eu odeio são as pessoas conscientes de sua importância, sobretudo quando são importantes. Finalmente, ele deixou seu assento e saiu da carruagem.

— *Gentlemen* — disse: essa era uma palavra que ele adorava usar. Talvez fizesse dele, por reflexo, um *gentleman*. — *You are late*.

Paige, feito um pajem, desmanchou-se em explicações e receei que alguma tivesse a ver comigo, porque Hemingway se afastou dele e veio em minha direção.

— Quem são vocês? Não os conheço.

Continuava falando em inglês e depois, quando falou em espanhol com a tripulação do *Pilar*, seu sotaque era tão denso que deduzi que ele nunca falaria bem o espanhol e, o que é pior, nunca o falara bem. Como se viraria na Espanha, com seu sotaque tosco e sua pronúncia cubana abrindo caminho por entre a maranha de sua dicção? Deduzi que todo o seu conhecimento de touros e toureiros era de segunda mão. Quanto a *Por quem os sinos dobram*, era autoexplicativo: quem falava assim era John Donne exilado em Castela. *I spit in your mother's milk*. Do caralho — ou, talvez, carralho.

— Somos da *Carteles* — falei. — Acho que falaram com o senhor.

— Quem falou comigo?

— O diretor.

— Ninguém falou comigo.

— Então é melhor não irmos — comuniquei-lhe.

Não deixou que eu me movesse:

— Não, venham. Tem lugar pra mais dois no bote.

— Obrigado.

— *You're welcome*.

Então, acostumado ao *Not at all* do inglês da escola especial, pensei que ele estivesse me dando boas-vindas. Agora sei que estava dizendo apenas "Não há de quê".

— Sabe o que acontece? — disse-me ele, pondo um braço por cima de meus ombros. — Ninguém fala comigo. Chega esse pessoal de Hollywood pra fazer um filme com o meu livro, que não é um livro feito pro cinema (nenhum dos meus livros é pro cinema), sobre um velho pescador que captura um marlim enorme, e nenhum deles nunca viu um marlim na vida. Eu poderia apostar que nem sabem o que é um marlim. E tem mais, nem sequer conhecem a palavra. Pois eles vêm e querem pescar não só um marlim, mas um marlim gigante, e ainda por cima que seja fotogênico. Assim ficamos dias e dias saindo pro mar e não aparece marlim em nenhum lugar. Claro, o meu pescador não levou só sessenta e nove dias, e sim uma vida, pra pegar o seu peixe, e agora querem *an instant marlin*! É isso que acontece.

Estava espantado — o escritor parco e conciso era agora um velho tagarela, que mais parecia ter saído de *O tesouro de Sierra Madre* do que de *Os assassinos*. Mesmo assim, pensei no que Leandro diria se me visse agora, à luz escassa do amanhecer. Mas Hemingway concluiu:

— Você já esteve antes num bote em alto-mar?

— Não — confessei. Não ia mentir para ele.

— Vai ficar enjoado.

— Acho que não — falei, tocando com os dedos os comprimidos de Dramin em meu bolso.

— Bem, se você enjoar agora, não vai enjoar em alto-mar. *That's called sea legs.* Aposto que você nunca ouviu essa expressão antes.

— Não, nunca — admiti, mas disse: — Vou procurar no dicionário. — Ele riu. Não era um sorriso, era um esgar em meio à barba espessa.

— *You'll be all right.*

Com essa declaração, caminhou rápido até o iate no extremo do cais. Tive que reconhecer que, para quem se dava importância, ele se dava muito pouca importância. Raúl se uniu a mim, em silêncio, como fazem os fotógrafos, que são todos olhos. Caminhamos até o iate. Nosso diretor vinha por último, como se fosse um figurante. Deixei que subisse primeiro a *crew*, que não era a tripulação (já a bordo, aparentemente há algum tempo), mas a equipe de filmagem: cameraman, cinegrafista e todo esse pessoal que agora se empenhava em fixar a câmara no chão, como se estivessem se preparando para fotografar uma combinação de *Furacão* e *Motim a bordo*. Antes de subir, joguei mais dois comprimidos de Dramin na boca e engoli em seco. Quando pisei no convés foi com o impulso indeciso de Ismael com um pé e a confiança veterana de Starbuck, e embora tivesse certa tendência explicável para mancar, logo dominei meu espaço, aprendiz e mestre.

— *All on board?* — perguntou Hemingway, decidido, e quando alguém disse *"Yessir"*, ele acrescentou com voz de comando: — Vamos, Manolo.

Manolo, evidentemente o piloto (eu pensava que num iate de Hemingway não haveria mestre a bordo), ligou o motor, que fez um barulho meio falho, voltou a ligar e então ele pegou. Ouvi aquele rumor contínuo, mas com uma mordaça líquida, que é característica dos postos de gasolina e dos iates. Pensei que não existem dois tipos de motores que soem da mesma forma nas máquinas que impulsionam: uma moto, um carro, um avião. Todos esses motores têm um som diferente. O de nosso barco era um murmúrio mole. Alguém soltou as amarras e nos afastamos pouco a pouco da costa. Em breve a enseada se tornava mais ampla, ao passo que Cojimar ia diminuindo, deixada para trás como a esteira. O sol já tinha saído quando entramos nisso que os pescadores chamam de mar. Houve um movimento a bordo e os membros da equipe, não a tripulação, começaram a abrir caixas de metal e a destampar garrafas térmicas. Logo depois percebi que estavam preparando o café da manhã. Um dos camareiros — estávamos em meio a cameramen, operadores de câmara e camareiros — se aproximou de Hemingway e perguntou o que ele queria de café da manhã.

— Suco de laranja, ovos fritos com bacon, croissants e café com leite. Mas não se preocupe em me servir, que eu tenho tudo aqui comigo.

O garçom ficou todo confuso, até que Hemingway tirou de baixo de seu assento, que dominava a cabine, o timão e a vista defronte, uma garrafa, abriu-a e bebeu diretamente do gargalo um longo trago.

— Vodca — explicou Hemingway ao garçom. — *The complete breakfast.*

O garçom sorriu, compreensivo, e se dirigiu a mim, que estava de través, mas perto de Hemingway.

— Café da manhã, senhor?

Eu não ia arriscar a estabilidade de meu corpo com a instabilidade de meu estômago. Disse que não, mas ele ficou esperando. Por fim, percebi que esperava que eu pegasse uma garrafa de rum, tomasse uma golada e o proclamasse como o café da manhã ideal. Agora Hemingway olhava para mim, meio de perfil, escrutando, enviesado. Os dois, garçom e capitão, esperavam uma explicação minha.

— Nunca tomo café da manhã — falei.

— *Good for you* — disse Hemingway. — *Breakfast is bad for lunch.*

Eu ri. Ou melhor, sorri, porque temia que de um momento para outro ele me oferecesse seu café da manhã de escritor. Mas felizmente ele segurava a garrafa de vodca como se quisesse protegê-la do mareio, agora que o iate dava solavancos ao bater de frente nas ondas. Foi então que me dei conta de que já estávamos em alto-mar. Ao meu redor todo mundo tomava café, alguns solidamente, outros só líquidos, Hemingway sua vodca pura. Joguei dois comprimidos na boca e engoli em seco. Raúl veio até mim, com um pão numa das mãos e um copo de papel com café na outra, sua Rolleiflex pendurada no pescoço. Sentou-se a meu lado e, adotando um tom conspiratório que teria sido mais adequado a bordo do *Bounty* do que do *Pilar*, sussurrou em meu ouvido:

— Você acha que tiro uma foto do velho agora?

Falava comigo mas olhava para outro lado. Seu olhar se dirigia diretamente a Hemingway, que agora tomava seus tragos largos.

— Enlouqueceu? — falei.

— Não, pensei que seria interessante. *Candid camera*, você sabe.

— Quer ganhar vinte chicotadas?

Ele me olhou para ver se eu falava sério. Eu falava sério.

— Enlouqueceu... Vinte chicotadas! Onde pensa que estamos?

— A bordo do *Pilar* e, a bordo, a autoridade é o capitão. Ele tanto pode casá-lo quanto prendê-lo e mandar açoitá-lo.

Raúl não acreditava em mim e demonstrou isso resmungando e afastando o rosto.

— Bem, vá em frente, se não acredita em mim. Tire a foto, que de repente só te lançam pela borda com câmara e tudo. Dê graças por não poderem te fazer andar na prancha.

Raúl não disse nada, levantou-se e saiu, mas era evidente que tinha acreditado. Foi bom eu não ter dito que poderiam pendurá-lo no mastro da mezena.

Às dez da manhã nada havia mudado, exceto o vento norte. Hemingway ainda segurava a garrafa de vodca, mas eu não saberia dizer se ele a protegia do vento, de si mesmo ou se apenas se protegia dela, porque estava bem vazia. Talvez tivesse um restinho, pois a vodca é menos visível do que a água do mar, que é azul — só que agora a água do mar não estava azul, mas arroxeada. Foi assim que eu soube que estávamos navegando a corrente do Golfo. Para notar que a garrafa de vodca estava vazia não precisei me mover, mas para ver a corrente do Golfo tive que ficar de pé, um pé cuidadoso diante do outro, para não escorregar no convés, caminhando lentamente, cuidadosamente, porque não queria acordar o capitão de seu sonho de leões na praia ou de leprosos na neve. Caminhei até o convés descoberto, onde dois pescadores, evidentemente profissionais, cuidavam das longas varas, seu extremo inserido em suportes das cadeiras giratórias, como secretários ao ar livre, seus corpos presos por cinturões a seus assentos, agarrando as varas com as duas mãos, à espera de que aquele peixe-espada ideal a que estávamos destinados fisgasse o anzol — ou talvez o contrário: aquele peixe que tinha um encontro conosco num ponto exato do oceano. De repente uma voz disse atrás de mim:

— A corrente do Golfo é a última terra virgem!

Era Hemingway que saíra de seu assento e de seu estupor e caminhava da cabine para o convés com passo seguro. Sua voz era firme. Não havia um único sinal da garrafa de vodca que fora completamente bebida. Todos olharam para ele, menos o piloto, que continuava olhando para a frente, atento a cada onda.

— Quando perdemos a costa de vista, estamos mais sozinhos do que em qualquer caçada.

Passado o espanto de vê-lo sóbrio, reparei que ele chamara o mar de terra. Uma contradição em termos portuguesa, sem dúvida. Nesse momento, saiu do interior do barco uma mulher que eu quase tinha esquecido, loira de cabelo curto, miúda, sorridente.

— Ah! — disse Hemingway, como se a descobrisse. — *Miss Mary's here! Gentlemen*, apresento-lhes Miss Mary.

Ela sorriu ainda mais timidamente, embora se visse que era uma timidez social e não física. Hemingway a abraçou, e ela pareceu menor ainda entre seus braços peludos. Mas o abraço foi momentâneo. Hemingway a soltou, afastou-se dela e bradou, como se quisesse que todos ouvissem:

— *Number one!*

Eu pensava que ele estivesse proclamando seu predomínio, mas depois de sua declaração ele foi até o convés e, abrindo caminho por entre fios de câmaras e linhas de pesca, encostou-se na borda e começou a abrir a braguilha. Todos os seus homens, que cuidavam dos apetrechos de pesca, viraram o rosto, mas os assistentes de câmera, os operadores de câmera, o cameraman e mesmo Joe Paige pareceram, por um momento, voyeurs masculinos, até que perceberam que Hemingway estava urinando sobre a borda. Ao terminar, ainda fechando a braguilha, ele se virou e disse:

— Mijar no mar. *It's just like the opposite of ashes to ashes. Water to the waters.*

Paige sorriu, não sei se satisfeito porque Hemingway estava olhando para ele ou porque tinha gostado da piada, que para mim pareceu contrária ao primitivismo exibido por seu autor. Mas Paige, apesar de estar dominado pela presença de Hemingway, não conseguiu se reprimir e expressou sua obsessão:

— Vamos pegar o marlim hoje, sr. Hemingway, o que acha?

Hemingway olhou para ele como se notasse pela primeira vez aquela peça de museu das figuras de celuloide.

— Que tipo de marlim você quer? — Mas era evidente que não se tratava de uma pergunta. — Um marlim-branco, um marlim-listrado ou um marlim-preto? O marlim-branco nunca pesa mais do que cento e cinquenta libras e alguns chegam a pesar só vinte e cinco libras. Os marlins-listrados são maiores mas são pescados por suas ovas, embora os pescadores cubanos digam que todos os marlins-listrados são machos. Ao mesmo tempo, dizem que todos os marlins-pretos são fêmeas. O fato é que são grandes, com a cabeça disforme, uns peixes pretos enormes. Mas talvez você deseje um marlim-azul para a sua câmara colorida. Esses podem ser gigantes, mas creio que são uma variedade azul do marlim-branco. Em todo caso, o que você quer é um marlim que saia bem na foto, que seja tão grande quanto uma baleia e tão dócil quanto o Rintintim. Não é?

Paige não sabia se uma das tarefas do diretor da segunda unidade era contemplar (nos dois sentidos da palavra) o autor do livro em que se baseava o futuro filme ou o atual capitão do barco em que se filmaria sua cena crucial. Diplomata por temperamento, ou talvez por estar há muitos anos em Hollywood, entre estrelas malcriadas, diretores autoritários e produtores perante os quais os diretores eram meros aprendizes de tirano, ia responder de forma conciliadora quando Mary Hemingway, sorrindo compreensiva, disse a seu marido:

— Tão singular quanto o peixe do Santiago.

Mas Paige não só deu uma bola fora como pisou feio na bola.

— Quem é Santiago?

Hemingway o fitou como se, de repente, tivesse subido a bordo William Faulkner em pessoa — ou talvez fosse mais acertado dizer Darryl Zanuck. Não disse nada, mas sua fúria foi aumentando, como se crescesse com as ondas que agora nos sacudiam como os intrusos no Golfo que nós éramos. Diante daquele olhar, o capitão Bligh parecia tão doce quanto Keats, e o próprio Ahab se transformava numa versão capenga de Ismael. Ninguém dizia nada e decidi experimentar minhas pernas no convés, movendo primeiro a que estava mais pregada no chão pelo Dramin. Consegui desgrudá-la das tábuas e adiantá-la até a zona borrascosa e silente. Liberei a outra e meus passos, embora silentes, tinham a solidez do andar do monstro de Frankenstein ao experimentar suas pernas — nesse caso, marinhas. Miss Mary, como Hemingway exigia que chamassem sua mulher, que era tudo menos uma miss, numa espécie de caricatura do cavalheiro sulino, não fazia nada nem dizia nada, como se tivesse mais medo de Hemingway do que do mar proceloso. Paige não dizia nada, mas não acredito que estivesse temeroso — pelo menos é o que ele demonstraria alguns segundos mais tarde. Finalmente

Hemingway bufou, não como uma baleia, mas como um touro num touril, e disse, furioso:

— *You, Hollywood people! You certainly know how to bring out the worst in me!*

Dito isso, afastou-se da borda e caminhou rapidamente até a cabine, pisando firme, sem que o balanço da embarcação o perturbasse, como se estivesse entupido de Dramin e não de vodca. Mas o coitado do Paige ficou no convés, com uma cara limpa, mas vidrada de espanto:

— O que houve? O que ele disse? O que eu fiz?

Mary Hemingway interveio:

— Não se preocupe, Mr. Paige — ela se lembrava de seu nome. Sempre me maravilhou a facilidade dos americanos para guardar nomes próprios alheios. Parecia, mais do que um dever social, uma prática mnemônica. — Ele está aborrecido porque não conseguimos pegar o marlim. É difícil pegar um bom marlim, imagine um marlim espetacular.

— Estou vendo que é difícil, estou vendo.

— Falta o Grande Merlin pra pegar um marlim.

Todo mundo se virou para mim: era eu que havia falado. Como me atrevera a isso? Nunca soube explicar, mas Miss Mary sorriu, mais como dona de iate do que como amadora. Pepe Paige levantou ainda mais as sobrancelhas e abriu os olhos, perplexo. Raúl, que não teria conseguido distinguir Merlin de Martín ou de marlim, uniu-se a mim, solidário. O cameraman, talvez chamado Tutwiler (sempre tenho dificuldade para guardar nomes próprios), não prestou mais atenção na conversa. Então Hemingway se foi com sua santa fúria contra Hollywood *marching in* para o interior da cabine, secundar o timoneiro, para quem ele era um deus do mar, barbudo, formidável e irado: Netuno é meu copiloto. Graças a Zeus, que manda mais do que todos, Manolo anunciou o almoço. Fomos todos encontrá-lo. Era, evidentemente, carne refrigerada, mas pelo menos não era carne enlatada: era apetitoso, mas gourmet. Além da carne havia pão do lado, em pratos de papelão. Agradeci por não encontrar peixe-espada em nenhuma parte do cardápio: teria sido tautológico comer peixe no mar. Mas teria sido o milagre do peixe e do pão: não havia *castero* nem marlim para fisgar nesse dia. Estávamos definitivamente azarados.

Depois do almoço, Hemingway saiu de algum lugar entre o piloto e o mar azul com outra garrafa de vodca na mão. Levantou-a no ar, descreveu um arco sobre nós, como se nos abençoasse, e disse:

— Saúde e dinheiro!

Mary Hemingway se aproximou e falou com ele em voz baixa. Pensei que lhe desse conselhos sobre o fato de ele talvez estar bebendo demais, mas Hemingway falou para nós:

— *Gentlemen, Number One for Miss Mary, please.*

Mary Hemingway se afastou do marido e caminhou até o convés. Foi difícil para mim entender como ela ia urinar por sobre a borda com sua calça comprida e mais difícil ainda saber como ia tirá-la. Foi impossível olhar em sua direção, só ouvi, em meio ao rumor do mar, os ruídos de passos da tripulação e a camarilha cinematográfica abandonando suas posições e entrando na cabine. Momentos depois Mary Hemingway voltou a se reunir conosco, parecendo tão impecável quanto antes. Hemingway voltou a falar para a ralé a bordo:

— *Announcement, announcement: it's siesta time.*

Todo mundo entendeu que devia se acomodar de través nos bancos do iate, não muito macios. Mas descobri que não ia demorar a dormir. O ritmo preciso do iate — uma descida, um salto, um mergulho — ajudava o sono. Além disso, tinha passado a noite em claro.

Quando acordei, todos estavam em seus postos: os pescadores com suas varas, o cameraman, o operador de câmera e o diretor de fotografia estavam ao redor da câmera e Raúl tirava fotos inúteis do oceano: não há nada mais parecido com uma onda do que a seguinte. Só Paige não estava dirigindo sua segunda unidade, que mais parecia uma terceira desunião. Agora estava sentado à minha frente enquanto Hemingway, ainda bebendo vodca como se a sesta fosse só para sóbrios, enfrentava-o. Mary Hemingway não estava à vista. Imaginei que estivesse dormindo em seu camarote: devia haver um lá embaixo. Ou havia ali somente o mar? Hemingway submetia Paige a uma espécie de terceiro grau degradado. É evidente que não esquecera a gafe que havia apagado seu personagem do mapa literário.

— O que vocês vão fazer com tudo o que for filmado aqui?

— Vamos usar tudo. Grande parte do material servirá pra *days for nights*.

— *What the hell is that?* — perguntou Hemingway, que, era evidente, não sabia nada sobre nomenclatura de cinema.

— Noite americana. Cenas filmadas de dia com um filtro pra depois parecer que era noite.

— E pra que serve isso?

— Pras cenas noturnas do pescador. Há cenas que se passam de noite.

— Vai dizer isso pra mim? O velho se manteve junto de seu peixe um dia e uma noite e outro dia e outra noite enquanto o peixe nadava no fundo e puxava o bote. Quando emergiu, o velho manobrou sobre ele e o arpoou. Amarrou-o do lado do bote e vieram os tubarões. O velho, sozinho no Golfo, atacou-os com um remo até que ficou exausto e os tubarões comeram o que puderam do peixe-espada. Dois dias depois foi recolhido por pescadores e só restava metade do marlim, e essa metade pesava oitocentas libras. O velho estava chorando em seu bote quando os pescadores o resgataram, meio louco pela perda, e os tubarões ainda davam voltas em torno do bote.

— Esse é o Santiago — disse Paige, com certo ar de triunfo.

Hemingway olhou-o atravessado e antes de responder decidiu pôr na boca o gargalo da garrafa e beber mais vodca.

— Não, *siree*. Esse é o verdadeiro herói, o pescador da vida real. Santiago é o pescador do meu romance.

— Ah — disse Paige, como se compreendesse ou estivesse aliviado, ou embaraçado. Suava copiosamente. Apesar da brisa do Golfo que entrava pelas janelas, eu via as pérolas de suor como orvalho marinho sobre sua testa. Então ele pegou um lenço de algum lugar de sua roupa tão impecável e limpou as palmas da mão. Ia lhe perguntar se estava suando por causa do calor ou de nervoso. Mas achei que seria cruel. Era como ajudar o carrasco a pôr a corda no pescoço e perguntar como a queria: se nó Ascot ou príncipe de Gales.

— Vai ser um grande filme, garanto — garantiu Paige a Hemingway. — Completamente fiel ao seu romance.

— Vai ser é um *Hamlet* sem o Príncipe.

— Como? — Paige não entendia nada nessa tarde, e eu me perguntava se havia entendido algum dia. Não atinava por que não fizera uma grande carreira como ator, obtuso que era.

— Vai ser o filme de um velho e seu peixe sem o peixe — disse Hemingway, didático. Esse era seu ponto fraco como escritor: explicava demais.

— Não, eu garanto que hoje vamos pegar o peixe. Estou sentindo aqui — e apunhalou a boca do estômago com um dedo.

— Isso pode ser enjoo — disse Hemingway, com sua característica crueldade: podia ser tão cruel com as pessoas quanto com os animais, e já se sabe o que era capaz de fazer com os animais. Decidi que era demais para mim: uma tourada ruim, levantei-me sem que se notasse minha ausência e dei a volta no convés. Decidi explorar a ponte do iate, que era da largura da cabine e estava protegida por uma balaustrada de metal polido.

Lá de cima dava para ver o mar como lá de baixo, só que do alto parecia haver mais oceano. Olhei ao longe, depois olhei para a esteira do iate e depois para os lados. Junto de nós vi umas flechas de prata que saíam do mar, mantinham-se no ar por vinte, trinta, até cinquenta metros, e entravam novamente no mar. Logo os identifiquei como peixes-voadores, que com sua velocidade, rapidez e a cor brilhante, pareciam os colibris do mar. Nunca os vira antes, porque não são visíveis do Malecón nem do mirante do mar, mas não tive dificuldade em reconhecê-los, vendo como suas barbatanas se transformavam em asas e voavam, às vezes rente ao mar, às vezes mais alto, e sempre pareciam capazes de manter seu voo por sobre as ondas e a maré, por cima do oceano, vencendo seu meio, conquistando o ar. Eu sabia que os peixes-voadores não voam sempre por puro prazer (esse gozo está nos olhos do espectador), mas porque fogem de outros peixes, que os caçam não por seu voo, mas por seu sabor. Pensei que talvez nosso peixe-espada não estivesse longe, perseguindo os peixes-voadores como nós o perseguíamos, uns aparecendo no ar, o outro se ocultando no mar. Olhei para trás e vi um peixe grande, quase enorme, que nadava junto ao iate, poderoso, incansável, mantendo-se ao nosso lado sem dificuldade. Era o peixe-espada! Embora sua cor não fosse o azul ideal, nem o branco desprezado nem o preto entediante, mas uma cor de café, quase tabaco, ou melhor, sépia, apontei-o com um grito para um dos pescadores, que olhou na direção do meu dedo, virou a cabeça e me disse, indiferente:

— *Galano.*

— Quê?

— Um tubarão. Vem atrás das nossas iscas. São um abacaxi.

O pescador voltou a seus afazeres, que era observar sua carretilha, e eu, decepcionado, olhei para o outro lado do iate — para descobrir um segundo *galano.* Fiquei tentado a dizer são dois, mas tive medo do ridículo diante da perícia pescadora e me calei. Logo depois a carretilha de um dos pescadores fez um ruído característico, uma espécie de guincho rápido que se detém subitamente, e houve animação no convés. O pescador começou a dar linha, mas logo travou a carretilha e cortou a linha. Hemingway saíra para o convés ao ouvir o barulho da carretilha, convencido, talvez, de que tínhamos fisgado nosso peixe-espada, ou talvez um marlim que se deixasse fotografar saltando sobre a superfície, projetando sua espada no ar, dando um giro espetacular de corpo inteiro e caindo no mar com um chape e um mergulho. Mas ao ver que seu pescador tinha cortado a linha, perguntou:

— O que houve?

— *Galano* — disse sucintamente o pescador, com certeza um homem com menos palavras do que o herói de Hemingway e quase com tanto azar.

— *Maldita sea!* — disse Hemingway em espanhol. Paige saiu de trás dele e atreveu-se a perguntar:

— O que houve?

— *Your fucking camera's spooking the fish away! That's what!*

Acho que Paige não falou mais nada a tarde toda. Ninguém falou. E mais, não aconteceu muita coisa mais no resto do dia, a não ser às quatro da tarde — hora em que começam as touradas da praça de Madri, na Monumental do México e na arena de Lima —, quando Hemingway gritou a plenos pulmões:

— *Number two!*

Correndo para o convés, todos os presentes abandonaram seu posto e não vi como Hemingway cagava no mar, como sua defecação contaminava a corrente do Golfo, como suas excreções execravam o oceano.

Logo depois demos meia-volta. Não sei como eu soube, pois essa é uma manobra difícil de precisar em alto-mar, mas barlaventeamos e iniciamos o caminho de volta. Ou seja, não havia outra saída senão regressar a Cojimar, já que a terra mais próxima era Cayo Hueso e para chegar lá seria preciso atravessar a corrente do Golfo, deixar para trás a cicatriz arroxeada e entrar em águas territoriais americanas. Se abandonamos a Faixa escura foi certamente para navegar nas águas azuis próximas à costa cubana. Antes do entardecer estávamos de volta à enseada de Cojimar, depois atracamos no velho cais e desembarcamos. Eu esperava que Mary Hemingway descesse primeiro, mas foi Hemingway quem pisou em terra ou cimento antes de todos. Era evidente que estava furioso, mas não consigo mesmo. O último a sair do iate foi José Paige, que era sem dúvida o inimigo mau para Hemingway, sua danação, seu pé-frio: o talismã invertido que impedira a captura do maior peixe-espada que jamais havia nadado nas águas do Golfo. Mas Hemingway me surpreendeu antes de entrar em seu carro, onde Miss Mary já estava sentada.

— De maneira que, no fim das contas, você não enjoou — afirmou, não perguntou.

— Não, graças a Deus — falei, e quase acrescentei, "e ao Dramin".

— Não acredito que tenha material suficiente pra uma reportagem — disse-me, enquanto um Raúl silencioso sentava-se a meu lado: um fotógrafo fala menos de mil palavras. — *No marlin, no pictures.*

— Ah, sim — disse eu. — Mas sempre dá pra fazer alguma coisa. Vou falar da vitória e do fracasso. Dos muitos fracassos que compõem uma vitória. Do homem e do mar.

Ele pareceu gostar disso:

— *Good!*

Mas acrescentou:

— Mande os meus cumprimentos ao Quevedo.

Não estava me remetendo ao Século de Ouro, à Espanha, ao século XVI; ele havia confundido o nome, o diretor e a revista. Era evidente que, desde o início, ele pensou que eu representasse a *Bohemia*, não a *Carteles*. Afinal de contas, a *Bohemia* tinha publicado *O velho e o mar* em espanhol antes de todos. Não corrigi seu erro não porque me julgasse enviado para as Ligas Menores. Simplesmente estava admirado de que não houvesse rastro de álcool nem em sua fala nem em seus movimentos. Sua dicção era precisa, a clara voz nasal do Meio-Oeste americano e seus pés fixos no chão, plantados como se estivessem pregados sem dor no asfalto, sustentavam suas pernas fortes e seu corpo robusto. Pensei que talvez a vodca fosse seu Dramin de terra firme.

A voz era americana, mas suave, doce, e os olhos azuis me fitavam entre incrédulos e divertidos:

— *Do you really know Hemingway?*

— Claro que sim, fofa. Como a palma da minha mão.

Jesse soltou uma gargalhada. A modelo ou corista ou o que quer que fosse olhou para Jesse e voltou a olhar para mim.

— *What did you say?*

Jesse interveio:

— *Darling, he said: "Of course I know Hemingway".*

— *Then why don't we go and pay him a visit. The three of us.*

— *A surprise party* — falei.

— Não — disse a moça. — *Just a visit.*

— *Let's go then* — disse Jesse.

— *Yes, let's* — disse a mamboleta. Nesse caso, a rock 'n' rolleta.

— *Let's take the way to Hemingway* — disse eu.

— *That's nice.*

— *Yeah* — disse Jesse. — *The way to Hemingway.*

— *That's nice* — disse a beldade como um templo. — *The way to Hemingway.*

Só que ela atribuiu o trocadilho a Jesse, quando eu é que o dissera. Acasos da pronúncia.

— Mas antes — disse eu —, um intervalo musical. — E cantei: — "A pasta Gravy tem delicioso sabor e deixa em suas tripas um farto esplendor".

A preciosa ridícula perguntou a Jesse, quando eu terminei:

— *What did he sing?*

— *A song* — disse Jesse.

— *A Chinese song* — disse eu.

— *What does he mean?* — perguntou ela.

— *He's proposing to take you to a restaurant.*

— *A Chinese restaurant* — disse eu.

— *It's a very good one* — disse Jesse.

— *Good but inexpensive.*

Ela me olhou. Fazia um tempo que não olhava para mim. Eu já estava sentindo falta de seus olhos exóticos.

— *Well, what are we waiting for?*

— *For your taxit approval and for a taxi* — disse eu.

— *What is he talking about?* — ela perguntou a Jesse, evidentemente transformado em meu intérprete.

— *I don't know* — disse Jesse —, *but it makes sense.*

— *It makes nonsense* — disse eu.

— *Yes it does* — disse ela. — *It really does. You two are crazy! Believe me! A crazy pair!*

— *Please consider us the Three Stooges.*

— *But I'll like you* — vaticinou ela. Nesse momento vinha um carro que podia ser ou não um táxi. Decidi determinar seu gênero com a mão.

Mas não chegamos a ir a Cojimar porque todos os jornais da noite noticiavam que um bando de revolucionários havia sequestrado Fangio, o primeiro piloto e a máxima atração. No próprio Mercado Único topamos com as manchetes dos jornais. O comentário de Jesse, repetido como um refrão — "A coisa tá preta, cara" —, era adequado para a situação: eu tentei me esquecer da política ao menos por um dia, mas eis que ela se intrometia de novo em minha vida. O resultado foi que nenhum de nós fez nada com a corista turista, conforme tínhamos combinado, de sorteá-la de alguma forma ou de deixar que ela demonstrasse sua preferência, e então a reintegramos a seu apartamento, que ficava no Malecón, esquina com o Paseo, num edifício novo onde ela dividia um apartamento com outras três coristas. A moça estava encantada com nossa galanteria e via-se que queria sair conosco novamente, quando propuséssemos, mas tudo terminou ali na porta do edifício.

Depois Jesse ficou pensando em como ia fazer seu trabalho se os objetos para o seu objetivo fotográfico continuavam desaparecendo, e a noite terminou com uma nota pessimista. Mas no outro dia começaram as corridas e lá fomos nós. Não estivemos presentes quando aconteceu um grande acidente com um carro que se desviou em direção ao público e matou nove espectadores, mas ficamos o dia todo dos boxes à pista e vice-versa. Assim, indo de táxi de uma parte do Malecón à outra, topamos com outra possível corista, parada como se esperasse um ônibus entre a Infanta e a San Lázaro, e paramos o táxi e descemos. Jesse, que apesar de sua indumentária, experiência e de ser o mais velho, na verdade era bem tímido, deixou que eu fizesse a aproximação. A corista ou modelo (de perto parecia mais uma modelo do que uma corista) era alta, loira, de grandes olhos azuis e muito bem vestida, com o cabelo preso por uma banda feita com um lenço. Primeiro falei em inglês, mas ela não pareceu entender e pensei que talvez fosse sueca ou dinamarquesa, embora eu só tivesse visto suecas e dinamarquesas no cinema ou em fotografias. Como cumprimentá-la em dinamarquês, por exemplo? Eis um problema em que não tínhamos pensado, e então continuei falando em inglês, até que ouvi uma voz muito popular, mas muito popular, meio do povão, que dizia:

— Ei, mas qual é a tua, cara?

A voz, estranhamente, saiu da corista ou modelo sueca ou dinamarquesa.

— Eu sou muito cubana, cem por cento — continuava dizendo a voz, que, embora mal-educada, não deixava de ser adequada àquela figura, baixa e profunda, a voz, não a figura.

Foi então que percebi que a modelo ou corista, mais modelo do que outra coisa, era havanesa, com um sotaque como o dos bairros de Luyanó ou Lawton Batista, e chamei Jesse, que se aproximou, e então falei:

— Ela é cubana.

— E bem cubana — disse a voz popular.

— Sim, claro — disse Jesse, como se soubesse disso desde sempre. — Você é modelo ou coisa parecida? — perguntou ele, com seu tom direto que passava por cima da timidez como se deslizasse sobre ela.

— Sim, eu sou modelo — disse a modelo, que não era mais corista nem sueca nem dinamarquesa, mas uma modelo cubana, apesar de seu aspecto nórdico, e disse: — O meu nome é Norka — para acentuar esse aspecto.

— Ele é fotógrafo da *Life* — disse eu, apresentando Jesse, que não se dignou, por sua vez, a me apresentar.

— Onde podemos ver você? — disse Jesse. — Quer dizer, outro dia, pra fazermos umas fotos.

— Podem me conseguir — ela falou assim, e não me contatar, como seria adequado para uma modelo com uma educação americana — com o Korda.

— Ccoomm qqquueemm? — dissemos nós dois, num duo ligeiramente excêntrico.

— Com o fotógrafo Korda. No seu estúdio — na verdade, ela pronunciou quase "etúdio" —, que fica em frente ao Hotel Capri. Agora preciso ir que o meu ônibus está chegando — e levantou a mão para parar o veículo, no qual desapareceu antes que nos recuperássemos do espanto.

— O fotógrafo Korda — disse Jesse, imitando a modelo. — Deve ser uma louca daquelas.

Concordei com Jesse.

— Mas vamos vê-lo, pra nos divertir um pouco.

— Sim, vamos — concordei —, amanhã ou depois.

— Quanto antes melhor — disse Jesse.

Continuamos caminhando em direção ao Malecón, onde as corridas prosseguiam.

A continuação desse dia descontínuo esteve em minha visita a Puntilla, o *dernier cri* em bairros da alta sociedade, à casa de Poppy e de sua irmã Mercy, que eram de Pinar del Río, apesar dos nomes, e onde fui por ter sido convidado por Poppy, por intermédio de meu amigo Silvio Rigor, que era *habitué* da casa dessas mulheres solteiras que procuravam namorados por toda parte. Para combinar com Jesse, completei meu vestuário esportivo (em vez do paletó e da gravata habituais, usava camisa aberta e uma calça que queria ser *slack*) com um boné flexível: eu achava que não havia nada mais esportivo do que aquela minha roupa. Fui tirado dessa ilusão pela moça que veio abrir a porta com um *o que você quer* que não era para receber amigos, e foi a intervenção oportuna de Mercy que me tirou do apuro: em vez de autista, acharam que eu era um motorista de táxi, nada mais ofensivo para um jornalista que queria ser tomado por escritor. Foi esse meu *début* na casa de Poppy e de Mercy, que não faziam parte, como Lavinia Ley, a mulher de Leandro, de meu círculo mais próximo. Mas fiquei boa parte da tarde naquela casa, principalmente porque Silvio Rigor chegou e começou a dar sua aula de piadas cultas, parafraseando Heidegger, por exemplo, com aquele "Por que o ser e não o nádega?", que se atreveu a cunhar na casa daquelas senhoritas da sociedade. Além disso, havia o aspecto espiritual: Mercy começou a tocar violão e a cantar uns boleros doces com sua vozinha rouca que davam vontade de comê-la, ainda que, como sua irmã, ela não tivesse um bom corpo, e sim um rosto lindo, trigueiro (sua irmã, ao contrário, era feia e loira) e tremendamente atraente para alguém como eu, que ama as raparigas em flor.

Depois Jesse Fernández e eu fizemos um dueto, íamos a muitos lugares juntos quando as corridas acabaram, devolveram Fangio e aquela pomposidade política desapareceu, para dar lugar à vida mais glamorosa das modelos e de seu mundo. Começamos por ir ao estúdio (leia-se *studio*) de Korda, que na realidade se chamava Alberto Díaz, mas que se deu esse nome, conforme me contou mais tarde, para parecer exótico e não deixar de lembrar a Kodak, e que não era, de jeito nenhum, o fotógrafo maricas que pensávamos que ele era, e sim um perigoso garanhão (como Silvio Rigor gostaria de descrevê-lo), que deixara de vender máquinas de escrever (ou um artigo parecido, talvez) para se dedicar à fotografia, coisa que ele decidiu assim sem mais nem menos num dia qualquer. Eu já o vira antes porque tínhamos ido, eu e meu irmão (havia um tempo que tínhamos feito as pazes), ver um MG anunciado num jornal e, justamente quando chegamos à garagem, Alberto Díaz (é preciso chamá-lo assim porque estava vestido de cubano, com seu chapeuzinho de palha e tudo o mais e acho que até com uma camisa *guayabera*) o estava levando por um preço muito bom, que eu, no entanto, não poderia ter pagado. Reconheci-o quando entramos no estúdio, Jesse e eu, mas não lhe disse nada, claro, e ficamos ouvindo seu relato, bem sérios, embora depois Jesse e eu rolássemos de rir com as pretensões de Alberto Korda, *né* Díaz (havia ou houve outro Korda no estúdio, mais velho do que Alberto, a quem se decidiu chamar de Korda, o Velho), mas tivemos que manter a compostura ao lembrar das gloriosas proporções de Norka, que era algo mais do que sua modelo — como ficou evidente nesse dia. (É preciso reconhecer os precursores e dizer que foi Germán Puig que descobriu Norka, quando ela provavelmente ainda não tinha esse nome, e a trouxe para o seu conhecido Alberto Korda porque se conheciam da publicidade, profissão que ambos exerciam. Nessa época Germán Puig não morava mais em Cuba, mas na Espanha, e nossa amizade não era mais o que fora nos dias gloriosos do Cine Club de La Habana e depois da Cinemateca de Cuba para se transformar, então, quase em inimizade, e foi assim que eu não conheci Norka antes que Korda pusesse em cima dela seus olhos maliciosos e suas mãos peludas. Agora só me restava admirar sua beleza nórdica e contrastá-la com os sons vulgares que saíam de sua boca e ver que uma e outros, em vez de incongruentes, eram similares, e ambos lhe caíam muitíssimo bem.) Para Korda, a presença de Jesse Fernández foi fatal, pois o convenceu de vez que o equipamento de fotógrafo quem usava era Jesse, desde as três câmeras no pescoço até a calça estreita — eram chamadas de cowboy quando quase ninguém se atrevia a usá-las em Cuba — e os sapatos de camurça, ou melhor, de pele interior ou suede, palavras que, da mesma forma, ninguém usava em Cuba naquela época. Assim desapareceram a *guayabera* e o chapéu de palha e se acentuou o MG, carrinho que ficaria imortalizado para sempre na capa de um disco de Beny Moré, intitulado *Que llegó el Bárbaro* e que ainda conservo daqueles anos em que descobri tantas coisas, tanto que estas páginas deveriam ter por título os anos de aprendizado, e nenhum outro.

Jesse e eu nos concentramos para fazer a reportagem sobre Alicia Alonso (na época a *prima ballerina* era patrocinada pela Polar, a cerveja do povo, e o povo nunca se engana, como depois se deixaria enganar por um governo ainda por vir) e fomos até sua casa, que era um apartamento duplex na rua L, e lá vimos como ela vivia ou fingia viver, porque na realidade tal concentração para fazer uma coisa, a dança, era quase uma vida artificial, ou talvez inventada para o fotógrafo — e assim assistimos a sua sessão de pedicure, em que o manicuro (ou melhor, a manicure) se concentrava ao redor de uns calos monstruosos que, segundo a bailarina, eram essenciais para o balé. Também a ouvimos falar com muita fluência do Equity, ou sindicato de atores e artistas americanos, e pudemos comprovar seus conhecimentos da vida teatral (ou do balé) de Nova York. Depois fomos até sua academia de balé, onde umas maravilhas intocáveis (há algo, como uma pátina assexual, que torna impenetráveis, em todos os sentidos, as bailarinas) faziam exercícios, acompanhadas por uns poucos rapazes em poses delicadas, e aqui Alicia Alonso e seu marido Fernando — que fazia às vezes de seu *coach*, *manager* e conselheiro num espetáculo — se queixavam dos "preconceitos cubanos que não permitem que se dê aulas de balé a rapazes". (Depois Jesse, que ria tapando a boca, quase de perfil, dizia: "Preconceitos uma ova, pois saem todos umas bichonas!", o que, a julgar pelo que vimos na academia, era a mais pura verdade.) As bailarinas e bailarinazinhas (estas mais do que aquelas) se exibiam com um olhar guloso em seus suados *leotards*, palavra que aprendi naqueles dias, algumas descansando jogadas no chão e com as pernas (ainda deliciosas: nem um pouco deformadas pelos duros exercícios do balé) contra a parede e deitadas de costas. Precisávamos sair dali antes que fôssemos tomados por um frenesi sexual, apesar da indiferença que todas mostravam para tudo que não fosse a dança e a idolatria a Alicia, que devia era se chamar Adoração Alonso.

Depois, outro dia, fomos vê-la (e fotografá-la) enquanto ela era atendida por seu oftalmologista particular, que morava na rua de San Lázaro. Lá, na caverna do oculista, onde letras luminosas substituem as revelações eleusinas, soubemos que Alicia Alonso estava pouco a pouco ficando cega, que passara por várias cirurgias para corrigir descolamentos de retina e outros problemas similares, mas com nomes diferentes e mais complicados. Nada era menos recomendável do que os duros exercícios do balé (foi ali, naqueles dias, que descobri que bailarinos na verdade eram ginastas com música de fundo) para a sua visão cada vez mais pobre. Tudo parecia se animar para ser até uma *story* de *Life*, mas tanta falsidade aparente era pura e simplesmente a realidade. Depois, outro dia, fomos com Alicia e Fernando Alonso a Matanzas, para presenciar os exercícios de graduação das bailarinazinhas (havia algumas maravilhas que, mais do que ninfetas, eram impúberes, mas com corpos deliciosos) de um colégio particular, e nada, entre os delicados arabescos de braços lânguidos e pernas erguidas, era mais distante da visão diária da revista e da atmosfera política que se vivia ali, com a presença constante do censor — nada mais distante da revolta, dos rebeldes, da Revolução do que aqueles dias passados com Alicia Alonso servindo de modelo para Jesse, que fazia as poses mais extraordinárias (dublê de balé) para manejar suas triplas câmeras, que faziam clic e fixavam o momento fugaz para a eternidade mais ou menos duradoura de uma foto.

Na volta de Matanzas, já em Havana, na cidade, bem atrás do cine Astral, nosso carro se chocou violentamente com um carro de praça que subia a rua a toda a velocidade. Alicia Alonso foi sacudida e jogada de um extremo ao outro do carro, e quando descemos para repreender o motorista, não pôde haver choque maior (muito maior do que o que acabara de ocorrer) do que a pinta e o linguajar do motorista do táxi, contrastando com a urbanidade, ainda que ofendida, de Fernando Alonso, que dividia seu tempo entre atender a mulher e o possível ferimento (que não recebera) interno em seus olhos e repreender o motorista culpado, que não admitia a culpa e dizia apenas "Eu venho pela minha mão, a direita!", e eu (enquanto Jesse fotografava a cena) contemplava à parte aquele jogo de contrastes entre os artistas e o povo cubano — representado, sem dúvida, pelo motorista e sua linguagem havanesa —, que quanto mais os aproximava, mais os afastava. Finalmente, entre os ais de Alicia e as broncas de Fernando Alonso, foi embora o motorista culpado ou inocente (já não sei o que ou quem teve a culpa na batida, mais do que de carros, de estilos, de vidas) rua acima, rumo a seu possível destino — e nós seguimos nosso caminho, lamentando o azar ou o infeliz acaso que nos fizera cruzar com um grosso daqueles em nosso caminho.

E toca contar as relações familiares, as discussões à meia-voz ou mais ou menos contidas entre Alicia e sua filha, que já era uma mulher, mais parecida com Fernando do que com Alicia, que foram o prólogo para a fuga da moça com o namorado, um bailarino que talvez seguisse a tradição de Fernando e Alberto Alonso e era heterossexual. Ou a conversa entre Alicia e sua mãe, que morava num apartamento na rua 17 que era o epítome da casa burguesa cubana que não liga para o calor e se enfeita com tapetes e cortinas de espesso cretone ouro, onde transcorreram as horas entre futilidades ("Alicia sempre quis ser bailarina") e verdades ("Já não se pode viver em Cuba, filhinho, com tanta revolta") da burguesia nacional.

A reportagem ou a *story* se completou com uma reunião entre Alicia e outros artistas cubanos (não menciono um para não ter que mencionar todos) que se reuniram na Bodeguita del

Medio, lugar de encontro da intelectualidade e da política cubanas, para comer e ouvir umas músicas cantadas por Carlos Puebla para, por exemplo, Masferrer, como depois as cantaria (com outra letra) para Camilo Cienfuegos, que ainda não era um herói mas um homem que ressoava, lá da Sierra, para ouvidos clandestinos. Desse almoço tardio de domingo restam as fotos (publicadas, efetivamente, na *Life en Español*, sem — felizmente — meu comentário verbal a esse testemunho gráfico).

Jesse ficou mais uns dias em Havana e aproveitamos para visitar Wifredo Lam, o pintor, que morava numa casa defronte ao acampamento militar de Columbia e que Jesse conhecia muito bem, e eu, não muito. Quando chegamos, ele queimava alguns de seus quadros no pátio, segundo ele, para seguir o exemplo de André Breton, destruindo a própria criação; segundo Jesse, porque não estava satisfeito com o que havia pintado; e segundo eu mesmo, para aumentar o preço dos quadros restantes. Desse holocausto confuso salvei uma tela que o pintor, claro, não me deu de presente senão depois de perguntar: "Você acha mesmo que é boa?", e me chamando, como sempre, pelo nome de meu irmão, pegou-o entre as mãos e o contemplou à distância do braço estendido para dizer: "Sim, não é ruim. Vou vendê-lo para..." e aqui introduziu o nome de uma rica burguesa havanesa, para regozijo de Jesse, que tirava fotografias de tudo: da queima, da tela salva, do pintor, do salvador da tela, da tarde, do pátio e do varal coberto não de roupa estendida, mas de telas estendidas.

Depois veio uma representante da aristocracia nacional (acho que era neta do ilustre escritor, advogado, pesquisador do folclore, antropólogo e musicólogo Fernando Ortiz) que, enquanto falava com Lam, deixava cair os cabelos quase dourados de um lado e de outro dos ombros, para mostrar a perfeição de seu rosto: era para se apaixonar por ela se não existisse a distância que havia entre nós dois, que era de anos-luz sociais. Vinha comprar um quadro, mas não desdenhava os olhares, e o pintor mulato-chinês, discípulo de Picasso e glória nacional, que momentos antes estava se queixando de que haviam entrado em sua casa e tinham roubado o vaso sanitário, parou de se queixar para medir em telas e cédulas os possíveis quadros que a bela visitante necessitava para decorar sua casa: ou melhor, um pedaço de parede que ficava entre uma escada e um canto visível — e Jesse continuava tirando fotos, preservando para uma próxima posteridade aquele monumento, aquele momento da beleza crioula. Lamentei não ser um fotógrafo de palavras capazes de recriar à vontade tanta beleza. Mas não era eu o fotógrafo, e sim Jesse Fernández, e os testemunhos gráficos (como ele gostava de dizer nos jornais da época) daquele dia ainda andam por aí, embora eu nunca tenha encontrado a foto da beldade cubana. Antes de Jesse voltar para Nova York houve outra reunião, dessa vez com pintores e escultores, num luxuoso apartamento da avenida dos Presidentes, um *party*, imagino, para Wifredo Lam. Em todo caso, ele estava lá com sua mulher sueca e lá estavam também os artistas Mariano Rodríguez e Martínez Pedro e o escultor Lozano, e havia várias mulheres elegantes, que não eram as mulheres dos pintores (embora a esposa de Martínez Pedro, também estrangeira, acho que alemã, fosse uma mulher muito atraente, com seu tipo nórdico) nem dos escultores, e se falou de tudo menos de política, o que é curioso, considerando que alguns desses artistas mais tarde se tornariam muito politizados, principalmente Wifredo Lam, que depois do roubo decidira ir embora de Cuba (disse isso a Jesse) e não voltar nunca mais. Naquela noite riram dele, de sua exótica cultura e sua mais exótica pronúncia, em que os zês e os esses iam todos no lugar indevido, como, por exemplo, pronunciando Zuécia.

Depois, apesar das risadinhas, falou dos perigos da penicilina e também de uns espécimes que não passavam de paraquedistas comuns e normais, afrancesados até se transformarem em parachutistas. No entanto, os quadros de Lam mostravam uma indubitável cultura, ainda que tendendo para a francesa, e quando sua segunda ou terceira mulher, não a que ele tinha agora, mas a anterior, caçoava de sua pronúncia francesa, ele respondia, não sem razão, que mesmo com ela conseguira conversar com Breton, o que, como pintor surrealista, era muito importante para ele — e a noite havanesa se passou entre risadas, risadinhas e gargalhadas, não tão formal quanto a reunião na Bodeguita del Medio, mas culturalizada a extremos que eram igualmente alheios à alta burguesia e aos operários, boa apenas para *épater* a classe média, que era a única que entendia essa palavra na ilha.

Finalmente Jesse foi embora, carregado com suas câmeras e seus rolos grávidos de fotos, apesar do tamanho de seu equipamento fotográfico. (Essa era uma piada que fazíamos caçoando de Raúl Roa, quando ele visitava Nova York. Jesse o fotografou e ele não parava de perguntar "Mas com essas camerazinhas você vai tirar fotos grandes?", para riso eterno de Jesse, e meu também.) Depois que ele se foi, a redação da *Carteles* retomou seu ritmo habitual sob a censura, que não havia permitido fotografar os últimos mortos aparecidos. O boletim oficial falava de encontros ocorridos na Sierra em que tinham "morrido vários foragidos", transformando, assim, os rebeldes quase no que as autoridades espanholas, que sempre falavam de desafetos, tinham transformado os *mambises** das guerras da independência. Para aliviar minha monotonia, comprei vários discos de jazz, entre

---

* Assim eram chamados os que se insurgiram contra a Espanha nas guerras da independência de Santo Domingo e Cuba. (N. T.)

eles um de Sonny Rollins, que me era particularmente caro por sua inesquecível versão de "Poor Butterfly", que sempre me faria lembrar, ao ouvi-la, daqueles dias, ou melhor, daquelas noites, tarde da noite, em que eu me sentava no pátio para ouvir meus discos calmos, enquanto às vezes, pelas janelas, por entre as persianas tipo Miami, entrava a conversa dos policiais posicionados junto à casa do coronel González, segundo chefe da radiopatrulha, ou das *perseguidoras*, como eram conhecidos os carros de polícia pelo povo cubano. Eles, o coronel, seu pai, sua família e os policiais que os serviam, apesar de morarmos pegado, tinham tantas relações conosco quanto os marcianos, e assim os víamos — e talvez eles também nos vissem desse modo.

Num domingo, fui com Pepe, o José-Hernández-que-não--escreverá-o-Martín-Fierro, até Cojimar, para comer na casa do manquinho do Real, um aleijado que estava à frente de seu tempo: tinha um braço talidomídico, o direito, no qual o membro terminava numa mãozinha murcha e esquálida de apenas três dedos e que ele mostrava sem complexos, vestindo camisetas de manga curta. Fomos e me fiz acompanhar de meu primo Papi para conter José-Hernández-que-não-escreverá-o-Martín-Fierro, no caso de que a possível bebida o transformasse em Pepe, o Louco — mas passamos um dia agradável, pelo menos eu, que descobri que a mãe do manquinho Real era admiradora de jazz e tinha entre seus discos as antigas gravações de Charlie Parker e de Dizzie Gillespie e seu conjunto *bebop*, surpresa que me foi extremamente simpática e que quase me permitiu olhar para o manquinho com outros olhos, embora se visse que seu habitual mau humor, potencializado, um dia iria se transformar em pura filhadaputice, como de fato ocorreu. Mas a grande surpresa da viagem, do dia, aconteceu na volta, de noite, com Pepe quase louco esperando a lanchinha para atravessar a baía, olhando para mim com os olhos cheios de rancor.

— O que você tem? — perguntei.

— O que eu tenho? O que eu tenho? Você sabe o que eu tenho.

— Não, não sei de nada. O que você tem?

— Covarde! Você é um covarde.

— De onde você tirou essa?

— De onde? De você vir escoltado pelo teu primo.

Papi, discreto como sempre, calado como sempre, foi para o lado.

— Eu não vim escoltado por ninguém. Ele veio comigo, simplesmente, como você.

— Não, você o trouxe porque estava com medo.

— Medo? Medo de quê?

— Você sabe.

Suas palavras ecoavam, fanhosas, no pequeno ancoradouro, quase solitário a essa hora da viagem de volta.

— Não, juro que não sei. Medo de quê?

— Medo de mim. Você tem medo de mim. Tinha medo de ficar sozinho comigo, não é verdade?

Na hora não compreendi o que ele queria dizer, mas logo surgiram as velhas histórias de Pepe, o Louco, a que dizia que para ser um verdadeiro escritor (para escândalo do velho Óscar Martín) era preciso ser homem e fêmea (palavras dele), e contava como de noite costumava se meter no quarto de seu irmão louco (esse sim era louco de verdade: tiveram que internar o coitado, que vi uma ou duas vezes na *Carteles*, bem diferente de seu irmão, muito tímido e doce em sua loucura) e "tocava a coisa dele" (assim contava Pepe, o Louco), e quando seu irmão acordava ele saía correndo e se escondia, e então seu irmão, já meio louco, pensava que o diabo tinha vindo visitá-lo e que era o diabo quem o masturbava. Só que era seu irmão, e ninguém na casa sabia disso. Nunca soube se essas confissões eram inventadas ou certas, Pepe se fazendo de maldito: já que não era um escritor maldito, podia ser somente um maldito. Mas então fui entendendo pouco a pouco.

— Você não se atreveu a vir sozinho comigo — dizia Pepe, em voz mais alta — porque tem medo. Tem medo de mim e medo de si mesmo!

Queria lhe pedir para falar mais baixo, mas era inútil: quando Pepe bebia perdia totalmente o controle de si mesmo e de sua circunstância. Por isso eu não gostava de sair sozinho com ele, e por isso pedi a meu primo, Papi, parado inocentemente numa esquina do cais, enquanto na outra Pepe gesticulava e me olhava com uma cara de rancor cada vez maior, que me acompanhasse.

— Tem medo, babaca! Tem medo!

Continuava com sua ladainha e era impossível intervir.

— Tem medo que eu te arraste comigo!

Eu não tinha medo disso nem de nada parecido: embora fosse uns poucos anos mais jovem do que eu, Pepe tinha pouco de Rimbaud e eu nada de Verlaine para me ver envolvido numa situação literário-homossexual. Mas eis que agora Pepe soltava toda a sua agressividade escondida durante tanto tempo. Lembro que uma vez ele parou de falar comigo sem motivo aparente e um dia, quando voltou a falar comigo (minha atitude assumiu a mesma parcimônia da outra), ele me disse que era porque tinha ciúmes de meus amigos, foi o que me disse, e então pensei que se tratava de ciúme intelectual, mas agora me dava conta de que foi outro tipo de ciúme que o fez parar de falar comigo, o mesmo ciúme que agora o levava a fazer todo aquele alvoroço sobre o embarcadouro.

— Sim — dizia ele —, de que eu te arraste comigo pra ladeira do vício e da perdição.

Além de insistente, ele era cafona. Falei:

— Essa frase é cafona.

Isso pareceu detê-lo. Imagino que não esperava um exame literário da situação. Sorriu, sorriu com sua risada de dentes cariados.

— Babaca! — me disse, e foi caminhando até o terceiro extremo do embarcadouro, que agora se transformara num triângulo, com meu primo Papi fazendo um dos catetos e Pepe o outro, e então não tive remédio senão ser a hipotenusa. Hipo tenusa. Hipo de musa. *Hijo de puta*. Tive a impressão de que Pepe murmurava isso em seu canto do embarcadouro, mas é possível que eu também estivesse um pouco bêbado. Alegrou-me que Papi tivesse me acompanhado. Ele podia me ajudar a controlar Pepe, caso ele ficasse violento, ainda que agora não me parecesse necessário utilizar seus serviços: a crítica literária detivera a torrente homossexual de José-Hernández-que--não-escreverá-o-Martín-Fierro. Felizmente a lancha estava chegando. Terminou de encostar e atracou no embarcadouro, enquanto saíam dela dois ou três soldados, que eram seus únicos ocupantes. Quando acabaram de sair, subimos nós dois, Papi e eu, enquanto Pepe ficava no seu canto: pensei que ele nunca fosse embarcar, mas quando a lancha começou a se afastar do embarcadouro, ele pulou nela no último minuto. Ficou de pé na proa, sem entrar no barco. Ficou ali o tempo todo que durou a viagem, desembarcou antes de todos e quando Papi e eu saímos ele já não estava mais à vista. Agora decerto ia acabar de se embebedar em algum bar do cais e terminaria em algum prostíbulo das redondezas. Papi demonstrou sua preocupação por Pepe, o que era nobre:

— É que ele está muito bêbado.

— Não, não está tão bêbado. É um teatro que ele faz. Agora sim ele vai se embebedar de verdade.

— Então temos que ir procurá-lo.

— Não. Deixe ele sozinho. Ele conhece bem Havana. Não vai ter nenhum problema.

E, de fato, na segunda de manhã Pepe estava na *Carteles* como se nada tivesse acontecido: até me deu um sorriso de bom-dia.

— Formidável aquela que comemos ontem de noite.

— Sim — disse eu, deixando-lhe o benefício do plural.

Segunda parte

O dia 3 de março de 1958 é uma data importante em minha vida. Esse foi um dia como outro qualquer até cerca de seis da tarde, e não me lembro por que fiquei até tão tarde na *Carteles*: talvez estivesse escrevendo minha crônica. O fato é que por volta das seis eu estava esperando o ônibus, e também me surpreendo que não tenha pegado um táxi. Fiz tudo isso para pegar a linha 10, que esperei nesse dia como em qualquer outro, mas quando subi no ônibus tudo mudou: vi Ella. Na época ela ainda não era Ella e não o seria durante muito tempo, mas foi assim, de pé no ônibus, que a vi pela primeira vez. Não sei se vi primeiro seus olhos amarelos ou se reparei antes em sua tez pálida, ou em sua esbeltez, ou em sua estatura elevada. Esse último detalhe, o da estatura, só fui notar mais tarde. O que eu fiz foi ficar de pé olhando para ela, e vi que ela olhava uma ou duas vezes para mim. Na Carlos III, um assento lateral ficou vago e ela se sentou. Eu me movi até parar bem ao lado dela. Depois um assento atrás dela vagou e eu me sentei, e então observei que ela me olhava com o rabo do olho, enquanto fingia olhar para a rua. Continuamos rodando juntos até que o ônibus passou pela rua 23 e continuou, indo além da avenida dos Presidentes e ainda mais além do Paseo. De repente ela se levantou para descer na esquina da rua 4 e eu, como se movido por uma mola, também me levantei e me preparei para descer junto com ela. Talvez eu já intuísse aonde ela ia, talvez ainda não soubesse, mas quando o ônibus se foi e ela atravessou a rua 4, eu a segui. Parou para esperar o trânsito na rua 23 e eu parei a seu lado. Começou a andar para atravessar a rua, nervosa, e eu atravessei atrás dela, e num impulso segurei seu braço no meio da rua.

— Tenha cuidado — disse —, que aqui o trânsito é muito perigoso.

Ela me olhou e foi aí que me dei conta de que era mais alta do que eu, porque me olhou de cima a baixo e ao me olhar se soltou de minha mão. Atravessou a rua no meio do trânsito sem esperar o sinal (um sinal de nervosismo extremo, como eu soube depois, pois ela, sempre com medo de automóveis, é a mais cuidadosa das pedestres) e caminhou pela calçada defronte até chegar a um edifício que não se diferenciava em nada dos outros da rua, mas que eu sabia que era diferente, a Academia Municipal de Arte Dramática. Segui-a até o edifício e entrei; quando a vi se perder escadas acima, subi atrás dela. Veio até mim uma moça que de início pensei que fosse uma recepcionista, mas depois soube que era outra jovem aspirante a atriz chamada Sigrid González, num misto suave de exotismo e *cubanía*, embora ela fosse toda cubana, com sua beleza em flor.

— Deseja alguma coisa? — perguntou-me.

— Sim, gostaria de ver o René de la Nuez.

— Neste momento, o professor René de la Nuez está dando aula.

— Posso esperá-lo?

— Sim, se quiser ficar na diretoria…

— Não tem outro lugar? — menos respeitável, eu ia acrescentar, mas deixei a pergunta em seu âmbito formal.

— Pode ficar no terraço, se quiser. É por ali, por aquela porta.

Por sorte, a moça apontava para a porta por onde minha fugaz companhia havia desaparecido. Achei a ideia excelente e fui por esse caminho. Encontrei-a no terraço (evidentemente havia se atrasado para a aula) com outros alunos, mas não me aproximei para falar com ela, fiquei contemplando seu longo corpo delgado e sua beleza de longos cabelos negros, presos atrás, embora à distância não conseguisse detalhar suas feições. Esperei um pouco e enquanto esperava ficou noite (embora fossem os últimos dias do inverno, o sol ainda se punha cedo) e eu podia vê-la no terraço, conversando com os colegas, e vez por outra olhando para o lugar em que eu estava. Era evidente que devia estar se perguntando quem eu era, mas não o que fazia lá, do outro lado do terraço, olhando-a insistentemente.

— Ei, o que você faz por aqui?

Era René, que evidentemente devia estar se perguntando o que eu estava fazendo lá (acho que eu nunca tinha visitado a Academia de Arte Dramática), procurando por ele, quando podia tê-lo visto, devia tê-lo visto na revista não fazia nem uma hora, talvez duas. Embora já não morássemos no mesmo edifício nem trabalhássemos no mesmo departamento, nos víamos diariamente: foi ele, de fato, quem mais fez para me ajudar a esquecer as tormentosas relações com Elena, para dissipar minhas culpas, levando, meio a sério, meio na brincadeira, todo aquele frustrado assunto para uma espécie de descontração cubana que ele dominava muito bem. Era natural que ficasse surpreso.

— Nada. Estava passando e quis visitar a academia.

Mas ele não se deixava convencer por desculpa tão esfarrapada.

— Não, você está procurando outra coisa.

— Palavra.

— Quer ver o Mario?

Ele se referia a Mario García Mendoza, o diretor da academia e amigo comum.

— Não. Pra quê?

— Não sei. Pensei que fosse isso.

De repente ela se moveu no terraço, de um grupo de alunos para outro.

— Quem é ela? — perguntei, apontando com a cabeça.

— Ah, eu sabia — disse René —, eu sabia que você estava procurando alguma coisa.

— Ela estava no ônibus comigo e desceu ali na esquina. Não sei por que desci atrás dela.

Era assim que eu relatava pela primeira vez aquele encontro tão importante, com palavras triviais, embora é certo que o encontro, em vez de se anunciar com trompas e clarins, a julgar por suas implicações futuras, tinha sido bem simples. Não havia por que, nesse momento, considerá-lo de outra forma.

— É uma aluna.

— Está na cara. Quero que me dê detalhes.

— É uma aluna minha. Mas não há nada a fazer. Aqui todo mundo tentou levá-la pra cama, mas ninguém conseguiu nada. Te digo isso pra você não se aventurar.

Então eu pronunciei as palavras que foram fatais:

— Quer apostar como vai ser exatamente o contrário?

— Aposto o que você quiser, mas te aconselho novamente que não entre nessa: vai ter uma decepção.

— *Cien pesos contra un cabo de tabaco.* — René riu, sorriu ao ouvir minha aposta, que era comum entre nós naquela época.

— Que seja — disse René, que era muito tacanho como amigo e ao mesmo tempo amigo de obter alguma coisa por nada.

— Como ela se chama?

E ele me disse o nome que jamais esqueci.

— Não quer me apresentar a ela?

— Está bem. Venha comigo.

Caminhamos até a borda do terraço. René a chamou para um lado, aproveitando uma pausa que ela fez, intencional ou casual: nunca saberei. Apresentou-nos. Ela me estendeu a mão e pela primeira vez senti seus dedos longos, delgados e perfeitos entre os meus que, como sempre, foram desajeitados: mal consegui segurar a mão dela e a apertei quase na ponta dos dedos. Tentei falar alguma coisa, mas não me saía nenhuma palavra capaz de iniciar a conversa. Sigrid apareceu no terraço.

— E esta é Sigrid González — disse René, como se indicasse, muito de leve, que era um território reservado: pelo menos foi o que entendi, e não me enganei.

— Encantado.

— Já nos conhecemos lá embaixo — disse ela, demonstrando boa memória.

— Ele trabalha no mesmo lugar que eu: na *Carteles* — disse René para as duas. As duas sorriram, como quem entende.

— Nós dois trabalhamos na *Carteles* — disse eu. Os sorrisos se tornaram mais amplos porque eu sorrira ao dizer isso, indicando que era uma piada particular.

— Ah, sim — disse ela, e pela primeira vez pude apreciar plenamente sua voz: baixa, acariciante, cultivada, voz que um poeta cafona um dia chamaria de "voz de nardo", imitando não sei que García Lorca em decadência, mas naquele momento sua voz me agradou, muito, como me agrada ainda hoje.

— Por que não saímos todos juntos? — disse René.

— Que pena, eu não posso — disse ela.

— Acho que eu também não — disse Sigrid.

— Bem, nesse caso... — disse René, já se despedindo. Eu o observava porque gostava de vê-lo em seu papel de professor: seu desempenho não era de todo mau. Era o professor jovem e moderno, mas ao mesmo tempo sabia seu lugar. Se havia proposto uma saída era, sem dúvida, a meu favor. Sigrid saiu e a olhei: não era de todo má, com seus olhos negros maliciosos e sua linda boquinha. Além disso, embora seu corpo fosse cubano, ainda era bem jovem, e isso dava um encanto animal a sua figura meio rechonchuda, de seios grandes e futuros quadris gordos, agora ainda por serem preenchidos. Ella foi embora ou entrou no edifício. Havia algo mais, pairando na conversa, que eu havia sentido, mas não havia entendido: a rivalidade entre ela e Sigrid. Que seria, provavelmente, maior da parte de Sigrid (eu gostava de seu nome, tirado por sua mãe sabe Deus de onde, com seu exotismo sueco), que se julgava a melhor atriz de sua turma e cuja posição corria risco pela presença dela. (Soube disso depois: seria útil ter sabido naquele dia, quando entendi a negativa de sair em grupo de Sigrid como se fosse dirigida exclusivamente a minha pessoa.) René também saiu e só ficamos no terraço eu e ela, junto ao muro que dava para a rua e do outro grupo de alunos, entre os quais se destacava um muito alto e magro, que logo conheci como O Magro, e que voltei a ver no futuro desse grupo, principalmente na época em que foi vendedor de café na 12 com a 13 tarde da noite e de madrugada, conhecido por todos os frequentadores noctâmbulos dessa esquina por ter trazido um toca-discos ao quiosque de café e ter completado os ruídos noturnos com a música conhecida por clássica, o que, na verdade, quer dizer europeia. O Magro, um melômano que alegrava (ou entristecia: para muita gente aquela música era fúnebre) a noite dos bebedores de café da 12 com a 23, ruas próximas da Fraga com a Vásquez. Mas na tarde em que o conheci só o destaquei pela altura.

— Por que não saímos você e eu? — perguntei a ela, insistente.

— Pra onde? — disse ela, olhando o trânsito da rua abaixo.

— Não sei. Você escolhe. — Foi então que percebi que a estava tratando com informalidade, da maneira mais natural do mundo: foi assim que tudo aconteceu entre nós, espontaneamente.

— Não sei. Preciso voltar pra casa.

— Mas volte mais tarde. Não pode voltar um pouco mais tarde?

— Poder eu posso, mas não sei se quero.

— Queira, por favor.

— Pra quê?

— Quero conversar com você, ficar num lugar onde a gente possa conversar, você e eu.

Ela não respondeu na hora e vi que estava pensando: soube que estava com a partida ganha. Podia até ter dito a René, antes que ele saísse: "Já ganhei essa aposta!". E ia ganhar, com certeza: me sentia confiante de ganhar a confiança dela e algo mais.

— Onde vamos?

— Não sei. Olhe, aqui perto fica o El Atelier, que é um *night club*. Podemos ir lá, se você quiser.

Ela pensou mais um pouco.

— Tá, tudo bem. Vamos.

Eu me enchi de alegria: era meu primeiro triunfo e eu esperava que não fosse o último. Antes de sair percebi que ela, de fato, era uma ou duas polegadas mais alta do que eu, mesmo com os sapatos baixos que usava. Esgueiramo-nos pelo terraço por entre o grupo de alunos (pelo menos, essa foi a sensação que eu tive, temendo a cada momento que fôssemos detidos por alguém do grupo ou que um deles se juntasse a nós). Uma voz do grupo a chamou, mas era para dizer até amanhã. Descemos as escadas e saímos sem outro contratempo, atravessamos a rua, dessa vez pelo semáforo, e logo resolvi deixar a rua 23 (temia encontrar alguém, conhecido dela, ou, o que é pior, meu) e seguimos pela 21 até o El Atelier. Entramos.

Estava escuro como sempre, mas agora de noite parecia menos escuro do que de dia, quando a entrada era realmente um túnel de carvoeiros. Logo um garçom nos acompanhou até nossa mesa que, por grande coincidência (ainda que um tanto forçada por mim: eu escolhera vir aqui) era a mesma em que eu e Elena nos sentamos num dia já memorável do ano passado. Pedimos dois daiquiris, que, como dizia alguém meio afetado entre minhas amizades (ou melhor, entre meus conhecidos), era o mais expedito. (Tratava-se de um colega de trabalho quando fazia *surveys*, o que lhe valeu, entre o grupo, o apelido de Expedito.) Olhei bem para ela enquanto os drinques vinham, e mesmo sob a luz escassa ela era bela. Vi seus grandes olhos amarelos, de longos cílios naturais (quase não usava maquiagem, ou melhor: acho que não usava nenhuma) sob as sobrancelhas negras, grossas e bem formadas, seu nariz afinado que sempre me espantou (até que um dia ela me disse que tinha feito uma cirurgia plástica, e no princípio eu me neguei a acreditar nisso) e sua boca rosada e bem-feita, de lábios protuberantes e mais para grande. Sua beleza só era maculada por uns leves pontos de acne.

— Qual é a tua idade? — perguntei, achando que me diria que tinha vinte anos ou mais: não ia correr mais riscos como os que corri com Elena.

— Dezesseis. — Alguma coisa pulou dentro de mim. — Mas faço dezessete daqui a poucos dias. E você?

— Vinte e nove, vou fazer trinta. — Não sei por que resolvi aumentar minha idade: talvez para ganhar peso perante ela, que parecia mais velha do que era: na época eu tinha vinte e oito anos.

— Não parece.

Ia dizer que ela também não, mas então teria que acrescentar que parecia mais velha, o que talvez não a agradasse.

— Não, não pareço.

Era verdade: apesar dos óculos, eu parecia muito mais jovem do que de fato era, talvez daí minha necessidade de aumentar minha idade para ela.

Houve um silêncio. Sobre o que podíamos falar, além da idade, para travar uma conversa? No fim das contas, ninguém vinha ao El Atelier para conversar, mas era preciso começar de alguma forma: eu não podia me jogar em cima dela assim de repente. E havia também a advertência de René de que ela era difícil, muito difícil, quase espacial. Felizmente os drinques chegaram, caso contrário talvez eu a tivesse tirado para dançar, e ainda que ninguém olhe para ninguém em lugares como o El Atelier (talvez de noite sim: eu sempre tinha vindo de dia), seria ridículo me ver ou me saber dançando com uma mulher muito mais alta do que eu. Tomamos os drinques e, ou ela estava com o estômago muito vazio, ou havia bebido algo antes (tempos depois, ela me disse que naquela tarde estava vindo do aniversário da irmã), o fato é que a bebida fez efeito nela na hora — ou foi o que me pareceu.

— Estou apaixonada — disse ela sem mais nem menos.
— Por um homem alto e de cabelo vermelho.

Não havia nada mais diferente de mim que essa imagem de seu amor.

— Eu o amo, mas ele é casado. Acho que é casado. Mas eu o amo.

Eu me sentia ridículo ali ouvindo sua confissão: seria melhor ter ido dançar. Para evitar o ridículo pedi outro drinque, mais dois. Continuamos bebendo e ela continuou falando e chegamos à parte em que me perguntou o que eu fazia e quando eu disse que era jornalista, ela falou: "Ah, como o René, quer dizer, o professor René de la Nuez. Eu devia ter desconfiado. Trabalham no mesmo lugar. Sim, claro, eu devia saber". Então ela fez uma coisa que agora me faz pensar que muito mais tempo havia

237

se passado e que bebemos mais do que eu disse: ela reclinou na cadeira de modo que ficou quase na horizontal, e pôs a cabeça em meu colo.

— Ai — disse —, quero morrer. Eu me vejo morta entre quatro velas e gosto. Quero morrer.

Era evidente que estava bêbada, mas agora eu não ligava tanto para as suas palavras quanto para os seus atos: de longe bem podia parecer outra coisa, ela com a cabeça em meu colo, e lhe pedi por favor que se sentasse, antes que o garçom viesse chamar nossa atenção, que era a última coisa que eu queria que acontecesse no mundo, ainda que, pensando bem, não me lembro de ter visto algum dia um garçom do El Atelier (ou de qualquer lugar parecido) chamando a atenção de algum freguês.

De qualquer forma, pedi que se levantasse e se sentasse corretamente, pois como poderia fazer algo com ela naquela posição? E eu tinha vindo ao El Atelier com ela para fazer alguma coisa, pelo menos conversar, e agora tudo o que eu ouvia eram suas queixas, seus lamentos por estar viva e sua vontade de estar morta: eu estava numa fria. Seria por isso que a consideravam difícil, quase impossível? É possível. Lembro que em algum momento da noite fomos embora do El Atelier, com ela ainda bêbada ou ainda querendo morrer, e nos sentamos no parque que fica ali do lado ou que achei que estava ali do lado, embora na verdade ficasse na rua 15. Ficamos sentados ali por um momento, no frescor da madrugada (já era mais de uma hora, se não me engano), e me espantou que ela não falasse do tempo, que não percebesse como era tarde. Ficamos sentados lá por um bom tempo, até que a bebedeira dela passou: soube disso porque parou de falar que queria morrer e falamos de outra coisa. Eu queria lhe dizer que era casado, para deixar esse expediente para trás, mas resolvi deixar para a próxima ocasião. Depois, finalmente, fomos embora: eu a acompanhava até sua casa, que ficava na 15, entre a 22 e a 24, quando, ao sairmos do parque, atravessou a rua, ao mesmo tempo sussurrante e estranhamente silenciosa, uma bandada de gansos, brancos, enormes, caminhando como marinheiros em terra ou como bêbados, atravessando a rua com toda a calma — e isso tornou a noite inesquecível. Ao chegarmos a sua casa nos despedimos, demo-nos as mãos, acho, e eu perguntei quando podia vê-la de novo. Ela me disse: "Ah, não sei. Amanhã ou depois, imagino. Eu vou todos os dias à academia". Estranhei que sua casa estivesse às escuras e que ninguém esperasse por ela, e me pareceu uma garota particularmente livre, pois podia sair até tão tarde sem alguém para segurar vela e sem que ninguém a esperasse acordado. Acho que disse isso, e ela falou:

— Ah, a minha mãe tem muita confiança em mim.

O que ela não me disse naquela noite, disse em outra ocasião: ela trabalhava numa fábrica de tabaco e tinha que estar no trabalho às sete e meia da manhã, então era um milagre ela tresnoitar assim e acordar para trabalhar tão cedo no dia seguinte: quando ela me contou isso, surpreendeu-me tanto quanto o fato de ela ficar fora até tão tarde, sozinha, sem que ninguém a esperasse em casa — afinal de contas, ela só tinha dezesseis anos. Pensei que sua família devia ser tremendamente liberal. Mas aqui, como em outras coisas com ela, tive uma surpresa.

Aqueles foram os últimos dias de trabalho na *Carteles* do professor Cabezas, que era o arquivista-mor (o arquivista menor era sua ajudante Blanca Mieres, que eu achava particularmente simpática, apesar de sua denguice, porque insistia em dizer que eu era parecido com James Mason, o ator). O professor Cabezas era um antigo padre, jesuíta, que agora, nos tempos de velhice, era o mais radical dos ateus e anticlerical por excelência. Eu gostava muito de suas histórias de *débauches* nos conventos e nos mosteiros, das quais ele sempre tinha uma boa coleção. No antigo *Carteles* ele assinava uma seção especial, que consistia num quadro com um artigo ao lado que, quase sempre, era apenas uma descrição do quadro. Quando veio a nova direção essa seção logo desapareceu, o que magoou o professor Cabezas. Acho que o que mais o magoou foi o fato de a seção ter sido retirada por um republicano exilado como ele. Seja como for, o professor Cabezas nunca mais foi o mesmo: nunca mais suas histórias de padres e de freiras e de frades foram tão bem contadas como antes, e era visível que ele decaía. Pouco tempo depois decidiu se aposentar, e era agora que a aposentadoria se mostrava factível. Com sua saída, ficava vago o posto de arquivista-mor (era pouco provável que promovessem Blanquita: esse cargo nunca seria ocupado por uma mulher, pelo menos não naquela época) e eu logo pensei em meu amigo Silvio Rigor, professor na Academia Einstein, que apesar desse nome não era exatamente um empório do saber e que lhe pagava uma mixaria. Dei essa sugestão ao diretor, ele achou a ideia boa (principalmente quando eu trouxe Silvio para que o conhecesse e ele soltou uma de suas pedanterias, que não recordo agora, mas que lhe davam um ar muito culto: o que ele de fato era, em comparação com os jornalistas da *Carteles* e de outros lugares) e Silvio conseguiu o cargo de arquivista-mor, no qual não era preciso fazer muito mais do que ficar sentado das nove ao meio-dia e das duas às cinco e arquivar as fotografias que fossem reproduzidas na revista (o que sempre era feito pela Blanquita) e guardar a coleção da *Carteles*, encadernada ano por ano desde sua fundação. De meu ponto de vista, a presença de Silvio Rigor enriqueceu a redação do *Carteles* (embora ele não escrevesse): era uma alegria ter por perto alguém que sabia que o nome do fabuloso vigarista Stavisky era Serguéi Alexandre, que a Internacional Verde era o ideal de Aleksandr Stambolisk, governante búlgaro até 1923 (a especialidade de Silvio Rigor era a história europeia entre as duas guerras mundiais), e que, se alguém falasse em Tristan Tzara, era capaz de acrescentar, cantando: "*For my heart belongs to Dada*". O que eu mais apreciava em Silvio Rigor era seu senso de humor, que com os anos se tornara mais pedante, porém mais cultivado e, podemos até dizer, mais eficaz. Foi graças a Silvio que conheci Adriano de Cárdenas y Espinoza ou Spinoza. Adriano estava interessado em me conhecer porque sabia (certamente por intermédio de Silvio) que eu fora amante de Julieta Estévez. Adriano foi loucamente apaixonado por Julieta (além disso, ela foi seu primeiro amor: laço que nos unia, já que Julieta me iniciara nos segredos do sexo, em todos. Foi por ela que eu soube o que era um *cunnilingus*, que para mim era algo tão esotérico quanto a palavra que o define, e também outros segredos, outras maravilhas) e ainda sentia falta de sua companhia. Um dia, quando eu caminhava com alguns colegas da escola de jornalismo (René Jordán, Magaly Hoz e acho que Esperancita Magaz) Calzada acima, um carro parou bem na esquina do El Carmelo, e ouvi meu nome. Era Silvio, que me chamava para me apresentar a seu amigo íntimo, Adriano, que para mim não passava, na época, de um rapaz gordo que dirigia um carro grande. Depois disso eu o vi várias vezes, graças a Silvio, e foi assim que travei conhecimento com essa pessoa tão importante em minha vida, da qual não vou falar agora, pois mal há tempo para falar das ninfas. Só quero acrescentar que foi também graças a Silvio que conheci José Atila, que na época não se chamava José Atila, pois esse foi um pseudônimo que arranjei para ele quando o iniciei no jornalismo. Também iniciei Silvio, e vinha daí o rancor surdo dos velhos colaboradores da *Carteles*, que viam a redação se encher de jovens desconhecidos (René Jordán colaborou na *Carteles* com um de seus contos, mas vinha me visitar frequentemente, cada vez que trazia uma colaboração para a *Vanidades*, para a qual escrevia regularmente antes de se tornar crítico de cinema da *Bohemia*), entre os quais, embora ainda sem escrever, estava José Atila.

Mas agora devo falar de meu novo conhecimento: dela, que na noite anterior deixei de madrugada em casa, tão perto da minha, e que voltei a ver na Academia de Arte Dramática. Esperei-a na saída, e nesse dia ela não estava usando aquela roupa larga, de crinolina, que usava no dia anterior, mas simplesmente uma calça e uma camisa. Dessa vez era visível que ela estava sem sutiã, e seus peitinhos, sem o suporte, se mantinham eretos, não opulentos como pareceram na noite anterior por estarem levantados pelo porta-seios e também porque seu tronco amplo os fez parecer grandes, mas agora pareciam bem pequenos, mas, de qualquer forma, adoráveis. Ela está de mocassim, e ainda parece alta, talvez alta demais para mim, o que não é óbice (esta é outra palavra que aprendi nos dias em que fazia *surveys*: Expedito também a dizia, por isso às vezes não o chamavam dessa forma, e sim de Óbice) para que a gente saia. Essa noite não vamos ao El Atelier, o que é evidente por sua indumentária (que, deixem que eu diga, é ousada para essa época em Cuba: uma moça vestida com calça e camisa masculina. Depois, com o tempo, eu saberia que a calça foi presente daquele rapaz alto e magro que mora diante de sua casa e que será como um futuro adversário, embora eu seja mais velho do que ele, e que ela a usava porque não tinha outra roupa para vestir, de tão pobre que era, coisa que na época eu não sabia, por isso atribuía a indumentária masculinizante a um livre-arbítrio e a um gosto pelo inconformismo que a tornava mais atraente ainda), e resolvemos caminhar pelas ruas de El Vedado, aqui todo cheio, o bairro, de números, já desaparecidas quadras de ruas secundárias que têm nome de letras, a partir da avenida Paseo. Caminhamos, atrevido que sou, até bem perto de minha casa, margeando o fosso, o que para nós será sempre El Hoyo, que fica entre as ruas 23, 19 e 22, bem perto dessa esquina da 126 com a 23 onde moro, mas também caminho da casa dela, entre a 22 e a 24. Nos sentamos no muro de El Hoyo e ali, quase castamente, demos nosso primeiro beijo. Para mim foi uma vitória, mas tive a impressão de que para ela era uma rotina: um beijo dado num amigo, quase um beijo no rosto, pelo toque suave de seus lábios, secos, fechados, nos meus, ainda não ávidos, sabendo que esse beijo não significa nada. A rua, o bairro todo está tranquilo, ali junto do fosso, diante da casa em que mora meu amigo, o arquiteto Alberto Robayna, que visitei uma vez para me maravilhar com o uso de velhos materiais de demolição de casas de Havana Velha: iarcos de meio ponto, portões gradeados, uma porta-balcão de vidro. Ali, na noite suave de março, falamos de coisas banais: ela não voltou a mencionar sua vontade de morrer, e eu morto de vontade de saber o que havia de verdade na história do homem de cabelo vermelho, mas sem me atrever a perguntar, e ao mesmo tempo sem ligar muito para isso, porque, no fim das contas, não estou apaixonado por ela, não ainda, e se sair com ela, se procurar sua companhia, não é só porque me agrada, mas porque também está presente a aposta que quase fiz comigo mesmo: ela será minha. O que eu não sabia nessa época é que a procurando, tentando fazer com que fosse minha, eu fui dela muito antes. Mas agora se trata da conversa: pergunto-lhe sobre o teatro, sobre a academia e seus estudos de teatro, sobre sua teatralidade, tentando saber se essa voz baixa, sussurrante, é aprendida, impostada, ou é sua voz verdadeira, que não aconteça o que aconteceu com a falsa Bettina Brentano, que um dia perdeu sua voz radiofônica para revelar, durante uma discussão com suas irmãs (mais populares, incultas), a voz de negrinha que era realmente a dela. Mas isso não acontece com ela e uma das coisas que aprendo logo é a apreciar sua sinceridade: não tem que recorrer ao falsete honesto de Elena para que lhe saia sua voz própria, que não é muito diferente da voz de conversa em grupo, social, ou da voz baixa, cálida, com que conversa comigo agora. Logo estabelecemos nossa geografia em sucessivas saídas, mapeando essa zona de El Vedado em que ela mora e que fica entre a academia e sua casa. Eu cultivava sua amizade, esperando mais depois daquele beijo furtivo junto ao fosso, mas não fomos além disso. Tampouco pude me inteirar da natureza total de meu rival, do homem de cabeça vermelha (em minha fantasia parece quase um personagem de Chesterton), que imagino alto, não moreno mas ruivo, e bonitão. Um dia finalmente lhe contei que era casado e ela respondeu que já sabia. "Como?", perguntei, pensando que alguém tivesse dito a ela, talvez René, e ela respondeu: "Está na cara". Mas não havia em mim o menor sinal de casamento: cheguei até a perder (ou a deixar para trás, o que dá na mesma) a aliança do dedo anular, então só os que me conhecem e os que recebem minha confissão sabem que sou casado. Mas ela insistiu em dizer que já sabia. Por ciência infusa, sem dúvida. Contudo, não deixou de passear comigo muitas noites, e um dia, bastante próximo do dia em que a conheci, ele me disse:

— Quero que venha a minha casa, conhecer minha mãe. Também pode me visitar, se quiser.

Eu queria, queria vê-la, nem que fosse em sua casa, mas temia que sua mãe adivinhasse que eu era casado. Mas sua mãe era uma senhora gorda (não muito gorda, era o pescoço curto e a barriga que faziam com que parecesse mais gorda), alta, muito divertida, que me recebeu com um carinho como se me conhecesse a vida inteira. Porém, não esqueci que ela me confessou que foi acompanhando sua mãe a um jogo de futebol que conheceu o homem da cabeça vermelha, ruivo ruinoso.

Também conheci na casa dela seu irmão mais velho, que ri muito para a idade (tem doze ou treze anos) e está sempre, mais do que acariciando, amamentando um cão, um filhote de cão grande, talvez um mastim ou um grande dinamarquês. Minha visita é breve, mas sei que a mãe dela simpatizou comigo porque sei que ninguém pode ser antipático para essa mulher tão cubana e ao mesmo tempo tão do campo, rústica. Lá eu soube que eles tinham vindo de um povoado da província de Las Villas, mas que já moravam em Havana havia muitos anos. Conheci também sua irmã solteira, que tem um bar na rua 28, ou na 30, perto do rio. Um dia levei um susto grande porque chegou de repente (nessa ocasião, eu tinha conseguido tocar seus seios) um homem alto, forte, muito bem-apessoado — que era irmão dela. Estava ainda mais assustado enquanto me levantava, não queria que se notasse minha excitação sexual, mas o irmão era tão inocente quanto a mãe dela e só me estendeu a mão e me disse que tinha muito prazer em me conhecer, ao que respondi que o prazer era mútuo. Outro dia fui visitá-la de noite e como em outras ocasiões nos sentamos na sacada, enquanto lá dentro, na sala, o irmão e a mãe viam televisão. Ela me pedira para trazer alguma bebida e eu comprei uma garrafa de vodca, que começamos a beber no gargalo, ali na sacada. Eu temia que ela se embebedasse como no El Atelier e começasse a dizer que queria morrer ou a sentir saudade do homem ruivo. Mas não. Nós dois fomos bebendo da garrafa e fui eu quem ficou bêbado, não tanto, porém, para que não conseguisse roubar-lhe dois ou três beijos (ou talvez mais), alguns muito íntimos, e sentir seus peitos (peitinhos) por cima da camisa, e depois nus em minha mão. Foi aí que ela mencionou pela primeira vez a palavra *coco*, que me pareceu, entre o álcool, exótica, mas que era somente uma forma popular de aludir à imaginação: "Você não gosta de fazer coquinhos?", perguntou ela, e como eu não entendi, explicou-me que era pensar em coisas sexuais, ainda que não tenha dito isso com todas essas letras: dito com outras palavras, fantasias sexuais. Tive que responder que não. O que era verdade: nessa idade eu era *straight* com sexo, sem desvios e sem fantasias possíveis, mas ela sabia, sabia que o sexo está mais na cabeça do que entre as pernas, nessa idade ela já sabia. Foi isso que ela quis me dizer naquela noite, e me senti muito próximo e muito distante dela, como um animal estranho visto de perto.

Tudo isso aconteceu no transcurso de vários dias, claro, embora a memória, como um telescópio, faça tudo parecer uma única visita ou uma única caminhada até sua casa. Passaram-se tantos dias que se passou um mês, e então ela me revelou que fazia aniversário por aqueles dias, no mesmo mês que eu. Tentei imaginar o que poderia lhe dar de presente mas não me ocorreu nada: ainda não sabia que era tão pobre a ponto de não ter roupa, pois poderia lhe dar um vestido de presente. Afinal, eu tinha algum dinheiro e sempre fui generoso com as mulheres (e com alguns homens), como quando presenteei Bettina Brentano com uma estola que me custou vinte e cinco pesos, presente que ela exibiu em companhia de outro, sem dúvida meu amigo Adriano de Cárdenas y Espinoza ou Spinoza. Pensava no que lhe dar de presente e cada vez tinha menos ideias, e quando mencionei isso, como resposta ela disse redondamente que não queria nenhum presente, que se eu lhe desse um presente ela ficaria brava comigo, ou seja, talvez até parasse de falar comigo ou de me ver: ela era orgulhosa a esse ponto, na época. (Não que não fosse depois, mas as expressões de seu orgulho mudaram sensivelmente com o tempo.) No dia de seu aniversário ela me mostrou umas fotos que tinham acabado de tirar dela: fotografias profissionais, como as de publicidade de uma atriz.

— Foi um presente — disse-me ela, e eu senti um ciúme tão grande daquele que podia lhe dar um presente que comecei a pensar que estava me apaixonando seriamente, que ela começava a deixar de ser ela para ser Ella, embora não tivesse acontecido totalmente ainda. — O fotógrafo me viu olhando a sua coleção. — Era um fotógrafo da rua Galiano. — E me perguntou se eu gostaria de ter uma coleção igual àquela que ele tirara da... — e aqui mencionou o nome de uma atriz conhecida, do qual não lembro agora. — Eu disse que sim e ele me convidou a entrar no estúdio pra tirar as fotos. O que acha?

Tive vontade de dizer que não estavam boas, que essa não era ela, que ela não era assim, mas estava sorrindo na vida como na fotografia, encantadoramente, então não tive como não dizer a verdade: eram muito boas. Acho que depois ela as utilizou como um book — e agora que me refiro a publicidade preciso falar de minha intenção de lhe dar uma nota numa coluna de um dos periódicos populares, onde eu tinha amigos, mas ela se negava a utilizar minhas conexões, embora essa recusa tenha acontecido muito depois. Por enquanto ainda estávamos em volteios e eu ainda não estava apaixonado por ela — ou era o que pensava.

Um dia Ramón Raudol apareceu na revista com seu novo carro: um carro enorme, era um Pontiac, que parecia um infinito caixão preto, que ia daqui até lá, pegando quase meia quadra só para ele na calçada da *Carteles*. Ele tinha instalado ar-condicionado, pneus tala larga e um rádio Blaupunkt.

— É de ondas longas e curtas — explicava ele e, adotando um tom confidencial, acrescentava: — Posso pegar a Sierra com ele.

A Sierra agora era a Rádio Rebelde da guerrilha, que começara a transmitir naqueles dias, dando notícias que eram muito mais dignas de crédito do que os boletins de guerra oficiais, onde o Exército sempre ganhava, "causando múltiplas baixas nos insurretos". Claro que essa rádio já era conhecida por toda a clandestinidade e muito em breve seria conhecida por toda Cuba; até a mãe dela fugia de noite de sua casa e ia até a casa de uma vizinha para ouvir, portas e janelas fechadas, a Rádio Rebelde, que se transformava numa espécie de BBC na Europa dominada pelos nazistas. Raudol voltava a contar (para o nosso regozijo, ainda que não de Pepe, o José-Hernández-que-não--escreverá-o-Martín-Fierro, que era o único que não demonstrava entusiasmo por esse contato clandestino) que de noite seguia pela estrada central ou pela estrada do Mariel afora, estacionava o carro e ligava o rádio, sintonizando então a Rádio Rebelde. Claro que isso era perigoso, mas Raudol era atrevido e audaz. Pois não foi com um grupo de jornalistas, clandestinamente, até a Sierra, onde testemunhou um combate, conforme contou ao regressar? Além disso, foi ele quem tirou ou pelo menos contrabandeou as fotos dos mortos no assalto ao quartel Goicuría, de Matanzas, dois anos antes, um testemunho gráfico (como os fotógrafos gostavam de dizer, em seu jargão retórico-jornalístico) que abalou o governo, tornando mais patente sua falta de veracidade e a impunidade com que cometia seus crimes.

Ramón falava pelos cotovelos de suas proezas jornalísticas. Às vezes esquecia, com a facilidade com que aventava suas aventuras amorosas, que se imaginava como um homem de ação que relatava sua odisseia fugindo de Madri, procurado pela polícia de Franco, perseguido pela guarda civil, atravessando os Pirineus, como se fosse Napoleão atravessando os Alpes procurando a cavalo a passagem certa, ou Stevenson em seu burro fiel atravessando a campina. Contudo, Ramón era um herói de papel-jornal, capaz das mais arriscadas aventuras em busca de notícias que muitas vezes nem podiam ser publicadas. Subira a Sierra com outros jornalistas e, segundo ele, tinha chegado ao quartel-general e falado com Fidel Castro. Deixado para trás, participou, por conta própria, de uma batida a um quartel do Exército.

Contou como tinha caminhado uma noite inteira da Sierra até os contrafortes, como atacaram o quartel (ele teria participado? É possível, mas eu nunca soube) e ele teve que fazer o caminho de volta correndo, primeiro, depois em marcha forçada, para escapar do cerco de uma coluna do Exército. Essa façanha virou um mero relato oral, um tema de conversa, porque nunca foi publicada. Sua outra façanha foi mais arriscada. Quando soube que atacavam o quartel do Exército em Matanzas, correu para lá em seu carro e chegou a tempo de presenciar não a queda do quartel, mas a contagem dos participantes que morreram no assalto. Contra a ordem militar, tirou fotografias do pátio do quartel cheio de cadáveres e as contrabandeou. De volta aos laboratórios do jornal em que também trabalhava, revelou-as e, como nenhum jornal ou revista cubanos poderia publicá-las, decidiu vendê-las no exterior. Mas ocorreu um fenômeno curioso ao revelá-las, que se tornou uma revelação. O boletim oficial declarava que tinham morrido treze dos participantes do assalto (entre eles, naturalmente, seu chefe, o patético Reynol García, repudiado por seu partido, vilipendiado por Fidel Castro, deixado de lado pela história, esquecido por todos e, naturalmente, assassinado pelo exército de Batista), mas Ramón escrutou a foto e contou doze cadáveres. Olhou novamente aquela visão de vários homens caídos por terra, como se dormissem sob o sol tropical, com o caminhão militar do lado e rodeados de soldados, e contou doze novamente. Logo percebeu o que estava acontecendo: o décimo terceiro cadáver anunciado pela rádio (e, o que é pior, mostrado mais tarde numa foto oficial publicada no dia seguinte) não tinha morrido no ataque, mas depois: Reynol García fora capturado vivo e depois sumariamente executado com um tiro na nuca. A foto era uma marca delatora, a prova visual do crime. Ramón compreendeu que tinha em mãos não a fotografia extraordinária que sabia que havia tirado correndo risco de vida, mas um documento sensacional. Com a mesma astúcia com que entrara no quartel atacado, fez contato com o correspondente da *Life* em Havana e juntos prepararam uma reportagem que era uma espécie de "eu acuso" visual. Via-se a foto de Ramón, não muito nítida, um pouco borrada, talvez fora de foco, e a seu lado a versão oficial, nítida, impecável, mostrando os mortos sob o sol. O título da reportagem era: O MISTÉRIO DO CADÁVER TREZE. Durante vários dias Ramón teve que dormir na casa de amigos — ou talvez de amigas. Curioso de nascença, ousado de profissão, era também indiscreto por natureza — já contara para gente demais que era ele o autor da foto que denunciava mais do que mil editoriais.

Agora ele nos contava seu encontro com Hemingway. Sei que aconteceu de longe, mas ele o relatava como se dividisse a mesma banqueta no balcão do bar ou um assento vizinho no avião — porque tudo começou num avião. Hemingway aterrissou em Rancho Boyeros. Quer dizer, o avião em que Hemingway viajava aterrissou porque, conhecido o medo que ele tinha de avião, era duvidoso que o próprio Hemingway estivesse pilotando o DC3 que o trouxe de Nova York, ponto intermediário entre Estocolmo e Havana. Hemingway vinha, naturalmente, depois de receber o prêmio Nobel, e desceu a escada do avião antes de Mary. Havia alguns fotógrafos na pista, mas na sala dos que podiam ser chamados de VIF, *Very Important Foreigners*, considerando que há tão pouca gente importante em Cuba (aqui sugeri a Ramón que a sala devia ser rebatizada para algo como *Very Important Folks* ou talvez *Very Impotent Fuckers*, mas ele prosseguiu com sua história, fazendo de uma história curta, uma longa), havia duas bandeiras, uma americana e outra cubana. Hemingway, rápido, se aproximou da bandeira cubana e a beijou. Fez isso com tal celeridade para o seu tamanho que os fotógrafos não tiveram tempo de tirar fotos daquele momento transcendental. Todos gritaram para que Hemingway repetisse o ato, alguns fotógrafos chegaram a falar em espanhol, idioma que haviam aprendido na infância, com uma ou duas criadas de Sevilha. Hemingway mudou de cara, apesar de sua barba, e disse, entre humilhado e ofendido:

— Senhores, eu não sou ator. Esse gesto foi espontâneo, saiu do meu coração e não posso nem devo repeti-lo.

E o autor, nunca um ator, saiu furioso do aeroporto. Ramón agora me contava o incidente como prova de integridade. Mas o que aconteceu depois mostrava Hemingway como um irracional absoluto. Ofereceram-lhe um almoço de frutos do mar no restaurante do International Yacht Club, no extremo do cais de iatistas, em plena baía havanesa, perto do Templete (monumento e restaurante homônimos), diante do Castillo de La Fuerza, ainda Biblioteca Nacional, onde os livros compartilhavam com as pedras o mofo dos séculos, a passagem do tempo e o passado da história. Além disso, o clube tinha vista para a fortaleza de La Cabaña, o povoado litorâneo de Casablanca, e, se o dia estivesse claro, para o Morro, contador de barcos e veleiros. O almoço transcorreu sem outros incidentes além dos muitos *mojitos* que serviram a Hemingway, entre um bocado e outro do inevitável arroz com mariscos que ele apropriadamente chamava de paella, embora sempre pronunciasse mal e a paella acabasse soando a *pala. To call a Spanish dish a spade.* Uma vez que Hemingway recusou a sobremesa, declarando mais uma vez *"I never eat sweets"*, o presidente do clube se levantou e começou um discurso em inglês, com um sotaque tamanho que aquilo era espanhol por outros meios. Ao terminar, anunciou que nosso Conrado Massaguer, genial caricaturista crioulo, apresentaria a nosso convidado de honra uma caricatura pessoal (é possível uma caricatura impessoal?), em comemoração ao ato, como lembrança do clube e em honra ao prêmio Nobel de

Literatura. Jamais um galardão foi mais merecido (aplausos, enquanto Hemingway tomava outro *mojito*, perdida a conta, mas não o sentido) e agora é sua vez, caro Conrado. Massaguer, pequeno, mas não preguiçoso, levantou-se, dando a impressão de que havia sentado (mera ilusão óptica), e se dirigiu a Hemingway carregando um quadro, evidentemente a caricatura. Ao dobrar o T da presidência, Massaguer levantou o quadro (era a caricatura) e com uma frase de praxe entregou ao escritor o objeto homenagem do caricaturista. Hemingway se levantara para aceitar o presente, o que deixou Massaguer ainda menor. Hemingway não estava de óculos, mas pareceu se calar um pouco para se olhar, ou seja, contemplar-se em seu espelho distorcido. Mas assim que viu a caricatura seu sorriso virou uma careta (o que não era nada difícil, já que o sorriso de Hemingway se transformara, fazia anos, numa careta) e no mesmo instante o olhar se tornou ação. Disse um palavrão em inglês e, levantando mais o quadro, arremessou-o contra a mesa com tal força que a moldura se partiu e o vidro se estilhaçou com o impacto. Já não havia um esgar de riso em sua boca, agora sua cara toda se torcia, enquanto ele retorcia a moldura, conseguia tirar dentre os vidros quebrados o papel onde a caricatura estava desenhada, segurava-o nas mãos, que tinham ficado enormes, e o rasgava em dois pedaços, primeiro, depois em quatro e finalmente em incontáveis pedaços — embora a lógica numérica indique que foram oito os últimos pedaços. Com um punhado de papéis (o que restava de sua caricatura), ele se virou para as janelas e atirou nelas o que agora parecia confete. Esse foi o fim da obra-prima desconhecida. *Ars brevis, ira longa*. Digo desconhecida porque ninguém conseguiu saber o que continha exatamente a caricatura de Massaguer, quanto Hemingway ignorado representava aquela caricatura do artista adoecido, aquele retrato de Dorian *graying*, a quantidade de desgraça sob pressão que continha, latente. Hemingway virou seu torso enorme sob a *guayabera* ainda branca e anunciou, quase gritando:

— *Gentlemen, I can swear that I've never been so insulted in my life!*

Declaração depois da qual disparou em direção à porta, não sem ter que passar junto a seus convidados atônitos, muitos dos quais murmuravam desculpas em perfeito inglês. Quanto ao caricaturista culpado (para o qual se pediu uma expulsão do clube, moção que foi derrotada quando um membro advertiu que o culpado não era, graças a Deus, sócio do clube), tinha se levantado por cima de sua desgraça ao desabar numa cadeira e murmurar diversas vezes:

— Não entendo! Não entendo!

Massaguer, veterano da caricatura crioula, elogiado em toda parte, com exposições internacionais, nunca sofrera uma crítica tão impiedosa e, como dizer, tão negativa. Onde se refugiar depois dessa derrota *by the Waterloo*? Entre os mestres, sem dúvida. Mas Goya agora é um perfume. *Daumierda!* Hogarth, doce Hogarth. Sim, ir para casa, para casa: o último refúgio do artista em sua derrota.

Essa anedota de Hemingway me faz lembrar de outra, a do dia em que Ramón veio e me perguntou:

— Quer ir?

— Aonde?

— Como aonde? A El Cotorro.

— Fazer o quê?

— Ver o Hemingway, claro.

— Mas o Hemingway não mora em El Cotorro, mora em Santa María del Rosario.

— Eu sei onde o Hemingway mora. Estive lá.

— Esteve na chácara dele?

— Estive até na casa dele. Muitas vezes.

Ramón sempre parecia estar em toda parte. Não me espantaria que tivesse estado no palácio e entrevistado Batista.

— O que vamos fazer em El Cotorro?

— O Hemingway vai fazer a entrega da medalha do prêmio Nobel à Virgen de la Caridad.

— Em El Cotorro?

— Sim, na cervejaria Hatuey.

— Na cervejaria Hatuey? — eu percebia que estava sendo um eco.

— Lá tem um santuário da Virgen de la Caridad. É uma réplica da de El Cobre. O Hemingway quer prestar uma homenagem a todos os cubanos. Por isso escolheu a Virgen de la Caridad.

— Por que não vai a El Cobre?

— E quem vai pagar o translado de todos esses jornalistas até Santiago?

Só consegui pensar num evidente mecenas.

— Bacardi, claro.

— Mas Bacardi não tem uma cervejaria em El Cobre, e sim um santuário na cervejaria de El Cotorro.

— Razão comercial que convence.

Ramón sorriu.

— Vamos, então? Preciso fazer uma reportagem.

Eu não tinha coisa mais importante para fazer do que cumprir com meu dever na revista, mas o dever sempre pode ser adiado: é o prazer que demanda aplicação imediata. Seria bom ir no carro de Ramón até El Cotorro e ver o laureado escritor, católico converso, ou talvez com prosa, ir prestar homenagem a nossa santa padroeira, virgem mas mulata, ou pelo menos a uma de suas versões, reprodução comercial. Deixamos Havana para trás com a promessa de voltar logo, como nos *travelogues*, pro-

254

messa que cumpria rigorosamente, como um verbo votivo. Pegamos a estrada central rumo a El Cotorro, Ramón dirigindo com seu habitual misto de perícia e periculosidade, indo em alta velocidade facilmente. Quando chegamos a El Cotorro, ele foi direto para a cervejaria Hatuey (Ramón parecia conhecer todos os caminhos) e estacionou entre tantos automóveis que deduzi que ou bem os operários estavam tão motorizados quanto a cervejaria mecanizada ou havia centenas de visitantes. Ramón me explicou: "Pertencem ao Quarto Poder". Dirigimo-nos para a entrada, onde havia mais gente do que carros lá fora. Havia muitos jornalistas que Ramón conhecia (eu não conhecia nenhum) e Ramón soube que Hemingway ainda não havia feito ato de presença. (Era indubitável que os jornalistas falavam como escreviam, ou vice-versa.) Entramos no meio da massa *enguayaberada*, que transformava minha camisa bege e minha jaqueta carmelita numa espécie de verdadeira goiaba entre queijos brancos. Mas não conseguimos avançar muito, e Ramón, alto, de vez em quando me descrevia o que via — que não era muito: dezenas de jornalistas de *guayabera* diante de alguns funcionários oficiais da cervejaria, de *guayabera*, que rodeavam um nicho no qual estava a imagem da Virgem, que imaginei também de *guayabera* em vez de com seu manto azul e ouro com que era representada em todos os cromos e postais devotos. Houve um movimento da massa de *guayabera* e do lado dos jardins vi avançar uma figura que me era conhecida, um escritor que nunca receberia o Nobel, vestido de puro linho e com um panamá. Era Landó, que fazia coisa de um ano trouxera um conto a *Carteles*, tão ruim que fazia com que os que publicara antes parecessem obras-primas absolutas. Ao lhe dizer que não podia publicá-lo, dei-lhe uma desculpa misericordiosa:

— O diretor o considera forte demais pra publicá-lo. Por que não tenta na *Bohemia*?

Mas ele adivinhou a verdade por trás de minha desculpa e me disse:

— Acho que ele é bom demais pra *Bohemia*.

Eu lhe disse que sem dúvida era, mas desde então, antes de abandonar a redação, ele concebeu um ódio contra mim que fingia ser mero desprezo. No entanto, sempre nos cumprimentávamos quando nos víamos, como se meu veredicto sobre seu conto nunca tivesse sido proferido, como se sua condenação a minha pessoa nunca tivesse sido executada. Agora ele vinha acompanhado de outra pessoa, também vestida de puro linho, fumando um charuto, e ambos pareciam uma dupla de fazendeiros que se apressam a chegar a uma reunião de sua associação. Eu já vira seu acompanhante várias vezes e ele até já me fora apresentado. Era um poeta de Pinar del Río que agora morava em Havana e trabalhava na Academia Biarritz, ensinando inglês a havaneses. Todos os seus alunos deviam falar com sotaque *pinareño*. Não sei se era o tão escasso linho entre tantas *guayaberas* ou o enorme tabaco que o poeta fumava (chamava-se Heberto Padilla, com essa rara combinação de um nome cômico com um sobrenome de um galã do cinema mexicano), mas conseguiram o que Ramón, com toda a sua manha, não conseguiu: abriram caminho entre os presentes como uma dupla versão de Moisés através do mar de *guayaberas*, chegando de noite, com a barreira de diretores, gerentes e contadores da cervejaria impedindo-os de adorar a Virgem mais de perto. Essa descrição de ação tão efetiva eu devo a Ramón, embora, claro, os adjetivos sejam meus e eu quase tenha deixado de fora a expressão de Ramón — tão apta para descrever aquela invasão da prosa viborina (Landó morava em La Víbora) e da poesia *pinareña* —, que me disse:

— E quem diabos são esses sujeitos?

Filhos de Hemingway, eu ia sugerir, mas antes de falar soube que ele não aceitaria essa hipótese. Então lhe disse, mentindo:

— Não faço a menor ideia.

De repente houve um tumulto no comício e as *guayaberas* começaram a fazer ondas brancas, desmentindo que uma vez tivessem sido uma versão do mar Vermelho. Imaginei que estivessem distribuindo cerveja aos participantes, então ofereci resistência ao movimento de maré que avançava. Mas era incontrolável. Deviam estar distribuindo ambrosia e néctar na cervejaria. Ramón denunciou o que estava acontecendo com um anúncio:

— O Hemingway está vindo.

Tentei ver o ilustre peregrino, ficando na ponta dos pés. Imaginei que viria vestido para a ocasião, algum traje de *sharkskin* ou talvez *seersucker*, mas não vi ninguém vestido assim. E mais: não vi ninguém. A multidão de *guayaberas* se movia de um lado para o outro, como ondas rítmicas, e eu não conseguia ver mais do que uma *guayabera* repetida até o horizonte visual. Ouvi algumas palavras num espanhol indescritível e imaginei que estavam sendo pronunciadas pelo decano dos correspondentes estrangeiros, todos vestidos de *guayabera*. Silêncio e depois aplausos e antes e depois relâmpagos dos flashes dos fotógrafos, que me pareceram inúteis naquele sol ofuscante. Mas talvez as fotos fossem tiradas na cripta. Houve outro murmúrio, dessa vez alguém falava num inglês inaudível pelo muro de sotaque cubano que devia atravessar os sons anglo-saxões básicos, rompendo a barreira fonética. Devia ser um aluno de Padilla que aproveitava para praticar seu domínio do que quer que fosse aquela língua que falava. Houve mais aplausos e de repente se fez o silêncio, quebrado imediatamente pelas luzes violentas dos flashes. Agora o movimento da massa de *guayabera* se manifestava em sentido contrário.

— Que está havendo? — perguntei a Ramón.

— Que estamos indo embora — disse Ramón, olhando-me pela primeira vez na tarde última.

— Acabou? Acabou tudo?

— Sim — disse Ramón.

— E o que ele fez?

— Bem — explicou Ramón —, disse duas ou três palavras que não entendi e depois alguém que não conheço disse outras duas ou três palavras, que também não entendi, e o Hemingway saiu diretamente pra estátua e pendurou-lhe no pescoço uma fita com uma medalha.

Desconfiei que Ramón não acreditava muito na Virgen de la Caridad, padroeira de Cuba, autora de inúmeros milagres, entre outros o de transformar um escritor que nasceu em Chicago, escrevia em inglês e não sabia construir uma oração em espanhol num escritor cubano. Estava cismando nisso quando Ramón me anunciou:

— Lá estão aqueles sujeitos novamente.

Virei-me e pude ver Landó e Padilla movendo-se destros e distintos entre as *guayaberas* em diáspora.

— Passaram o tempo todo — disse-me Ramón — fazendo onda.

— Como assim, fazendo onda? — quis saber.

— É — disse ele —, não deixaram o Hemingway em paz nem por um momento. Até se atreveram a segurá-lo pela manga.

Eu ia perguntar a Ramón se era a manga do paletó de Hemingway ou da jaqueta. Mas não disse nada. Temi que ele me dissesse que era de uma *guayabera*.

Mas agora Raudol estava num de seus dias eróticos (que eram de confissões e eram muitos: um dia chegou a me fazer a confidência de que para se deitar com sua mulher — a atriz de televisão que fora, em sua primeira juventude, intérprete de mais de uma fantasia masturbatória alheia e própria —, que estava muito bem, ou para os cubanos comuns: muito boa, tinha que imaginar que estava se deitando com uma outra mulher qualquer, o que na época me pareceu uma heresia erótica) e disse a todos nós (pelo menos para Pepe, René e Silvio, que participava da tertúlia pela primeira vez, ou uma de suas primeiras vezes) que tinha descoberto uma nova pensão, recém-inaugurada, que era uma maravilha. Era para ir até lá de carro, e a pessoa fazia assim: entrava no carro com sua ninfa do lado, chegava até uma garagem, descia e fechava a porta de correr da garagem e, sócio (que às vezes Ramón pronunciava *zócio*: tinha se cubanizado muito, mas lhe restavam alguns zês de seu passado espanhol), tirava a ninfa do carro e subia uma escadinha e estava num quarto, dos melhorzinhos, muito bem mobiliado, e em pouco tempo te telefonam para saber se quer tomar alguma coisa e vêm por uma portinha e te trazem as bebidas. Você paga a conta ali mesmo, e depois que acaba, desce a escadinha, mete a ninfa no carro, abre a porta da garagem, sai e não vê ninguém.

— A onda do momento!

Raudol sempre nos deixava boquiabertos. Agora prometia nos levar ao lugar, de tarde, pois tinha que apanhar um guarda-chuva que esquecera lá. Um dos mistérios dessa história é como ele deixou um guarda-chuva esquecido num lugar que estava protegido não só dos olhares humanos, como também da intempérie. A possível solução é que teria usado o guarda-chuva em práticas contra natura. Mas na época ninguém pensou nesse espesso mistério, e fomos todos, às cinco, hora de saída da *Carteles*, conhecer o novo motel, que só os privilegiados usuários de carro podiam visitar com assiduidade — ou ainda pela primeira vez. Saímos, pegamos a Calzada de Rancho Boyeros e chegamos ao Huevo, dobramos à direita por uma estrada secundária e depois de mais uma ou duas curvas chegamos diante da fábrica da Avon, e bem atrás dela ficava o novo motel, todo enfeitado com cercas vivas e trepadeiras de buganvílias e com arecas e outras plantas fazendo um ninho vegetal naquele altar do amor: *omnia vincit amor* quando a pessoa tem dinheiro para facilitar a vitória. Esperamos no carro, estacionado bem no meio do pátio do motel, vendo algumas garagens vazias e outras já ocupadas, Ramón chegar na recepção e voltar com seu guarda-chuva resgatado. E na satisfação de seu sorriso pelo pasmo que nos causava com esse novo habitat erótico houve uma revelação: o guarda-chuva não tinha sido esquecido, ele simplesmente o trouxera e o deixara ali a fim de ter um pretexto para vir buscá-lo rodeado de todas essas bocas abertas, inocentes, quase imberbes, que se depravavam totalmente diante da magnificência desse novo templo do amor. Esse é Ramón Raudol!

Enquanto isso, de noite eu completava minha topografia sentimental com Ella. Agora costumávamos ir até a emissora CMOX, na 19 com a 8, nos fundos da qual havia uma discoteca, uma loja de discos, aberta até a meia-noite e dedicada, coisa inaudita, a vender apenas discos de jazz. Lá encontrei pela primeira vez aquele *man* daqueles tempos, Django Reinhardt, e seu disco *Nuages*, que eu não cansava de ouvir na cabine individual que transformava em duplex, instalando Ella a meu lado, embora ela não gostasse de jazz, embora não entendesse nada de música, embora fosse surda como uma porta para qualquer som organizado, ouvindo os arpejos jazzdebussysticos de *Nuages*, que se transformou num hino à noite daquela época — até que o comprei: ainda o tenho, em outro disco, talvez em outra versão, e cada vez que o ouço me retornam aqueles dias idos, aquelas noites que deviam estar esquecidas pelo tempo que passou, mas que permanecem indeléveis em minha memória. Lá também descobri, para meu prazer, Jimmy Giuffre e seu clarinete de sonoridades tão inusitadas, com seu trio, e Chico Hamilton e seu quinteto, e seu antigo mestre e verdadeiro artífice do saxofone barítono Gerry Mulligan, com Chet Baker, cuja versão de "My Heart Belongs to Daddy" (apesar de Silvio Rigor e de sua paródia dadaísta) muitas vezes ainda me volta à memória, cantarolando mentalmente seus primeiros compassos, repletos de um ritmo sábio, e me encontrando, dessa vez fisicamente (pelo menos com a aparência física de seu som), com Thelonious Monk, às vezes sozinho, com seus acordes invertidos, e outras com seu conjunto ou tocando com algum outro mestre já descoberto, como Charlie Parker ou Dizzy Gillespie, e encontrei novamente o Modern Jazz Quartet em outras combinações inesquecíveis de seus quatro mestres e tantos e tantos outros, alguns competentes, outros incompetentes, como o ainda não valorizado, porém mais adiante descoberto com estupor, John Coltrane, ainda envolto na sonoridade de Miles Davis. E ela sempre me acompanhava nessas excursões, das quais às vezes saía um disco que eu comprava, mas na maioria das vezes só vinha para ouvir as novidades, com Remigio, o vendedor gordinho, mulato de olhos amarelos, tão amável, que sempre me oferecia "a última novidade recém-chegada: saindo do forno, como se diz por aí", falando com sua voz um pouco aguda, estridente diante de tanta música baixa (graças à descoberta de Charlie Mingus e Ray Brown, ambos imortais: e aqui termino para não fazer uma lista homérica desses melodiosos passadores de tempo, descobertas culturais, continuadores da tristeza na alegria de viver que o jazz oferece).

Um dia Alfredo Villas veio me ver, muito misteriosamente, na revista, quase na hora da saída, e fomos até o terraço, que às vezes é uma continuação da redação por outros meios.

— Estão anunciando a greve pra abril — disse-me ele. — O Faustino Pérez, que vai ser o coordenador, já está aqui em Havana, enviado da Sierra. Dessa vez todo mundo vai.

Quem era todo mundo? Que organizações irão à greve? O Partido Comunista e o Diretório serão incluídos? Alfredo não sabe, mas promete investigar. O que ele veio me dizer é que o comitê de greve dos jornalistas me escolheu para representá-los na *Carteles*; quando eles falarem em greve, eu também devo falar em greve, e tentar fazer todo o pessoal abandonar a revista. Para isso tenho que me encontrar com Blanco, que demonstra uma clara preferência pelo Movimento 26 de Julho, mas que age por conta própria, embora seja ele quem manda nos operários das fábricas "de baixo", como ele as chama, porque trabalham sob a redação, administração, linotipos e fotogravuras, onde dois sujeitos, Barata e Onofrio, o duo, têm certa prevalência sobre os outros. Mas todos concordam em participar da greve quando vier a ordem. Villas me aconselhou a achar um lugar para me esconder, já que sem dúvida a polícia irá procurar os responsáveis pela greve em suas casas. Não tenho onde me esconder e meus conhecimentos dos grupos clandestinos (mesmo com o 26 de Julho) estão comprometidos, por ser eu quem lhes oferece a própria casa como esconderijo. Mas de repente me lembro que Vicente Erre tem um apartamento em El Vedado, bem perto de onde ela mora (já havia pensado em me esconder em sua casa, mas descartei a ideia por ser pouco prática e romântica demais, mesmo no sentido sexual), onde Erre dá suas aulas de teatro: pode ser um bom lugar para se esconder. Ninguém vai me ligar ao grupo de atores que visitam o apartamento, além disso eles não estarão por lá nesse dia. Enquanto imagino um lugar para me esconder, não pensem que eu não procure um bom lugar para levá-la e tentar fazer amor, e esqueça que não consegui passar das escaramuças na sacada, e que também nem tenha me passado pela cabeça convidá-la para ir a um hotelzinho porque sei que ela diria um redondo não: então o lugar de meu esconderijo político poderá ser também o lugar de minha reunião erótica. Explico a Vicente Erre (que tem franca simpatia pelos comunistas: já tivemos mais de uma discussão sobre Bertold Brecht, que ele quer montar "tão logo as circunstâncias o permitam") o plano de greve e a necessidade de ter um lugar para me esconder, e ele imediatamente me oferece seu apartamento, onde não mora mais, e me dá uma chave para que eu entre e saia quando melhor me aprouver.

Está tudo arranjado: só falta o sinal de Villas para eu lançar a ordem de greve e dar o fora. Enquanto isso, continuo saindo com ela, quando ela pode. Num sábado de tarde vamos ao Turf.

Lá, entre tanta obscuridade propícia, eu a tiro para dançar. Ela é mais alta do que eu, mas ninguém vai perceber isso no Turf, e dançamos um bolerão lento, tornando-o mais lento com nossos passos: ela também não dança muito bem, de modo que fomos feitos um para o outro, movendo-nos lentamente em nosso pequeno espaço de dança, unindo a música e a noite artificial do clube e o momento. Lá ela me dá um de seus beijos mais memoráveis, que quase parece o primeiro — e embora ela jamais tenha admitido sentir qualquer tipo de afeto por mim, sei que esse beijo se parece com amor mais do que qualquer outro recebido (e dado) até agora. Quando o bolero termina voltamos a beber, em nossa mesinha. Seguro sua mão longa e branca e suave (ainda não sei que trabalho ela faz: ainda virá o dia em que ela me dirá que trabalha numa fábrica de tabaco, separando as folhas boas das ruins, e que odeia o cheiro que o tabaco em rama deixa em suas mãos, em seus braços, em todo o seu corpo, mas agora, quando beijo a palma de suas mãos, não sinto nenhum cheiro de tabaco, e sim a fragrância do álcool, da fumaça de cigarro adocicada e do ar-condicionado que nos rodeia) entre minhas mãos e suas mãos também são mais longas do que as minhas: essa garota alta e febril e vertiginosa me ultrapassa em polegadas ou centímetros em tudo o que mostra para mim.

— Te amo — falo para ela. Acho que é a primeira vez que lhe digo isso claramente: combati sua reticência com a minha. Além disso, o amor não demorou a chegar: é agora, mais de um mês depois que a conheci, que me sinto apaixonado, que posso dizer te amo sentindo isso, que o amor empresta seu halo prístino a minhas palavras. Mas ela não diz nada, deixa que eu beije a palma de sua mão como deixa que eu beije sua boca, mas não responde, a não ser em certos momentos, como aquele na sacada de sua casa, e agora quero que o álcool solte sua afetividade amarrada e que ela se deixe levar pelo momento e por meus sentimentos. Será que vou conseguir? Ela sorri: essa é sua melhor arma, porque sua risada deixa à mostra uma de suas imperfeições: um pedaço de gengiva sobre os dentes nada parelhos, mas seu sorriso é eloquente e gracioso e belo: então ela sorri frequentemente. Agora me responde só com o sorriso. Faz um tempinho que estamos aqui no Turf bebendo e dançando, mas ela continua aferrada a sua aura protetora. Como vou conseguir soltá-la?

— Eu não te amo — diz ela, como única resposta. — Não estou apaixonada por você. Acho que nem gosto de você.

Mas essas palavras não me detêm.

— Você ama o ruivo?

— Quem? — diz ela, como se estranhasse.

Desde a primeira noite não tínhamos mais falado desse personagem, agora decididamente mítico.

— O homem ruivo pelo qual você me disse que estava apaixonada.

— Eu te disse isso?

— Sim, no primeiro dia.

— Pois era mentira. Eu não amo ninguém. Ele anda atrás de mim, ou melhor, andava atrás de mim, mas eu também não o amo.

— Então é o Pepín?

Este é o vizinho da frente, que ela me apresentou certo dia do alto de seus seis pés e tanto, com um grande respeito: ele até chegou a fazer tensão dinâmica, exercícios de Charles Atlas, para deixar de ser magro e assim impressioná-la mais.

— Por favor...

— Então você não ama ninguém?

— Ninguém. Nem sequer a mim mesma.

Será verdade? Como saber? Este interrogatório nesse lugar não adianta nada. Quero dizer que esse não é o lugar indicado para um interrogatório, a única coisa que me alegra é sua escuridão, sua intimidade, seu ar-condicionado tão bem controlado e o fato de estarmos um ao lado do outro, como no El Atelier: assim me previno contra uma possível reação alcoólica que a faça se deitar em meu colo e dizer e repetir que quer morrer. Mas hoje ela não faz isso. Tampouco fez isso no dia em que nos embebedamos na sacada de sua casa: ao contrário, lá ela estava bem alegre. Seria o efeito dos daiquiris do El Atelier? Na sacada bebemos vodca, vodca, e agora, aqui, tomamos cubas-libres. Assim não há reação mórbida. Sugiro que a gente vá dançar de novo, dando os dois ou três passos que imagino como passinhos e nos movendo no ritmo de um bolero, sem me importar com o tanto que ela é mais alta do que eu. Vamos. Ficamos colados e ela consente no que vulgarmente se chama meu amasso: esfregar meu pênis duro, minha calça túrgida, minha braguilha excitada em suas coxas e seu baixo-ventre. Será uma *calientapollas*?* Acho que não, não me deu essa impressão, e eu conheço bem

---

* Pessoa que excita sexualmente um homem sem intenção de satisfazê-lo. (N. T.)

as mulheres: quer dizer, as cubanas. Mas sei que não passaremos disso: não temos um lugar apropriado para ir. Seria diferente se eu tivesse um apartamento de solteiro, mas nem mesmo sou solteiro. É minha voz alcoólica, alcoólica, que sussurra dentro de mim. Preciso encontrar um lugar limpo e mal iluminado onde possa levá-la, que não seja um lugar público, e não pode ser, nem pensar, um hotelzinho, daqueles ditos de alta rotatividade. Por outro lado, ela nunca está sozinha em casa e seria arriscado demais tentar algo além do longo beijo de língua em sua casa. Resta, como última alternativa, o apartamento de Vicente Erre.

Isso me tira do Turf e me faz lembrar da greve, dos dias de greve, que aconteceriam, que aconteceria porque seria um dia único: uma data escolhida se tornava cada vez mais iminente, eminente também na *vox populi*, mas minha ordem não chegava. Na verdade, nunca chegou: recebi uma comunicação quase infusa que mencionava o dia 9 como o momento para divulgar a greve, dia 9 pela manhã, mas Villas não deu as caras. Depois ele me explicou que suas instruções também não tinham chegado. Desse modo, não convoquei nenhum dos membros sindicais da *Carteles* e só me dediquei a sair cedo do trabalho (embora o resto do pessoal da revista tenha continuado trabalhando: uns porque simpatizavam com os comunistas, que foram afastados da greve, outros porque não receberam nenhuma ordem, os demais porque tinham medo de deixar o trabalho) e peguei um carro de praça (havia instruções vagas, dadas anteriormente por Villas, de não pegar ônibus nem coletivos nesse dia) para ir ao laboratório em que minha mulher trabalhava e mandei chamá-la e ali mesmo lhe comuniquei que parasse de trabalhar a partir daquele momento. Não sei que desculpa ela deu no trabalho, mas veio comigo para casa, onde pedi que se trancasse. Dali fui até o apartamento de Vicente Erre e me instalei. Ali passei a maior parte do dia, sem comer, sem notícias. Mas de noite resolvi sair: na rua tudo continuava normal, as pessoas andavam para cima e para baixo, os veículos circulavam iluminados, a vida seguia seu curso. Então voltei para casa, onde encontrei Olga Andreu e Titón, aparentemente fazendo uma visita, mas me esperando: vinham me contar o que acontecera na esquina de sua casa, que também tinha sido minha, rua 25 com avenida dos Presidentes, mais conhecida como G com 25: tinham matado um membro importante do 26 de Julho naquela esquina. Aparentemente, ele fora interceptado por um camburão e crivado de balas ali mesmo. Depois soubemos que era Marcelo Salado, membro muito conhecido do grupo de Ação e Sabotagem do 26 de Julho. Naquela noite, já tarde, Olga e Titón levaram um grande susto, quando bateram violentamente em sua porta — ou assim parecia. Ao se levantar comprovaram que estavam batendo, quase derrubando, na porta do lado, no terceiro apartamento daquele andar. Ouviram claramente que era a polícia e que entravam à força no apartamento, depois vieram ruídos de busca e por fim levaram alguém preso. Ouviram tudo isso grudados na porta, tremendo de medo, torcendo para que a polícia não fosse dar busca em outros apartamentos (aparentemente, Titón guardava algumas *Cartas Semanales* em sua casa), mas veio o silêncio. De manhã souberam que Marcelo Salado tinha morado naquele apartamento e que eles tinham prendido a mulher dele ou alguém muito próximo do finado.

Isso foi tudo o que aconteceu no dia da greve: um fiasco absoluto, mais ainda pelos mortos (dizia-se que tinham matado uns cem membros do 26 de Julho em Havana), que confirmavam o desastre com sua presença fúnebre. Foi um golpe duro para o 26 de Julho, que ficou, pelo menos no conceito popular, liquidado na cidade de Havana. Mas naquela noite do dia 9 não pude deixar de ir vê-la, e disse lá em casa que ia dar uma volta.

— Tenha cuidado, rapaz — disse minha avó, de seu quarto junto à cozinha, de onde ouvia tudo o que acontecia na casa, por mais afastado que estivesse dela.

— Sim, tenha cuidado com o que faz e com quem se reúne — repetiu minha mãe, que sempre imaginava uma possível má companhia, mas ao mesmo tempo era muito amistosa com meus amigos e até com meus conhecidos.

— Por favor — foi tudo o que minha mulher disse, antes de acrescentar: — Se cuide — como se eu estivesse partindo desarmado para o Congo Belga.

Falaram tanto para eu me cuidar (vi a mesma intenção de pedir que me cuidasse em meu pai, quando ele levantou a vista do jornal que estava lendo) que me senti culpado: eu sabia bem para onde ia e com quem ia me reunir. Quando cheguei a sua casa, ela estava vendo tevê com o irmão, sua mãe estava ouvindo a rádio clandestina, ainda mais atenta nessa noite cheia de presságios e de maus agouros (quer dizer, para os nossos: mais uma vez as forças do mal haviam triunfado), mas minha alegria foi grande ao encontrá-la, e a sós. Logo fomos para a sacada e ela me disse que não tinha ido à academia naquele dia: não por razões políticas (não havia criatura mais apolítica do que ela: pelo menos, se havia, eu ainda não conhecia), mas por insistência de sua mãe, que tinha medo que lhe acontecesse alguma coisa no caminho. Eu disse que o mais provável é que as aulas tivessem sido suspensas, embora soubesse que esses centros oficiais, como sua academia, deviam ter tido aulas obrigatórias. Ficamos conversando na sacada até que sua mãe voltou, muito agitada. Nossa conversa não foi particularmente importante a ponto de merecer destaque, mas o que sua mãe comentava sim:

— Rapaz — disse ela, sem se dirigir a ninguém: era um comentário geral —, a coisa está pegando fogo. Deram boletins de confrontos armados em todas as frentes.

Evidentemente sua mãe estava contagiada pela retórica do noticiário rebelde, quando acrescentava:

— Causaram muitas baixas no Exército.

O Exército era só um: o de Batista, as forças revolucionárias eram os rebeldes. A cada dia eu gostava mais da mãe dela, com sua evidente loucura e sua paixão, compartilhada, pelo beisebol e pela Rádio Rebelde: tínhamos tudo isso em comum. E era preciso acrescentar outra coisa: ela nascera em minha cidade; embora sua família tivesse vindo de Las Villas, tinha nascido no mesmo lugar em que nasci.

— Talvez a gente até seja parente — acrescentou ela um dia, quando conversávamos.

Ela (minha Ella), por sua vez, me contou certo dia como sua mãe tinha dois nomes: o nome com que havia nascido e outro que lhe deram quando tinha dois anos. Acontece que um dia ela se perdeu, quando era quase um bebê que mal sabia andar, a família começou a procurá-la e, como não a encontravam em nenhum lugar, fizeram uma promessa de lhe dar o nome do santo do dia se ela aparecesse: encontraram-na, milagrosamente a salvo mas inexplicavelmente do outro lado do rio. Isso foi no começo do século e ainda havia crocodilos naquela região, e ninguém pôde explicar não só como ela se salvou dos sáurios, como de que forma conseguiu atravessar o rio: nenhuma das explicações familiares pôde desentranhar o mistério. Sua mãe, quando morreu o marido, o pai dela (na época ela não tinha mais de dois anos), ficou viúva com oito filhos (felizmente, alguns dos filhos eram filhas, e já mulheres, quando o pai morreu num acidente de construção, em Nicaro, Oriente, a mais ou menos mil quilômetros de onde moravam) e ela teve de criá-los sozinha, negando-se a se casar de novo para se consagrar à família: então não era estranho que todos os filhos (os que eu conhecia e os que eu ainda não conhecia) fossem loucos pela mãe, que veneravam. Mas sua mãe não ficou bem depois de receber a notícia da morte súbita do marido e frequentemente sofria de ataques (pelo que ela me contou, é evidente que se tratava de ataques de histeria), tinha convulsões e então caía a todo instante quando ela era pequena (devia ter, na época, uns seis anos) e para escapar da terrível realidade ela saía de casa e ia até um campo próximo e se sentava debaixo de uma árvore particular ("uma copa maravilhosa", me disse ela, que se lembrava de tudo nitidamente), e ali, tremendo de insegurança, adormecia, e quando, algum tempo depois, voltava para casa, a mãe já se recuperara do ataque e tudo voltara à calma. Essas narrações que ela me fez ao falar de sua mãe (falava mais de sua família do que dela mesma: sempre era reticente ao falar de si mesma) me aproximaram muito dela, por termos tido uma infância compartilhada não pela infelicidade (eu fui um menino feliz), mas pela vida quase comum em pequenas cidades e pelo amor à natureza próxima: o campo era nossa comunhão. Mas naquela noite não falamos de nós dois, ou seja, eu não falei com ela sobre ela, só conversamos sobre trivialidades, até que sua mãe chegou e nos submergiu de novo na política da qual eu queria escapar quando fui até sua casa.

— Um dia vão te levar presa — disse ela para a mãe. — Se te pegam, você vai ver o que vai acontecer.

— Mocinha — disse a mãe —, como iriam me pegar, se todos nós ouvimos rádio enfurnados em casa? Estava tão quente que quase sufoquei.

E sua mãe sempre tinha um tom particularmente juvenil, quase infantil, quando falava de suas aventuras com a rádio clandestina: agora que havia censura de imprensa ela a ouvia mais do que nunca (um dia ela me confessou outra característica da mãe, que era uma mulher extremamente popular: sua mãe não sabia escrever, mas aprendera a ler sozinha lendo jornais, que comprava de manhã e de tarde para ler as páginas policiais porque era apaixonada por crimes e assassinatos, cujos detalhes lia até nas entrelinhas). Sua mãe era uma figura, até na aparência, pois lembrava o cruzamento de uma velha cigana com uma velha índia, embora por dentro ainda fosse uma menina. Passei um bom tempo com ela para terminar um dia que tinha sido, de certa maneira, terrível.

No outro dia, a *Carteles* continuou *business as usual*: com todo mundo no seu posto. Não vi Blanco nem Onofrio e Barata, o duo do departamento de invertidos no qual, curiosamente, eram os únicos heterossexuais, embora, naturalmente, o departamento não fosse chamado assim por causa dos gays que trabalhavam lá, mas porque lá eram feitos os fotolitos invertidos.

— O que eu te disse? — disse-me Wangüemert, aproveitando que o censor ainda não havia chegado. — Não aconteceu nada além do derramamento de sangue de sempre. Em Cuba o sangue é pródigo.

Wangüemert foi um dos poucos com autoridade na revista a quem contei minha decisão de ir à greve. Ele se opôs, é claro. Tinha herdado de seu filho morto uma aversão a tudo que tivesse a ver com Fidel Castro. Wangüemert tinha um filho (tinha dois, mas o que morreu era seu filho favorito) que militava no Diretório e cujo apelido era Perigo, por sua valentia. Eu o conhecera bem nos dias em que a Cinemateca projetava filmes no Palacio de Bellas Artes, onde trabalhava num cargo importante. Por alguma razão desconhecida não nos demos bem e agora eu lamento, pois gostaria de tê-lo conhecido: o herói sempre atraiu minha curiosidade. E ele morreu como um herói, de fato, no assalto ao Palácio Presidencial em 13 de março de 1957. Perigo (acho que seu nome verdadeiro era José Luis) detestava Fidel Castro desde seus tempos de estudante, mas agora que Fidel Castro estava na Sierra parece que o odiava ainda mais. Esse ódio, naturalmente, contagiou seu pai, que detestava Castro, como ele dizia, enquanto todos os simpatizantes de sua causa o chamavam de Fidel. Wangüemert ficou arrasado quando o filho morreu no Palácio. Logo depois foi para a Europa de férias, com o dinheiro da amante, Sara Hernández Catá, que herdara uma pequena fortuna havia pouco e a gastou com ele viajando pela Europa. Guardo, daquela época, um cartão-postal enviado de Bruges e o conselho de que se algum dia fosse a Amsterdam (nunca imaginei que iria a Amsterdam quase todo final de semana, durante três anos!) não deixasse de comer no De Schwartze Boek, o que fiz na primeira vez em que fui a Amsterdam, em 1962: lá eu comi faisão, mas servido à maneira germânica (com salsichas e chucrute) e detestei. Na *Carteles* ninguém (ou quase ninguém) viu com bons olhos que Wangüemert saísse de férias com a amante tão pouco tempo depois da morte de seu filho, mas eu não achei ruim: pensei que nada do que ele fizesse iria devolver a vida ao filho e que as férias evitariam que ele pensasse na tragédia tão próxima. (É verdade que eu também torcia pela saída de Wangüemert para levar a cabo meu frustrado projeto de mudar a revista, mas essa é outra história.) Por outro lado, não me parecia mal que, se a amante dele tinha dinheiro e queria gastá-lo com ele, pois que o fizesse: afinal de contas, Wangüemert aguentava muita coisa de Sara Hernández Catá, com sua tendência à bebedeira e à encrenca, e acho que almoçavam todo dia juntos e era sempre Wangüemert que pagava: era, pois, uma reciprocidade, pura e simplesmente.

Agora, um ano depois da morte do filho, o ódio de Wangüemert por Fidel Castro continuava viçoso — e, no fim das contas, estava certo: não tinha acontecido nada. Wangüemert acrescentou que, como o partido foi afastado (o partido era o Partido Comunista, do qual ele era um simpatizante muito próximo), o mais natural era que a greve fracassasse. Eu não quis dizer nada, principalmente depois que ele falou da prodigalidade do sangue, pois que direito tinha eu de refutar esse homem que na velhice se vira visitado pela tragédia devido ao sangue pródigo dos cubanos? Então calei a boca e logo depois o censor chegou e todo mundo calou a boca. Por falar em censor, eu tinha recebido em casa a visita especial de Héctor Pedreira, meu amigo comunista que trabalhava como garçom no Mes Amis, para me advertir que baixasse o tom de minhas críticas. Agora que todas as publicações estavam censuradas, aquelas colunas que ainda eram publicadas eram sopa rala, vozes inaudíveis, e eu aproveitava, às vezes, para espicaçar o censor, falando de lugares remotos como Bali ou Itália, a propósito dos filmes que tinham tais lugares como cenário. Pedreira vinha por conta própria, mas não sei por que imaginei que fora mandado por alguém do partido, seu superior imediato ou alguém parecido, talvez alguém do comitê cultural: o fato é que ele disse que eu estava procurando que me fechassem a coluna, e depois, foram estas suas palavras, "nós ficaremos sem nada". Prometi a ele que teria cuidado, atendendo à palavra do partido, sobretudo agora que, aparentemente desmantelado o 26 de Julho em Havana, era a única voz política autorizada da clandestinidade. No mais, a vida na *Carteles* seguiu como sempre, e no sábado seguinte, depois do pagamento, saímos eu, Silvio Rigor, René de la Nuez, talvez Pepe, o José-Hernández-que--não-escreverá-o-Martín-Fierro, Cardoso e o fotógrafo Ernesto. Lembro muito bem disso porque era um dia nublado, mas muito quente, e Silvio estava com sua capa de chuva na mão ou talvez jogada sobre o ombro, não me lembro bem. O fato é que avançávamos em grupo pela rua Pajarito, talvez para jantar na praça Carlos III, quando Silvio advertiu:

— Que cheiro! Não estão sentindo? Parece maconha.

— Alguém está fumando a maligna — disse Cardoso, que sempre se referia à maconha pelo nome que lhe davam as páginas policiais dos jornais: a erva maligna.

— Deve ser — disse René de la Nuez, e todos nós já íamos concordar que em algum lugar próximo alguém "fumava unzinho" quando Ernesto ou talvez Carlitos, o Maldito, perceberam que saía fumaça de Rigor (como eles chamavam Silvio), mas não, como de costume, de sua boca ou pelas narinas, e sim de seu corpo: a capa soltava fumaça. Quando ele percebeu já era tarde: a combustão fizera um buraco em sua capa, sobre o bolso. Foi depois que ele descobriu que havia guardado o cachimbo no bolso, evidentemente ainda aceso. Houve um coro geral de gargalhadas, às quais Silvio se uniu de má vontade, com seu sorriso de dentes perfeitos.

— Deve ser a maligna! — comentou René, e caímos de novo na risada. Dessas brincadeiras impensadas eram feitas nossas reuniões, que, no fim das contas, eram bastante inocentes.

Na época estava na moda um jogo de salão chamado Jogo da Verdade. Acho que ainda é jogado, mas não com o ardor pela verdade com que se jogava então. Eu o detestava. Acreditando que o intercâmbio social era mais baseado na mentira do que na verdade, eu me recusava a jogá-lo. Mas uma noite um grupo de pessoas se reuniu na casa dela e propuseram jogar o Jogo da Verdade. Todo mundo concordou, quase aplaudindo, e não pude recusar. Estavam lá Pepín, o comprido, seu vizinho da frente que ainda, acho, aspirava ao amor dela, inutilmente, a meu ver, em alguns dias, em outros com muitas possibilidades. (Foi só muito tempo depois que eu soube que ele nunca teve, como ela dizia, "muito chance".) Sua mãe não estava, fiel ouvinte, como sempre, da Rádio Rebelde. Mas estavam lá sua irmã e uma amiga de sua irmã, cujo apelido era La China, e que na verdade era uma mulata. E ela me confiara que La China era a melhor amiga da irmã. Mas também me contara como La China havia tentado, como ela dizia, paquerá-la: às escondidas de sua irmã lhe dizia que ela era muito linda, que tinha um corpo muito bom, coisas que eram ditas mais por um homem e não por uma mulher. Assim, um dia, quando ela me apresentou a La China, não pude deixar de sentir um certo incômodo diante de sua pessoa, embora fosse uma mulher extremamente atraente fisicamente, mas não me parecia que ligasse muito para homens. Além disso, estavam na sala da casa naquela noite o irmão dela, que era pequeno demais para jogar — tudo o que dizia era verdade —, uns vizinhos de cima e outras pessoas que eu não conhecia, o que tornava o jogo ainda mais arriscado do que se já conhecesse todo mundo. Começamos a jogar e, como não cabíamos todos na sala ou não havia assento para todos, ela se sentou no chão, perto de mim, que estava sentado numa das poltronas. O jogo, muito entediante, desenrolou-se como de costume, e para mim só interessava sua verdade e o que ela tivesse a ver comigo, então não prestei muita atenção ao que acontecia, até que chegou a vez de La China jogar e fui escolhido para responder. Chegamos ao momento em que La China me perguntava:

— O que você acha de mim?

— Atraente — respondi, dizendo a verdade, embora a verdade toda fosse insuportável, pois teria que dizer atraente fisicamente, mas repulsiva moralmente.

— O que pensa de mim?

— Que está interessada em alguém e não devia.

— Pode-se saber o nome dessa pessoa?

— Pode-se saber, mas eu não vou dizer.

Houve protestos:

— Tem que jogar o jogo direito...

— Tem que dizer o que pensa...

Mas me mantive fechado em copas.

— Não vou dizer. Isso é tudo.

— Bom, tudo bem — concordou a China. — Essa pessoa está presente?

— Sim, sim, está.

— Você está perto dela?

— Bastante.

— Posso perguntar a ela?

— Não é assim que se joga — disse alguém. — Os mesmos têm que continuar.

— Sim, pode.

Então La China se dirigiu a ela.

— Você ama alguém? — perguntou La China a ela.

— Não.

— Acha que pode vir a amar alguém?

— Talvez — respondeu ela.

— Poderia amar uma pessoa que está bem perto de você?

— Talvez — disse ela, e se recostou em minha perna. Mesmo com todos os anos que se passaram, ainda me lembro desse momento em que ela se recostou em minha perna. O momento seguinte, quando quase abraçou meu joelho, é uma lembrança imorredoura, que guardo comigo.

— É um homem? — perguntou La China.

— Sim — disse ela.

Vi que La China não estava contente com a resposta.

— Gosta dele?

— Não é o meu tipo, mas tem alguma coisa nele que me atrai.

— Poderá amá-lo?

— Talvez — respondeu ela, e aí o Jogo da Verdade se transformou numa bênção para mim: foi esse o dia, ou melhor, a noite em que ela se transformou em Ella. Tive vontade de levantar seu rosto e lhe dar um beijo, de apertá-la entre meus braços, de erguê-la no ar — alta como ela era — e levantá-la até meus braços e meu coração, mas tudo o que fiz foi pôr a mão em sua cabeça, quando ela a abaixou um pouco ao responder "Talvez", o que para mim era um sim definitivo. Não me lembro mais da noite nem do jogo, mas esqueci de dizer antes que eu tinha insultado La China quando ela me perguntou:

— Gosta de mim?

E eu respondi:

— Não gosto nem um pouco de você.

— Por quê? — insistiu ela.

— Porque não gosto do jogo que você faz.

Lembro que vi que ela soube que nós dois sabíamos e foi então que ela resolveu mudar o alvo das perguntas. Mas isso já está na periferia da lembrança, como um borrão ao qual se acrescentou um traço novo, depois que La China, talvez inadvertidamente, me deixou saber a verdade: ela sentia algo por mim que não era passageiro e que para mim era a coisa mais importante do mundo nesse momento, e quando La China lhe perguntou se poderia me amar, ela respondeu:

— Talvez.

Isso era tudo o que eu queria saber.

Agora só faltava achar um lugar para a gente se ver: um lugar para ficarmos sozinhos, um local de encontro onde eu pudesse lhe falar de meu amor, um lugar que não fosse um parque, um clube ou uma reunião do Jogo da Verdade. Encaminhei minhas intenções para esse ponto.

Silvio Rigor e o professor Carvell se encontraram na *Carteles*, mas antes tinham tido outro ponto de contato: Bárbara, a filha do professor Carvell, por quem Silvio estava apaixonado e era, ao que parece, correspondido. Silvio, pouco tempo depois de começar a trabalhar na revista, herdou um dinheiro que lhe cabia por parte do finado pai, cuja família havia vendido uns terrenos onde construíram, nos anos 40, o parque Martí (que eu conhecia bem, pois era, embora ficasse em El Vedado, o local para esportes do Instituto de La Habana, e dali, do Instituto, além do terreno familiar, Silvio também devia conhecê-lo), e era agora, no final dos anos 50, que ia receber sua parte da herança. Era a primeira vez que eu conhecia alguém que tinha recebido uma herança, o que tornou mais valioso o conhecimento de Silvio, além de suas qualidades (e defeitos) pessoais que o tornavam quase único entre meus amigos. A primeira coisa que Silvio fez foi comprar um automóvel. O dinheiro da herança não era muito, então ele teve que se contentar com um carro usado. Comprou um Dodge do início dos 50, verde-escuro, que começou a dirigir com uma *sans façon* de dar medo: tirava umas finas dos outros carros que deixavam poucos centímetros, quase milímetros, entre seu carro e o carro inimigo (qualquer outro objeto rodante era o inimigo), e, da mesma forma, um dia arrancou pela raiz um dos recém-instalados parquímetros em frente ao parque Central. Silvio não viu alternativa senão carregar o artefato, a coluna de ferro com o parquímetro em cima, para um posto policial. O mais próximo era o terceiro posto, na Zulueta esquina com a Dragones, e Silvio apareceu lá com o parquímetro. O cabo de plantão não queria acreditar e o capitão do posto veio ver aquele indivíduo esquisito: um motorista carregando um parquímetro morto. Mesmo considerando o ódio que motoristas e donos de automóveis tinham dos artefatos medidores recém-instalados, o fato era um pouco inaudito — e também imprevisto. Ninguém sabia o que fazer com o parquímetro no posto policial, onde finalmente o jogaram num canto, mas o capitão não perdeu a oportunidade de fazer um discurso para dizer a Silvio que se todos os cidadãos fossem tão cívicos quanto ele, o destino do país seria outro. O certo — conforme Silvio me contou — é que ele não levou o parquímetro ao posto policial por civismo, mas por embaraço: simplesmente, depois de ter derrubado o artefato, não sabia o que fazer com ele. Silvio teve outras aventuras como motorista, entre elas parar abruptamente, uns cem metros antes de chegar ao semáforo da Línea com a rua L, para falar com uma loira *despampanante* (este é o adjetivo cubano, e assim era ela, estonteante, em termos cubanos) com quem estava saindo. Mas ele não saiu muito com ela e poucos dias depois me apresentou outra loira, dessa vez uma loirinha natural, mais magra do que esbelta, de braços longos e pernas longas e com uma cara fofa, que era Bárbara. "É a filha do professor Carvell, aquele safado", me disse Silvio depois. Naquele momento não consegui perceber se ele chamava de safado seu futuro sogro (Silvio veio a se casar com Bárbara: mas essa é outra história) em sentido pejorativo ou com admiração.

O que o professor Carvell despertava em mim? Pertencia (como Jess Losada, outro de meus personagens favoritos da velha *Carteles*) à antiga redação da revista, e eu conhecia seu nome desde criança, pois ele fazia os horóscopos. Mas, além de astrólogo, o professor Carvell era médico e tinha uma cura contra o câncer que consistia numa fórmula secreta que num dia de revelações ele me confessou que era feita, em sua maior parte, da cocção de folhas de *anoncillo* ou *mamoncillo*.* Aparentemente, o unguento maravilhoso (curava todos os tipos de cânceres: nunca soube se essa palavra tem mesmo plural. A moral agindo sobre a gramática: como não quero vê-lo se reproduzir, não sei se o câncer tem um plural gramatical ou não) tinha

---

* Fruto de uma árvore da espécie *Melicoccus bijugatus*, conhecido popularmente como lima espanhola. (N. T.)

curado um monte de gente em Caracas, onde era vendido em farmácias, o que não acontecia em Cuba, onde ainda não conseguira adquirir, apesar de sua influência (eram inúmeras as pessoas influentes que o professor Carvell conhecia, graças a suas profecias, mas também a sua simpatia), uma patente farmacêutica. Para o diretor, o professor Carvell era uma espécie de embusteiro amável, para Wangüemert era um colaborador assíduo e para mim chegou a ser um personagem folclórico. Eu conhecia sua barba e seus olhos claros pelas fotografias (durante muito tempo sua foto esteve exposta numa loja do Paseo del Prado, e além disso o velho saía na *Carteles* com frequência), mas não conhecia seu olhar de hipnotizador que, se não conseguia impressionar alguém com ele, transformava numa piscadela cúmplice. O professor Carvell costumava fumar com uma piteira (é evidente que se assegurava, mediante filtros, de não ter que utilizar sua cura contra o câncer em si mesmo) e dar palestras sobre o humano e o divino. (Tinha um lema astrológico, "As estrelas inclinam mas não obrigam", e outro pessoal, "É preciso viver o momento feliz". Não sei se o primeiro é original ou não: o segundo ele tirou de um bolero da moda. Tinha um terceiro lema: "No amor a melhor figura é o triângulo, base da pirâmide", que explicava não por sua parte social, mas pela sexual: o melhor era o amor feito a três — de preferência com duas mulheres —, de modo a formar a pirâmide reservando-lhe a parte da base.) O professor Carvell era um depravado heterossexual que sempre estava fazendo revelações quase íntimas de suas proezas sexuais: "Ontem à noite tive um encontro com uma garotinha…", "Tem uma de meia-idade no bairro…". "Me tranquei num quarto com duas meninas…" etc. etc., e eu nunca duvidava de que ele dizia a verdade, mesmo na parte referente às meninas, já que às vezes ele me deixava ver sua correspondência (as cartas para o professor Carvell eram numerosas) e sei que tinha um consultório astrológico particular. Mas um dos temas de conversa do professor Carvell não era o sexo de mar a mar, e sim o mar: adotara a pesca submarina como entretenimento esportivo em seus anos mais do que moços (o professor, como todos nós o chamávamos: "Ei, professor...", era esse o começo de uma pergunta feita por Cardoso, agora o paginador oficial de Carvell: seu nome, é claro, não era este, e sim Carballido. Como se transformou em Carvell é toda uma história que não vou contar agora, o professor Carvell já era mais do que cinquentão quando o conheci, nos anos 50) e agora ele frequentemente relatava suas aventuras mar afora ou em alto-mar, como ele dizia, contando histórias de encontros perigosos com tubarões ("O pior é ficar fora — contava —, com o corpo meio dentro do mar e meio fora. É assim que a gente fica mais vulnerável: é melhor estar sempre submerso"), e contava isso com a maior seriedade, até que ninguém mais duvidou de que o professor Carvell era um campeão de pesca submarina — embora Jess Losada, que era amante das brincadeiras gráficas como ninguém, chegando a retocar, por intermédio de Ozón, as fotografias que saíam na antiga *Carteles* (a prática acabou com a nova direção), e acrescentava barbas e bigodes a amigos e conhecidos que saíam nas páginas esportivas (havia outra prática, esta mais privada, em que viris campeões de luta livre apareciam chupando o pênis impossivelmente enorme de seu adversário de pancrácio: havia outras brincadeiras, mas não consigo me lembrar de todas), nunca tenha publicado uma foto do professor Carvell como caçador subaquático, talvez porque não combinava com a imagem de hermético astrólogo que o professor cultivava em público.

Houve um terceiro encontro entre Silvio e o professor, mas dessa vez fui a única testemunha. Aconteceu pouco antes do casamento da filha única do professor (embora estivesse divorciado da mãe de Bárbara e se vissem pouco, o pai tinha grande preocupação com o destino da filha), quando ele me procurou e disse:

— Quero falar com você em particular. — E, quando eu ri, ele acrescentou, em tom grave: — É um assunto sério.

Era uma tarde em que eu tinha ficado sozinho na redação escrevendo minhas páginas, mas mesmo assim ele insistiu para que nos reuníssemos nos fundos, na sala de revisão: todos os revisores já tinham ido embora e não havia ninguém na biblioteca, o silêncio só era interrompido pelo ruído da grande relojoaria dos linotipos funcionando lá embaixo. Quando chegamos, eu ainda sem me sentar, ele disse:

— Eu sei que esse rapaz, Rigor, é muito seu amigo e que é um bom rapaz.

— É sim — intercedi em favor de meu amigo.

— Eu sei. Agora quero te fazer uma pergunta um pouco delicada. É verdade que ele...? — E não continuou a pergunta verbalmente, mas, fazendo um gesto bem cubano, coçou a pele do dorso da mão esquerda com o indicador direito, querendo dizer que era negro, ou, mais eufemisticamente, de cor.

Estive a ponto de repetir a resposta de Branly a sua mãe, quando ela lhe fez a mesma pergunta e ele respondeu: "O que foi, está com urticária?". Mas a cara do professor era uma seriedade só.

— Ah, professor — falei —, não combinamos que em Cuba *"el que no tiene de congo tiene de carabalí"*?* Ou como diz Pío Baroja: "Em Cuba a flor da Espanha se perde/ por uns mulatos". Você não viu como, no visto americano, onde diz raça eles põem cubana?

---

* Dito popular que alude à indelével herança africana do povo cubano. (N. T.)

— Sim, garoto — me disse ele, paciente —, sei de tudo isso. Mas eu quero saber, ele é ou não é?

— Parece ser? — perguntei, por minha vez.

— Bem — disse ele —, nem tanto.

— Então — disse eu —, por que não se conforma com isso?

— É que são os meus netos que estão em jogo — disse o professor, meio compungido.

A verdade é que a mãe de Silvio era uma mulata bastante escura e que ele, nas primeiras vezes em que fui a sua casa, me fez pensar que ela era sua tia, não sua mãe, mas eu não ia dizer isso ao professor Carvell: não lhe daria esse prazer. Por outro lado, eu já sabia que o casamento estava decidido, que a mãe de Bárbara gostava de Silvio e que não havia nada que o professor Carvell pudesse fazer, mas também não ia lhe dizer isso.

— Não — menti —, ele não é negro, e se for é muito longe. Como eu. Você não me rejeitaria, não é?

— Não, mas não é você que vai ser meu genro.

Nossa conversa terminou dessa forma, e como fim a essa história tão sordidamente cubana preciso dizer que meu amigo Silvio Rigor, quando se casou, não convidou a mãe para o casamento, ao qual, no entanto, o professor Carvell compareceu, apesar de ser detestado pela ex-mulher e de ter passado a ser, na fauna particular de Silvio, o epítome do animal canalha.

Mas agora se tratava do dinheiro de Silvio, que lhe permitia viver com mais folga (não era muito, afinal, o que lhe pagavam na *Carteles*), e de sua necessidade, bem como a minha, de ter um lugar onde passar um tempo em particular com sua noiva Bárbara, sem ter que submetê-la à humilhação de levá-la a um hotel. Nós dois tínhamos, pois, problemas semelhantes. O indicado era unir forças, mas ainda nos faltava um terceiro pé para a mesa: ele e eu sozinhos não podíamos bancar um apartamento mobiliado, que por mais barato que fosse não podia custar, em

El Vedado, onde o queríamos e onde mais nos convinha, menos de noventa pesos por mês. Precisávamos de um terceiro sócio. Foi então que pensei em meu cunhado, Juan Blanco, que sempre andava de rolo com mocinhas mais ou menos bem e que talvez precisasse de um apartamento tanto quanto nós. Quando fui vê-lo no edifício da Pan American ele me recebeu com um misto de bonomia e bom humor. (Eis aqui, entre parênteses, um genro ad hoc para o professor Carvell: loiro e de olhos azuis, que devia a seu pai italiano. Juan Blanco tinha uma mãe mulata, da qual tinha puxado apenas o cabelo crespo: não há arianos em Cuba.)

— Olá, gente boa — disse ele. — O que o traz por aqui, outro caso legal?

Talvez se referisse a meu casamento, casamento que ele fez, ou talvez a minha saída rápida da prisão, por ter publicado um conto com palavrões em inglês, que também devia a ele. Juan, evidentemente, estranhava que eu fosse vê-lo em seu consultório jurídico e que não fosse a sua casa, como amigos íntimos que éramos, além de concunhados.

— Venho te propor um negócio — falei, e passei a explicar meu plano.

Ele o achou perfeito. Além disso, ele mesmo estava pensando numa coisa parecida, mas não podia dar todo o dinheiro sozinho, uma sociedade era o mais recomendável. Ele conhecia ligeiramente Silvio, mas minha recomendação lhe era suficiente. Assim, entramos num acordo. Agora só faltava encontrar o apartamento (mobiliado) adequado.

Poucos dias antes de inaugurar nosso *tumbadoir*, como eu o chamei — sábia mistura de *tumbadero** e *boudoir* — ocorreu um incidente que poderia ter tido consequências graves, mas

---

* Bordel. (N. T.)

que felizmente acabou bem e que ao mesmo tempo me fez mudar de opinião em relação ao valor pessoal de Silvio Rigor. Como eu, Silvio não era muito dado a brigas, e mais, desde que eu o conhecera no colégio, só o vira metido numa briga confusa, com Fausto Masiques, briga que na verdade deveria ter sido entre Fausto e Adriano de Cárdenas y Espinoza ou Spinoza, mas Silvio, como era o melhor amigo de Adriano naquela época, viu-se envolvido nela quase sem querer. Eu sei o que Silvio me contou (ou talvez tenha sido Adriano), que Fausto invocou com ele na universidade — o pivô do incidente, ou melhor, do bafafá, era Julieta Estévez, nossa musa: tinha sido a minha quando, com apenas vinte anos, ela me iniciou nos mistérios e prazeres do sexo a dois (os do sexo a um eu já conhecia havia muitos anos, e devo dizer que essas primeiras cópulas não chegavam a me proporcionar o prazer que me deram as primeiras masturbações; nunca jamais), e tinha sido a de Adriano e de Fausto, mas não de Silvio; daí a ironia do confronto — e depois o desafiou e finalmente, quando Silvio estava tirando o relógio para combater (não sei por que utilizo este verbo homérico e não seu equivalente cubano que é *fajarse, pelear*), Fausto se aproximou e lhe acertou um único golpe, na nuca ou na mandíbula, que o lançou por terra, e a briga terminou por aí. Foi quando eu soube desse ataque traiçoeiro que liguei para Fausto para dizer que ele era um covarde e um ladino intratável (não lhe disse essas últimas palavras, claro, nem seus equivalentes de uso corrente), mas não chegamos a combater, Fausto e eu, e tudo ficou numa inimizade que durou anos, mas Fausto, ai, ainda manteve por um tempo o usufruto dos favores de Julieta, que estava, naquele 1955, vista por mim numa seção do cineclube universitário com seu cabelo loiro agora dourado quase branco, quase platinado, e a pele cor de iodo, mais bela do que nunca: é assim que quero me lembrar dela, sempre. Silvio, como eu dizia, nunca se vangloriou de sua coragem, mas naqueles dias me demonstrou uma valentia que somente o amor nos dá — ou seu equivalente, o ciúme. Ele veio me ver, à tardinha, e me pediu que o acompanhasse. Explicou-me que havia um mafioso (era a primeira vez que eu ouvia aquele adjetivo, embora já conhecesse, é claro, a palavra *máfia*) que estava saindo com Bárbara e ele ia acabar com aquilo na mesma hora. Não acredito que ele tenha pedido que fosse com ele como companhia moral ou física (muito menos), talvez eu fosse como testemunha. Ou talvez fosse o costume: naquela época saíamos muito juntos. O fato é que chegamos ao restaurante (devia ser italiano) Doña Rosina e acho que era muito cedo naquela noite ou um dia particularmente ruim para o negócio, porque o salão estava vazio ou quase vazio, e efetivamente, numa mesa ao fundo, meio recatados, estavam Bárbara e um homem mais ou menos jovem, mas que não tinha a menor cara de mafioso (hoje, que eu sei mais, penso que era justamente isso que o tornava mais perigoso: era um bajulador da Máfia, sem dúvida, já que trabalhava no cassino do Hotel Nacional, mas na parte administrativa do salão de jogos), e parecia meio pusilânime, com seu semblante claro, os óculos sem aro e sua ausência de espanhol, que na discussão deu a ele um aspecto meio indefeso, inerme. Silvio se dirigiu expressamente ao fundo, sem me esperar, e quando cheguei ele já estava dizendo para Bárbara:

— ... tem que sair daqui comigo: é ele — se referia ao mafioso, que nem sequer era italiano — ou eu. Você escolhe.

Bárbara vacilava, balbuciava, hesitava e se dirigia ao mafioso:

— *I'm sorry. I must go* — acho que lhe disse, enquanto o mafioso estava com a mão estendida, disposta a dá-la a Silvio, ou talvez a mim, que já havia chegado à cena do evento, e que no fim não a deu a ninguém e ficou uns minutos com a mão no ar.

Silvio lhe deu as costas e Bárbara o seguiu, ficando o mafioso americano de pé no salão, à vista de todos os garçons, que eram cubanos e entendiam muito bem o que estava acontecendo, enquanto o mafioso parecia não entender nada: estava tão abobado que tive vontade de lhe explicar o que se passava, mas acho que finalmente entrou em sua cabeça de *accountant* ou contador da Máfia a noção de que era melhor para o seu negócio evitar um incidente com dois cubanos que podia acabar em briga, se não confusa, ao menos difusa. Saí com Silvio, que Bárbara seguia, mas resolvi não entrar em seu carro e lhe disse ali mesmo que ia a pé até o cinema, e ambos partiram no Dodge verde-escuro. Não sei que explicações se seguiram ao episódio, mas dali em diante o romance entre Silvio e Bárbara foi de vento em popa e retrospectivamente penso que a melhor coisa que Silvio fez foi promover aquele confronto para, digamos, ganhá-la.

Por aqueles dias houve um lance de bravura em relação a uma mulher, de parte de outro amigo, René de La Nuez (René e Silvio talvez tenham sido meus melhores amigos daqueles tempos), mas dessa vez não houve confronto com um mafioso, e sim um encontro com Eros, pura e simplesmente. Fazia tempo que René estava atrás de Sigrid González (ou melhor, que Sigrid estava atrás de René, pois ela sempre fora a fim de conquistá-lo, ainda que ele pusesse em risco seu cargo de professor de arte dramática ao sair assim com uma aluna: os encontros sempre foram secretos), e nesse dia, quase glorioso para todos (a tarde radiante de uma tardia primavera cubana, com o sol saindo por entre nuvens espessas depois que a chuva clareou a atmosfera, o ar abafado amenizado pela chuva do meio da tarde), porém mais do que glorioso para René, que nesse dia estava determinado a se deitar com Sigrid. Não sei se ele conseguiu isso no mesmo dia ou um pouco mais tarde, mas lembro de estar na entrada do cine Radiocentro me despedindo de René, que ia se encontrar com Sigrid no restaurante La Palmera, a apenas duas quadras dali, eu dando conselhos de última hora de como tratar uma virgem (era evidente que Sigrid, aos dezesseis anos já completos, ainda o era), para não fracassar nesse primeiro encontro, já que René padecia de vários males sexuais causados, evidentemente, pela timidez: ejaculação precoce e pouco tempo de ereção, que combatera nos dias em que ia para a cama com a horrível Dulce Atós (que eu chamava tanto de Dulce Atroz a ponto de esquecer seu verdadeiro sobrenome) utilizando a Yoinbina Hude (acho que é este o nome correto da marca) para conseguir uma ereção indubitável, durável, e depois recorrendo à fricção com Nupercainal, que era um anestésico tópico, mediante os quais ele conseguia satisfazer o desenfreado apetite sexual de Dulce Atroz (às vezes eu chegava a dizer que ela tinha duas irmãs, chamadas Dulce Aramis e Dulce Portos, as Três Mosquehetairas, Pornós, Atroz e Amamis, sem esquecer uma possível quarta irmã, D'Artdemain), mas agora, hoje, tinha certeza de que ele não ia precisar da ajuda de sua farmacopeia, que René transformou em motivo de piada (nós, em Cuba, pelo menos meus amigos, fazíamos graça de tudo, mesmo da realidade mais dolorosa, e assim superávamos o lado terrível do problema por meio do riso. Eu, pelo menos, fazia, e por isso não me aproximei dos problemas alheios com a devida distância, intimamente, pois sempre havia a distância do gracejo: logo vou contar como uma gozação me impediu de conhecer a fundo os problemas sexuais de Silvio e de ajudá-lo, se tivesse sido possível, mas isso aconteceu mais adiante). Agora devo falar de Sigrid, que não vi naquele dia, mas que eu tinha certeza que usaria um de seus vestidos rodados, com uma anágua por baixo, super na moda, a parte de cima indo até os ombros, nus dos lados, e a frente com um decote profundo revelando metade dos seios, sua pele trigueira e lisa, e umas meias taças que sugeriam a outra metade com indubitável eficácia erótica. Não sei se foi nesse dia que René foi para a cama com Sigrid pela primeira vez, pois não conversamos sobre isso: por um inexplicável pudor, René nunca contou quando se deitou com sua aluna, talvez por isso, porque era sua aluna e ele queria manter sua dignidade de professor, embora fosse professor de teatro, de história do teatro. O que sei, por revelações que a própria Sigrid me fez anos depois, é que ela era virgem quando se deitou com René pela primeira vez, e isso, além do amor que sentia por ela, foi o que obrigou René, em última instância, a se casar com ela tempos depois. Agora, nesse dia, eu o deixei feliz sabendo que não teria que utilizar sua farmácia com uma mulher, porque ela não era uma criatura atroz, mas desfrutável.

O *tumbadoir* perfeito apareceu nas páginas de classificados do *Diario de la Marina*. Eu olhava a *Marina* e o jornal *Información* (é curioso como se formam os masculinos e femininos mesmo entre os jornais: a *Marina*, o *Información*, a *Carteles*, a *Bohemia*: esta última talvez influenciada pela ópera que lhe deu o nome) todo dia, sem encontrar nada adequado: ou os apartamentos mobiliados decentes eram muito caros (e preferíamos, claro, que fosse em El Vedado) ou não pareciam cumprir as funções que demandávamos. Por fim apareceu na *Marina* o anúncio de um apartamento mobiliado na rua 8, por noventa e cinco pesos. Esse era o nosso, já estava decidido. Eu tinha certeza de que poderíamos consegui-lo por noventa pesos, e fui vê-lo com Silvio. O dono se chamava Boloña, simplesmente assim, e era um homem já mais velho, calvo, de aparência respeitável, que ele se empenhava em melhorar com os bons modos. Foi logo nos chamando de rapazes:

— Bem, rapazes, o que desejam? Estão procurando o apartamento, não é?

Dissemos que sim, e ele falou que ficava no porão. Ele morava no térreo, e aparentemente na parte de cima (a casa toda era dele) também se alugavam apartamentos.

— Vocês o querem, claro, pra morar, não é?

— Bem — falei —, não exatamente.

— Nós o queremos por uma razão social — disse Silvio, que sorriu para me dar ciência de seu *calembour, pun* ou jogo de palavras.

— Ah, por uma razão social — disse o velho Boloña (foi assim que esse senhor passou a ser conhecido, em nosso folclore), reforçando o jogo de palavras, sem perceber, naturalmente.

— Sim — intervim —, pra receber amigos, dar uma festa. Coisas assim.

— Bem — disse o velho Boloña —, imagino que as festas não serão escandalosas, não é?

— Somos inimigos de escândalos — disse Silvio —, vulgo banzé, bagunça ou pândega.

— Também somos inimigos de orgias — falei, me deixando levar pela retórica de Silvio.

— Ah, isso parece bom. Nada de orgias — disse o velho Boloña.

— Nada de orgias — repetimos, quase em duo, Silvio e eu. (Depois, quando voltávamos para a *Carteles* no Dodge verde-escuro de Silvio, quase cantávamos: "Nada de orgias, disse o velho Boloña".)

— Agora — acrescentou —, se vocês quiserem receber uma amiguinha, discretamente, não é?, eu não me oponho.

Safado. O velho sabia muito bem para o que nós, dois homens evidentemente solteiros (pelo menos Silvio era totalmente, e eu agia como tal quase desde o mês em que me casei), queríamos o que ele chamava de apartamento de baixo.

— Bem, ficamos com ele, não é? — perguntei a Silvio, e aproveitei para fazer uma imitação do velho Boloña.

— Sim, ficamos com ele — disse Silvio.

— Bem. Ficamos com ele — falei ao velho Boloña —, ficamos com ele por noventa pesos mensais.

— Bem, rapazes — disse o velho Boloña (eu chegaria a grafar Bologna num bilhete que deixei certa noite para Silvio no apartamento) —, isso é um pouco demais, não é? Eu quero noventa e cinco.

— Sabe o que acontece? — falei. — É que são três que vão ficar com o apartamento e noventa é perfeitamente divisível por três, não acha? — acrescentei o "acha" porque só um "não" talvez fosse demais.

— Bem — disse o velho Boloña —, não vamos brigar por cinco pesos, não é? Noventa pesos por mês, então, e todos ficam contentes.

— *Tutti contenti* — acrescentou Silvio, e o velho Boloña riu e quase perguntou: Vossa mercê fala italiano?

Da casa do velho Boloña (que seria nossa casa) não fomos diretamente à *Carteles*, como devíamos (estávamos em horário de trabalho), e sim ao edifício da Pan American, para ver Giovanni Bianco, aliás, Juan, meu concunhado, e lhe dar a boa-nova: éramos donos de um belo apartamento mobiliado em pleno El Vedado, porque, ia quase me esquecendo de dizer, descemos para ver o apartamento "de baixo", vulgo porão, e o achamos muito bem equipado: tinha até geladeira, uma geladeira grande e antigona (não tinha os tubos refrigerantes na parte de cima, como os modelos dos anos 30, mas quase) na cozinha, fogão a gás, uma sala, mobiliada com móveis com cara de praia, de bambu e cretone — sofá, duas poltronas, mesa com tampo de vidro —, e um quarto bem grande, com uma cama média e uma cômoda. Era bom. Dissemos isso a Juan, que, confiando em nossa palavra, falou:

— Bem, *we're in business* — que eram mais ou menos todas as palavras que sabia em inglês: algumas a mais que Silvio, cujo inglês era motivo de riso entre mim e Adriano de Cárdenas y Espinoza ou Spinoza.

Um dia descobrimos (para grande contentamento de Mauricio Solaz) que ele dizia *husband* pronunciando *riusband* em vez de *rosband*, pronúncia tão extraordinária que Mauricio pensou que fosse de propósito: uma piada linguística. Mas nós, Adriano e eu, sabíamos mais. De outra feita, por exemplo, pronunciou a frase *decision in Africa* como *disaision in Eifrica*, que era todo um achado para uma nova pronúncia do inglês. Dizia *pot* em vez de *put*, *boll* em vez de *bull*, *hirt* em vez de *heart*, ou seja, *rart* — e muitas, muitas outras pronúncias ruins. O grave da história é que Silvio se empenhava em falar inglês (me ouvindo falar, e também Adriano e Mauricio e, mais tarde, José Atila, que tinham, os dois últimos, estudado nos Estados Unidos) toda vez que queria e pensava estar falando bem. O outro cordão umbilical entre Juan Blanco e Silvio (além do *tumbadoir*, agora) era a música. Juan compunha música séria, como ele dizia (depois virou música serial), nas horas de folga, e se considerava mais compositor do que advogado, ao passo que Silvio tinha um ouvido formidável para música clássica (foi justamente sua maneira de cantarolar *O pássaro de fogo* que me levou a conhecê-lo no colégio), e se tivesse levado isso a sério poderia ter feito carreira como diretor de orquestra, já que as composições que ele sabia (e eram muitas), ele as sabia como as sabe um condutor — não de bondes, por favor, mas de orquestra, que esta era outra palavra inglesa que Silvio utilizava, pronunciando-a assim, *konductor*, e não *kondóktor*, como devia.

Naquela noite fui até a casa dela para lhe dar, de alguma forma, a boa notícia do apartamento, mas ela tinha outra novidade para mim.

— Tenho uma boa notícia pra te dar — falou.

— É mesmo? O que é?

— Tem a ver com o teatro — e devo ter feito uma cara de decepção, pois talvez esperasse, ingenuamente, que estivéssemos falando da mesma coisa.

— Não te interessa?

— Sim, como não — reagi a tempo.

— Me escolheram pra fazer uma peça. No teatro Las Máscaras. É *Algo salvaje en el lugar*, de Tennessee Williams.

Não conhecia. Disse isso a ela.

— É *Orfeo descendiendo*, mas deram esse outro nome pra peça aqui.

Orpheus Descending sim, eu conhecia de nome. Falei para ela.

— Sim — respondeu —, fez muito sucesso. Tenho um dos papéis principais, o de Carol Cutrere.

Isso sim era notícia, pois pensei que lhe haviam dado um papelzinho: era novidade que uma aluna da Academia de Teatro conseguisse um papel principal numa estreia. Falei que isso tinha que ser divulgado, mas ela não quis.

— Não, não quero — disse.

— Mas por quê?

— Ainda não. É muito cedo. Além disso, depois vão dizer que ganhei publicidade porque você conseguiu pra mim. Não, não quero.

— Não seja boba. Se te dou publicidade é porque acredito no teu talento.

— Acredita como, se ainda não me viu atuar?

— Dá pra perceber. Só de te ver, qualquer um percebe que você é uma atriz nata. Além do quê, deve ter muita presença em cena.

— Não, sou muito alta. Este é o meu problema na academia: sou mais alta do que quase todos os rapazes.

293

— Vão te dar atores altos.

— Lembre que em Cuba não há muitos.

— Alguns dos novos atores de televisão são altos. Imagino que vão usá-los no teatro. De qualquer forma, você tem boa figura e isso é uma vantagem pra uma atriz. E não se esqueça da tua outra vantagem.

— Qual? Você?

— Não, eu não: a tua voz.

— Ah.

Era verdade: a voz dela se mostrava cada dia mais perfeita, com o acréscimo dos exercícios de impostação e de projeção da academia a seu timbre natural: eu gostava cada vez mais de sua voz. Disse isso a ela.

— Isso é porque está apaixonado por mim.

— Você que pensa.

— Penso o quê, que não está apaixonado por mim? Não está?

Eu estava? Devia estar, era evidente que estava. Disse isso a ela.

— Se não estiver, você é um bom ator — falou.

Eu disse que queria dar a notícia de que tínhamos um lugar onde nos encontrar.

— Como assim, onde nos encontrar?

— Sim, onde você e eu podemos ficar a sós, por um tempo. Não quer vir?

— Nem pense em me levar pra um motel...

— Deus me livre — disse eu, fingindo minha inocência comicamente. Pelo menos eu achava que era cômico. — É outro lugar. Muito melhor. Um apartamento.

Eu contava com sua curiosidade, que já a levara a conhecer estranhos interlúdios. Pelo menos foi isso que ela me contou. Contou como tinha uma amiga casada que um dia a convidou a ir até a casa dela "para ver uns filmes" junto com seu marido. Os filmes, claro, eram pornográficos. Ela me disse que ficou assistindo com toda tranquilidade, sentada, vendo, como ela dizia, "todas aquelas porcarias". Depois o casal a convidou para ir ao quarto para que, sentada numa cadeira (que ela afastou da cama, segundo me contou), ficasse olhando enquanto os dois "faziam coisas" na cama. Uma vez a convidaram a participar e ela declinou do convite. Quando terminaram, ela disse: "Isso é tudo?", e foi embora. A amiga receou que tivesse "ficado brava", mas isso não aconteceu e ela continuou a vê-los. Mas pior do que isso (estas palavras, quando escritas, parecem sempre a mesma palavra, repetida e mal grafada) foi o que aconteceu com sua amiga Amanda Líster. Ela, Amanda Líster, era amante de um homem muito rico, de um milionário (ela me disse o nome, mas não vou dizê-lo aqui por sua notoriedade) que as convidava para ir ao Habana Yacht Club "e tudo o mais". Ela sempre servia de vela para a amiga (isso aconteceu dois anos antes de eu conhecer Ella, então ela devia ter uns quinze anos) e assim iam a toda parte, ao cinema, ao clube, aos clubes (pois é preciso diferenciar uns dos outros), e um dia, uma noite, sua amiga a convidou para ir à casa do amante, que ficava em Miramar, segundo ela. Uma vez lá, convidou-a para dar um mergulho na piscina interna ("sob a cobertura", como ela disse em sua história), mas ela não tinha trazido maiô. "Isso não importa", disse sua amiga, "nós duas tomamos banho nuas." Uma vez dentro da água, sua amiga começou a brincar com ela, a jogar água em seu rosto, a lhe dar caldos, brincadeiras que pareciam superinocentes, até que ela se cansou e saiu da piscina. Amanda foi atrás dela, insistiu em enxugá-la, e quando estava fazendo isso saiu de dentro da casa, completamente nu, o amante de Amanda, que não queria só tomar um banho de piscina. Parece (isso ela nunca me contou com clareza) que sua amiga gostava de mulheres e quis "fazer coisas" com ela, quando seu amante chegou disposto a transformar em trio o duo que, se ela deixasse a amiga agir, teria incorrido em tribadismo.

Tudo levava a crer que ela ia brigar com a amiga, mas não foi o que houve, pois, segundo ela, "eu não tenho complexos", o que era um tipo de explicação ambígua, mas, ao fim e ao cabo, era uma explicação. Foi então que aconteceu a terceira história, quando ela foi novamente, em outra ocasião, à casa do amante de Amanda (bela combinação essa, não é mesmo?), mas dessa vez em companhia de Bonita Pérez, que depois ficaria muito famosa graças à televisão. Bonita era um ano mais nova do que ela, ou seja, tinha catorze, e era prima de Amanda, o que a fez pensar que não iria acontecer nada. Era de noite e as três, os quatro, estavam bebendo ("Eu tomei um daiquiri", disse ela, que adorava daiquiri), quando começou a se sentir estranha, muito tonta só com uma dose, e sua língua começou a inchar e a se entorpecer, incomodando muito quando falava. Assim, no momento em que Amanda e seu amante foram para dentro com um pretexto que ela não consegue lembrar, falou para Bonita: "Vamos embora daqui, puseram alguma coisa na minha bebida", mas era tarde demais, porque aí Bonita já estava completamente bêbada ("E tendo tomado só uma dose", disse ela), então ela não esperou mais e antes que Amanda e seu amante voltassem, entrou na casa, abriu a porta da rua e foi embora sozinha. Depois parece que o amante de Amanda sentiu pena dela, ou ficou com medo que acontecesse alguma coisa na rua com uma garota sozinha, tarde da noite, naquele bairro tão afastado onde moravam, e foi de carro atrás dela e a apanhou e a levou para casa. Ela contou que ele não disse nada durante todo o caminho, mas que se lembrava de Bonita não estar no carro e, quando perguntou por ela, ele disse: "Vai ficar lá em casa. Está muito bêbada pra voltar pra casa dos pais". Ela não sabe o que aconteceu naquela noite com Bonita, que, ao vê-la no dia seguinte, não lhe contou nada, mas tinha certeza de que tinham posto uma droga em sua bebida.

— Claro — falei —, cocaína.

— Ah — disse ela —, era isso? Deviam ter me dito, para eu, pelo menos sabendo que era aquilo, saber a que sabia.

Tantos saberes numa só oração me enjoaram, mas ainda assim pude entender seu arrazoado.

Assim, com todas essas histórias presentes (ela as contara para mim em diferentes noites, essa Sherazade havanesa), eu sabia que apenas a curiosidade iria atraí-la para os prédios do velho Boloña, então lhe contei tudo o que podia sobre o apartamento, mas não disse que o alugara junto com Silvio Rigor e Juan Blanco. Ela não conhecia Juan, mas Silvio eu já levara um dia à casa dela.

Quando levei Silvio para conhecê-la, ele se negou a subir e então ela desceu a escadaria guarnecida até o térreo. Vestia uma calça de homem azul-celeste, *heavenly blue jeans*, e uma camisa também masculina, e parecia ainda mais alta. Por uma razão tão obscura quanto Rigor, ou tão obscura quanto a de Rigor, ela não terminou de descer a escada e parou no último degrau, dizendo oi com sua voz mais grave, e Rigor, pela primeira vez na vida, ficou sem nada para dizer, pasmo, demorando-se no olhar que tinha que dirigir de baixo, não só devido à própria altura dela, mas também por estar posicionado abaixo dela, que assim parecia ainda mais alta do que era, e já era bem alta não só para a maioria das havanesas, mas para qualquer visitante da geografia exterior, com seus um metro e setenta e três centímetros aumentados por suas pernas longas, por seus membros finos, por seu corpo esbelto, por seu rosto alongado e magro. Ella e Rigor entabularam um diálogo em que meu amigo parecia ser o inimigo de minha *trouvaille*.

— Então você é atriz — disse Rigor, que não acreditava que em Cuba houvesse atores, muito menos atrizes.

297

— Tento ser.

— Por que ser e não ser nada? — perguntou Rigor, roubando a linha de Spinoza. Claro que ela não entendeu.

— Como não ser nada?

— Nada, atriz nata, nata do creme. *Crème* do fecho ecler — disse Rigor, apontando para a braguilha dela, que tinha um zíper ostensivo.

— Você é modista? — disse ela, num tom mais de provocação do que de pergunta.

— Mais modesto do que modista. Meu nome é Mussorgsky.

— Mas ele — apontando para mim — me disse que o seu nome era Ego.

— *Ego's the name of my true love's hairdresser.*

Mas Ego tinha desperdiçado suas *silver* balas em salvas: ela não entendia inglês nem tinha interesse em travar com Rigor um diálogo de surdos.

— Preciso ir — me disse ela, sem se dirigir a Rigor, então fez meia-volta e começou a subir a escada, mas depois virou a cabeça para dizer a Rigor:

— Tchau.

— Se diz *hasta lu Ego.*

— *Hasta luego* — disse ela, mas para mim. Subiu as escadas mais alta e mais bela do que se estivesse nua.

Quando Silvio a viu sair, disse:

— Pela madrugada, que coisa formidável! Mas como é que uma mulher dessas dá bola pra um homem como você? — o que me fez rir e depois contar isso a ela, que respondeu:

— Mas eu não te dou bola.

— Não ainda — disse eu, e paramos por aí. Agora eu insistia para que ela fosse ao apartamento.

— Esta noite não — disse-me.

— Quando? — perguntei eu.

— Ah — disse ela —, qualquer dia.

Não que ela tivesse preferência pelo dia em vez da noite para visitar meu *tumbadoir* (agora lembro que nunca empreguei esse termo com ela: para quê? Era arriscado demais, além do mais ela não ia entender), já que ela trabalhava de dia e não íamos deixar para um sábado à tarde ou para um domingo, por motivos de adequação de agendamentos. (Agora preciso explicar que essas adequações não passavam da divisão do tempo para usar o apartamento por turnos: cada um de nós tinha disponíveis dois dias da semana e o domingo ficava livre, caso alguém precisasse dele com urgência. Eu tinha ficado com a segunda e a terça, Silvio com a quarta e a quinta e Juan com a sexta e o sábado. Tinha sido tirado à sorte mas também tínhamos consideração por Juan, que dos três era quem mais trabalhava, embora qualquer um de nós pudesse conseguir uma noite livre — era eu quem tinha mais problemas com as noites por causa do cinema —, e subentendera-se que o apartamento ia ficar sem uso a maior parte dos dias durante o dia. De maneira que não havia como ela visitar meu apartamento de dia, pois eu tinha que esquecer as tardes de sábado e o domingo.)

— Por que não vamos ao cinema? — sugeriu ela, em contrapartida.

Depois de pensar um pouco (eu não queria estragar tudo com minha insistência: tinha tempo para caçá-la outro dia), falei que tudo bem e fomos ao cinema. Fomos ao Payret, não lembro que filme vimos, mas a noite foi inesquecível. Ela estava com seu vestido azul, de saia ampla, com anágua, e o vasto decote que deixava ver seu peito arqueado, como se tivesse mais seios do que realmente tinha, e estava encantadora, com o cabelo preso num coque, nem antigo nem moderno, que era a cara dela, deixando à mostra seu rosto e tornando seu pescoço ainda mais longo. Muito branca, estava radiante sob as luzes da cidade: isso foi quando saímos do cinema. Foi na saída que encontramos Ramón Raudol e sua mulher, Marissa Ross (esse era seu nome para a televisão, embora fosse bem parecido com o verdadeiro), a quem apresentei Ella (Ramón sabia que eu era casado, e acho que sua mulher também, mas ela não conhecia minha mulher e receio que pensou que fosse Ella: Ramón sabia mais), e Ramón nos convidou para um drinque. Fomos até o Lucero Bar no carro dele e nos sentamos para beber, os quatro tomando daiquiris na noite quente: o Lucero Bar era um lugar aprazível, mas o ar-condicionado o teria deixado mais agradável. Sentamos no terraço, nas cadeiras de vime, ouvindo uma Celeste Mendoza insistente, incessante na vitrola automática. Conversamos sobre banalidades e a noite teria sido como outra qualquer se não se aproximasse de nós uma cigana que queria ler nossa sorte. Rimos: não acreditávamos em ciganas, pelo menos não Ramón e eu, mas as mulheres (principalmente Ella) queriam conhecer seu futuro, saber sua sorte, que sem dúvida seria favorável. A cigana, com uma saia ampla que varria o chão, um lenço na cabeça e dentes de ouro, levava seu papel muito a sério. Segurou a mão de Marissa e lhe previu uma longa vida e muito dinheiro. Depois, quando se dirigiu a Ella, pegou umas cartas enegrecidas e gastas nas bordas, que começou a embaralhar, arrumando-as depois uma a uma sobre a mesa. Então falou com uma voz mais profunda:

— Vocês dois — se referia a nós: era evidente que tinha visto que estávamos juntos — vão ficar juntos um tempo, vão se amar muito, mas depois vão se separar, depois vão voltar a ficar juntos e então não vão se separar mais, vão viajar muito e conhecer países estranhos.

A cigana terminou e Ramón, que sempre bancava tudo, pagou. Ficamos rindo das coisas que ela havia dito. Depois Ella, que sempre se lembraria das predições da cigana, me contou que tinha se divertido muito com o que ela dissera. Nos anos futuros dizia que dissera para si mesma: "Essa cigana está totalmente equivocada: eu, ficar com este homem — se referia a mim, claro —, do qual eu nem gosto, que não é o meu tipo, e ainda por cima dizer que vamos viajar juntos". Ella não quis acreditar: não acreditou em nada, mas depois, com os anos, pensaria muito na cigana. Eu também pensei nela: tanto que ainda me lembro das mãos longas e morenas e sujas, das cartas sobre a mesa, dos colares múltiplos pendurados no pescoço, da voz gasta, apesar de ela não ser velha, da cigana, que talvez não fosse cigana, mas uma mulher fantasiada de cigana, embora Ramón, por ser espanhol, devesse conhecê-las bem, e quando ela foi embora ele disse que era uma cigana de verdade, o que intrigou os cubanos na mesa: ciganos em Cuba.

— Há alguns — disse Ramón, que certa vez fizera uma reportagem sobre os ciganos cubanos. — Parece que estão faz muito tempo em Cuba: alguns afirmam que chegaram à ilha com Colombo, o que é provável.

O resto da noite se passou numa dissertação contínua de Raudol sobre os ciganos, que para nós eram um assunto exótico, ainda que próximo, já que tínhamos sido confrontados por uma cigana nessa noite. Além disso, era algo muito próximo dela: sua mãe parecia uma velha cigana, embora, às vezes, parecesse uma velha índia e outras muitas a velha camponesa cubana, a *guajira* que era. Mais tarde, Ramón Raudol deixou cada um em sua casa: tive que lhe dar o endereço dela, onde desci. Antes de entrar em casa (não havia porta da rua, mas uma escada interna na qual se chegava a um lado do bloco de apartamentos), ela me deu um beijo.

— Vem me ver amanhã? — perguntei. No começo ela não entendeu, mas depois, quando percebeu que eu me referia a meu apartamento, ao *tumbadoir*, disse, baixinho:

— Talvez.

O que, para mim, significou que iria. No dia seguinte, na *Carteles*, Silvio me perguntou como fora a inauguração do *tumbadoir*. Tive que falar a verdade e ele pareceu decepcionado. Mas pude acrescentar:

— Ainda tenho uma noite.

— Vai ser hoje?

Repeti a palavra de Ella:

— Talvez.

Silvio estava muito seguro de Bárbara, de que ela iria com ele ao apartamento: devia estar, depois do confronto com o mafioso. Quanto a Juan Blanco, não sabíamos de nada: o *tumbadoir* seria, para ele, um pretexto para conseguir alguém a quem levar. Nisso estávamos em vantagem: para nós, o apartamento do velho Boloña já tinha um propósito e um sentido. Naquela noite fui buscá-la na academia e encontrei Sigrid, que me sorriu maliciosamente.

— Não está procurando o professor De la Nuez? — perguntou.

— Não — falei. — Venho em busca de alunos, não de professores.

— De alunas, digamos.

— Só de uma aluna — falei.

— A Ella já vai sair da aula.

— Obrigado. E você, não foi à aula hoje? Não é a do professor De la Nuez? — perguntei, seguindo sua forma de tratamento para René.

— Exatamente — disse ela, e entrou.

Ella e eu saímos. Devíamos ir comer em algum lugar primeiro, mas eu estava ansioso para ficar a sós com ela no apartamento, então fomos andando El Vedado abaixo pela rua Paseo, até que dobramos na rua 9 procurando a rua 8, que era meu, nosso, objetivo. Logo chegamos lá, e ao introduzir a chave na fechadura senti uma emoção especial: era a primeira vez que íamos ficar a sós.

Veio do apartamento um cheiro de umidade que eu não tinha sentido antes, talvez porque visitara os prédios do velho Boloña sempre de dia, quando o sol talvez impedisse que a umidade saísse do porão. Entramos. Ella entrou com uma curiosidade não isenta de cuidado, muito gentilmente, como a visita que era, mas ao mesmo tempo inspecionando tudo, olhando meio de lado, não prevenida, decerto, mas como se temesse (pelo menos foi o que pensei) um inimigo sutilmente emboscado. Acendi as luzes e a sala parecia cômoda, confortável, quase habitada, embora sabe Deus há quanto tempo ninguém morava nesse apartamento. Ella sentou-se numa cadeira (não estava de bolsa essa noite e vestia uma calça e uma blusa, não uma camisa) e eu me sentei em outra.

— Quer tomar alguma coisa? — perguntei logo depois.

— O que tem pra beber? — perguntou ela.

— Tem rum e coca-caca — travei, nervoso, na palavra.

— Coca-Cola.

Ela sorriu, e riu. Que bom, porque o lapso dissipou o medo que havia entre nós dois: o meu também.

— Podemos fazer cuba-libre — sugeri, indo até a cozinha.

Ela, sem eu sentir, foi atrás de mim, espiando, mas sem tomar posse da casa. Na cozinha, na geladeira enorme, Silvio e eu, previdentes, tínhamos posto uma garrafa de rum e várias garrafinhas de Coca-Cola. Também tínhamos armazenado alguns ovos, para fazer cozidos, talvez, e pepininhos em conserva. Não havia mais nada na geladeira, exceto gelo. Preparei duas cubas-libres — cubas-*ivres*, como as chamava Sergio, fazendo graça só para mim, pois acho que sua namorada não entendia —, tendo trabalho com o gelo e abrindo as coca-colas sob seu olhar, e voltamos para a sala. Tomamos nossos drinques em silêncio.

303

— Devia ter vodca — disse eu, tentando lembrá-la da noite na sacada.

— Pra quê?

— Pra você e eu bebermos.

— Não precisa. Está bom assim. De qualquer forma, faz muito calor.

— Sim, está quente. Quer que eu abra as janelas? Está um pouco fechado aqui.

— Como quiser.

Abri uma das janelas da sala, que dava, gradeada, para um corredor lateral. Não sabia se esse corredor era muito frequentado ou não, mas arrisquei.

— Quer ver o resto da casa? — sugeri em seguida.

— O que tem mais?

— Tem um quarto, com ar-condicionado. — Isso soou como uma proposta, mas talvez apenas a meus ouvidos.

— Não tem muito mais pra ser visto. Imagino que o quarto deva ser como todos os quartos.

— Não, não tem muito mais. Sim, é um quarto qualquer.

Continuamos bebendo, agora em silêncio.

— Quer mais cuba-libre?

— Não, já está bom.

Sobre o que eu podia falar? O mais indicado era insistir no quarto.

— Quer ver o quarto agora?

Ela fez um gesto meio de tédio.

— Bem, se você quiser... — disse por fim.

Demos alguns passos até o quarto. Acendi a luz. A verdade é que não havia muito o que ver: somente a cama, grande, quase obscena, no centro do quarto, e o armário.

— Tem ar-condicionado — insisti.

— É?

— Sim.

Por fim, resolvi dar o salto.

— Por que não ficamos aqui?

— Pra quê?

— Posso ligar o ar-condicionado.

— Bom, tudo bem. Podemos ficar.

Era evidente que ela concordava.

— Embora não tenha lugar pra sentar.

— Podemos nos sentar na cama — sugeri, meio timidamente, mas sem gaguejos nem hesitações. Tinha a impressão de que ela se divertia, mas não sei se a divertia a ideia de nos sentarmos na cama ou a ideia de minha proposta ou a própria situação, da qual devia estar no controle. Eu, pelo menos, não estava. Ela caminhou pelo quarto e foi sentar na cama. Eu, fingindo me enrolar, sentei-me a seu lado, mas, na verdade, sem muita enrolação, pois e se ela resolvesse mudar de ideia? De repente me levantei e fechei a porta.

— Por que está fechando a porta? — perguntou ela.

— Pra ligar o ar-condicionado.

Dei a volta por trás da cama e me ajoelhei sobre os travesseiros, alcançando o interruptor do ar que ficava em cima da cabeceira. Consegui ligá-lo sem dificuldade, mas receei que fosse me dar algum trabalho, pois parecia mais velho do que um de segunda mão. Começou a funcionar imediatamente, primeiro com um chiado e depois com um som rouco, misto de zumbido e estertor contínuo.

— Deve moer o ar antes de esfriá-lo — dissera Silvio ao inspecionar o apartamento, referindo-se ao aparelho. Sua metáfora propositória agora se tornara verdade, embora eu esperasse que fosse uma verdade propiciatória.

— Está melhor agora? — perguntei, ao me sentar novamente a seu lado.

— Eu estava bem antes, obrigada — disse ela, não sem certo tonzinho na voz, que se tornava mais baixa agora. Talvez fosse efeito do quarto; ou seria de minha proximidade?

— Acho que aqui estamos melhor do que na sala. Lá nós íamos parecer visitas.

— Mas eu sou uma visita — disse ela.

— Sim, eu sei, mas não foi isso que eu quis dizer. Quis dizer que ia parecer que nós dois estávamos de visita, como se esperássemos alguém.

Ela sorriu.

— E você não está esperando alguma coisa?

— Eu?

— É, você.

— Não sei. Que coisa?

— Não que coisa, mas de quem.

— De quem?

— De mim, digamos.

— Estou esperando, como sempre, o teu amor.

— Espera mais do que isso, não é?

Ela queria dizer que eu não queria seu amor, mas seu corpo, e embora não tenha se expressado com essa retórica ela tinha razão, mas eu queria também seu amor, agora queria seu amor, principalmente todo o seu amor, apesar de ter ido lá por seu corpo.

— Eu espero que você me dê o que quiser me dar — falei. — Me contento com isso.

— Mais nada?

— Nada mais, nada menos.

Aproximei-me um pouco dela. A luz do quarto era intencionalmente baixa, então não estávamos longe da atmosfera romântica, erótica ou erotizante de um motel, mas, embora o apartamento estivesse longe de parecer um motel, não era outro seu propósito. Assim, quando me aproximei dela, foi para começar o assédio. Felizmente, ela não se moveu do lugar. Levei a mão até a cabeça dela e acariciei seu cabelo.

— Gosto do teu cabelo.

— É bem preto — disse ela como explicação, sem pedir desculpas por sua cor (na época, o loiro era a cor da moda em Cuba) e também sem vaidade, embora pudesse se orgulhar de seu cabelo, uma verdadeira cabeleira que caía, agora, pelos lados do rosto e emoldurava sua palidez.

— Gosto de cabelo preto — falei.

— Eu também, mas quando menina eu tinha o cabelo loiro. Agora gosto dele preto, e se não fosse preto eu o tingiria de preto.

Quando ela continuou falando de seu cabelo pressionei levemente a mão em sua cabeça e a aproximei da minha. Agora estávamos mais juntos e eu poderia beijá-la, se quisesse. Se ela também quisesse, porque a absoluta solidão dos dois revelara que ela faria apenas o que lhe ditasse a vontade, isso era claro, sem nem mesmo testá-la.

— Me dá um beijo? — pedi.

Passou um momento e ela não disse nada. Passou tanto tempo que temi que ela não tivesse ouvido ou que nem fosse responder. Finalmente ela disse:

— Está bem.

E dispôs sua boca, não física, mas mentalmente, para o beijo, fazendo um leve movimento da cabeça não em minha direção, mas para o lado, procurando o ângulo em que sua boca podia encontrar a minha. O fato é que a senti se mover sob minha mão e eu também me movi para ela a fim de lhe dar esse primeiro beijo privado que não posso esquecer. Foi um beijo suave, mas demorado. Não tentei abrir sua boca nem procurar sua língua, mas apenas ter contato com seu corpo através dos lábios.

Ficamos assim um pouco, depois ela se afastou. Mas logo voltamos a nos beijar, dessa vez com mais paixão. Minhas mãos procuraram seu corpo e primeiro rodearam suas costas, atraindo-a mais para mim, depois deixei que meu corpo fizesse pressão sobre o dela e a inclinei sobre a cama, tanto que ela cedeu e se reclinou sobre o travesseiro. Agora eu estava quase em cima de seu corpo, pelo menos meu peito estava sobre seu busto, e tirei uma das mãos para percorrer seus seios, que senti eretos — ou melhor, ereto: senti apenas um de seus seios — sob a blusa. Continuei procurando até que encontrei os botões e desabotoei um, sem reação aparente dela sob meus lábios. Encontrei outro botão, e mais outro, e também os abri, até que todos estivessem soltos. Introduzi minha mão pela blusa aberta e pude sentir seu peito, quase peitinho, exceto pelo grande mamilo que o tornava peito, sob meus dedos, com os quais o acariciei, deixando-o ainda mais duro. E me afastei, sentei na cama e pude contemplar seus seios pela primeira vez sob a luz plena, e vi que eram belos em sua originalidade, com a brevidade do seio, propriamente, e o túrgido tamanho de seus mamilos, que eram muito grandes e erguidos e conservavam a cor rosada da suave aréola: eram seios levantados e redondos aos quais os mamilos podiam dar, por um momento, o aspecto de pontudos. Eu nunca tinha visto seios iguais, ou mais bonitos. Ela ficou deitada na cama e eu comecei a beijar seus seios, e embora esperasse que ela me detivesse, ela não fez nada, me deixou beijá-los, os dois, e depois de beijá-los suavemente passei a sugá-los, chupando primeiro os mamilos, depois pondo metade do seio na boca, depois quase o seio completo dentro de mim, sem parar de sugar. Ela se revirava na cama com minha sucção e com as mãos tentei, enquanto chupava seus seios, tirar sua calça, o que era difícil, pela própria posição de meu corpo e de minha própria pressão sobre ela. Então mudei de posição e continuei sugando seus peitos quase de lado, enquanto procurava a combinação que abrisse sua calça. Quando a encontrei e comecei a abri-la, senti que uma das mãos dela deteve a minha (toda essa operação complexa se tornara ainda mais difícil porque eu usava apenas uma das mãos) e a segurou com firmeza. Na hora não insisti, mas quando ela afrouxou a pressão de sua mão, eu me soltei dela para continuar com minha manobra de abertura, mas ela segurou de novo minha mão, dessa vez com mais força, e ouvi que disse apenas, mas com firmeza:

— Não.

— Por que não?

— Não quero.

— Só quero te ver nua.

— Não quero. Não agora. Não esta noite.

— Mas por que não?

— Porque não quero e pronto.

— Você já ficou quase nua comigo uma vez.

Não era verdade: só tinha aberto a braguilha de sua calça de homem, na casa dela, no dia em que seu irmão mais velho nos flagrou, mas aquele gesto de me deixar ver seu baixo-ventre, bem abaixo do umbigo, guardava a promessa de que não seria difícil vê-la nua. Não foi uma promessa verbal, mas estava implícita em seu gesto quase desafiante de abrir a calça, quando ainda nos conhecíamos havia pouco tempo, então pensei que com mais tempo seria mais fácil tê-la nua diante de mim, e era isso que eu queria essa noite.

— Não, não fiquei.

— Você não lembra daquela vez na tua casa, quando o teu irmão chegou?

— Bom, e daí? — falou, quase desafiante. — Aquilo foi outro dia. Agora não quero. Me deixe levantar, por favor.

Havia uma firme resolução em sua voz, então me afastei (já não estava em cima dela, mas ainda mantinha pressão sobre seu corpo) e deixei que sentasse na cama. Primeiro ela fechou a calça e depois abotoou a camisa. Havia uma finalidade em seus atos que me demonstrou, sem palavras, que nosso encontro dessa noite havia terminado.

— Agora quero ir embora — disse ela finalmente.

— Está bem — disse eu, sabendo que não havia nada a fazer, mas também consciente de que ganharia mais se não me opusesse a suas decisões. — Quando você quiser.

— Já.

— Tudo bem.

Desliguei o ar-condicionado e saímos do quarto. Na sala me ocorreu que uma demora talvez tornasse a partida menos abrupta.

— Não quer ficar aqui um pouco? Podemos tomar outro drinque e conversar.

— Não, quero ir embora.

— Bom, tudo bem. Então vamos.

Apaguei as luzes, fechei bem a porta e saímos. A caminho de sua casa (que fizemos, como de costume, a pé, percorríamos El Vedado inteiro quase toda noite), conversamos pouco, eu com medo de que ela me dissesse que não ia sair comigo outra vez, com medo de que reagisse comigo como fizera com o amigo de sua amiga, o amante de Amanda ou qualquer das outras pessoas que quiseram ter relações sexuais com ela intempestivamente. (Agora eu já sabia que com ela havia um tempo, um ritmo, a ocasião exata de quando fazer as coisas: só me faltava encontrar o quando.)

Baragaño veio me ver. Tinha marcas no rosto, sobretudo ao redor dos olhos, de socos, de bofetadas e de outros golpes. Disse que foram dados pela polícia e me deu a entender que tinha sido a polícia de Pinar del Río. Agora estava em Havana, rumo a Paris,

310

e vinha me pedir algum dinheiro para a viagem. Tive pena ao vê-lo todo machucado, sobretudo por motivos políticos, como ele me disse, e dei-lhe um pouco de dinheiro: não muito. Baragaño nunca tinha muita sorte comigo e o dinheiro, pois dei tudo o que tinha, que mesmo assim não era muito, mas ele se conformou. (Depois, tempos depois, seus amigos, que eram seus piores inimigos, me disseram que os golpes não foram dados pela polícia, mas pelo pai dele, de quem tinha tirado dinheiro para se afastar de sua vista para sempre. Nunca soube no que acreditar e preferi acreditar que Baragaño fora efetivamente atacado pela polícia de Batista por suas opiniões políticas, que eram surrealistas, mas que na Cuba da época viravam subversivas.) Ele me disse que ia embora imediatamente e nos despedimos: eu não sabia quando voltaria a ver Baragaño, que, afinal, era um dos personagens do folclore cultural havanês.

Por aqueles dias, quem também virou um personagem folclórico foi o recém-conhecido José Atila, que falava constantemente de suas experiências no MIT (acho que foi lá que ele estudou, ou talvez fosse em outra universidade técnica americana) e adorava relatar as aventuras de seus colegas, sobretudo as de um colega de quarto que tinha em sua posse uma metralhadora comprada legalmente. Essa compra fascinava José Atila, e um pouco desse fascínio me contagiava. Apesar de Atila ser muito prudente (um dia, atravessando a Carlos III a caminho da *Carteles*, ele me disse, a troco de nada, *"Thus conscience does make cowards of us all"*, citando Shakespeare em seu bom inglês com sotaque americano, e demonstrando que para ele a covardia era um estado natural), tinha fascínio por atos de agressão, pela ação direta. Atila era um personagem curioso, com sua gordura (pesava mais de noventa quilos num corpo que mal alcançava um metro e oitenta), sua constante falta de ar (fumava como uma chaminé: o tempo todo, um cigarro atrás do outro) e suas fobias e paixões. Atila era filho de um comerciante espanhol da rua Muralla, que vendia calças e camisas baratas, e que fizera algum dinheiro, mas por ser filho bastardo, tardiamente reconhecido, ele não compartilhava muito da fortuna do pai e morava com a mãe num pequeno apartamento perto do mercado da Carlos III. Tinha o ressentimento dos bastardos, e embora seu pai tivesse pagado uma educação cara para ele nos Estados Unidos, não prodigava muito amor filial. Acho que às vezes trabalhava no armazém do pai, mas sempre parecia ocioso, um fidalguete que visitava no trabalho os amigos que trabalhavam e os acompanhava na saída. Mas Atila tinha talento para escrever. Pelo menos me deu um conto para publicar em minha seção de contos cubanos da *Carteles*. Nesse conto, um filho deixa que sua mãe o insulte por passar o dia lendo e depois, por vingança, enquanto a mãe fala ao telefone na sala, ele atira pela sacada do quarto todas as posses da família, até que só resta na casa a mesa com o telefone e a cadeira contígua na qual sua mãe fala, sentada. Finalmente, ateia fogo no colchão da cama materna, que tinha reservado para o final, e também o joga sacada abaixo, em chamas. A história era contada de forma magistral, com seus toques lunáticos inseridos com precisão, e eu o publiquei, e então ele deixou de ser um fidalguete para se transformar num escritor em amadurecimento — ou escritor já estabelecido, pois uma publicação na *Carteles* quase equivalia a uma consagração havanesa. Assim, sua fidelidade para comigo aumentou (ele tinha surgido em minha vida via Silvio) e não era raro encontrá-lo me esperando, muitas vezes, de tarde, junto a minha sala. Também desenvolveu teorias literárias, entre as quais estava a eficácia do cansaço na criação: segundo ele, não se podia começar a escrever a não ser quando se estivesse morto de cansaço, no final do dia, que para ele era no fim da noite. Assim, escrevia bem tarde, de madrugada, quando já não dava mais.

Não é estranho que seus contos se tornassem raros, vencido o escritor pelo cansaço que devia ser sua fonte de inspiração. Tinha teorias sexuais não menos extravagantes, mas nesse campo quem permaneceu no cânone não foi ele, e sim sua mãe. Sua mãe era uma galega gordíssima, de aspecto sujo, quadrada como um armário e com as sobrancelhas juntas e um focinho no lugar da cara, de cabelo mais desgrenhado do que ondulado. Foi Adriano de Cárdenas y Espinoza ou Spinoza que a elegeu como padrão de sexualidade: Adriano costumava descrever uma situação particular na qual qualquer um de nós (Silvio ou eu) estava numa ilha deserta, e então surgiam, como que por encanto, a mãe de Atila e, digamos, Jacques Chabassol (um ator juvenil francês, de acentuada beleza efébica, popular nos anos 50) ou alguém parecido visto na rua. A pergunta corolário de Adriano era: com quem se deitar na ilha deserta? Claro que o horror sexual que a mãe de Atila causava não tornava a seleção duvidosa e assim Adriano sempre se dava bem ao demonstrar sua tese de que todos nós éramos homossexuais latentes. Claro que era impossível ser heterossexual se para isso era preciso se deitar com a mãe de Atila! Uma pergunta que nos assaltou muitas vezes é como o pai de Atila chegou a ter relações sexuais com uma mulher daquelas, e chegamos à conclusão de que a mãe deve ter sido empregada na casa do pai de Atila e este, numa noite de bebedeira, não conseguiu distinguir direito onde introduzia o pênis e assim produziu José, que sua mãe sempre chamava, para o seu eterno vexame, de Pepillo. Mesmo com todos esses deboches, às vezes levávamos Pepillo muito a sério, quando ele dava mostras de uma inteligência que desmentia sua feiura e se destacava por entre os sempiternos óculos escuros e semirredondos que ele superpunha a sua cara de lua cheia.

Por aqueles dias houve uma mudança em minha vida, quando passei da esfera semipública de jornalista que assinava com um pseudônimo (o que não era tão grave: nós cubanos somos dados a pseudônimos, e na época muitos jornalistas os usavam) à do domínio público da televisão. A CMQ tinha um segundo canal. Além de seu canal popular, o 6, agora estreavam o Canal 7, que se ocuparia de eventos culturais, o que não era coberto pelo Canal 6. Então recebi uma oferta para fazer um programa de crítica de cinema e teatro. No começo, pensei que o sócio adequado para cuidar da parte de teatro seria René Jordán, só que ele julgou o dinheiro oferecido muito pouco, mas acho que também ficou com um pouco de medo dos potentes holofotes da televisão. Assim, a seleção recaiu em René de la Nuez, que já fazia crítica de teatro num jornal e podia levar sua "paixão pelos tablados", como ele dizia, ao vasto campo da televisão. Fizemos o teste num estúdio que mais parecia uma caixa de sapatos, e René e eu fomos aprovados. Lembro-me de ter usado o pequeno truque de tirar os óculos durante o programa fictício e de ter conversado com um suposto público sobre o humano e o divino aplicado ao cinema. Eu estava realmente espantado com o fato de minha timidez poder ser vencida com tanta facilidade, e o teste de René não foi menos brilhante. Foi assim que nos tornamos "astros" da televisão. Para o poeta Ángel Lázaro, que colaborava na *Carteles* toda semana com uma crônica de costumes, a televisão seria minha nêmesis:

— Não se deixe levar pela popularidade — me dizia ele, enquanto eu ria por dentro pensando em minha "popularidade" —, pois ela é como a cheia de um rio: no começo a gente não vê nada e quando ela chega já é tarde demais.

Lázaro acreditava, evidentemente, no poeta secreto, e fizera o favor de me filiar entre os poetas. Para mim a televisão era um meio de ganhar mais dinheiro, mas também me dava a oportunidade de poder dizer o que eu queria sobre cinema, atingindo um número maior de pessoas do que com a página semanal. Por outro lado, eu pensava que o prestígio que angariava me permitiria conquistar Ella, já que meus outros dons tinham falhado. Assim começou minha vida de "astro de televisão", embora fosse uma estrela menor numa constelação pequena.

O segundo encontro dela com nosso *tumbadoir* foi mais produtivo, embora a televisão não tivesse nada a ver com isso, pois eu ainda não tinha começado a gravar. Aconteceu no dia seguinte à primeira visita e posso suprimir as preliminares porque se parecem tanto que poderiam ter acontecido uma única vez. Lembro-me de já tê-la no quarto e de tê-la convencido a me deixar ver seu corpo nu em todo o seu esplendor, com o que, para minha surpresa, ela concordou sem maiores resistências. Foi então que fiquei deslumbrado e subi sobre ela e tentei separar suas pernas com as minhas, mas ela as mantinha firmemente fechadas. Em certo momento, respondeu a minha insistência com um esforço tremendo dos braços, e de repente me vi voando literalmente da cama para o chão. Lá, nu mas coberto de ridículo, ensaiei um par de convulsões para disfarçar minha queda da cama e com voz entrecortada lhe disse: "É um ataque". "Que ataque que nada!", disse ela, mas eu insisti: "É, é a minha epilepsia que me ataca". Eu dizer estas palavras e ela sair disparada pelo outro lado da cama e para fora do quarto foram a mesma coisa. Levantei-me rapidamente e a segui pelado até a sala, onde ela já estava pondo a roupa.

— Mas o que houve? Por que você vai embora?

Mas ela não respondia.

— Me diga alguma coisa, o que houve?

— Você é epiléptico — disse ela finalmente. — Vou embora daqui.

(Foi só mais tarde, com o tempo, que aprendi que a última desculpa que eu devia ter dado por ter caído da cama era a da epilepsia. Ela tinha horror a essa doença: a epilepsia e a lepra eram para ela a representação do horror do universo na espécie humana. Mas na época eu não podia saber disso.) Vesti-me rapidamente, dizendo para ela me esperar, me espere, espere, enquanto me vestia, mas ela não parecia disposta a esperar. Alcancei-a já na rua (tive que voltar para fechar a porta do apartamento, que deixara aberta em minha afobação para alcançá-la) e precisava caminhar rápido para me manter a seu lado. Eu falava e ela não respondia, até que lhe disse que não era verdade, que eu não era epiléptico, que aquela fora uma desculpa para justificar minha queda. Ela diminuiu o passo, mas não a desconfiança:

— Então por que você disse isso? Podia ter pensado em outra coisa.

— Sim, é verdade. Mas foi isso que me ocorreu. Desculpe.

Foi então que ela me contou de seu horror à epilepsia, talvez tivesse a ver com os ataques de histeria de sua mãe (na hora ela não me disse, mas algum tempo depois deduzi que era isso), mas o fato é que o horror era verdadeiro. Estávamos chegando à casa dela e eu ainda proclamava minha saúde corporal: eu era o anti-Dostoiévski. Claro que não usei essa palavra, mas foi isso que dei a entender: não havia escritor mais saudável, um puro jornalista. Já estávamos chegando quando consegui fazê-la sorrir e obtive a promessa de que voltaríamos a sair, não amanhã, talvez, mas depois de amanhã: agora seus ensaios dramáticos que eram feitos de noite se intrometiam em nosso relacionamento. Mais de uma vez me vi esperando o regresso dela na frente de sua casa, e às vezes isso acontecia tarde da noite, já de madrugada. Numa das primeiras vezes, ela voltou de carona: quem a trazia era o ator que fazia papel de galã, o qual, cúmulo dos cúmulos, não só era alto e bem-apessoado como nem um pouco homossexual. Felizmente eu tinha ouvido dizer que ele, o ator, não lhe agradava nem um pouco fisicamente: isso já era de alguma ajuda. Mas nessa época aconteceu nossa primeira briga séria. Talvez fosse resultado de eu ter usado minha influência com Rafael Casalín para que publicasse em sua coluna de fofocas do teatro uma nota que se transformou numa coluna inteira. Consegui tirar, por meios fraudulentos (disse a ela que era para mim), uma foto de Ella (por Ella cheguei a me transformar naquilo para o que era menos dotado na vida: num fotógrafo) que saiu enfeitando a coluna, e que também mencionava todas as pessoas que aparentemente falavam dela naquele momento como a atriz do futuro (era isso que Rafael Casalín dizia, em sua prosa ligeira, mas untuosa) e como a pessoa a ser observada nos palcos de Havana. Ela achou que era uma publicidade imerecida, que estava me usando sem querer, e ficou tão brava que parou de falar comigo. Talvez tenha silenciado por não ver futuro em nossa relação (já era quase uma relação), pois eu era um homem casado e nunca tinha dito que podia me divorciar por causa dela, o que, por outro lado (segundo eu soube mais tarde), ela não teria permitido: detestava as mulheres que destruíam lares em nome de sua própria felicidade. Os dias em que não falou comigo, em que não nos vimos, foram longos e cheios de sofrimento. Às vezes eu passava debaixo de sua casa, tarde da noite, para ver se a via, para forjar um encontro que parecesse casual — inocentemente, pois como faria parecer casual um encontro à meia-noite debaixo de sua casa? Mas é dessas vãs pretensões que são feitos os planos dos apaixonados. Assim se passaram vários dias.

Enquanto isso, o *tumbadoir* não estava desocupado. Uma noite, vindo do cinema, topei, no ônibus, com uma mulata muito *adelantada** que parecia judia (até seu perfil de longo nariz adunco era semita) e que bem poderia ser uma húngara, mas nessa variada mescla que há em Cuba (talvez só superada pelo Brasil) ela era uma mulata. Sentou-se na frente, e eu me mudei do assento lá de trás para o do lado dela quando ele vagou, algumas quadras adiante da 23 com a L. Falei com ela, que me respondeu. Falava com muitos esses, evidentemente se fazendo de fina. Ia descer na 23 com a 12, e desci lá também. Ela fazia uma conexão para descer pela Línea e, conversando enquanto seu coletivo vinha (acho que usou essa palavra em vez de ônibus: como era "cultivada"...), combinamos de nos encontrar na noite seguinte no El Carmelo da Calzada. Na noite seguinte eu estava lá quando topei com Barbarito Pérez, que sempre conversava comigo sobre cinema. Ele era um dos habitués do El Carmelo que eu evitava, entre outras coisas porque diziam que ele era batistiano (havia quem chegasse a dizer que era agente do SIM ou do BRAC, mas nisso eu nunca acreditei: ele simplesmente tinha um bom cargo no governo, talvez um cabide numa dessas sinecuras que na época eram perigosas para a oposição), e enquanto eu esperava na entrada da rua D, ele me falava sobre os últimos filmes, querendo que eu os comentasse. Quase mandei que fosse ler minha coluna, mas como minha parceira ainda não tinha aparecido, a tal de Paula Romero (assim ela me disse se chamar), fiquei de conversa com ele e estava conversando quando ela chegou com o inevitável vestido com saia rodada sobre a crinolina e a parte de cima decotada e com os ombros de fora. Não a apresentei a Barbarito, apenas me despedi dele sem convidar Paula a beber algo em El Carmelo. Ao sair lhe disse que íamos tomar um drinque em meu apartamento e ela disse

---

* Em Cuba, diz-se do mulato que tem mais traços de branco do que de negro. (N. T.)

que tinha adorado a ideia. Dava para ver logo que era fácil, já percebera isso na noite anterior, mas eu gostava disso, sobretudo como festim intermediário, agora que eu estava praticamente solteiro, e havia certa elegância em sua esbeltez, e era aprazível sua pele queimada pelo sol ou pela raça. Caminhamos pela rua Calzada, falando banalidades — o que mais se podia conversar com Paula? Finalmente chegamos aos prédios do Boloña e entramos no apartamento.

— Ah, que legal aqui — disse ela —, parece um apartamento de cinema.

Sem demora a cafonice se revelava em suas declarações, mas eu não tinha ido lá para descobrir o artigo genuíno e não me importava que ela fosse falsa: desde que não tivesse recheios, e seu corpo esguio, esbelto, não delatava nenhum. Servi sua cuba-libre, que ela aceitou com graças melífluas: havia, evidentemente, uma grande distância entre Paula e Ella, mas como Ella não estava ali era preciso encarar a presa. Não tivemos que conversar muito porque, usando sua própria linguagem, a convidei para ir ao quarto, depois de convidá-la para ver a cozinha e o resto da casa, e logo estávamos na cama. Que eu me lembre, não foi difícil convencê-la a ficar nua, o que lhe agradeci, e quando vi seu corpo sobre a cama que eu destinara, a princípio, para Ella, senti um leve escrúpulo, mas foi apenas leve, e acho que nem chegou a ser escrúpulo: somente a sombra de uma dúvida de amor. Logo eu estava em cima dela, que era o que se conhecia em Cuba como ruim de cama: mal se movia e deixava escapar gemidos tão falsos quanto sua conversa. Nem mesmo apelar para o *cunillingus* mudou sua frigidez para algo que fosse levemente cálido, e eu disse com meus botões que merecia aquele prêmio: assim me pagavam os deuses do amor (gregos, romanos, iorubás) por ser infiel a Ella. Felizmente, a meia hora de tédio e movimento (de minha parte) acabou logo e adormeci. Quando acordei, Paula estava vestida, impecável, segurando a estola, desnecessária com aquele calor, sobre os ombros nus.

— Já vamos? — perguntei, hipócrita.

— Sim, meu bem — disse ela. — É tardíssimo.

Ela falava assim, cheia de superlativos, e assim falou pela última vez; não combinamos de nos ver novamente: talvez eu tenha sido uma desilusão para ela, quem sabe? Mas eu talvez ainda possa destacar sua esbeltez tão pouco cubana e seu sorriso de dentes parelhos e fortes e seus olhos ligeiramente semitas, talvez assírios. Nunca mais a vi na longa noite de Havana, mas quis o acaso que Adriano de Cárdenas y Espinoza ou Spinoza e eu entrássemos nos mesmos círculos do inferno cubano: um ou dois anos depois ele se deitou com ela. Soube disso pelo nome (não há muitas Paula Romero em Havana) e pela descrição de seu corpo e de seus hábitos: Adriano não a encontrara num ônibus, mas numa esquina, quando passava por ali em seu carro, e a convidou a entrar e ela entrou e foram tomar uns drinques num clube (preliminares que pulei) e terminaram num motel. Ainda fazia amor de maneira desajeitada ou, como disse Adriano, "trepava mal": é evidente que aprendera pouco da arte do amor e que nascera com uma frigidez que, de certa forma, combinava com sua figura esbelta, com seus modos cafonas e seu refinamento de araque. Paula Romero, coitada, nem mesmo aqui, nestas memórias em que desejo celebrar todas as mulheres que passaram por minha vida naquela época, ela tem um lugar mais caloroso!

Levei Silvio até o diretor do Canal 7 (que estava adorando nosso programa, meu e de René) para fazer um teste para um programa de história junto com Sara Hernández Catá, que ele conhecia bem da revista e com quem se dava muito bem. Seriam conversas informais sobre história e política mundial (a política local estava vetada à emissora e, por outro lado, não tinha o menor interesse para Silvio) e iria ao ar uma vez por semana.

Não ia ganhar muito, mas o que recebesse ajudaria em seu orçamento — e além disso ele se divertia. Costumávamos nos encontrar no dia do programa na cafeteria do Radiocentro. Lá ele teve um encontro com Julieta Estévez, que foi um modelo das relações entre Silvio e o sexo oposto (que Julieta representava muito bem, pois tinha sido musa de mais de um de nós, exceto de Silvio, é claro), mas Julieta rejeitaria essa qualificação, por seu teor excessivamente antifeminista.

— Cortou o cabelo curto — começou Silvio, notando que eu tinha cortado bastante o cabelo —, agora terá ideias mais longas, *according to Schopenhauer.*

Silvio lançou um olhar significativo para Julieta. Embora sua pronúncia fosse mais do que desastrosa, sua intenção foi comunicada pela forma de dizer a frase e Julieta entendeu claramente a alusão a Schopenhauer. O ódio — ou antes, o desprezo — que Silvio sentia por Julieta era talvez devido ao fato dele se sentir desprezado por Julieta: foi um dos poucos colegas de escola (embora fosse um ano mais moço do que Julieta, ele a conheceu na mesma época em que me conheceu e sabia da facilidade para o amor professada por Julieta, para quem havia mais de um Romeu possível) que nunca teve nada com ela, ainda que Silvio sugerisse que foi assim porque ele não quis.

— Você sabe que as ideias andam de acordo com o cabelo — continuou, na mesma linha.

— Ahã — falei por falar.

— Alguém tem mais alguma coisa pra dizer? — perguntou Silvio, que o álcool (ele andara bebendo, "preparando-se para o programa" muito antes dela chegar, Julieta, que convidei para sentar-se à nossa mesa) tornava mais atrevido do que de costume e muito mais misógino. — Não? *Zero hits, zero runs.*

— Quando a tua colega do programa vem? — perguntei-lhe, mudando o rumo da conversa para outra via mais segura.

— Não sei. Quem sabe quando uma mulher resolve fazer alguma coisa?

Julieta continuava tomando seu drinque em silêncio (embora ela não fosse muito fã de bebida, aceitara meu oferecimento de uma cuba-libre: esse era meu drinque favorito para as mulheres: gostava mais de pronunciar cuba-libre do que daiquiri ou o nome de qualquer outro coquetel conhecido) e nos olhando.

— Tem mulheres que sabem o que fazem — falei, levado pelo argumento de Silvio.

— Diga o nome de uma e vou te revelar que é um travesti — disse Silvio.

— Catarina da Rússia — falei.

— O príncipe Potemkin era seu alter ego.

Silvio estava acelerado pelo álcool e pela presença de Julieta: era um motivo duplo, além do nervosismo de esperar a hora do programa e Sara Hernández Catá, que não chegava.

— A rainha Cristina.

— Da Suécia?

— Sem tirar nem pôr.

— Essa mulher descartou Descartes. Manda outra.

— Jeanne Moreau.

Era minha estrela de cinema favorita depois de *Ascensor para o cadafalso* e da publicidade preventiva de *Os amantes*.

— As atrizes não são mulheres verdadeiras: são exibicionistas de corpo e alma.

Acontece que Julieta era atriz. Tivera um sucesso bastante merecido em *A lição*, de Ionesco, e pouco tempo antes havia protagonizado *La boda*, de Virgilio Piñera, na qual interpretava o papel de uma mulher que tinha medo de se casar por ter os peitos caídos, o que era um absurdo para quem conhecia os seios esplêndidos de Julieta. Essa atuação fora muito comentada entre conhecidos, já que Julieta tinha muitos conhecidos, e Silvio participara, muito satisfeito, de muitos desses gracejos.

— Além do mais, ela tem seios à francesa. Quer dizer, quase não tem peito.

— E você não gosta disso?

Eu achava um pouco estranho ele não gostar, pois Bárbara tinha muito pouco peito.

— Adoro. As mulheres de pouco peito são as mais sisudas. Daí que sejam as menos exibidas.

Aqui Julieta não conseguiu aguentar e exclamou:

— Você é um babaca!

Fez-se silêncio em nossa mesa e tive a impressão de que isso também ocorreu em toda a cafeteria. Silvio, finalmente, tinha conseguido.

— Viu só? — disse, dirigindo-se a mim.

Julieta se levantou, deixando Silvio engolir o insulto sem poder replicar. Saiu sem uma palavra, nem sequer agradeceu pelo drinque: acho que também estava aborrecida comigo.

— Ora, você viu essa? — repetia Silvio. — O que foi que eu fiz pra essa mulher?

— Nada. Talvez tenha sido a bebida.

— Uma dose de cuba-libre é suficiente pro insulto?

— Pra ela, aparentemente, é.

Ainda estava sacudido por aquele adjetivo quando Sara chegou (como de costume, ela já tinha tomado uns tragos) e se dirigiram escadas acima para o estúdio e seu programa.

Por aqueles dias fiz uma descoberta importante: tinha acabado de chegar um disco de Billie Holiday, de quem eu já ouvira falar, mas que nunca tinha ouvido. Seu título era (ainda é) *Lady in Satin*, e no princípio a voz riscada pelo tempo e pela vida dura me soou um pouco estranha, rascante para os ouvidos, embora tenha gostado muito dos arranjos, e além disso havia J. J. Johnson tocando trompete, o que ele sempre fazia com verdadeira maestria. Mas pouco a pouco a voz um tanto rouca de Billie Holiday foi me penetrando e o disco se tornou imorredouro, além de marcar aqueles dias com sua música e suas palavras. Cheguei a ouvi-lo o tempo todo, toda noite, e isso acentuava minha tristeza pela perda de Ella, que eu pensava que seria eterna, embora agisse como se fosse momentânea. Assim, uma noite, ou melhor, bem tarde na tarde, apareci na casa dela para ver se a encontrava por acaso, e quando estava indo embora eu a vi, subindo a rua 22, pelo caminho de Las Viejitas, como ela chamava duas velhinhas que eram suas amigas. Ela as visitava tanto que cheguei a sentir ciúme e a pensar que havia outro tipo de interesse na casa delas. Mas agora ela caminhava sozinha pela calçada, atravessava a rua, e me viu quando já estava sob os falsos loureiros da esquina. Aproximou-se e em silêncio nos juntamos, pus meus lábios sobre os dela (ela se inclinou um pouco para me beijar) e lhe dei o beijo mais doce (a palavra é esta) que já dei e também recebi: lembro dele, sempre vou lembrá-lo, desse beijo sob os loureiros, ocultando a lâmpada da esquina e sua luz e o ar suave que soprava entre eles naquela noite de início de verão. Foi uma reconciliação, a primeira, e depois passamos vários dias juntos. Não voltamos ao *tumbadoir*: embora eu quisesse uma união completa com ela, hesitava em convidá-la para ir de novo ao apartamento. Mas saímos muito, fomos ao cinema, ao cine La Rampa, lembro disso embora não me lembre do filme que vimos, mas lembro que ela passou a sessão inteira enovelada em sua poltrona, colada a mim, e não me lembro de antes disso ter me sentido tão bem fisicamente no cinema. Também fomos a um clube de jazz recém-inaugurado no cabaré Mil Novecientos e que abria nos domingos à tarde, animado por Mongo Santa Cruz, um mulato alto e bem-apessoado, quase sempre vestido de puro linho branco, que eu conheci na CMOX, procurando, como eu, discos de jazz. No clube, o cool, em voga naquela época, era o mais tocado por músicos cubanos *amateurs*, que não eram aquela maravilha porque não podiam depender do ritmo, como na música cubana, pois tinham que organizar as complexas harmonias do cool e não eram tão bons nisso, mas a atmosfera do clube de amigos do jazz naquele espaço da Mil Novecientos, nas tardes de domingo, era agradável. Nessa reconciliação houve também outra festa, num outro domingo, que em minha mitologia pessoal acabou por chamar-se o Dia do Grande Ecbó (grafo dessa forma, embora os especialistas em folclore afro-cubano escrevam *ekbó* e alguns *ebó*), que começou como uma aventura estética para Titón, que me convidara, e para um fotógrafo do *Cine-Revista*, que ele levava para ver se conseguiam captar o ecbó em imagens. Começamos pelo almoço na bodeguita da rua Baños com a Calzada, bem perto do *Cine-Revista*. Chovia a cântaros naquele meio-dia de domingo e enquanto fumávamos nossos charutos, esperávamos que estiasse para chegar até a perua do *Cine-Revista*, que, embora estivesse estacionada ali na calçada, estava a quilômetros de distância por causa da água que caía torrencialmente. Por fim deu uma breve estiada e corremos até nossa condução. Atravessamos todo El Vedado, Havana e parte de Luyanó no rumo da estrada de Guanabacoa, onde se celebrava o ecbó. Essa reunião de grupos de santeiros em invocação aos deuses era celebrada com toques de santo e sacrifícios, feitos no mar, perto de Regla, e no monte, em Guanabacoa. Diziam que o ecbó, que era uma festa de *santería* cara, tinha sido pago por Batista, que dera o dinheiro para os santeiros, animados por um espírito de concórdia: a festa era celebrada para aplacar os santos e para rezar pela paz entre todos os cubanos em guerra. Quando chegamos a Guanabacoa tivemos algum trabalho para encontrar o *stadium*, que era onde se celebrava o ecbó. Como tinha chovido muito, este estava sendo celebrado em local coberto, nos estandes do *stadium*. Chegamos como se comparecêssemos a um evento qualquer, mas quando entrei no recinto (o *stadium* era santificado pela presença dos tambores e dos atributos da *santería*) senti que adentrava outro mundo: o mundo proibido e ao mesmo tempo sugestivo da *santería* cubana. Os tambores ressoavam e se ouviam os cantos litúrgicos, enquanto os congregados dançavam, uns com outros, mas se deixando presidir pelo santeiro-mor, que portava seu bastão de comando. Logo senti que Ella devia ver aquele espetáculo (porque, como todo culto, aquilo era um espetáculo) e sugeri a Titón que fôssemos buscar minha amiga (falei assim) em El Vedado. Para a minha surpresa, ele topou, encantado, e refizemos todo o caminho percorrido, até chegar à casa dela. Eu temia não encontrá-la, mas ela estava lá (a chuva tinha passado), passava o domingo vendo televisão com a mãe e o irmão. Deixei Titón no carro, subi para buscá-la e descemos juntos. Vi como Titón reagia diante de sua beleza inusitada (ele, como diretor de cinema que era, tinha bom olho), e ela simpatizou muito com Titón (muito, até demais para mim, que senti ciúme quando ela me disse que achava Titón extraordinariamente bonito, que não acreditava que eu tivesse um amigo assim, foi isso que ela disse, aquela...) e logo éramos um trio de amigos (o fotógrafo tinha ficado em Guanabacoa) fazendo a travessia de Havana numa tarde de domingo depois da chuva. Ela adorou a festa: não sabia onde ficar para admirar melhor o espetáculo, e despontava, surpreendente, tão branca entre tantos negros, embora não a olhassem, atentos que estavam à cerimônia. Durante o ritual, o santo baixou em mais de um oficiante, e ela absorvia tudo com seus belos olhos amarelos, e acho que chegou a me amar um pouco nesse domingo, agradecida por tê-la trazido a esse espetáculo inusitado (nunca estivera antes num toque de santo, não num verdadeiro, e seu centro religioso gravitava em torno do espíritismo praticado por sua mãe), colada a mim, às vezes pondo um braço amado sobre meu ombro, outras vezes juntinho de mim admirando os dançarinos, invadida pelo ritmo incessante dos tambores, inundada pela cor e pelo som da festa para os deuses negros de Cuba. Lembro que havia um dançarino (este era branco e era, evidentemente, uma louca: ao contrário do *ñañiguismo*, que impõe testes de virilidade a seus sectários, a *santería* admite mulheres e maricas sem problemas), ou melhor, um oficiante, que usava uma camisa branca (todos os presentes estavam vestidos de branco, como cabe aos filhos de Obatalá, a deusa que exige o branco como sua cor favorita) toda cheia de botõezinhos brancos que lhe davam um ar de *guayabera* coberta de nácar — e aquele detalhe teve o poder de encantá-la, cativá-la, quase convertê-la à religião da *santería*. (Sua conversão verdadeira ocorreria anos depois, mas sempre acreditei que, de fato, começou naquela tarde de domingo em Guanabacoa.) Depois que o ecbó terminou passou-se à casa do santeiro-mor, onde se comeria parte dos animais e alimentos ofertados aos deuses. Era uma casa ampla, com um pátio grande e uma mesa comprida na copa, com cadeiras por todo canto. No pátio central, havia uma *ceiba* onde eram feitos os sacrifícios habituais, mas agora, durante o ecbó, em vez de serem feitos nessa árvore, foram feitos no mar e no monte. Ela olhava para tudo com sua amável curiosidade e as mulheres da casa (eram, evidentemente, mulheres que viviam na casa ou visitas constantes, habitués da *santería*), por sua vez, olhavam para ela. Por fim fomos embora, depois que ela viu tudo, deixando a última parte das festividades do ecbó sendo celebrada entre iniciados. Na volta fomos até o Mil Novecientos (Titón, como eu, era amante de jazz e eu lhe falara das tardes de domingo no clube) e foi um salto da África cubana aos Estados Unidos cubanizados — ou, se preferirem, a uma Cuba americanizada, pois embora o jazz tivesse raízes negras e seu maior entusiasta em Havana, em Cuba, o Mongo Santa Cruz, fosse mulato, era evidente que tínhamos passado dos mistérios da religião, da africanidade quase pura, apesar dos santos na *santería* serem brancos, no máximo mulatos, tínhamos saltado do sagrado ao profano embora seguíssemos o caminho da música: lá tambores, aqui saxofones, trombones, piano e uns tambores civilizados (apesar de Tobita, de óculos e com ar de estudante, modelo que sempre trazia um bongô e se inseria nas jam sessions para acompanhar um número cool com seu ritmo quase de *bebop*), mas ela se sentiu igualmente dominada pela curiosidade que a levava a conhecer tudo, embora na verdade não gostasse de jazz: dizia não ter ouvido para a música, o que era verdade, em parte. Terminamos a tarde de domingo no Mil Novecientos, Titón já tinha ido para casa ficar com Olga, e eu a convidei para comer um arroz frito especial no restaurante Celeste, que ela adorou. Depois sugeri que ficássemos um pouco sozinhos e, para a minha surpresa, ela topou ir ao apartamento. Eu me arriscava com essa visita, pois podia dar de cara com Silvio ou Juan, já que era domingo. Felizmente, quando o táxi nos deixou diante dos prédios do Boloña o apartamento estava às escuras, e mesmo assim um deles podia estar lá, acompanhado, no quarto, mas quando entramos o encontramos vazio, pronto para nós dois. Sentamo-nos na sala (ela não quis beber nada e eu a acompanhei em sua abstenção) para conversar. Tinha sido um dia de múltiplas sensações: ela recordava vivamente todas as suas sensações, mas, curiosamente, reservava uma lembrança para o calado, limpo e pequeno cemitério visto no caminho: gostou tanto que Titón chegou a parar o carro para que ela o admirasse, mas não descemos porque os caminhos entre as tumbas eram de terra e estavam enlameados com tanta chuva. Ella lembrava que o cemitério parecia branco, lavado, e acrescentou que dava gosto morrer para ser enterrado ali. Temi que ela recomeçasse a falar da morte como no dia em que a conheci, em que ela se mostrou obcecada pela morte, mas agora ela não estava bêbada e só estava transmitindo uma experiência estética, por assim dizer. Depois passou ao ecbó (eu, pedante como sempre, emprestei-lhe a palavra e ela a aceitou), que lhe parecera a outra cara de Cuba. Ela não disse isso com estas palavras, mas foi o que quis dizer, acrescentando uma frase elogiosa que na época estava na moda: *"Es un tiro"*. A frase era muito nova e surpreendeu-me que ela a usasse: com certeza a tinha aprendido no teatro, mas de qualquer forma anotei-a mentalmente, pois lhe caía muito bem e embora eu a detestasse (a frase), passei a gostar dela em sua voz acariciante. Ela estivera antes em outras festas da *santería*, mas nenhuma tão emocionante quanto esta, tão selvagemente sincera (estou novamente transcrevendo uma paráfrase do que ela disse, não a citando verbatim, pois ela empregou outras palavras para comunicar esta frase), tão verdadeira e preciosa. Ficamos conversando na sala por muito tempo e, ainda que eu tenha pensado no quarto mais de uma vez, não lhe disse nada que tivesse a mais remota conotação sexual. Só no final da noite me animei a me aproximar dela, que estava sentada, e, abaixando a cabeça, dei-lhe um beijo, que ela me devolveu. Sentei-me a seu lado e ficamos nos beijando um pouco. Assaltaram-me visões em que eu a levantava nos braços e a levava para o quarto e a punha na cama, visões que eram quebradas pela realidade: eu não podia carregar uma mulher tão grande, ou melhor, tão comprida, e, mesmo que pudesse, seria ridículo me ver (ou pelo menos me saber) carregando-a. Além disso, havia sua resistência, que talvez causasse um incidente como minha queda da cama, nu, com sua sequela de falsidade (minha "epilepsia") para acobertar o ridículo. Deixei que as visões anulassem umas às outras (em outra imaginação ela me pedia para ir ao quarto juntos!), enquanto ela falava das experiências do dia e eu ficava com cara de quem bebia suas palavras (sou muito bom em fingir atenção enquanto penso em outra coisa: aprendi isso nos tempos do colégio, quando parecia ser todo ouvidos para o professor, estando, na verdade, a quilômetros de distância da sala; depois essa habilidade se mostrou perfeita na escola de jornalismo, com suas aulas mais curtas e seus professores mais medíocres), de quem lhe prestava toda a atenção do mundo. Por fim, ela disse que precisava ir embora: tinha que acordar cedo na manhã de segunda. Saímos, mas pelo menos eu conseguira levá-la novamente ao apartamento — ao meu, de novo, *tumbadoir*.

Naqueles dias a política interrompeu minha nova felicidade. Veio na forma de uma carta de Franqui, na qual ele me dizia que estava na Sierra (eu já sabia disso por intermédio de Alfredo Villas, que me disse que Franqui dirigia a Rádio Rebelde), de novo na luta revolucionária dentro de Cuba, e me anunciava que o portador (na verdade, uma portadora, que disse se chamar Ángela, só isso) teria outras mensagens para mim com um pedido de ajuda. Estranhamente, o portador, a portadora, não apareceu mais na *Carteles*, e deduzi que, ou ela tinha sido detida, ou as mensagens de Franqui para mim não encontraram seu caminho apropriado. O outro incidente político foi a visita inusitada de Batista à casa do lado, a do coronel. Depois eu soube que ele viera ver o pai do coronel, um general de exército reformado, que estava doente e velho. Foi num sábado à tarde, e eu estava lendo no quarto quando minha mãe entrou e disse:

— Tem alguma coisa acontecendo. Reforçaram a guarda na casa do coronel e tem carros da polícia por todo lado.

Levantei-me na hora e fui dar uma olhada. De fato, a casa ao lado estava cheia de policiais na porta da garagem e na calçada. Fiquei olhando. Logo apareceu um Cadillac preto, com uma placa de numeração bem baixa (não me lembro se era um ou dois) e escoltado por vários carros de polícia. Desceu do carro uma figura rechonchuda, conhecida, impecavelmente vestida de branco: era Batista. Percorreu ligeiro o trajeto entre a calçada e a porta da casa, subiu a pequena escada da entrada e entrou na casa em menos tempo do que eu levo para contar isso. Era incrível que aquele homem, aquele tirano, estivesse tão próximo. Imaginei as possibilidades de ter acesso aos escritórios do lado (que pela frente se interpunham entre nossa casa e a casa do coronel) para montar uma metralhadora ali e esperar a saída de Batista. Era tão simples... mas claro, seria preciso saber que Batista viria à casa do coronel nesse dia, coisa que provavelmente muito pouca gente sabia, e ter os contatos necessários com os movimentos clandestinos para alertá-los de sua presença ali. Mas eu estava pensando a sério nessa possibilidade quando percebi que a calçada se enchia de pessoas, entre as quais reconheci muitos dos vizinhos dos fundos, onde havia uma pensão ou apartamentos muito mais baratos. Estavam ali reunidas, curiosas, trocando palavras com a escolta do coronel (que não era conhecida, pelo menos de vista) e esperando pacientemente. Era evidente que esperavam a saída de Batista, e quando isso aconteceu começaram a gritar: "Viva Batista! Viva o presidente!". Era incrível! Essas pessoas dos fundos agora tinham virado batistianas. Quase não consegui conter minha raiva ao ver que o tirano não só não era enfrentado pelas balas de uma metralhadora como era resolutamente saudado com júbilo por grupos de partidários. Isso amargou minha tarde e a noite de sábado, em que eu ia sair com ela. Não íamos ao *tumbadoir* (era a noite ou o dia de Juan), mas ao cinema. Fomos ver *Um condenado à morte escapou*, que achei maravilhoso e do qual ela não gostou nem um pouco. Eu achava bom que estivesse passando esse filme porque acentuava a atmosfera nazista, com a repressão que havia em Cuba: embora não se sentisse com a mesma intensidade do filme, era evidente que havia entre nós condenados à morte que não conseguiam escapar e apareciam mortos numa rua afastada da cidade ou num caminho no campo. Essa foi nossa última saída, pois ela insistiu novamente para que não nos víssemos mais e compreendi (embora não tenha aceitado) sua insistência. Foi então que decidi liquidar o *tumbadoir*, já que Juan não tivera muita sorte pescando candidatas para levar para a cama e Silvio, o único que aparentemente fez bom uso dele, não opôs muita resistência — e se digo aparentemente é porque ele não opôs resistência. Ele me fizera poucas confidências sexuais: sempre fora muito reticente. Mas um dia ele me disse que tinha que me contar algo confidencial. "Não consigo ejacular", me disse depois de um rodeio. "Posso ficar horas trepando que não consigo gozar." Eu, em vez de ouvi-lo e aconselhá-lo, ou de mostrar, pelo menos, um pouco de empatia por seu problema, mais uma vez fui indiscreto e falei:

— Perfeito! É a situação ideal. Não sabe quanto o René de la Nuez daria pra estar na tua pele.

Isso foi um corte e ele não me contou mais nada e eu perdi a oportunidade de me aproximar mais de quem era um verdadeiro amigo: nunca mais ouvi outra confidência dele.

Reynaldo Ballinas, que conheci no El Jardín, no grupo que discutia poesia e pintura e talvez religião, mas nunca política, tinha aberto uma livraria em El Vedado, na rua 27, bem perto da universidade e de meus antigos prédios da avenida dos Presidentes. Fui à inauguração da livraria (que tinha o exótico nome de La Exótica, repisando tautologicamente que todos os livros que vendia eram estrangeiros) e ali, sentada num canto, deparei com um bibelô — ou melhor, com uma tânagra. Era uma garota — depois eu soube que não era uma garota, mas uma mulher, já divorciada — de cara muito fofa, com tudo perfeito, incluindo os dentes, mas em escala reduzida: ela era muito pequena, o que em Cuba significa que era realmente pequena, mas em sua figura tudo se encaixava à perfeição: o pequeno nariz, a pequena boca, o queixinho — só se destacavam os grandes olhos inusitadamente azuis. Reynaldo nos apresentou. Chamava-se Mimí de la Selva, nome que na hora me soou a pseudônimo, mas que depois se revelou ser seu nome verdadeiro. Conversamos em meio ao ruído da congregação, trocamos muitos gracejos inconsequentes, naquele dia eu me senti brilhantemente divertido, os drinques driblando a depressão que me causava a distância de Ella, e Mimí recebeu esse brilhantismo com intercâmbios apropriados. Entre outras coisas, me contou que era rica e tinha um haras. Eu nunca conhecera alguém que tivesse haras em Cuba e isso a tornou exótica em La Exótica. Fomos quase os últimos a sair, já tarde na tarde de verão, e eu a convidei para jantar e depois assistir a uma sessão privada de um filme americano no La Corea. No jantar, ela se espantou (fingidamente) ao me ver comer direito, quando exagerei meus modos à mesa, e disse:

— Ai, mas ele come igualzinho à minha vó — empregando, para se referir a mim, a terceira pessoa familiar que muita gente usa em Cuba, muitas mulheres, principalmente.

Essa foi a primeira nota falsa que soou no intercâmbio com Mimí, mas talvez eu tenha me aborrecido com seu tom irônico, talvez ela fosse muito autêntica. O fato é que aplaudiu ao me ver mudar o garfo, depois de cortar, para a mão direita:

— Ah, não, mas a minha vó não faz isso.

Ela parecia muito divertida comentando meus modos à mesa, tanto que não aproveitou muito a comida. Depois saímos e fomos caminhando até o La Corea (o restaurante era La Antigua Chiquita e ficava ali perto), para ver o filme que estava passando. Na saída, sozinhos na rua Ayerstarán, ela ensaiou uns passos de dança (já me dissera que tinha estudado balé) e me incomodou um pouco vê-la atuando como uma heroína de comédia musical, mas não disse nada, já imaginava que Mimí seria uma conquista fácil (já havíamos comentado sobre seu divórcio: ela tinha sido casada com um diretor de televisão que eu conhecia de nome, o qual, por sua vez, eu também conhecia por ser o marido, ou o amante, no momento, de uma maravilhosa mulata da televisão), e agora ela me convidava para ir até sua casa, com essas mesmas palavras. Já era tarde e estranhei o convite tão repentino, mas aceitei com prazer. Pegamos um táxi na esquina da Ayerstarán com a Carlos III e fomos até a casa dela, que era um amplo apartamento na rua 17, quase esquina com a K: tinha janelões que davam para a rua em todos os lados da sala e, embora de dia devesse ser muito barulhento, àquela hora parecia moderno e acolhedor. Eu já me via indo para o quarto, para a cama, com Mimí, mas ela disse:

— Quer que eu toque alguma coisa pra você? De Falla, por exemplo? — E antes que eu pudesse dizer que sim (ou que não) ela já estava sentada ao piano que dominava o salão tocando A dança ritual do fogo, com muito brio de parte de seus braços, mas muito pouca pontaria de parte de seus dedos, e então muitas notas soavam erradas: era atroz, e na hora não compreendi como era ridículo eu estar ali, à uma da madrugada, ouvindo A dança ritual do fogo meio mal tocada por uma mulher que se supunha que devia estar debaixo de mim na cama (isso sem me preocupar com os vizinhos, que deviam estar acostumados ao concerto), mas que, ao contrário, estava sentada ao piano com um fervor quase espanhol.

Quando ela terminou, não tive outro remédio senão dizer que era muito bom, que eu tinha gostado (malditas sejam as convenções sociais — quase disse sexuais), ao que ela respondeu:

— Quer que eu toque outra coisa? Liszt, por exemplo?

Mais ruído, droga, mas pensei e disse:

— Não, prefiro que a gente sente ali no sofá e fale de você.

Ela me olhou, sorriu e disse:

— Bem, pode ser.

Sentamo-nos no sofá, mas não tão perto quanto eu gostaria.

— Então... me fale de você — disse, como se ela não tivesse me falado pouca coisa nesse dia, desde a tarde até a meia-noite: mas essa era minha técnica.

— O que quer saber?

— Tudo — disse eu, quase com o mesmo fervor com que ela falhava ao tocar De Falla.

— Bem — disse ela —, tenho uma notícia pra você, e embora você seja jornalista não quero que a publique, entendido?

— Entendido — falei, bem sério.

— Bem, aqui vai: eu sou membro do 26 de Julho.

Agora eu estava realmente espantado, mas fiquei mais espantado ainda quando ela disse:

— Não simpatizante, como muita gente, mas membro da organização aqui em Havana.

Demorei para dizer alguma coisa.

— O que acha? — disse ela.

— Que você não deve dar essa notícia pra todo mundo.

— Estou dando só pra você.

— Sim, mas você a deu com tanta facilidade... Aliás, não devia confiar nem em mim.

Era verdade que tinha sido uma mulher fácil, não em relação ao sexo, mas à política, mas, por outro lado, eu não tinha vontade de guardar qualquer tipo de confidência: a partir desse momento Mimí me pareceu uma mulher perigosa, não perigosa para a aventura, mas perigosa de se conhecer.

— Sei que posso confiar em você — acrescentou. — Também posso te dizer que temos tido aqui muitas reuniões da minha célula e posso te dizer que amanhã teremos outra. Estamos reconstruindo a organização em toda a província. E você sabe por que te conto tudo isso? — perguntou-me.

— Não — falei.

— Porque precisamos de pessoas como você: você bem que poderia pertencer à minha célula.

Fiquei calado por um momento, pensando em como lhe dizer que eu já estivera envolvido com o 26 de Julho e que agora os comunistas, com todos os seus defeitos, me inspiravam mais confiança, que eu considerava a organização, pelo menos em Havana, e a partir da greve de abril, como gente em que não se podia confiar totalmente. Não podia dizer tudo isso a ela, então disse apenas:

— Não, muito obrigado. Obrigado pela confiança e pela confissão e pela oferta, mas não, obrigado.

Ela sorriu em seu canto do sofá, ali à meia-luz (esqueci de dizer que o concerto ocorreu sob a meia-luz que vinha da rua, que ela não acendera as luzes da casa), lançada pelo poste da esquina, depois riu.

— Eu sabia — disse, rindo —, sabia que não ia aceitar. Tem medo, confesse. Confesse que tem medo de entrar na organização.

Deixei que ela risse mais um pouco.

— Bem — falei —, se você acha que é medo, é medo.

— E o que mais poderia ser? Isso se chama medo.

— Também se pode chamar precaução — falei.

— Chame como preferir, que eu vou continuar chamando de medo.

Eu estava numa situação embaraçosa, confrontado com uma mulher que no mesmo dia em que me conheceu me chamava de covarde, sem ter bases reais, baseada apenas no fato de eu não aceitar sua oferta louca (sim, eu achava completamente louca tanto a oferta quanto a ideia de que alguém pudesse confiar a Mimí missões subversivas), e eis que eu não podia fazer nem dizer nada: não ia lhe fazer agora minha biografia política. Disse a primeira coisa que me veio à cabeça:

— Prefiro que falemos de cavalos.

Quando menino eu era apaixonado por cavalos, lembro que tinha três ou quatro anos quando um amigo de meu pai, chamado pelo improvável mas inesquecível nome de Cutuco, se ofereceu para me dar um potrinho de presente. Depois, quando cresci, meu amor por cavalos foi diminuindo, mas eu ainda sentia curiosidade pelos cavalos de montaria e um respeito por todos os cavalos em geral, e tinha uma pena infinita dos cavalos que puxavam carroças e mais ainda dos que tinham que participar das corridas. Foi por isso que lhe pedi que falássemos de cavalos, mas também para mudar o rumo da conversa. Mas ela me respondeu no ato:

— Não existem.

— Como assim, não existem? Então é mentira que você tem cavalos?

— Não, não é mentira. Os cavalos existiram, mas não existem mais: eram do meu pai, e quando ele morreu tivemos que vendê-los. Ainda correm no Oriental Park, mas não são mais meus cavalos.

Calou-se, e pensei que devia ser assim a história de que pertencia a uma célula clandestina: inventada para parecer interessante.

— Já sei o que está pensando — disse ela —, que eu inventei a história do 26 de Julho como inventei a dos cavalos.

— Não, não estou pensando isso — falei, embora na verdade estivesse.

— Bem, quero te dizer que os cavalos existiram, como a minha célula existe. Não precisa dizer mais nada, você a conhecerá amanhã. Mas vai ter que passar por alguns testes.

— Não quero conhecer a tua célula — falei. — Prefiro conhecer você.

— Ah, obrigada. Isso é muito lisonjeiro, mas não é melhor um pouco de mistério?

Que mistério podia me reservar Mimí, que me contara tantas coisas nesse dia, ou melhor, nessa noite? Mas eu tinha que dar alguma resposta.

— Às vezes.

— Bem — disse ela —, agora vem o mistério do meu desaparecimento. É tarde e amanhã tenho muitas coisas pra fazer, algumas com gente que você talvez conheça.

— É? Com quem?

— Mistérios políticos — disse ela.

— Ah, então não quero saber.

Ela riu, como se pensasse que eu tinha medo de suas conexões políticas: na verdade, eu temia sua indiscrição, as revelações dessa esfinge súbita.

— Quando vamos nos ver de novo?

— Ah, quando? Amanhã de noite está bem pra você?

— Perfeito. Posso trazer um amigo? Ele tem carro e isso facilita as coisas. Podemos ir a um lugar afastado, fora de Havana.

— Ah, não precisamos ir tão longe.

— Que tal irmos até o Sierra? Dizem que o novo show está muito bom.

— Tudo bem. Acho o Sierra bom. Então até amanhã.

Ela se levantou, eu a imitei. Esperava um sinal qualquer, um beijo que fosse, já que não tínhamos ficado no quarto, na cama, como eu tinha imaginado. Mas ela me estendeu a mão, gesto muito pouco comum em Cuba: era evidente que se fazia de exótica. Não à toa eu a conheci em La Exótica. Estendi-lhe a mão, que ela apertou um pouco e eu quis segurar, mas ela deslizou sua mãozinha e foi até a porta. Pensei em lhe pedir um beijo de despedida, mas pensei melhor e fui embora sem dizer nada.

No dia seguinte, precisei convencer Silvio de que tinha feito uma descoberta importante: uma mina feminina, uma mulher excepcional, um bicho raro digno de se conhecer. Tudo para aproveitar seu carro e sair com Mimí, que hoje me parecia mais difícil do que ontem. Silvio não tinha certeza de que poderia ir: tinha que sair com Bárbara.

— Convença-a de que é um trabalho que você precisa fazer — sugeri.

— Que trabalho? — perguntou ele. — Ela sabe que aqui eu sou apenas o arquivista.

— Pois pode ter surgido a oportunidade de fazer uma reportagem, qualquer coisa. Você tem imaginação suficiente pra inventar.

— Ela vai ficar brava — disse.

— Você tem lábia suficiente pra fazer com que não fique brava.

Silvio hesitou por um instante, e eu soube que a partida estava ganha: iríamos todos ao Sierra.

Fomos todos (os três) ao Sierra. Lá eu comecei a beber, não só eu, Silvio também. Mimí não bebia, ou quase não bebeu. Comecei a me lembrar de Ella e me senti mal por saber que estava tão longe de mim e comecei a ver Mimí como uma pobre substituta — um sucedâneo, diria Silvio. No cabaré, sobre o tablado, um grupo de flamencos do pátio (ciganos não importados) dançavam seu sapateado e a principal bailarina animava o público para que se unisse, batendo palmas, no mesmo ritmo. Comecei a bater palmas, só eu em nossa mesa, enquanto Silvio me olhava com seu sorriso de zombaria. Não pude ver seus olhos por trás das lentes escuras (eu também usava óculos escuros, como um verdadeiro jazzista), mas compreendi que seu olhar era de desaprovação. No instante seguinte, porém, me vi sobre o tablado, pisando o chão de madeira, dançando flamenco com a cigana tropical, num ato que era mais do que ridículo: era patético. Assim eu demonstrava meu mal-estar me fazendo de bufão, já que não estava tão bêbado para não saber o que estava fazendo. De seu assento, Mimí gritava Bravo!, e continuei fazendo contorções absurdas sobre o tablado, até que, tão subitamente quanto começara, voltei para a mesa.

— Ótimo trabalho — disse Silvio.

— Ótimo — disse Mimí.

— *Good show* — disse Silvio.

Eu não disse nada, apenas virei meu copo de uma vez.

— Por que não vamos pra outro lugar? — sugeri.

— Pra onde? — perguntou Mimí.

— La Rampa, por exemplo. Pro Pigal.

— Eu vou pra casa — disse Silvio. — Estou realmente cansado, mas deixo vocês no caminho.

— Está bem — disse eu, que queria ficar sozinho com Mimí, talvez para lhe propor, ajudado pelo álcool, que fôssemos para a cama dela. — O que acha, belezura? — perguntei a Mimí.

— Por mim, tudo bem — disse ela.

Saímos do Sierra, depois de pagar, quando pude comprovar que me restava dinheiro suficiente para ir a outro clube qualquer e ainda sobraria para pegar um táxi até em casa. Silvio dirigia melhor agora que estava meio bêbado do que quando estava sóbrio. Voltou a pegar a Infanta pela Esquina de Tejas e embicou para El Vedado, depois subiu pela L e parou na esquina do Hilton por um momento.

— Vou deixá-los aqui — disse —, se não acharem ruim.

— De maneira nenhuma — disse Mimí.

— Ah, não — disse eu —, aqui está ótimo. Uma caminhadinha não nos fará mal, não é, belezura? — falei, enquanto segurava o queixo pequeno e perfeito de Mimí, que sacudiu o rosto entre meus dedos, num gesto que me pareceu brusco demais, mas ao qual não dei importância, talvez por causa dos drinques, talvez por não querer lhe dar importância.

Saímos do carro e começamos a descer La Rampa pela calçada direita. Ainda havia muita gente na rua, então não devia ser muito tarde. Não me ocorreu olhar o relógio (eu o comprara havia pouco, depois de ver um anúncio publicado na *Carteles* e em todas as outras revistas, de um barbudo que usava o mesmo relógio. O anúncio, claro, não durou muito nas publicações, com os anunciantes aparentemente influenciados pela censura: o barbudo era muito parecido com os poucos retratos publicados de Fidel Castro na Sierra), mas preferi saber a hora pelo número de pessoas que ainda havia na rua: deviam ser umas dez. Continuamos descendo por La Rampa e um pouco adiante de La Zorra y el Cuervo, e antes de chegar ao Eden Rock, topamos com um casal: ela tinha um tipo judeu, com o perfil semita e os grandes olhos de pálpebras pesadas. Era uma beleza, o que se chama de uma fêmea real, e o homem que a acompanhava tinha muito orgulho dela: era evidente. Mimí o conhecia e nos apresentou, depois ele nos apresentou a acompanhante como sua esposa. O homem tinha sotaque estrangeiro e ao ver meu cabelo despenteado por meu recente flamenco e meus óculos escuros, disse para Mimí:

— Sujeito interessante, não?

— Mais do que você imagina: é um escritor.

— Ah, um escritor. Muito interessante.

Enquanto isso, eu concentrava meu interesse na judia, que se via que gostava de gostar e me olhava francamente com seus grandes olhos semitas. Mas logo nos despedimos. Ao se despedir, o marido da judia gostosa disse:

— Espero que nos vejamos de novo.

— Sim, é claro — disse eu.

E Mimí acrescentou:

— Com certeza: ele sempre anda por esses lugares.

Chegamos ao Pigal e entramos, subindo a curta escada que levava àquele antro musical: Fellove, entre outros, havia tocado ali, e sua orquestra ou conjunto ainda era famosa. A música nos pegou em cheio, como a escuridão, mas logo nos acostumamos. Conseguimos nos sentar num canto, já que o local estava cheio.

— Cheio até a boca — disse Mimí, surpreendendo-me com essa expressão popular: onde haviam ficado as baias e os cavalos?

Pedimos dois daiquiris (a noite lá fora estava quente e ainda sentíamos o calor da caminhada) e nos serviram com certa lentidão, mas finalmente nos serviram. Eu estava bem colado a Mimí e com certo dissímulo pus um braço sobre seus ombros, mas quando deixei a mão descansar sobre seu ombro decotado, ela tirou minha mão e eu tirei o braço: era evidente que eu não ia chegar a lugar nenhum com ela — ou que isso me tomaria tempo demais. Então me resignei a tomar meu daiquiri enquanto via os casais dançando saborosamente no compasso da música. Em certo momento meu vizinho (diacho, era um homem que estava a meu lado, e não uma das mulheres que estavam dançando) se dirigiu a mim:

— E aí, sócio? — me disse, com bastante confiança, talvez demasiada: era evidente que estava bêbado ou bem perto de estar.

— E aí? — disse eu.

— Sabe de uma coisa? — me perguntava ele, sem me deixar dizer se sabia ou não. — Eu sou batistiano. Estou cem por cento com o General.

— Ah, é? — disse eu, já que tinha de dizer alguma coisa.

— É, rapaz. Cem por cento batistiano.

— Pois eu não — disse Mimí. — Sou cem por cento antibatistiana.

— O que você disse? — perguntou o bêbado, e voltou a perguntar: — O que você disse?

— Que sou antibatistiana — disse Mimí sorrindo. — Com muita honra.

Então o bêbado falou:

— Tenha cuidado com o que diz, senhora, que eu sou do SIM — e meteu a mão no paletó.

Pensei que ele fosse tirar um cartão que confirmasse sua declaração, mas ele sacou um revólver: era um Smith & Wesson de cano curto e achei curioso que desse para vê-lo tão bem na escuridão do clube.

— Muito cuidado — disse o bêbado agente ou suposto agente do SIM —, muito cuidado com o que diz — e guardou o revólver.

Mas Mimí não ia deixá-lo com a última palavra.

— Você é que devia ter cuidado com o que diz e devia ter vergonha de sacar um revólver num centro de diversão pacífica.

O bêbado ficou quieto e pareceu pensar no que Mimí havia dito. Aproveitei esse momento e tirei Mimí para dançar: ela nem reparou que não tocavam um bolero, que era fácil de dançar, mas uma espécie de rumba-*guaracha* bem difícil. Mimí dançava muito bem (ela tivera treinamento de *ballerina*, disse-me, quando estava querendo ser atriz antes de se casar) e eu tentava segui-la, sem conseguir coordenar meus passos e transformá-los em dança. De repente o bêbado estava do nosso lado, no meio do salão, chamando minha atenção com um toque no ombro. Agora, entre os dançarinos, via-se que ele estava bem bêbado e que mal conseguia andar.

— Escute, escute — dizia —, eu sou batistiano de verdade verdadeira — e voltava a insistir: — Batistiano como não existem mais! — enquanto eu tentava continuar dançando com Mimí.

343

Nesse momento, vi entrar ninguém menos do que Raudol, sozinho, no salão, e o chamei pelo nome:

— Ramón — falei —, quero te apresentar Mimí de la Selva.

Apressei-me em fazer as apresentações, no meio da pista de dança:

— Mimí, Ramón Raudol, um velho amigo e colega da *Carteles*.

— Ah, meus respeitos — disse Mimí.

Ramón fez sua velha brincadeira e disse:

— Os peitos são meus — soltou ele o trocadilho, horrível, mas que parecia ter ascendência sobre o humor feminino: Mimí também riu. Quem não riu, e ficou olhando, curioso, a cerimônia de apresentação, foi o bêbado.

— Vamos sentar — sugeri, mas o bêbado interveio.

— Não vamos sentar. Vamos conversar aqui.

Nesse momento senti que estava cheio daquilo tudo: do bêbado, do Pigal, de Mimí, e disse:

— Bem, vou deixar vocês dois — referindo-me a Mimí e a Raudol —, pois preciso ir dormir.

— A noite está apenas começando — disse Ramón.

— É, só está começando — disse o bêbado.

— E esse, quem é? — perguntou Raudol. — Um amigo seu?

— Não, nada disso — falei —, só estava sentado do nosso lado, ali, naquele canto.

Ramón olhou para ele com cara feia e aproveitei para ir embora: era evidente que Ramón tinha agradado a Mimí e que este não seria um trio como o que havíamos composto com Silvio, então, com minha saída, limitei o grupo a um duo. Saí andando La Rampa acima e na esquina da 23 com a L tomei meu ônibus para casa.

No dia seguinte, Silvio me perguntou:

— Bem, e aí?

— E aí o quê? — perguntei eu, por minha vez.

— Você deixou ela de quatro ou não?

Silvio adotava frequentemente esse tom popular, como agora com sua pergunta. Contei-lhe a história de como Ramón Raudol tinha herdado Mimí e Silvio riu de meu fracasso:

— E eu que pensei que você a tivesse levado pra cama na maior, como se diz.

— Pois você se enganou, *mon vieux* — falei. — A dama se mostrou difícil, muito mais difícil do que eu pensava. Além do mais, tem mau hálito.

— Então é uma kamikaze — disse Silvio.

— Como? — perguntei.

— Sim — explicou ele —, kamikaze quer dizer alento divino.

A partir daí, quando alguém que conhecíamos, como Elías Constante, tinha mau hálito, dizíamos que "tem um tremendo kamikaze" ou (esta era mais uma expressão de Silvio do que minha) que "fatigava o kamikaze". Silvio parou de me ver como um Dom Juan irresistível para qualquer *doña* Inés ou *doña* Ana e vi que se alegrava com meu fracasso — que para mim não era tanto, já que meu interesse por Mimí era mais cosmético do que cósmico. Quem tomou minhas relações com Mimí (ou melhor, que se pôs em relação com ela) a peito foi Ramón. No dia seguinte, ele me disse:

— Tremenda *faena* que você me fez ontem à noite — usando um desses espanholismos.

— Mas que desfeita?

— A de ontem à noite. Me embarcou numa canoa furada — também usava cubanismos da moda.

— Eu?

— É, você me deixou com a batata quente nas mãos.

— Está se referindo à Mimí?

— Não me refiro a ela, exatamente, mas à situação em que me deixou. Você me conhece bem, sabe que às vezes eu reajo com violência, e me deixou com aquele bêbado nas mãos. Mimí reagiu com violência e o bêbado foi ficando cada vez mais insuportável e até sacou um revólver — esqueci de lhe dizer que ele o apontara também para mim —, pra nos ameaçar. Acho que é um agente do SIM ou algo parecido. Ainda bem que o pessoal do Pigal me conhece e logo um dos garçons interveio e dois deles o tiraram do clube, adulando-o. Se não fosse isso, a coisa poderia ter acabado em tragédia.

— Mas isso não foi culpa minha. Eu só apresentei você pra Mimí.

— É, mas devia ter me avisado que já tinha havido problemas com aquele bêbado. A Mimí me disse que ele já tinha incomodado antes.

— Pensei que tivesse passado.

Na verdade eu me sentia culpado, pois Ramón tinha razão: devia tê-lo avisado que o bêbado podia ser perigoso e não o fiz. Fui egoísta ao tentar escapulir e deixar o problema para Ramón.

— Pois não passou e por pouco não acontece uma tragédia.

O que Ramón não sabia (nem eu) é que realmente aconteceria uma tragédia em sua relação com Mimí. Então tentei acalmá-lo.

— Bom, meu velho, me desculpe se te meti em confusão. Não foi minha intenção.

— Não, eu sei — disse —, senão não estaria aqui falando com você.

Para demonstrar que não estava chateado, acrescentou:

— De qualquer forma, muito obrigado por me apresentar a Mimí. É realmente um docinho. Já tinha ouvido falar dela, mas nunca tive oportunidade de conhecê-la.

— É, ela não é de se jogar fora — disse —, embora eu, particularmente, não goste muito dela.

— Então você a transfere pra mim?

— Não fiz isso ontem à noite?

Ramón riu e foi para a sala do diretor.

Na esquina da Infanta com a Carlos III, ou melhor, chegando na esquina, descendo à esquerda pela Infanta em direção ao Malecón, havia um stand de venda de automóveis. Lá estava, atrás da vitrine, um carro pelo qual eu me apaixonara. Era um Austin-Healey vermelho, usado, mas em excelentes condições, pelo qual pediam dois mil pesos, que não era uma quantia à qual eu tivesse fácil acesso, mesmo contando com o programa de televisão. Eu olhava o carro toda vez que passava diante da venda--exposição, e muitas vezes passava só para vê-lo: para mim ele representava toda a elegância, a sofisticação, o exótico e a aventura num só objeto. Já tinha entrado para perguntar o preço e tinha voltado pedindo um desconto (que não me deram, e mesmo que o dessem eu certamente não poderia comprá-lo) e cheguei até a sentar nele, ao volante, sonhando com o momento em que fosse meu. De alguma forma, aquele carro e Ella estavam ligados: ambos representavam uma aquisição valiosa, única — e agora que eu estava brigado com ela, o carro se tornou mais distante de mim. Tinha ido várias vezes até a casa dela, sem chegar a subir, para ver se a via, mas não consegui. Até que um dia, numa tarde de sábado em que escrevia em minha sala que ficava junto da janela, olhando para a rua, a vi passar com uma menina. Ella fingia que não passava diante da casa intencionalmente, mas por acaso — e nisso eu vi um sinal de que poderíamos ficar juntos de novo. Então, uma tarde, sem pensar muito, fui até a casa dela e bati à porta. Sua mãe me recebeu, e disse: "Rapaz, felizes os olhos que te veem", à sua maneira *guajira* e afetuosa. Logo depois ela saiu do quarto com uma toalha em forma de turbante: estivera lavando a cabeça. A mãe nos deixou a sós com o pretexto de que tinha que fazer o jantar, e seu irmão não estava em casa, então ficamos sozinhos na sala.

— Como vai? — perguntei.

— Eu vou bem. E você?

— Como sempre, trabalhando, indo ao cinema, essas coisas.

— E à televisão. Vi você várias vezes.

— Ah, isso. É uma forma de eu ganhar a vida me divertindo.

— Eu gosto do programa, sobretudo quando você fala, mais do que quando é o René. O professor René de la Nuez.

— Como diz a Sigrid.

— É, como diz a Sigrid.

— Como vai a peça?

— Ah, ensaiando muitíssimo. Logo mais preciso ir pro ensaio.

— Como você se sente no papel?

— Bastante incômoda. O personagem não tem nada a ver comigo, mas tento parecer o máximo possível com ela. É uma mulher condenada.

— Como todas as de Tennessee Williams.

— É, mas esta é jovem.

— Como você, então.

— Eu não sou uma mulher condenada.

— De fato, não é, absolutamente.

— Mas me identifico muito com ela.

— Isso significa que vai se dar bem na interpretação.

— Vamos ver. Ainda estamos ensaiando com libretos na mão.

Convidei-a para jantar e ela aceitou, mas tive que esperar que ela secasse o cabelo. Jantamos no restaurante italiano da 2 com a 19 e depois a acompanhei até o teatro. Ao deixá-la, disse que a esperaria no El Jardín até que ela saísse: ela concordou. No El Jardín não me sentei na tertúlia, que já estava se formando, e fiquei à parte, bebendo um uísque com água e depois outro e mais outro. Eu era pouco habituado a beber sem companhia e, bebendo sozinho no El Jardín, enquanto lia uma revista comprada na banca do El Carmelo ou um livro trazido de casa, sentia-me como um personagem de romance, sabendo que não era, mas sem saber que um dia seria. Em minhas noites de espera no El Jardín eu via a velha Lala Torrante (que seus inimigos escritores, e mais ainda as escritoras, chamavam de La Atorrante)* sentada num canto do terraço com uma moça que às vezes vestia um *leotard* preto e um pulôver da mesma cor para destacar sua brancura, seu rosto uma verdadeira máscara, os olhos muito pintados com rímel preto. Eu me perguntava se ela seria filha de Lala ou uma discípula, talvez, mas elas estavam sozinhas lá todas as noites e às vezes acompanhadas momentaneamente por um membro da tertúlia que não temia ser condenado ao inferno por se aproximar da carne. Na saída do teatro, Ella vinha me buscar e não bebia nada, só pedia que eu comprasse uma maçã para ela e assim, comendo sua maçã, eu a acompanhava até em casa, indo pela Línea até o Paseo e depois subindo os terraços do passeio até chegar à rua 15, por onde tomávamos o rumo de sua casa. Às vezes nos sentávamos no parque do Paseo para conversar ou conversávamos na escada de sua casa, sentados nos degraus. Essas foram noites tranquilas, que não pressagiavam o futuro tempestuoso nem refletiam o passado intranquilo, a conversa levada por caminhos planos, sem dificuldades, mas tampouco feita de banalidades: ficamos muito unidos nessa época. Depois, de repente, ela me disse que não podia me ver mais, assim sem mais, disse que nossa história, fosse o que fosse, tinha que acabar, e eu me desesperava para entender seus motivos, embora desconfiasse que tinham a ver com o fato de eu ser casado, mas ela

* A Folgada. (N. T.)

não me dizia isso claramente, só insistia para que não nos víssemos mais — e deixávamos de nos ver por dias que pareciam anos, por semanas que pareciam séculos. Foi num desses intervalos amargos que conheci Nora Jiménez.

Eu estava na cafeteria da CMQ e já ia subir para fazer meu programa — e agora tenho que falar brevemente do programa, que começava a ter seu público. René e eu o levamos muito bem, falando de teatro e de cinema, depois que o programa foi identificado com o que então se chamava de "A ponte do rio Kwai", que era, na verdade, a marcha inglesa Colonel Bogey, embora na época eu não soubesse disso. Tínhamos tirado a música de abertura da trilha do filme, mas logo mudamos para uma versão jazzeada por Roy Eldridge, que combinava mais com a informalidade do programa. Eu estava, como já disse, pronto para subir e fazer meu programa, num raro dia em que estava adiantado, não atrasado e correndo como sempre, quando topei com Lydia Ruiz: ela estava conversando com uma moça alta e esguia e de cabelo quase cor de areia e quando me viu parou de falar com ela para vir me cumprimentar. Lydia era uma moça, ou melhor, uma mulher, muito civilizada, muito pouco cubana com seu cabelo loiro e seus olhos claros e sua pele pálida, que me fora apresentada por Titón ali mesmo na calçada da CMQ e que, interessada em sua promoção pessoal (era modelo com pretensões de ser atriz), se mostrara muito amável e deferente e, embora eu não tenha gostado dela como mulher (não sou particularmente fã de loiras, oxigenadas ou naturais, e além disso havia certa falsidade em Lydia, um artificialismo que me incomodava), era agradável tê-la por perto — o que acontecia toda vez que nos víamos quando quase se jogava em cima de mim para me beijar, embora não o fizesse, claro. Nessa noite de que falo, sua companhia me interessou e lhe perguntei quem era.

— Uma amiga — disse-me. — Quer conhecê-la?

— Sim, claro que sim — falei, e ela chamou a amiga pelo nome.

Chamava-se Nora, Nora Jiménez na apresentação, e vinha de Santiago de Cuba, o que se notava por seu sotaque, embora a brancura de sua pele e seus olhos verdes desmentissem sua origem: sempre se associava Santiago com mulatas espetaculares ou com trigueiras belas, mas nunca com uma moça esbelta e pálida como essa. Não tive tempo de falar muito com Nora dessa vez, mas combinamos que eu ligaria para ela na pensão onde morava: Lydia também morava lá. Com certeza eu ia ligar, pois percebi que gostara de mim, e ela me agradou à primeira vista.

Nessa época Korda teve a ideia de me trazer um projeto de publicação. Eu publicava em minhas páginas *pin-ups*, fotos de estrelas conhecidas e de *starlets* desconhecidas, mas sempre com pouca roupa. Agora Korda sugeria que eu eliminasse totalmente a roupa e fizesse as páginas gráficas com beldades cubanas. As primeiras fotos que me trouxe mostravam uma mocinha loira completamente nua, sua nudez evidente oculta por um violão que ela abraçava. Havia outras fotos igualmente atrevidas, pondo a modelo (que tinha o rosto bem parecido com o de Brigitte Bardot e que acentuava a semelhança fazendo biquinhos com seus lábios carnudos) entre boás de plumas ou sentada de costas — sempre nua e ao mesmo tempo nem um pouco objetável para a direção da *Carteles*. As fotos causaram sensação, já que não era comum publicar nus em Cuba naquela época e a B. B. Cubana (Korda a batizou assim, e assim ela foi chamada em minhas páginas) fez uma breve carreira como cantora antes de sair em turnê pela América do Sul. Curiosamente, nunca tive nada com as modelos que saíram na

Carteles quase todas as semanas a partir do número com a B. B. Cubana, e ninguém acreditava em mim, mas era Korda, na verdade, quem se aproveitava, quando dava, para namorar aquelas modelos ou estrelinhas nascentes, enquanto eu recebia os fac-símiles daqueles corpos e rostos que a *Carteles* imortalizava por uma semana, muitas vezes me contentando, como mais um leitor, com a contemplação das reproduções — e muitas vezes nem cheguei a conhecer o original.

Um dia liguei para Nora na pensão e ela me disse que estava lá por acaso, pois devia ter saído com Lydia e tinha se atrasado sem querer. Alegrou-me que aquela casualidade (mais minha vontade) me propiciasse esse encontro. Combinamos de almoçar e fui pegá-la na pensão. Tive uma grande surpresa quando a vi: estava elegantemente vestida (em contraste com a simplicidade de sua indumentária anterior), só que tinha tingido o cabelo de negro noite.

— Ideia da Lydia — me explicou ela. — Não gosta?

— Sim — disse eu, mas como lhe explicar que eu gostava mais de sua beleza simples de antes, de sua louçania provinciana, de seu cabelo cor de areia, e menti mais. — Muito — falei, reparando nas novas sobrancelhas, no rímel dos cílios, na boca muito pintada.

Fomos andando para o restaurante, que ficava perto, e falando com ela, olhando-a, por pouco não dou de cara numa rocha, não uma rocha, mas um pedaço de taipa, um pedaço de muro que saía de um edifício que estavam derrubando: outro velho casarão de El Vedado posto abaixo para construírem um pombal de apartamentos.

— Você é muito distraído? — perguntou-me Nora.

— Só quando estou absorto contemplando a beleza — falei, e ela gostou do elogio. Não agradeceu, mas eu soube que gostou por seu jeito de sorrir.

Outra tarde, já noite, fui procurá-la, de improviso (não a avisara por telefone de minha visita, fingi que passava por ali por acaso e entrava casualmente). Ela tinha um encontro.

— Preciso sair agora — disse-me. — Desculpe. Volte outro dia.

Foi quando notei que ela mudara não só em relação à primeira vez que a vi, mas também em relação à segunda. Ela descia as curtas escadas da pensão e ia para a rua. Saí atrás dela, a tempo de vê-la entrar num conversível branco, cujo motorista pude reconhecer: Karel von Dobronyi, um escultor que ficara famoso fazendo um fac-símile de Anita Ekberg nua. Eu o conhecia porque ele tinha ido à *Carteles* propor a publicação de uns estudos e o diretor o mandara falar comigo. Nunca chegamos a concretizar nada e os esboços não foram publicados, mas soube, perguntando, quem era Von Dobronyi — que se diz, segundo seu cartão de visitas, "Servidor das casas reais da Europa". Ele era, nada mais, nada menos, um aventureiro internacional que se instalara em Havana e abrira uma joalheria moderna, onde vários jovens escultores cubanos esculpiam (ou soldavam) joias em forma de esculturas, tânagras, bibelôs etc. Dizia-se que Von Dobronyi não era nem o autor da estatueta de Anita Ekberg, que ele só tinha pegado umas fotos de nus da estrela sueca e um escultor desconhecido havia reproduzido no bronze as conhecidas, pelo exagero, dimensões de La Ekberg. Agora Von Dobronyi se afastava com Nora, envolta numa capa preta com o forro vermelho, e subiam a rua 19, rápidos, velozes.

— Vão à casa do escultor Serra — disse uma voz atrás de mim, e era Lydia.

— É? — disse eu, como se não me importasse.

O escultor Serra era famoso porque organizava orgias em sua casa, onde tudo estava tocado pelo sexo: até a campainha da porta era um seio em que o mamilo era o botão. Diziam, também, que muitas das orgias eram organizadas não apenas para amigos, mas para turistas.

— Eu disse pra ela não ir, pra não sair com o Karel, que eu conheço muito bem — disse Lydia —, mas ela não me ouviu: é muito cabeça dura. Não sei o que ela pensa que vai conseguir com ele. Também lhe disse, querido — falou —, pra não sair com você, que não ia conseguir nada se oferecendo desse jeito. A pessoa tem que se dar ao respeito.

Com Lydia, havia uma certeza: eu não gostava dela como mulher, mas se gostasse nunca teria uma relação fácil com ela. Eu a respeitava por isso e também porque era namorada ou prometida de Octaviano Cortés, um conhecido meu, primeiro da cafeteria da CMQ e depois como futuro produtor de meu programa de televisão. Eles tinham relações muito irregulares, mas via-se que Octaviano estava apaixonado por ela e sofria com os altos e baixos de seu cortejo.

— Não é um conselho muito bom — falei. — Ela não tem que sair comigo pra conseguir o que quiser de mim: a minha amizade é desinteressada.

— Duvido — disse Lydia.

— Pois não duvide: quero que a Nora tenha de mim a melhor impressão possível.

— E por que você quer causar boa impressão? Como uma obra de caridade?

Além de bonita, Lydia era uma mulher inteligente, e tinha acertado na mosca: eu não queria uma amizade desinteressada com Nora. Estava interessado em seu corpo, que imaginava perfeito debaixo das roupas: magro, alto, esbelto, de carnes brancas e quase impolutas até então. Impunha-se o até então porque eu a vira sair com Von Dobronyi: esse não era homem de perder tempo com mulher que não se entregasse a ele, ao contrário de mim, que saíra para almoçar com Nora e nem sequer insinuara que gostava dela, fiquei simplesmente ouvindo-a falar de sua vida, de como tinha ficado viúva em Santiago, com duas filhas, aos dezenove anos, dos motivos que a fizeram vir para Havana, de suas penúrias na capital, de seus projetos, seus sonhos, suas ambições: agora queria ser modelo, atriz, uma pessoa famosa e querida por um público maior do que o da companhia ocasional. Falamos disso enquanto comíamos e me lembro que concluí, de nossa conversa, que seria difícil eu me deitar com Nora, a não ser que ela quisesse, não porque houvesse algum impedimento físico, mas por uma interposição supersticiosa minha: ela era viúva e eu via as viúvas como representações humanas da viúva negra, a aranha que mata seu par depois de consumado o ato sexual. Pouco depois Nora voltou para Santiago para ver seus filhos e não a encontrei mais até seu regresso. Nesse meio-tempo, voltei a ver Ella. Esperei-a na saída de um ensaio e a acompanhei até sua casa. Conversamos muito naquela noite, principalmente sobre nossa relação. Ella não queria que ficasse mais séria do que era: eu era um homem casado e ela não tinha intenção de se casar com ninguém por enquanto, queria se dedicar ao teatro e não ter ninguém atrapalhando. Nesses dias eu tinha comprado umas sandálias suíças e andava com elas por toda parte, embora soubesse que em Cuba um homem de sandálias é tido como afeminado. Mas eu não ligava: gostava do frescor das sandálias e não me importavam os preconceitos nacionais. Nessa noite, subindo pela rua 13, em direção à casa dela, caiu de uma árvore, de uma *ceiba* que havia ali, que tinha um oco no tronco onde os crentes deixavam suas oferendas, transformando-o num nicho, lá de cima caiu uma grande aranha peluda, uma tarântula cubana, enorme, e eu dei um passo decisivo e esmaguei-a com um pisão de minha sandália. Depois me dei conta do perigo que havia corrido: com o pé descalço, a aranha podia ter me picado. Ella reagiu com emoção: não me disse que eu era corajoso, mas deu a entender, depois falou:

— Você precisa ter mais cuidado: é muito impulsivo.

— Sim — disse eu —, às vezes sou.

Chegamos à casa dela e não tínhamos combinado nada de novo: continuaríamos sem sair juntos, sem nos ver. Ela queria que fosse assim e eu, que gosto mais da lembrança do aroma do que da flor presente, que tenho nostalgia de qualquer passado e uma alma, digamos, romântica, apesar de meu cinismo (ou por isso mesmo), via com certo prazer mórbido, com uma dor prazerosa, aquela ruptura, e decidi que era melhor não vê-la mais — e tentei, o mais que pude.

Em minha casa, tudo continuava igual: a mesma família com os mesmos problemas. Minha filha já tinha quase quatro anos e minha mulher estava grávida de novo, com quase nove meses de gestação. Ella sabia que minha mulher estava grávida e foi uma das coisas que trouxe à baila quando explicou por que não queria me ver mais, e eu entendi seu ponto de vista: eu não estava disposto a me divorciar e ela soube disso sem que eu o dissesse: adivinhara isso desde o início, desde o exato momento em que soube que eu era casado — e agora, com minha mulher grávida, quase dando à luz, era mais difícil do que nunca a realização de um divórcio, mesmo supondo que eu realmente estivesse a fim de me divorciar.

Sempre que ia de ônibus para o trabalho, eu levava um livro para ler no caminho, e como eu quase sempre ia de ônibus para o trabalho, antes mais do que agora, quer dizer, no início dos anos 50 ou meados dos 50 mais do que agora, eu quase os lia até o fim. Não consigo me lembrar de todos os títulos que li andando de ônibus do trabalho para casa e da casa para o trabalho, mas me lembro de um livro em particular — os ensaios de Victoria Ocampo — porque me sentei ao lado de uma jovenzinha, quase uma menina (quantos anos teria?, doze, treze, não sei, nunca soube), de dentes grandes num sorriso perene ao responder à minha pergunta:

— Você gosta de ler? — porque primeiro eu senti, e depois vi como ela olhava para o livro que eu tentava ler.

— Gosto — disse ela —, muito.

Tinha grandes olhos de um castanho-claro e um ar de inocência tão grande que se irradiava ao seu redor como um halo.

— Bem — disse-lhe —, o livro é seu. Te dou de presente.

— Este? Mesmo?

— Sim — falei —, talvez goste dele: foi escrito por uma mulher.

— Ah — disse ela —, mas eu não devia aceitar: não nos conhecemos.

Achei engraçada sua desconfiança e lhe disse:

— A gente dá um jeito nisso já — e lhe disse meu nome e onde trabalhava.

Ela me disse seu nome, que esqueci, e também me disse que estava indo para a escola — o que era óbvio, tendo em vista os livros didáticos que levava entre os braços. Finalmente ela aceitou o presente e levou o livro, que, como todos que me pertencem, tem meu nome escrito na página de rosto. Esse incidente com aquela menina meio feia e o livro da Ocampo se tornou inesquecível, e cada vez que eu pegava o ônibus de manhã tentava ver se a via novamente para lhe perguntar se tinha gostado do livro. Mas nunca mais a vi, já que agora sempre ia de táxi para o trabalho, sobretudo depois que comecei a trabalhar na televisão. Naquela época, meu pai comprou um carro, de segunda mão, um Pontiac enorme, no qual ele parecia ainda menor do que era. Meu irmão e eu resolvemos aprender a dirigir e pegávamos o carro de noite, já tarde, para percorrer, em nosso aprendizado, as ruas de El Vedado. Numa noite em que eu estava sozinho, por volta da meia-noite, descendo pela Calzada e quase chegando à avenida dos Presidentes, vi uma mulata impressionante caminhando pela calçada direita. Naquele instante eu tirei o cigarro da boca e tive que simultaneamente dobrar na esquina, e o cigarro escapou de meus dedos. Com medo de me queimar tentei pegá-lo no ar, abandonando o volante, e o carro foi para o lado, bateu no meio-fio, subiu no jardim e finalmente foi detido por um banco. Levei um tremendo de um susto: se tivesse alguém sentado no banco com certeza teria sido morto. Agora o carro estava com um pneu furado e tive que trocar a câmara, aprendendo a fazer isso enquanto fazia. Fiquei contente por nenhum policial aparecer em todo o tempo que levei para trocar o pneu e depois tirar o carro do meio dos canteiros, para finalmente levá-lo até a oficina da Línea com a rua F, onde deixei a câmara furada no conserto. O acidente foi memorável (o único que me aconteceu em toda a minha vida de motorista), porém mais memorável foi a mulata que ia pela calçada, que perdi para sempre, embora a leve na memória, com seu corpo requebrante, seus quadris moldados e seus seios opulentos: essa ninguém me tira.

Mas o que me tiraram foi o uso do carro, pois embora eu não tivesse falado do acidente para o meu pai, tive que lhe dizer que deixara o pneu para consertar na Línea, e foi ele que foi buscá-lo. Tudo indica que lá ele soube que fora uma batida, e se negou terminantemente a emprestar o carro para mim ou para meu irmão, o que aumentou minha necessidade de comprar um carro; e o Austin Healy vermelho continuava impávido, ainda à venda, na esquina da Infanta com a Carlos III, suportando meus olhares: foi então que decidi economizar para comprá-lo; com o salário em dobro da *Carteles* e da televisão eu podia economizar o suficiente para dar entrada e pagá-lo mensalmente.

Naquela época conheci o diretor de cinema italiano Ferrucio Cerio, que anos antes fizera sucesso em Cuba com um filme boicotado pela Legião da Decência, católicos que fizeram mais propaganda daquele filme medíocre do que ele merecia. Escrevi um longo artigo (o segundo escrito com meu pseudônimo) sobre a estreia e ao que parece não falei suficientemente mal do filme em questão, porque quando Cerio veio a Havana, quase cinco anos mais tarde, a primeira coisa que fez foi me procurar. Cerio era um homem alto, moreno, calvo, com óculos levemente fumês, que costumava meter a mão por entre a camisa aberta e bater no peito enquanto falava. Meus amigos e eu, os que o conhecemos, tivemos certeza de que ele era (ou tinha sido) fascista, principalmente por suas atitudes pseudomilitares e por seu comportamento. Mas de alguma forma nos tornamos amigos e eu sempre o via, ele cada vez mais impressionado com a riqueza de Cuba, aparente em Havana com sua nova arquitetura e seus grandes hotéis. Ele tinha uma amiga (ou amante) que era dona de uma *boutique* (era a primeira vez que se usava esse nome em Cuba) no edifício Focsa, na rua 19. Era uma francesa que tinha morado em Santo Domingo e que agora estava radicada em Havana, uma mulher muito atraente em sua meia-idade, que me agradava muito e que eu poderia ter cortejado se não tivesse, de certa maneira, apreço por Cerio e por suas veladas revelações: já fora médico, fora piloto para a casa Alfa Romeo, estava em Cuba porque sofrera um ataque cardíaco etcetera etcetera. Coitado do Cerio, não sei o que foi dele depois da confusão dos primeiros dias da Revolução e nunca descobri qual foi seu destino! Lembro-me de seu grande momento, com a visita de Silvana Pampanini a Cuba; quando fui entrevistá-la, falei a ela de Cerio, que a dirigira em certa ocasião, e ela disse maravilhas dele, insistindo em lhe falar por telefone. Seu outro apogeu ocorreu pouco depois, mas disso falarei mais tarde. Agora só quero mencionar a melíflua *canzone* entoada pela Pampanini (já em decadência, mas ainda uma bela mulher) ao telefone, falando com Cerio, e eu tentando imaginar a cara dele, com seus pequenos olhos míopes e seu longo nariz romano, que lhe davam um leve aspecto de elefante amável, irradiando orgulho ao ter o reconhecimento da ilustre visitante.

Chegou o dia da estreia de *Orfeo descendiendo*, que ocorreu no dia 4 de julho (para tornar essa data duplamente memorável), e aquilo foi, de fato, uma revelação. Eu não tinha assistido a nenhum ensaio e, assim, não estava preparado para o que vi naquela pequena sala: o début de uma atriz verdadeira: Ella, ao entrar em cena usando um impermeável velho e falar ao telefone numa loja da cidade, mostrou o que era atuar (e, a não ser por um momento fraco no segundo ato, quando tinha de dizer a frase, a palavra repetida: "Viva, viva!", onde não foi muito convincente) e ganhou o prêmio de atriz revelação daquele ano. Eu estava completamente transtornado por aquela revelação, por sua epifania, e foi René Jordán quem fez o melhor diagnóstico, quando se aproximou de mim num entreato e disse:

— Coitada da Mirta — referia-se a minha mulher —, acaba de te perder esta noite.

O que era verdade. Eu não quis ir ao camarim quando a peça terminou e, embora não falasse com ela havia dias, tinha lhe enviado um buquê de rosas vermelhas, caríssimo, com um cartão em que escrevi: "À atriz alta e febril", e sem saber estava dando uma prova de presciência: foi isso que ela demonstrou naquela noite. Fui para casa caminhando, percorrendo o caminho que tinha feito com ela tantas vezes, lentamente, chegando em casa por volta da meia-noite. Mas não consegui dormir: comecei a escrever com uma estranha lucidez e naquela noite escrevi três contos que não tinham nada a ver com a peça, mas que eram ditados pela excitação que me causou sua presença em cena. Escrevi febrilmente, fumando um cigarro atrás do outro, ouvindo o batuque da máquina ecoando na rua silenciosa, escrevi até o dia amanhecer: quando parei de escrever tinha três contos completos. Decidi que era hora de comer alguma coisa e saí para tomar café na rua. Meus passos me levaram até a rua Línea, à casa de Silvio, que acordei. Ele me recebeu atordoado, como se esperasse uma má notícia, e me respondeu apenas "Porra!", quando eu disse que tinha ido visitá-lo só para tomar o café da manhã com ele. Vestiu-se e fomos em seu carro até o Habana Hilton para tomar um café da manhã americano de ovos fritos (ovos mexidos para Silvio), pão e café com leite. No caminho, contei a ele o que acontecera na noite anterior e ele só respondeu:

— Porra, você foi fundo — querendo dizer que eu estava feliz e desgraçadamente apaixonado, o que era verdade.

Depois do café demos uma volta de carro e já era hora de ir para o trabalho, pelo menos para Silvio, já que eu ia trabalhar na hora que me desse na telha. Fomos para a *Carteles* e no meio da manhã saímos para comer alguma coisa junto com René de la Nuez. Não quis perguntar a René o que ele tinha achado da peça nem de Ella na peça, mas sim o que ele tinha feito quando a peça terminou, pois o vira indo para o camarim.

— Ah, saímos — disse e parou, titubeante.

— O que houve? — perguntei. — Aconteceu alguma coisa?

Ele não se atrevia a falar, finalmente disse que ia me contar o que aconteceu se eu prometesse não fazer nada. Prometi e ele contou que Ella tinha saído com eles no carro de Pepe Escarpia. Ella tinha brincado com todos, feliz por seu triunfo, mas também andou beijando um ator maricas que estava com eles. Senti o ataque de ciúme mais violento que já sentira na vida, e devo ter ficado lívido, porque René disse:

— Não devia ter te contado.

— Não importa — falei. — Tudo bem você ter me contado: a Ella e eu não temos mais nada a ver.

Mas não consegui trabalhar mais nessa manhã. Às onze fui para a casa dela e pedi que saísse comigo até o corredor, até as escadas, pois queria conversar. Ella deve ter visto sinais em minha cara, porque disse, sorrindo:

— Aconteceu alguma coisa?

Não respondi imediatamente e ela acrescentou:

— Muito obrigada pelas rosas.

Eu não disse nada até que ela fechou a porta da casa e ficamos no descanso da escada onde costumávamos conversar.

— O que você fez ontem à noite? — perguntei.

— Ah, saí com uns amigos depois da peça, pra comemorar — disse ela, acrescentando: — Por que você não foi ao camarim? Eu estava te esperando.

— Quero saber o que você fez exatamente ontem à noite — falei, com a voz dura, cortante.

— Já disse: saí com uns amigos.

— Sei — disse eu —, e ficou de beijos a noite toda com um deles.

Ela ficou aturdida, mas logo se recompôs:

— Na certa foi o René que te contou isso, né?

— Não importa quem me contou — falei. — O importante é que aconteceu. Ou não aconteceu?

Ela ficou quieta por um momento, depois disse:

— Aconteceu sim, mas não aconteceu como você disse. Só dei um beijo e o rapaz que eu beijei é uma louca varrida. Fiz isso por amizade.

— E isso foi tudo?

— Isso foi tudo — disse ela.

— Está dizendo a verdade?

— Juro — disse ela. — Juro pela minha mãe que é verdade.

Eu estava fumando e em vez de apagar o cigarro no chão, o coloquei em seu braço: ela não chorou nem protestou, aguentou a queimadura em silêncio, mas depois vi as lágrimas escorrendo por seu rosto. Fui embora quase correndo.

Mas de noite estava na casa dela, cedo, antes de ela ir para o teatro. Cumprimentamo-nos com bastante frieza, exceto por sua mãe, que adorou minha visita e perguntou:

— O que achou da minha menina ontem à noite? — com o rosto radiante de orgulho.

Foi então que reparei que ninguém de sua família tinha ido à estreia: não sabia o motivo. Talvez uma superstição familiar, talvez ela tenha preferido que não fossem, talvez eles fossem mais tarde e não misturados com o pessoal da estreia. Respondi com o entusiasmo que consegui obter:

— Foi o máximo: roubou a cena.

— Oh! — protestou ela do quarto.

Quando saímos, ela me disse:

— A Ada disse — Ada era uma de suas amigas — que você é um sádico — me disse mostrando o braço —, que isso é um ato de sadismo, mas eu disse a ela que é um ato de amor.

— Desculpe — pedi —, eu não sabia o que estava fazendo, estava muito alterado. Você não sabe o ciúme que eu senti, que ainda sinto.

— Não tem por que ter ciúme: não há mais ninguém, não amo ninguém. — Eu esperava que ela dissesse exceto você, mas ela não disse. — Não tem ninguém — foi o que disse, repetindo-se.

Chegamos ao teatro e, sem descer do táxi, eu lhe disse:

363

— Te espero no El Jardín.

— Está bem — disse ela.

No El Jardín o que eu fiz foi beber, bebi além da conta naquela noite, mas não ficava bêbado: ainda não conseguira esquecer o que René me contara de manhã, mas também mantinha a excitação que me causara sua presença em cena. Via o pessoal chegando e formando a tertúlia na esquina de sempre, via os comensais tardios jantando no terraço, via os fregueses sentados no balcão: via todos mas não estava lá: aquilo só era uma estação de espera e eu estava sozinho no mundo, com meu amor, com minha dor, com minha esperança de conquistar a dor e o amor como tantas cabeças de hidra e de ganhar o velocino de ouro, que era Ella, que era Ella.

Subíamos, como de costume, os terraços naturais que são como um parque na rua Paseo, ela comendo uma maçã, quando de repente me disse:

— Detesto essas sandálias apontando pros meus pés.

— Por quê? — perguntei. — Não gosta delas?

— Eu as detesto porque sei que foi ela que comprou pra você.

— Quem?

— Ela, a tua mulher. Com certeza foi ela que comprou.

— Juro que não — falei. — Fui eu que comprei.

— Não acredito em você — me disse.

— Está bem — disse eu —, não acredite em mim, mas é a mais pura verdade.

— É verdade que foi você que comprou?

— Verdade. Juro.

Aquele ciúme repentino me deixou lisonjeado, mas gostei mais de sua cara e do tom de sua voz ao me perguntar — e de repente veio a pergunta inesperada, vertiginosa:

— O que você fez com o apartamento?

— Nada. Por quê?

— Quer dizer — disse ela —, ainda está alugado?

— Ah, não. Faz tempo que o desaluguei.

Ela ficou calada e de repente disse (e esta devia ser a pergunta, a grande pergunta):

— E não pode alugá-lo de novo?

Fiquei quase petrificado: eu sabia o que ela estava insinuando. Depois de um momento, falei:

— Acho que dá, sim. Por quê?

— Ah — disse ela —, por nada. Estava pensando num lugar onde nós dois pudéssemos ficar sozinhos e pensei que o apartamento ainda estivesse alugado, que podíamos ir lá.

Eu estava estupefato — será que ela tinha decidido se entregar, sem mais nem menos, sem travar uma batalha, rendendo-se, depois de tantos meses de assédio? Pediu-me que nos sentássemos num banco:

— Fiquei a noite toda em pé.

— Sim, eu sei: nas tragédias só os reis ficam sentados.

Ela sorriu ao sentar. Ficamos um momento sem dizer nada, contemplando a noite de julho, que era quente, mas ali nos terraços dos jardins do Paseo estava bom, os dois na escuridão, iluminados de vez em quando pelos faróis de um carro que descia a avenida. Passei-lhe uma mão por detrás e a puxei para mim: ela se deixou beijar, primeiro ternamente, depois duramente, depois selvagemente: se entregava a mim por inteiro. No dia seguinte, sugeri a Silvio que alugássemos de novo um apartamento no edifício do velho Boloña, não um tão grande quanto o primeiro, que só nós dois não podíamos pagar, mas outro um pouco menor. Silvio estava de acordo: aparentemente Bárbara se negava a ir a um motel, embora não tenha dito nada. Fomos os dois conversar com o velho Boloña: dessa vez não houve tanto preâmbulo: ele sabia o que queríamos e nós sabíamos o que ele tinha. Mostrou-nos um quarto grande, sem banheiro, que ficava nos fundos, ao qual se chegava por um corredor vizinho ao apartamento grande. Quando o vimos e soubemos o preço — cinquenta pesos mensais —, decidimos alugá-lo na hora, e traríamos o dinheiro mais tarde; o quarto era nosso, disse o velho Boloña. Silvio e eu combinamos que o usaríamos em dias alternados e me coube o primeiro turno: que sorte a minha, disse comigo mesmo. Naquela noite a esperei no El Jardín, como de costume, embora já tivesse bebido mais do que de costume: sentia um vago temor, ou melhor, um temor indefinido, o medo da primeira vez, como se fosse mesmo minha primeira vez. Antes de me sentar à mesa para beber um uísque com água comprei um preservativo — um pacote de três — na lojinha do El Jardín: felizmente foi um homem que me atendeu, senão teria acontecido o que aconteceu da primeira vez, quando eu andava com Dulce Espina e ela insistiu para que eu usasse camisinha e fui a uma farmácia, sozinho, e topei com uma balconista, uma mulher jovem, e para piorar era a única farmácia que estava de plantão no bairro. Tentei pedir o que queria mas minha voz não saía, e finalmente perguntei para a moça:

— Não tem nenhum homem pra atender aqui?

E ela disse muito calmamente:

— Não. O que deseja?

Bem, eu não sabia como explicar até que a mulher, a moça, deu meia-volta, abriu uma gaveta, apanhou algo e o pôs sobre o balcão: um pacote de preservativos.

— Era isto, não? — perguntou ela, e respondi com a cabeça, consegui finalmente perguntar o preço, e no final ela se explicou: — Nós, farmacêuticos, somos como os médicos.

Nessa noite eu estava com mais sorte ou mais experiência e o homem me forneceu os preservativos sem demora. Quando ela chegou, nem sequer lhe perguntei se queria tomar alguma coisa, como fazia todas as noites e ela sempre pedia uma maçã: era louca por maçãs, mas me levantei e saí com ela sob os olhares dos participantes da tertúlia católica, que me olhavam como faziam toda noite, quando eu saía com ela do El Jardín. Caminhamos diretamente para a rua 8, sem conversar: ela estava sombriamente silenciosa, e eu não queria estragar tudo falando demais. Chegamos à casa do velho Boloña e ela ia se dirigir ao antigo apartamento, mas eu disse:

— Não, é por aqui — e a levei pelo braço pelo corredor lateral, até os fundos, onde abri uma porta e acendi a luz.

Ela olhou o quarto com um misto de curiosidade e — eu diria — desprezo: era evidente que não era isso que estava esperando. De alguma forma o quarto tinha a sordidez de um motel sem nenhuma de suas conveniências.

— Por favor — pediu ela —, apague a luz.

Apaguei-a e tudo ficou escuro por um momento, depois pela janela aberta sobre a cama entrou um débil raio da luz do corredor. Ela, sem dizer nada, tirou a roupa: a camisa masculina e a calça azul que tinham se transformado, quase, em seu uniforme. Estava sem sutiã e tirou também a calcinha: ficou completamente nua diante de mim e, embora não fosse a primeira vez que a visse nua, senti a mesma emoção da primeira vez: seria sempre assim no futuro, cada vez que ela se desnudasse. Jogou-se na cama e ficou deitada, uma perna quase sobre a outra, um braço por trás da cabeça e o outro estendido ao longo do corpo: não me cansava de olhá-la. Eu ainda não tinha tirado a roupa quando ela disse: "Venha", e eu iria até vestido. Mas dei-me conta de que ela estava me pedindo não apenas que eu fosse para cima dela, mas também para dentro dela, e tirei a roupa apressadamente, joguei-a no chão e fui para a cama, de onde saí de novo para buscar meu pacote de preservativos, e minha ereção prematura me ajudou a pôr um sem chamar muito sua atenção.

— Cuide de mim — foi tudo o que ela disse.

Penetrei-a — para o meu assombro eterno — sem grande esforço. Era evidente que era a primeira vez que ela se deitava com um homem — quer dizer, a primeira vez que se deixava penetrar por um homem, mas mesmo assim foi muito fácil, tanto que receei que outro a tivesse possuído antes e quase saí de dentro dela, levado pelo ciúme. Enquanto isso ela não dizia nada, só se movia, primeiro muito lentamente, depois rápido, embora sem muita arte, dada a pouca prática, que também era evidente. Enquanto isso, eu a cravava contra a cama, fazendo esforços para penetrar cada vez mais fundo — ou mais dentro, já que era uma penetração horizontal. Ela não fez nenhum ruído, mas quando eu gozei, ao me ouvir quase bufando de prazer — apesar de estar consciente de tudo que acontecia, como se me estudasse enquanto transava e estudasse a si mesma ao mesmo tempo —, ela amoleceu toda, entregando-se a mim completamente. Não teve um orgasmo dessa vez, mas um desfalecimento, uma lassidão que era signo da entrega. Ao mesmo tempo, me disse:

— Saia de cima de mim — que era o equivalente a um "me deixe sozinha".

Deixei-a sozinha por alguns minutos, e depois, sentindo vontade de começar de novo, beijei-a, mas ela estava afastada e fria: tinha perdido o que mais valorizava até agora, sua virgindade, entregue a um bruto que só pensava no próprio prazer: isso era evidente.

— Vamos embora — disse logo depois, e havia em sua voz mais ordem do que pedido.

Eu me vesti enquanto ela também se vestia e saímos do quarto em silêncio e em silêncio caminhamos as poucas quadras até sua casa.

— Nos vemos amanhã? — perguntei a ela quando nos separamos.

— Se você quiser... — disse ela, apática. Dessa vez não nos beijamos.

Na noite seguinte eu esperava por ela, mas, em vez de ir para o quarto, caminhamos até sua casa: ela estava cansada — era evidente que atuar a deixava completamente exausta, agora que havia passado a excitação da primeira noite — e queria se deitar cedo. Concordei e ouvia-a comer sua maçã em silêncio. No dia seguinte, Silvio me cumprimentou rindo.

— Vai ter que ter mais cuidado — disse.

— Mais cuidado? Com o quê?

— Com o lugar onde deixa a camisinha. Quase me mato ao pisar numa ontem à noite: escorreguei como se fosse uma casca de banana, quando na verdade era apenas uma pele do amor que, evidentemente, *omnia vincit* — disse, pronunciando o latim à alemã.

Silvio estava de bom humor, talvez por ter voltado a usar o *tumbadoir* ou por saber que eu o usara em grande benefício próprio: claro que ele sabia das dificuldades que havia entre mim e Ella (tinha testemunhado minha conversa com René e, por falar em René, eis que acabei ganhando a aposta, só que quase seis meses mais tarde do que esperava: não o lembrei disso, é claro, mas ele e Silvio sabiam, sem que eu dissesse nada, que eu finalmente tinha ido para a cama com Ella), além do mais Silvio era inteligente demais para não perceber a mudança em minha vida. Felizmente, outras pessoas (como minha mulher) não notaram nada e acho que ela também não me considerou o vencedor no combate que tínhamos travado por tanto tempo, embora tenha agido como vencida.

Voltamos a ocupar o quarto do velho Boloña e dessa vez ela estava menos tensa, mas não menos negada ao gozo: não se deixava levar, estava em desacordo, ou melhor, em discórdia comigo, e seu corpo agia de acordo com sua mente, com sua vontade, que ainda não tinha murchado. No fim, antes de irmos embora, ela me disse:

— Temos que parar de nos ver. Isso não pode continuar assim.

— Mas por quê? — perguntei.

— Porque não vou ser tua amante — disse ela —, e você não pode se divorciar. E tem mais: não quero que se divorcie, o que eu quero é que a gente termine.

Disse isso peremptoriamente e eu, como das outras vezes, aceitei seu *diktat*: não nos veríamos mais. Mas voltei a vê-la, querendo e não querendo, numa festa que René deu na soteia de sua casa, à qual ela veio quando a peça acabou: o apartamento de René ficava bem perto de Las Máscaras, a sala de teatro. Lá eu a vi dançar com Ernesto, o fotógrafo, e conversar com todos, e em certo momento veio até a parte do terraço em que eu estava, sorriu e me cumprimentou em voz baixa. Eu queria acompanhá-la naquela noite mas não queria lhe pedir isso, queria que acompanhá-la fosse um ato natural, resultante do encontro. Mas ela ia para outra sala de teatro, El Sótano, onde começaria a ensaiar outra peça, uma adaptação cubana de *Bonjour Tristesse*, na qual faria o papel principal. Não pediu minha opinião antes de aceitá-lo, agiu de acordo com suas próprias ambições, mas talvez eu devesse adverti-la contra essa escolha. Ela ia deixar *Orpheus Descending*, na qual estava tão bem e em que fora dirigida com esmero, por uma empreitada que era uma aventura: o diretor da outra sala era medíocre, antiquado e não a dirigiria tão bem quanto ela merecia, mas ela queria ser atriz e como todas as atrizes tinha necessidade de ser a figura central, coisa que agora conseguia. Ofereci-me para acompanhá-la até o novo teatro e no caminho (já era quase uma da manhã) não encontramos nenhum táxi. Preocupou-me o modo como ela voltaria para casa e ela disse que o diretor a levaria de carro: esses ensaios de madrugada eram imprescindíveis, pois ela não tinha outro tempo livre. Ao mesmo tempo, isso estava minando sua saúde, trabalhando o dia inteiro, atuando de noite e ensaiando de madrugada. Mas eu a deixei no local do ensaio sem dizer nada além de um até amanhã, que ela aceitou e devolveu com outro até amanhã. Peguei o ônibus da linha 32, que circulava de madrugada, e ele me deixou entre a 12 e a 23. Decidi ir para a casa dela e esperá-la, mas finalmente descartei a ideia e fui para casa. Lá me esperava, acordada, minha mulher.

— Quero falar com você — disse.

— Agora? É muito tarde.

— Vamos conversar agora. O que está acontecendo com você?

— Comigo?

— É, com você. Faz tempo que anda esquisito e não me trata como antes. Não só isso, você não me trata nada bem: me trata mal.

É verdade que eu tinha parado de me deitar com ela, mas tinha o pretexto de sua maternidade cada vez mais crescente.

— Não é verdade — falei.

— É, é verdade. Eu sei que já não sou nada pra você, que o máximo que posso ser é uma triste secretária, mas também quero, preciso, de um pouco de carinho, mais considera…

E aí começou a chorar. Eu sentia verdadeira pena mas não podia fazer nada, a não ser acalmá-la, mas quando toquei seu ombro ela se afastou bruscamente e correu para o quarto. Fiquei sozinho na saleta que às vezes era também meu quarto de trabalho, olhando para a rua solitária através das persianas abertas — e também comecei a chorar: era um choro rouco, ruidoso, que eu não podia segurar. Minha mãe acordou e veio ver o que estava acontecendo, mas teve tato, não falou comigo, só ficou a meu lado, como se quisesse compartilhar a contemplação da noite solitária. Essa não foi a única vez que chorei: outras noites desse verão me pegaram, tarde, já de madrugada, incapaz de segurar o choro — que eu não sabia de onde vinha, embora o relacionasse mentalmente com minha culpa em relação a minha mulher, com minha grande carga de culpa.

Um dia depois da festa na casa de René, Silvina foi me ver na *Carteles*: ela também estava na festa e me viu sair com Ella.

— Aquela mulher — disse-me, quando ficamos sozinhos no café da esquina da Infanta, atrás da *Carteles*, ela tomando um Cawy, eu um café puro —, é por ela que você está deixando a Mirta agora, não é?

— Não sei a que mulher você se refere — eu sabia.

— Sabe sim. A que saiu com você ontem à noite.

— Sei a quem se refere. O que foi?

— Que ela é uma *tortillera*.

Queria dizer que ela era lésbica: não havia acusação mais ridícula. Disse isso para ela.

— Não — disse ela —, não é ridículo — gaguejou um pouco ao falar. — Eu a vi sentada na cama conversando com outra mulher e ouvi a conversa. A mulher, a outra, estava seduzindo ela.

Comecei a sentir ciúme.

— E o que ela fez?

— Ficou ali dizendo coisas.

— Mas você a viu tomar parte ativa no ato?

— Não, mas se deixava desejar. Pelo menos foi o que me pareceu.

— Ela é exatamente o contrário — falei, sem ter muita certeza.

— Eu juro.

Eu sabia com quem ela andara falando porque estava no terraço e a vi sentada na cama, por um momento: era com Cacha Leyva. Cacha tinha sido objeto de atenção de René no passado, mas não foram além de dançar juntos no Turf. Cacha declarou a René que gostava mesmo é de mulheres. Disso eu já sabia. Então naquela noite cheguei cedo na casa dela e disse:

— Preciso falar com você.

— Agora?

— É, agora.

— Vamos fazer isso a caminho do cinema, porque já estamos atrasados.

Caminhamos juntos até o cinema, não queria que um motorista de táxi ou um chofer de ônibus ouvisse o que eu ia dizer, então sugeri que fôssemos a pé.

— Ontem à noite deram em cima de você, né?

— Quem? Aquele rapaz que dançou comigo?

— Não, não aquele. Trata-se de uma mulher, trata-se da Cacha. Eu te vi no quarto com ela e a Silvina, minha cunhada, ouviu o que ela te dizia.

Ela sorriu.

— Ah, a Cacha. Sim, faz tempo que ela está atrás de mim. Uma vez ela estava falando por telefone da academia com a mãe e eu estava com ela e ela dizia pra mãe: "Se você visse o moço lindo que está comigo". Esse moço era eu.

— Você deve achar divertido, mas eu não. Vocês têm alguma coisa?

— Por favor.

— Não, por favor não, quero que você responda.

— Como você pode estar pensando uma coisa dessas?

— Não estou pensando, só pensei de repente.

— Pois está enganado. Mas tem uma coisa que eu queria te perguntar antes. Você tem um amigo chamado Silvestre Ruiz?

— Tenho, por quê?

— Ele foi ver a peça e depois foi me ver no camarim.

Eu tinha esquecido completamente que havia falado de Ella para Silvestre, certo dia em que ele foi me ver na *Carteles*. Talvez tenha dito que estava apaixonado, não sei.

— Ele é um bom amigo?

— Muito.

— Pois deu em cima de mim.

— Como?

— Isso que estou falando. Me convidou pra sair e tudo, de um jeito meloso, insinuante.

— Não acredito.

— Pois pode acreditar.

Silvestre Ruiz, meu amigo, colega de escola e tudo o mais.

— Você falou de mim pra ele? — perguntou ela.

— Sim.

— E disse o quê? Que eu era uma mulher fácil?

— Você, uma mulher fácil! Só poderia dizer a ele como você é difícil.

— Não disse que tinha transado comigo?

— Claro que não. Não contei isso pra ninguém.

— Bom, pois ele tirou de algum lugar que eu era fácil de seduzir porque foi isso que ele tentou fazer. De uma forma muito óbvia, quase grosseira.

— Não consigo acreditar!

— E como pode acreditar que eu me deixaria seduzir pela Cacha?

Ela tinha razão, mas eu não ia dar o braço a torcer.

— Isso é diferente.

— Diferente porque se trata de uma amiga minha e não de um amigo teu, não é?

— Não, não é isso. É que te vi falando com essa tal de Cacha, as duas sentadas na cama, e sei do que ela anda atrás, anda atrás de você.

— É possível, só que não conseguiu nada. Mas o teu amigo pensou que seria muito mais fácil do que a Cacha pensa.

— É incrível!

Era verdade que era incrível: eu não podia imaginar Silvestre fazendo uma coisa dessas. Era tão tosco… devia ser mentira de Ella. Mas por que mentiria assim para mim? Devia ser verdade.

— Deixe que eu pego ele — falei.

— Não, por favor. Não diga nada, eu suplico. Ele me pediu, depois, que não contasse nada pra você.

— Silvestre Ruim.

Ela sorriu. Eu gostava de seu sorriso, embora não gostasse de sua risada. Seu sorriso era encantador, por ele eu lhe perdoava tudo, ainda que agora ela não tivesse nada a ser perdoado, mas eu sim: o culpado por Silvestre tê-la assediado era eu. Tinha falado com demasiado fervor, com demasiada veemência. Sim, isso eu tinha feito, mas não contei (a Silvestre) que tinha transado com ela. Talvez, como todo burguês, ele pensasse que uma atriz devia ser fácil. Ou talvez, dando um desconto para a atitude dele, ele tivesse feito isso para me demonstrar que Ella não valia o que eu dizia, não o suficiente para pôr em risco meu casamento. Talvez. Em todo o caso, era surpreendente o atrevimento de Silvestre. Tentei me esquecer disso, mas não consegui, e desde então a relação entre mim e Silvestre não foi mais a mesma. Terminamos o dia indo ao cinema de tarde, já que ela tinha parado de trabalhar na fábrica de tabacos para dedicar todo o seu tempo ao teatro. Vimos *Bonjour Tristesse*, embora ela não quisesse vê-lo para não ser influenciada, dizia, pela atuação de Jean Seberg. Vimos o filme, nós dois, acomodados um bem juntinho do outro no confortável frescor do Trianón com ar-condicionado, e parecia que não tinha acontecido nada, embora logo fosse acontecer tudo.

Por aqueles dias tinha regressado a Havana um ator cubano pretensamente aluno do Actor's Studio. Era muito bem-apessoado e tinha uma personalidade atraente. René e eu o entrevistamos para o programa e no estúdio ele demonstrou um pedantismo agressivo que nos pareceu péssimo: o programa esteve a ponto de terminar mal quando o ator agrediu René com selvageria, e somente a urbanidade de René evitou que ocorressem coisas piores. Desde então antipatizei com o sujeito, e depois eu teria outras razões para antipatizar ainda mais: ele fora vê-la atuar e depois fora ao camarim conhecê-la. Eu não soube de nada até que foi tarde demais: tivemos outra de nossas desavenças e fui esperar que ela chegasse em casa, mas passou de meia-noite e ela não voltava (ela tinha começado a ensaiar a nova peça de tarde, então voltava cedo, de noite). Dando-me por vencido segui, em sentido oposto, o caminho que tínhamos feito juntos tantas vezes e lá estava ela sentada no parque com ele: me chamou pelo nome várias vezes mas eu passei ao largo, com meu ânimo no chão. De modo que ela andava com aquele sujeito, talvez fosse por isso e não pelas razões de sempre que ela tinha rompido comigo dessa vez. No dia seguinte ou dois dias depois eu estava conversando com Vicente Erre na esquina da L com a 23, junto do teatro Radiocentro, ele, Vicente, sentado no muro que cerca o gramado ali, e eu na frente dele. Falávamos de seu novo projeto: uma academia de atores em Havana, num local muito bom da rua Neptuno que ele tinha encontrado quase por acaso. Eu sugeri que ele a aceitasse como bolsista, já que ela não tinha dinheiro para pagar as aulas. Vicente não me dizia nem sim nem não, só ria, sabendo que eu não era parte desinteressada, mas ao contrário, que estava muito interessado nela, e de repente fiquei paralisado: descendo La Rampa, pela calçada da frente, ela vinha de mãos dadas com o ator. Ela não tinha me visto e agora atravessavam a rua em direção à CMQ ou talvez à cafeteria do Radiocentro. A única coisa que fiz foi me interpor entre a visão dela e a de Vicente, e tentei fazer com que ele não a visse justo no momento em que dizia:

— Ela é tua protegida.

Não soube o que responder e o deixei quase falando sozinho e fui em busca do primeiro ônibus que passasse pela esquina e passou. Depois, Vicente me perguntou o que tinha acontecido comigo naquele dia, ele queria saber se tinha dito alguma coisa errada e eu falei para ele esquecer o assunto, que não tinha acontecido nada, mas que eu tinha mudado de opinião a respeito de minha recomendada.

— Pois eu a vi — disse Vicente —, e a considerei muito boa pra uma atriz iniciante. Pode ser que eu tenha um lugar pra ela.

— Ela — falei — não me interessa como atriz nem como pessoa.

Mas isso foi um tempo depois, quando já havia terminado *Orpheus Descending* e atuava em *Bonjour Tristesse*, que se chamava, inevitavelmente, *Buenos días, Tristeza*. Mas Vicente me falava de sua atuação na primeira peça.

Em meados de agosto nasceu minha segunda filha e eu não estava na maternidade quando isso aconteceu; andava atrás de Ella, ciumento como um guardião, vigiando-a, procurando-a, tentando encontrá-la sem encontrá-la propriamente. Quando cheguei à maternidade já era noite, minha filha nasceu de tarde, mas antes de chegar ao hospital eu tinha decidido que ela teria o nome do personagem que me encantou, que me enfeitiçou: o nome da encarnação de Ella em cena — e foi o que fiz.

Ella tinha deixado seu primeiro papel para atuar em *Buenos días, Tristeza*. Já fazia dias, talvez semanas, que não nos víamos, e embora eu pensasse muito nela, não tinha tentado vê-la. Ou melhor, eu a vi várias vezes, uma quando a levei no carro de meu pai para provar a roupa para a nova peça. Chovia a cântaros e eu fiquei no carro enquanto ela ia à casa de um modista, que era quem fazia a roupa para a peça. Fiquei ali cercado pela chuva que caía sobre o carro, pensando nela, ela que eu tinha insistido para sair comigo mas com quem não tinha transado mais, apesar de desejar isso intensamente, mas desde a noite em que a encontrei no parque para mim ela tinha ficado distante e quase impossível. Houve uma despedida, uma tarde, bem perto da casa dela, quando eu insistia para que ela ficasse com meu impermeável porque tinham começado as chuvas torrenciais do fim do verão e ela o devolvia e eu voltava a entregá-lo e a vejo deixando o impermeável na minha mão e me dizendo tchau ao mesmo tempo: foi essa a imagem de nossa separação definitiva, e assim a guardei durante muito tempo: ainda a vejo caminhando rua 22 abaixo, a caminho de sua casa, rápida, veloz, bela com seus passos largos e ágeis, e esse último encontro me comove. Claro que eu a vi depois disso, inclusive fui à estreia de *Buenos días, Tristeza*, na qual ela foi desastrosamente mal: quase melhor do que ela esteve Lydia Ruiz, que deixara de ser modelo para tentar ser atriz e fazia boa figura em cena. Mas ela, Ella estava mudada: o diretor a mandara cortar o cabelo curto, bem curto, numa imitação tosca do penteado de Jean Seberg no filme de Preminger, e embora sua figura ficasse muito bem de biquíni na cena (que se passava quase toda na praia), o cabelo curto não combinava com sua cabeça grande, que parecia quase masculina. Para piorar, tinham feito Ella atuar de uma forma que destacava seus defeitos sem aproveitar nenhuma de suas virtudes. Mas eu estava lá (quase sentindo uma alegria malsã por seu desastre cênico) para aplaudir no final e, curiosamente, foi lá que encontrei Margarita Saa, e num dos intervalos lhe perguntei se podíamos nos ver depois da peça e ela me disse:

— Agora estou acompanhada, mas pode ir me buscar em casa. Os meus pais estão no campo.

E agora tenho que falar de Margarita Saa, que eu conhecera meses atrás, graças a Silvio.

Terceira parte

Naquela época (dois ou três meses atrás) li uma citação e não consegui esquecê-la: "Muitas vezes na vida empreendi o estudo da metafísica, mas a felicidade sempre o interrompeu". Frases não me impressionam muito. Quer dizer, naquela época (e quanto daquela época é esta época e vice-versa, nunca poderei dizer) as frases não me afetavam muito. Sempre tive péssima memória para frases, letras de música e poemas, mas agora vejo nesta declaração aquela época retratada por inteiro, e não me espanta que ficasse repetindo a frase dias inteiros, soltando-a viesse ou não ao caso, dizendo-a para as moças na rua, repetindo-a para os amigos e fazendo paródias grosseiras de sua nobreza: *Muitas vezes na vida empreendi o estudo da felicidade, mas a metafísica sempre o interrompeu./ Muitas vezes na metafísica empreendi o estudo da vida, mas a vida sempre o interrompeu./ Muitas vezes no estudo vivi a interrupção, mas a metafísica e a felicidade sempre o empreenderam.* Apesar da zombaria, tampouco consegui esquecer o texto que acompanhava a citação: "A frase (uma das mais memoráveis que o trato com as letras me propiciou) é típica do homem e do livro. Apesar do brusco sangue derramado e das separações, é dos poucos livros felizes que há na Terra". Pouco depois entendi que, mais do que uma profecia, se tratava de um desafio. Ou seria um desenho?

Leio tudo isto e quase esqueço por que o escrevi, o que me ocorre com frequência. Por que comecei assim esta terceira parte do que quer ser um romance e não vai passar de uma velada autobiografia? Por que quero falar agora desses dois — foram dois ou foram três? — meses perdidos, pois passaram, tumultuados, cheios de vertigem e de amarguras? Antes de mais nada, quero falar do nome.

Há muito tempo escrevi um relato em que um tocador de bongô se apaixonava por uma mocinha da sociedade: o tocador de bongô não existia, claro (eu não sou um tocador de bongô, embora muitas vezes tenha desejado ser um), mas a mocinha de sociedade é real. Chamava-se Margarita Saa, mas nós (meus amigos e eu: Silvio Rigor e José Atila) a chamávamos de Margarita Mefisto. Silvio nos apresentou quando ela era muito jovem, no Focsa, num dia em que eu o acompanhara para buscar sua noiva Bárbara. Parecia muito mais nova do que realmente era (ela tinha mais ou menos a idade de Ella), mas gostei de seus dentes grandes e parelhos em sua grande boca de longos lábios grossos, e de suas mãos, nuas, ossudas, crispadas, com unhas compridas, e de seus olhos, seus olhos de um castanho-claro que riam muito antes que sua boca risse. Muito tempo depois percebi que ela tinha um corpo, e que não era um corpo ruim, ao contrário, era muito bom, mas nesse dia me pareceu o que era: uma menina da sociedade muito jovem para amar. Depois eu a vi duas ou três vezes, uma delas em seu apartamento, e lhe falei, não sei por quê, de Billie Holiday. No outro dia em que combinamos de nos ver, eu levei o disco e ela gostou muito (o que me espantou, pois meus amigos não gostavam muito de Billie Holiday), e o dei de presente para ela.

— Mas como? — disse ela muito admirada. — E você?

— Comprarei outro: tem mais de onde veio este.

Não parecia disposta a aceitar o presente (talvez por boa educação), mas finalmente decidiu ficar com ele e, ao sair naquele dia com Silvio e com Bárbara, as tristes, amargas melodias de Billie Holiday ainda soavam, contrastando com a felicidade de Margarita.

Eu a vi mais vezes (uma delas na piscina do Focsa, acompanhando uns meninos, saindo da piscina com a água pingando sobre seu corpo quase perfeito, de longas pernas, quadris estreitos e costas longas e estreitas: já contei isso outras vezes, mais ou menos como aconteceu), em companhia de Silvio, mas também com José Atila, que naquele dia insistiu em dizer que Margarita era fácil, que ia logo para a cama, dizendo: "Essa transa, essa transa, essa transa!", cada vez mais veemente, acompanhando a mim e Silvio de volta à *Carteles*. Não me lembro do que Margarita possa ter feito para Atila pensar que ela ia para a cama, mas não consigo esquecer sua insistência, a veemência com que o corpo gordo de Atila sublinhava a frase obscena: "Essa transa!". No entanto, não pude deixar de levá-la em conta em meus outros encontros com Margarita Mefisto. Naquela noite em que nos encontramos vendo *Buenos días, Tristeza*, lembrei muito da frase de Atila, principalmente quando ela aceitou minha sugestão de nos vermos quando a peça terminasse e me disse para buscá-la em sua casa, meia hora depois de terminada a peça. Disse isso tão baixinho que quase não entendi: não queria que as duas moças que a acompanhavam ouvissem. Lembro que meia hora depois, pontual, eu estava no Focsa, indo para o elevador, atravessando o vestíbulo escuro e sendo barrado pelo vigia noturno, que perguntou o que eu queria: eu sabia em que apartamento ela morava porque ela me dissera naquela noite, e pedi ao vigia (que me impedia de subir no edifício) que me deixasse falar com ela por interfone. Falei e ela me disse que a esperasse na esquina do Club 21 — e lá estava eu, esperando por ela, quando Ella passou, sentada na carroceria de um Austin Healy vermelho, acompanhada pelo ator do método (que não vi na estreia) e deixando-se conduzir por um sujeito que eu não conhecia e por seu par. Lá estava eu parado na esquina quando Ella saiu do Club 21 para me dizer, sussurrante: "Me desculpe". Ela pensou que eu estivesse ali esperando-a, sozinho, mas não sabia que eu esperava outra mulher, que o encanto de *Orpheus Descending* tinha sido quebrado pelo desastre de *Buenos días, Tristeza* e que eu quase não ligava mais para Ella, que podia escrever *ella* perfeitamente sem que nada acontecesse.

Lá estava eu quando Margarita subia a encosta da rua N até o Club 21 ou até a esquina, onde eu a esperava. Tinha trocado de vestido, o que usava agora não era tanto um vestido para noite como aquele do teatro, com um grande decote preto que deixava suas costas de fora. Agora estava vestida com simplicidade, só uma blusa e uma saia, sempre com o cabelo loiro preso num coque alto. Chegou até onde eu estava e me cumprimentou com certa brevidade.

— Bom — falei —, onde vamos?

Não podíamos ir ao Club 21 porque Ella estava lá e eu não queria vê-la.

— O que você acha do Saint Michel? Deve estar bem tranquilo a essa hora.

O Saint Michel ficara famoso como boate de homossexuais e quase sempre estava cheio.

— Boa ideia.

Caminhamos os poucos passos até o Saint Michel e entramos. O local estava vazio, exceto por um par de rapazes sentados numa mesa afastada. (Se alguém tiver uma sensação de déjà-vu, é porque já contei isso antes.) Sentamo-nos num canto, sob uma das luzes indiretas, ficando na penumbra.

— O que querem beber? — perguntou o garçom, obsequioso.

(Estou prestes a fazer uma brincadeira e chamá-lo de Obsequioso Pérez, mas me contenho.) Um daiquiri?, pergunto. Ela faz que sim com a cabeça. Dois daiquiri, digo, sem me preocupar se o plural de daiquiri é ou não daiquiris. Começamos a conversar. Ela me conta que, por entrar e sair de casa com sigilo, quase quebra um púcaro valioso, que apanhou no ar, mas seu maior medo não era quebrá-lo, e sim acordar a empregada (ela a chamou pelo nome), dormindo no quarto. Sorrio. A aventura não me parece grande coisa, mas sorrio. Vêm os daiquiris e começamos a beber. Tomamos mais dois e no terceiro daiquiri ela está quase bêbada: Margarita Mefisto (combinação explosiva) conquistada por Don Fausto (filho de Don Juan e Fausto). Mas eis que, quando eu ia beijá-la, ela começa a chorar.

— Preciso te contar uma coisa — diz, entre soluços.

— É? O quê? — pergunto.

Depois de alguns muxoxos e de ter apagado algumas lágrimas com o dorso da mão, ela me diz:

— Não sou mais virgem.

Que confissão formidável! Inesperada, pelo menos. Quem seria o felizardo? Pergunto-lhe.

— Tony — diz ela —, você sabe, o primo da Bárbara.

Eu o conhecera no dia em que fui à piscina, mas não o mencionei porque ele era muito apagado, embora também tenha omitido Silvio, que não era nem um pouco apagado, e isso porque só tinha olhos para Ella.

— Ele é um rapaz muito jovem — prossegue —, muito confuso, e tudo aconteceu tão de repente, foi tão brusco, tão inesperado...

Por que ela está me contando tudo isso? Se isso fosse uma ficção teria argumentos a expor, razões a opor, mas como é a vida cotidiana, ou melhor, noturna, não tenho nada a dizer — e ela continua chorando em silêncio. Eu, com muito cuidado, beijo suas lágrimas, que têm um gosto, como todas as lágrimas, salgado: um salgadinho para acompanhar a bebida. Ela se cala, eu com muito cuidado desato seu coque alto, e, numa avalanche, se solta sua longa cabeleira loira: loira por partes. Está belíssima, um misto de mulher e menina que é muito contagiante e novo para mim, depois da mulher feita que é Ella. Mas, nesse momento, quem entra pela porta? Não é um avião, não é um pássaro, é José Atila, acompanhado por uma moça que não consigo descrever porque não a observo, e outro casal igualmente apagado. Olha para o nosso canto e dá aquele seu sorriso torto — quase escuto seu pensamento: "Essa transa!". Não sei se ela conhecia ou se lembrava de Atila, pois por onde ele passa a virgindade não cresce mais, mas tinha parado de chorar e agora jogava o cabelo para trás com a mão, todo solto, fluente, belo, mais do que cabelo. O grupo de Atila se acomoda no outro canto da boate, ou seja, ali ao lado. Então peço a conta, pagamos e saímos. Caminhamos rua N abaixo, eu levando-a com o braço em torno de sua cintura, ela recostando sua cabeça quase bêbada em meu ombro. Sinto-me bem caminhando assim e quase me esqueci de Ella e do outro e de seu grupo audaz que saltava do Austin Healy vermelho (seria o mesmo que eu admirava naquela vitrine? Amanhã saberei) para entrar no Club 21.

Ao chegarmos ao Focsa, ela me diz:

— Quer subir?

Digo sim sem pensar muito, mas depois me estendo numa disquisição sobre o porteiro e sua reputação — e ela replica:

— E eu ligo pro porteiro?

Bom, se ela não liga, eu também não ligo, e subimos os vinte e seis andares no elevador lento que um beijo transforma em veloz: já estamos lá em cima. Entramos no apartamento e ela vai até a cozinha e fecha a porta que dá para a sala de jantar. Sei por que fez isso: ali atrás da cozinha ficam as dependências de empregada, com certeza. Ela volta para a sala e me convida a sentar, o que ainda não fiz, e se dirige ao toca-discos, onde tem o prazer de pôr Billie Holiday para cantar. Não vou fazer uma digressão acerca da propriedade dessa cantora e de como tornará esse momento inesquecível com suas canções, entoando "I'm a Fool to Want You", "For Heavens Sake" e outras que não menciono porque não vou fazer um catálogo do álbum. Ela vem e senta no sofá. É evidente que é um convite para que eu me sente a seu lado, e vou fazer isso quando percebo o primeiro rumor: não há dúvida, vem de dentro de mim, minhas tripas estão roncando. Será fome ou serão os nervos por estar ali com essa menina da sociedade, agora tão próxima? Não sei dizer, mas com rumores ou sem eles me levanto e me sento mais perto dela, e começamos a nos beijar. Ela beija agora com uma paixão que não desmente sua boca de grandes lábios: é uma criatura apaixonada. Eu a abraço enquanto a beijo e depois passo a mão em seu seio: ela estava sem sutiã ou corpete ou *soutien-gorge* ou como quer que se chame, e eu estranho não ter percebido isso até agora. Começo a desabotoar sua blusa e ela continua me beijando apaixonadamente. Mas minhas tripas se empenham em superar mesmo os ruídos melodiosos de Billie Holiday e eu podia ouvi-las claramente, enquanto beijava a boca de Margarita e depois quando procurava seus seios pequenos e eretos, enquanto ela se debatia debaixo de mim, os dois deitados no sofá. Eu devia tê-la pegado no colo e a levado até o quarto, mas as tripas insistiam e não me deixavam me concentrar na tarefa de fazer amor. Ela também devia estar ouvindo o ronco, então eu disse:

— Me desculpe.

— Quê? — perguntou ela.

— Me desculpe pela roncaria.

— Pelo quê?

— O barulho da minha barriga, está roncando, não sei por quê.

Ela disse:

— Não importa — e acrescentou uma frase que nunca esquecerei, mais inesquecível que o momento: — Não somos corpos divinos.

De onde ela teria tirado esta frase memorável? Nunca soube, mas ela marcou esse momento para sempre, mais do que a música de Billie Holiday, mais do que o ronco de minha barriga, e seria impossível esquecê-la. Além do mais, a frase me tirou da concentração amorosa e percebi que ela ainda era, apesar das confissões, uma menina — e que me deitar com ela (seu quarto devia ficar ali do lado) me rebaixava quase ao nível do Tony que a havia deflorado. Então saí de cima dela e me sentei no sofá.

— O que foi? — perguntou ela. — A tua barriga ainda está roncando?

— Não, agora não. — Era verdade que tinha parado de roncar, e o que agora ressoava em meus ouvidos era sua resposta inesperada, surpreendente, totalmente inaudita.

— Não somos corpos divinos.

Aproveitei para dizer que era tarde e que eu já ia embora. Ela, Margarita Mefisto, parecia surpresa, como se seus pais tivessem aberto a porta de repente e a tivessem flagrado ali. Até abotoou a blusa.

— Então você vai embora? — perguntou.

— Vou — falei. — É melhor eu ir.

Ela estava disposta a se entregar, isso era óbvio, mas agora, com Billie Holiday ainda cantando no toca-discos, estava novamente em posse de si mesma, e sentou no sofá ao mesmo tempo que eu me levantava.

— Quando vamos nos ver de novo? — perguntei.

— Ah, não sei — disse ela. — Meus pais voltam amanhã. Então não sei mesmo.

Não eram seus pais, mas sua mãe e o marido, seu padrasto, que voltariam no dia seguinte. Ela me contara as aventuras de seu verdadeiro pai, no dia em que ela fez quinze anos, quando ela se vestiu de mulher — como estava vestida mais cedo naquela noite — e foi com ele a um *night club*. Alguém lhe fez um galanteio ou passou dos limites com ela, o fato é que seu pai (o verdadeiro) partiu para cima do sujeito aos socos — e era assim que ela se lembrava da noite do dia de seu aniversário de quinze anos.

— Posso te ligar?

— Não sei se vou conseguir falar com você — disse ela. — Estão sempre me vigiando.

— Tudo bem — disse eu. — Então a gente se vê.

— Claro que a gente se vê — disse ela, enquanto eu andava até a porta e ela vinha, descalça, atrás de mim.

Não tentei beijá-la antes de sair, mas parei na porta.

— Até logo — falei.

— Até logo — disse ela.

Desci o elevador muito satisfeito, estava contente comigo mesmo por ter triunfado sobre a carne, e, em vez de me sentir acabrunhado por não tê-la levado para a cama, estava tolamente envaidecido com minha atitude; mas ela era Margarita Saa, não Margarita Mefisto, um ser de ficção; era uma criatura de carne e osso: uma menina da sociedade. Foram mais fortes, imagino, as diferenças de classe do que o apetite da carne, de sua carne jovem, inexperiente. Isso me orgulhava um pouco e consegui passar diante do vigia, do porteiro noturno, com a cabeça (acredito) bem erguida, pura atitude de um babaca, como diria Silvio Rigor se ficasse sabendo: pruridos sociais. No dia seguinte José Atila apareceu na *Carteles*: era evidente que vinha atrás de informações.

387

— Que tal ontem à noite? — perguntou, já no café, com Silvio a meu lado.

— Tudo bem — falei.

— Vamos — disse Atila —, você transou com ela. Não tenha vergonha de confessar.

— Que foi, cavalheiros? — disse Silvio. — Me informem.

— Nada — disse eu. — O Atila me viu com a Margarita.

— A Margarita Mefisto?

— A própria — disse Atila. — Estava com ela na mão.

— Estávamos num canto do Saint Michel — falei, à guisa de explicação.

Atila queria que eu confessasse, como fizera no Polinesio naquela noite em que eu estava com Ella e ele chegou, e eu, meio bêbado, dei um espetáculo lamentável, doloroso, ao desnudá-la psíquica e mentalmente. Tudo começou com uma conversa muito normal, conforme eu ia pedindo um daiquiri atrás do outro (ela tomava ponche de abacaxi e não lembro o que Atila bebeu), e de normal a conversa começou a ficar íntima: foi aí que eu disse que tinha sido o primeiro a dormir com Ella, sem ter esse direito. Bem, tendo o direito de primazia, embora devesse ter guardado aquilo para mim mesmo. Depois Atila disse que aquilo parecia um conto de Hemingway onde se começava a pescar, com toda inocência do mundo, e se passava a pecar (como ele disse) com incorreções, um dos membros do casal dando uma de filho da puta e o outro, passivo, esperando os insultos estiarem. Não relato esse incidente cronologicamente (não o contei antes pelos mesmos motivos) porque não quero que nada neste livro se pareça com Hemingway, mas foi um espetáculo digno de se lamentar, eu a insultando e Ella presa entre meus tragos encrenqueiros e os bons modos (também estava fisicamente presa, entre meu corpo e a parede, com Atila à frente, sorrindo atrás de seus óculos escuros, com sua cara de sapo), sob o aguaceiro de minhas palavras, duras como granizo, golpeando-a, confessando um ciúme selvagem e ao mesmo tempo declarando um direito de posse que eu absolutamente não tinha — e Atila se divertindo com o espetáculo de minha cagada e com o aturdimento de Ella, que recebia os insultos com seu melhor sorriso, dando a entender que era a mais forte, o que realmente era: pouco depois, brigou comigo definitivamente. Agora Atila esperava que eu lhe confessasse que tinha me deitado com Margarita Saa ("Essa transa!", quase dizia sua cara bochechuda), mas eu não estava bêbado, eram onze da manhã e não havia nenhuma confissão a ser feita.

— O que fez ontem à noite? — perguntou-me diretamente.
— Depois que saíram do Saint Michel, é claro.
— Nada. Eu a deixei em casa e fui dormir.
— Mesmo? — disse Atila.
— Não me diga! — disse Silvio.

Era óbvio que nenhum dos dois queria acreditar em mim: eu teria que contar o que aconteceu na realidade, mas não tinha nenhuma vontade de dar conta detalhada de meus passos (alguns em falso, é verdade) da noite anterior e ouvir Silvio me dizer:

— É preciso sublevar o burguês enquanto ele é jovem — querendo dizer que eu devia ter me deitado com Margarita pelos mesmos motivos (mas opostos) pelos quais não fiz isso.

Nunca acreditaram em mim e os deixei com a convicção de que eu estava mentindo.

Voltei a ver Margarita (agora era Margarita, só Margarita, a única, não Margarita Mefisto nem Margarita Saa, mas Margarita) e numa outra noite, ainda que cedo, saímos juntos. Eu a levei no volúvel carro de meu pai até a praia de Marianao, e na volta o carro parou na rua Línea (era dado a essas súbitas recusas a continuar rodando) e passei por maus pedaços enquanto tentava fazê-lo pegar novamente e vendo que ficava tarde para Margarita. Por fim, abruptamente, ele concordou em rodar e chegamos ao Focsa sãos e salvos. Depois eu a vi outras vezes: eu ia ao Focsa, às vezes com Silvio, outra vezes sozinho, mas não foi mais a mesma coisa. Era evidente que meu momento havia passado e embora eu tentasse reencontrá-lo, não conseguia. Além disso, estava magoado com a partida de Ella. Soube primeiro por uma nota na coluna de Rafael Casalín, dizendo que uma jovem atriz e um famoso ator de televisão tinham se encontrado no lobby do Habana Hilton e caíram fulminados (ou palavra similar) pelo amor. Dois dias depois, seu nome aparecia ligado ao ator de televisão e anunciava-se seu casamento próximo. Fiquei rondando a casa, mas sua mãe não só se mudara de casa como também de bairro e eu não soube onde encontrá-la. Aconteceu então de Ferruccio Cerio conseguir realizar seu projeto de um filme cubano que falaria de Havana, dos dias do descobrimento até o presente. Fui vê-lo em seu apartamento (já fora lá antes, com Ella, para apresentá-los), dessa vez acompanhado de Nora, com quem tinha saído uma ou duas vezes, agora que ela sabia que não havia mais nada entre mim e Ella. Nora saía comigo, para jantar, para passear por El Vedado e dessa vez para ver Cerio, que não gostou de Nora, motivo pelo qual paramos de falar de negócios até o outro dia.

No dia seguinte, ele deu umas palmadinhas em minha cabeça a modo de cumprimento e falou:

— Você sempre com *le putane* — querendo dizer que eu andava com putas, o que não era verdade, mas como lhe explicar que Nora não era puta? — Não te deixam trabalhar. Se você largasse um pouco delas seria um grande escritor.

O que Cerio queria é que eu escrevesse um dos seis relatos que iam compor seu filme: coube a mim iniciá-lo. Disse que sim e comecei a pensar numa ideia possível e me ocorreu que podia transpor uma lenda japonesa aos índios de Cuba, e foi o que fiz. Cerio gostou da trama e comecei a escrever. Não me tomou muito tempo e seus produtores me pagaram bem. Com isso e com o que eu ganhava (mais algum dinheiro que minha mulher tinha economizado) eu poderia comprar o Austin Healey — mas quando fui buscá-lo não estava mais à venda: tinha sido vendido e talvez eu o tivesse visto na noite de Havana. Vi um anúncio que falava das vantagens de um novo automóvel em Cuba: o Metropolitan, também fabricado pela Austin, e fui vê-lo. Gostei, apesar de ter certa aparência de banheira: era um conversível que acomodava quatro pessoas e ao mesmo tempo era compacto e não gastava muita gasolina, como a maioria dos carros esportivos. Dei a primeira entrada e levei minha tia para tirá-lo da loja e levá-lo até o Novo Vedado, onde eu aprenderia a dirigir com marchas, já que até agora dirigira apenas o carro de meu pai, que era automático. Foi difícil coordenar os pés e as mãos nas marchas, mas depois de uma tarde pelas ruas do Novo Vedado consegui voltar dirigindo sozinho até em casa, onde estacionei meu carrinho, que parecia um brinquedo com seu vermelho e branco e a reluzente capota preta. Logo consegui ir nele até a *Carteles* e a televisão. Mas aconteceu um fato singular que conto aqui tal como foi. Fui fazer uma visita a Lydia Cabrera (uma das poucas mulheres realmente brilhantes em Cuba: uma especialista em folclore afro-cubano, que eu conhecera anos atrás, quando um documentarista italiano veio a Cuba em busca de assuntos folclóricos que servissem para um documentário que planejavam fazer sobre as Antilhas), que fazia tempo que eu não visitava. Fui até a casa dela em Marianao, à bela chácara dela e de sua amiga Titina, uma milionária dona de engenhos e dona também da bela casa onde moravam, uma quinta do século XVIII que tinham decorado com tetos tirados de casas derrubadas em Havana Velha, à qual acrescentaram um pequeno pátio mourisco, também tirado de uma casa derrubada em Havana Velha, e que mantinham como uma espécie de museu cubano. Fui visitá-la sem outro propósito que o de conversar com aquela grande mulher. Ela, quando me viu guiando um automóvel que parecia um carro esportivo e perigoso, me disse que ia protegê-lo e foi até seu quarto e de lá trouxe uma pequena concha, que me deu.

— Pegue esta concha de cauri — falou —, que vai proteger você e esse teu carrinho, que me parece perigoso.

Peguei a concha e a guardei, respeitando as convicções de Lydia Cabrera, mas sem compartilhar muito suas crenças. Foi minha mãe quem me deu uma correntinha de ouro para pendurá-la, junto com a chave do carro. Não fazia nem três dias que eu tinha o cauri mágico em meu poder, quando ia a oitenta quilômetros por hora rua 23 abaixo e cheguei ao estacionamento da funerária Caballero, onde o deixei, como vinha fazendo havia duas semanas. Fui fazer meu programa e tudo saiu como sempre: normal. Dirigi-me ao estacionamento e quando se ofereceram para buscar meu carro, falei:

— Não, eu mesmo vou pegá-lo — e fui.

Entrei nele e tinha dirigido uns poucos metros quando houve um ruído brusco em seu interior e o carro parou. Não havia maneira de fazê-lo andar de novo e pedi ajuda a um dos funcionários do estacionamento, que veio ver o que estava acontecendo. Deu umas voltas no volante, mas alguma coisa estava emperrada. Finalmente se jogou no chão, olhou debaixo do carro com sua lanterna e soltou um assovio:

— A barra de transmissão quebrou.

— E o que significa isso? — perguntei.

— Isso significa — disse o funcionário — que se você tivesse continuado a dirigir o carro, não estaria aqui pra contar a história.

Era verdade, dirigindo àquela velocidade em que eu estava, era evidente que se a barra de transmissão tivesse quebrado na rua, antes, na vinda ou talvez na volta, eu teria batido em outro carro, talvez em outro carro que viesse na direção oposta: desde aquele dia respeitei meu cauri amuleto como se fosse mágico e comecei a acreditar que a religião que Lydia Cabrera pesquisava e talvez praticasse era poderosa e digna de ser levada em consideração.

A política irrompeu novamente em minha vida pelos caminhos mais inesperados. Junior Doce me encontrou uma noite e me disse que Adriano de Cárdenas y Espinoza ou Spinoza tinha voltado da lua de mel com Adita Silva pela América do Sul e que eu devia fazer as pazes com ele: Adriano estava muito disposto a reatar nossa amizade. Disse que sim: afinal, o episódio com a falsa Bettina Brentano estava mais do que esquecido e Adriano e eu sempre fôramos bons amigos. A reunião de reconciliação foi celebrada ao ar livre, na 12 com a 23. Adriano veio sozinho e depois de um breve momento de estranhamento, como acontece em todas as reconciliações, passou a me contar as alegres aventuras de sua lua de mel, misturadas a alguns detalhes arrepiantes como aquele da mosca, na Bahia (ou talvez em Minas Gerais, não sei), que, se você é picado, não pode se coçar, porque se o fizer um micróbio entra no corpo e alguns meses depois da picada aparece um abscesso (como ele disse) no cérebro ou no fígado, ou talvez tenha uma das paredes do coração comida. Depois contou como na Bahia (ou talvez tenha sido no Rio), caminhando por um bairro onde havia residências do século passado, casas esplêndidas, e tendo visto uma particularmente interessante atrás de uma cerca de ferro, abriram o portão e ele e Adita se aproximaram na casa. De repente, dos fundos saiu um cão enorme que vinha na direção deles com cara de poucos amigos. Adriano saiu correndo e não só deixou Adita para trás, como fechou a grade e a deixou trancada com o cão — felizmente Adita conseguiu abrir o portão a tempo e se salvou das fauces caninas (como ele disse). Rimos muito com suas histórias, Junior e eu: comemorando não só o bom humor de Adriano como seu tipo de autocrítica humorística que o fazia reconhecer sua covardia como um elemento a mais de seu caráter. Mas Adriano não era tão covarde, já que naquela noite ele e Junior espalharam impressos do 26 de Julho em todo o Focsa (onde Adriano morava), enfiando-as por debaixo das portas, tarde da noite, de madrugada. Passaram um ou dois sustos, com gente que vinha pelos corredores e com uma porta que se abriu, mas espalharam todos os impressos sem maiores contratempos: se tivesse havido algum teriam pagado caro, ainda que Adriano pudesse ser salvo porque um dos padrinhos de seu casamento tinha sido ninguém menos do que o ministro das Relações Exteriores de Batista, por parte do pai de Adita, que era um velho diplomata. Dois dias depois, Junior ligou para mim na *Carteles*: precisava me ver com urgência, mas não podia ser num local público.

— Nada melhor do que a *Carteles* — falei —, depois das seis da tarde.

A essa hora eu sempre estava sozinho, e com frequência ficava lá depois das seis. Junior veio falar comigo e viu que eu não estava sozinho (não sei por que naquele dia Silvio tinha ficado até mais tarde na revista), mas mesmo assim me contou o que estava acontecendo. Tinham detido seu contato no 26 de Julho (depois, com o tempo, eu soube que era Mike, um dos irmão de Adita) e o moído de pancada: parece que ele viu quando o tiravam de um posto policial e o metiam num carro. Não sabia se Mike tinha falado ou não (depois se soube que ele tinha se portado com muita coragem e que não conseguiram tirar nada dele, e a influência de seu pai só serviu para que o metessem direto na prisão), mas ele tinha que ir embora de Cuba. Já comprara a passagem de avião e tinha o passaporte pronto (não me explicou como conseguiu fazer tudo em tão pouco tempo), e o que ele queria era que eu o acompanhasse ao aeroporto e, caso o visse ser detido lá, devia avisar Adriano para pôr em marcha os mecanismos do apadrinhamento, que, apesar da ditadura batistiana, continuavam existindo. Silvio e eu combinamos de levá-lo (não sei como Silvio, sendo tão apolítico, se ofereceu para levá-lo em seu carro, que era muito menos chamativo do que o meu) até o aeroporto naquela mesma tarde: havia um avião que sairia para Miami às oito da noite: era nesse que ele tinha reservado seu lugar. Silvio, Junior e eu fomos ao aeroporto, eu olhando em cada parada que o carro fazia nos semáforos para ver se um carro da polícia, ou talvez outro veículo da polícia secreta, se aproximava do nosso. Mas não aconteceu nada no caminho. O perigo maior estava mesmo no aeroporto e, embora Junior tivesse conseguido um visto de saída junto com seu passaporte, não se sabia o que podia acontecer. Despedimo-nos e ficamos para vê-lo entrar na sala de embarque. Ele passou pela porta sem inconvenientes e depois, do terraço, vimos Junior dirigir-se ao avião sem que ninguém interferisse em sua saída. Silvio e eu ficamos até o avião levantar voo, manobra de decolagem que vimos com extremo prazer. Depois, de volta à *Carteles*, Silvio dizia que nunca vira um revolucionário mais assustado, por nada, do que Junior, e eu lhe disse que era aí que residia, justamente, sua coragem: tinha cumprido com seu dever apesar do medo. Mas Silvio não se convenceu e ficou com a última palavra.

— Pra me opor assim a Batista — disse —, é melhor eu ficar em casa lendo Heidegger.

O que, no caso dele, não era uma *boutade*, mas a pura verdade.

Ao mesmo tempo, Alberto Mora reapareceu em Havana. Ligou para a *Carteles* de um telefone público. Disse "é o Alberto" e reconheci sua voz na mesma hora. Queria me ver e combinamos de almoçar juntos. Não faríamos isso num restaurante, é claro, nem na minha casa, com o coronel morando ali do lado e com nossa empregada namorando um soldado — embora às vezes parecesse mudar de soldado. Combinamos de nos ver na casa de Silvina, que agora morava sozinha na rua C, número 69: René deixara o apartamentozinho para ela e voltara a morar com os pais. Alberto e eu nos vimos lá, no dia seguinte, na hora do almoço. Ele vestia um terno de linho e parecia mais um fazendeiro do que um revolucionário.

— O disfarce perfeito — disse-me —, com charuto na boca e tudo o mais.

Não acreditei nessa última parte, pois Alberto não fumava. Veio com seu guarda-costas, que era também seu motorista e que esperou lá embaixo, no carro. Os dois estavam armados e ele me disse que agora é que a polícia não o pegaria vivo de jeito nenhum — e eu acreditei. Comemos nosso arroz com frango com muito gosto, eu vendo Alberto vivo depois das aventuras que relatou brevemente: o exílio nos Estados Unidos, uma lancha rápida para fazer o desembarque com o grupo dirigente do Diretório, depois a Serra do Escambray e, mais tarde, agora, organizando a resistência em Havana. Depois do almoço, quando Alberto foi para o seu esconderijo e eu já estava na *Carteles* novamente, pensei que não seria má ideia política reunir o Diretório com os comunistas, os dois únicos grupos que estavam atuando em Havana, já que o 26 de Julho não era visível (pelo menos para mim) desde o fracasso da greve de abril. Falei com Adriano e ele concordou que era uma boa ideia. Combinamos que ele se encarregaria de contatar os comunistas (ele tinha boas relações com a "gente do partido" que operava em Havana), enquanto eu entraria novamente em contato com Alberto. Para tanto, tive que esperar que ele telefonasse de novo, o que ele fez poucos dias depois, e marcamos uma outra reunião na casa de Silvina. Adriano já fizera seus contatos e o partido tinha dado sua aprovação para a reunião. Combinamos de nos reunir na casa dos sogros de Adriano (que estavam de férias na Europa), no Biltmore, local improvável para uma reunião clandestina, se pensarmos com os critérios da polícia de Batista. Chegou o dia e a reunião coincidiu com o fechamento de minha página na *Carteles* e foi quase às três da tarde (a reunião estava marcada para as duas) que atravessei toda Havana, El Vedado e todo Miramar até chegar correndo à casa no Biltmore. (Já estivera lá antes, pois Adriano visitava muito a casa de seus sogros agora que eles estavam fora, e me espantei ao encontrar na biblioteca a edição completa de *O capital*. Lembro que o abri ao acaso e topei justamente com a página em que Karl Marx encontra os irmãos Marx: é ali onde Marx fala que, considerando que as mercadorias não podem ir sozinhas para o mercado, é preciso que existam os intermediários!) Vi o carro de Adriano, o Karmann-Ghia que substituíra seu Chevrolet, e o carro de Alberto, com o motorista esperando dentro dele apesar do calor, o sol batendo em cheio sobre a capota. Desci e toquei a campainha. Adriano veio abrir a porta, cumprimentando-me com seu sorriso amável. Alberto estava lá dentro, e me saudou com uma de suas frases:

— O manual do perfeito conspirador: chegar tarde e depois ir embora cedo. É muito difícil que a polícia prenda esse.

— Estou disposto a sair por último — respondi, e ele continuou sorrindo seu sorriso torto.

Havia outro homem no quarto: era o enviado do partido. Fomos apresentados e ele, claro, me deu seu nome falso, mas depois eu soube, por Adriano, que era Ramón Nicolau, do comitê central, um nome que várias vezes ouvi meus pais pronunciando quando era criança: tinha sido fundador do partido em Holguín nos anos 30. Agora era um velho inconspícuo, cinza, apagado: a imagem perfeita para um homem do partido.

Aparentemente a discussão ainda não havia começado e fiquei surpreso que estivessem esperando por mim, quando eu não passava de um intermediário. Alberto falou e disse que eles estavam mais fortes do que nunca em Havana (que era onde o Diretório quase acabara com sua direção, comprometendo-a completamente no assalto ao Palácio, um ano e meio antes) e que haviam recomeçado as operações.

— Aquele assalto ao posto policial — disse Alberto, referindo-se a um ataque a um posto policial em Marianao, onde um carro que passava crivou de balas a entrada do posto, ferindo vários policiais e matando dois —, fomos nós que fizemos.

Percebi o olhar que Nicolau trocou com Adriano, e que parecia dizer o que eu pensava: se com ataques como esse o pessoal do Diretório achava que ia acabar com Batista, estavam mais do que equivocados. Nicolau disse que seria interessante uma reunião entre o Diretório e o partido, para coordenar as operações.

— Bem — disse Alberto, sorrindo de lado outra vez —, eu não sei que operações o partido pode fazer.

Claro que ele falava ironicamente, e temi que a reunião fosse acabar mal, pensando que tudo era um equívoco, que o anticomunismo que sempre caracterizou o pessoal do Diretório nunca ia se dissipar.

— Modestamente, companheiro — disse Nicolau, falando cada vez mais baixo —, estamos com nossa organização intacta. Tivemos sorte com a polícia.

— Eu chamaria isso de mais do que sorte — disse Alberto, sorrindo de novo, sem dizer como chamaria.

Era óbvio que Nicolau não estava interessado num intercâmbio de frases, pois continuou falando com sua voz monótona:

— No que diz respeito à propaganda, podemos fazer muita coisa juntos. As nossas *Cartas Semanales* saem toda semana sem falta e também lançamos panfletos e folhas soltas.

O Diretório não fazia nada disso, se excetuarmos o panfleto que lançaram pouco antes do ataque ao Palácio, escrito por Joe Westbrook e no qual havia uma nota decididamente suicida. Alberto interferiu:

— Estamos mais interessados na ação direta do que na propaganda.

— Entendo — disse Nicolau —, mas para mobilizar as massas a propaganda é necessária, não apenas a ação direta da qual poucos participam.

Será que ele queria lembrar Alberto de como restava pouca gente no Diretório para agir, e de como eles tinham falhado em sublevar o povo ao atacarem o Palácio Presidencial, quando nem mesmo todos os que se comprometeram a participar participaram? Talvez, mas Alberto não percebeu a alusão e continuou obcecado pela ação, tão característica do Diretório:

— Pois nós somos pela ação primeiro e pela ação depois.

— Bem — disse Nicolau —, também poderíamos chegar a um acordo nesse terreno.

Surpreendeu-me que Nicolau utilizasse palavras que poderiam implicar o partido no tipo de movimento que este sempre condenara: o terrorismo.

— O importante é agir coordenadamente.

Dissera a última palavra muito devagar, quase como se tentasse fazer com que a ideia de coordenação entrasse na cabeça de Alberto.

— Bem — disse Alberto —, preciso consultar a direção.

— Sem dúvida, sem dúvida — disse Nicolau, talvez se alegrando por terem chegado a algum tipo de acordo. — Estamos ansiosos pela cooperação entre todas as forças que combatem a ditadura.

— Também com o 26 de Julho? — perguntou Alberto um pouco sardonicamente, pois sabia-se como o 26 de Julho repudiara a união com os comunistas durante a fracassada greve de abril.

— Também com o 26 de Julho — respondeu Nicolau. — Já enviamos emissários à Sierra para contatar Fidel Castro diretamente.

Alberto fez uma careta, como se não acreditasse no que Nicolau dizia.

— O importante — disse Nicolau —, o essencial é a união de todas as forças que combatem a ditadura.

— Bem — disse Alberto, à guisa de conclusão —, vou passar a mensagem do senhor — até aquele momento eu não tinha notado que ele e Nicolau não se tratavam com informalidade — à direção. Como fazemos pra nos encontrar novamente?

— Por intermédio do Adriano aqui — disse Nicolau.

— Sim — disse Adriano —, você pode me telefonar.

— É preciso tomar cuidado com telefones nesses dias — disse Alberto, e depois dirigiu-se a Nicolau, estendendo-lhe a mão. — Bem, até mais ver.

— Até logo — disse Nicolau, que como quase todos os cubanos rejeitava o *adiós* por sugerir uma despedida definitiva, ainda mais nessa ocasião.

Alberto se despediu de mim com um gracejo que aludia a minha chegada:

— Bem, agora sou eu quem vai embora primeiro.

— Privilégios — falei, também em tom de brincadeira.

Despediu-se de Adriano e saiu da casa. Da janela, pude ver quando ele sentou no carro ao lado de seu motorista guarda-costas e saíram.

— Também vou indo — falei. — Vou em direção à *Carteles* — disse para Nicolau —, posso deixá-lo no caminho?

— Eu te agradeço por isso — disse Adriano —, assim posso ficar aqui, que estou esperando a Adita.

400

Nicolau fez menção de me seguir e estendeu a mão a Adriano:

— Telefonarei — falou.

— Ótimo. Até logo.

— De noite nos falamos por telefone — disse eu para Adriano.

— Está bem — disse ele.

— Até logo.

— Até logo.

— Até logo.

Saímos caminhando normalmente da casa do sogro de Adriano, como se eu tivesse morado nela a vida toda. Nicolau (foi então que percebi que seu nome não fora pronunciado durante toda a reunião) seguia a meu lado. Entrou no carro, a meu lado, e arranquei. Atravessei novamente todo o bairro de Miramar, El Vedado e quase metade de Havana até a Zanja com a Belascoín, onde ele me disse que ia descer. Deixei-o na esquina e o vi afastar-se e perder-se entre as pessoas com sua figura cinzenta, quase anônima, e me perguntei qual dos dois era um herói de verdade: Ramón Nicolau ou Alberto Mora. Para mim Alberto sempre teve aquela aura do herói juvenil, e o que ele fez para evitar que seu pai Menelao fosse preso confirmou isso. Mas agora, vendo Nicolau se afastar, modesto, quase invisível entre a multidão da tarde de sexta-feira na Zanja com a Belascoín, só pude pensar que era ele o verdadeiro herói, que Alberto, com seu aparato de terno de linho (outro disfarce, tal como o de homem comum e corriqueiro o era para Nicolau), seu automóvel e seu motorista armado (o próprio Alberto levava consigo uma pistola 45), que todo esse aparato da clandestinidade o tornava menos herói, a meu ver, do que esse homem qualquer que eu levara em meu carro. Não o vi mais: as reuniões subsequentes entre o Diretório e o Partido Comunista se realizaram sem minha intervenção, e acredito que chegaram a algum entendimento, como demonstra a história posterior. Camaradas estranhos os "homens de ação" do Diretório e os comunistas, tão adversos a outra ação que não fosse a de massas. A história, ironicamente, não daria razão nem a uns (os temerários, os que perderam quase toda a sua direção num ataque suicida ao Palácio Presidencial) nem a outros (os conservadores, que tinham mantido sua direção intacta durante todos os anos de clandestinidade).

Agora eu estava mergulhado na política (ou pensando nela o tempo todo), mas não conseguia esquecer Ella. Certo dia, passei pelo café de sua irmã e parei para cumprimentá-la. Ela, muito espontânea, cumprimentou-me com muita alegria e, entre outras coisas, disse: "Essa minha irmã está louca. Com tudo o que eu fiz por ela, tudo que trabalhei para que ela estudasse, e veja só o que ela fez". Aparentei não dar muita importância a suas palavras, e logo depois segui meu caminho, rápido. Também visitei Margarita, numa tarde em que fui até o Focsa e a vi entrando na confeitaria ainda vestida com o uniforme do Colégio Lafayette (exclusivo para meninas ricas), feito uma colegial, mal aparentando quinze anos: minha Lolita. Ela me cumprimentou com um grande sorriso de muitos dentes enquanto comia um doce.

— Gosta? — disse-me.

Não ia lhe dizer que gostava de seus lábios gulosos, e falei:

— Não. Obrigado.

— Suba comigo lá em casa — disse-me. — Meus pais saíram.

Subi com grande curiosidade, mas era mais uma curiosidade política do que sexual: Adriano me dissera que o padrasto dela tinha relações com o coronel Ventura (eu sabia que ele fora ministro de Batista, embora estivesse aposentado, talvez por motivo de saúde) e eu quis saber. Perguntei a Margarita:

— É verdade que o Ventura sempre vem aqui na tua casa?

A informação talvez pudesse ser útil a Alberto ou a outras pessoas.

— Escute — disse Margarita em voz alta, chamando na cozinha —, escute, Eulalia. Ele quer saber se o Ventura vem sempre aqui.

A chamada Eulalia apareceu na porta da cozinha e voltou a desaparecer, deixando a porta balançando, sem dizer nada.

— Está atrás de informação política? — perguntou-me Margarita. — Pensei que você fosse apolítico.

— Mera curiosidade — falei —, mera curiosidade.

— Bom, pois é — disse ela, fazendo biquinho —, eu não vou te dizer. Vá pesquisar em outro lugar. Olhe, cara, pensei que você não ligava pra política, que só se interessava por cinema.

— Entre outras coisas — interrompi.

Ela sorriu:

— Entre outras coisas.

Estava bela em sua fantasia de boa menina e eu a teria beijado ali mesmo, com a empregada na cozinha e tudo, mas ela não teria aprovado. Ou teria? De qualquer modo, não ousei conferir.

Andando pelas ruas, eu sempre procurava Ella. Uma vez pensei tê-la visto, ao entardecer, num grupo de mulheres que desciam no posto de gasolina da rotatória que fica diante do Hotel Riviera. Mas Ella não estava entre elas. Outra vez a vi sentada ao lado do motorista de um vw (tinham me contado que o ator de televisão dirigia um vw), mas não consegui ficar do lado do carro para vê-la direito. Devia ser Ella. Outro dia (já de noite, com minha mulher sentada a meu lado) eu a vi entrando no cine Radiocentro. Como encontrá-la naquela escuridão? Assim, eu a via em todo lugar: Ella alcançável com uma pisada no acelerador e ao mesmo tempo sempre inalcançável, ou bem não conseguia caçar o carro que a levava ou não era Ella ou ela não estava entre o grupo de moças onde eu estava certo de encontrá-la. Eu pensava que, com a ajuda de Mefisto, ia me livrar de uma vez por todas desse fantasma, mas ele vinha rondar minhas tardes, à meia-luz crepuscular, e minhas noites, entre a luz artificial e a escuridão, e minhas madrugadas, quando eu vinha da *Carteles*, rondando os arredores da 12 com a 13, e cheguei a caminhar de minha casa até seu antigo bairro, percorrendo-o, tarde da noite, caminhando ao redor de El Hoyo, descendo pela 22 até a 15 e depois subindo por essa rua até a praça e daí de volta para casa, e fiz esse périplo várias vezes, tentando encontrar suas pegadas — foi muito tempo depois que soube que ela estava morando na praia de Guanabo.

Um dia, no café do Radiocentro, antes ou depois de meu programa (sem dúvida depois, porque eu sempre chegava tarde ao programa e uma ou duas vezes tiveram que começar sem mim, num close-up de René comentando teatro, e eu tive que me esgueirar até meu assento e improvisar uma fala sobre a última estreia ou o filme da moda), eu estava sentado bebendo alguma coisa (não devia ser um drinque, pois depois de romper com Ella parei de beber) e ouvi um rumor surdo que percorria o café e rondava os corredores e quase saía para a rua onde a chuva caía com os aqueles ventos de ciclone de setembro. De repente o rumor chegou à minha mesa e pude perguntar o que estava havendo e alguém me contou que o carro de Raudol tinha acabado com uma família e que tinham encontrado uma seringa no carro, que na certa ele e sua acompanhante estavam drogados. Desmenti esta última notícia (porque eu sabia que Ramón não tinha nada a ver com drogas, que no máximo tomaria um tanto de cerveja e um drinque ou dois, mas não passava disso) quando me explicaram o que tinha acontecido: não era Ramón quem dirigia, e sim uma mulher que estava com ele. O rumor se tornou mais definido e eu soube quem era a passageira que estava ao volante: Mimí de la Selva. Alguma coisa me dissera que essa mulher era perigosa, e agora eu me culpava por tê-la apresentado a Ramón: sem minha intervenção ele não a teria conhecido e essa tragédia (porque era uma tragédia) não teria acontecido.

Acontece que Ramón estava dando aulas de direção a Mimí e saíram por Havana Velha, e numa esquina uma família (uma mulher negra com seus três filhos) estava esperando para atravessar a rua quando o enorme carro de Ramón patinou e subiu (parece que Mimí pisou no acelerador em vez do freio, ou talvez o contrário) na calçada, jogando a família contra as colunas do pórtico, investindo contra a mulher e arrastando uma das filhas, enquanto atropelava os outros dois meninos: todos morreram na hora. Ramón teve que se ver com a justiça (era a segunda vez, depois de ter sacado o revólver para um suposto amante de sua mulher e de ter ido para a prisão, preventivamente e por alguns dias, mas ele esteve na prisão), agora não foi para a prisão, porque não estava ao volante. Por motivos que nunca se esclareceram Mimí também foi absolvida e acho que a vi, fugaz, numa esquina de El Vedado não muito tempo depois: então ela andava pelas ruas. Ramón, depois do susto e do choque de ver todas aquelas crianças mortas, teve que apanhá-las e levá-las ao hospital, embora todas estivessem indubitavelmente mortas, esmagadas pelo leviatã automobilístico que ele tinha. Ramón me contou como o acidente aconteceu e durante alguns dias quase não apareceu na *Carteles* e não apareceu no CMQ nem no café, mas depois, em pouco tempo, voltou a ser o mesmo Ramón de sempre, que me contava como tinha levado umas coristas para os arredores de Havana, como tinha parado o carro numa estrada escura e ali, sobre o asfalto, o carro às escuras mas com o rádio tocando alto, tinha feito amor com a corista, e jurou que nunca tinha sido melhor: uma história típica de Ramón Raudol, e o mais provável é que fosse verdade.

Fui ver novamente *Orfeo descendiendo, Algo salvaje en el lugar* ou como quer que se chame essa obra de Tennessee Williams, para percorrer outra das estações onde meu amor por Ella tinha parado. Sua substituta era Yolanda Llerena, que eu conhecia mais ou menos, de vista. Não estava mal, mas evidentemente não era Ella: o papel fora escrito para Ella. Depois que a peça terminou, fui até os bastidores cumprimentar Yolanda e lhe dizer que ela estava muito bem (não muito bem como atriz, mas muito bem fisicamente: gostava dela, com aqueles olhos verdes meio vesgos, seu cabelo loiro e sua figura um pouco travada, talvez, mas apetecível por sua juventude, devia ter apenas vinte anos), e ficamos sozinhos enquanto ela retirava a maquiagem. Aproveitei para convidá-la para sair e para a minha surpresa ela disse sim. Sugeri que fôssemos comer alguma coisa em Guanabo, que era um lugar bastante longe para se ir comer algo a essa hora, mas ela topou: era minha noite de sorte com ela, antes disso nunca passara de um cumprimento mais ou menos frio de sua parte. Dirigi até Guanabo e ao chegarmos lá ela disse que não estava com vontade de comer nada, que preferia passear na praia. Agradei-a e dirigi meu carro quase até o mar e ao chegar à areia ela tirou os sapatos (era uma dessas) e correu pela praia. Eu a alcancei e tentei passar a mão por suas costas, mas ela se esquivou de meu quase abraço e voltou a correr pela praia, sem dizer uma palavra. Deixei que corresse (afinal, isso era permitido, correr na praia: a única coisa proibida em Guanabo eram cavalos na areia) e voltei para o carro. Logo depois (ou muito depois) ela voltou em silêncio, calçou os sapatos e entrou no carro. Não disse mais nenhuma palavra durante toda a noite: sem dúvida era uma pessoa original, não fingia. Foi pouco depois que eu soube que sua mãe estava internada num manicômio (não em Mazorra, mas num particular, talvez o Galigarcía) e que Yolanda estava ameaçada (ou ela acreditava nisso) de ficar louca também, porque muitos garantiam que a loucura de sua mãe era hereditária. Não saí com ela novamente (naquela mesma noite percebi que todo avanço era inútil), mas não pude esquecer suas pernas (que eram o que havia de mais belo, depois dos olhos, em seu corpo) descalças correndo pela areia, de madrugada. Depois, tempos depois, quando ela já estava casada, negou-se a me reconhecer e eu nunca soube por quê: afinal, tudo o que fiz foi passar um braço por sua cintura, mas ela agia (e acho que seu marido acreditou) como se eu tivesse tentado violá-la na praia.

Héctor Pedreira me ligou para saber se podíamos (meus amigos e eu) fazer alguma coisa por Alfredo René Guillermo, o misterioso comunista dos bônus e dos muitos nomes, porque seu nome era Pedro Pérez ou algo assim bem anônimo, pois não fora só a luta revolucionária que o levara a procurar pseudônimos. Acontece que Pedro Pérez ou Alfredo René Guillermo tinha sido preso e encontraram com ele bônus do Partido Comunista e *Cartas Semanales*. Não fora preso (para sua sorte) por Ventura ou por Carratalá (outro carrasco do regime), mas pelo Buró de Investigaciones. Liguei imediatamente para Adriano, ele entrou em contato com seu sogro, que já voltara da Europa, e por intermédio do ministro das Relações Exteriores (então chamado de Estado) libertaram Alfredo René Guillermo, Pedro Pérez ou como quer que ele se chamasse de verdade. Ele foi até minha casa para agradecer e lhe ofereci minha casa como sua, mas ele declinou do convite dizendo que "aqui já se refugiaram terroristas demais" (sic). Fiquei pasmo, mas respeitei sua opinião, que não era outra senão a do Partido Comunista, com ou sem aliança com o Diretório; sempre desconfiados dos homens de ação (só podiam se referir a Alberto e a Franqui, e, mais brevemente, a

Joe Westbrook e a seu primo Carlos Figueredo), tinham-no doutrinado para me dar essa resposta. Viera, disse-me, simplesmente me agradecer e me dizer que ia para a Sierra, ia se unir à guerrilhas de Las Villas. Imaginei que sua união seria com o pequeno grupo terrorista de Camilo Torres, que operava em Las Villas. Qual não foi minha surpresa quando, um mês depois, soube que Alfredo René Guillermo ou Pedro Pérez se unira às guerrilhas de Che Guevara e já tinha grau de tenente! Enquanto isso, eu sentia a futilidade de minha vida, agora que Ella tinha criado uma grande ausência, e comecei a me perguntar se não seria melhor abandonar tudo e ir também para a Sierra, como Alfredo René Guillermo fizera. A polícia não me perseguia, mas eu tinha meus fantasmas. Por outro lado, Adriano já me confiara sua intenção (até o momento nunca levada a cabo) de se unir às forças de Raúl Castro na Sierra Cristal. Eu via isto como um sinal de um local tão preciso como uma diretriz do Partido Comunista, com o qual Adriano parecia cada vez mais identificado. Por outro lado, ocorreu um fato curioso: prenderam René de la Nuez, foram buscá-lo em sua casa policiais à paisana, e eram agentes do BRAC. Poucas horas depois ele foi solto, mas esse sinal caído tão perto de mim me fez prestar mais atenção às palavras do Gordo Arozamena. Este era agora crítico de cinema do periódico de Masferrer, mas antes tinha sido membro da Juventude Socialista (comunista) e depois se transformara em delator de seus companheiros. Héctor Pedreira tinha horror dele, porque em certa ocasião o vira apontando para alguém que saía do cine Lira (que passou a ser o Capri, embora para mim sempre será o cine Lira de minha infância), onde exibiam um filme russo ou um acontecimento parecido, e essa pessoa apontada pelo dedo do Gordo Arozamena tinha sido presa. O Gordo topou comigo numa exibição privada no La Corea e depois se empenhou em me acompanhar até a *Carteles*: o que significava caminhar três quadras. Na esquina da revista me falou do capitão Castaño (chefe do BRAC, que eu tinha encontrado para obter o visto de saída em meu passaporte quando fui ao México, no começo de 1957), quase sem propósito.

— Eu disse — falou — pro Castaño, que me perguntava de você, que você não era comunista. — E eu sem saber se devia agradecer ao Gordo Arozamena ou não! — Disse para ele — prosseguiu — que os comunistas estavam em outra parte da revista, embora ele tenha se referido às tuas críticas como quase panfletos de esquerda. Eu disse que ele estava equivocado, que você não era comunista nem simpatizante, e que as tuas críticas eram liberais (sic).

O Gordo continuava falando na esquina da *Carteles* e parece que não iria embora nunca.

— Eu disse pra ele — continuou — que fosse procurar em outro lugar, mas te advirto pra ter cuidado com as críticas. Não passe dos limites. É um conselho.

Então eu agradeci. Pouco depois o Gordo Arozamena partia, bamboleante, rua Infanta acima — mas sempre achei que ele teve algo a ver com a detenção de René e que na verdade apontavam para mim. Pura paranoia!, dirão alguns, além de poderem acrescentar que a polícia de Batista, fosse o BRAC, o SIM, o Buró de Investigaciones ou a Polícia Nacional, não eram tão sutis. Comentei com Adriano as palavras do Gordo Arozamena (ele já sabia quem era) e a detenção de René e ele concordou comigo, que nesses dias se estava mais seguro na Sierra do que nas cidades, sobretudo em Havana, tão estreitamente vigiada, mas uma vez mais a felicidade erótica interrompeu minha metafísica da história: Nora estava disposta, apesar de seus jogos, a se deitar comigo. Isso foi algo que adivinhei, ao mesmo tempo que soube de suas atividades com Lydia. Tudo se passou numa noite em que fui visitá-la na pensão e ela se empenhou em ir comer um sanduíche (*sángüise*, dizia ela) gigante no bar OK. Levei-a de carro até a Zanja com a Belascoín, carregando agora uma carga mais preciosa do que no outro dia, quando deixei aqui Ramón Nicolau. Ela comeu o sanduíche como se fosse um petisco, não no bar, mas sentada em meu carro, e depois voltamos para a pensão. Ela subiu um momento, segundo me disse para avisar Lydia de que já estava de volta, mas logo desceu para me dizer que ela não estava em casa, que tinha ido procurá-la. Achei que seria melhor ela esperar Lydia comigo, sentada no carro, mas ela dava sinais de uma estranha agitação.

— É melhor irmos procurá-la — disse. — Me faça esse favor.

Como eu não faria um favor tão fácil para aquela gracinha? Dirigi até o bar OK e Lydia não estava lá. Voltamos para a pensão, Nora saiu do carro e subiu até seu quarto, descendo logo depois: Lydia tinha voltado e saído novamente para procurá-la no bar OK, segundo o recado que havia deixado.

— Por favor — disse-me —, por favor, vamos buscá-la.

Mais uma vez me deixei convencer de que Lydia estava no bar OK e mais uma vez dirigi até a Zanja com a Belascoín, dessa vez mais rápido do que das anteriores, com a noite se tornando meia-noite não no bar, mas na rua. Não havia ninguém no OK. Voltamos para o parque Victor Hugo e já chegando na pensão, com ela à vista, Nora saltou de meu carro: tinha visto Lydia, que a esperava na porta da pensão. Ou melhor, embaixo, na calçada, sem subir os poucos degraus até a entrada. Elas se beijaram e se abraçaram, como se fizesse tempo que não se vissem ou como se tivessem se encontrado depois de estarem perdidas uma para a outra.

— Minha irmã!

— Minha amiga!

Beijaram-se novamente. Percebi então que Lydia estava acompanhada por um homem que eu não conhecia. Desci lentamente do carro, convencido de que Nora e Lydia tinham uma relação estranha: não podia pensar outra coisa depois do que havia visto. As duas gargalhavam agora em minha direção.

— Olhe essa cara — disse Lydia, apontando para mim.

— Rapaz — disse Nora. — O que você pensou?

— Tudo isso foi um teatro que montamos pra você — disse Lydia, ainda rindo.

Movi a cabeça como quem diz qual é a de inventarem histórias para mim, mas sem dizer nada. Depois Lydia me apresentou seu par, cujo nome, como sempre, não consegui guardar.

— Bem, Nora — disse Lydia —, já é tarde e amanhã temos que modelar cedo.

— Bem, tudo bem — disse Nora. — Bem — disse Nora para mim e percebi que todo mundo em Cuba começa falando com um bem que usualmente é seguido por um então se você está contando uma história ou com a proposição na sequência se é uma mensagem que lhe dão. — Bem, vou me deitar.

Ela ia se deitar, assim, tão tranquilamente, sem sequer me dizer boa-noite. Devia ter deixado um dos beijos que deu em Lydia para mim: mas não, eu não ia querer nenhum daqueles beijos.

— Quando te vejo de novo? — perguntei.

— Quando você quiser — disse-me.

— Que tal amanhã? Vamos a um *night club* ou coisa assim.

— Ahã — disse ela —, acho bom amanhã de noite.

— Moça — disse Lydia, que evidentemente estava ouvindo o que falávamos e que eu pensava que já fosse dizer "Assim você não vai conseguir nada com ele", mas ela só disse: — Pra cama, já te disse.

Era característica de Lydia que, por mais vulgar a frase que dissesse, ela não soava vulgar em seus bem pintados lábios; no entanto, havia ao redor de Nora uma espécie de aura de vulgaridade que sua beleza não conseguia dissipar.

Mas apesar de tudo e de sua vulgaridade visível para o olho treinado, na noite seguinte nós saímos. Levei-a ao Pigal, onde não voltara desde minha excursão com Mimí de la Selva, com seu nome improvável e seus mais improváveis estábulos cheios de cavalos e sua evidente periculosidade. Nora, ao contrário, inspirava confiança, ela sabia como estar com o homem que estivesse com ela. Ficamos no Pigal até cerca de meia-noite. Foi então que lhe disse:

— E se fôssemos a outro lugar mais íntimo?

Ela me olhou e sorriu.

— Mais íntimo quanto? — perguntou.

— O suficiente pra você e pra mim — falei.

— Você é terrível — disse-me ela. — A Lydia tinha razão.

— Tinha razão no quê?

— Ela me disse que você ia me fazer propostas, com certeza.

— Mas eu não te proponho nada impossível, nem nada de mau pra você. O que há de mau na intimidade?

— Pode-se conseguir isso numa multidão — disse-me ela, e me surpreendeu a inteligência de sua resposta: da dupla Nora e Lydia, era Lydia que era inteligente, ou, pelo menos, a que dava respostas inteligentes.

— Eu sei — disse. — Mas não o tipo de intimidade que eu quero.

— Mas por que você não fala com clareza? — perguntou-me.

— Mais claro do que isso não posso ser — falei.

— Não, diga que quer ir pra cama comigo, e eu te direi que sim ou que não.

Fiquei calado por um momento, decidindo, mas em seguida disse:

— Quero ir pra cama com você.

Eu esperava que ela negasse ou se fizesse de difícil, mas ela disse:

— Está bem.

Organizei a saída na hora, paguei a conta rapidamente e mais rapidamente ainda peguei meu carrinho e tomei o rumo da 2 com a 31, onde ficava o hotelzinho mais próximo: se havia outro mais perto, eu não conhecia.

Quando Nora tirou a roupa (felizmente não fez nenhum papel de desnudar-se, como já me acontecera tantas vezes com outras mulheres, que tiravam a roupa por episódios, cada um deles prolongado por um pedido ou uma persuasão), mostrou um dos corpos mais perfeitos que eu já vira na vida. Era magra, mas tinha os seios mais bem-feitos de todas as mulheres que eu já conhecera: eram maiores do que sua roupa permitia adivinhar (ou pelo menos a luz vermelha acesa na cabeceira da cama me fazia vê-los maiores), eram brancos como todo o seu corpo, que parecia leite sob a luz vermelha, mas tinham um leve mamilo muito bem-feito e eram redondos sem serem bola. Lamento não poder descrever exatamente como eram seus seios, mas posso confessar que nunca tinha visto seios mais lindos. Tirei a roupa depois dela porque me distraí admirando seu *stripping* particular. Embora ela não estivesse *teasing*, era demorado: primeiro largou a saia, tirando primeiro uma perna e depois a outra para mostrar as duas nuas. Suas pernas não eram a melhor parte de seu corpo, pois, embora tivesse coxas modeladas, havia certa falta de graça ao redor de seu joelho, a coxa talvez se estendesse demais, ou a panturrilha subia um pouco para as coxas, não era culpa de sua rótula (frequentemente tão feia nas mulheres), que não era protuberante nem virada e estava no lugar em que devia estar. A falha, se fosse uma falha, era da perna, porque o tornozelo reproduzia o mesmo desenho: talvez fosse gordo demais ou não suficientemente esbelto para a magreza da perna. Mas logo me esqueci de suas pernas para ver como tirava a blusa, dobrava-a e a deixava sobre a saia, já pousada sobre uma cadeira: agora ela estava só de calcinha e sutiã e era um encanto vê-la. Primeiro tirou o corpete ou sutiã ou como quer que se chame essa peça, que quase saltou ao libertar os seios (que já descrevi mas que via pela primeira vez, ficando extático ao contemplá-los), e finalmente suas pernas emergiram da calcinha que ela tirava de pé, primeiro uma, depois a outra: agora estava completamente nua e eu soube que gostava muito de Nora, que nua ela revelava um corpo que não se podia adivinhar quando estava vestida, que a vulgaridade desaparecia enquanto seu corpo emergia dentre a roupa, talvez porque eu olhasse para o seu corpo, não para o seu rosto, de onde saía sua vulgaridade: da boca excessiva, a la Brigitte Bardot, do que ela dizia, do modo como dizia as coisas, mas agora ela estava nua e eu não tinha orelhas nem ouvidos: era todo olhos para contemplar sua nudez, enaltecida pelo halo avermelhado que a luz lhe emprestava. Eu a vi caminhar (as nádegas ficavam levantadas, porque seu corpo se quebrava um pouco na cintura, por trás, e lhe dava um pouco de corpo de negra, bonita incongruência numa mulher tão branca) até a cama e deitar-se de costas. Depois consegui tirar a roupa e não sei se ela me olhava ou não, porque a próxima coisa que soube foi que a estava penetrando e ela me acolhia, não com passividade nem com resistência, mas com uma suave aquiescência, e depois se movia com sabedoria (de alguma coisa lhe serviu a promiscuidade a que se entregou naqueles primeiros meses em Havana, tanta que, sentado um dia no café do Radiocentro com meu amigo Silvino Suárez, nascido Antonio, alguém de uma agência de publicidade advertiu-o de que, se algum dia viesse a ter alguma coisa com Nora, que nem pensasse em sodomizá-la — claro que não usou esta palavra, e sim uma expressão obscena — porque ela tinha um micróbio ruim). Agora eu já não me preocupava com seus possíveis micróbios nem com sua viuvez, que antes me impedira de possuí-la, e estava gozando ao mesmo tempo que ela. Para maior gozo, pediu-me para ficar por cima, e então foi um espetáculo, com seus seios redondos que subiam e desciam com seu corpo, com sua cintura quebrada que eu segurava entre as mãos e que cabia nelas, com sua boca protuberante agora entreaberta no gozo, com seus olhos de longos cílios (não me perguntei se eram postiços ou reais) fechados e sua máxima concentração no coito — que repetimos e foi somente por duas vezes porque ela quis ir embora, mas senti que, como com Margarita del Campo, poderia ter chegado a sete vezes, no mínimo cinco se a noite fosse longa, tanto quanto era seu corpo leitoso em cima de mim, estremecido pelo orgasmo obtido ao máximo naquela posição, que para mim era nova, sendo talvez um pouco irritante ficar pensando nela, mas ali me limitei a aproveitá-la. Ela resolveu que era hora de se vestir e ir para casa. Acho que não nos despedimos, pelo menos não com um beijo, mas quando falei de sairmos no dia seguinte, obviamente para irmos para a cama de novo, ela disse que não.

— E tem mais — disse —, acho que cometi um erro ao ir pra cama com você.

— Um erro? Por quê?

— É melhor continuarmos amigos. Quer dizer, só amigos. Isso agora complica tudo.

— Não vejo por que isso vai complicar tudo.

— Porque você está apaixonado por Ella — disse, claro que não disse por Ella, mas por ela. — Ainda está muito apaixonado e eu poderia me apaixonar por você. Agora sabe por quê.

Não pude dizer não ao que ela falava a respeito de Ella: era verdade que ainda a amava, que sempre a amaria, mas também era verdade que tínhamos rompido para sempre — ou pelo menos era isso que eu pensava naquele momento. Disse-lhe isso. Ela respondeu:

— Mas você está apaixonado por Ella. Não há nada a fazer. A Lydia tinha razão, mas só dei conta agora.

Gostei de seu "dei conta", com seu erro gramatical e tudo, mas por apreciá-lo não prestei muita atenção ao que lhe disse depois. Logo a ouvi dizer:

— É melhor a gente não se ver mais.

Ao que, naturalmente, nem dei bola.

— Sim — falei. — Vamos nos ver. Vamos nos encontrar onde você quiser. E tem outra, o Korda me disse pra eu levá-la ao estúdio dele: quer tirar umas fotos suas.

Não lhe disse isso antes para ter o prazer de ela se deitar comigo por mim, não pelo que eu fazia por ela.

— Isso é diferente — disse ela. — São assuntos profissionais. Vou quando você quiser.

— Amanhã está bom?

— Está.

— Está vendo como íamos nos ver de novo?

Ela sorriu, tinha um lindo sorriso, que era ainda melhor com seus dentes brancos, perfeitos. No dia seguinte eu a levei ao estúdio de Korda e a deixei lá para ser fotografada. Também levei outras moças, modelinhos e quase estrelas, para que Korda as fotografasse para o número de Natal da *Carteles*, onde eu ia apresentar várias mulheres mais ou menos nuas: umas eu conhecera no café, outras tinha visto na rua e fora falar com elas para que se deixassem fotografar. Tive sorte com algumas delas, que concordaram, mas a mais linda de todas, vista na esquina da Infanta com a Carlos III esperando o ônibus com a mãe, depois que quase a convenci me disse para ir à casa dela conversar sobre as fotos, mas lá pensou melhor e não se deixou fotografar: uma pena, pois era uma das mulheres mais belas que eu já vira, de rosto e de corpo, e sua beleza se perdeu para sempre. Ali, na seção da *Carteles*, já tinha aparecido Ella, fotografada por Korda (lembro do dia em que ela fez as fotos, quando eu a levei lá, quase a contragosto, porque ela não queria ser fotografada, por escrúpulos que tinham a ver comigo e com a publicidade, e eu a deixei lá para que Korda capturasse sua beleza, o que ele quase conseguiu), sob o título "Nasce uma atriz". Também apareceu no número de *Navidades* (em *Navidades*, não em *Vanidades*, como dizia Silvio) Teresa Paz, que depois, como se verá, surgiu a meus olhos como exatamente o contrário de uma estrelinha, de uma modelozinho ou de uma aspirante a atriz; o que ela parecia no dia em que a conheci no café do Radiocentro, e que parecia ainda mais quando a deixei no estúdio de Korda: nunca soube se ele se deitou com ela, mas posso dizer que, apesar de sua beleza (era loira e tinha os olhos de um verde bem claro e um corpo esplêndido: aquilo que em Cuba se chama gostosa), nunca quis me deitar com ela e, seguindo minha política de neutralidade sexual com as fotografadas por Korda (e depois por Raoul, que quis competir com Korda e me trouxe uma coleção de fotos de modelos já feitas por ele, para publicar: estas eu nem vi pessoalmente), nunca pensei em me deitar com ela. Se um dia me passou pela cabeça a ideia de que uma das fotografadas era desejável para mim, se um raio cruzou meu plexo solar, se conseguisse aquela aura de ereção que em Cuba se denomina *zarazidad* ou *sarasidá*, não cheguei a manifestar isso a nenhuma dessas mulheres, e com as que eu me deitei (como, por exemplo, Julieta Estévez), isso aconteceu muito antes de eu pensar em levá-las para serem fotografadas: foi o que aconteceu também com Nora. As fotos não ficaram nem boas nem ruins: faltava-lhes aquela qualidade erótica que ela apresentava na cama e, embora tenha saído meio nua em algumas delas, nenhuma adquiriu a intensidade que teve lá em cima de mim naquela noite de nosso duplo encontro. Claro que foram publicadas, mas meu texto não tinha a *sarasidá* de outras ocasiões (como aconteceu com a B. B.

Cubana, por exemplo) e não teve muita serventia para alavancar a carreira de Nora como modelo, aspirante a estrela ou a atriz, como logo ficou demonstrado. Mas o que aconteceu é que nunca mais fomos para a cama; embora tenhamos saído juntos muitas vezes e eu tenha percorrido a ilha toda com ela em meu carrinho, nunca mais passamos de um beijo fugaz, de um amasso nos seios, o que não significou nada para ela — embora para mim tenha havido a intenção de recuperar aquela intensidade que uma noite conheci.

Alberto me ligou e marcou um encontro urgente comigo na casa de Silvina. Cheguei antes dele e falei com Silvina, perguntando-me o que iria acontecer. Quando Alberto chegou, Silvina retirou-se discretamente para o quarto e Alberto e eu fomos até a soteia que uma noite tinha sido um salão de festa, enquanto eu era ferido pelo ciúme e Ella dançava e conversava com todos, menos comigo. Alberto me propôs, abertamente, que trabalhasse para o Diretório. Esse trabalho consistia em ir a Miami levar uma mensagem verbal ao pessoal do Diretório que tinha seu quartel naquela cidade e trazer algo de volta, que Alberto não especificou. Eu estava disposto a ir, mas lembrei-lhe da detenção de René (que ele não conhecia) e das palavras do Gordo Arozamena (que ele tampouco conhecia, claro). Ele ficou pensando por um momento, depois disse:

— Não, você não pode ir nessas condições: precisamos de alguém que passe pela alfândega sem problemas.

Ele sabia das dificuldades que surgiriam para eu obter a vigência de meu passaporte e era cabível a dúvida de uma revista minuciosa quando eu voltasse. De repente me ocorreu que Silvina podia ir em meu lugar, e disse isso a Alberto. Ele falou, depois de pensar um pouco:

— Vamos propor e ver o que ela diz.

Silvina saiu do quarto quando a chamei e lhe explicamos, Alberto e eu, o que estava acontecendo. Como no dia 13 de março de 1957, ela não hesitou em se dispor a servir à causa anti-batistiana; embora ela não tivesse nenhuma consciência política definida, era, como todos nós, decididamente contra o regime de Batista. Alberto lhe passou as instruções, disse-lhe aonde ir em Miami e o que dizer (nesse momento eu me afastei um pouco deles: era melhor não saber demais), e lhe deu dinheiro suficiente para a passagem de avião, pois a estadia seria bancada pelo pessoal de Miami. Acompanhei Silvina até o Ministério de Estado para ela tirar o passaporte, e quando chegou a hora da partida, levei-a em meu carro até o aeroporto. Ela me disse que em dois dias estaria de volta, e quando voltou me encontrou esperando-a no aeroporto. Trazia um urso de pelúcia, tão grande que quase não podia com ele nos braços, e quando entrou no carro, indo de volta a Havana, disse:

— Este urso está premiado.

Não entendi o que queria dizer, mas então ela falou:

— Está recheado de balas e pistolas.

Silvina era realmente uma mulher corajosa que não sabia disso, como os verdadeiros corajosos. Esse carregamento, se fosse descoberto, podia lhe custar um péssimo momento, e talvez a vida. Chegamos à casa dela e eu a deixei subindo as escadas. Agora precisava, segundo as instruções de Alberto, ir buscar a mãe dele em sua casa da rua 19 e trazê-la à casa de Silvina. Foi o que fiz. Ao chegar ao apartamento, a mãe de Alberto lhe perguntou se havia algum recado de Miami e Silvina disse que não.

— Somente o urso.

— Teve alguma dificuldade? — perguntou a mãe de Alberto.

— Nenhuma — disse Silvina —, foi muito fácil, embora eu

tenha passado por um mau momento com a mãe do Joe Westbrook, que continua inconsolável.

— Sim, imagino — disse a mãe de Alberto. — Bem, minha filha — acrescentou —, agora vou levar o urso.

Nós dois descemos as escadas, pegamos meu carrinho com sua capota baixa e tomamos novamente o rumo da rua 19. No caminho, eu vinha pensando na facilidade com que me transformara em contrabandista de armas para um grupo de ação com o qual eu não estava totalmente de acordo: eu me via mais facilmente no papel de vendedor de bônus do Partido Comunista, o que eu havia feito. Como no encontro entre Alberto e Ramón Nicolau, o tempo todo me perguntei como eu reagiria se fosse detido pela polícia: certamente diria tudo o que sabia e mais, pois tinha verdadeiro horror à tortura. Mas me acalmei vendo a mãe de Alberto, já entrada em anos, para não dizer envelhecida, carregando o urso armado como se fosse apenas um brinquedo. Pensando assim chegamos à casa e deixei lá a mãe de Alberto, que me agradeceu calorosamente: "Você não sabe o valor que isto — e apertava o urso de pelúcia — tem pra causa". Perguntei-me sobre a verdadeira força do Diretório que avaliava dessa forma o conteúdo do urso, pois quantas pistolas e munições caberiam nele? Cinco pistolas? Dez, e quinhentas balas? Certamente não muito mais do que isso e, como Alberto me (nos) contava, orgulhoso, da reivindicação para o Diretório do ataque ao posto policial, senti uma certa pena daqueles afãs revolucionários que não passavam de meros atos gratuitos, sem significação ulterior possível. Mas disse para Lala (a mãe de Alberto):

— Não tem de quê. O que sinto é não poder fazer mais por vocês.

— Já fez o bastante — disse-me. — O Alberto está muito grato a você.

Eu não sabia se era por meu trabalho de hoje, de transportador de armas, que não era nada comparado ao que Silvina fizera, ou se era pelo trabalho unificador do outro dia, cujos resultados eu não conhecia, ao deixar tudo nas mãos de Adriano sem ao menos lhe perguntar como estavam indo as reuniões, ou se ainda estavam ocorrendo. Com certeza sim, pois os comunistas não iam deixar ir por água abaixo a possibilidade de influir num grupo que, apesar da exiguidade de suas tropas, mantinha uma frente guerrilheira nas encostas do Escambray e tinha uma rede de membros em Havana. Essa rede, como eu sabia, era medíocre, depois de terem sido dizimados no assalto ao Palácio, mas eu não sabia se os comunistas sabiam como eram poucos os membros do Diretório (com certeza deviam saber, como sabiam manter sua direção intacta), mas, em todo caso, era uma união simbólica entre o grupo mais afastado do campo de ação comunista e do partido, que jamais conseguiu, em Havana, passar por cima dos preconceitos anticomunistas dos membros urbanos do 26 de Julho. Agora eu ia para a *Carteles* como na ocasião em que deixei Ramón Nicolau na Zanja com a Belascoín: com a consciência de ter cumprido com um dever, de poder deixar de lado por um momento minha vida hedonista e de ter me alinhado com os sacrificados — ou pelo menos com os sacrificantes.

Não sei quando nem como estive novamente com Cecilia Valdés, só sei que o encontro com aquela mulata eterna merecia uma comemoração. Eu a conhecera na Barra Bacardí e gostei de cara de sua manifesta sensualidade. Um pequeno incidente com um zíper que não queria se fechar nos tornou mais ou menos amigos, e depois eu a vi outras vezes, sempre com seus quadris cubanos e suas carnes cor de iodo, mais para canela do que para iodo, pois pareciam comestíveis de tão sensuais, eram café com leite escuro, e seu rosto onde brilhavam os grandes olhos redondos que ela abria ainda mais em sinal de admiração, muito bem maquiados, e os grandes lábios carnudos e protuberantes que lhe davam o ar de uma mítica beldade cubana, daí o nome de Cecilia Valdés, que, mesmo não sendo, deveria ser o dela. Agora que Ella tinha sumido de minha vida e que Margarita (às vezes denominada Mefisto) se afastara um pouco em sua vida de classe alta, voltei a me encontrar com Cecilia. Uma vez saímos juntos, ela e sua amiga Nisia Aguirre, uma mulata mais negra, ou melhor, uma negra que surpreendia por sua inteligência emparelhada com sua beleza (que não podia ser comparada à de Cecilia, mas que convidava à comparação porque sempre andavam juntas), mais apagada mas nem por isso inexistente, Nisia e Cecilia e Jean-Loup Bourget e eu. Fomos, Jean-Loup ao lado de Nisia e eu de Cecilia, até o apartamento de Jean-Loup, que agora ficava na rua Infanta, acima da Marqués González, e lá bebemos Bacardi e conversamos, eu tendo um breve interlúdio com Cecilia na sacada, nós abraçados por causa do friozinho do começo do inverno, que talvez fosse só um pretexto para eu ficar juntinho dela. Foi ali que decidimos sair outra vez (eu já estivera com ela antes e lembrava de seus beijos selvagens, que deixavam meus lábios sangrando, e de sua grande sexualidade, embora nunca tenhamos ido para a cama, entre outras coisas porque ela dizia que nunca se deitaria com um homem casado, e dava a entender que se mantinha virgem, coisa da qual eu ora duvidava, ora podia apostar que era verdade), então saímos e fomos ao cinema, depois a deixei em casa e não passamos de uns beijos nem um pouco suaves em meu carrinho e no cinema. Outro dia fui procurá-la e ela me recebeu na escada vestindo apenas um pulôver e uma saia, ou seja, via-se que estava sem sutiã e talvez também sem calcinha: isto não pude saber, mas pude ver seus seios grandes e redondos, com o mamilo quase roxo, da mesma cor de seus lábios quando não estavam pintados, e os beijei e chupei e os acariciei ali na escada, até que de sua casa, de seu apartamento, alguém a chamou, e me alegrei porque aqueles seios grandes e belos eram uma tortura que Cecilia me infligia, sabendo que eu estava louco para ir para a cama com ela, que poderia até me comprometer com ela (era isso que ela sempre procurava: alguém com quem se casar para se entregar totalmente. É curioso quão burguesas podem ser, em Cuba, algumas pessoas do povo: Cecilia era uma dessas), desde que pudesse tê-la nua numa cama, e eu tecia fantasias sobre essa possibilidade, mesmo agora, ali na escada da rua Neptuno, quase chegando à Infanta, onde eu chupava seus peitos, que de perto pareciam enormes, promissores, frutais, afundando minha cara entre eles enquanto a ouvia suspirar como se ela também quisesse se entregar, e o que impediu que eu cometesse uma loucura ali mesmo na escada foi, provavelmente, a voz da mãe dela chamando, o que me fez finalmente ir embora.

Saímos outras vezes, agora ela vestindo seus suéteres que moldavam os seios túrgidos (percebo a banalidade, a trivialidade, o lugar-comum de minha adjetivação, mas Cecilia — que não de graça, mas por graça, ganhara o sobrenome de Valdés — era um dos lugares-comuns da beleza cubana: a mulata mítica), e fomos almoçar (era fácil para ela dar uma escapada ao meio-dia) num desses restaurantes pouco frequentados (que não a agradavam, pois ela queria ir aos restaurantes da moda: lá onde o pessoal vai) onde era possível encontrar seus lábios gulosos para os mariscos e para os beijos mais apaixonados que eu já ganhara na vida: muitas vezes eu, que adorava o doce vampirismo de Cecilia, saía com os lábios sangrando, e se me passava pela cabeça que já estava ficando tarde, que eu devia voltar logo à *Carteles* para trabalhar, sempre encontrava tempo para mais um beijo: minha relação com ela era cheia de beijos e, a não ser por aquela noite na escada de sua casa, em que pude beijar seus seios (ocasião que não se repetiu mais), tinha que me contentar com os beijos ou com os amassos em seus seios por cima do pulôver ou do suéter que ela usava. Saímos outras vezes em dupla com Nisia e Jean-Loup e não sei até onde eles foram, mas sempre que eu podia ficar com Cecilia na sacada fria nós nos beijávamos, ela fazendo isso a contragosto, sempre indócil, sempre propensa à disputa, sempre me repreendendo com seu corpo evasivo, já que ela queria uma relação mais formal, ou pelo menos uma que um dia acabasse em casamento, o que ela sabia que comigo era virtualmente impossível, e ao mesmo tempo sua sensualidade a levava a me aceitar, ainda que momentaneamente, e a trocar beijos comigo da maneira apaixonada que ela conhecia, talvez prometendo nos beijos as possibilidades que eu teria com ela na cama, à qual não se chegaria, claro, senão com um casamento. Às vezes seu controle me desesperava, pois quando parecia mais disposta a ir para a cama, de repente quebrava o encanto com uma frase ou com um movimento do corpo que era uma esquivança, um desdém temporal, até que novamente sua natureza, propensa ao amor, dada ao amor, feita para o amor, a vencia. Cecilia realmente era um problema sem solução e, embora aquilo fosse bom por um tempo, eram cansativas todas aquelas ereções que ela provocava e que davam em nada, numa flacidez também provocada por ela, por seu desejo burguês de ter um marido seguro e, embora ela frequentasse alguns meios intelectuais, onde parecia querer encontrar seu possível marido, seu corpo e suas atitudes eram tão do povo que eu não tinha como não admirar sua vulgaridade plena, sempre acompanhada por sua beleza em flor, ela devia ter uns vinte anos, não mais, e era agora que estava mais linda, mais gostosa, mais comestível (esta palavra sempre me lembra a velha sabedoria popular de meu povoado, onde se dizia, quando um homem "abusava" de uma mulher, que ele a comia), e dava mais raiva ainda tê-la tão perto e ao mesmo tempo tão longe. Foi isso que me afastou mais uma vez de Cecilia, mesmo sabendo que um dia, no futuro, haveria de reencontrá-la.

Fomos, minha mulher e eu, à casa de Adriano e de Adita, a seu apartamento do Focsa, pois iríamos juntos para a casa de Adelita López Dueña, onde certamente estaria sua amiga Mirta Cuza, com quem eu tinha saído uma vez, sem nunca chegarmos a nada, porque ela havia sido prevenida por sua psiquiatra — além do mais, ela não era uma ninfa, mas uma mulher (não se podia dizer que fosse uma moça, nem mesmo quando era moça), mais atraente por sua inteligência do que por seu físico, e como eu sempre agia como um Mefistófeles havanês ("Eu não quero sua alma, eu quero sua bunda"), deixei de vê-la como uma possível encamável e a tratei como uma amável mulher amiga, uma de minhas poucas amigas intelectuais. (Curiosamente, eu já tivera amigas intelectuais antes, na adolescência, mas depois deixei de ser amigo das mulheres para me transformar em seu possível amante.) Fomos depois do jantar e Adita nos abriu a porta.

— Oi — disse. — Entrem.

Sem avisar, entrei de um salto e com um movimento rápido fechei a porta, deixando minha mulher no corredor, atrás da porta fechada. Fiz uma cara de terror e Adita foi meu espelho súbito:

— O que foi, o que foi?

— Tem um cão raivoso no corredor.

Adita acreditou nisso por um momento, mas, depois do assombro, de seus lábios saiu uma gargalhada que abafou o barulho do punho de minha mulher batendo na porta — devia estar batendo com o punho, no mínimo, a julgar pelo som. Rindo, lembrando de sua aventura baiana com Adriano e o cão, Adita apressou-se a abrir.

— Que gracinha!

Minha mulher entrou feito um *maelstrom* de estolas. Mas Adita estava rindo. Apontando para a minha mulher, falei:

— Não disse?

Ela riu ainda mais, apesar da cara de poucos amigos de minha mulher. Adita ria, mas não riu naquele dia brasileiro em que Adriano a deixou trancada com um cão numa quinta cuja arquitetura era refinada como um bordado belga, feita para se admirar mais de perto que da distância da calçada protetora (pelo menos foi o que Adriano disse). Quando parou de rir, ela perguntou:

— Querem beber alguma coisa? Adriano está se vestindo, então vamos sair daqui lá pela meia-noite.

Nesse momento, atrás dela, apareceu Adriano.

— É isso que considero uma esposa amorosa e fiel — disse. — Só me insulta pelas costas.

Ao fazer sua entrada não estava totalmente pronto, mas já bastante avançado em sua empresa — a camisa abotoada, a gravata no lugar, o nó perfeito. Além da calça que cobriria suas pernas leitosas e as longas meias pretas presas por ligas, só lhe faltava pôr o paletó e ir para a rua.

— As minhas ausências — continuou — são a sua catarse diante da minha presença.

— Você viu o que aconteceu? — perguntou-lhe Adita.

— Meu amor — disse Adriano, acariciando seu braço —, quantas vezes preciso dizer que não quero que você revele que sob a minha tímida aparência na verdade se esconde um Clark Kent? Claro que vi. Afinal, estas paredes não têm mais do que duas polegadas de espessura.

Adriano estava em sua melhor forma e minha mulher sorriu pela primeira vez na noite. Para ela devia ser um grande espetáculo ver um marido alheio detonar verbalmente outra mulher, para variar — embora na verdade eu não fosse abusivo com minha mulher: só a ajudava a aumentar sua galhada. Mas Adriano, apesar de estar muito apaixonado por Adita, não podia passar sem suas alfinetadas e *quodlibets*. Entrou de novo no quarto enquanto Adita nos preparava uns drinques. Estávamos com os copos na mão, bebendo, quando Adriano saiu, impecavelmente vestido. Havia algo nele, em suas maneiras perfeitas, em seu modo de comer, tão delicado, que justificava seu pai ter posto um *de* diante do Cárdenas nativo — ainda que Adriano pudesse reivindicar em seu segundo sobrenome aquele Espinoza que ele queria grafar Spinoza para recuperar sua origem judaica, uma ascendência verdadeira, vinda de seu avô, um educador e quase filósofo (a qualificação é do próprio Adriano) do final do século passado e início deste século, além de ser aparentado, por matrimônio, com uma das famílias mais ricas e mais antigas de Cuba. Então ele se dirigiu a Adita:

— Amorzinho, por que não me prepara um drinquezinho?

Ele usava diminutivos carinhosos com sua mulher, mesmo nos momentos mais tensos, chamando-a de amorzinho, benzinho, docinho e outros apelativos parecidos. Apesar de Adriano representar, em meu passado, noites e noites em que só nós dois saíamos, deixando minha mulher para trás, em casa, ela lhe tinha simpatia, talvez pela deferência com que a tratava. Agora mesmo ele lhe dizia:

— Você está muito elegante — referindo-se à estola que minha mulher usava para se proteger do imaginário frio do final de outono caribenho. — Por que não usa o telefone agora? — pediu-me, aludindo aos trotes que eu costumava dar, não tão sangrentos quanto os de Javier de Varona, os meus quase sempre dirigidos ao psiquiatra de Adriano e a figuras políticas, como o fiscal da República, que se tornara objeto de meus telefonemas, nos quais sempre lhe prometia um futuro negro quando o governo caísse.

— É melhor deixar pra mais tarde. Não estou inspirado agora.

— O que você quer é ter mais público — disse Adita, trazendo um drinque para Adriano —, Mirta, a outra Mirta — corrigiu-se, dirigindo-se a minha mulher —, Mirta Cuza e Adelita, não é mesmo?

— É possível. Tudo é possível na noite de Havana.

Essa era uma frase que eu costumava usar com frequência e que Adita adorava: então sorriu.

— Bem, então, amorzinho — disse Adriano —, devemos sair o quanto antes.

— Tem que dizer isso pra você mesmo — disse Adita. — Eu estou pronta há horas.

Adriano virou o copo sem dizer mais nada e eu o imitei; não era a primeira vez que o imitava — e não seria a última.

— Está na hora de irmos — disse —, rumo à noite, como diria Julieta Estévez. Já te contei daquela vez que ela estava comigo no meu carro e exclamou: Olhe aquele pássaro amarelo! e eu freei bruscamente com medo de atropelá-lo e perguntei: Onde está ele? e ela disse: Não, é um verso de Lorca.

Sim, já me contara, a novidade era a alusão a Julieta, que fora um velho e grande amor de Adriano, diante de Adita, embora ela devesse estar a par, a julgar pela notória indiscrição de Adriano.

— *An old flame* — disse Adita. Sim, estava. — *And never put out.*

— *Oh, yes* — disse Adriano. — *She's definitely out.*

Havia algo nessa conversa que não agradava a minha mulher: talvez a referência a Julieta, que ela odiava desde que soube (por mim: eu também imitava Adriano no caso da indiscrição) que eu a havia consultado antes de me casar com ela.

— Vamos? — perguntei.

— E se fingir ser da polícia federal? — disse Adriano. — Por que não imita o Índio Bedoya? Como é mesmo?

— É muito cedo pra imitações — falei.

— E muito tarde pro original — disse Adriano. — Vamos embora agorinha mesmo — acrescentou, com o pior sotaque mexicano do mundo. Saímos. Tínhamos decidido, não sei por quê, ir no carro de Adriano e deixar meu carro estacionado junto ao Focsa. Talvez essa decisão fosse uma continuidade dos tempos em que Adriano e eu rodávamos constantemente em seu carro, quando eu ainda nem sonhava em ter um. Ele dirigiu por todo o El Vedado, até a Quinta Avenida com a rua 22, onde morava Adelita López Dueña, no amplo casarão de seus pais, uma quinta que era quase um castelo: os pais de Adelita eram muito ricos, donos de centrais açucareiras e de outras propriedades.

Antes de descermos, Adriano disse:

— Que desça a *ada* madrinha — referindo-se a Adita, que ninguém conhecia por Ada e todos por Adita.

— Não pode fazer outro tipo de brincadeira? — perguntou-lhe Adita, um tanto mordida, talvez porque a chamava de Ada.

— Benzinho — disse Adriano —, eu sou como Borges: uma vez alcançado o meu estilo, é muito difícil se livrar dele.

— *I understand* — disse Adita.

— *Of course you do* — disse Adriano.

De novo, enquanto saía do carro, apareceu o ríctus de desagrado na boca de minha mulher. Tocamos a campainha e veio nos abrir a porta ninguém menos do que um mordomo: eu não me espantava, porque já estivera antes na casa de Adelita, justamente com Adriano.

— As senhoritas estão lá em cima — disse o mordomo, e subimos as amplas escadas até o primeiro andar: lá, numa espécie de estúdio-biblioteca, encontramos Adelita e Mirta Cuza, sua amiga íntima e eterna companhia, nos cumprimentamos e nos apresentamos (Adelita não conhecia minha mulher, mas Mirta, sua xará, a conhecia: ela era uma das razões pelas quais sua psiquiatra aconselhou-a a parar de sair comigo, ainda que, apesar de minha indiscrição adrianática, minha mulher não soubesse disso) e nos sentamos.

— Bem, o que vamos fazer? — perguntou Mirta Cuza.

— Estávamos pensando em usar o telefone — disse Adriano.

— Está querendo dizer que eu vou usá-lo — interferi.

— *Exactly* — disse Adriano.

— Pra quem vai ligar hoje? — perguntou Mirta.

— Por que não liga pro fiscal da República? — sugeriu Adriano.

— Ele não vai me atender — falei.

— Já ligamos demais pra ele — disse Adelita, de cuja casa telefonamos para o fiscal várias vezes.

— Por que não lhe diz que é da parte do meu tio Octavio? — sugeriu Adriano.

— Boa ideia — disse Mirta.

— Sim, sim — concordou Adelita.

— Bom, tudo bem — disse eu. Minha mulher não dissera uma palavra. Levantei-me e fui até o telefone. Disquei o número particular do fiscal da República, que Adelita conseguira para mim, e quando um empregado ou secretário atendeu eu disse que era da parte do dr. Octavio Espinoza. Octavio Espinoza era tio de Adriano, e, além de médico de prestígio, era um batistiano de coração (por isso Adriano quase não se relacionava com ele) e havia ocupado cargos oficiais, embora não nos últimos tempos. A voz me disse pois não e pouco depois ouvi a voz de Elpidio García Tudurí, com seu timbre aguado.

— Fale, doutor — disse ele.

— Olhe, Elpidio, não é o Octavio Espinoza — falei —, na verdade quem fala aqui é o Blas Roca.

Ao ouvir este nome Adelita soltou uma risadinha audível. Em outras ocasiões tínhamos usado Carlos Rafael Rodríguez ou outro membro da liderança comunista. Essa noite era a vez do secretário-geral. Quando García Tudurí ouviu o nome de Blas Roca, fez-se o silêncio do outro lado do telefone.

— Na verdade — falei —, estou ligando pra te dizer que, quando ganharmos, vamos empalar você no parque Central, Elpidio.

Ao ouvir isto, García Tudurí começou a gritar:

— Veado! Veado! Veado! — e afastei o fone da orelha para que a audiência ouvisse: — Filho da puta! Bosta seca!

Este era o vocabulário completo do senhor fiscal da República que, depois de repeti-lo mais uma vez, desligou. Também desliguei. Adriano dava gargalhadas e Mirta e Adelita o imitavam. Adita também ria e até minha mulher conseguiu esboçar um sorriso. Eu rolava de rir: nunca falhava com o dr. Elpidio García Tudurí. Principalmente a parte que anunciava que ele ia ser empalado o deixava frenético. A única dificuldade era fazer com que atendesse o telefone: dessa vez consegui graças ao dr. Octavio Espinoza, sem saber como iria conseguir da próxima vez. Mas nossa noite já estava ganha e tínhamos contribuído para a insurreição.

— *Masterful* — disse Mirta Cuza.

Ela não testemunhara a ocasião em que Silvio, Adriano e eu acordamos às três da manhã o dono do magazine *Zig-Zag*, Salas Humara, e eu, com minha voz mais severa, falei:

— Olhe, quem fala é o tenente Martínez Ibarra — o que, de certa forma, soava militar e ao mesmo tempo secreto, como um agente do sim. — Viemos fazer uma revista no magazine porque nos disseram que havia aqui propaganda subversiva. — Do outro lado da linha, Salas Humara só conseguia dizer "Mas… mas… mas…". E continuei: — O segurança dificultou a nossa entrada e não tivemos remédio senão matá-lo. — Do outro lado da linha, silêncio. Prossegui: — É melhor vir até aqui, doutor. — Até o doutor era calculado: o diretor ou dono de *Zig-Zag* era tudo, menos doutor.

— Sim, sim, é claro. Já vou indo — respondeu, e desliguei o telefone porque se ouviam as risadas de Silvio e de Adriano, que não conseguiam se segurar.

O maior prazer era imaginar a chegada desse homem ao magazine — onde iria se deparar não com um morto, e sim com um trote tão pesado quanto um morto.

Mas isso aconteceu numa outra noite. Nessa noite meu alvo foi, mais uma vez, Elpidio García Tudurí, com seu segundo sobrenome mozartiano e seu nome camponês e seu breve vocabulário de palavrões.

— *Splendid* — disse novamente Mirta, que falava um inglês excelente. Também falava francês muito bem e um pouco de alemão: seu espírito era elevado, mas seu corpo não, um tanto masculino — embora esse não fosse seu menor atrativo: havia uma espécie de rejeição por homens que se tornava evidente em sua amizade íntima com Adelita. Saímos da casa tarde da noite e Mirta veio no carro de Adriano conosco: tinha acontecido alguma coisa com o carro dela.

— *What is the matter with your car?* — perguntei.

— *Oh, something or other. It's always chez le mecanique.*

— *That's what happened when you buy a foreign car* — disse eu, querendo dizer que o carro era inglês.

— *Look who's talking. The little bagnole of yours is also English, isn't it?*

— *Yes, it is* — respondi.

Continuamos conversando em inglês, com alguma intervenção do francês de Mirta e, às vezes, do de Adriano. Adita, por sua vez, também falava inglês muito bem. Minha mulher ficava de fora da conversa e eu a vi fazer sua cara de descontentamento máximo. Então não fiquei surpreso que fosse a primeira a sair do carro quando chegamos em casa, quase sem esperar que o carro parasse, dizendo ao sair:

— Que falta de educação! Passam o tempo todo falando em inglês. — E saiu em direção à casa como um raio. Eu me desculpei como pude com Mirta, Adita e Adriano, embora não tivesse que fazer isso com ele: ele entendia, e foi ele quem disse, para a minha mulher que saía, uma frase que depois utilizei em outro contexto, em outro texto: — Tentamos transformar o espanhol numa língua morta.

— *I'm sorry* — disse eu, ainda falando em inglês.

— *Don't worry about us* — disse Mirta. — *The real problem is with your wife* — e havia uma secreta alegria nela ao dizer isso. Despedi-me, também em inglês, e fui para casa, em cuja entrada minha mulher me esperava, com o maior bico: eu nunca a vira tão furiosa, embora fosse vê-la mais furiosa do que isso no futuro.

Enquanto as falsas eleições se aproximavam, as bombas aumentavam. Uma noite chegaram a pôr cem bombas em menos de duas horas, e embora a polícia — todas as polícias — fosse incapaz de deter a onda de bombas, apareciam mortos que de uma forma ou de outra estavam ligados ao 26 de Julho, a organização responsável pelas bombas em Havana. Nenhuma foi tão eficaz quanto aquela, muito tempo atrás, que explodiu um dos principais geradores de energia elétrica no Prado, deixando mais de metade de Havana sem luz. Lembro que para ver esse espetáculo peguei um ônibus que atravessava a cidade às escuras como se fosse uma aldeia fantasma: havia um silêncio eloquente no ônibus e o percurso foi de uma emoção especial que anunciava o fim de um mundo — e ainda que isso só fosse acontecer algum tempo depois, viu-se que os dias do batistato estavam contados.

Adriano, meu irmão e eu passamos o dia das eleições no carro dele, visitando os bairros de Havana Velha e de El Vedado e Miramar e comprovando que quase ninguém aparecia nos colégios eleitorais para votar nessas eleições cujo candidato era Andrés Rivero Agüero, o ex-ministro de Batista, agora nomeado para substituí-lo. Mas ninguém na cidade mordia a isca dessas eleições, boicotadas por todos os grupos políticos. Passeamos por Havana e seus bairros, almoçamos no El Carmelo, evitando falar demais, pois dizia-se que alguns de seus garçons eram membros ou pelo menos dedos-duros da polícia, embora isso nunca tenha sido provado. De qualquer forma, foi um almoço muito silencioso, dedicado a olhar as moças que vinham tomar alguma coisa no balcão, quase sempre procedentes do balé, e as mulheres que almoçavam com seus maridos ou amigas nas outras mesas, deliciando-nos com o espetáculo que era, para Adriano, "contemplar as flores da burguesia, não no El Jardín, mas no El Carmelo". Era aqui, em outra época feliz, que Adriano e eu vínhamos escandalizar os burgueses, com Adriano comendo do meu prato de morangos com nata ou de sorvete. Foi também o lugar onde um dia lhe mostrei como eram os políticos cubanos. Nesse momento, Néstor Carbonell, um político muito conhecido na época, entrava no El Carmelo. Falei para Adriano:

— Você quer apostar como eu consigo cumprimentar o Néstor Carbonell e que ele, que nem me conhece, vai me cumprimentar como se eu fosse um velho conhecido?

— Aposto o que você quiser — disse Adriano.

— Outro sorvete — falei.

— Vá — disse ele, e me levantei rumo ao senador entrante no restaurante (frase roubada de Adriano, de quando ele contava essa história).

— Como vai, doutor? — disse eu a Néstor Carbonell.

— Muito bem, meu rapaz — disse ele, estendendo a mão.
— E você, como vai?

— Bem, obrigado.

— E como vai o seu pai? — Aqui o senador se superou, e não desperdicei a oportunidade.

— Morreu há seis meses.

— Caramba, rapaz, sinto muito! — disse Néstor Carbonell, trocando o semblante de alegre acolhida por um de momento triste. Despedi-me e voltei para o meu lugar, segurando o riso. Adriano não queria acreditar, mas ele tinha ouvido.

— Incrível — repetia, depois. — Absolutamente incrível!

Mas isso aconteceu, ao que parece, em outra cidade. Ir ao El Carmelo agora, nesses dias, era lamentável, e até a tertúlia noturna do El Jardín tinha sido extinta. Mas nós continuávamos saindo, e uma das noites típicas desses tempos aconteceu com Big Benny — mas antes devo falar da noite das eleições. Já tínhamos percorrido a maior parte dos colégios eleitorais reconhecíveis e embicamos para a praia, rumo a Marianao. Estávamos no final da Quinta Avenida quando fomos parados por um carro de polícia. Dois policiais, de armas em punho, saíram do carro e avançaram em nossa direção. Previsivelmente, não só vestimos a carapuça como ficamos bastante assustados com aquela manobra.

— Vamos, identifique-se — gritou um dos policiais, mais agressivo do que o outro.

Adriano pôs a mão no bolso do paletó e os policiais levantaram as armas — mas ele apenas tirou sua *cartera dactilar*, como era conhecida em Cuba a carteira de motorista. Entregou-a ao policial mais próximo, que a apanhou e a examinou atentamente.

— Então você é nascido em Berlim — disse o policial depois de ler o documento.

— Sim — disse Adriano, e era verdade: ele nascera em Berlim, onde sua mãe, Consuelo Espinoza, tinha ido parar, fugindo dos amores tardios do pai de Adriano.

— E você é alemão? — perguntou o policial.

— Não, sou cubano. Por quê?

— Não, como aqui diz nascido em Berlim...

— Mas filho de pais cubanos. Eu sou cubano.

— Não parece — disse o policial, observando o perfil semítico de Adriano (herança dos Espinoza ou Spinoza) e sua pele leitosa.

— Mas sou.

— Vamos lá — disse o policial, olhando para dentro do carro —, vocês têm como se identificar? — referindo-se a meu irmão e a mim. Meu irmão pegou a carteira de motorista e a mostrou ao policial, que moveu a cabeça em sinal de aprovação. Eu tirei do bolso minha carteira de jornalista. Ao vê-la, o policial fez uma careta. — Então você é jornalista — disse, talvez perguntando.

— Sim, senhor — falei. — E trabalho na *Carteles*.

— Na revista?

— Sim, senhor. — Eu me esmerava por demonstrar respeito.

— E está trabalhando agora?

— Não, seu guarda, só estou passeando aqui com o meu amigo.

— Passeando, é? — disse o outro policial.

— Sim, senhor — falei.

— Não acham que a noite não está pra passeios?

A noite era uma noite clara de novembro, mas o policial não se referia ao tempo, evidentemente — depois soubemos que várias bombas tinham explodido naquela noite, só que mais tarde.

— É melhor cada um ir pra sua casa — sugeriu o segundo policial, que era ainda mais agressivo do que o primeiro.

— Bem, como o senhor quiser — respondeu Adriano. O policial devolveu os documentos e os dois voltaram para a viatura. Adriano, sem dizer nada, arrancou e circundou a rotatória para regressar a Havana. Então falou:

— Esse pessoal está muito nervoso.

— Parece que sim — respondi.

— Parece que as eleições foram um tremendo de um fracasso — disse meu irmão.

— Parece que sim — voltei a dizer, repetindo-me: ainda pensava nos policiais.

— O que acham de voltarmos pra casa?

— Pode me deixar na minha — falei.

— Eu também — disse meu irmão.

— É, foi o que eu quis dizer — disse Adriano. — Não há muito mais coisa pra se ver.

Assim terminou, com essa noite, o dia das eleições batistianas em que ninguém elegeu ninguém ou em que o candidato único do governo elegeu-se a si mesmo. Houve, naquela mesma época, outras noites desagradáveis que poderiam ter sido agradáveis, mas que não o foram por motivos pessoais. Escolho, ao acaso, uma que passei no Club 21, com Adriano e Adita, Big Benny e sua mulher Silvia Gala, e eu segurando vela para quatro. Big Benny era americano-cubano: nascera em Cuba de pais americanos e tinha muito dinheiro. Não só isso, ele era milionário. Sua esposa, Silvia Gala, era espanhola e uma das mulheres mais bonitas, de rosto e de corpo, já vistas em Havana. Talvez sua única adversária possível fosse sua irmã, María José, casada com alguém que era mais um conhecido do que um amigo. As duas enfeitavam as cabeças dos maridos (ou lhes punham chifres, diriam elas) que era uma beleza. María José tivera um encontro amoroso na cozinha com Silvio, enquanto na sala seu marido, Charles Espósito, conversava com Adriano. Isso aconteceu muito antes de Silvio conhecer Bárbara (com a qual, entre parênteses, se casara quase em segredo: pelo menos não disse nada para Adriano nem para mim antes de se casar), numa visita que fizeram à casa de Charles. Silvia Gala, por sua vez, tinha se deitado com muita gente, entre os quais Junior Doce. Agora, nessa noite de que falo, Big Benny (ele era realmente grande e, quase sem querer, levantou o braço e tocou o teto do Club 21, de onde retirou um dos retângulos de cortiça que o compunham) estava realmente bêbado. Ele quase sempre se dava muito bem com a bebida, mas agora estava cai não cai. Nesse jantar no Club 21, todos nós estávamos comendo, menos ele, que só bebia uísque. Ao acabar sua refeição, Silvia disse a Big Benny:

— Vai parar de beber? — perguntou, com a voz mais áspera do mundo. Isso diferenciava Silvia de sua irmã María José; as duas irmãs Gala eram muito parecidas, mas Silvia era a mais severa e tinha um corpo melhor: havia algo nas nádegas achatadas de María José e em sua cintura escassa que não combinava com a beleza de seu rosto, e também havia certa doçura em sua voz, enquanto a voz de Silvia tinha toda a aspereza dos *z* e dos *j* espanhóis, além de uma aspereza intrínseca. Adriano, Adita e eu comprovamos isso nessa noite, e também, talvez, Big Benny, que respondeu:

— Há ocasiões em que a única resposta é estar bêbado.

Não disse a que pergunta correspondia sua única resposta: se ao casamento em geral, a seu casamento em particular ou à vida.

— Pra você, estar bêbado é tudo — disse Silvia —, as perguntas e as respostas.

Atrás de nós, ao fundo, Numidia Vaillant cantava seus boleros intelectuais, mas ninguém na mesa lhe prestava atenção — exceto eu, talvez.

— Eu não nasci bêbado — disse Big Benny —, mas às vezes bem que gostaria de ter nascido.

— Você quer dizer que eu o transformei num bêbado? — perguntou Silvia, tomando como argumento a primeira parte de sua declaração.

— Entre outras coisas — disse Big Benny.

— *Qué va, mi vida* — disse Silvia, e o cubanismo soava estranho em sua boca, embora quase se esperasse o subsequente "*De eso, nada*". Mas ela não o disse, só acrescentou: — Quando nos casamos, você já era um bêbado.

— Mas não era outras coisas.

Big Benny se calou. Pensei no que ele poderia ter acrescentado e me perguntei se diria que não era um *tarrudo* ou se diria que não era um cornudo: talvez dissesse *tarrudo*, porque Big Benny era mais cubano do que americano, e não creio que estivesse tão influenciado pelo espanhol de Silvia — contra o qual queria mais era reagir, como reagia contra tudo o que Silvia representava. Pelo menos nessa noite: era a primeira vez que eu o ouvia falar assim. Nós três, Adita, Adriano e eu, não interferíamos, e tentávamos não interferir de uma forma indelicada com nossos anfitriões: estávamos — ou eu estava — aprendendo a ser hóspedes genuínos.

— Não era o quê? — perguntou Silvia, com agressividade.

Depois de uma pausa, Big Benny disse:

— Nada. É melhor eu ficar calado.

— Também acho — disse Silvia.

— É melhor eu ficar calado — falou Big Benny, mas como se cantasse uma letra de guaracha, e eu quase esperava que na sequência viesse um "*que no me diga nada/ de lo que yo sé*", mas ele parou por aí, enquanto em outro lugar do clube (que não era muito maior do que um quarto grande), no balcão, talvez, soavam aplausos: Numidia Vaillant parou de cantar e foi para um canto do balcão; se tivesse passado perto da mesa talvez a tivéssemos cumprimentado. Silvia Gala, pelo menos, teria, pois conhecia Numidia, bem como Big Benny, e cinco anos mais tarde, em Madri, Silvia pensou em abrir um clube noturno (ou como quer que se chamem essas *boîtes* na Espanha) com dinheiro de Big Benny, naturalmente, e com Numidia Vaillant cantando: a estrela do estabelecimento, como se diz. Silvia, num surto de ousadia, pensou em chamar o clube de Opus Night, em oposição ao Opus Dei, mas o projeto da *boîte* não saiu da caixinha. Ninguém ali na mesa, no momento, tinha nada a dizer para Numidia, mesmo que ela passasse ao nosso lado, como seria inevitável se passasse. — Mas, pensando bem — disse Big Benny —, por que me calar? Este é um país livre.

— Este? — disse Silvia, com um espanto enfático, sem pensar que Big Benny traduzia do inglês *This is a free country*. — É tudo menos isso — acrescentou Silvia, a quem talvez o filé, e não os drinques, tornasse atrevida, pelo menos verbalmente. Nós (Adriano e eu) torcíamos para que não houvesse um agente secreto perdido entre os fregueses — ou pelo menos eu desejei tal coisa —, mas nenhum dos fregueses parecia uma figura do regime.

— Bom, tudo bem: este não é um país livre — eu temia que Big Benny fizesse um discurso político contra o regime —, mas eu sou um homem livre: posso dizer o que quiser.

— Mas não vou ficar aqui pra ouvi-lo. Me dê a chave do *coche*.

— O quê? — disse Big Benny.

— Me dê a chave do *coche*.

— Carro — disse Big Benny, corrigindo-a —, não *coche*. Não estamos na Espanha.

— Bom, tudo bem; me dê a chave do carro. Vou pra casa.

Eu achava o cúmulo da irresponsabilidade Silvia ir embora e deixar Big Benny bêbado como estava, mas ela insistiu. Tentei interceder, mas quem era eu para interceder se Adriano e Adita, que eram velhos amigos deles, não faziam nada? Big Benny pôs a mão no bolso e apanhou algumas chaves.

— Essas são as de casa — disse Silvia. — Você está tão bêbado que nem consegue distinguir. Eu quero a do veículo.

— Dessa vez tinha usado um termo internacional. Big Benny apanhou as chaves com um gesto e pôs a mão no bolso, depois retirou-a e a pôs no outro bolso, e finalmente pegou a chave certa. Silvia apanhou-a, levantou-se, disse "Boa noite" a todos e saiu: quando ela se levantou pensei por um momento em como estava bonita: não era tão bonita de rosto como sua irmã, mas seu corpo era o que se conhece, nas revistas de gente colunável, como escultural: se não fosse Big Benny, valeria a pena tentar algum avanço com ela. Mas na verdade eu não gostava nem um pouco de Silvia Gala, nem como pessoa. Por Big Benny eu tinha simpatia, e acho que era mútua.

— Como vamos fazer? — Adita perguntou a Adriano.

— Benzinho — disse Adriano —, vamos ficar mais um pouquinho.

— Mas e ele? — referia-se a Big Benny, que estava bebendo o fundo de seu copo e levantava a mão para chamar o garçom: começara a beber antes de começarmos a comer, nós já tínhamos terminado e ele continuava bebendo.

— Não se preocupem — falei —, eu o levo pra casa.

— Sabe onde fica? — perguntou-me Adita.

— No Country Club, não é?

— Mas onde, exatamente?

— Não se preocupe que eu encontro — falei. Nesse meio-tempo, Big Benny tinha pedido outro drinque e no meio de nossa conversa perguntou se mais alguém queria um drinque. Adriano disse que sim. Eu, por espírito de geometria, me uni ao pedido de um uísque com água e Adita pediu um Alexander, enquanto Adriano e Big Benny bebiam uísque com gelo. Depois de acabar esse último drinque, com Big Benny insistindo em (e finalmente conquistando o direito de) pagar a conta, saímos do Club 21, despedi-me de Adriano e de Adita, que saíram como um duo rumo a seu apartamento do Focsa, e caminhei com Big Benny até meu carro, que ele, em sua bebedeira, achou muito engraçado.

— Muito engraçado o teu carrinho — disse, e depois acrescentou uma reflexão que fez com que eu simpatizasse com esse homem mais do que já simpatizava. — Você já notou — disse — que nos países em que chamam os carros de *coche* não se dirige bem? Isso acontece — acrescentou — na Espanha e na França. Minha mulher é um desastre ao volante.

Era típico do homem fazer essa reflexão tão aguda quando já estávamos sozinhos: não havia nenhuma pitada de exibicionismo nesse grande bêbado que sabia beber tão bem: apenas em alguns *esses* sibilantes se notava que ele havia bebido, conquanto tenha bebido um tonel de uísque naquela noite. Cada vez eu simpatizava mais com Big Benny, e cada vez menos com sua mulher, Silvia Gala, que o deixara sozinho, à mercê dos amigos, e ainda por cima levara o carro. Então abri a porta para ele, que acomodou seu esqueleto enorme dentro do carrinho, como se a vida toda tivesse entrado nele. Pensei que Big Benny, quando mais jovem, talvez tivesse usado um MG ou um Austin Healey ou qualquer um dos carros esportivos ingleses que são pequenos para quem não sabe sentar neles. Dei a volta e entrei no carro. Arranquei, fui pela rua 21 (o pouco que restava dela) até a N e desci uma quadra até a 23, subindo La Rampa e lembrando dos dias em que estava aprendendo a dirigir meu carro, de como o motor morreu no semáforo da 23 com a L, no lugar mais empinado da ladeira, e de como eu não sabia, não conseguia, frear com um pé e segurar o carro na embreagem com o outro, sendo que ainda me faltava um outro pé para o acelerador, e se soltasse este pé direito do freio o carro despencaria, rua abaixo — e esse tempo todo com carros atrás, o semáforo verde a minha frente e a um lado o guarda que mudava as luzes. Até que finalmente consegui arrancar: nunca suei tanto na vida. Mas agora subia La Rampa sem o menor tropeço, desci pela rua L para pegar a Línea e de lá entrar no túnel para chegar à Quinta Avenida, atravessando todo o Miramar, até Las Playitas em Marianao, e dali pegar a avenida do Country Club. A meu lado, Big Benny ia amodorrado, talvez sob o efeito retardado dos drinques, ou aproveitando a brisa fresca que meu conversível formava com o ar da noite, da madrugada. Mas assim que entramos no Country Club ele me disse, bem desperto:

— Vire à direita — e depois acrescentou: — Agora à esquerda, e cá estamos. Ei, pare! — Freei diante de uma mansão, que mais parecia um palácio, perto do laguinho. Big Benny abriu a porta e antes de me estender a mão disse: — Muito obrigado.

— Não há de quê — repliquei.

— Oh, sim, há, há sim. Até logo, meu velhinho.

— Até logo.

E fiquei vigiando-o até que entrasse em casa, mas ele não deu o menor tranco, o mínimo tropeço, caminhando ereto com seu um metro e oitenta e cinco de altura e seus noventa quilos de peso até que entrou na casa, que tinha uma grande porta de ferro e vidro. Foi então que percebi que em nenhum momento da noite ele falara comigo em inglês.

A peça — para mim a única peça desse ano, embora Vicente Erre tivesse montado uma excelente versão de *Long Day's Journey into Night* — *Orfeo descendiendo*, ou como quer que se chamasse em Cuba, tinha mudado novamente de Carol Cutrere: agora era interpretada por Sigrid, e uma noite fui até lá, já no meio da peça, para ver como se saía essa atrizinha que se transformara, por razões obscuras, em rival de Ella na vida real: pelo menos Ella não desperdiçava seu amor com Sigrid — sentia por ela, antes, um desprezo um tanto cordial: essa foi uma das últimas coisas que eu soube dela, antes que sumisse de minha vida. Sigrid não era ruim, mas também não era boa: havia algo em sua figura cheinha que a tornava definitivamente tropical e inverossímil no sul de Tennessee Williams. Por aqueles dias ocorreu um incidente que transformou meu amigo e colega — duplo colega: na revista e na televisão, além de ex-concunhado — René de la Nuez num parente próximo de Big Benny: ambos aprendiam a levar os chifres com estilo. O que me surpreendeu foi isso acontecer tão rápido na vida de René e Sigrid, quando apenas começavam a ser amantes. Digo apenas porque havia transcorrido uns seis meses desde o momento em que saíram juntos pela primeira vez ou desde que ela lhe entregou sua virgindade todinha. Mas quem sabe eu estivesse enganado e fossem mais de seis meses — e talvez pouco importava se isso tivesse acontecido depois de seis meses, ou de três, ou até depois de três semanas ou três dias. De qualquer forma, a história é a cara de René, de sua atitude diante da vida. Acontece que Sigrid e seu galã de então (a peça também tinha mudado o protagonista) tinham algo mais do que um momento no palco, e quando a peça acabou e se viram sozinhos no cenário, se juntaram num abraço apertado. Mas uma louca — sempre há nas histórias de teatro cubanas uma louca malvada que é a vilã da história: uma espécie de Mrs. Danvers crioula —, que odiava Sigrid tanto quanto odiava as críticas de René, descerrou a cortina e lá estava na plateia, figura solitária, talvez lendo um jornal ou um livro, René esperando que Sigrid terminasse sua atuação. A cortina se abriu sem barulho e René pôde ver Sigrid e seu galã no palco, atracados num abraço amoroso — ou seja, aos beijos. Quando Sigrid e sua amorosa companhia perceberam que o telão estava aberto, saíram correndo, mas René, muito frio, quase maquiavélico, olhou para o palco, viu a cena de amor — e voltou sua vista para o que lia e continuou lendo.

Essa história pode ser verdade ou mentira, realidade ou mera invenção, mas é típica do homem e de sua vida: René podia encarar as situações mais difíceis com a maior impassividade do mundo — e ele dizia ter recebido isso de herança. Lembrava então os últimos dias de seu avô, que sempre ia dormir quando havia problemas em casa, talvez para espantá-los com o sono, e um dia, aflito com a quantidade de problemas, deitou-se para dormir nos trilhos e um trem o decapitou. René ainda se lembrava de como o levaram para a casa de sua avó, decapitado e com a cabeça num saco. Portanto, não acho estranho ele reagir dessa forma à infidelidade de Sigrid — e essa não seria a única vez. Mas, para contar todas, levaria anos.

Apesar de ter ido ao teatro Las Máscaras, eu concordava com a ordem do 26 de Julho de paralisar todos os espetáculos em Havana. A ordem me viera via Alfredo Villas, que tinha reaparecido como enviado de uma célula do 26 de Julho e se ligara a outro grupo de sabotadores oposicionistas chamado Acción Cívica. Seguindo os conselhos de Villas, eu disse para René que tanto o Las Máscaras quanto o El Sótano (onde Ella fracassara muitos anos antes, ou pelo menos era o que parecia) e o grupo Prometeo, cujos promotores conhecíamos bem, além da sala Hubert de Blank e outras que eu não conhecia tão bem (devia haver umas dez salas de teatro em Havana), deviam se reunir e fechar a temporada até a queda do regime. René tentou me dissuadir porque considerava esse gesto inútil (essa era outra característica de René: sua abulia cética), mas diante de minha insistência ele tentou reunir os grupos de teatro, aos quais nos dirigíamos, mas por um motivo ou por outro ele não conseguiu e ali morreu a tentativa minha e de Villas como organizadores de greves, demonstrando nossa enorme incapacidade. Naquela época, cada vez mais bombas explodiam durante a noite, e no dia seguinte apareciam um ou dois desconhecidos mortos a tiros, às vezes com uma bomba do lado: eram desconhecidos porque os conhecidos, caso fossem presos, quase sempre se salvavam, embora no final já não se fizessem distinções, como não se faziam em épocas de comoção terrorista, como no caso do assalto ao Palácio, onde morreram muitas pessoas conhecidas, participantes ou não do assalto. Agora, além das bombas havia as explosões de fósforo branco dentro dos cinemas, o que tornava minha profissão arriscada. Eu já falara a René, quando Ella me deixou de vez, de minha intenção de ir à Sierra, e René jogou um balde de água fria nessas pretensões com uma frase:

— Vai ingressar na tua legião estrangeira — o que, bem ou mal, era verdade.

Isso tinha acontecido algum tempo antes, mas agora eu falava a René da inutilidade de se fazer crítica de cinema, escrita ou televisiva, no atual estado de coisas, e um dia anunciei na emissora que ia dizer para os telespectadores ficarem em casa e não irem mais ao cinema. Desde então os produtores da emissora me vigiavam bem de perto, atentos a toda intervenção minha no programa, aparentemente dispostos a tirá-lo do ar assim que eu abrisse a boca para dizer qualquer coisa que não fosse crítica de cinema. Octaviano, o produtor mais assustado, me disse: "Se você fizer isso, o Ventura virá aqui na mesma hora e quem vai pagar o pato somos nós", referindo-se aos técnicos da cabine da emissora. Não cheguei a cumprir minha promessa, mas desde então, e até o ano acabar, e com ele a ditadura de Batista, vigiaram bem de perto tudo o que eu dizia ou ia dizer.

Quarta parte

É possível dizer, no trópico, "no inverno de meu descontentamento"? Nosso descontentamento, o descontentamento de todos: eu descontento/ tu descontentas/ ele descontenta/ nós descontentamos/ vós descontentais/ eles descontentam, e o descontentamento gramatical se torna metafísico quando anunciado em letreiros que correm luminosos para a leitura:

HAVANA, CUBA

NO PRINCÍPIO, DEUS CRIOU O DESCONTENTAMENTO

Mas não é tanto do descontentamento que eu queria falar, e sim do inverno: *Now in the winter of your discontent*, de nosso inverno, do inverno cubano, do trópico no inverno. Por que ficar falando do descontentamento em geral e não do inverno? Desse inverno de 1958. É possível (ou risível: a gente nunca sabe de nada) dizer, no trópico, "no inverno de nosso descontentamento"? Citar Shakespeare não apenas pelo prazer de citá-lo, mas imaginar realmente o descontentamento que é o inverno na Europa, nos Estados Unidos, na Ásia, e imaginar isso aqui, de Cuba, sob as eternas palmeiras, ventiladores de teto e o sol costumeiro.

O DESCONTENTAMENTO NOSSO DE CADA DIA NOS DAI HOJE,

aqui onde a neve é uma invenção do homem que só se conhece como escarcha nas geladeiras e se vê apenas nos cartões de Natal, sempre rodeada ou rodeando o

FELIZ NATAL
E PRÓSPERO ANO NOVO
1958   1959

ou vê-lo ridicularizado por uma turista (foi em 1958 ou em 1957 que a ouvi, saindo ou entrando no Monseñor, caminhando, vindo do Hotel Nacional, com um curto casaco de vison?): *But is this you call Winter in Cuba?* Contudo, era o inverno de nosso descontentamento. Houve ordens precoces (que recebi primeiro por intermédio de Villas, mas irradiadas de Sierra Maestra) de não comemorar o Natal nem o réveillon naquele ano — e eu ia cuidar para que pelo menos em minha casa essa ordem fosse cumprida. Adriano faria sua parte (minha máquina teima em escrever Afriano em vez de Adriano, como se estivesse contagiada pelo frio do inverno shakespeariano, mas, pensando bem, vejo que ela o chama de Afriano desde muito cedo neste texto, seja com frio de ar-condicionado ou calor insular, no verão e no inverno), ao lado de Adita, embora não pudesse prever o que seu pai faria, pois não moravam juntos. Tentei influenciar René, embora ele já fosse, por natureza, pouco dado a comemorações. Então não foi difícil convencê-lo e passei a ordem a Titón e a

Olga, que também não fariam nenhuma comemoração: assim eu me preparava para as festas. E mesmo apesar dos tempos difíceis, das noites desoladas, eu continuava indo à *Carteles* fazer minha coluna, de noite, até de madrugada, cruzando apenas com outros carros que eram, quase sempre, viaturas com seus três policiais dentro, e depois de terminar minha coluna eu não podia deixar de ir até o Saint John para ouvir Elena Burke, aquela voz que lançara mil canções, cantando acompanhada por Frank Domínguez, para ouvir seus boleros doces e apagados, criando aquilo que se chamava, que na época começava a se chamar, o *feeling* — e que iria estourar como um verdadeiro gênero musical em 1959. Mas agora o *feeling* começava a proliferar, não só nas canções de Frank Domínguez cantadas por Elena Burke, mas também nas pegajosas melodias cantadas por Numidia Vaillant no Club 21, não muito longe dali, logo na virada, como se diz, e nos boleros compostos por Ella O'Farril, e até a falsa Bettina Brentano aderira à onda do *feeling* e, mais do que cantar, exibia em La Gruta seu corpo esplendoroso e a beleza negra de seu rosto. Num dia em que a vi na rua e parei o carro para cumprimentá-la, nós dois esquecidos (nós dois?) das antigas ofensas mútuas, ela me avisou:

— Agora estou cantando no La Gruta. Venha me ver uma noite dessas — e me ocorreu ir vê-la na pior noite do ano, quando um temporal inundava as ruas, e estacionei (se este livro fosse outro, eu escreveria em cubano, *parquié*) junto ao cine La Rampa e desci correndo para entrar no La Gruta sob um pé-d'água e um pé de vento que quase me derrubaram. Acho que a ouvi cantar uma de suas últimas canções daquela noite, mas tudo o que ela fazia era recitá-la com sua voz radial, impostada, falsa e ao mesmo tempo profunda, que combinava com seu rosto, com seus olhos onde ainda havia algum mistério (talvez o mistério fosse devido a sua origem, *negrita* de Marianao, talvez do lugar que chamavam com tão singular grosseria, e ao mesmo tempo tão havanesamente ou cubanamente, de Palo Cagao, atrás do infame acampamento militar de Columbia, origem que ela tentava esconder com sua voz modulada, com aquelas inflexões que lhe davam tanto prazer quando um ouvinte de rádio lhe escrevia pensando que era branca), e no fim do show veio até minha mesa a pseudo-Bettina Brentano, para quem nunca serei um Goethe — ou talvez já tenha sido? Sei que sugeri levá-la para casa e acho que se tivesse sugerido ir para um motel ela teria dito que sim, como agora dizia sim a minha proposta de deixá-la em casa. Caminhou até o carro na ponta dos pés porque a água invadia a calçada como um riacho na cheia, transbordando o meio-fio, e entrou em meu carrinho enquanto eu dava a volta para me sentar ao volante.

— Sabe quem eu acabei de deixar? — perguntei, e ela, por sua vez, respondeu:

— Quem?

— O Adriano de Cárdenas y Espinoza ou Spinoza — falei e desfiei todos os nomes dele, para chateá-la, talvez para humilhá-la, para lembrá-la de que Adriano existia, e nem precisei dizer que sua mulher, sua esposa Adita, também estava junto para que ela entendesse e sofresse a humilhação de lembrar que Adriano, apesar de todas as promessas, não a levou ao altar porque ela, a falsificada Bettina Brentano, era negra.

Essa foi minha satisfação daquela noite. Mais do que se tivesse me deitado outra vez com ela, me deliciei com seu silêncio depois que ela disse:

— Ah, é? — como se perguntasse, como se dissesse a si mesma, como se nós dois lembrássemos, em duo, do tempo em que fomos um trio e do modo como ela quebrou essa trindade para tentar se transformar num duo legal com Adriano, que minha máquina de escrever continua teimando em chamar de Afriano.

450

Mas vim aqui para falar do *feeling* e de seu nascimento, não de seu possível sepultamento nessa noite de aguaceiros em que deixei a cripto-Bettina Brentano em casa sem sequer segurar sua mão, e olhe que ela parecia disposta a muito mais, portando-me como um verdadeiro cavalheiro e me sentindo bem, depois, por esse comportamento. Vim aqui para falar de Elena Burke e, quem sabe, de Frank Domínguez, que só vão ficar famosos no ano que vem, mas que no fim do atual têm seu nicho de gala no Saint John. Muitas vezes fui vê-los também para ouvir o quarteto de *jazz cool*, vindo de Miami, que se alternava com os dois no precário palco situado atrás (e acima) do bar. Foi aqui (e acho que já disse isso antes: sempre acho que já disse tudo antes, assim escapo da repetição) que, numa noite tranquila (é preciso sentir o *feeling* à meia-luz e em silêncio), a música foi interrompida obscenamente por um homem que discutia, sussurrante, num canto do bar e de repente sacou, sabe-se lá de onde, um revólver, e foi rapidamente cercado pelos *bouncers* (gostaria que existisse uma palavra em espanhol para essa expressão inglesa tão certeira: *sicários* não serve, porque é excessiva, e a palavra cubana *tarugo* só se refere aos maquinistas de um circo: um dia terei que procurá-la, terei que inventá-la), foi cercado por quatro leões de chácara armados com pistolas que, no maior silêncio, o tiraram do bar, empurraram-no através do lobby do hotel e o expulsaram quase a pontapés e já sem revólver, porta da rua afora. Houve outra interrupção quando muitos guarda-costas invadiram o lobby, vendo-se entre eles a figura verdadeiramente obscura do ex-tenente, agora coronel e dentro em pouco general Esteban Ventura, vestido de branco apesar da estação violenta, pegando o elevador possivelmente até o restaurante com música ao vivo do *roof garden* ou *penthouse* ou *alero* ou como quer que se chame esse lugar onde, certa noite, tive um jantar tardio com meu irmão e com Elías Restrepo, que eu conhecia de vista da escola de jornalismo e que agora trabalhava para Rolando Masferrer em seu jornal, o que o levou a tentar se justificar, e vi que era um bom cubano, um sujeito com o qual era possível passar um bom tempo conversando e que não era, de maneira nenhuma, um defensor dos tigres de Masferrer, mas um jornalista que ganhava a vida como melhor sabia, escrevendo num jornal — e o respeitei porque sempre respeitei os profissionais.

Agora preciso de (não: preciso) falar de Elena Burke e de seu estilo que levava a canção cubana além do mero limite de tônica-dominante-tônica em que a canção se mantivera durante decênios, introduzindo (também é preciso dar crédito, entre outros, a Frank Domínguez, como compositor e pianista acompanhante de Elena no momento) acordes inusitados na música popular cubana, sempre rica em ritmo mas pobre em harmonia, arrastando as notas em fermatas inesperadas, produzindo rubatos rápidos e harmonizações que pareciam vir de Debussy através da música americana, de certos blues, das *torch songs* cantadas por Ella Fitzgerald e dos harpejos, do *scat singing* de uma Sarah Vaughan, com os elementos tropicais de sempre do bolero que surgiu da habanera, tomando um nome espanhol mas sendo cubano, compartilhado por alguns mexicanos (como o imortal Agustín Lara e como Sabre Marroquín), mas agora não mais um bolero, desaparecido o ritmo da habanera liquefeita e acompanhada pelo sempiterno ritmo do bongô em três por quatro, agora até esse ritmo tinha desaparecido e em seu lugar estavam as harmonias debussyanas que tornavam a melodia fluente como um rio, a canção outro rio sobre o rio subterrâneo do ritmo: isso era, ia ser, estava sendo o *feeling*. Mas eu também não vim aqui para dar uma conferência sobre música, discorrendo pedantemente sobre coisas que mal sei, e que, mais do que saber, intuo, vim para entronizar Elena, um dos manes dessas noites tão solitárias, dessas madrugadas tristes, que ela presidia com sua voz cálida, com tons baixos, com arpejos de contralto, embora fosse uma soprano natural, uma das sopranos mais naturais que conheci na música cubana. Aquelas noites solitárias eram compartilhadas também pelo quarteto de jazz, que eu ouvia interpretar suas melodias cool com o mesmo demorado entusiasmo que eles demonstravam por seu material, eu *coolmente* sentado ao balcão, ouvindo-os dividir com Elena, a cada meia hora, o trono musical. Foi numa dessas noites, não em dezembro, talvez em novembro, que interrompi a passiva atenção musical por uma ativa participação sexual e levei Nora não ao Saint John, onde se ia para ouvir música, onde os que sabiam ouvir estavam realmente ouvindo música, mas no Pigal, ali do lado, para dar uns amassos (como se dizia na época) na escuridão cúmplice enquanto a orquestra tocava para os outros dançarem. Foi dali, do Pigal, que levei aquela ninfa perfeita (apesar de seus defeitos, ou talvez por eles mesmos, que se tornavam virtudes em sua personalidade) para um motel, onde por fim consumei o velho tesão que tinha por ela, já sem temer a sombra de sua viuvez, seu caráter de viúva negra, agora alegre, fodedora, transadora (para usar termos populares, já que ela era isso: uma ninfa popular), amante perfeita. Mas já falei disso antes, embora goste mais de repetir do que de digressionar — e olhe que adoro fazer digressões. Agora vou falar de uma coisa que comentei em outra parte, mas em outro tempo e disfarçando a tênue realidade com a retórica. Numa daquelas noites de saída da *Carteles*, já em dezembro, em pleno dezembro, eu vinha descendo La Rampa (não lembro onde tinha deixado o carro, e um sonho recorrente que ainda tenho é que saio de um lugar em Havana, esse *genius loci* eterno, e não encontro o lugar onde deixei o carro, não consigo lembrar qual era e o procuro entre todos os carros estacionados, mas ele não aparece nunca), atravessando a rua N, quando bem ali, sob os pinheiros que margeiam o meio-fio da N com a 23, encontro Armandito

Zequeira, que é o que eu, uma época, gostaria de ter sido: um *drummer*, embora na verdade eu quisesse ser tocador de bongô, apesar de Armandito raramente tocar bongô. Não sei por quê, resolvi me aproximar dele, e ao fazê-lo percebi que falava com o pianista do quarteto de jazz do Saint John. Quando o cumprimentei, Armandito me respondeu com uma pergunta:

— Você tem carro, não tem?

— Sim — falei —, tenho carro.

— Bem, então veja, pode me fazer um favor? Este homem está morrendo de dor e precisa ser levado a um médico que lhe dê uma injeção para que possa trabalhar. Eu não posso ir com ele porque estou no intervalo de shows. Você pode levá-lo a algum médico?

Eu disse que sim, generoso que sou com meu tempo (como na época eram generosas minhas noites), mas não sei o que me deu na cabeça de me aproximar de Armandito para agora ter que carregar esse fardo.

— Você fala inglês, não fala? — perguntou-me.

— Sim — respondi —, falo inglês.

E Armandito se virou para o músico:

— *He's going to take you to a doctor.*

— *I don't need a doctor* — disse o americano. — *What I need is a shot of something.*

— *He's gonna take you* — assegurou-lhe Armandito.

— Vou pegar o carro — falei — e fazer a volta.

— Mas tem certeza de que vai voltar? — perguntou-me o incrédulo Armandito, que não acreditava que eu iria tirá-lo daquele apuro: logo eu, que mal o conhecia.

— Com certeza, rapaz — falei e os deixei, enquanto o músico americano dizia:

— *Where the hell he's going?*

E Armandito ainda respondia:

— *He's gonna fetch his car.*

O que fiz: peguei o carro e dei a volta na quadra até sair pela N (isto significa que eu devia ter estacionado atrás do Habana Hilton) e parar perto de Armandito e de seu doente músico norte-americano. Abri a porta, ele entrou e sentou e ao sentar soltou uma espécie de grunhido de dor, furioso, talvez, por sentir a dor, como um animal — e é isso que meu passageiro foi para mim: um animal da noite. Pelo caminho, subindo a 25, eu pensava aonde levá-lo, enquanto o americano gemia com seu grunhido cada vez que o carro dava um solavanco, e dava muitos subindo a 25, não sei realmente por quê. *"All I need is a fix"*, dizia ele, querendo dizer que só precisava mesmo de uma injeção, e eu convencido de que Armandito me deixara nas mãos um drogado, um *junkie*, como não se dizia na época. Pensei em ir procurar Pimienta, que era um médico amigo (tratava minha família frequentemente) e morava no edifício Palace, aquele do qual já falei tantas vezes, na 25 com a avenida dos Presidentes. Parei e deixei o americano grunhindo enquanto fui buscar Pimienta, que acordei, às duas da madrugada, com o barulho infernal da campainha mecânica de sua porta. Ele finalmente abriu a porta, enquanto abria a boca num bocejo e abria os olhos ainda sonolentos. Expliquei-lhe o que estava acontecendo:

— Estou com um americano lá embaixo que se queixa de uma dor e precisa de um calmante.

— Bem — disse Pimienta, depois de mais bocejos —, leve-o ao meu consultório. Já irei pra lá.

Pimienta, além de médico, era boa pessoa: um bom médico, e não reclamou que o acordei àquela hora. Peguei novamente no volante e arranquei o carro enquanto meu passageiro repetia *"All I need is a fix"* e agarrava as pernas com as mãos cruzadas, como se tentasse cortar a dor. Dei a volta em duas ou três quadras até voltar à rua 23, onde ficava o consultório de Pimienta. Encostei, agora melhor do que um pouco antes, dei a volta no carro e abri a porta, dizendo: *"It's here"*, ao que minha companhia respondeu com outro grunhido. Ninguém me havia dito onde ele sentia dor, mas pelo ruído eu podia ver que era uma dor interna. Mesmo assim ele deu um jeito de caminhar até o pórtico, meio encolhido, e consegui sentá-lo numa das poltronas que Pimienta tinha no que era sua sala de espera externa, por assim dizer. (Contei isso melhor em outra parte porque dramatizei a história, mas agora a conto tal e qual ocorreu: sempre há um lapso entre a literatura e a vida e, por mais que a gente queira fechá-lo, a vida acaba ganhando, já que ela é a melhor depositária das histórias.) Pimienta apareceu poucos minutos depois, e ao abrir o consultório e acender a luz ele ainda parecia preocupado, pensando no americano doente. Antes ele já parecera receoso que fosse um rebelde ou um terrorista, e se acalmou quando eu lhe disse que era um americano, mas agora estava novamente preocupado e me perguntou, ao nos dar passagem para entrar no consultório:

— Mas o que há com ele, afinal?

— Está com uma dor — falei — e quer uma injeção.

— Uma dor? — perguntou Pimienta. — E onde lhe dói?

— Não sei — disse eu. — Ele não me disse — e dirigindo-me ao americano: — *Where does it hurt?*

— *In the anus, man* — disse o americano, exasperado pela dor ou talvez pela pergunta.

— É no ânus — disse eu a Pimienta, que talvez tenha pensado: "Um degenerado", mas disse apenas:

— Vamos ver, entre no consultório. Você fica aqui.

— *Go with him* — disse eu ao americano, que, meio dobrado, seguiu Pimienta até o interior do consultório. Fiquei pensando no que estaria realmente acontecendo com o pianista (ouvi muitas histórias de pianistas pederastas, e Harold Gramat-

456

ges, ele mesmo um pianista e um pederasta, contou-me que há algo na banqueta, no parafuso central, que afeta quem senta nela: então não há pianista que escape desse determinismo do parafuso que se projeta até dentro do ânus, e o pênis não passa de uma extensão do parafuso), será que ele era bicha? Mas não parecia, não tinha o menor jeito. Fiquei pensando no pianista e nos pianos e nos pianistas bichas, voltando, de geração em geração, até Ernesto Lecuona, quando Pimienta finalmente saiu do consultório e me disse:

— Ele tem uma hemorroida estrangulada. É preciso operá-lo o quanto antes — e acrescentou: — Não se preocupe, que eu mesmo o levo pra clínica.

Referia-se à clínica que havia na 25 com a F, na qual Pimienta era médico. Eu me perguntei como é que o americano ia pagar a operação, mas então pensei que, como músico, devia ganhar um bom dinheiro, e logo depois pensei que também devia gastá-lo com a mesma facilidade com que o ganhava. Talvez no jogo, e depois pensei na generosidade dos médicos cubanos, reafirmada quando Pimienta me disse novamente:

— Não se preocupe, que eu cuido de tudo.

E lhe disse:

— Bem, vou entrar pra me despedir. Ele já sabe que vai ser operado?

— Sim — disse Pimienta —, já disse a ele — e me surpreendeu que Pimienta, que me usara como intérprete, falasse inglês, mas afinal, pensei, em Cuba há tanta gente que fala inglês, e entrei no consultório. O americano estava deitado na maca, como se dormisse. Pimienta entrou comigo e me disse:

— Dei-lhe uma injeção pra dor. Agora deve doer menos.

— Acho que ele dormiu — falei, mas nesse momento o americano abriu os olhos e falou:

— *Man, thank you. You just brought me to the right man.*

— Ah — falei —, *forget it. I'm going now but I'll come to see you tomorrow at the clinic. Goodbye and good luck.*

— *God bless you, man* — disse o americano, abençoando-me, pensei na hora, mas depois, com os anos, aprendi que era uma forma muito comum de despedida, usual entre os músicos, embora no momento talvez o americano quisesse realmente pedir para Deus me abençoar. O fato é que fui embora contente como um *boy scout* (eu que nunca pude ser *boy scout* porque minha mãe não deixou, dizendo que essa história de dormir ao ar livre e fazer excursões e morar em acampamentos era para soldados, não para um garoto enfermiço como eu, o que era verdade, que eu era enfermiço, mas talvez o regime dos *boy scouts* fosse perfeito para mim), com uma alegria saudável por ter feito um favor importante: talvez o americano tivesse morrido se eu não fosse procurar Pimienta, se tivesse conseguido uma injeção de morfina sem que um médico o examinasse, ainda que, disse comigo, cedo ou tarde teriam descoberto que ele estava muito doente, e então me lembrei de Charlie Parker e da tradição dos músicos de jazz de morrer repentinamente, assim quase sem ninguém saber, muito menos um médico. Mas fui embora contente, de qualquer modo. No dia seguinte, acho, ou talvez dois dias depois (mas acho que foi, na verdade, na tarde do dia seguinte) fui até a clínica. Não vi Pimienta, que devia estar no consultório, mas na recepção a enfermeira de plantão me disse que o americano já havia sido operado e eu poderia entrar para vê-lo, se quisesse. Fiz isso, e vinha preparado para vê-lo, porque lhe trouxe vários livros, *paperbacks* que na época se chamavam *pocket books*, e entre eles *On the Road*. O americano ficou muito alegre ao me ver e disse que o pessoal do clube tinha estado lá e que tinham se portado muito bem com ele, que quem não tinha se portado nada bem fora o diretor e saxofonista de sua banda e que mais parecia ser filho da mãe de Van Heflin com o pai de James Jones, parecendo mais um soldado do que um músico, e que ele, o saxofonista, tinha voltado para Miami, mas que ele entendia o motivo: estava preocupado com sua mulher, que ficara sozinha em Miami e estava sendo assediada por uns sujeitos, talvez só um sujeito, o que deixara o saxofonista muito preocupado.

— Resumindo — disse-me o americano —, a banda se dissolveu quando eu fiquei doente.

Eu ia lhe dizer que podiam ter contratado outro pianista, um cubano, que havia gente aqui que podia tocar com a banda (eu os ouvira nas tardes do clube Mil Novecientos, embora ali tocasse com mais frequência Frank Emilio, que era um profissional e tocava de noite em outro clube, talvez no Monseñor), mas depois pensei que era melhor não dizer nada. Deixei o músico com meus livros, que nunca mais recuperei, pois não voltei a vê-lo, já que depois houve uma série de fatos políticos que me mantiveram ocupado e preocupado e me esqueci de ir visitá-lo novamente. De todo modo, minha missão estava cumprida, cumpriu-se quando o levei ao consultório de Pimienta, e vê-lo, agora, não passava de uma questão social — e terminou assim a aventura iniciada quando, por puro prazer, me aproximei para cumprimentar Armandito Zequeira, o que eu não devia ter feito, afinal eu nem era amigo dele, mas alegrou-me tê-lo feito.

A política acabou engolfando minha vida. As noites, quando eu ia para a *Carteles* trabalhar, eram mais desoladas do que nunca e pareciam mais perigosas do que nunca — frequentemente as ruas pareciam pertencer a um povoado fantasma entrevisto no Velho Oeste. Mas a realidade era essa. René Jordán a comprovou um dia, de dia, na *Carteles* e me disse, rindo, que agora só três tipos de pessoas patrulhavam as ruas de Havana à noite: a polícia, os terroristas e as loucas — e acrescentava:

— E Pilar (que nome para alguém que era, na frase de Villas, "um verdugo do regime"!) García. Pilar García disse para os seus agentes: "Não mexam com as loucas, que são a única alegria que resta à cidade".

René Jordán me contou isso, e eu, por minha vez, repliquei:

— E eu, onde fico? — querendo dizer que não era terrorista nem policial nem louca, mas volta e meia perambulava pela noite de Havana.

— Você — disse René Jordán, festivo como sempre nas horas de perigo (eu não podia esquecer a coragem que havia demonstrado quando nosso avião aterrissou envolto em chamas em Nova York, havia séculos, embora isso tivesse ocorrido em novembro passado!) —, você se cuide.

Não me cuidei muito: só parei de ir trabalhar na *Carteles* à noite, se possível ia ao cinema à tarde, na sessão das seis, e quando o programa terminava, no sábado à noitinha, eu voltava para casa, apesar do apelo da cafeteria do Radiocentro, cheia de mulheres bonitas, perfumadas e perigosas: elas arriscavam a vida toda noite, se não a vida, pelo menos uma perna ou um braço, como aconteceu com a moça que pegou uma bolsa abandonada no Tropicana e a bolsa tinha uma bomba dentro, que explodiu nela. Esta era uma fábula popular, com sua moral de viés político, mas algumas pessoas contavam outra versão do fato: a moça era, na verdade, uma terrorista.

Naquela época infeliz tive a felicidade de conhecer Edith Rupestre (este foi meu consonante pseudônimo de seu verdadeiro nome) numa noite na sala Talía, acompanhada de Nisia Agüero e do feliz Allón. Ela era uma loira alta (na verdade, loira oxigenada, mas mesmo assim era evidente que havia um avô vindo da África em sua genealogia), com olhos de gazela (um crítico bem-intencionado me perguntou se eu não acho minhas descrições de mulheres muito parecidas com as de Corín Tellado:

460

devo reconhecer que sim. Devo a essa professora minha pouca ou muita habilidade para descrever mulheres: não conheço outra forma de perpetuar as ninfas a não ser utilizando uma linguagem que já Homero considerava gasta), e essa deusa com olhos de gazela estava entre Nisia e o Feliz ou Felito acompanhante dessas beldades opostas: a loira e a negra, e só faltava a mulata paradigmática, Cecilia Valdés em pessoa, para tornar a noite inesquecível, mas mesmo assim não consigo esquecê-la, já que o Félix me apresentou Edith, apelidada de Rupestre por certo ar cavernoso que emanava de sua airosa beleza cubana. Lá mesmo marquei um encontro para levá-la *chez* Korda, e ela foi outra das beldades que enfeitaram o número de Natal da *Carteles*: está lá, ainda, imortalizada para sempre, não por minhas desajeitadas palavras para descrever sua beleza única, mas pela arte de Daguerre.

Naquela mesma sala, René de la Nuez (que me acompanhava na noite em que conheci essa Edith não bíblica, mas fotogênica) produziu uma de suas ocasionais *boutades* físicas, um momento estranho (como descer do carro de Adriano, às duas da madrugada, diante da casa de Juliana Estévez, e gritar, por ordem de Adriano: "Julieta, vá lavar a periquita!" repetidas vezes, lavagem vaginal cominatória que foi acolhida pela noite e pelo mar mas não pelos ouvidos — palavra que tem outra, *ódios*, dentro dela — adormecidos de nossa Julieta, para quem fomos um Romeu coletivo), René de la Nuez, como eu dizia, ao terminar uma peça particularmente ruim — era um monólogo executado por uma atriz e um gravador, antecipando ou decalcando Beckett, e René de la Nuez e eu éramos quase as únicas pessoas no teatro, acho que as únicas —, levantou-se e aplaudiu a coitada da atriz por uns dez minutos, enquanto eu não sabia atrás de qual poltrona me esconder.

— Por que você fez isso? — perguntei-lhe, quando o telão finalmente caiu, e ele me respondeu:

— Pra sacanear.

Claro que no dia seguinte ou dois dias depois, em sua crítica no jornal e em nosso programa, ele pôs a peça e a atriz em seu verdadeiro lugar, que era bem no nível dos sapatos. Depois vozes amigas e inimigas (René tinha feito muitos inimigos entre o pessoal do teatro) contavam que a atriz em questão tentou se encontrar com René em algum lugar para enchê-lo de bofetadas — felizmente não se encontraram, para beneplácito de René, que odiava violência física.

Nessa mesma sala, naqueles dias, vi uma moça que ainda não consegui esquecer: como o Bernstein de *Citizen Kane*, não houve um dia nos últimos vinte anos em que eu não tenha pensado em sua beleza e em como seria bom se alguém tivesse nos apresentado: mas dessa borboleta eu não pude ser o lepidopterologista, ou como quer que se chamem os colecionadores de borboletas, diurnas e noturnas: nunca vou esquecer essa borboletinha branca. Vi-a de perfil, com seu lábio superior franzido em direção ao nariz arrebitado, sua bela testa abaulada, seu queixo perfeito e o rabo de cavalo (o penteado da moda) perfeito que arrematava sua cabeça. Depois, no ano seguinte, Jesse Fernández e eu colecionamos muitas belas cubanas e as imortalizamos no formol fotográfico, mas essa desapareceu entre o público daquela noite e nunca mais a vi. Pena — teria ido, junto com Edith, Nora e as outras, parar na frente da lente de Korda e se transformado numa linda cubana em minhas páginas: mas nem esse consolo iconográfico me resta. Somente a palavra, somente a palavra...

Outra moça tinha morrido ao pôr uma bomba no tautológico cine Radiocine — e, segundo Villas, na noite das cem bombas estas tinham sido plantadas por Beba Sánchez Arango, filha de Aureliano, famosa por ser tão bela quanto temerária. Mas essas mulheres eram proibidas para mim, embora eu tivesse conhecido algumas e Silvina, de certa forma, fizesse parte de sua legião. Uma noite, indo ao cinema com minha mulher (isso aconteceu antes do dezembro decisivo, antes dessas últimas noites de que eu falava agora), tive noção do terror que reinava nas fileiras do governo (que os obrigava a serem ainda mais insensatamente cruéis: o terror respondendo ao terror com o terror), estava indo em meu carrinho, com a capota abaixada e evidentemente inofensivo (embora tivesse carregado armas nele, via-se que era um artefato de paz: branco, pequeno, veloz, uma espécie de pomba motorizada e já apelidada por René Jordán com uma derivação de meu nome: conhecido como inofensivo), inofensivo a não mais poder, quando de repente nos vimos cercados por viaturas policiais e por carros do SIM: de um lado e de outro e atrás um policial em seu carro, gesticulando, truculento: "Sai da frente, porra!". Essa ordem era dirigida a mim: sem que eu notasse, meu carro tinha se integrado a uma caravana de carros oficiais e militares e policiais, onde certamente estava o que Villas chamaria de "um chefete do regime". Consegui jogar meu carrinho para um lado e a caravana passou rugindo, ameaçadora: não sei por quê, naquela noite eu disse a mim mesmo que os dias da ditadura estavam contados. E eu sei por quê: se meu carrinho podia levá-los a tal frenesi autoritário, a uma autoridade medrosa, que fariam se topassem com um carro de terroristas ou com um caminhão rebelde? A resposta era óbvia e podia ser observada na cara dos policiais que guardavam a casa do coronel, do lado, cada vez mais ferozes e autoritários, olhando eu sair ou entrar em minha garagem com verdadeiro ódio, com aquele ódio com que o senhor tirânico alveja o escravo prestes a se libertar: essa reação estava presente em seus olhares.

A noite de Natal chegou e com ela, antes dela, a ordem de não comemorá-la, de todos ficarem em casa, com as luzes apagadas, numa verdadeira meditação revolucionária. Em casa, por ordem minha e de meu irmão (minha mãe já não era tão batistiana quanto em seus dias de fervor comunista, meu pai estava mais atento às palavras de ordem do partido do que minha mãe, e minha avó via cada comemoração como uma alfinetada de alegria que se cravava em seu caráter cada vez mais pessimista, triste, meditabundo e então acatou, acho que com prazer, a ordem), o Natal não seria comemorado, como era nosso costume, com a ceia tradicional e a alegria forçada pela data. Fechados em casa, sem sequer ligar a televisão, com as meninas já dormindo, ouvimos como na casa do coronel se queria exagerar a nota de alegria, de celebração. Por nossas janelas quase comunitárias entrava a música que saía pelos vitrôs da casa do coronel: música e risos e retinir de talheres: eles comemoravam o Natal em grande estilo, talvez esperando um telefonema congratulatório do Yéneral, como Batista era chamado por todos os seus testas de ferro (a linguagem de Villas acabava se tornando contagiosa: o heroico é sempre retórico). Depois, mais tarde, olhando pelas janelas que davam para a rua, vimos a escolta comendo (leitão, evidentemente) e tomando vinho, ou rum, no saguão da casa do coronel: a festa se estendeu até tarde, e assim se estendeu minha vigília, eu olhando a rua como se fosse receber uma mensagem de liberdade. Queria ter ligado para Adriano, mas a ordem de zero comemoração (como era conhecida popularmente) me levou a não falar sequer por telefone, com receio de ouvir alguma gracinha de Adriano, que não comemorava o Natal mas também não acreditava na propriedade da ordem. "Topamos com os ascetas", disse-me ele, quando conversamos com Villas sobre a impossibilidade de se comemorar o Natal quando havia tantos heróis e mártires mortos pela ditadura. A frase era, evidentemente, de Villas, que suspendera seu celebrado bom humor desde os dias da "fracassada greve de abril" (como se denominava em linguagem homérica — tudo na Revolução era homérico: cada ocasião tinha seu adjetivo próprio, inalienável — a não greve do mês de abril passado), e agora Adriano e eu tínhamos que lidar com um arauto da Revolução — ou da insurreição, como depois se chamou essa época: ou etapa, segundo a linguagem oficial, espécie de código de ordens em que acabou a liberdade verbal com que se recebeu a queda de Batista e a chegada dos guerrilheiros a Havana.

No final de dezembro, Adriano me falou novamente sobre um propósito que tinha em mente: ir para a Sierra, não para a Sierra Maestra, mas para a Sierra Cristal, para a frente estabelecida por Raúl Castro. Ele sabia das conexões comunistas necessárias que o levariam são e salvo até o estado-maior da Segunda Frente Oriental, onde os comunistas ou seus enviados eram recebidos no tapete vermelho ou seu equivalente guerrilheiro.

— Além disso — dizia ele —, não há tanto perigo: há mais perigo aqui, em Havana.

Eu já sabia disso, e concordava com Alberto Mora, era mais perigoso atravessar uma rua de Havana (isso sem considerar as diversas polícias: somente enfrentando o tráfego enlouquecido da capital) do que viver nas serras, em qualquer uma das frentes: é por isso que Alberto estava em Havana, correndo riscos por conta de sua organização na Sierra do Escambray. Não havia muitos dirigentes do Diretório na capital: talvez Alberto fosse o único. Não sei. Na época eu não sabia. E não perguntei nada. Agora a proposta de Adriano (porque era uma proposta, a segunda que eu ouvia: a primeira saiu da boca bonita de Silvina, que queria ir para o Escambray como enfermeira) me chegou quase entre sorrisos ou risadas: eu imaginava Adriano, cuja mãe o embalara e limpara (seu ânus, com algodão e álcool) até ele completar quinze anos (daí a asserção de seu psiquiatra: "Você é heterossexual pela decidida seleção de seu superego: que eu saiba, ninguém teve *training* melhor para a pederastia", máxima que Adriano adorava, mas cada vez que ele o repetia diante de sua mãe e do amigo da vez ela ficava triste), como eu disse, imaginava Adriano vivendo na Sierra, que era como dizer na selva, que é o que eram as serras de Oriente, usando seus cremes de barbear, fumando seus cigarros Abdullah (importados da Inglaterra pela casa Roberts, de Neptuno y Amistad, S.A.) e comendo com o típico refinamento que eu até invejava sempre que jantávamos juntos em algum restaurante, o que era frequente: nunca vi ninguém, homem ou mulher, comer com maior delicadeza. Adriano podia, como o rei Luís xiv, convidar os amigos para vê-lo comer: era um espetáculo tão inusitado quanto vê-lo pensar. Jamais conheci alguém tão inteligente, e conheci duas ou três pessoas verdadeiramente inteligentes. Enfim, eu o imaginava no monte vivendo a vida da Sierra, comendo o pouco que se conseguisse encontrar (ele, tão gourmet) e dormindo ao relento, deitando-se com o sol e levantando-se com o sol, logo ele, tão acostumado a passar noites em claro, ler até o amanhecer e depois dormir até o meio-dia, quando se levantava para almoçar: levando a vida de menino rico que desde sempre havia levado, inclusive agora que estava casado (com uma menina rica, embora ela compartilhasse suas inquietações revolucionárias), e não conseguia encaixar Adriano nesse contexto violento e primitivo da guerra de guerrilhas. Mas ele estava determinado a fazer isso.

— Se o Carlos Rafael pode — dizia, referindo-se a Carlos Rafael Rodríguez, o dirigente comunista que agora sabíamos que estava na Sierra Maestra —, eu também posso. Além disso, vamos ter ótimas conexões na zona do Raúl Castro. Poderíamos, como o Alfredo — referia-se a Alfredo René Guillermo, promovido a tenente com as guerrilhas do Che Guevara pelo simples fato de ser militante do Partido Comunista —, nos unir ao Che, mas esse pessoal está em movimento. Prefiro um quartel-general como o do Raúl Castro. Lá você e eu podemos fazer um bom trabalho político.

E eu acreditava nele. Agora a Sierra não seria, para mim, a legião estrangeira, como quando Ella me deixou, e sim uma vocação, um destino manifesto, e além disso Havana estava se tornando impossível para qualquer um que se manifestasse contra o regime, e seria preciso virar um clandestino, tentar a sorte com os membros de ação e sabotagem, terroristas que eu havia conhecido e com os quais não tinha nada em comum, apesar da aura romântica que os cercava, como os membros da organização ABC do tempo de Machado, como bandidos de uma causa nobre. Essa conversa aconteceu na noite do dia 25, em sua casa, aonde pude ir porque a ordem de não fazer reuniões se referia concretamente à noite de Natal e ao final do ano. No dia 26 encontrei-me em sua casa com o filho de Jorge Mañach, um filósofo cubano ("Se é que existe esse monstro borgeano", como dizia Silvio Rigor), não o filho, mas o pai, professor universitário, membro ilustre do ABC na época do machadato e agora eminente opositor do regime, mas na forma de oposição passiva. O filho (que não tinha outra credencial além de ser filho de seu pai e para quem, por falar muito, seu pai tinha criado uma frase que Silvio, com rigor, sempre repetia: "Jorgito, sossegue", e com a qual o pai o cominava a interromper sua verborreia) não tinha nenhuma das qualidades do pai e eu me perguntava o que ele fazia na casa de Adriano, embora Adriano fosse aluno de seu pai (quase discípulo, no parecer de uma filósofa espanhola refugiada em Cuba, que costumava dizer a Adriano, para animá-lo em suas aulas: "Você tem que se preparar para substituir Mañach", frase que eu copiava toda hora dizendo, com voz de locutor de jogo: "De Cárdenas sai pra rebater por Mañach no sétimo *inning*") e talvez fosse amigo de Adita: o que era mais provável. Esse visitante — na casa de Adriano eu me considerava em casa — tomou da palavra para elogiar o regime de Franco (o que me deixou furioso, mas eu não disse nada), falando do "complexo siderúrgico de Avilés" e depois começou a dizer que sabia de fonte segura que o trem blindado batistiano tinha acabado com a coluna do Che Guevara. Isso acabou amargurando minha noite. O trem blindado figurava na mitologia popular política como uma espécie de monstro, um dragão invencível e, mais do que os *casquitos* (como eram chamados os novos recrutas das Forças Armadas do governo, a grande maioria de negros e mulatos, apelidados dessa forma por sua pobre compleição física sob o casquete militar), este se encarregaria de triturar as guerrilhas revolucionárias, em especial as tropas do Che Guevara que atacavam a cidade de Santa Clara. Eu não podia acreditar que a guerrilha do Che (que já era popular na hagiografia política nacional) pudesse ser vencida, e ao mesmo tempo via como fora sensata minha recusa em acompanhar Titón e seu cameraman à província de Las Villas. (Titón também acabou não indo, o cameraman foi sozinho e mandou algumas fotos da guerrilha em ação, fotos que mostrou para Jay Mallin, na época correspondente da revista *Time*, e foi assim que Jay Mallin pôs Bob Hernández, outro jornalista americano, em contato comigo — mas estou me adiantando um pouco.) Voltando àquela noite de 26 de dezembro, senti verdadeiro alívio quando a visita foi embora, por volta da meia-noite, e Adriano e eu resolvemos usar o telefone a sério para saber o que de fato estava acontecendo com Che Guevara, e ligamos para Celia Sánchez. Celia Sánchez compartilhava o nome com a guerrilheira que já era conhecida como secretária de Fidel Castro (as famosas fotos da revista *Life* já haviam sido publicadas) e, mais modestamente, por sua militância no 26 de Julho. Foi por intermédio de Celia que soubemos que o trem blindado estava em apuros: fomos vê-la naquela mesma noite em sua casa da

Sierra (para piorar a confusão, esta Celia Sánchez morava no bairro da Sierra, e assim Adriano e eu mais Adita pudemos dizer que fomos à Sierra ver Celia Sánchez, coisa que Adriano disse a Silvio por telefone, quando este ligou, pouco depois que a visita foi embora), e Celia nos contou que tinha notícias frescas de Las Villas e sabia que já haviam tomado Sancti Spiritus e estavam atacando Santa Clara, que fora bombardeada pela aviação batistiana, mas a guerrilha do Che não só mantivera suas posições como avançara para dentro da cidade, e o trem blindado tinha sido descarrilado e posto fora de combate. Essas notícias abrilhantaram a noite e foram um verdadeiro presente de Natal para mim. Mas os dois dias seguintes foram repletos de rumores contraditórios, que nunca pude verificar, nem com Villas nem com Celia Sánchez. Adriano também não sabia de nada. O que estava mais firme era sua ideia de se unir às forças de Raúl Castro, e ele me arrastava junto em seu entusiasmo: eu já me via subindo serras e entrando no monte, com o uniforme verde-oliva que tínhamos aprendido a reverenciar como mitos folclóricos: reprises de Robin Hood no bosque de Sherwood, as sagas da infância voltavam como possíveis ações agora, na juventude tardia — e o inverno deixou de ser de descontentamento para se iluminar com um sol não de York, mas sim de verde-oliva e talvez de vermelho e preto, como a bandeira do 26 de Julho, outra forma da insígnia anarquista tão admirada desde os dias em que li *Homage to Catalonia*, de George Orwell. Só me preocupava com uma função fisiológica: como cagar na guerrilha. Essa sempre foi minha preocupação em relatos de guerras e de outras façanhas ao ar livre: onde defecar? Havia, é verdade, as latrinas, que eu conhecia das crônicas da Primeira Guerra Mundial, *Sem novidade no front* e *Viagem ao fim da noite*, que eu, comicamente, tendo tropeçado um dia com ele em francês, *Voyage au bout de la nuit*, traduzi por *Viaje en el bote nocturno*!, mas nada como o poeta Propércio Quinto, tão afrancesado, citando Artir Rambô e Bodelér, e que traduziu Gérard de Nerval dizendo que "o duque de Aquitânia tem a torre abolida", espécie de castração enxadrística — e há muitos outros exemplos de intelectuais e artistas cubanos como tradutores, mas não vou falar deles agora porque estou falando da guerra de guerrilhas e de como cagar ao relento —, acostumado que estava ao vaso individual, ao bidê posterior e à privacidade, embora meu primeiro tropeço com um vaso, no *kindergarten* de minha cidade, foi me negar a defecar porque "ia sujar um prato tão limpo" — mas isso aconteceu faz tempo, e em outro lugar: agora eu era um homem civilizado e via com certa cautela esse regresso à vida primitiva que eu conhecera quando menino — quer dizer, que quase conheci, pois uma cidade pequena, como a minha, não é o campo, embora conhecesse a casinha como o único banheiro possível. Falei desses temores com Adriano, que riu, talvez se lembrando do algodão embebido em álcool que sua mãe usava como limpa-bundas nada rabelaisiano.

— Não se preocupe com isso — disse-me —, que se o Carlos Rafael pode, nós também podemos.

Sua medida para tudo o que fosse possível na Sierra era Carlos Rafael Rodríguez, mas eu também podia acrescentar Pepe Pardo, o comentarista político agora refugiado na Sierra e homem dado a ternos de linho puro e com um luxuoso apartamento em Havana: ambos, ele e Carlos Rafael Rodríguez, tinham ido para o santuário da Sierra e pareciam aguentar a parada sem problemas. E também havia Franqui, mas Franqui nascera no campo e estava acostumado com a vida camponesa cubana, que significa cagar num bananal e viver numa choupana com chão de terra, como os que eu conhecera na infância, quando ia com minha avó vender números de rifa para os camponeses dos arredores. Mas essa miséria ficou para trás.

É curioso: retrospectivamente, vejo que nem as balas nem as bombas me preocupavam, somente a vida desconfortável: seria eu um burguês? Devia então "epatê" a mim mesmo e escolher a guerrilha, ao menos por experiência: Hemingway não diz, falando de Tolstói, que todo escritor deve experienciar uma guerra para ser completo? Faltava a guerra em minha vida, embora eu conhecesse a guerrilha urbana. Estava na *Carteles*, nessas cismas, quando me telefonaram dizendo que duas pessoas me procuravam: uma delas era Jay Mallin, a outra me foi apresentada como Bob Hernández, um jornalista que, apesar do sobrenome, falava espanhol mal e parcamente. Sentamo-nos no sofá do vestíbulo.

— O Bob, aqui — disse-me Jay —, quer ir pra Sierra, com o Che ou com Castro: para ele tanto faz, mas quer ir o quanto antes. Eu disse que você poderia lhe conseguir um contato. É possível?

Olhei para o tal Bob Hernández. Era um jornalista ou um agente americano? Afinal, os americanos eram acusados de trabalhar para a CIA e a CIA de ter contatos com o BMC, mas havia Jay Mallin, que era a honradez e a ingenuidade, essas duas virtudes americanas, personificadas. Disse a ele que talvez fosse possível, pensando em Villas e também em Celia Sánchez, mas precisava de tempo.

— Quero ir o quanto antes — disse-me Bob Hernández. — Hoje mesmo, se possível.

— Assim não vai ser possível — falei —, tenho que fazer os contatos.

— De quanto tempo você precisa? — perguntou-me Jay Mallin.

— Não sei — falei. — Um dia, dois. Não sei.

O que era verdade, e ele viu isso na minha cara.

— Bem, o Bob aqui está hospedado no Hotel Regis, pode ligar pra ele quando tiver alguma notícia positiva?

— Sim, com certeza — disse eu, e eles se levantaram e eu apertei suas mãos, primeiro a do chamado Bob Hernández, depois a de Jay.

Pensava que ele havia mencionado o Hotel Régis e foi lá que um americano curioso, no dia 13 de março de 1957, foi até a janela para ouvir um tiroteio e levou uma saraivada de uma metralhadora empunhada por um soldado de Batista. Um bom amigo dele jurou vingar sua morte e veio dos Estados Unidos para se integrar à guerrilha do Escambray. Chamava-se William Morgan e agora era conhecido como o guerrilheiro Bill. Logo, em alguns meses, seria conhecido por toda Cuba e também no exterior — e eu teria o privilégio de falar com ele em sua breve, brava vida.

Liguei para Adriano e ficamos de almoçar juntos no El Carmelo, bem no coração da burguesia: o melhor lugar para conspirar — com o devido cuidado. Cheguei pontualmente, mas, como sempre, Adriano apareceu tarde, com uma meia hora de atraso, mais ou menos, e eu tinha dois Bloody Marys no estômago. Fazia tempo que eu não bebia e agora fazia isso para juntar coragem: não há nada que acalme tanto como uma coca-cola ou um sorvete, daí que eu mudasse para a vodca viscosa. Pedimos os pratos e, aproveitando a ausência de garçons — nunca se sabia onde estavam os agentes da polícia batistiana: essa ubiquidade custaria a vida de mais de um dali a poucos dias —, falamos de nosso problema.

— Tem um americano aqui, um jornalista.

Adriano olhou para os lados: eu já conhecia essa brincadeira dele.

— Não aqui no El Carmelo, seu estúpido, aqui em Havana!

— Ah, bom — disse Adriano, sorrindo e mostrando a abertura que tinha em cima, entre dente e dente, e que o incomodava tanto que ele pensava em arrancar os dentes sadios e substituí-los por uma ponte de dentes postiços.

— Esse americano — continuei — parece ser um jornalista importante, e quer ir pra Sierra.

— Ah — disse Adriano, usando sua interjeição favorita —, um trabalho pra Celia Sánchez, mais conhecida como Celia Sánchez y Agramonte.

— Sim, eu sei — falei. — Mas veja que ele não quer se unir à coluna do Che Guevara.

— Que, entre parênteses — falou Adriano —, parece ter tomado Santa Clara, segundo me disse o Otto Vilches.

Otto Vilches, se fosse esse mesmo seu nome, ainda que, por tão improvável, devia ser, era o contato de Adriano com os comunistas. Aparentemente Vilches era guarda-costas ou amanuense de alguém grande no partido e cultivava a amizade com Adriano como se fizesse proselitismo: não falei dele antes porque não simpatizava muito com o sujeito, com seus olhos fundos, seu bigodinho e seus largos e grandes dentes, sempre prontos para um sorriso sardônico. Otto Vilches era comunista e mulherengo ao mesmo tempo, coisas que me pareciam incompatíveis, embora meu pai, à sua maneira escondida e enviesada, também fosse mulherengo, apesar de negar isso e de parecer, em casa, um modelo de esposo amoroso. Mas agora não se tratava de Otto Vilches, que eu veria, sem saber, muito nos dias seguintes, mas de outra coisa.

— Esse americano — continuei — quer ir pra Sierra.

— Com o Fidel Castro? — perguntou-me Adriano, que não achava muita graça em Fidel Castro.

— Ele não disse aonde — falei —, então dá pra convencê-lo de que é mais fácil ir à Segunda Frente, com o Raúl Castro.

— Ah — disse Adriano —, e se fossem como federais? — com sotaque mexicano, imitando minha imitação de Mariano Azuela.

— Sério? — falei.

— Sim — disse ele —, sério.

Era chegado o momento em que meu interlocutor e esse que vos fala aproveitariam para ser seu guia político, e, por assim dizer, também local.

— Mas — continuou Adriano —, uma dúvida me assalta: o que você e eu sabemos da Sierra Cristal?

— Isso não importa. Veja o Franqui: ele não sabia nada da Sierra e está lá, dirigindo a Radio Rebelde.

— A Violeta Casal também está lá — disse Adriano, que gostava do nome sonoro dessa atriz comunista, agora locutora da Radio Rebelde. — E Carlosa Rafaela Rodrigueza, como diria um soviético.

— E muita gente mais — acrescentei, animado para virar guia de Bob Hernández. — Então — continuei em voz baixa, porque um garçom se aproximava para perguntar se os senhores desejam mais alguma coisa, não, obrigado, e ele saiu e foi aí que continuei falando: — você não tem saída senão entrar em contato com a Celia Sánchez. O que acho que você deve fazer já.

— Às ordens, meu subtenente — disse Adriano, imitando minha imitação de Alfonso Bedoya: por alguma razão, nele o sotaque mexicano se transformava em algo duvidoso, como um cubano efeminado, mas mesmo assim ele era muito propenso a adotá-lo, sobretudo em momentos sérios como esse.

— Como fazemos? — perguntei.

— Eu entro em contato com a Celia Sánchez e você traz o americano. Aqui?

— Não — disse eu —, vamos procurar um terreno neutro, como o Miami, por exemplo: o americano está hospedado no Hotel Regis.

— Tudo bem — disse Adriano. — A que horas?

— Quando a Celia puder. O que acha?

— Sim — disse Adriano —, vou ligar pra ela agorinha mesmo — e se levantou em direção ao telefone público.

Havia algumas pessoas no El Carmelo naquele último dia do ano, mas não estavam lá nem Néstor Carbonell nem Óscar Gans nem nenhuma das figuras políticas que antes deixavam tão divertido esse lugar, onde se podia inventar uma piada nacional em poucos instantes, apenas cumprimentando-se um dos políticos que o tomavam invariavelmente pelo que em Cuba se chama um correligionário, que soa quase a um legionário que corre: alguma coisa estava murchando na vida cubana havia muito tempo, mas só agora, final de ano, isso se tornava evidente.

Adriano voltou.

— A Celia Sánchez disse — falou, chamando-a sempre pelo nome e sobrenome — que pode ser esta noite mesmo, lá pelas dez horas. Está bem pra você?

— Pra mim está — falei. — Agora só preciso contatar o americano.

— O certo a dizer é fazer contato, maldito anglófilo — disse Adriano, referindo-se a meu contatar de um momento atrás.

— Bem, contatar, fazer contato: tanto faz — falei, sem saber por que ele estava tão bem-humorado.

A suspensão da comemoração do final de ano, embora eu a entendesse, me deixara de mau humor: eu achava que havia outras formas de acabar com Batista, embora eu não as adotasse, ou sim: fazer contato entre Celia Sánchez e Bob Hernández era uma forma muito mais ativa de ajudar a acabar com o que Adriano chamava de "este tempo de opróbrio e baba", parodiando Borges falando do peronismo. Foi minha vez de levantar e ir até o telefone público do El Carmelo — que era realmente público: havia centenas de pessoas zumbindo em volta dele. Mas me aproximei como pude, com prudência que não fosse evidente: os garçons ainda estavam ativos e eu acreditava na fábula popular que os tornava agentes do SIM ou do BRAC ou do BI ou de qualquer uma das siglas terríveis. Disquei o número e quando atenderam pedi que ligassem para o quarto de Bob Hernández. Ele atendeu: era evidente que estava esperando esse telefonema, ou outro similar, talvez. Identifiquei-me com a máxima discrição (nunca se sabe quem está ouvindo o telefonema além da pessoa em questão) e lhe disse que podíamos nos ver às dez no restaurante Miami. Ele sabia onde ficava? Achava que sim. Bem, então até as dez.

Adriano e eu fomos em meu carrinho buscar Celia Sánchez na Sierra, por volta das dez da noite. Ela veio para a rua, sorridente como sempre: eis aí uma heroína tranquila. Essa mulher tinha contato direto com a direção do 26 de Julho em Havana e talvez em outros lugares: Santiago de Cuba, a própria Sierra, e olhe que parecia uma mosca-morta, incapaz de levantar a voz diante da injustiça mais evidente ou do maior opróbrio: mas ela era exatamente o contrário, e se fosse linda (era *piuttosto brutta*, como dizia Silvio Rigor) teria sido a heroína perfeita: mas talvez no filme ou no livro que se fizer no futuro sobre essa época, ela aparecerá com a beleza que Jennifer Jones dava à personagem da terrorista em *We Were Strangers*: aquela outra, certamente, deve ter sido feia, mas agora, entre o pessoal do Diretório e do 26 de Julho, havia mais de uma beldade, como se revelaria dentro de alguns dias — o que estou dizendo?, dentro de algumas horas!

Fomos da Sierra ao Miami em poucos minutos, Celia Sánchez encolhida no banco de trás (que era para crianças ou, sabendo-se que o carro era inglês, para cães, mas nunca para um humano adulto) e Adriano a meu lado, indicando que pegássemos a avenida General Batista, "mais conhecida como rua Línea", disse ele. "Avenida que vai manter por pouco tempo seu nome de usurpador." Fiquei de olho para que, enquanto dizia isso e parávamos no semáforo diante do El Jardín, não houvesse uma viatura ou carro do SIM na nossa cola. Finalmente chegamos ao Miami, que era um de meus pontos de parada, como o

El Carmelo e o El Jardín eram outros e Doce y Ventitrés (assim pronunciado) era outro oásis deserto que era agora a noite de Havana: ali mesmo, num canto, fica a lojinha onde frequentemente compro charutos: "Um Por Larrañaga, por favor", que é o melhor tabaco do mundo, aquele que se dá ao luxo de não pôr banda nem anel em seus charutos: a qualidade do fumo é sua melhor etiqueta. Cá estamos neste restaurante moderno (tem um excelente ar-condicionado) e ao mesmo tempo tradicional: cá estão suas mesas de madeiras cubanas e suas arecas tornando os cantos verdes e seu longo balcão onde servem tanto um bom *mojito* e o melhor daiquiri (mas nunca comparáveis, respectivamente, aos servidos pela Bodeguita del Medio — que agora é a Bodeguita del Miedo, de tanto que a frequentam Masferrer e muitos de seus tigres com garras de chumbo — e o Floridita, que fica ali onde, de seu pedestal, Martí aponta) quanto uma deliciosa vitamina de papaia (é preciso dizer mamão em Havana, porque *papaya*, uma inocente palavra indígena, nomeia o sexo feminino entre os havaneses, chamados no futuro de *hablaneses*, mas agora silenciosos enquanto o novo ano se aproxima) e entre digressões encontramos a mesa em que já está sentado — pontual — Bob Hernández, que eu reconheço. Apresento-lhe Celia Sánchez e ele faz cara de quem conhece esse nome e embora eu me segure e não diga *She's not the Celia Sánchez*, sorrio enquanto lhe apresento Adriano de Cárdenas y Espinoza ou Spinoza (assim eu digo o nome dele e Bob Hernández, que, como seu nome indica, sabe algum espanhol, sorri, enquanto Adriano deve sorrir: é bom que a gente mantenha o bom humor enquanto celebramos essa reunião clandestina em público) e ele, que tinha se levantado, nos convida a sentar com ele, e imediatamente — bom americano — pergunta para a pseudo-Celia Sánchez o que ela vai beber, num espanhol vacilante e carregado, e repete a pergunta para todos. Celia hesita, Adriano hesita, depois pedem um Alexander (Celia: é a bebida das damas agora em Cuba) e um uísque com soda (Adriano: ainda não é o bebedor que será no futuro, mas já troca suas tradicionais vitaminas por uísque) e um daiquiri (eu: que não bebo uísque desde os dias em que era obrigado pelo amor não correspondido, correspondido por Ella), respectivos tragos que são pedidos ao garçom ubíquo (nenhum, felizmente, tem a fama de alguns do El Carmelo, de serem dedos-duros ou informantes: talvez porque no Miami apareçam menos antigas figuras públicas do que no El Carmelo) que parte rapidamente com o pedido. Quando o garçom sai, faz-se silêncio: ninguém sabe o que dizer primeiro, e é Celia Sánchez, com sua timidez, atrás dos óculos que encurtam seu perfil, quem diz:

— Os amigos aqui — esses somos nós dois: Adriano e eu — me disseram que você quer fazer uma viagem.

Excelente linha para começar uma conspiração em público: ao mesmo tempo precisa e suficientemente vaga para não ser entendida por ouvidos alheios.

— Bem, eu — começou Bob Hernández, falando com seu melhor espanhol, ainda com muito sotaque: só depois, mais tarde, fico sabendo que seu pai era espanhol mas que ele nasceu nos Estados Unidos, para onde seu pai fora, da Jamaica, e perdeu ainda menino o hábito de falar espanhol, que na época sabia muito bem, idioma que agora, ao vir a Cuba, desempoeirou de um canto da memória — gostaria de ir, se possível.

— Tudo é possível — diz Celia Sánchez sorrindo. — Depende de quando e pra onde você quer ir.

— Bem — disse Bob Hernández —, eu quero ir ao lugar mais alto — e gosto de seu eufemismo: exato e vago, como a frase introdutória de Celia Sánchez —, e quanto antes, melhor.

Bob Hernández fala lentamente e num de seus espaços o garçom retorna com os drinques.

478

— Obrigado — diz Bob Hernández. — Quando poderia ser?

— Bem — disse Celia Sánchez, um tanto evasiva —, isso a gente tem que ver. Primeiro é preciso fazer os contatos e depois procurar alguém que conheça o caminho.

Quase me ofereci: conheço a província de Oriente. Nasci lá e, não faz muito tempo, viajei por quase toda ela, chegando até Santiago e seu Puerto de Boniato, que fica na zona oriental da Sierra Maestra. Mas é evidente que são necessários práticos, pilotos que naveguem entre os portos de montanha e levem seu escoltado visitante ao local indicado — e em segurança.

— Por mim não tem problema — disse Bob Hernández. — E também estou esperando um colega norte-americano — gostei da forma como ele evitou dizer americano entre os suscetíveis nativos — e ele só vai chegar em dois ou três dias, mas, se for preciso, posso ir quando você disser.

— Bem — disse Celia Sánchez —, estou em contato com ele — que bom que ela usou esse pronome e não meu nome para que terceiros não o ouvissem e eu não fosse obrigado a transcrevê-lo agora — e por meio dele podemos, na sequência, nos pôr em contato. Você conhece as condições da viagem, imagino.

— Posso imaginar — respondeu Bob Hernández, que poderia ter dito: "São as mesmas que Ambrose Bierce teve para se encontrar com Pancho Villa", mas ele não fez isso. Quer dizer, não disse nada.

— Bem — disse Celia Sánchez —, então não preciso lhe dizer como são difíceis, ainda mais agora, justamente agora.

— Entendo — disse Bob Hernández. Era evidente que não havia mais nada a dizer e Celia Sánchez apurou (em ambos os sentidos) seu Alexander, enquanto eu demorava meu daiquiri: dezembro não tinha sido muito frio esse ano.

Bob Hernández observou que Celia Sánchez tinha terminado seu drinque e sugeriu:

— Quer tomar outro?

— Não, obrigada — disse Celia Sánchez. — Temos, ou melhor: eu tenho que ir embora. Se você quiser ficar — sugeriu-me —, posso voltar pra casa de táxi.

— De jeito nenhum — falei —, eu te trouxe, eu te levo. Bem, Bob, nós vamos indo. Manterei você informado.

— Está bem — disse ele, levantando-se ao mesmo tempo que Celia Sánchez. — Muito prazer e muito obrigado — disse a ela.

— Não tem de quê — disse Celia Sánchez. — Eu é que agradeço. Visitas como a sua, pelo que me conta seu amigo — e Celia Sánchez deu um jeito, mais uma vez, de não pronunciar nomes, o *training* da clandestinidade: se referia a mim, claro —, é do que necessitamos.

— De qualquer forma — disse Bob Hernández —, muito obrigado. Obrigado a você também — disse, virando-se para mim.

— Não tem de quê. Até logo.

— Nos vemos — disse Bob Hernández, e para Celia Sánchez: — Tchau.

— Muito prazer — disse Adriano, estendendo a mão a Bob Hernández.

— Encantado — disse Bob Hernández.

E saímos, deixando-o na ação de se sentar novamente, talvez para tomar outro drinque ou para pedir a conta. Quando saímos, perto das onze, havia muito pouca gente nessa parte da Havana moderna (eu a chamo assim para diferenciá-la da Havana Velha propriamente dita e da Havana contemporânea que se reunia ao redor de La Rampa) e o Paseo del Prado estava deserto. Pegamos meu carrinho e fizemos o caminho de volta até a Sierra, para deixar Celia Sánchez em casa e cumprir a ordem de deixar as ruas para a polícia e para o pessoal de ação e sabotagem, como eufemisticamente se chamavam as brigadas do 26 de Julho que o Partido Comunista (e o governo de Batista, coincidindo mais uma vez) chamava de terroristas. Na Nicanor del Campo uma viatura do SIM nos ultrapassou, mas não parou e prosseguiu em alta velocidade. Depois, algumas esquinas mais tarde, outra viatura do SIM passou velozmente.

— Ei, cavalheiros — disse Celia Sánchez do banco de trás —, será que está acontecendo alguma coisa?

— O que poderia estar acontecendo? — disse eu, com ceticismo.

— Não sei. Há um movimento estranho.

Mas eu não me deixei levar por uma intuição feminina: erro meu, eu sei.

— Na certa estão indo aonde estourou uma bomba — sugeriu Adriano, e gostei de como, mesmo num momento trivial (e que depois se revelaria terrivelmente importante), tomava o cuidado de dizer estourou e não explodiu, como qualquer outro cubano: nem todos os cubanos nascem em Berlim.

— Viaturas do SIM? — perguntou retoricamente Celia Sánchez. — Isso eles deixam, se for uma bomba, para as viaturas que trabalham nos postos locais. Os carros do SIM têm a ver principalmente com o Exército.

— Mas não está acontecendo nada — insisti, obtusamente.

Finalmente chegamos à casa de Celia Sánchez na Sierra, sem termos visto nenhuma outra viatura do SIM.

— Bem — disse ela ao sair do carro —, eu ligo pra você, Adriano, assim que souber de alguma coisa, que será amanhã de tarde, acho, se for rápido. Se não, será depois de amanhã. Quanto a você — falou comigo —, obrigada por me trazer.

— E por te levar também — disse eu, de brincadeira.

— E por me levar, claro — disse Celia Sánchez. — Imagino que a gente vá se ver um dia desses.

— Sim, claro. Agora eu visito muito o Adriano.

— Bom, está bem. Até logo.

— Até logo.

— Até logo — disse Adriano, usando o cumprimento de despedida favorito dos cubanos, que nunca querem dizer adeus: superstições dessa nação. Arranquei quando Celia Sánchez já tinha entrado em casa, e, pegando de novo a rua Línea, sua continuação em Marianao, dirigi-me diretamente ao Focsa para deixar Adriano. Fiz isso e nos despedimos, até amanhã, quando, conforme lhe disse no trajeto, nos poríamos de acordo para viajar ou não com Bob Hernández: mesmo então Adriano preferia a frente de Raúl Castro à Sierra Maestra, mas seria questão de convencê-lo. Ao deixá-lo no Focsa subi pela N para pegar a rua 23 e ao passar pelo Hilton vi a alegre iluminação de sua fachada e algumas pessoas entrando, e caminhando na calçada vejo ninguém mais ninguém menos que as irmãs Verano, as gêmeas Junia e Julia, vestidas de gala, não de longo, mas com vestidos que brilham como lantejoulas ou miçangas: trajes de gala para o inverno cubano. Continuei e estacionei junto ao Hilton e desci, esperando as duas passarem a meu lado.

— Boa noite e feliz Ano-Novo — falei. Elas não iam fazer caso, mas olharam e viram que era eu.

— Ei, é você — disse Junia, popular como sempre. E Julia, mais tímida, embora fossem gêmeas idênticas, me chamou por meu pseudônimo e as duas vieram até mim, que estava recostado no carro.

— Onde vão, tão belas e ousadas? — perguntei, e as duas responderam em uníssono.

— Ai, filho, ao Rilton.

Junia e Julia Verano, as gêmeas colunáveis — ou melhor, as estrelinhas que despontavam e que eu conhecera havia poucos dias no café do Radiocentro e que pareciam ideais para um *ménage à trois*, não fosse o fato de elas não conhecerem essa frase, de qualquer modo, mas que eram fáceis, embora estivessem longe de ser as Dolly Sisters cubanas: refiro-me às beldades que estiveram na moda em Cuba (e acho que no México também) no final dos anos 40: Junia e Julia bem que poderiam ser seus duplos, embora lhes faltasse a picardia das Dolly Sisters cubanas.

— Ai — disse uma delas, começando por essa exclamação de *cante jondo* que é tão popular entre as mulheres populares de Cuba —, e por que não acompanha a gente?

— Ai, sim — disse a outra. — Venha com a gente. Só até o salão.

— De quê? De chá? — perguntei a cada uma, de brincadeira.

— Não, menino — disse Junia —, ao salão de baile.

— Ao cabaré — disse Julia. — Só até a porta. Se preferir, nem precisa entrar.

Decidi pensar no assunto. A ordem rebelde era não comemorar o fim de ano, nem comparecer aos locais de festa nem a qualquer comemoração. Até agora eu a havia cumprido ao pé da letra, mas de repente me apareceram essas duas tentações ou essa tentação dupla, lembrando santo Antão, e pensei que já tinha feito bastante revolução (pensei, então, na palavra *insurreição?*, não sei: nunca soube) para esse dia, para esse ano, por assim dizer, arriscando uma possível prisão ao servir de contato para um jornalista estrangeiro com uma terrorista, e finalmente decidi ir com Junia e Julia, respondendo ao chamado das ninfas. Enfiei-me no meio das duas, dei a cada uma um braço e assim abraçados caminhamos calçada acima e depois subimos os curtos degraus para depois entrar no lobby do Hilton e finalmente subimos de elevador até o andar indicado. Para a minha surpresa, havia bastante gente esperando o ano novo dançando e eu, que não danço (exceto quando a dança é um subterfúgio do amor), escapuli dos braços níveos de Junia e de Julia Verano e disse a elas:

— Bem, o meu amor chegou até aqui — querendo dizer que não as acompanhava mais.

— Mas como? — perguntou Junia.

— Você não pode ir embora — disse Julia.

— Promessa é dívida, eu sei, e só prometi, como vocês sugeriram, vir até a porta.

Nesse momento acabara de ver vários conhecidos dançando, um deles (cujo nome não vou repetir) com consciência política suficiente para não estar ali, e decidi ir contra minha primitiva, apressada decisão: tinha que ir embora dali, apesar do duplo encanto das irmãs Verano.

— Ai, você! — exclamou Julia.

— Que chatice! — continuou Julia.

— Deixo-as, plumas de avestruz, pra cingir a minha espada.

— O quê?! — exclamaram as duas em uníssono.

— Que a noite é de vocês. Preciso ir. A gente se vê outro dia, ou outra noite.

Junia e Julia estavam quase dançando no lugar, embaladas pela música — um chá-chá-chá da moda —, e ali as deixei: logo teriam companhia. Mas minha escapada veloz não me salvou do cumprimento do conhecido, que me disse:

— Ditosos os olhos. Feliz Ano-Novo.

— O velho ainda não terminou.

— Mas falta pouco.

Ainda me lembro dessa frase como se ela tivesse sido dita em outro contexto, digamos, político: foi a última frase pública que ouvi nesse ano. Meu conhecido estava dançando e se afastara de seu par, acho que sua mulher, para me cumprimentar, e depois continuou dançando. Aproveitei o momento em que deixei de ser o centro das atenções das irmãs Verano e que meu conhecido público se retirava com um passo de dança para me dirigir ao elevador, descer, pegar a rua, entrar no carro e dirigir até em casa: quando cheguei ainda não era meia-noite. Estava tudo calmo, todo mundo na cama. Minha mãe, que gostava tanto de despedir o ano, ouvira meu irmão e se recolhera cedo. Acho que meu irmão estava dormindo: pelo menos a luz de seu quarto, como a do quarto de meus pais, estava apagada, e minha avó com certeza dormia, como de costume, desde cedo. Só meu cão Ready foi me receber, e ao acender a luz de meu quarto vi que minha mulher não estava dormindo — ou talvez tivesse acordado com minha chegada. Em todo caso, ela me esperava com os olhos abertos. Não trocamos nenhuma palavra e, depois de tirar a roupa (na época eu não dormia de pijama), me enfiei na cama, e resolvi ler um livro: qualquer um dos vários que estavam na mesinha de cabeceira e dos quais eu ia lendo trechos.

O fim chegou como um anticlímax. Ainda estava lendo quando o telefone tocou. Levantei-me e fui até a sala para atender. Era Adriano.

— Escute — disse ele —, parece que de fato estava acontecendo algo, como Celia pressagiou.

Somente Adriano era capaz de dizer "pressagiou" à uma da manhã.

— O que está havendo?

— Parece que o homem foi embora. — Adriano decidira, agora, ser críptico e cauteloso.

— Que homem?

— O Homem, Batista. Obtive a informação de fonte segura.

Eu não podia acreditar.

— Só pode ser lorota.

— Por que você não liga pro Ortega pra ver se ele, como diretor, sabe de alguma coisa?

Adriano não pôde deixar a ironia de lado, mesmo nesse momento.

— Tudo bem. Vou ligar já.

Liguei e Ortega me atendeu na hora.

— Escute, Ortega, é verdade o boato que está circulando, de que o Batista foi embora?

— Sim, sim, sim — disse Ortega, muito agitado, sua pronúncia espanhola tornando-se mais cerrada. — O Miguel me telefonou agora pra me contar que ele tinha fugido. Estou esperando o telefonema dele pra confirmar como ocorreu a fuga.

— Bem, obrigado — foi tudo o que consegui dizer, e desliguei.

Parei um momento junto ao telefone decidindo se ligava ou não para Adriano: decidi primeiro acordar minha família. Fui até o quarto de meu irmão e toquei seu ombro: ele não tinha acordado com o telefone, mas agora acordou.

— Escute, o Ortega acaba de me dizer que o Batista foi embora.

Minha mãe estava vindo de seu quarto e ouviu isso.

— Não me diga! — disse, e já não restava nela nada da antiga simpatia dos velhos comunistas pelo Batista que conheceram no final dos anos 30. Meu pai se levantou e soltou seu sabe como é, tão cubano:

— *Ya tú sabes!*

Eu, antes de comentar mais a notícia e de ligar para Adriano, fui até as janelas que davam para a rua: a 23 estava deserta, nenhum carro passava, e a escolta habitual do coronel tinha desaparecido como se um prestidigitador a tivesse suprimido. Voltei para o quarto onde minha mulher, já inteirada da notícia, estava sentada na cama. De repente o telefone começou a tocar na casa do coronel: através das janelas abertas, mas às escuras, ouvia-se a campainha soando com toda clareza: ninguém atendia e o telefone continuou tocando. Pensei no telefone que toca em outro cômodo no *Diário de Anne Frank*: quase tão ansiosos quanto eles na obra, minha família na vida real esperava que o telefone fosse atendido ou silenciasse. Mas ele continuava tocando, sozinho, alarmante, eterno, seus toques me confirmavam, mais do que a voz de Ortega, a notícia de que Batista fugira: o coronel também havia empreendido a fuga. Foi então, quando estava realmente convencido de que Batista havia fugido, que liguei para Adriano. O telefone estava ocupado e minha mãe saía do quarto.

— Por nada neste mundo que você vai pra rua agora! — falou, adivinhando minhas intenções. — Lembre do que aconteceu com o Machado em 8 de agosto.

Ela se referia à falsa fuga do ditador Machado, em 1933, quando metade de Havana se dirigiu ao Palácio Presidencial para ver a casa do tirano (Machado construíra o Palácio) e foram recebidos por metralhadoras: Machado ainda estava no poder e muitos morreram no parque Zayas. Minha mãe temia agora uma repetição da história. Eu não disse nada e disquei novamente o número de Adriano. Ele logo atendeu o telefone.

— É verdade — falei. — O Ortega me confirmou. Ele soube por intermédio do Miguel Ángel Quevedo, que deve saber a notícia de fontes fidelíssimas.

— Ah, caralho — disse Adriano, em sua típica exclamação dos momentos importantes. — Então o Homem foi embora. E você aproveita o momento pra fazer jogos de palavras.

Eu fizera isso quase inconscientemente. Conscientemente estava muito agitado, e não estava com vontade de falar ao telefone, e sim de ir para as ruas gritar: acordar todo mundo, ou seja, toda Havana, que dormia inocente de toda notícia. Era contido por um resto de prudência, que Adriano tratou de fazer desaparecer.

— Por que não vem pra cá?

— Não, agora não. Vou esperar amanhecer.

— Medroso o hominho — disse Adriano.

— Prudente — disse eu. — Mas não se preocupe que logo estarei aí. Vou desligar agora pra telefonar e dar a notícia ao Titón e à Olga.

Mas não telefonei, e pedi a minha mãe para fazer café. Quando ficou pronto tomei-o puro, embora não precisasse: a agitação me manteria desperto. Meu irmão ocupou o telefone para ligar não sei pra onde (depois soube que havia ligado, curiosamente, para Elena, para a pensão, para saber se ela estava bem) e ficou conversando. Eu queria lhe dizer que o telefone devia ficar desocupado ou ficar minimamente ocupado para receber mais notícias: talvez Ortega tivesse mais alguma coisa para me dizer e nessa noite, nessa madrugada, o telefone ocupado me salvou de participar de uma aventura que podia ter sido muito perigosa e que, de sublime, findou numa adequada ridicularia. Raudol tinha me ligado (depois ele me contou) para me convidar para o assalto a La Cabaña, façanha que cumpriu com meia dúzia de civis: só tiveram que chegar aos comandos militares e anunciar que estavam tomando La Fortaleza em nome do 26 de Julho. Não sei se Mimí de la Selva estava no grupo, já que ela bem poderia tomar também La Cabaña. O tempo não passava e decidi ir para a rua, procurar Titón para lhe dar a notícia, e não ficar esperando meu irmão desligar o telefone para então ligar para ele. Toda a rua 23 estava deserta: não vi um só carro (sim: havia um solitário carro de leite) no caminho até a avenida dos Presidentes. Desci, peguei o elevador e cheguei ao quinto andar, onde Titón morava. Tive que tocar a campainha por um bom tempo e depois Olga veio abrir a porta, de camisola, os olhos quase fechados e bocejando: não era um espetáculo exatamente erotizante, mas o momento era histórico, não erótico, e me deixei levar pela história. Entrei.

— O que houve? — perguntou Olga, com outro bocejo.

— O Batista. Foi embora.

— Como?! — Sua pergunta era uma exclamação.

— O Batista foi embora, fugiu. Foi-se.

— Não acredito!

— Pois é verdade. Vamos, acorde o Titón.

Olga correu para o quarto e poucos segundos depois reapareceu com Titón, que tropeçava, meio dormindo.

— Ele ficou desenhando até muito tarde — explicou Olga, para se desculpar pelo sono de Titón, que passara a noite sem comemorar o fim de ano (que agora, em poucas horas, se transformara no fim de uma era: eu não sabia bem, não sabia até que ponto esse 31 de dezembro de 1958 terminaria com tantas coisas, ruins e boas e regulares), desenhando seus policiais acromegálicos e suas vizinhas adiposas. Agora eu o acordei:

— O Batista foi embora.

— Não sacaneie! — disse ele, abrindo os olhos e depois esfregando-os para acordar totalmente. Sua exclamação poderia sugerir que não acreditava em minha notícia, mas era sua reação habitual diante de qualquer acontecimento.

— Como você sabe? — perguntou Olga.

— O Adriano me ligou dizendo que tinha ouvido um boato proveniente do partido e eu liguei pro Ortega, que confirmou. Tinham informado o Quevedo, de fonte segura. Talvez do próprio Palácio.

— Não sacaneie! — disse novamente Titón. — O que você vai fazer agora?

— Não sei. Ir pra casa, acho.

— Por que não vamos até a casa do Pepe?

Referia-se a Pepe Massó, muito amigo dele e como ele, *protoñángara. Ñángara* é um apelido cubano para designar comunista, familiarmente, e deriva do pejorativo *comuñágara* e, por sua vez, os *ñángaras* se dividiam em *ñángaras* propriamente ditos, os *protoñángaras*, os *pseudoñángaras*, os *sesquiñángaras* e os *criptoñágaras*. Pepe Massó, como Titón, era *protoñángara*.

— Bem — falei —, vamos.

— Vamos no teu carro?

— Sim, claro — disse eu. — Assim conversamos no caminho e não formamos uma caravana ou safári.

Olga riu: estava contente. Titón estava muito contente e eu estava mais do que contente: estava alvoroçado, alvorejado. Fomos até a casa de Pepe Massó (não ficava longe: ficava no próprio El Vedado) e o acordamos, dando-lhe a notícia que eu repetira tantas vezes nessa madrugada. Pepe Massó tampouco queria acreditar: ninguém queria acreditar que Batista tivesse deixado o poder tão de repente. Depois de acordar Pepe e lhe dar a notícia, perguntei a Titón se ele ia ficar na casa de Pepe ou se eu o levaria de volta a sua casa e ele resolveu voltar para casa comigo. Quando saímos já estava amanhecendo e, apesar de ser inverno, eu ia com a capota abaixada porque não fazia frio nesse 1º de janeiro de 1959, começo de uma era, um dia histórico, ainda que, tendo em vista a quietude da rua, todo mundo o passava dormindo. Depois de deixar Titón em casa fui para o Focsa, buscar Adriano. Quando cheguei, ele estava vestido e falava ao telefone com alguém que tratava com muito respeito e de quem se despediu dizendo:

— Bem, Juan, nos vemos mais tarde.

Eu desconfiava quem era esse tal de Juan que Adriano tratava com tanto respeito, mas não podia acreditar que tão cedo ele já estivesse conversando com o presidente do partido.

— Quem era esse Juan?

— E quem seria? Marinello.

Era Juan Marinello, sem dúvida nenhuma: Adriano já andava de braço dado com a cúpula do partido.

— Agora já dá pra saber e agora posso te contar. O Otto Vilches é o secretário do Marinello.

— Ah, vá — disse eu, mas pensei que por uma vez Adriano tinha sido reservado e não me contara um segredo: logo eu, que conhecia sua vida íntima como ele conhecia a minha, ele que até me contava das vezes que se deitava com sua mulher; dos *"palos que echaba"*, ou seja, a frequência de orgasmos durante o coito: tudo. Agora acontecia de seu amigo Otto Vilches, aquele com o nome impossível, os dentes grandes e os olhos saltados encovados, ser o secretário de Juan Marinello, presidente do Partido Socialista Popular, ou seja, dos comunistas. — A gente fica sabendo de coisas nesta casa — acabei dizendo. Adriano sorriu, mostrando a divisão entre os dentes. Seria esse o motivo de ele ser tão fofoqueiro? Ou pensei que ele era fofoqueiro por ter sido reservado comigo?

Resolvi mudar de assunto.

— Por que não ligamos pro Silvio?

— Já liguei — disse Adriano. — E sabe o que ele me disse?

— Não. O que ele disse?

— Verbatim: "Eu sou como Hegel: prefiro a filosofia da história à história. A primeira história, grafe-a com maiúscula". Foi isso que ele disse. Não estava nem um pouco interessado na queda do Batista nem no que vai acontecer agora e achei até que ele se aborreceu por eu tê-lo acordado pra dar a notícia.

Eu ri: estava rindo me lembrando de Silvio, de sua cara e da frieza com que recebeu a notícia dada por Adriano. Era típico dele responder com o pedantismo com que respondeu, como era típico de Adriano anteceder essa ladainha pedante com outro pedantismo, dessa vez em latim.

— Bem — disse Adriano —, o que vamos fazer?

— Oi! Feliz Ano-Novo.

Antes de eu responder a Adriano, Adita entrara sorrindo com seus grandes, fortes dentes.

— Sim — disse ela. — Feliz era nova!

— É uma pena não termos champanhe — disse Adriano.

— Não compramos nada, de acordo com a ordem — explicou Adita.

— Bem, agora temos que pôr mãos à obra — disse Adriano. — A primeira coisa é prender Ramón Saa — referia-se ao padrasto de Margarita Saa.

— Ai, Adriano — exclamou Adita.

— E por que você quer ver esse senhor preso? — perguntei.

— Por ter sido ministro do regime — disse Adriano.

— É melhor deixarmos isso de lado.

— Sim, Adriano — disse Adita —, deixe isso pra outras pessoas.

— Bem — disse Adriano —, era só uma sugesta, vulgo sugestão.

— Sim — falei, e propus: — Vamos sair.

— Ir aonde? — perguntou Adita.

— Ver Havana despertar pra um novo regime, ver como o povo está reagindo.

— Vamos — disse Adita —, vai ser muito divertido.

— Não, nenê — terçou Adriano, que às vezes usava esses termos infantis com a mulher. — Você fica aqui na casinha. Talvez seja perigoso andar na rua. Ainda restam muitos batistianos por aí — e se virando para mim: — E devíamos ir prender o safado do Ramón Saa agora mesmo.

— Ah, caralho — disse eu. — Você de novo com isso. Deixe o homem em paz. Já vão cuidar dele. — Embora, na verdade, eu estivesse preocupado com o que pudesse acontecer com Margarita. Finalmente convenci Adriano a ir para a rua. Ele se despediu de Adita com um beijo e uma frase: — Se cuide, nenê.

— Se cuide você — respondeu Adita.

O lobby do Focsa, que sempre dava um aspecto de hotel ao edifício de apartamentos, começava a ferver de moradores e talvez de visitantes, que olhavam para a rua pelas janelas, e alguns chegavam a parar na calçada, embaixo da marquise de concreto.

— Vamos no seu carro, né? — perguntou-me Adriano.

— Sim, claro.

— É melhor assim.

Pegamos meu carro e me dirigi para Havana.

— Vamos tomar o café da manhã no Miami — sugeri.

— Ótima ideia. Eu já estava ficando com fome. Safados! — disse ele de repente.

— Que foi? — perguntei.

— Uma viatura solitária que passou pela outra rua. É preciso acabar com toda a polícia batistiana!

Adriano estava com um humor belicoso mas também informativo. Contou-me como Batista fugiu e me disse que sabia:

— De fontes fidedignas, não fidelíssimas, como você diz.

— Digamos, Otto Vilches — falei.

— Pode ser — disse Adriano, sorrindo. — Bem, o hominho que já não é mais o Homem, como costumavam chamá-lo os seus acólitos.

— O acólito em flor — intervim.

— Você quer ouvir ou não a história, ou melhor, o conto, já que gosta tão pouco da história?

— Sim, como não. Conte.

— Bem, pois o homúnculo reuniu os seus fiéis no acampamento de Columbia, aparentemente pra despedida do ano, e ao oferecer um brinde por ocasião do Ano-Novo disse-lhes que decidira entregar o poder pra uma junta militar e que estava saindo do país, o grande safado, pra evitar derramamento de sangue. E ali mesmo se formou a correria rumo a dois ou três aviões pra onde ele foi o primeiro a se dirigir. Aparentemente a junta militar cedeu o poder ao coronel Barquín, que foi tirado do presídio da Isla de Pinos pra tomar conta da situação. Foi a última coisa que eu soube.

— Que é muito mais do que eu sei. Não falei mais com o Ortega, que deve ter informação em quantidades apreciáveis.

Quando eu estava com Adriano acabava falando como ele, a mesma coisa acontecia com Silvio, e assim às vezes eu era um cruzamento dos dois: nessa manhã luminosa (era realmente luminosa, fisicamente falando) eu me contaminava com a dicção maneirista de Adriano. Mas já havíamos chegado ao Miami e me dispus a fazer a difícil manobra de estacionar. Entramos no restaurante que estava quase vazio e nos sentamos a uma mesa que dava para uma das janelas, para controlar a rua. Quando o garçom veio, pedimos café com leite e pão com manteiga e esse café da manhã de 1º de janeiro me lembrava um outro café da manhã, em 4 de julho, ainda que na época eu tenha comido ovos mexidos e pão e café com leite. Não tinha acabado de tomar o café quando senti uma euforia nova. De repente me saltaram lágrimas de pura felicidade: estava chorando pela liberdade recuperada, nunca antes havia chorado por um momento tão feliz. Adriano me olhou e percebeu e teve o tato (ele sempre bem-educado) de não dizer nada: por fim consegui falar:

— Eu me sinto um novo homem — disse.

— Estou vendo — disse Adriano, que tomava as coisas mais friamente: ele era um espírito frio.

— Parece mentira que há apenas dez dias estávamos neste lugar sumidos no lado mais negro da ditadura e que agora tudo isso tenha terminado.

— Bem — disse Adriano —, vamos ver o que acontece agora.

— Por ora vou entrar em contato com o Alberto Mora. Com certeza ele tem notícias a me dar. As tuas eu já sei todas.

— Então vou ficar em casa. Quero fazer vários telefonemas.

— Boa ideia.

Pagamos e saímos do restaurante. O Paseo del Prado, a calçada do Louvre e o parque Central começavam a ficar povoados por pessoas que saíam às ruas das casas vizinhas. Voltei ao Focsa, onde deixei Adriano, e dirigi até a casa de Lala, a mãe de Alberto. Quando cheguei ela estava na rua, cercada por várias mulheres e pelo guarda-costas de Alberto. Uma das mulheres me causou um verdadeiro assombro: era Edith Rupestre, que abandonara sua imagem de quase modelo, como eu a conhecera e a fizera ser fotografada, por uma mulher pronta para a ação, junto com Lala, que me disse:

— Estas são as mulheres do Diretório — sem que eu tivesse perguntado. Quando perguntei por Alberto, ela disse: — Ele deve andar lá pela Universidade.

Decidi deixar aquele grupo de mulheres ativistas (quase não me atrevi a cumprimentar Edith) e dar um pulo em casa, onde me esperava uma surpresa em forma de uma história que minha mãe me contou. Aconteceu que o pessoal dos fundos se meteu na casa do coronel e começou a saqueá-la, ao que se opuseram, quando viram, minha mãe e minha mulher: as mesmas pessoas que tinham saído para dar vivas a Batista quando ele visitou a casa do coronel agora estavam levando móveis e objetos da casa abandonada. Quando minha mãe lhes chamou a atenção, acusaram-na de batistiana, e depois houve uma briga nos fundos, quando minha mulher xingou uma das saqueadoras e esta lhe deu um pontapé no ventre e depois avisou que seus primos viriam, e eles eram do 26 de Julho, para acertar as contas com "esses batistianos", segundo minha mãe, que éramos nós. Consegui acalmar um pouco minha mulher, que estava quase histérica e com lágrimas nos olhos pela raiva que passara, e prometi a minha mãe que cuidaria do assunto. Fui até os fundos e encarei a turba, que ainda cercava a casa, e logo vi que se havia configurado uma situação perigosa. Entrei em casa novamente e saí pela porta da rua. Ainda havia gente saindo da casa do coronel com objetos transportáveis nas mãos. Arranquei o mais rápido que pude e logo estava na universidade. A entrada de automóveis estava bloqueada e estacionei na rua. Perguntei a um rapaz com uma metralhadora nas mãos onde estava a comandância e ele me disse que num dos escritórios da reitoria. Fui até lá e na entrada topei com Teresa Paz, que eu não via desde a época em que Korda a fotografou: agora vestia uma calça e levava uma metralhadora nas mãos. Estava linda, embora estivesse sem maquiagem, e havia em seu rosto uma expressão quase feroz: de decidida militância. Cumprimentei-a e por um momento ela não me reconheceu, mas logo depois sim, cumprimentando-me bruscamente. Parecia estar montando guarda diante da reitoria, e sem me preocupar mais com ela entrei no edifício em busca de Alberto: não foi difícil encontrá-lo. Estava com um grupo e também segurava uma metralhadora. Cumprimentei-o e ele me deu um tapinha carinhoso no ombro.

— Vem se unir a nós? — perguntou, com o ar de zombaria com que sempre fazia essas perguntas.

Havia também uma espécie de alegria selvagem dentro dele que se parecia muito com a de Teresa Paz. Imaginei que fosse o sabor da vitória, mas fiquei refletindo sobre seu estado de espírito e lhe contei o que estava acontecendo. Por fim, eu disse:

— A situação é grave — como de fato acreditei ao ver a chusma congregada nos fundos da casa. — Você não poderia vir comigo?

— Não — disse Alberto —, mas vá você, que eu vou depois.

Eu o vi disposto a cumprir com a palavra e saí da reitoria. Alberto vinha atrás de mim e, ao ver que eu estava junto a Teresa Paz, disse-me:

— O que acha dessa mulher de ação?

— Ela me parece — falei — disposta à luta.

— Mais do que disposta: já liquidou, sozinha, três batistianos — e Alberto passou as mãos pelas costas dela.

Teresa Paz não disse nada, apenas deu um meio sorriso e apertou a arma entre as mãos, agora mais femininas, contrastando com a agressividade do gesto e da arma, feitas um para a outra. Disse tchau para Teresa Paz, deixei Alberto caminhando em direção a um jipe que estava na praça Cadenas e fui até meu carro. Desci até a L para pegar a 23 e ao chegar à esquina vi um solitário policial de trânsito mudando as luzes do semáforo. Então ocorreu um fato que dava a tônica do momento. Um passageiro desceu de um ônibus que havia parado a meia quadra do semáforo e começou a xingar o policial em voz alta, chamando-o de batistiano e de esbirro. O policial não fazia nem dizia nada: simplesmente tentava ser mais um instrumento do trânsito, mas se via cortado, temeroso, incapaz de fazer outra coisa senão mover a alavanca que mudava as luzes. Via-se que o policial era habitual nessa esquina e que tinha vindo organizar o trânsito como em outro dia qualquer ou talvez sem saber o que fazer: era evidente que não havia chefes que ordenassem a capitães que ordenassem a tenentes que ordenassem a sargentos que ordenassem a cabos que ordenassem a simples guardas de trânsito o que fazer naquela manhã em que toda a polícia (menos este solitário agente do trânsito) estava em fuga. Tive vontade de descer do carro e ir até ele para lhe dizer que deixasse o trânsito, que se esquecesse de seu dever e fosse para casa. Era evidente que o policial era tudo menos um esbirro e eu me sentia compelido a sair em sua defesa. Mas eu tinha coisas mais urgentes a fazer do que salvar aquele solitário policial do escárnio a que era submetido e arranquei, subindo pela 23 até minha casa. Entrei e disse a minha mãe (minha mulher estava deitada com uma espécie de desmaio nervoso) que tinha visto Alberto e que ele já estava vindo. Agora a porta dos fundos estava fechada. Poucos minutos depois ouvi um chiado de freios e um toque na porta: Alberto tinha chegado, salvador, com dois ou três rapazes (eram muito mais jovens do que ele e eu) que portavam metralhadoras e rifles. Perguntou onde era o problema. "Ali nos fundos", disse eu, e fui até a porta, abrindo-a. Vi que havia um grupo formado nos fundos, com as mulheres que tinham ameaçado minha mulher. Alberto enfrentou o grupo e, subindo os três degraus que davam para uma breve esplanada onde estava o grupo, gritou:

— Vamos lá, o que está acontecendo? Não quero grupos aqui junto da casa.

O grupo começou a se dispersar, murmurando.

— Nesta casa só vivem revolucionários — gritou Alberto, com toda a autoridade possível nesse momento, a fim de que a chusma dos fundos acreditasse nele. — Revolucionários! — gritou Alberto. — E então, quem vai se meter com eles?

Ninguém respondeu nada: Alberto estava impressionante com sua metralhadora nas mãos e rodeado por sua guarda: parecia um pretoriano pronto a entrar em ação. O pessoal dos fundos se dispersou ainda mais e deixou de ser um grupo. Vi que dois homens entre eles, que tinham se mostrado arrogantes, agora reagiam atemorizados pelas palavras e, principalmente, pelo tom com que Alberto as pronunciava. Logo o grupo deixou de ser um grupo e Alberto considerou que sua missão estava encerrada, pois voltou para a casa. Então abraçou minha mãe.

— E aí, minha velha? — disse-lhe, carinhoso.

— Aqui — disse minha mãe —, vendo as coisas da vida.

Minha mãe queria dizer as ironias da história, e Alberto entendeu assim:

— Não se preocupe, não vai haver nenhum problema.

— Veremos se é verdade — disse minha mãe, e mudando de tom lhe perguntou: — Não quer um pouco de café?

— Eu gostaria — disse Alberto —, mas não posso. Preciso voltar pra universidade. Estou praticamente sozinho lá.

— Bem, mas depois você aparece por aqui, não é?

— Sim, como não, minha velha — disse Alberto, e, se virando para mim, falou: — Assunto resolvido, né?

— Acho que sim — falei, e o acompanhei até a porta, vendo-o subir no jipe, que saiu em disparada rua 23 abaixo.

Decidi suspender minha ida à *Carteles* até mais tarde e fiquei em casa pensando nas ironias da psicologia de massas: a gentalha dos fundos, que resolvera se agrupar na entrada da casa do coronel no dia em que Batista veio visitá-lo e que deram vivas a ele, era a mesma que, havia pouco, nos acusava de batistianos por sermos contra o saque e a pilhagem da casa do coronel. Era minha primeira experiência com as mutações que a história impinge às massas — mas não seria a última. Fui ver televisão para saber o que estava acontecendo em Havana que eu não havia visto, e também no resto de Cuba. Havia um programa especial de notícias e o locutor agora divulgava um comunicado de um tal de comandante Diego (o tom do locutor indicava que este nome era um pseudônimo), que operava na província de Havana e conclamava "o povo a manter-se calmo e vigilante diante das manobras batistianas". Eu não sabia do que se tratava, mas depois o locutor passava para a notícia seguinte, dizendo que o coronel Barquín, que comandava as forças do Exército localizadas em Columbia e uma junta civil, dirigida pelo funcionário mais antigo do Supremo Tribunal, Carlos Manuel Piedra, assumiria o poder. Seguiram-se outras notícias conclamando o povo a ter calma e as ordens do comandante Diego foram repetidas. Então Adriano me ligou: tivera a ideia de visitar Guillermo Belt. Guillermo Belt tinha sido embaixador de Cuba em Washington e agora vivia num semirretiro político. Não sei o que ele poderia querer com Guillermo Belt, mas resolvi apanhá-lo em seu apartamento. No caminho, deparei com uma ausência de policiais (o que estava manejando o semáforo da 23 com a L tinha desaparecido) e uma quantidade maior de pessoas na rua.

Fomos para a casa de Guillermo Belt, que morava perto do cabaré Sans Souci, adiante do Country Club. Fomos novamente em meu carro (a essa altura eu já chegara à conclusão de que Adriano emprestara seu carro a Otto Vilches), e ao sair de Havana, por Marianao, começamos a ver turbas vociferantes. As pessoas se aglomeravam nas esquinas e numa esquina em particular controlavam o trânsito, e alguns empreendedores se entretinham na tarefa de pintar os carros que passavam perto. Quando chegou minha vez de passar por essa espécie de controle popular, por um momento pensei que fossem virar o carro, pela forma como subiram sobre nós, gritando vivas ao 26 de Julho e começando a pintar nas partes brancas de meu carro, com tinta vermelha, não palavras de ordem, mas M-26-7. Eu não sabia o que fazer, se protestava ou se dava vivas ao 26 de Julho, como queria a turbamulta. Tentei evitar que pintassem o carro, mas foi inútil: cobriram todas as partes brancas com aquela odiosa tinta vermelha. Por outro lado, como evitá-lo? Lá estávamos Adriano e eu (no diagnóstico preciso de Masferrer: paletós e óculos, mais nada) no meio da multidão que gritava vivas ao 26 de Julho e lambuzava com tinta vermelha meu automóvel. A duras penas conseguimos passar, depois de permitir que o carro fosse submetido ao escárnio, e então me perguntei se aquele motim não teria se congregado em algum lugar para dar vivas a Batista, como a gentalha que morava nos fundos de minha casa. Finalmente deixamos para trás a gentalha pintora e seguimos direto para a casa de Guillermo Belt — para sermos recebidos, ao chegarmos a sua casa, por um criado que nos disse que o cavalheiro não estava em casa. Foi inútil que Adriano invocasse o sobrenome Espinoza ou Spinoza, porque não conseguimos ver mais ninguém além do temeroso criado, que só abriu a porta para nos despachar. Só quando voltamos para o carro me dei conta verdadeiramente do estado em que ele estava.

— Maldição! — disse, apontando para Adriano meu Metropolitan vermelho e branco, agora quase todo vermelho.

Adriano riu.

— Com razão — disse ele — eu não queria sair com o meu: desconfiava que alguma coisa assim ia acontecer.

Olhei para ele, não sei se aborrecido ou admirado de sua franqueza, que beirava, como sempre, o cinismo. Voltamos a Havana fazendo um longo rodeio para evitar a parte popular de Marianao, beirando o acampamento de Columbia (onde tudo parecia estar calmo: não acontecera nada na noite anterior) para sair na Quinta Avenida e depois chegar ao Malecón. Deixei Adriano em casa, dizendo-lhe:

— Da próxima vez que formos visitar o Guillermo Belt, vamos no teu carro.

Ele sorriu.

— De acordo — disse. — Fico alegre que você leve isso com bom humor.

— Fazer o quê?

Podia fazer alguma coisa e foi o que fiz em casa, pus o carro na rampa da garagem e comecei a lavá-lo enquanto pela 23 passavam caminhões com gente vociferante e os ônibus iam e vinham numa festa constante. Felizmente a tinta era solúvel em água e consegui tirar tudo, com muito trabalho.

De tarde fui à *Carteles*, não para trabalhar, mas para conversar com Ortega, que ficara sabendo de muitos incidentes por intermédio de Quevedo, suponho. Batista, como Adriano me contara, reuniu seus íntimos no Columbia e foram para a República Dominicana de avião. Muitos outros partiram em iates, outros se refugiaram em embaixadas e havia o temor de que o povo — Ortega disse o populacho, e depois de ter experimentado o que experimentei em Marianao, eu tendia a lhe dar razão — não respeitasse o direito de asilo, sobretudo se houvesse gente como Ventura ou Carratalá refugiados nas embaixadas. Ortega acreditava que Carratalá, Ventura, Orlando Piedra e Pilar García tinham fugido junto com Batista, mas não sabia concretamente se era isso mesmo.

— A *Bohemia* — disse-me — está preparando uma edição de um milhão de exemplares, revelando todas as fotos que o Miguel Ángel escondeu durante a ditadura.

Perguntei-lhe se a *Carteles* faria algo semelhante, mas minha pergunta era inútil: nós nos conformávamos com as sobras do banquete da *Bohemia*. Voltei para casa e me sentei diante da tevê em busca de mais notícias. De noite jantamos cedo e resolvi não sair, diante da pressão de minha mãe e de minha avó. De vez em quando, ao longe e no silêncio da noite, ouviam-se disparos de armas de fogo. A televisão oferecia mais comunicados do comandante Diego, que não se materializava, e um chamado da Sierra para uma greve geral (que apareceu na televisão junto com um telefonema de Alfredo Villas, instando-me à greve geral: fizera isso antes tantas vezes que se eu não estivesse ouvindo na tevê não acreditaria), com a qual Fidel Castro se opunha ao governo interino. A situação ainda parecia confusa e recebi vários telefonemas, um deles me avisando que o comandante Cubela (do Diretório) havia ocupado o Palácio Presidencial, o que não estranhei: o Diretório parecia ter uma fixação pelo Palácio Presidencial. Tarde da noite, Adriano me ligou para dizer que Santiago de Cuba capitulara diante de Fidel Castro, mas resolvi não ligar para Ortega me confirmar a notícia. A agitação histórica (que é quase uma agitação histérica) não me deixou dormir até bem tarde. Quando acordei, a manhã já avançada, resolvi ir até a *Carteles*. Ortega já estava lá e Pepe, o Louco, José-Hernández-que-não-escreverá-o-Martín-Fierro, que eu não vira no dia anterior, tinha reaparecido. Parecia compartilhar da euforia geral, apesar de seu niilismo negativo, e não detestar mais, tanto, Fidel Castro; compartilhava da atmosfera de quase festa (ninguém trabalhava: cumpria-se a ordem de greve geral, mas todos nós nos reuníramos na *Carteles*, mesmo os mais tímidos, como Andrés, que nesse dia não fez nenhuma capa) que reinava no castelo do bairro de La Victoria (nome apropriado). Ortega chegou tarde também, porque havia parado na *Bohemia*, onde reinava o alvoroço, embora a produção do Número do Milhão, como era conhecida a próxima tiragem da revista, tivesse sido suspensa. Carlitos, o Maldito (e preciso esclarecer que a acepção de maldito que ele mesmo propunha para si era a havanesa, aquela que quer dizer pícaro, malicioso e mau, como quando se diz: "Que rapaz mais ruim!", e nunca na acepção baudelairiana da palavra *maldito*), apareceu por um momento e anunciou que estava no quartel-general do Diretório para as pessoas de ação, que já não era a universidade nem o Palácio, mas a companhia de eletricidade. Depois alguém avisou que tinham detido Laurent e que ele estava preso num povoado próximo. Então sugeri, movido por não sei que entusiasmo meio jornalístico, meio vingativo, que fôssemos ver um dos "verdugos do regime", como Villas o chamava, na prisão. Santiago Cardoso, Pepe, o Louco, e até René, que tinham mantido sua discreta distância e sua falta de entusiasmo naquele momento culminante que vivíamos, resolveram me acompanhar. E lá fomos nós, em meu carrinho. No caminho, Pepe, o Louco, demonstrou que seu epíteto não era gratuito e, sentado a meu lado, deu tal puxão no volante que o carro se precipitou em direção à valeta, e só não caiu nela porque consegui tirar as mãos de Pepe do volante e endireitá-lo. Houve uma espécie de discussão entre os passageiros e Pepe, o Louco, que não disse uma palavra e se manteve sentado no lugar, com um leve sorriso. Por sorte havia um pouco de ordem em sua loucura e ele puxou o volante para a direita e não para a esquerda, manobra que teria feito o carro enfrentar o trânsito na contramão, com o risco de um grande acidente. Acalmei os ânimos de Santiago Cardoso e seguimos em frente. Perguntando no povoado, conseguimos localizar o cárcere, mas não teria sido difícil dar com ele, tendo em vista a aglomeração de pessoas em seu entorno. Identifiquei-me como jornalista e conseguimos entrar no edifício, que parecia mais um matadouro do que um cárcere, embora no meio de um amplo salão houvesse uma espécie de jaula em que estavam encerrados dois homens, rodeados, pela parte de fora, por rapazes vestidos de uniforme verde-oliva com faixas vermelhas e pretas no braço, e um deles, o que parecia mais importante, com uma faixa em que se lia M-26-7 — o uniforme do 26 de Julho na Sierra. Deixaram nosso grupo se aproximar da jaula, onde os dois homens, à paisana, em mangas de camisa, pareciam loucos, loucos presos num hospício. De repente um deles, que ouviu quando me identifiquei para o chefe dos rebeldes, falou:

— Jornalista, pelo amor de Deus, eles vão nos linchar!

O chefe dos rebeldes disse, com autoridade:

— Aqui não se lincha ninguém. A justiça será feita, mas não se linchará ninguém.

— Pelo amor de Deus, jornalista! — disse o preso. — Eu não sou o Laurent! Essas pessoas pensam que eu sou o Laurent, mas eu não sou o Laurent. Meu nome é Lázaro Pérez. Eu não matei ninguém, não torturei ninguém e agora querem me linchar! Pelo amor de Deus, jornalista, intervenha!

O outro preso não dizia nada, aparentemente presa do terror, mas o que clamava por justiça, e que na vida cotidiana devia ser um homem bem-visto, continuava protestando sua inocência. O espetáculo daqueles dois homens encerrados numa jaula, um passivo, esperando sua sorte, e outro declarando ativamente sua inocência, pareceu-me, de repente, obsceno. Embora certamente merecessem estar na jaula, parecia-me indecoroso para a dignidade humana vê-los enjaulados como animais aterrorizados. Certamente o pelotão de fuzilamento os esperava (segundo Ortega, Fidel Castro, da Sierra, dera ordens para ninguém fazer justiça com as próprias mãos, como ocorreu quando caiu a ditadura de Machado, em 1933), pois a justiça rebelde se encarregaria de julgar os culpados e lhes dar o que merecessem. Eu não tinha a menor dúvida de que esses dois presos, os primeiros *esbirros* — como Villas denominava os capangas do poder — que eu vira de perto, seriam sumariamente julgados e fuzilados dentro de um ou dois dias, e senti pena deles nesse momento: afinal, eram duas pessoas, dois seres humanos, que estavam naquela jaula desumana, talvez até projetada por eles (ou por alguém como eles), mas nem por isso menos cruel. Fui para a rua enquanto o preso ativo não parava de me chamar:

— Pelo amor de Deus, jornalista, eles vão nos linchar!

Resolvi voltar a Havana. No caminho, Pepe, o Louco, rompeu o silêncio para dizer:

— Vão se dar mal. Não sei por que esperam tanto pra acabar com eles.

— O Fidel falou — disse Cardoso — que a justiça rebelde será justa, não importa o quanto o inimigo tenha sido injusto.

A retórica revolucionária de Cardoso, enunciada com seu sotaque típico da província de Oriente, contrastava com o jacobinismo feroz de Pepe, o Louco:

— Que justiça rebelde, que nada! Esses aí merecem é um tiro na nuca!

René de la Nuez, por sua vez, não havia dito uma palavra; agira como a testemunha desapaixonada de sempre. A volta foi menos aventureira e mais triste — mas talvez com os viajantes mais sábios, agora — do que a ida àquela prisão.

Ortega mandou José Lorenzo entrevistar Che Guevara, que já tomara a fortaleza de La Cabaña, e José Lorenzo, que não tinha automóvel, me pediu que o levasse. Eu não tinha nada para fazer e me interessava conhecer Che Guevara. De certa forma, sentia-me responsável por José Lorenzo, que viera trabalhar na *Carteles* graças a minha intervenção. Fomos no meu carrinho até o outro lado do túnel e não foi difícil entrar em La Cabaña, uma vez que nos identificamos com a guarda rebelde na entrada. José Lorenzo perguntou onde podia encontrar Che Guevara e um rebelde nos indicou. Acompanhei José Lorenzo na entrevista, que ele não fazia sozinho: havia jornalistas nacionais e estrangeiros. Na antessala, encontrei um rebelde que me cumprimentou (tinha o grau de tenente), era alguém que me conhecia da *Carteles* e que não consegui identificar nem na hora nem depois.

Deparamos com um homem de estatura mediana, de barba completa, ainda que rala, e muito parecido com Cantinflas. Usava boina e fumava um charuto: era Che Guevara. Choviam-lhe perguntas, que ele respondia num tom estrangeiro e cortante, demasiadamente militar. José Lorenzo só conseguiu fazer uma pergunta:

— É verdade que o senhor pretende invadir a República Dominicana? (Nunca soube como lhe ocorreu semelhante pergunta.)

E a resposta de Che Guevara veio como um disparo:

— Falso!

José Lorenzo não ouviu e perguntou:

— Como?

E Che Guevara disparou novamente:

— Falso! — dessa vez num tom mais autoritário.

Seguiram-se outras perguntas de outros jornalistas, que Che Guevara respondia no mesmo tom e com a mesma rapidez com que respondera a José Lorenzo. Na saída topei de novo com meu conhecido e com uma mulher jovem, de rosto bonito, mas com um corpo largo e baixo. Ele apresentou-a como Aleida March, secretária de Che Guevara, que meses mais tarde seria sua segunda esposa. Aproveitei para lhe perguntar se conhecia Franqui, e ela disse que sim. Perguntei-lhe se o vira depois da queda de Batista e se viria com o pelotão de frente do exército rebelde, e respondeu não às duas perguntas. Lá fora, na esplanada, com o sol se pondo, havia muitos soldados rebeldes e um deles, particularmente, chamou minha atenção. Era um ruivo de barbicha pontuda, com um gorro russo que imitava astracã. Algum tempo depois consegui identificá-lo como Ramiro Valdés. De noite fui ao La Víbora (o que não significa ir à selva, mas a um bairro residencial de Havana) para uma tarefa da qual me esqueci, mas não pude esquecer o mistério daquelas ruas escuras, dos disparos que soavam a intervalos regulares e do alto lá! que me ordenavam a cada momento rapazes que mais pareciam *boy scouts* do que rebeldes. (Ainda não se usava o termo *guerrilha* para se referir a eles, já que em Cuba a palavra *guerrilha* evocava a triste memória dos cubanos que lutaram junto aos espanhóis contra os cubanos nas guerras da independência: esses eram chamados de guerrilheiros.) Nessa noite Alberto Mora veio me ver, queria que eu ajudasse a organizar o futuro jornal do Diretório, que iria se chamar *Combate*. Eu disse que sim, que passaria na redação do jornal, localizado nas oficinas de impressão da *Gaceta Oficial* em Havana Velha. No dia seguinte acordei com um tumulto: minha mãe me chamava para dizer que havia um pelotão de rebeldes diante da casa. Levantei-me e da janela pude ver o grupo, que na verdade não era formado por rebeldes, mas por jovens à paisana que portavam armas longas. Vesti-me, abri a porta e consegui falar com um deles, que apontou para cima e disse que havia um batistiano escondido no último andar — e por acaso não fazia muito tempo que ali morava meu sogro, que fora guarda de trânsito até pouco tempo atrás. Fiquei alarmado e disse ao rebelde que ele estava enganado, que ali não morava nenhum batistiano. Ele não respondeu e subiu com outro rapaz para bater à porta. Desapareceram na escada e dentro de poucos instantes se ouviu um disparo. Outros rapazes subiram as escadas e depois de alguns rumores confusos eles desceram o rapaz com quem eu havia falado, e que segurava o ventre gemendo debilmente enquanto o sangue escorria por suas mãos e braços e manchava a escada à passagem dos que o carregavam.

— O que houve? — perguntei.

— Parece que o batistiano lá de cima atirou nele.

Antes que eu pudesse dizer qualquer coisa, outro rapaz, que parecia o chefe, gritou da calçada:

— Olha lá! — e apontou sua carabina para o alto do edifício, justamente a parte onde meu sogro morava, disparando uma saraivada.

Depois outros dispararam seus rifles automáticos e suas pistolas mirando a parte alta do edifício. Eu, com medo que uma das rajadas se enganasse de direção e fosse dar na mesma parte do edifício, só que embaixo, onde morávamos, fechei a porta e levei minha filha mais velha, que estava na sala da frente, para dentro de casa e mandei minha mulher, minha mãe e minha avó se esconderem atrás da parede em arco que dividia a sala propriamente dita da copa. Elas se acocoraram lá, e eu também. (Nem meu pai nem meu irmão tinham aparecido, então deduzi que não estavam em casa.) Pouco depois do tiroteio — que assustava minha filha a ponto de fazê-la chorar — ouviram-se vozes autoritárias e os disparos cessaram. Depois de alguns prudentes minutos saí e havia uma fila de jovens que subiam e desciam a escada, mas não vi meu sogro entre eles.

— Encontraram o batistiano? — perguntei ao que havia subido em segundo lugar um momento antes, e ele disse que não.

— Ah, o apartamento estava vazio.

Tinham forçado a porta da casa de meu sogro e não haviam, felizmente, encontrado ninguém. Depois eu saberia que o rapaz ferido, que foi o primeiro a subir, fora atingido por uma bala perdida do segundo, que não quis admitir ter disparado sua arma e praticamente inventou a história do tiro dado do apartamento de meu sogro. Só quando o rapaz ferido pôde se pronunciar foi que a verdade veio à tona, e eu soube das notícias pela televisão. Felizmente meu sogro tinha ido com sua mulher (que não era minha sogra) e sua filha para outra parte de Havana e só voltaria ao apartamento dias depois. Ele teve, claro, que mudar a fechadura quebrada.

Nessa manhã que começara com a histeria armada, fui até Havana Velha, na esquina do Ministerio de Gobernación onde ficava a editora Luz-Hilo (um trocadilho memorável, já que o dono se chamava Lucilo de la Peña: Lucilo-Luz-Hilo, sacaram?) onde se editava correntemente a *Gaceta Oficial*. A pracinha estava estranhamente deserta na manhã já avançada, as casas ao redor mostrando suas janelas com as persianas de madeira fechadas e nenhuma pessoa na rua. Ao entrar na editora fui parado por um rapaz armado com um M-1 que às vezes fazia de porteiro. Expliquei-lhe quem eu era e o que ia fazer ali e, depois de certa hesitação, ele me deixou entrar. Lá dentro havia uma confusão de jovens, alguns tentando escrever à máquina e outros aparentemente sem fazer nada, todos armados com pistolas e rifles — armas demais para o meu gosto, e pensei nos dias de minha juventude, quando eu era revisor de provas no *El Universal* e se mudaram para a redação Masferrer e seus acólitos (ainda não se denominavam tigres), que usavam pistolas como peso de papel, e me lembrei de minha fuga rápida do trabalho, sem dizer nada a ninguém, renunciando ao convívio com as pistolas: como acho que já disse, sempre que ouço a palavra *pistola* recorro a meu livro. Alguém, ao ouvir meu nome, afastou-se do grupo (no qual havia, eu podia ver agora, duas mulheres muito bonitas, também portando suas respectivas pistolas: o Diretório parecia ter, por ora, o monopólio de beldades armadas, amazonas cubanas que, felizmente, tinham dois seios cada uma), era um homem bastante jovem, de óculos, que me cumprimentou como se eu fosse um velho conhecido e que, como acontece com muita gente, não percebeu que eu não o reconhecia. Tentei me lembrar de onde poderia tê-lo visto antes, talvez com Alberto ou com Joe Westbrook, não sei. Felizmente, ele me disse:

— Eu sou Orlando Pérez e estou tentando dirigir isso que bem poderia ter por nome *Confusão*, e não *Combate*.

Gostei do que ele disse, mas não gostei do que vi ao seu redor: mais gente armada.

— Quem sabe você pode nos dar uma mão — acrescentou.

— Bem — disse eu, precavido —, o Alberto Mora me pediu que desse uma passada por aqui, mas eu trabalho na *Carteles* e na televisão — o que era verdade, ainda que ganhasse pouco nos dois empregos — e não sei se poderei trabalhar com vocês.

— Bem — disse Orlando Pérez —, veja o que pode fazer. Tire o paletó e nos dê um empurrãozinho.

Seu tom era coloquial, mas forçado: não acredito que ele estivesse mais à vontade do que eu naquela situação. Tentei lidar com os elementos que havia e me sentei a uma mesa que não estava ocupada. Logo depois Orlando Pérez me trouxe algumas páginas, grosseiramente datilografadas e com uma redação ainda pior. Tentei ajeitá-las, mas era um trabalho inútil: a sintaxe diretorial era endiabrada. Trabalhei (modo de dizer, tentei produzir algumas laudas que pudessem lembrar colunas de um jornal, tiradas da prosa combatente) o resto da manhã e à uma hora disse que ia almoçar. Por um momento temi que Orlando Pérez resolvesse me acompanhar, mas ele disse:

— Preciso ficar aqui: estamos esperando notícias do Palácio. Mas você vem de tarde, não?

— Bem — falei, demorando para responder —, preciso trabalhar na *Carteles*, mas vou ver se consigo dar uma escapada.

— Faça o possível — disse Orlando Pérez, com certo desânimo, como se previsse que eu não voltaria.

Ao sair da editora Luz-Hilo (ou do jornal *Combate*, como preferirem) olhei em todas as direções: da pracinha, das sacadas vazias e das persianas fechadas pareciam sair pistolas, apontadas para o pessoal do Diretório, e agora para mim: o sol do meio-dia caía vertical sobre casas e ruas e dava uma nota ameaçadora ao Chirico na pracinha. Peguei meu carro o mais rápido que pude e, naturalmente, a editora Luz-Hilo, o jornal *Combate* e a frente intelectual do Diretório não tiveram mais sinal de mim.

Em casa, no almoço, fiquei vendo televisão. Estava ligada no Canal 12, onde meu irmão trabalhava e onde agora, para a minha surpresa, vi Leandro Otro, ao lado do jornalista americano Jules Dubois, entrevistando soldados rebeldes. Nesse meio-tempo, Adriano me ligou.

— Você viu o que o babaca do Leandrito está fazendo? — perguntou, como se adivinhasse o que eu estava vendo.

— Acabei de ver nesse instante — disse eu.

— Bem — disse ele —, você já vai perceber o que ele e esse agente americano que finge ser irmão da Blanche estão fazendo.

Por um momento não entendi a alusão de Adriano: isso às vezes me acontecia. Mas de repente me deu o estalo: Blanche Dubois, claro.

— Não, não vi muita coisa. Acabei de chegar da rua. — Não quis lhe dizer que estava vindo do jornal do pessoal do Diretório.

— Bem — disse Adriano —, pois fique sabendo, o Jules e o Leandrito estão entrevistando todos os rebeldes que encontram com uma medalha no pescoço, e são muitos.

Era verdade: eu já havia notado, e também vira isso em La Cabaña. Muitos rebeldes levavam medalhas no pescoço, além de colares de contas e outros badulaques, amuletos, imagino.

— Sim — disse a Adriano —, vi muitos.

— Bem — disse ele —, pois o teu amiguinho e o americano resolveram entrevistar esses pobres rebeldes enfatizando seu possível anticomunismo. Já me ligaram sobre isso — acrescentou ele, e imaginei que fosse Otto Vilches —, e estou tentando resolver a situação. Estou vendo há pouco tempo e tudo o que fazem é perguntar a cada rebelde entrevistado se ele é católico, como se o Leandrito e o Dubois fossem militantes do catolicismo, os babacas.

Enquanto falava ao telefone, eu via televisão e pude comprovar que Adriano dizia a verdade: acabara de ver Leandrito segurando entre os dedos a medalha de um dos rebeldes, que já começavam a ser chamados de barbudos ou cabeludos, perguntando-lhe por seu amor (não nesses termos, claro, mas nos mais populares) pela Virgem de la Caridad del Cobre, padroeira de Cuba.

— Estou vendo — disse a Adriano.

— Caralho — disse ele —, vamos ter que dar um susto no Leandrito.

— Bem — disse eu —, você cuida disso, que eu tenho que acabar de almoçar.

— O que você vai fazer hoje, quer dizer, hoje de tarde?

— Vou pra *Carteles*.

— Que não seja o fechamento — disse-me, rindo —, pra que aquela minha parte, como a do Juliano Mata, fique a salvo.

Era uma velha brincadeira nossa, desde os dias da Cinemateca de Cuba, quando um de seus diretores, Juliano Mata, me disse, ao saber que eu não poderia comparecer a uma reunião porque era o dia de fechamento da *Carteles*: "O fechamento da *Carteles* vai me fazer tomar no cu!" — e ele não estava brincando.

— Bem — terminou Adriano (curiosamente, minha Havana era muito romana, com muitos de meus amigos tendo nomes romanos) —, quem sabe a gente se vê hoje à noite. Agora de tarde vou levar o velho Marinello pra passear pelos bairros populares.

Adriano não dizia isso de brincadeira, porque numa daquelas tardes eu o vi passar velozmente em seu carro, com a singular cabeleira branca do velho Juan Marinello no banco do passageiro.

Eu já estava na *Carteles* (mas não estava trabalhando, ainda que, não sei se cheguei a dizer isso, a greve tenha durado apenas vinte e quatro horas, com uma vitória fácil para Fidel Castro: ninguém se opunha à nomeação do juiz Urrutia como novo presidente de Cuba), mas, como eu disse, não estava trabalhando (fazia dias que não ia ao cinema: a vida era mais animada do que o que estava passando nas telas havanesas e, por outro lado, os contos que eu devia ler podiam esperar, agora que a política ou a história cotidiana havia sido entronizada em nossas vidas), estava lá conversando com Wangüemert, acho, ou talvez com René, ou quem sabe ouvindo as rapsódias que agora Pepe, o Louco, José--Hernández-que-não-escreverá-o-Martín-Fierro entoava para os rebeldes, ou talvez fazendo todas essas coisas ao mesmo tempo. O que sei com certeza é que meu irmão me ligou e havia em sua voz uma urgência suprema:

— Acabaram de prender o Blasito! — disse ele. Blasito era Blasito Gómez, velho amigo lá de casa.

— Como foi isso? — perguntei a meu irmão.

— É tudo muito confuso, parece que foram buscá-lo em casa pra prendê-lo e ele tentou fugir, mas isso não importa, o que importa é você fazer alguma coisa.

— Mas o que eu posso fazer?

— Não sei — estourou meu irmão —, mas você precisa fazer alguma coisa, porra, que merda tudo isso…

— Não sei o que fazer — falei — nem com quem falar.

— Vá ao programa do Leandrito no canal — ele se referia ao Canal 12.

— Tudo bem — respondi —, parece uma boa ideia. — E fui até o Canal 12.

A entrada para os estúdios, que ficavam no Habana Hilton, estava abarrotada e havia mais gente ainda nos corredores, principalmente barbudos, soldados rebeldes e curiosos, ou talvez solicitantes de autógrafos, pois naqueles dias havia de tudo um pouco. Consegui entrar na emissora e lá encontrei Julio Castellano, que era amigo e colega de Leandrito, e lhe disse que precisava falar com este, que estava, nesse momento, entrevistando mais soldados rebeldes portadores de medalhas religiosas e de outros badulaques.

— Vou passar um bilhete pra ele — falou Castellano quando eu disse que o assunto era urgente, e fez isso. Vi pelos vidros como Leandrito lia o papel e olhava para a cabine onde eu estava, balançando afirmativamente a cabeça. Logo depois ele deixou o microfone e veio até a cabine de controle.

— O que houve, meu velho? — cumprimentou-me Leandrito, sempre afável comigo.

— Nada — falei, querendo dizer muito —, só que prenderam o Blasito Gómez e quero fazer um apelo aos que o prenderam para que não ocorra nenhum equívoco com ele. Você sabe que o Blasito não é um *esbirro* ou coisa parecida.

— Sim, claro, claro — disse Leandrito. — Apresento você agora mesmo. Venha comigo.

Segui-o até o palco onde entrevistavam outro soldado rebelde e Leandrito pediu licença para uma intervenção.

— Temos aqui conosco um amigo que quer fazer uso dos nossos microfones para uma mensagem importante — disse, e continuou fazendo meu elogio como revolucionário e pediu atenção para minhas palavras.

Diante do olho ubíquo da câmara de tevê, eu, embora já devesse estar acostumado, me sentia nervoso como sempre, e comecei a gaguejar dizendo que tinha havido um engano: alguém prendera Blasito Gómez, que não era, absolutamente, um *esbirro* batistiano, mas um simples funcionário do Ministerio de Gobernación, e continuei pedindo que o tratassem com a devida consideração e disse que, em minha opinião, ele devia ser posto em liberdade. Ou seja, calculei mal e quase acabei, sem querer, tomando satisfação dos que haviam detido Blasito. Por fim eu disse que isso era tudo e que esperava que os captores de Blasito Gómez ouvissem meu apelo. Caminhei de costas para deixar o microfone livre para Leandro Otro, mais conhecido entre nós como Leandrito, e de repente percebi o absurdo da situação: eu em minha primeira intervenção pública pedindo justiça benigna para um batistiano (porque Blasito, embora eu não admitisse isso pela televisão, era um batistiano) e não formando fileiras com os que pediam a cabeça de todos os batistianos responsáveis por crimes, que em muitos casos eram crimes políticos, mas, como nos julgamentos de Nuremberg, vendo os vencedores se transformarem em fiscais da história. A verdade por trás da detenção de Blasito tem um viés cômico, que eu só pude conhecer quando o libertaram. Acontece que Blasito chamara a atenção no bairro porque seu carro, como as viaturas e veículos dos serviços secretos, tinha um espelho sobre o banco traseiro, de maneira que os passageiros ali sentados pudessem ver quem vinha atrás e em que carro. Essa ideia do segundo espelho retrovisor era idiota, mas delatava muitos carros da polícia secreta, então todo mundo sabia que um veículo que tivesse esse segundo espelho pertencia à polícia batistiana. Além disso, Blasito portava uma pistola, que nunca usaria, com o cabo enfeitado com as cores batistianas da bandeira do 4 de setembro, e o fato de trabalhar no Ministerio de Gobernación deixara seus vizinhos com uma imagem batistiana malvada de Blasito — que era, na realidade, um infeliz, como se denomina em Cuba alguém que é manso e bom. A história íntima dentro da grande história coletiva desses dias confusos revela Blasito saindo de sua casa de modo sub-reptício (que é o mesmo que dizer de modo suspeito), seguido de seu pai e, para piorar, metendo o velho Gómez no bagageiro e arrancando o carro a toda a velocidade quando um dos vizinhos lhe ordena que pare. Então passa a ser perseguido por outros veículos, estes armados, e à perseguição se soma tal tiroteio que ninguém sabe como não mataram Blasito e, principalmente, o velho, o velho Gómez escondido ali no porta-malas. A perseguição terminou algumas quadras adiante, quando o carro de Blasito se chocou contra um muro, com Blasito saindo milagrosamente ileso, e de novo, e sobretudo, o velho Gómez em seu refúgio e rincão. A história é cômica porque, não sei se graças a meu apelo ou a um surto de cordialidade entre seus captores, tudo acabou bem e perdoaram Blasito, sua pistola com cabo batistiano, seu segundo espelho retrovisor e, principalmente, sua fuga à toda ao ouvir o alto lá! rebelde — que pode muito bem ter sido dado por vizinhos que, como os nossos, deram vivas ao mesmo Batista num dia do passado.

Nessa noite estava tudo calmo lá em casa e tive a impressão de que havia anos não ia ao cinema, de tanto que a história se imiscuíra em minha vida. Não estava vendo televisão nem ouvindo música e talvez conversasse com minha mãe quando bateram à porta. Foram abrir e de repente irrompeu na sala uma figura vestida de uniforme verde-oliva, com uma boina de *fati-*

gues americanos (que é o que era, na verdade, o uniforme verde-oliva do 26 de Julho) e uma barba cerrada e emaranhada — era Franqui. Estava chegando da Sierra, via Santiago de Cuba, e imediatamente viera nos visitar. Houve um grande alvoroço lá em casa, todos contentes de ver Franqui são e salvo, ansiosos por ouvi-lo contar suas aventuras, orgulhosos de tê-lo entre os amigos mais íntimos, mas Franqui não tinha tempo para prosa: com seu costumeiro sotaque do interior, disse que havia um carro lá fora esperando por ele, que devia seguir para o acampamento de Columbia (batizado, naqueles dias, de Cidade Liberdade) e perguntou se eu queria ir junto: claro que eu disse sim e saímos de casa, com minha mãe ainda pedindo a Franqui que cuidasse de mim, como se houvesse perigo em ir ao Columbia agora. No caminho, Franqui me contou que vinha para assumir o *Revolución*, o jornal do Movimento 26 de Julho, que agora ocupava a redação e as oficinas do antigo jornal batistiano *Alerta*, e que queria contar com minha ajuda. Eu disse que estava à inteira disposição.

— Bem — disse ele —, essa noite não podemos fazer nada, mas amanhã vamos cuidar do jornal.

Eu disse que tudo bem e já estávamos franqueando a entrada do Columbia, com dois sentinelas rebeldes na porta (que número seria? Seria o famoso posto 6 por onde Batista havia entrado para dar o golpe de Estado em 10 de março de 1952? Seria essa outra ocasião histórica? Não pude responder a tantas perguntas, principalmente à última, tão vaidosa) e o acampamento vazio de soldados batistianos, que tinham sumido como num passe de mágica. Franqui me contou que Camilo Cienfuegos, o outro comandante lendário da Sierra, havia tomado o enorme quartel com duzentos rebeldes e que havia nele, naquele momento, cerca de vinte mil soldados batistianos. Uma simples metralhadora calibre 50 no pórtico de entrada teria acabado com a coluna de Cienfuegos, que Franqui sempre chamava de Camilo, como chamava Fidel Castro de Fidel e o comandante Ernesto Guevara de Che: nunca me acostumei com essa forma de nomear e não pensava nisso, e sim na calma que reinava em toda parte, quando chegamos à comandância, o antigo quartel-general batistiano. Havia ali outro solitário sentinela rebelde, que nos deixou passar sem dizer nada ao ver o uniforme e a barba de Franqui, indumentária que o sentinela compartilhava com ele. Franqui se moveu dentro do edifício como se o conhecesse e abriu a porta que dava para o antigo santuário do Exército tradicional, fosse ele batistiano ou constitucional, o chamado G-1, segundo a nomenclatura americana. Havia no salão alguns militares do exército batistiano, trajando o cáqui regulamentar mas agora sem quepe ou capacete na cabeça. Havia também várias pessoas à paisana, de paletó e gravata, em torno de um homem alto, magro, de uniforme verde-oliva mas de bota, de quadris estreitos e com as costas largas de um cowboy, e que também tinha uma barba comprida, uma cabeleira mais comprida ainda e portava na cintura, em vez da esperada pistola, um inesperado revólver calibre 45. Quando Franqui exclamou "Camilo!" e foi abraçá-lo, eu soube que era Camilo Cienfuegos: era a primeira vez que o via, mas não seria a última. Franqui me apresentou a Camilo Cienfuegos, que me estendeu a mão, e depois a vários civis que o rodeavam. De um deles (o outro eu já conhecia: era Bilito Castellanos, antigo líder estudantil) guardei o nome e a figura: era Santiago Rueda, que usava óculos com aro de tartaruga e tinha um amplo bigode. Também houve um encontro inesperado: entre os militares vestidos de cáqui encontrei, de repente, uma cara conhecida: era Mario Moreno, velho habitué das reuniões católicas de Berto e que eu havia encontrado, em 1956, em Santiago de

Cuba, como civil e trabalhando numa companhia que fazia obras públicas na zona de Baracoa, abrindo a chamada Vía Mulata, um projeto batistiano: na época ele reclamou que trabalhava em obras públicas por não haver outro trabalho possível, e agora, timidamente, depois de me cumprimentar com sua voz quase sussurrante, disse-me que estava no departamento jurídico do Exército (ele era advogado) e tinha vindo parar, não sabia como, na comandância geral. Havia em sua voz e em suas maneiras uma ânsia por tornar-se um vencido invisível, por chamar o mínimo de atenção possível, mas ao mesmo tempo ele parecia tentar participar da euforia que reinava entre os vencedores. Havia também na comandância, entre os militares batistianos, quase todos coronéis, uma grande confusão: era tanta que não só chamaram Franqui de comandante, pois ele parecia um, com sua longa barba e seu uniforme verde-oliva, como também me chamaram de comandante, eu, que estava de paletó e gravata e com a cara limpa, imberbe, daqueles anos. De repente houve um movimento no grupo que estava perto de Camilo Cienfuegos e ele se moveu em direção a outra porta, abriu-a e entrou. Franqui o seguiu e me chamou. Também entrou conosco Santiago Rueda. O quarto era pequeno e havia nele uma cama onde Camilo Cienfuegos se deitou, falando com Franqui e com Rueda, que permanecia silencioso: falavam do "problema do Palácio", que fora ocupado por forças do Diretório, com o comandante Rolando Cubela à frente de sua tropa.

— Nós lhe demos um ultimato — disse Cienfuegos. — Se não saírem até amanhã de manhã, vamos lá tirá-los.

Camilo Cienfuegos fez uma pausa porque pela outra porta do quarto entrava um ordenança rebelde (que se distinguia dos ordenanças militares habituais por seu ar pouco marcial e sua barba, além do uniforme verde-oliva) trazendo uma bandeja com o que era, obviamente, o jantar de Camilo Cienfuegos — ou melhor, a ceia, embora em Cuba ela não seja conhecida por esse nome.

— Deixe aí — disse Camilo Cienfuegos para o ordenança, indicando a mesinha ao lado da cama, e quando o ordenança saiu, continuou sem prestar atenção à comida e acrescentou: — Claro que eu não falei assim, com essas palavras. Afinal de contas, é preciso respeitar o Cubela pelo que ele fez em Las Villas com o Che, e além disso não queremos conflito com o Diretório. Mas eles precisam entender que o Urrutia deve ser instalado na sede do governo, e a sede do governo fica no Palácio.

Franqui disse que estava totalmente de acordo e Rueda também assentiu com a cabeça. Eu não disse nada: não estava lá para dar opinião, era uma simples testemunha muda. Santiago Rueda pegou Franqui pelo braço e disse:

— Venha cá ver uma coisa, e assim deixamos o Camilo comer tranquilo.

— Não, nada disso — disse Camilo Cienfuegos —, eu não estou com fome.

— Bem — disse Santiago Rueda —, de qualquer forma, quero mostrar isso pro Franqui. Venha você também — disse para mim, e tenho certeza de que não se lembrava do meu nome.

Acompanhamos Santiago Rueda até a terceira porta do quarto, que ao se abrir revelou-me um banheiro bem grande. Era um banheiro comum e corrente, salvo pela banheira, muito incomum em Cuba, e essa era mais incomum ainda, porque estava cheia de papéis e documentos e via-se que tinham posto fogo nos papéis porque a maioria deles estava chamuscada.

— Fizeram o possível pra queimá-los — disse Santiago Rueda —, mas não tiveram tempo.

Meteu a mão na banheira e tirou uma espécie de rolo, queimado numa das bordas, e disse:

— É um protocolo. Não sei o que isso estava fazendo na comandância militar.

— Deixei aí pra que a Inteligência cuide disso — disse, de sua cama, Camilo Cienfuegos.

— Sim, eu sei — disse Santiago Rueda —, só queria mostrar pro Franqui, pra que visse com que pressa essa gente foi embora.

— Não, eu já podia imaginar — disse Franqui, sorrindo e voltando para o quarto em que Camilo Cienfuegos comia sem vontade sua ceia composta por arroz branco, picadinho e salada de alface. Por fim, ele deixou o garfo cair no prato, completamente enfastiado com a comida.

— Que foi, está sem fome? — perguntou Santiago Rueda.

— Não, o que me falta é outra coisa — disse Camilo Cienfuegos, e sorriu com malícia.

— Posso imaginar — disse Franqui, rindo também. Santiago Rueda sorria por baixo de seus grandes bigodes. Tive de sorrir porque era adequado: Camilo Cienfuegos queria dizer que estava com vontade de ter uma mulher e pensei que com sua pinta e a aura de lenda que o cercava não lhe seria difícil encontrar mulher em Havana, ainda que não estivéssemos em Havana, mas no acampamento de Columbia.

— Vamos ver o pessoal — disse Camilo Cienfuegos, levantando-se e caminhando para a porta que dava para o grande salão da comandância. Segui o último, que era Santiago Rueda, observando uma regra do protocolo que só conheceria três anos mais tarde. O salão da comandância parecia muito iluminado depois da relativa obscuridade do quartinho. Também parecia haver mais gente lá, e todos se reuniram junto a Camilo Cienfuegos, menos os militares batistianos — que já não eram batistianos e deviam ser identificados por seus uniformes cáqui —, que ficaram nos arredores do grupo, espalhados pelo salão, obviamente travados, amuados, sem saber o que fazer, realmente sem ter nada a fazer exceto esperar. Tive a impressão de que alguns deles mais temiam que esperavam, e imagino que a desatenção que lhes dedicavam era uma espécie de trégua em sua espera — embora o fato de estarem ali e não em fuga indicasse que não eram responsáveis por nenhuma das ações do exército batistiano e que eram, antes (e a presença de Mario Moreno confirmava isso), meros burocratas militares. De repente a porta se abriu e surgiu a figura, já discernível para mim, de Che Guevara. Estava usando sua boina habitual e fumava um charuto de tamanho regular. Moveu-se pelo salão e os presentes abriram espaço para que ele fosse até Camilo Cienfuegos. Era óbvio que os dois tinham mantido contato, falando-se por telefone, sem dúvida, mas que não se viam fazia algum tempo. (Um tempo equivalente ao que Franqui ficara sem ver Camilo Cienfuegos, creio. Ambos, Che Guevara e Camilo Cienfuegos, lutaram na mesma província — Las Villas —, mas em regiões diferentes.) Che Guevara se moveu com certo acanhamento, com um sorriso aparentemente sardônico, mas o acanhamento e o sorriso obedeciam mais ao fato de ele ser estrangeiro — e de saber disso. Não abraçou Camilo Cienfuegos como fizera com Franqui, mas estendeu-lhe a mão direita, que Camilo Cienfuegos segurou entre as duas mãos. Atrás de Che vinha uma mulher que identifiquei como a que me fora apresentada em La Cabaña (era Aleida March: depois eu teria oportunidade de conhecer bem seu nome, já que se casaria com Guevara), e que ao me ver me reconheceu, sorriu e disse:

— Ah, já encontrou o Franqui — que agora estava falando com Guevara e com Cienfuegos.

— Sim — disse, e não falei mais nada. Para dissipar minha timidez, eu focava o grupo com uma câmara em miniatura que Franqui havia trazido, o moderno aparelho contrastando com o aspecto primitivo que o uniforme e a barba lhe davam, e agora dirigia a câmara para Aleida March.

— Ah — disse ela —, que câmara pequenininha. Deixe eu ver.

Estendi-a para ela, dizendo:

— É do Franqui.

Ela a revirou na mão.

— Se vê por aqui. — E lhe indiquei o visor.

— Parece mentira que com uma câmara tão pequenininha — disse ela — dê pra retratar esta sala toda!

Era visível em Aleida March a procedência provinciana, deslumbrada que era com a tecnologia — mas, por outro lado, um homem tão urbano quanto Raúl Roa (que em alguns dias seria ministro das Relações Exteriores) tinha demonstrado o mesmo assombro diante da Nikon 35 milímetros de Jesse Fernández. Ela me devolveu a câmara.

— É genial — disse, e esta frase a situou entre os habitantes de uma cidade do interior e, mesmo sem mostrar o sotaque *villaclareño* de Franqui, dava para saber que ela era de Santa Clara. Com o pretexto da câmara voltei novamente a atenção para o grupo que Che Guevara, Camilo Cienfuegos e Franqui, vestidos de verde-oliva, formavam com Santiago Rueda, Bilito Castellanos e outros mais vestidos à paisana, separados dos militares batistianos por uma espécie de vazio (não sabia se eles tinham mantido seus postos), e para os quais Che Guevara, ao entrar, nem dirigiu o olhar. Camilo Cienfuegos era o mais alto e o mais expansivo do grupo, rindo muito, evidentemente satisfeito com sua posição na vida, que logo seria uma posição na Revolução, e contrastava com a parcimônia e o acanhamento (embora ele não fosse, de forma alguma, apequenado) de Che Guevara e a modéstia ainda camponesa de Franqui. Depois Camilo Cienfuegos, Che Guevara e Franqui foram, apenas os três, até a porta do pequeno quarto, deixando para trás os civis que antes conversavam com eles. Era evidente que iam discutir os problemas do momento, talvez exclusivamente o problema da ocupação do Palácio. Bilito Castellanos, decerto para atenuar o evidente menosprezo que Che Guevara, Camilo Cienfuegos e Franqui mostravam ao formar um grupo do qual ele era tão visivelmente excluído, veio conversar comigo, também com o pretexto da câmara. Tive que explicar mais uma vez que era de Franqui, que ele a trouxera da Sierra, e ele riu da incongruência de uma câmara tão moderna ter vindo do campo, e da Sierra, que era ainda mais primitiva. Não o apresentei a Aleida March, entre outras coisas porque não me lembrava de seu nome ou talvez ainda não soubesse qual era, mas Bilito falou com ela como se a conhecesse desde sempre — sabia que era bem-apessoado e confiava na habilidade de sua palavra, como o (velho) político universitário que era. Aleida March era outra beldade rebelde e era agradável conversar com ela; por outro lado, a conversa se tornava inconsequente pela chatice de Bilito, que falava do óbvio: de como Batista e sua camarilha tinham fugido, de como tinham abandonado precipitadamente o quartel-general, de como Camilo Cienfuegos tomara o acampamento com apenas duzentos homens — sem perceber que estava falando com a secretária de Che Guevara, que havia tomado La Cabaña com menos homens. Por fim Camilo Cienfuegos, Che Guevara e Franqui saíram do quartinho e ao redor deles se agruparam os civis, entre eles, quase o primeiro, Santiago Rueda. Mario Moreno escolheu esse momento para se aproximar — talvez pensasse que uma conversa comigo atenuaria sua presença de oficial de cáqui na comandância do acampamento de Columbia, que era, para quase todos os cubanos, o odiado centro do poder batistiano. Nesse momento Aleida March já se aproximara de Che Guevara, talvez para ser útil como sua secretária, talvez entediada com a conversa de Bilito Castellanos. A reunião se estendeu (e não seria a primeira vez) até de madrugada, quando voltei com

Franqui para minha casa. Ele seguiria até Santos Suárez, pois estava morando com os sogros.

No dia seguinte, ao anoitecer, cheguei sozinho ao jornal *Alerta*, quer dizer, ao *Revolución* (naquela tarde eu vi um exemplar do jornal na rua, e fiquei espantado com seu amadorismo: mais primitivo do que o jornal clandestino, e ainda por cima com um logotipo de péssima qualidade, em que o título se sobrepunha à foto de uma multidão, sendo, título e foto, um pior do que o outro), e encontrei na porta, montando guarda, ninguém menos do que Branly, que desaparecera quase totalmente de minha vida. Ao me ver chegar ele tirou o pente da metralhadora que tinha sobre as pernas e começou a se pentear com ele — esse foi seu cumprimento e comentário a minha chegada, mostrando que mantinha o bom humor e que não levava muito a sério seu papel de guardião do órgão do Movimento 26 de Julho. Falei com ele e me explicou que Charles Manchú, que tomara o jornal *Alerta* no dia primeiro, estava lá. Charles Manchú (que encontrei dentro do jornal) era um caso tão extraordinário quanto seu nome. Já tínhamos nos encontrado num dia de abril de 1958, quando ele me entregou, em plena rua e ao meio-dia, um volante do 26 de Julho: era evidente que queria ser preso imediatamente, e quando não o vi mais deduzi que tinha ido parar numa das prisões batistianas. Charles Manchú se tornara notório por tentar corrigir Otto Jaeger, uma louca perdida que conhecera nos locais do movimento anarquista cubano (que, apesar do nome, era uma organização amável). Charles tentou de todo jeito fazer com que Otto "se tornasse homem", mas a persuasão funcionou em sentido contrário, Charles foi viver com Otto como marido e mulher e se tornaram famosos na Havana cultural como um caso radical da lumpemburguesia — e no caso de Charles, da alta burguesia: sua família era uma das mais ricas de Holguín, e há uma história sintomática do que sua família realmente era: tinham sido camponeses pobres da região de Holguín, até que um dia uma porca que mantinham amarrada a uma árvore, focinhando, descobriu uma botija espanhola cheia de moedas de ouro — e para comemorar o acontecimento mataram a porca e a comeram. Foi assim que os Manchú ficaram ricos. Charles e Otto não montaram casa, como outros casais homossexuais, e se dedicaram a viver nos melhores hotéis de Havana — mas sem pagar um tostão, já que a família de Charles não lhe dava um centavo. Simplesmente se mudavam para um hotel — por exemplo, o Nacional —, chegavam lá com duas malas de excelente aspecto e depois de alguns dias, quando a gerência pedia que pagassem a conta, eles davam no pé e não voltavam mais, deixando as malas para trás, cheias de trapos velhos em vez de roupas elegantes. Fizeram isso no Hotel Presidente, no Hotel Sevilla, no Hotel Lincoln — até esgotarem a lista dos hotéis de primeira categoria. Essas aventuras picarescas ocorreram em meados dos anos 50 e tiveram fim quando Otto resolveu deixar Charles e foi para Nova York. Lá ele continuou praticando sua forma de anarquia trabalhando numa fábrica de lenços, inserindo cada lenço em sua respectiva caixa — e fazendo isso de muitas maneiras diferentes: em cada caixa punha, em vez dos seis lenços anunciados na embalagem, cinco ou sete. "Para que não acreditem na eficácia do capitalismo", esclarecia a seus amigos. A última notícia que tive de Otto Jaeger é que ele estava perambulando por Roma, às vezes perto do Vaticano, com um longo rosário que enrolava no dedo, enquanto olhava para os rapazes que passavam e dizia:

— *Quanti belli cazzi! Quanti belli cazzi!*

Charles Manchú, por sua vez, voltou ao normal (se é que se pode chamar desse modo suas aventuras políticas), dedicou-se a fazer revolução com relativa sorte subversiva e depois arranjou uma namorada. Agora Charles tinha capturado, sozinho ou acompanhado, a redação e as oficinas do *Alerta*. Quando o encontrei lá dentro ele me cumprimentou com grande alegria. Eu também o cumprimentei com alegria: simpatizava com Charles Manchú. Mas esse foi o único encontro agradável na agora redação do *Revolución*.

No escritório do diretor ficava o grupo que dirigia o jornal, aparentemente comandado por uma beldade revolucionária: Irmita Montealegre. Eu não a conhecia, mas sabia que existia porque conhecia seus pais, ambos escritores: sua mãe era jornalista, seu pai romancista. E também, nos dias em que visitei pela primeira vez o jornal comunista *Hoy* (onde meu pai trabalhava), o velho Montealegre, na época não tão velho, me deu minha primeira lição de datilografia. Não poderia ter desperdiçado mais seu tempo: não há pior datilógrafo do que eu, pois escrevo com o indicador da mão esquerda e o dedo médio da mão direita e cometo erros que vocês poderão apreciar, já que muitas vezes os incorporo à escrita. Eu sabia de Irmita também por intermédio de Villas, que me dissera, de passagem, que ela era redatora, entre outros, do jornal *Revolución* clandestino em novembro de 1958. Agora ela me esperava com seu grupo no escritório do diretor. Charles Manchú (que aparentemente não se dava nada bem com os coletivos diretores do *Revolución*) anunciou minha chegada e quando entrei fui recebido por muitas caras de enterro ou por uma só cara de enterro repetida. Falei apenas:

— Vim assumir a direção do jornal por ordem do Franqui.

Ninguém disse nada: tive a impressão de que a ordem era tentar não me enxergar, para ver se assim eu desaparecia.

— Quem cuida do layout? — perguntei.

— Eu, por quê? — respondeu-me, quase insolente, Irmita Montealegre.

— Bem — disse eu, em tom conciliador —, vamos ter que fazer algumas mudanças, principalmente no título.

Irmita me olhou mais certeiramente (eu gostava de seu rosto de beleza branca com cabelo preto e de seu corpo bastante cheio, embora não gostasse do uso que fazia dele para me enfrentar) e disse:

— Bem, vamos ter que discutir isso. O título é o mesmo do jornal clandestino...

Eu a interrompi:

— Mas não estamos mais na clandestinidade.

Ela me olhou, ainda mais fixamente:

— Não tenho por que discutir isso com você — disse-me. — Se quiser fale com o Horacio, que está ali do lado.

Depois de olhá-la por um momento (era realmente bela, e mesmo sua militância a embelezava), dei meia-volta — e me deparei com um homem alto que saía da sala ao lado.

— Horacio? — perguntei.

— Eu sou o Horacio — disse ele. — Algum problema?

Gostei de Horacio (esse não era seu nome verdadeiro, mas um codinome para a clandestinidade) à primeira vista. Tinha jeito de ser um homem equânime, e até agora eu só encontrara histeria no *Revolución*.

— Bem — disse eu —, o Franqui me mandou aqui pra cuidar do jornal e estou encontrando dificuldades.

— Não precisa se precipitar — disse ele. — É preciso tocar as coisas com calma. Qual é o problema?

— Não pode haver duas direções no jornal. Os problemas do jornal começam por seu logotipo — ele não entendeu esta palavra e retifiquei —, quer dizer, seu título.

— O que há com o título? — perguntou Horacio bem pausadamente: transmitia certa lentidão camponesa, embora devesse ser homem de cidade, a julgar por sua pronúncia. Sua indumentária (vestia verde-oliva mas usava botas) era camponesa.

— É preciso mudá-lo — falei.

— E por quê?

— Bem — disse eu —, pra começar, é muito amador. Não me incomoda que o nome do jornal fique em vermelho. Ao contrário, acho uma cor apropriada, mas esse título sobre aquele mar de cabeças está mal concebido e pior executado.

— Ah, sei... — disse ele, e pareceu refletir não sobre minhas palavras, mas sobre as suas.

— Bem, e quem se opõe à mudança? Não eu.

— Mas o pessoal que está na diretoria se opõe. — Decidi ser definitivo: — E te digo, ou fazemos a mudança ou eu vou embora.

— Um momento, um momento — disse ele. — Ninguém precisa ir embora. Por que Franqui não veio?

— Não sei — respondi —, acho que está ocupado, no Columbia ou no Palácio. Não sei onde.

— Vamos conversar — disse ele. — Primeiro vamos falar com a diretoria.

— Bem — falei. — Eu não tenho nada pra falar com a diretoria: já disse o que tinha a dizer.

Ele se moveu tão lentamente quanto falava. Percebi então que não estava armado: era a primeira pessoa de alguma relevância (porque era evidente que Horacio desempenhava um papel importante, fosse no jornal ou no 26 de Julho) que não estava armada: gostei disso.

— Bem — disse ele —, mas eu posso dizer alguma coisa, posso conversar com eles, não?

— Concordo — falei, e fiquei junto à porta enquanto o via caminhar lentamente e entrar lentamente na sala da diretoria.

— O que há, algum problema? — Virei-me e vi Charles Manchú, que sorria ao falar comigo.

— Há um pequeno desentendimento. Só isso.

— Com a Irmita e o seu grupo?

Fiz que sim com a cabeça.

— Já imaginava; esse pessoal nem me agradeceu por eu ter tomado o jornal.

Eu não disse nada e Charles se calou. Logo depois Horacio estava de volta.

— Bem — disse —, vamos ter que localizar o Franqui ainda hoje à noite. É preciso esclarecer a situação.

— Perfeito — falei.

Horacio fez várias ligações e parecia não achar Franqui: ele não estava no Columbia nem no Palácio, talvez porque no Palácio ainda não estivesse acontecendo nada e Franqui sempre estava onde tudo acontecia (não soube disso nessa noite, mas dias depois). Diante do esforço infrutífero de Horacio, despedi-me dizendo:

— Volto amanhã — e ao ver minha resolução ele não disse nada além de um até logo.

No dia seguinte cedo fui até o jornal, com Franqui (que veio me pegar em casa). Agora o comitê que dirigia o jornal (e fazia isso de forma personalista) para o Movimento 26 de Julho não aparecia em nenhum lugar. Irmita Montealegre tinha sumido, jurando um dia se vingar (pobre de mim, que só queria, como antes na *Carteles*, que o jornal fosse funcional e moderno) — mas não foi ela quem fez isso, e sim sua mãe, e por escrito: só que isso aconteceu faz muito tempo e já está esquecido, não vou contar aqui. Franqui me deixou sozinho no jornal e quando digo sozinho não estou falando metaforicamente, e sim de fato: não havia uma alma na redação — somente um novo conhecido: era Mateus, que seria o administrador do jornal. Mateus não se chamava Mateus, esse era um de seus codinomes ou nomes de guerra: Mateus tinha sido o membro do 26 de Julho clandestino que mais teve codinomes, e ficou com o último, que escolheu — depois eu soube — por ser o nome de um dos apóstolos: Mateus era um católico quase tão militante quanto o era como membro do 26 de Julho. Mas não havia mais ninguém lá: Franqui tinha despedido toda a antiga redação do jornal *Alerta*, deixando apenas os operários das oficinas e da rotativa, impressores, linotipistas e tipógrafos: estes (essa era a ideia) não estavam contaminados pelas ideias batistianas que infestavam redatores e cronistas. Franqui me deixou sozinho e com a incumbência de pôr o jornal nas ruas no dia seguinte. Não tive saída senão ligar para Villas (que estava disponível e veio em seguida) para redigir as notícias e notas e repassar os telegramas. Havia algum material que sobrara do dia anterior, mais nada. Não sei de onde, apareceu Rodríguez Dueña, que era tão baixo quanto era alto seu nome: lembrava Toulouse Lautrec, se Toulouse Lautrec tivesse feito a barba e tirado os óculos, além de trocar sua acondroplasia pela espinha bífida: Rodríguez Dueña tinha a coluna torta, uma corcunda no peito e outra nas costas, e era um espetáculo único vê-lo sentar-se numa das poltronas da redação, acomodando suas pernas longas e seu corpo curto entre os braços da poltrona para passar melhor as muitas noites de vigília impressora e de sonho expectante até que o primeiro exemplar do jornal saísse das rotativas. Rodríguez Dueña foi uma aquisição, não só por sua capacidade de trabalho como diagramador, mas também por seu humor e boa vontade. A fantasia popular descreve os corcundas como defeituosos de corpo e alma, como pessoas más, dados à intriga, quando não comunistas, mas Rodríguez Dueña não era nada disso, e além do mais tinha um dom que eu invejava: usava sua voz bem modulada para travar longas conversas telefônicas com diversas mulheres que eram, aparentemente, dele, a julgar pelas altas horas da noite em que ligava para elas. Villas, por sua vez, trabalhou como um mulo escrivão, redigindo notas e notícias e repassando os telegramas aos linotipistas. Foram três noites de solidão e de trabalho intenso, mas felizes. Depois Franqui reconsiderou (na verdade, quem demitiu a redação inteira foi o comitê do 26 de Julho) e mandou buscar todos os redatores e os chefes de redação e de informação, principalmente López Lugo, chefe de redação, que conhecia cada um de seus redatores e sabia onde lhes doía o calo. E embora eu nunca tenha simpatizado com ele pessoalmente, com sua dispéptica e cética meia-idade, seus óculos (eram mais oculozinhos) escuros, sua piteira de um lado da boca e seu aspecto de homem curtido pela tinta de impressão, sempre o considerei o único batistiano de fato da redação, mas jamais o manifestei, e ainda que nunca tenhamos nos dado realmente bem, no tempo em que eu era o diretor virtual do *Revolución* nós nos toleramos. Franqui se reintegrou (ou melhor, se integrou) a seu cargo no mesmo dia em que Fidel Castro entrou em Havana. Eu estava, na hora de seu desfile por La Rampa, num escritório nas imediações, com Ithiel León, que fora encarregado (por Franqui e por mim) de reformar o logotipo do jornal e desenhar a primeira página. Estávamos na sala da agência de publicidade em que ele trabalhava quando ouvimos a algaravia, que penetrava pelas paredes maciças, pelas portas fechadas e pelas janelas de folhas fixas do edifício totalmente refrigerado. Ithiel disse:

— Sugiro uma espécie de caricatura — acho que ele empregou a palavra *cartoon* —, em que aparece uma multidão saudando o herói vencedor que chega da guerra, e um homenzinho — não lembro se ele disse homenzinho, talvez tenha dito homem — que está de costas, totalmente impassível ao momento histórico que está ocorrendo — e era assim mesmo, de fato, pois nós nem fomos às janelas que davam para La Rampa, continuamos lá combinando tipos e famílias de letras que compusessem um possível título permanente para o jornal.

Mais tarde, de noite, na direção, onde haviam instalado uma tevê, vi Fidel Castro falando pela primeira vez em público, com sua nova imagem, com a barba e o quepe que seriam seu distintivo presente e futuro. O discurso começou com uma oratória, digamos, desusada, com o orador falando em voz baixa e apagada e aparentemente inofensiva — para fazer uma afronta, que era um ataque direto ao Diretório: o discurso tinha como refrão a frase: "Armas para quê?", que se referia (como nós, do jornal, sabíamos muito bem, e também muita gente da política em Cuba) ao provisionamento de armas que o Diretório estava fazendo, pois os boatos corriam, na universidade e em outras partes de Havana. No meio do discurso, Fidel Castro se virava para um de seus acompanhantes, que era Camilo Cienfuegos, para lhe perguntar, num audível *sottovoce*: "Estou indo bem, Camilo?". Além disso, houve em seu discurso algo realmente inusitado: dois ou três "caralhos" perfeitamente inteligíveis! Em determinado momento do discurso, quando soltaram pombas brancas, uma pomba pousou de repente no ombro de Fidel Castro, acentuando seu discurso antibélico: o símbolo da paz sobre ombros pacíficos — e todo mundo que viu o programa, quer dizer, Cuba inteira, ficou encantado com aquele misto de nova oratória, modéstia pessoal e pacifismo do guerreiro.

Nessa noite o jornal fez um editorial — escrito por Oclides Candela, que nos fora enviado de Santiago de Cuba e seria seu subdiretor efetivo — também intitulado: "Armas para quê?", e que era, como seriam muitos dos editoriais e notícias de primeira página do *Revolución*, uma repetição, até torná-la emblema de algo dito, opinado ou sugerido por Fidel Castro. Para tornar essa noite ainda mais histórica, a altas horas Fidel Castro apareceu: era muito distinto, pessoalmente, do Fidel Castro que eu conhecera, em 1948, na esquina do Prado com a Virtudes, onde se reuniam gângsteres, líderes estudantis, escritores e bêbados de esquina (um desses bêbados filósofos era apropriadamente chamado de Vicioso: todo mundo achava que era um apelido, mas era esse mesmo o nome do homem). Fidel Castro chegou ao jornal com sua escolta, que logo seria habitual, todos fortemente armados (desde seus dias de estudante, Fidel Castro sempre portava uma pistola sob o paletó: na época, oculta, agora visível sobre o uniforme verde-oliva), o que era uma espécie de contradição ao discurso pronunciado poucas horas antes. Discretos, Oclides Candela e eu saímos da direção para que Fidel Castro se encontrasse secretamente com Franqui; ainda havia problemas graves, apesar da vitória esmagadora de uns poucos homens decididos contra todo um exército fortemente armado. Todos os redatores do jornal se moviam, cautelosos, em meio e em torno da escolta, composta por evidentes camponeses barbudos e cabeludos e ainda com cheiro de mato. (Depois eu descobriria que nem todos na escolta eram camponeses, mas que aparentavam ser: essa foi uma de minhas primeiras desilusões; todavia, se fora verdadeira a ideia de que Fidel Castro vivia cercado por simples *guajiros*, eu teria visto de maneira diferente esse homem que tanto teve a ver com minha vida — bem como com a de todos os cubanos.)

Havia também no jornal, enviadas pelo 26 de Julho de Havana, duas secretárias que eram duas beldades: uma meio mulata chamada Eleonora (que eu sempre chamei de Leonora de Beethoven) e outra chamada Mirta: esta era a mais jovem e a mais linda das duas, mas ambas estavam imbuídas do que logo se tornaria, nos meios políticos ou pseudopolíticos (como o do jornal), uma espécie de moda: a castidade revolucionária. Falei com Mirta poucas vezes, porque ela vinha ao jornal de manhã e de tarde, quando eu não estava lá, mas pude admirar suas belas pernas, principalmente num dia em que se inclinou para apanhar um papel no chão e deixou ver o começo de umas coxas aparentemente perfeitas e promissoras, mas, ai, infinitamente inalcançáveis. Leonora de Beethoven eu vi mais, porque ela trabalhava de tarde e ficava até a meia-noite, entrava muitas vezes na sala da diretoria e usava umas lentes grossas de míope que a tornavam ainda mais atraente. Devo confessar que nos primeiros dias em que trabalhei no jornal, quando Villas, Rodríguez Dueña e eu fazíamos o jornal quase sozinhos, e depois, quando continuamos cuidando de sua direção (Villas sumiu pouco depois. Simplesmente não apareceu mais e não me deu nenhuma explicação: talvez já não visse nenhum desafio no trabalho ali no jornal, e Rodríguez Dueña se reintegrou a seu trabalho publicitário: com a incorporação de Ithiel León, refazendo o título e desenhando a primeira página, ele já não tinha nada a fazer ali), naqueles primeiros dias de fervor político (não patriótico: tenho uma opinião johnsonniana do patriotismo), eu me ocupava pouco das mulheres, e só reparei nas secretárias dias depois que elas começaram a trabalhar no jornal. Continuava, sexualmente, voltando para a minha mulher, como se nada tivesse acontecido, como se Ella nunca tivesse existido, como se as incontáveis outras não passassem de uma invenção.

Naqueles dias o que havia de mais significativo eram os testemunhos das atrocidades batistianas (que os jornais exploravam: foi na *Bohemia* que Bernardo Viera lançou a cifra exata de 20000, vinte mil mortes atribuídas a Batista, embora soubéssemos, decididamente, que não eram tantas, mas aquela era uma boa cifra, quase um número mágico em que acreditar e tornar digno de crédito). Também circulavam notícias dos fuzilamentos de batistianos que haviam cometido crimes de guerra — e de alguns que não os haviam cometido, como o capitão Castaño. Por causa do capitão Castaño tive uma discussão com Titón e Olga, que, como Che Guevara, que o levou a cabo, concordavam com seu fuzilamento. O julgamento foi um pálido arremedo de julgamento (mas só percebi isso bem mais tarde), com um advogado de defesa que estava mais assustado com o poder do tribunal e do fiscal do que convencido da inocência do acusado. Foi Adriano quem me contou que Mirta Aguirre, uma intelectual do partido que, supunha-se, sabia o que dizia, disse a ele que, se o advogado de defesa tivesse chamado vários comunistas importantes para depor, não teriam condenado Castaño à morte; simplesmente não havia provas de que ele tivesse torturado ou matado alguém, e ele sempre tratara os comunistas sob interrogação com a maior deferência: foi por isso que não houve homem mais assustado (segundo testemunhas presenciais) do que o capitão Castaño, quando lhe comunicaram que fora condenado à morte. Tive que me encontrar com o capitão em 1957 para renovar meu passaporte, e exceto pela advertência do ajudante de campo (que mais parecia um zelador militarizado) de que eu devia apagar o cigarro antes de entrar, acrescentando: "O capitão detesta fumaça", não houve nenhuma outra ordem compulsiva. O capitão Castaño falou comigo sobre cinema e me disse que não partilhava de muitas de minhas opiniões.

— Politicamente, estão à esquerda demais pro meu gosto — foi tudo o que ele disse a respeito, e durante todo o tempo que durou esse trâmite ele foi muito correto e amável.

Agora sua execução despontava como uma forma de Che Guevara se congraçar com os comunistas (aliás, uma semana mais tarde ele fez sua primeira aparição pública numa conferência da sociedade cultural Nuestro Tiempo, organização de fachada usada pelo partido), e aquilo me pareceu um excesso de justiça: ou seja, uma injustiça.

Quando o jornal já estava definitivamente nos trilhos e Franqui assumiu de vez sua direção, meu interesse se voltou para o que sempre me interessara tanto quanto as mulheres: a cultura. Armando Hart acabara de nomear (ele era ministro da Educação graças a Franqui, que o indicou, embora eu me lembre da entrevista que fiz com ele na época, na qual me disse, falando com os *esses* cuspidos de sempre que, juntamente com seu brando aperto de mão, aproximavam-no de um mongoloide: "Temos que intimidar a Venezuela a estreitar relações, e temos de intimidar também o México e a Colômbia", dizendo sempre intimidar, em vez de intimar) Chino Romualdo como delegado do Conselho de Cultura.

Eu conhecia Chino Romualdo por sua amizade com Harold Gramatjes (que dizia ser amigo de sua irmã), e sempre achei que ele fosse bicha e nem um pouco inteligente: a pessoa mais improvável (exceto pela bichice) de ter alguma coisa a ver com a cultura. Falei isso para Franqui, que me disse:

— Temos que ocupar essa posição. Vou falar com o Armando sobre esse assunto.

Alfredo Guevara, que já havia voltado de seu exílio no México (não era parente do Che), apareceu uma noite no jornal e nos abraçamos: eu tinha sido instrumento para o seu exílio no México no início de 1957, pois ele estava sendo perseguido pelo serviço secreto de Batista por ter sido comunista em seus dias de universitário. Franqui queria que Alfredo dirigisse a indústria do cinema, que o presidente Urrutia ia criar por decreto. Mas Urrutia tinha seu candidato para esse cargo: era César Blanco, chefe da recém-criada Jefatura de Orden Público, adscrita ao Ministerio de Gobernación: esse cargo já o tornara famoso porque Blanco decidira fechar todos os hotéis e hoteluchos e certa noite atacou vários desses *hotels de passe*, tão cubanos, com uma brigada da polícia rebelde. Tinham um método quase nazista para o ataque: cercavam o hotel com viaturas e o próprio Blanco, com um megafone, dizia com uma voz estentórea:

— É a polícia! Vocês têm cinco minutos pra desocupar o local!

Blanco era protestante e, como tal, muito militante, e se tornara inimigo declarado do sexo: conseguiu fechar todos os hotéis até que falaram com Urrutia para impedir que ele continuasse perseguindo os pobres fornicadores, homens e mulheres que passavam bons momentos nos hoteluchos. Este era o candidato do presidente da República para o cargo de organizador da indústria do cinema. Como ocorreu com a nomeação de Chino Romualdo para o Conselho de Cultura, Franqui se encarregou de consertar essa situação.

Dois dias depois tinham deposto Chino Romualdo e me nomeado delegado do ministro da Educação perante o Conselho Nacional de Cultura. Burocrata novo, sem perceber ainda o que era, embora o fosse para um governo revolucionário, eu ia todo dia de manhã cedo até o Palacio de Bellas Artes, onde ficavam os escritórios do Conselho de Cultura. A princípio me coube a tarefa ingrata de suprimir as sinecuras batistianas no Conselho, trabalho espinhoso porque se tratava de escritores mais ou menos conhecidos que eram funcionários do Ministério da Educação adscritos à Cultura. Naturalmente, nenhum deles pegava no batente: eram clássicos mamadores das tetas do governo, e era preciso acabar com essa mamata. Assim, angariei não poucos inimigos (havia colaboradores da *Carteles* entre os apadrinhados), mas consegui restabelecer certo equilíbrio quando veio me ver, na segunda ou terceira manhã, o poeta Lezama Lima (que Silvio Rigor chamava de Dalai Lama, considerando seu posto de mestre poético, quase um guru cultural), que se sentou diante de minha escrivaninha com seus cento e trinta e tantos quilos e seu arquejo de asmático para dizer:

— Quero que saiba que tudo o que ganho no mundo são os noventa pesos que a Cultura me paga e me faziam vir todos os dias, embora não houvesse nada a fazer aqui.

Eu já vira o nome de Lezama Lima na lista de funcionários e enviara uma carta ao ministro dizendo que o poeta era uma glória nacional (claro, esses termos foram usados para que Armando Hart os entendesse) e que não só devia ser mantido no posto como deviam aumentar seu salário para cento e cinquenta pesos mensais. Quando lhe disse o que havia feito e decidido em seu caso, Lezama quase não pôde conter sua alegria diante de minhas palavras: ele sabia muito bem que estávamos nos antípodas estéticos e, temendo o pior de minha parte, esperava ser demitido, então não estava preparado para a minha decisão. Esse gesto justiceiro me valeu a eterna gratidão do poeta e assim, certa manhã, ele organizou uma comissão do grupo literário que comandava, Orígenes, e todos vieram me visitar no escritório. Os poetas estavam alvoroçados com as novas perspectivas que se abriam para Cuba e um deles (Julián Orbón, que era a eminência musical do grupo) o declarou "um momento auroreal", recitando versos sobre os barbudos que tinham descido da Sierra. (Em sua voz de católico militante com tons de sacristão, os rebeldes quase pareciam outros tantos apóstolos descendidos do céu.) O poeta Lezama Lima chegou, em sua peroração, a aludir ao *Sturm und Drang*, mas com seu sotaque cubano disse claramente Strungundrán, que desde então foi o nome que assumiu para mim: Lezama Lima passou a ser o Grande Strungundrán, e seus discípulos, os strungundros. Esse breve lapso não impediu que a conversa do mestre Lezama estivesse cheia de alusões, todas elas loas ao "momento epocal" (o mestre não quis repetir a frase de Orbón e limitou-se a parafraseá-la) em que vivíamos. Também apareceu por lá Harold Gramatjes, trazendo problemas musicais com a orquestra filarmônica, cujos diretores eram Aragú e Deogracias Moncada, nomes sonoros e nostálgicos dos dias em que eu era um habitué da filarmônica, sempre presente, nos domingos de manhã, em seus concertos populares. Também me encontrei com Juan Blanco, que deixara de ver durante os dias mais confusos do batistato e que agora também estava entre as delegações musicais. Muitas noites (ou seja, quase todas) eu dormia duas ou três horas no jornal e de lá ia para o Palacio de

Bellas Artes, tomava café na rua e só passava em casa para tomar um banho e trocar de roupa. Dessa época, resta uma fotografia em que apareço visitando as obras de reconstrução do Castillo de la Fuerza ("A fortaleza mais antiga da América", explicava seu restaurador, Prat Puig, que continuara trabalhando, no janeiro livre, como no dezembro ditatorial, atento apenas à pedra e ao cimento, à reconstrução dos monumentos: mas, a julgar pela obra que fizera no Ayuntamiento de Santiago de Cuba, edifício que parecia um pastiche do estilo barroco, chamado em Cuba de colonial e supostamente mais cubano do que espanhol, não se podia esperar que o Castillo de La Fuerza não parecesse cenográfico, como se tivesse sido feito com papelão e gesso: não obstante, compareci a uma breve cerimônia que comemorava a continuidade da restauração histórica). A foto, publicada no *Revolución*, era um esforço pessoal para me manter no cargo, torpedeado que estava por várias facções culturais, muitas delas apoiadas pelos comunistas. Embora Adriano estivesse comigo durante as horas de trabalho na Cultura, isso não garantia que tivesse o aval da comissão cultural do partido e, por outro lado, havia elementos no 26 de Julho que não gostavam nem um pouco de mim, entre eles a facção na qual Irmita Montealegre militava. Apressou minha queda a nomeação de Charles Manchú para dirigir a radioemissora do Ministério da Educação. Charles chegou à emissora enfrentando mais ciúme rebelde do que o que me atacava na Cultura, mas ali esbarrou num irmão de Armando Hart, que estava de olho em seu cargo. Um dia, ou melhor, uma tarde já bem tarde, recebi um telefonema no *Revolución*, no qual a esposa de Armando Hart, e líder e heroína do 26 de Julho, reclamava do que ocorria na emissora, que tinha o cômico nome de CMZ. Apoiei Manchú, claro, pois embora soubesse que ele era meio maluquete, também sabia que estava fazendo um bom trabalho na rádio. Haydée Santamaría, conhecida pelos íntimos como Yeyé, disse-me que a função de Manchú tinha que terminar, e eu disse que Manchú fora nomeado por mim e que fazia um bom trabalho em seu posto, mas ela insistiu em que era preciso tirar Manchú de lá e nomear alguém (evidentemente, o irmão de Hart) em seu lugar, e eu me neguei e em certo momento da conversa ela cometeu o erro de dizer:

— Os soldados não discutem as ordens, obedecem-nas.

E eu cometi o lapso de me deixar levar pela falta de civilidade e lhe dizer:

— Mas eu não sou um soldado, senhora.

Foi o fim de nossa conversa, e era evidente que também seria o fim de meus dias como diretor em cargos da cultura cubana oficial. Por outro lado, descobri a jogada comunista que apoiava outro candidato para o posto, um medíocre que estava chegando de Santiago de Cuba, mas era um velho companheiro de viagem. Na mesma hora fui com Adriano até a casa de Carlos Rafael Rodríguez, que ficava justamente em frente ao Focsa, e tive uma conversa com ele, solicitando o apoio da comissão cultural do partido (da qual ele era uma espécie de guia espiritual, por assim dizer) para manter o cargo de delegado de Cultura. Carlos Rafael parou e cofiou sua nova barba que ele não desconfiava que era mais trotskista do que rebelde (se tivesse desconfiado, velho stalinista, teria se barbeado ipso facto) e me disse:

— Pensei que o 26 de Julho te apoiasse.

Havia uma surpresa genuína em sua voz, e até simpatia, mas eu logo soube que meus dias estavam contados: saí da casa de Carlos Rafael Rodríguez sem obter o apoio que fora buscar. Isso me levou a discutir com Adriano, nos escritórios da Cultura, em que eu acusava o partido de fazer jogo duplo. Deixei-me levar pela indignação e saí da sala gritando para Adriano que era indecente o jogo duplo do partido — e fui ouvido por Marta Ajena, que trabalhava no museu em que ficavam as salas da Cultura e que era uma velha companheira de viagem, se não uma comunista convicta —, e foi então que eu soube, sem poder controlar minha indignação, que não havia nada a fazer: os comunistas se apoderariam do centro de controle da cultura cubana. No dia seguinte, ou talvez ainda no outro, chegou-me a comunicação de que eu seria substituído pelo velho *santiaguero*, tradicional e acadêmico, mas apoiado pelo partido. Nem mesmo Franqui, que empossava ministros apenas nomeando-os, pôde fazer algo para me manter no cargo: a cultura, no parecer do partido, é importante demais para ser deixada em mãos amigas mas não decididamente partidárias.

Houve uma visita que foi quase uma aparição, quando Plinio Prieto, agora comandante da Segunda Frente do Escambray, veio ao jornal. Quase não o reconheci (conhecera Plinio nos dias, ou melhor, nas noites gloriosas da Cinemateca de Cuba, quando este clube de cinema silente — é isso o que de fato era, se deixarmos de lado a lembrança romântica — tinha sua sede no Colegio de Arquitectos: ali Plinio era o operador de projeção, ajudou-nos muito com seus conhecimentos práticos e mais tarde se dispôs a construir um estúdio de animação e quase conseguiu, mas seus esforços se frustraram com o golpe de Estado batistiano. Depois — isso eu soube por amigos comuns — Plinio se transformou num adversário da ditadura), agora, de cabelo branco. Plinio, sempre reticente e modesto, contou-nos o que havia acontecido, uma verdadeira odisseia marinha. Saíra de Miami nos últimos dias de dezembro com um barco carregado de armas para o Escambray. O barco foi surpreendido por uma tormenta, perderam o rumo e, quase náufragos, foram encontrados à deriva por uma fragata americana, que os devolveu a Miami: foi lá que ele soube que Batista fugira uns dias antes. Dessa aventura lhe restava uma lembrança indelével: seu cabelo embranquecera da noite para o dia. Gostei de ver Plinio: foi umas das mais gratas lembranças daqueles dias, repletos de surpresas, imaginações e rememorações.

Numa outra noite apareceram no jornal mais dois que tinham sumido desde os dias da ditadura: Mike Silva e Junior Doce. Vinham juntos, como juntos haviam estado na clandestinidade. Gostei de vê-los. Poucos dias depois soube que Mike Silva era nosso concorrente: tinha escrito um artigo para uma revista americana, *Coronet* ou *Pageant*, não me lembro, no qual exaltava a vida guerrilheira de ninguém menos que Haydée Santamaría. No artigo, ele a declarava um modelo de revolucionária e, apesar dos elogios quase desmedidos, a publicação não agradou em nada à sra. Santamaría, que se dedicou a insultar Mike. Assim, quando ele voltou para o exílio (Junior também já havia ido…) pouco tempo depois, não me surpreendi nem um pouco: eu já havia esbarrado antes nessa panelinha.

O jornal era um centro de poder naqueles dias e no centro do centro estava a direção, onde eu passava a maior parte do tempo. Foi preciso pôr na porta um letreiro que dizia: "Se você não tem nada urgente a tratar/ Favor não entrar", com sua rima impensada e tudo. Um dia Camilo Cienfuegos apareceu na direção, e antes de entrar deixou sua marca na porta: acrescentou de próprio punho e letra sobre o cartaz: "Isto é antidemocrático", como efetivamente o era. Naqueles dias Camilo Cienfuegos dera muito o que falar, pois aparecera repentinamente em Nova York e lá cortara sua longa cabeleira negra. Fidel Castro (que nunca teve cabelo comprido) não gostou nem um pouco, e ralhou com Camilo Cienfuegos por ele ter cortado o cabelo: "Mais um pouco e você teria feito a barba", e dizem que Camilo Cienfuegos respondeu: "Não é?, pois andei pensando nisso", o que era, aos olhos do Máximo Líder (ele ainda não usava esse título ridículo e maximalista), um desacato, realizado por ninguém menos do que o chefe do Exército, que é o que Camilo Cienfuegos era naquele tempo.

Por essa época, Franqui teve a ideia de criar um órgão cultural paralelo ao jornal: ou seja, uma revista literária. Pediu-me que fosse ver o pseudopoeta Roberto Retama para encarregá-lo de dirigi-la. Retama tivera suas veleidades comunistas no passado mas logo passara para as fileiras dos jovens católicos universitários, e agora, em 1958, mantinha contatos com o 26 de Julho. Fui vê-lo e com seu sorriso levemente irônico ele me deu a entender que esperava coisa melhor do que ser diretor de um suplemento do jornal, e recusou a nomeação. Comuniquei isso a Franqui, que estranhou as pretensões de Retama, mas continuava insistindo na necessidade de fazer um suplemento cultural. Dessa conversa, decidiu-se que eu devia me encarregar dele, e embora eu ainda trabalhasse na direção do jornal, tivesse minhas páginas da *Carteles* (ainda não renunciara ao posto de chefe de redação da revista, mas mal aparecia por lá) e mantivesse meu programa de tevê, decidi aceitar o encargo, principalmente por ser um desafio. Nessa mesma noite procuramos um título apropriado, e dentre as sugestões surrealistas (Baragaño já regressara de Paris e ficava quase o tempo todo no jornal), como *Punto de Mira*, por causa daquele slogan bretoniano, "O ponto de mira da revolução os observa", por eliminação topamos com o evidente: a revista sairia às segundas-feiras, *lunes* (o jornal não era publicado no domingo e a segunda era seu dia extraordinário) e devia se chamar como seu dia: *Lunes de Revolución*. Eureca! É isso! Exato!

Adriano colaboraria na revista e José Atila trabalharia nela como uma espécie de chefe de redação e, às vezes, crítico. Consegui que Silvio escrevesse um artigo para o primeiro número ("Serei como os testículos", disse-me, "colaboro mas não entro"), embora não estivesse entre seus coordenadores. O artigo, previsivelmente, versava sobre Heidegger e sua roda de moinho filosofal. Era preciso buscar um diretor de arte, mais do que um diagramador, e Ithiel León estava ocupado com seu trabalho publicitário. De repente surgiu, num lampejo, o nome de Jean-Loup Bourget. Ele havia colaborado na *mise en page* de uma ou outra revista surrealista na França: poderia fazer o mesmo na *Lunes* (a revista começou a se chamar, como no Partido Comunista ou como em Hollywood, por seu primeiro nome, e nenhum de nós a chamou mais de *Lunes de Revolución*, embora esse fosse seu nome completo), e assim o fez. A revista era feita de noite, ou melhor, de madrugada: começava a ser diagramada depois de impressa a última edição do jornal, e a *mise en page* (para continuar falando francês) era feita *sur place*: sobre os caixilhos de composição, movendo os blocos de texto em chumbo de um lado para o outro, montando a fôrma tipográfica com os tipos que havia à disposição no jornal, Jean-Loup ia inventando ao longo do processo. Os artigos eram escritos ou solicitados aos colaboradores durante a semana, mas muitos deles eram feitos na mesma noite em que se montava a revista. Então, muitos deles tinham a qualidade efêmera de uma madrugada. Mas o primeiro número saiu e foi um sucesso absoluto; nunca antes em Cuba se vira uma revista de pretensões sérias publicada como suplemento de um jornal feito para as massas, como o *Revolución*, e embora tenha tido seus detratores, principalmente na direita do Movimento 26 de Julho (sobretudo a partir do terceiro número, que se chamava "Literatura y Revolución" e no qual publicamos textos de Marx — nada menos do que seu *Manifesto comunista* —, de Saint-Just — o famoso discurso pedindo a condenação do rei —, Breton e Trótski — o manifesto político-artístico que os dois fizeram no México — e outros escritos semelhantes), também teve quem a defendeu até a morte e, o que não podíamos prever, um dia teria uma importância capital na cultura cubana e na Revolução — mas isso aconteceu mais tarde.

No interregno entre minha saída do Conselho de Cultura e a criação da *Lunes*, às vezes, em vez de ir para casa de madrugada, eu dormia uma ou duas horas no jornal e depois ia até a casa de Silvina, definitivamente separada de René, morando sozinha no número 69 da rua C, e vez por outra me jogava em sua cama e dormia mais uma ou duas horas (ela já tinha se levantado), e ela velava meu sono breve como um anjo da guarda, depois eu saía e tomava o café da manhã no El Carmelo ou na 12 com a 23 ou aparecia lá em casa (que evitava ao máximo) só para tomar o café da manhã. Mas foram as manhãs com Silvina que ficaram marcadas na lembrança daqueles dias, além do buliçoso trabalho no jornal. Também houve momentos imorredouros, ainda guardados na memória ("Nada se perde para um escritor"), como quando visitava Lydia Cabrera em sua quinta e falávamos sobre a cultura negra, o folclore africano em Cuba, em que ela era especialista e mestra e pelo qual eu começara a me interessar de fato (a partir de um conto que escrevi no verão de 1958, texto que estava bastante de acordo), tentando ser mais do que o mero diletante que fora até então. Lembro de uma determinada tarde, de um crepúsculo, nem malva nem dourado, tirante a açafrão, rodeando os azulejos reais de seu pátio colonial (que era uma maravilha de recriação, já que a princípio não ficava na casa-quinta, mas fora transladado, como que transplantado, de uma casa colonial em ruínas de Havana Velha), irisando as plantas do jardim central, quando Lydia me contou um sonho que tivera antes de Batista dar seu golpe de Estado em 1952. No sonho, Lydia via um sol (que depois soube que era a cara redonda de Batista) sangrento que avermelhava toda a paisagem. Ela interpretou o sonho como um mau augúrio para Cuba, e deu-se o mau agouro. Foram sete anos de uma ditadura sangrenta: ela se refletia no sol. Mas Lydia acrescentou um postscriptum a sua interpretação do sonho. Usando uma forma familiar de meu nome, falou:

— E sabe o que eu mais temo?

Não precisei perguntar o quê.

— Que esse sonho continue nos comandando, que o derramamento de sangue não tenha terminado.

Ela falava dos fuzilamentos, do julgamento público e transmitido pela televisão, como uma versão cubana do circo romano, no qual se condenou o coronel Sosa, um homem que merecia sua pena de morte, se é que a pena de morte pode ter algum sentido, mas que evidentemente merecia um julgamento mais sério do que o que teve. Embora o próprio coronel fosse adepto do humor sangrento, havia feito um slogan quase de comercial de tevê ou do rádio, anunciando suas terríveis andanças soldadescas nos últimos dias da ditadura de Batista: "O que acontece se Sosa perece?". Esse sangue cubano derramado já não comovia Lydia, o que a aterrorizava era o sangue por vir. Eu, que não o via, acalmei-a, mas não consegui dissipar sua angústia — e falamos de outra coisa, do que ela fazia, da vida colonial, da permanência de um estilo na sociedade escravista que era a cubana nos séculos passados, da qual restavam o ferro pintado de uma janela, o arco-íris de vidro de um vitral caseiro, a arquitetura viva de um arco de meio ponto: dessa permanência cubana da qual ela fazia parte e que, quando falava, dividia comigo. Eu também a descobriria em outros lugares que não eram Havana Velha — mas para esses ainda faltavam alguns dias.

Foi naquela época que ocorreu o assalto ao jornal dos comunistas, *Hoy*. Ou melhor, não chegou a ser um assalto, porque interveio o chefe da polícia rebelde, Efigenio Amejeiras, e até o próprio Camilo Cienfuegos se pronunciou verbalmente e apareceu fisicamente na rua Desagüe, onde ocorrera o quase assalto, onde ficava o jornal e onde (por uma casualidade forçada pelos comunistas nos tempos de sua associação com Batista, nos anos 40) ficava também a sede central da Confederación de Trabajadores de Cuba, a CTC, de onde não partira o ataque, mas na qual se refugiaram alguns vadios que ficavam espionando o jornal *Hoy*. Titón e eu resolvemos procurar Carlos Rafael Rodríguez, que era o diretor do *Hoy*, e voltei a seu modesto apartamento da rua 17, defronte ao ainda elegante Focsa. Trocamos cumprimentos e depois Titón e eu lhe dissemos por que estávamos lá: íamos lhe prestar nossa solidariedade. Súbito, Carlos Rafael estourou:

— Eu não sei o que o Fidel Castro quer! — disse, quase gritando. — Não vamos nos meter com essa igrejinha — referia-se, naturalmente, aos comunistas —, e não vamos deixar que nos assustem!

Tomou fôlego por um momento e continuou:

— Não importa o que o Fidel vai fazer agora: se for pelo bom caminho, vamos nos encontrar de novo.

Eu não sabia, naquele momento, o quanto aquelas palavras se mostrariam proféticas. Continuamos conversando: o resto da conversa já era um anticlímax, e logo depois fomos embora. Não aconteceu mais nada com o jornal *Hoy* e os comunistas continuaram aumentando secretamente seu poder.

Não há nenhum mapa erótico de Cuba, ou melhor, de Havana, que não inclua o teatro Shanghai (ou melhor, em havanês, Changai), no coração do bairro chinês, na rua Zanja. Ir ao Shanghai foi uma de minhas iniciações eróticas, como ir ao primeiro bordel (*bayú*, em havanês). Já disse que fui com Franqui à minha primeira casa de putas, mas não disse que foi

Eloy Santos quem me levou ao Shanghai pela primeira vez (indo contra a negativa moralizante de meu pai, um homem que eu nunca ouvi dizer um palavrão e que só xingou em voz alta uma única vez: quando deu uma martelada no dedo), e tampouco disse quem era Eloy Santos, velho amigo de minha família, *guagüero* (quer dizer, motorista de ônibus), a primeira pessoa que meus pais procuraram ao chegar a Havana, no mesmo dia em que minha mãe chegou com meu irmão e comigo, nós parados na esquina da Águila com a Reina à espera do ônibus da linha 23 em que Eloy trabalhava, nós parando o ônibus, subindo nele, Eloy reconhecendo minha mãe com uma exclamação de alegria (ou talvez tenha sido um palavrão ou uma blasfêmia: Eloy Santos, velho comunista, um dos fundadores do partido em Cuba, orgulhava-se muito de seu materialismo e ateísmo: o Iconoclasta, com maiúscula, como ele se autodenominava), e depois nós percorrendo em seu ônibus quase todo o trajeto da linha 23. Lembro-me dele, mais tarde, em nosso primeiro domingo em Havana, caminhando pelo Malecón diante do parque Maceo, eu deslumbrado com as luzes de Havana e os letreiros luminosos de um dos lados do parque, defronte ao Malecón. Depois nos abrigamos em sua casa de Lawton e fomos com ele, meu irmão e eu, ao primeiro cinema havanês, o San Francisco de La Víbora, para ver *Sólo doce se salvaron*, e uma semana mais tarde (ou depois de alguns dias: todos nos abrigamos em seu quarto de Lawton apenas por alguns dias, enquanto meu pai procurava um lugar para morarmos, que acabou sendo na rua Monte, 822, diante do Mercado Único, lá onde a primeira mesa de refeições da família foi feita por um carpinteiro negro, chamado de Maceo, que era amigo de Eloy Santos e comunista, também: uma mesa feita com apenas quatro tábuas, mas a primeira que permitiu que a família se reunisse para as refeições), no mesmo cine San Francisco, vimos, e eu vi pela primeira vez, a figura imortal de Edward G. em *The Whole Town's Talking*, cujo título em espanhol não posso recordar, como não recordo o título de *Sólo doce se salvaron* em inglês. Eloy Santos, aquele que emprestou a meu tio o primeiro romance erótico que eu leria, *Memórias de uma princesa russa*. Eloy Santos, aquele que sabia tudo sobre doenças venéreas (doente de sífilis nos anos 20, tinham-no dado por morto no hospital e o puseram no que ele e os enfermeiros chamavam de quarto dos papas, o necrotério local, e foi salvo porque quando foram levá-lo para a sala de autópsia, pois nenhum parente reclamara seu cadáver, ele mexeu o polegar do pé e um estudante lhe aplicou um maçarico de acetileno sobre o lado esquerdo do peito, "aquecendo meu coração", dizia Eloy Santos quando falava, com muita modéstia, desse resgate de entre os mortos) e sobre mulheres da vida, e sobre a vida: um herói gorkiano, como imagino que ele queria se ver ou se saber, embora nunca tenha dito isso. Aquele Eloy Santos apaixonado pela Rússia — ou melhor, pela União Soviética — e por tudo o que era russo, que odiava flores e que, ao ouvir um dia alguém, acho que minha mãe, dizer para meu pai: "Olhe, violetas russas", exclamou imediatamente: "Me deixe vê-las!". Pois foi esse Eloy Santos quem me levou ao Shanghai ou Changai, e acho que Franqui estava presente, ou talvez eu tivesse ido com Franqui num outro dia. O teatro Shanghai herdara sua notoriedade do antigo inglês, lendário teatro de comédias, que ficava onde hoje fica o cine Alkázar, e que foi, por sua vez, herdeiro do teatro bufo cubano da época colonial, mas o Alhambra, uma vez que a colônia se libertou da sempre pantomimeira Espanha, acrescentou a libertinagem crioula — o chamado *relajo* cubano — às comédias do teatro bufo, espécie de teatro vernáculo, e daí o Shanghai o herdou, agora levando o *relajo* a um verdadeiro delírio de palavrões postos nas bocas mais pretensamente burguesas (no palco), com figuras tradicionais como a Senhora e o Cavalheiro competindo com o *negrito* e o galego, o cubano e o espanhol, o vivo crioulo *vs.* o bruto e ao mesmo tempo inocente hispano, galego ou *gaíto*, como era chamado no Shanghai, além da viúva respeitável que enquanto enterrava o marido virava uma desenfreada hetaira (a linguagem era assim, às vezes muito arcaica e eufemística, contrastando com a explosão dos palavrões ou da linguagem obscena, típica do conto de *relajo* cubano que o Shanghai punha em cena, levando a obscenidade até nos títulos, como o inesquecível *Siete tiros en el siete*, que quer dizer, em cubano, sete disparos no cu, ou aquela outra cena memorável, no velório do rico, em que sua viúva — encarnada no palco por uma cantora mulata, agora transformada em branca Senhora — entregava ao *negrito* e ao galego um cartão de visitas e os convocava a visitá-la quando quisessem, enquanto se deixava manusear pelo *negrito*, com seu marido ainda de corpo presente, e exclamava este delicioso oximoro: "Vocês sabem, meu marido era cético e, por isso, um maricas!", para surpresa assustada do galego e deleite do *negrito* que já *repellaba*, ou seja, esfregava seu membro na culatra da viúva).

Esse era o teatro Shanghai que eu conheci com Eloy Santos, teatro de contrassensos, já que seu principal ator, o velhinho Brenguier, era, na vida privada, um marido sério e um pai exigente e moralista, o que não o impedia, no palco, de soltar os impropérios mais eternos: "Caralho! Puta que o pariu! Essa mulher acha que eu sou veado ou coisa parecida!" etc. etc. Essa dualidade chegava até o porteiro alto, de cabelo branco e aparência de senador da república, que era, por seu turno, um dos mais respeitados inquilinos da Zulueta, 408, a pensão em que passei parte de minha infância e parte de minha juventude. Mas agora, em 1958, o teatro mudou, tornou-se mais obsceno e, adiante do seu tempo, mostra um erotismo desenfreado, chegando ao striptease total, em que uma moça não só tira a roupa como abre as pernas e com ambas as mãos abre os grandes lábios e mostra (já não é possível desnudar-se mais: só falta a alma!) a vagina rosada e úmida. Chegaram, nessa época (*c.* novembro de 1958), à participação total, com um espectador espontâneo que corria até o palco e fazia um profundo *cunnilingus* na stripper de cócoras, chupando sua vulva, ou, como se diz em cubano, *mamándole el bollo!*

Agora o Shanghai também exibe filmes pornográficos ou filmes de *relajo*, como preferir, entre dois entreatos ao vivo. Foi a esse Shanghai que fui com Branly, no final de novembro. A sala estava curiosamente cheia de policiais de uniforme azul. Os filmes, todos mudos e *amateurs*, eram acompanhados pela orquestra de *danzones* típica desse espetáculo havanês desde os dias das comédias bufas, mantida através da história do Alhambra, com a orquestra de *danzones* de Jorge Ackerman, cujas gravações colecionei nos velhos discos Columbia e RCA Victor. Agora o acompanhamento era único, ouvindo-se os ritmos havaneses do *danzón* enquanto na tela se praticava uma *fellatio* com todos os pormenores eróticos. Eu avisei Giovanni (leia-se Juan) Blanco dessas revelações sonoras do antigo *danzón*, conservado no Shanghai como num museu, e ele foi lá conosco mais para ouvir os *danzones* do que para ver os filmes. Mas acontece que ao entrarmos os filmes já haviam começado e ouvia-se um solo de clarinete que acompanhava a visão de um pênis imenso na tela. Juan entrou e assim que ouviu a música exclamou: "Que maravilha!", mas sua exclamação apreciativa coincidiu com o close-up do pênis, e ao ouvi-lo alguns espectadores viraram a cabeça. Felizmente, Bianco tem uma bem definida aparência heterossexual e os olhares dirigidos a sua exclamação logo retornaram para a tela, enquanto Juan ouvia, extasiado, a orquestra de *danzones*. Um ano antes, porém, levei o conde Gonzi ao Shanghai, onde projetavam um filme sobre o Caribe e suas ilhas, para que ele visse o teatro mais cubano que poderia apresentar-se em Havana na época (o restante do que encenavam nas salas teatrais profissionais ou *amateurs* eram quase sempre traduções do francês ou do inglês, ou melhor, do americano, e essas produções, pobres mas às vezes eficazes, não podiam ser chamadas de cubanas), e o conde achou o espetáculo maravilhoso, gostou principalmente da personagem de uma velha lasciva que coçava sem parar todas as partes de seu corpo sujo e murcho e que, no entanto, não deixava de simular uma breve atracação sexual com o *negrito*. O conde Gonzi (seria mesmo um conde? Em todo caso, era um italiano alinhado e frio, que parecia vindo do norte da Itália, apesar de seu cabelo negríssimo e engomado) achou-o parecido com o teatro popular napolitano (na época não passavam filmes no Shanghai) e tomou nota para incluir uma visita ao teatro quando fossem fazer o filme — que nunca chegou a ser feito. Em *Our Man in Havana*, também Graham Greene (ou talvez fosse somente Carol Reed, o diretor de *The Third Man*) se interessou pelo espetáculo do Shanghai — mas isso só vai acontecer mais tarde.

Estávamos todos desconfortavelmente sentados porque Alec Guinness tinha sentado com desconforto, mantendo um sorriso de loira Gioconda saxã em seus lábios pálidos e meio distendidos, como que empenhados em sorrir por vontade e renunciando ao sorriso por temperamento. Nesse momento, a toda a velocidade, alterado, vestido com um casaco vermelho que era sua *jacket*, fumando em seu smoking de calça de cetim e sapatos de verniz, impecavelmente barbeado, com o cabelo grudado, penteado, combinando com o envernizado dos sapatos, o sorriso quase se transformando em risada e aquelas orelhas elefantídeas de tão compridas, sem bater, abrindo a porta como se não somente o quarto ou a suíte, mas todo o hotel, fosse dele, entrou um homem alto, bem fornido, de testa ampla e grandes olhos azuis, que franziu o sobrolho ao mesmo tempo que sorria, generoso, com seus lábios grossos, e em seguida reconheci, mais pelo gesto do que pela aparência, pois não esperava que fosse tão fornido, Noël Coward. O sorriso era por nós, para nós, mas o que ele disse momentos depois foi dirigido a todos, especialmente a Alec Guinness. Levantamo-nos ao mesmo tempo que Noël Coward dizia:

— Céus, Alec, se você tivesse dito antes que estava com esses gloriosos moços te visitando, eu teria esmaltado as minhas garras.

Devia ser uma *private joke* compartilhada com Alec Guinness, que se levantara e agora sorria com deleite, mas ainda mantendo sua eterna timidez, evidentemente mais velha do que sua profissão, sua amizade e seu companheirismo.

— Ah, Noël — disse Alec Guinness. — Quero apresentá-lo a esses senhores da imprensa.

— Senhores da imprensa — disse Coward —, senhores de presa.

Era evidente que ele se sentia na selva, pois todas as suas metáforas eram selvagens. Mas não chegou a entrar totalmente no cômodo, permanecendo entre a soleira e o hall de entrada, como se esperasse alguma coisa que só ele podia ver e reconhecer. Olhou para todos nós. Primeiro olhou para René Jordan, que era alto como ele, com sua beleza de cubano antigo, e talvez tenha reconhecido nele um par, e o que Coward procurava era uma nova peça. Então olhou para Fausto, que de nós era, e parecia, o mais jovem, com seu ar corado de novo cubano, com pais espanhóis do Norte. Finalmente me olhou e não viu nada de interessante. Decidimos ir embora, pois era evidente que a entrevista com Alec Guinness havia terminado e a entrevista com Noël Coward jamais começaria: ele não estava em Cuba para ser entrevistado, tinha vindo para ser visto, não para ser ouvido. Seu senso de elenco, seu sotaque (um inglês mais pronunciadamente de cinema do que o de Guinness) e suas tiradas eram somente para ouvidos saxões. Como é que esses havaneses que falavam inglês com uma precariedade perigosa, capazes de abolir com seu ouvido os chamativos bibelôs de frivolidade sonora, iriam entender seu instável *wit*? Jamais captariam a sutileza de seu *arpeggio* sobre a perigosa palidez da luz da lua. Não entenderiam, em suas pobres vidas públicas, quando diz que é preciso bater na mulher regularmente, como num gongo, pois seriam capazes de tomar a frase no sentido literal e surrar suas esposas, namoradas e, no caso de René, namorados. Fomos embora, com Alec Guinness tentando esboçar seu sorriso como um pintor medíocre que copia a Mona Lisa num corredor do Louvre e com Noël Coward ainda sorrindo com seus lábios carnudos, os olhos azuis que pareciam verdes em seu anseio por dominar a selva e seu sobrolho meio poderoso demais para um homem que era tão obviamente um sodomita de sucesso. Na saída do Capri, Fausto, que seria sempre Faustino, perguntou:

— Quem era aquele homem?

— Aquele não era um homem — respondeu-lhe René Jordan, acertadamente. — Aquele era o Noël Coward — e dava para ouvir em sua voz o ar de admiração, como um acento circunflexo. Pensei que Coward, rico e famoso, era um pederasta notório e que por muito menos do que ele habitualmente manifestava, por um deslize, comparado a seus atos célebres, outro homem, outro inglês de quem ele copiara tudo, até o sotaque que não era dele, tinha ido para a prisão, coberto de infâmia, morrendo na maior pobreza. Um dia Coward seria honrado pela realeza e declarado Sir, enquanto seu antepassado e antigo artífice não teria mais do que uma placa numa rua de Londres, que diz: OSCAR WILDE 1854-1900 *Poet, wit and dramatic lived here*, quando a inscrição, se fosse verdadeira, teria de dizer: *Oscar Wilde, pederast, sodomit and convict, died here before his time.* Mas a tarde era luminosa então, soprava uma brisa do Malecón próximo, a rua 21 exalava sofisticação e não pensei em nada do que disse agora. Talvez pensasse que o clube Saint Michel, ali em frente, fora fechado por ser o centro elegante da viadagem havanesa, e nem Wilde com seus epigramas de além-túmulo, nem Noël Coward com suas linhas lânguidas de agora, nem René Jordán com sua veneração pelo ator, compositor e autor conseguiriam abri-lo outra vez. Esse mundo de viadagem, como o ovo Humpty-Dumpty depois da queda, não tinha mais quem consertasse sua ruptura final.

— O que achou do Noël? — perguntou-me Renato, esquecido de que tínhamos vindo conhecer, e ele e Fausto entrevistar, Alec Guinness.

— *He is the courage of his name* — foi o que eu disse, e que, naturalmente, Faustino, aliás, Fausto, não entendeu. Mas René disse:

— Ah, ah. *Mad Dogs and the Cubans...*

E eu completei:

— *Get too much sun.*

Organizaram uma viagem à Venezuela e o jornal (ou melhor, Franqui) me escolheu para participar da excursão: embora esta fosse para um único país, era considerada muito importante: não se deve esquecer como, de uns tempos para cá, venezuelanos e cubanos estavam próximos, que Rómulo Betancourt, o atual presidente da Venezuela, chegara a passar seu exílio em Havana, e que muitos revolucionários tinham se exilado em Caracas, que era para onde íamos. Gostei da ideia de viajar a Caracas, principalmente porque me lembrava de Margarita del Campo, que morava na Venezuela desde 1955 e que seria agradável voltar a ver. Então saímos no avião presidencial rumo a Caracas. Quando chegamos, fiquei espantado ao ver Caracas como uma cidade organizada ao redor de um centro muito moderno, com orlas aldeãs, e tudo cercado pelos morros limítrofes, imponentes. A visita foi breve e não pude encontrar Margarita del Campo, mas encontrei o que tinha ido buscar: os primeiros esboços de um retrato de Fidel Castro. Reunidos na embaixada, ouvi quando se preparava para visitar Rómulo Betancourt, cheio de esperança, quase dizendo a seus íntimos (entre os quais eu forçosamente me encontrava) que desse encontro dependia o futuro de Cuba. Mas a história foi outra quando ele voltou da mesma embaixada: estava furioso. Dizem que Fidel Castro tentou negociar um acordo petroleiro com a Venezuela, mas que Rómulo Betancourt recusou, principalmente, as propostas antiamericanas feitas por Fidel Castro. Não sei o que havia de verdade nisso, mas em Caracas, na embaixada, naquele dia, Fidel Castro demonstrou que era capaz de fazer birras dignas de Hitler, e no entanto, quando lhe anunciaram a visita, quase imediata, de um enviado de Rómulo Betancourt, aparentemente mandado para apaziguar a fúria castrense, Fidel Castro logo mudou de humor e virou um anfitrião comedido. O outro encontro com a verdade precoce ocorreu em meio a uma tragédia no aeroporto, quando já estávamos voltando. Houve uma grande confusão ao redor do avião, com Fidel Castro chegando, como sempre, atrasado, e quando os motores já estavam ligados formou-se outro grupo ao redor do avião e de repente ouviu-se um grito atroz e uma revelação sanguinária: um dos comandantes do séquito, chamado Ramón Cabrera, tentou passar de um extremo ao outro do avião e não percebeu que estava muito próximo dos motores. Nunca soube que o que o golpeou foi uma hélice, que acertou sua cabeça, abrindo-a em dois: morreu instantaneamente. Fidel Castro se enfureceu, qualificou o acidente como estúpido e mandou que arranjassem um caixão para levar o comandante morto de volta a Cuba. Para mim foi um verdadeiro espetáculo (embora só tenha visto seu fim) grotesco. Fiquei muito impressionado com a morte tão súbita daquele comandante que alguns momentos antes estava a meu lado e que de repente era uma massa sanguinolenta sobre a qual se precipitou imediatamente o comandante médico que acompanhava Fidel Castro, sem poder fazer nada além de atestar a morte do comandante Cabrera. Fidel Castro, por sua vez, chutou o chão, como se jogasse a culpa daquela morte inútil e anticlimática na própria terra venezuelana. Depois acendeu um charuto e pareceu se esquecer de tudo o que havia ocorrido, enquanto todos nós esperávamos no aeroporto que chegasse um caixão àquela hora da noite. Mais tarde, já no avião, de regresso, ele ficou rindo com um ajudante, completamente esquecido do comandante morto que vinha na parte de trás do avião: jamais pude esquecer aquelas transições.

Caçar o peixe-espada maior, aquele peixe acertadamente chamado em Cuba de imperador: não há outro peixe com aspecto mais nobre, mais galhardo na luta, mais bonito. Dele só ganham o delfim, o cachalote e a baleia — e esses não são peixes.

Uma embarcação muito rápida se emparelhou mar afora com a nossa e dela desembarcaram — ou melhor, transportaram — um peixe-espada enorme, muito maior do que qualquer um que eu já vira antes e certamente desmedido ao lado do peixe que tínhamos apanhado. A lancha não era da marinha, mas havia nela marinheiros especializados, e o que tinham pescado, por perícia ou por sorte, era um verdadeiro imperador. Mas havia um porém: esse peixe devia ter sido apanhado na noite ou no dia anterior, porque tinha um aspecto carvoento, seu belo azul de quando estava vivo se transformara num preto mate que lhe dava o aspecto de betume ou dessas relíquias abetumadas. Era certamente a múmia de um imperador.

Fidel Castro, ao desembarcar, abraçou Hemingway — na verdade foi Hemingway quem o abraçou, com seu estranho sorriso de gato de Cheshire que deixou a barba crescer mais do que o bigode, com um sorriso permanente nos lábios mas com a cara e a cabeça, tudo envolto em pelos, desaparecidas. Castro, muito mais jovem, mais alto — devia ter uma polegada a mais do que Hemingway —, menos fornido, porém mais forte, com sua estranha combinação de pernas compridas e muito peito — enquanto Hemingway era melhor proporcionado, talvez com pernas um pouco curtas, com sua barriga de barril muito maior do que seu peito —, continuava sorrindo, mesmo sem motivo para tanto. Em nosso barco, um dos marinheiros contratados por Celia Sánchez pegou o enorme imperador — pouco tempo antes Fidel Castro se desfizera do velho imperador pequeno —, segurou-o pelo rabo e gritou: "*Ei, Mister Way!*", chamando a atenção do romancista. Ninguém acreditaria que esse velho pescador, veterano da pesca no golfo, especialista na caça do peixe-espada, ia perder para um *guajiro*, educado pelos jesuítas, transformado em havanês que nunca via o mar e que nunca pegara um peixe na vida. Mas essa competição ele ia ganhar de Hemingway. E era óbvio que Fidel Castro não se deixaria vencer por ninguém, muito menos por um escritor que combatera — ocasionalmente — na Guerra Civil espanhola, que dizia conhecer a arte da guerra de guerrilhas, que fora um correspondente muito ousado na Segunda Guerra Mundial e que antes, muitos anos antes de Fidel Castro ser concebido, dirigira uma ambulância no front italiano. Havia anos que esse velho guerreiro tinha sossegado com muitos safáris, empregando como criados possíveis membros do Mau-Mau, e em Cuba, ultimamente, só fazia amizade com dois ou três havaneses ricos que tinham dinheiro suficiente para se permitir uma excursão à África e que passavam as tardes cercando o escritor junto ao balcão do Floridita, *afternoons of fawning*, vestindo *guayabera* de Holanda, da tela de linho em que Vermeer nunca sonhou ver mar.

Então Fidel Castro sorriu seu sorriso que queria ser generoso, que talvez fosse generoso, mas que para mim, vendo-o entre sua barba emaranhada, parecia um sorriso guerrilheiro por entre a brenha negra de seu cabelo mediterrâneo, do perfil quase helênico, que o tornava um desses heróis mercenários que nunca seriam deuses, mais Xenofonte do que Ulisses, embora tão astuto quanto ambos e tão cruel quanto Aquiles, sem um Pátroclo de pretexto, sem um Príamo que se apiedasse dele, e, o que era mais decisivo, sem um tendão vulnerável. Agora Fidel Castro enfrentou Hemingway, olhou-o de cima a baixo e disse, condescendente mas aparentemente cortês, que lamentava mais ter ganhado do que ter perdido, mas o que valia era a qualidade de seu oponente. Hemingway continuava sorrindo, contrastando sua cabeleira branca, sua barba alva, *canosa* — Canossa? — com sua pele bronzeada, mas parecia o exato oposto, com seu vestuário de short, pulôver marinheiro e tênis, do comandante com suas botas, seu uniforme verde-oliva e a boina com a estrela. E ele disse uma coisa que eu quase ia esquecendo, mas não esqueci: que Hemingway agira como um verdadeiro derrotado, não na lide da pesca, mas na supremacia pela ilha. Até agora ele fora o homem mais famoso do mundo a viver em Cuba: *Ernest*

Hemingway of Finca Vigia. A partir desse momento, reconhecia estar cedendo o terreno a Fidel Castro, o homem mais famoso nascido em Cuba nesse século. Essa dupla diferença (nascido em Cuba, nascido nesse século) era o único consolo para o perdedor que não leva nada.

A revista ia muito bem, a cada dia mais lida e mais organizada, e quando Franqui me pediu outra vez que acompanhasse, com outros jornalistas do *Revolución* e de outros jornais, Fidel Castro em sua viagem aos Estados Unidos, eu disse sim. Franqui também iria, e assim em meados de abril voávamos no avião presidencial (que tinha um nome sonoro e ao mesmo tempo com um viés patriótico, "Guáimaro", embora fosse o avião presidencial da época de Batista) para Washington. Chegamos à capital dos Estados Unidos, que eu não conhecia, ao anoitecer, eu com uma forte dor de ouvido causada pela descompressão, vendo lá embaixo as avenidas como que traçadas com régua e assinaladas, àquela hora, por inumeráveis luzes. Todos os jornalistas foram para o hotel, ao passo que Fidel Castro e sua comitiva se hospedaram na embaixada cubana. No segundo ou terceiro dia, testemunhei uma explosão temperamental de Fidel Castro na embaixada. Furioso porque Eisenhower não o recebera, mandando em seu lugar o vice-presidente Nixon, ele explodiu:

— Esse bosta do Eisenhower se nega a me ver e tenho que aceitar um encontro com o seu subordinado, o Nixon! Pois não irei ao encontro.

Franqui estava entre os que aconselhavam Fidel Castro a aceitar o encontro com Nixon, mas Castro, fumando um enorme charuto e de cueca e camiseta (peças de roupa que estavam visivelmente sujas e não cheiravam exatamente a rosas), andava de um lado para o outro do quarto. O embaixador em Washington também aconselhava Fidel Castro a aceitar o encontro com Nixon, mas o chefe de sua guarda pessoal (que eu chamava de capitão Maraña, por sua barba emaranhada) insistia em que Fidel Castro não devia ir "a nenhuma dessas reuniões com subalternos". Finalmente, enquanto ele resmungava em voz baixa e Franqui falava com o capitão Maraña, Fidel Castro gritou:

— Silêncio! Me deixem quieto! Quero pensar direito no que fazer!

O capitão Maraña aproveitou esse momento para tirar todo mundo do quarto, pastoreando-nos, fazendo gestos com as mãos que indicavam que devíamos sair. Fidel Castro parou de andar, olhou para o grupo que saía, no qual estava o embaixador, e disse:

— Não, o Franqui fica. — E Franqui ficou.

Mais tarde (fiquei vendo tevê em cores, que era muito melhor do que a instalada em Cuba pelo Canal 12) perguntei a Franqui o que tinha acontecido lá dentro, e ele disse:

— Nada, o Fidel queria ficar sozinho, mas não completamente. Ele odeia ficar sozinho e queria dividir a responsabilidade da sua decisão com alguém.

Surpreendeu-me que Franqui, que idolatrava Fidel Castro, desse uma versão tão justa daquele momento. Por fim — e eu soube disso no dia seguinte —, Fidel Castro se encontrou com Nixon e também com o secretário de Estado, Herter, que Fidel denominava "aquele das canelas", referindo-se a suas pernas inválidas cercadas de tirantes de aço. Naquela tarde, deixei Korda (integrante do grupo como fotógrafo do *Revolución*) no hotel e saí com Max Alakri, que eu vira em meus dias de estudante da escola de jornalismo (era impossível não ver Max, de tão alto — media mais de um metro e oitenta e cinco — e robusto que ele era) e que estava lá representando o jornal *Combate*, do

Diretório. Estava lá graças a mim, pois no aeroporto de Havana se negavam a admitir qualquer um do jornal do Diretório, e depois de falar com Guillermito Jiménez, que dirigia o jornal e que me disse "Deixe o Raúl Castro saber disso!", fui falar com Franqui e expliquei-lhe o que estava acontecendo, que o pessoal do 26 de Julho não queria que o pessoal do *Combate* fosse a Washington, e finalmente acertou-se que um jornalista do jornal iria, e este foi Max, mais conhecido por seu apelido de Maxim, como o famoso cabaré. Agora estávamos nas ruas de Washington, acompanhados por Bebo Alfonso, que eu não conhecia pessoalmente, só por suas reportagens cinematográficas para o *Noticiero Nacional*, o Bebo que no dia anterior no restaurante, quando Lhano, o outro fotógrafo do *Revolución*, disse que o que estava mesmo a fim de comer era arroz com feijão e banana frita e não aquelas insossas comidas americanas, deu-lhe um tapinha carinhoso no rosto e disse:

— Coma um bife, vou pedir um pra você.

E quando eu pensava que Bebo ia desdobrar um inglês perfeito, ele chamou a garçonete com um dedo, muito misteriosamente, e quando a garçonete veio, em voz bem baixa e bem clara, disse:

— Quero um bife aqui, pro meu amigo Lhano — e a garçonete anotou na caderneta, bem claro, *one steak*! Isso me pareceu um milagre: Bebo Alfonso não sabia uma palavra de inglês, como me confessou depois, mas era capaz de se fazer entender em qualquer idioma.

Então Bebo Alfonso, Max Alakri e eu saímos caminhando por Washington, onde fazia uma primavera agradável e pouco frio naquela tarde de domingo. O olho vivo de Bebo (não à toa ele é cameraman) avistou três mulheres caminhando na calçada, à nossa frente, e com seu amável don juanismo havanês instou-nos a apertar o passo e logo estávamos ao lado das três moças, que eram moças, não mulheres. Bebo, que é bem-apessoado de uma forma latina, de cabeça grande e baixa estatura, rosto de feições regulares, sem bigode, e Max, que é bem-apessoado de uma forma judia, e que sobressai por sua altura, puseram-se de ambos os lados das garotas. Bebo falou com elas em espanhol, em seu espanhol.

— Po-de-mos a-com-pa-nhá-las? — perguntou, e as garotas riram como se entendessem... e não me surpreenderia que entendessem.

Maxim desdobrou seu inglês, que era pouco, e traduziu, quase sílaba por sílaba, a frase de Bebo. Agora as garotas tinham entendido melhor, mas continuavam rindo, e Bebo e Maxim também riam. Comecei a falar com elas e disse: "*May we walk with you?*" — o que fez as garotas rirem tanto quanto com o convite de Bebo, mas logo uma delas disse: "*Why, yes. If you want to*".

Continuamos conversando, Bebo sempre em espanhol, e quando tive que traduzi-lo, porque uma das garotas perguntou "*what is he saying?*", eu me ouvi perguntando a elas se não havia um lugar em Washington onde todos nós pudéssemos ir, juntos.

— Mas cinema não — emendou Bebo, e o traduzi em seguida.

Elas não sabiam, mas de repente umas delas disse que sim, que sabia: havia um clube não longe dali e, quando traduzi para Bebo, ele disse:

— Perfeito, perfeito — para mim e para Max, e para as garotas: — *Perfect, very perfect* — e elas caíram na gargalhada novamente.

Logo encontramos o clube — devia ser o único lugar aberto em Washington naquele domingo, porque era de tarde e estava cheio, lotado.

— Até a boca — disse Bebo, e uma das garotas me perguntou:

— *What?*

— *He says it's crowded* — falei, e ela me disse:

— *I bet it is!*

Mas entramos e conseguimos uma mesa atrás e acima da pista de dança, onde as pessoas dançavam uma espécie de rock 'n' roll amável. Pedimos os drinques, começando por Bebo, que disse:

— Um bife.

— *What!* — exclamou o garçom, e eu intervim para lhe dizer que todos queríamos uísque com soda.

Perguntei para as garotas:

— *Is that all right?* — e elas disseram que sim: — *Scotch and soda for everybody then* — e o garçom saiu, enquanto Bebo o alcançava com sua frase:

— E pra mim um bife.

Trouxeram nossos drinques e começamos a beber: as garotas esvaziaram seus copos quase de um trago e Bebo perguntou:

— Mais? — e elas riram, até que eu disse:

— *Some more?* — e elas disseram:

— *All right, yes* — enquanto Bebo dizia:

— Eu também quero mais.

Bebo era mais famoso por sua capacidade de beber do que por sua habilidade de fotografar, e ele mesmo chamou o garçom, o que não era fácil naquele clube lotado. Quando ele veio, Bebo falou:

— Outro bife, por favor — e quase em cima de sua voz eu disse:

— *Fill'em up, please* — que soou quase como um diálogo de Edward G. Robinson encarnando um gângster: pelo menos as garotas entenderam assim e riram.

— *All right?* — perguntou Bebo, e elas disseram:

— *All right.*

Nesse meio-tempo, Max tinha passado o braço por cima da garota mais próxima e Bebo se aproximou de outra garota e eu fiquei não com a mais feia, mas com a mais baixa. Depois de outra rodada de uísques, convidei-a para dançar. Eu que mal consigo dar um passo de bolero a convidava para dançar no compasso de outra espécie de rock 'n' roll aguado. Ela aceitou e descemos para a pista enquanto Bebo gritava atrás de nós: "Muito bom o bife", mas eu não ria mais, concentrado que estava em penetrar na multidão que dançava na pista. Por fim conseguimos assentar os pés na borda da pista e eu tomei a garota (não tínhamos nem perguntado seus nomes) nos braços e começamos a dançar, eu bem junto dela, e foi então que senti o cheiro de seu cabelo: cheirava mal, como se ela não o lavasse havia anos, e ficava bem debaixo do meu nariz. Continuei dançando — o que mais podia fazer? De repente, ocorreu um fato extraordinário: minhas pernas começaram a pesar e enquanto eu dava um passo com uma perna tinha que me esforçar para mover a outra do lugar onde havia caído no passo anterior: minhas pernas doíam e estavam terrivelmente pesadas, como se eu tivesse subido montanhas, mas tínhamos dado apenas poucos passos. Eu não entendia por que minhas pernas doíam tanto, mas foi uma bênção porque consegui esquecer a peste do cabelo de meu par de dança — e de repente, milagrosa, misericordiosamente, a música acabou. Podíamos voltar para a mesa. A garota fez um breve comentário:

— *Short, isn't it?*

— *Yes* — disse eu, guiando-a por entre as pessoas que se preparavam para dançar mais e mal conseguindo avançar com minhas pernas pesando toneladas e minhas panturrilhas doendo como se eu tivesse dançado a tarde toda, o dia todo.

Por fim chegamos à mesa, onde Bebo explicava para sua acompanhante, em espanhol, quem éramos. Sei disso porque o ouvi dizer:

— Jor-na-lis-tas — de modo bem marcado, e ao me ver chegar se virou rapidamente e me disse: — Que tal o bife?

— Muito bom — falei, entrando, sem mais, no espírito do momento, porque Max continuava se aproximando da garota o mais que podia, e Bebo lhe perguntou:

— Fale mais, Max…

— Do quê? — perguntou Max rindo, e Bebo respondeu:

— Do teu bife — e Max falou:

— Ah, muito bom, meu chapa, muito bom — e percebi o quão cubanizado, o quão aclimatado Max estava, sendo judeu.

Enquanto isso, meu par de dança se sentara e eu fiz o mesmo, sentindo um alívio infinito nas pernas de alpinista que agora eram as minhas — e ao me sentar senti novamente o fedor do cabelo de minha parceira, mas mesmo assim comecei a conversar com ela, tão humana, nada divina, que me dizia que fazia tempo que não dançava, como quem pede desculpas, e senti uma pena eterna por seu cabelo cheirar mal. Bebo interrompeu minha pena ao perguntar:

— E que tal o teu bife?

Estive prestes a lhe dizer:

— Fedido — mas sorri e falei: — Muito bom, rapaz. E o teu, que tal?

Ao que ele respondeu:

— Meu bife? Dá pra comer, dá pra comer.

No dia seguinte encontrei Bob Hernández entre os jornalistas que vinham ao hotel. Não o vira desde a noite de 31 de dezembro e ele me cumprimentou, muito contente. Apresentei-o a Franqui, que, muito agradecido por encontrar um jornalista americano que falava espanhol, convidou-o para a dupla cerimônia que era visitar o cemitério de Arlington e depois ver Fidel Castro depositar uma coroa de flores diante do monumento a Lincoln. No caminho houve uma discussão, já que

Franqui não gostava do modo como os jornalistas americanos estavam registrando a visita de Fidel Castro (já houvera outros encontros, em Cuba, entre Franqui e jornalistas americanos visitantes, com os quais ele mantinha discrepâncias quase absolutas, principalmente em relação à maneira de cobrir os fuzilamentos e os julgamentos de crimes de guerra batistianos), e agora Franqui era da opinião de que estavam vendidos aos monopólios. Bob, muito paciente, ouviu toda a explosão de Franqui sem interrompê-lo, e, quando ele terminou, disse simplesmente:

— Não, Franqui, você não entende os mecanismos da imprensa americana. Não estão vendidos a ninguém. São muito independentes, na verdade.

Bob falava com tal distanciamento dos jornalistas americanos que parecia não ser um deles, e talvez seu sobrenome espanhol lhe desse distância suficiente para falar sem paixão. Durante todo o trajeto, tentou convencer Franqui da honestidade da imprensa americana, dizendo:

— Aqui temos realmente um quarto poder.

E queria dizer que não era como a imprensa cubana, que era corrupta (embora não tão corrupta, mesmo sob o regime de Batista, quanto a imprensa mexicana, por exemplo) e se vendia a quem fizesse a melhor oferta, que eram os anunciantes, por um lado, e por outro o governo, embora houvesse exceções, como a *Bohemia* e a *Carteles*, para mencionar dois exemplos mais próximos, e agora com alguns periódicos incondicionais de Fidel Castro, como o próprio *Revolución*, mas Bob teve o tato de não mencioná-lo — e bem podia dizer que o *Revolución* era incapaz de criticar o governo de Fidel Castro, tal como faziam os jornais americanos com o seu próprio governo. Chegamos ao cemitério de Arlington, que é um lugar bonito, embora Franqui tenha se incomodado com o monumento aos *marines*, com a menção a cada momento epopeico desse corpo, do qual Cuba fazia parte, ou melhor, o morro de San Juan, em Santiago de Cuba, e me pediu que tomasse nota daquilo para a reportagem que eu tinha de fazer para o jornal. Depois veio a cerimônia no monumento a Lincoln, com Fidel Castro depositando muito respeitosamente uma coroa de flores ao pé da monumental estátua. Chegamos tarde e houve certa confusão na busca por alojamento. De tarde, até a noitinha, houve uma recepção na embaixada, na qual Fidel abandonou seus *fatigues* por uma espécie de uniforme de gala: calça bege-claro, paletó marrom e colarinho e gravata, como não se via desde seus dias na esquina do Prado com a Virtudes, entre os estudantes.

De repente estávamos saindo de Washington rumo à universidade de Princeton, eu com vontade de terminar o périplo e ir para Nova York, cidade que continuava exercendo uma atração poderosa sobre mim. No trem não consegui ficar perto de Bebo e de Max, como gostaria, e acabei junto do capitão Maraña e do resto da escolta de Fidel Castro. Não sei por que eu não gostava nada dessa companhia militar, mesmo ela sendo rebelde, e era óbvio que o sentimento era mútuo. Distraí-me contemplando a paisagem rural americana na primavera, que eu nunca tinha visto e que me parecia de uma grande beleza tranquilizante. Em certo momento da viagem o capitão Maraña, falando com a voz tão emaranhada quanto sua barba e seu cabelo, fez um comentário que não compreendi e ouvi sua companhia cair na gargalhada: tive a impressão de que a piada era às minhas custas mas resolvi não ligar e fechei os olhos como se estivesse dormindo. Para chegar a Princeton era preciso deixar o trem e pegar um longo ônibus que esperava os jornalistas, enquanto Fidel Castro viajava num automóvel à parte. Chegamos tarde e houve certa confusão em busca de alojamento.

Para acompanhar nosso grupo de jornalistas, designaram dois texanos enormes e que falavam muito bem o espanhol, ainda que com um sotaque misto de americano e mexicano, que era engraçado, sobretudo saindo daquelas bocas tão altas. Finalmente encontramos um lugar para dormir e gostei muito da atmosfera da universidade, com seus dormitórios bem abrigados do frio que fazia em Princeton. No dia seguinte pela manhã o ônibus nos levou até o local onde Fidel Castro fazia um discurso diante do claustro e dos estudantes. Falava, como fizera em Washington, pela televisão e diante da imprensa, num inglês curioso, extremamente tosco e às vezes cômico, mas com o qual ele se fazia entender, sem a menor consciência de que seu inglês era quase todo inventado por ele mesmo. De Princeton voltamos para o trem e de lá para Nova York em poucas horas. Dessa vez Fidel Castro ficou hospedado em nosso hotel, não isolado na embaixada, como em Washington, embora o hotel tivesse vários andares isolados para ele, sua comitiva e os jornalistas. Ali, no meu quarto e no de Franqui, vários amigos cubanos vieram nos ver, entre eles Jesse Fernández, um dos primeiros, Saulo Ernesto Rodríguez, Óscar Hurtado e sua mulher, a atriz Miriam Acevedo, e Eduardo Denoyer, que descendia metade de cubanos e metade de jamaicanos, "mas brancos", como ele sempre esclarecia, como se receasse que, mesmo com seu cabelo loiro e seu sotaque estranho (que se tornava mais estrangeiro quando escrevia), pudesse ser tomado por jamaicano — ou seja, negro. Insistimos, Franqui e eu, para que todos voltassem para Cuba. Alguns estavam estabelecidos em Nova York, mas lhes contamos do renascimento cultural que animava o país agora e de como a presença deles era necessária. Fizemos a mesma coisa com outros, entre os quais tenho que destacar, sempre com sua timidez ressabiada, Heberto Arenas, que era também escritor e trabalhava numa revista em espanhol que era publicada em Nova York "para toda a América Latina", como rezava seu slogan. Nossos quartos, principalmente o de Franqui, eram um vaivém constante de cubanos, todos amigos, velhos e novos, que deixávamos maravilhados com as histórias de Cuba em 1959 — e na realidade, até agora, nenhuma das histórias maravilhosas era mentira. Nenhum desses amigos se exilou por motivos políticos, e sim econômicos e pessoais, com a possível exceção de Eduardo Denoyer, que eu vira em Havana no ano anterior, quando foi ao enterro do pai, Juan Pérez (o verdadeiro nome de Denoyer é Juan Eduardo Pérez Denoyer, mas ele optou por seus segundo nome e sobrenome por razões literárias). Na ocasião, falando comigo enquanto caminhávamos pela rua 17, rumo à casa de sua mãe, ele me disse que não pensava mais em voltar a Cuba, que agora escreveria em inglês e que a cada dia se sentia menos cubano, acusando seu país de ter deixado fracassar a guerra de 1868 feita por colonos brancos e de triunfar na de 1895, lutada por escravos negros: isso destruíra as minorias cultas e entronizara a maioria inculta: daí advinham todos os males de Cuba, inclusive Batista, descendente de escravos. Sua posição, nesse momento, era tão negativa quanto sua literatura, que consistia, em sua maioria, de romances que tinham uma página, epopeias de uma página e meia: ele se considerava original e somente em Cuba não lhe haviam dado o que merecia, que sem dúvida ele ia encontrar nos Estados Unidos. Mas agora Denoyer se mostrava entusiasmado, a sua maneira, com as "perspectivas cubanas", como ele dizia, imitando um pouco Walt Whitman, embora não tivesse sua barba hirsuta nem sua longa cabeleira branca. Em determinado momento, ele e Heberto Arenas me fizeram notar a frieza com que estávamos tratando Óscar Hurtado, que Arenas considerava uma "pobre pessoa", e dizia que nós, Franqui e eu, o deixávamos de lado, enquanto quase fazíamos a corte a Miriam Acevedo — na verdade os dois diziam que tínhamos ciúme de Óscar porque estávamos apaixonados por Miriam: mas isso podia se aplicar mais a Franqui do que a mim, que sempre fora um ouvinte atento e entusiasta das histórias de Óscar Hurtado e que não gostava muito de Miriam, embora admirasse muito seu corpo, que com os anos (Miriam tinha sido minha colega de escola) se desenvolvera até se tornar conspícuo por sua estrutura escultural. Mas levei em conta a observação dupla de Eduardo e Heberto e voltei para o quarto de Franqui para falar com Óscar, para convencê-lo de que Cuba precisava dele — no que ele acreditou, já que Óscar era um estranho misto de timidez e vaidade, em cuja mente às vezes uma vencia às custas da outra: agora era sua vaidade que a dominava. Fomos todos ao comício que Fidel Castro deu no Central Park e foi uma ocasião estranha, com a voz do orador em espanhol, ou melhor, cubano, e rodeado por multidões que falavam espanhol no meio de uma cidade americana por excelência. Também houve seus sobressaltos, com ameaças de bombas, talvez feitas por exilados batistianos, mas ficamos todos juntos, principalmente Franqui, Miriam e eu, e depois voltamos para o hotel e nos sentamos no restaurante, para beber (acho que café) e ouvir um pequeno *combo* de jazz, que não era de todo mau, principalmente o pianista, e a música e o lugar tornaram a ocasião memorável.

No dia seguinte, saí com Jesse Fernández, para retomar os bons tempos de 1957, e terminamos num cinema, vendo Marilyn Monroe em seu melhor momento (*Some Like it Hot*), embora não fosse meu melhor momento, pois estava realmente cansado e somente a arte cômica de Billy Wilder evitou que eu dormisse no cinema. No dia seguinte Fidel Castro e sua comitiva partiram para o Canadá e eu me animei com a "perspectiva americana" de ficar uma ou duas semanas em Nova York: dali em diante meu lugar seria ocupado por Oclides Candela. Mas Franqui apareceu com contraordens: eu tinha que ir ao Canadá e depois seguir com Fidel Castro em sua viagem pela América

Latina, pois ele (Franqui) não confiava muito na capacidade de Oclides Candela como repórter. Tentei me esquivar do compromisso, mas foi impossível, e assim me vi voando sozinho para o Canadá (Fidel Castro e sua comitiva tinham feito a viagem via Boston, e então eu não perderia muito do que aconteceria em Montreal, onde chegaríamos quase juntos). Mas cheguei sozinho e tive dificuldades para ser admitido (eu não tinha visto canadense) e somente meu dom de persuasão, então patente, convenceu a polícia da imigração de que eu era parte da comitiva de Fidel Castro, e por fim pude entrar no país, para mim espantosamente bilíngue. Emiliano (outro nome romano) Mata, que era o organizador da segurança civil de Fidel Castro (havia dois corpos de guarda-costas: um visível, uniformizado e armado, e outro civil, invisível mas também fortemente armado), conseguiu-me um galhinho de lariço de metal, para levar na lapela, que era a identificação para que a polícia canadense (para o meu espanto, policiais montados, como os dos bonequinhos — "King da Polícia Montada do Canadá" — e das operetas) soubesse quem era da comitiva. Dessa cidade inesquecível (ainda com neve endurecida nas calçadas, embora não estivesse mais nevando), lembro-me de uma cena no Armory (onde encontrei uma amiga de adolescência, não tão bela como antanho, mas ainda bonita, Antonieta Miranda, e sua mãe María Pepa, que era do mesmo povoado que nossa família, e que tinham emigrado para o Canadá, Antonieta casando-se com um canadense: conversamos sobre os velhos tempos e os tempos novos e saí de lá não sei como) com uma modelo alta, talvez alta demais, ruiva, com quem estivemos (Maxim estava com outra modelo: uma modelo amiga de minha modelo) bebendo num *night club* até bem tarde. Depois acompanhei a modelo até sua casa e lembro que meu empenho em ser (parecer) um cavalheiro me impediu de me deitar com ela, pois morava sozinha num pequeno apartamento no qual me convidou a entrar e me ofereceu ainda mais drinques e mais simpatia. Depois, pensando, recordando, pareceu-me que se eu tivesse feito apenas um gesto a modelo teria sido realmente minha — mas não fiz esse movimento, só falei com ela, ouvia-a falar de sua vida difícil no mundo da moda canadense (se é que esse mundo existe) e de sua vida no mundo: ela queria emigrar, morar em Nova York, ou talvez mais ao Sul. Lembro que me disse isto: "Talvez mais ao Sul", e o sul soou com som de maiúscula: talvez quisesse ir a Cuba, não sei. Só sei que fui embora de sua casa bem tarde ou quase de manhã, de madrugada, completamente bêbado, e bêbado encontrei o hotel como que por milagre ou talvez por estar bêbado: só sei que meu senso de orientação é nulo, daí minha surpresa ao encontrar o hotel em que estávamos. Consegui, na marra, me levantar às oito, pois às nove íamos sair de Montreal, do Canadá, deixando para trás suas polícias montadas coloridas, que escoltavam o grupo, Fidel Castro e seu entourage (que um dia eu chamaria de *en toute rage*: mas isso aconteceu anos depois) até o aeroporto.

De Montreal voamos para Houston, Texas (ou melhor, Tejas), e nos hospedamos num hotel no deserto, bem longe da cidade, que nunca vi. Fidel Castro tinha ido lá para visitar um rancho e ver uns touros ou umas vacas — e isso foi tudo que vi do Tejas, exceto por uma beldade Tex-Mex que trabalhava no hotel, numa lojinha de *Texan curious*. Gostaria de ter tido com ela (como com a modelo canadense) um tête-à-tête ou como quer que se chame um encontro desses em Tex-Mexican, mas isso não foi possível. Max me disse: "Está aqui esperando pra ver se fisga um milionário texano", o que possivelmente era verdade. Durante a viagem, mais do que nos anos em que o conhecera em Havana, soube que Max sabia muito sobre mulheres. Saímos de Houston, dos Estados Unidos, e não paramos até chegar à ilha de Trinidad, que me agradou com sua atmosfera tropical, bem-vinda depois da neve canadense e do deserto texano. Ali, em visita a uma espécie de mosteiro, Max e eu trocamos palavras com um rebelde da escolta de Fidel Castro, não com o capitão Maraña, mas com um subordinado, que se fazia chamar por Leoncito Segundo, para distingui-lo de Leoncito Primero, o verdadeiro Leoncito, que era ruivo. Este rebelde andara dando alfinetadas nos jornalistas, cada vez mais agudas e precisas, e Max e eu o chamamos a um lado, na lateral do mosteiro, e lhe pedimos uma explicação. Max lhe disse:

— De homem pra homem, qual é o teu problema?

— O meu problema? — disse Leoncito Segundo. — Eu não tenho problemas.

— Tem sim — disse Max —, conosco, os jornalistas.

Eu, por minha vez, disse a ele:

— Estamos aqui cumprindo com um dever como você cumpre com o seu.

Max e eu estávamos muito sérios e dispostos, apesar de Leoncito estar fortemente armado, a levar esse confronto até as últimas consequências. Leoncito Segundo entendeu, riu e disse:

— Cavalheiros, não está acontecendo nada, vocês estão imaginando coisas — e riu novamente, tentando dar um tapinha no ombro de Max, mas Maxim era realmente muito alto para que Leoncito Segundo, que era mais baixo do que eu, conseguisse chegar comodamente ao ombro dele, e então ele se virou para mim e disse: — Jornalista, não tem nenhum problema.

— Folgo em saber — falei, e dei-lhe as costas.

Maxim também o deixou ali na colina queimada pelo sol do Caribe e nos reintegramos ao grupo e não aconteceu mais nada: durante toda a viagem, Leoncito Segundo não deu mais nenhuma alfinetada nos jornalistas nem em ninguém, acho — ele falou de

Che Guevara, mas isso aconteceu em Montevidéu. De Trinidad eu lembro a paisagem caribenha, tão parecida com Santiago de Cuba, com o hotel nos arredores, servido por índios, e os pagodes hindus, marcados por muitas bandeiras de diferentes cores, que era a primeira vez que eu via. O que diferenciava Trinidad de Cuba era a presença hindu. De noite, também fomos ao porto e ouvimos as famosas *steel bands*, que eu escutava pela primeira vez, com seu som metálico e também tão musical, negro no ritmo e ao mesmo tempo inglês nas harmonias.

A próxima escala foi maravilhosa: Rio de Janeiro, com sua baía e seus morros, os famosos pães. Apesar de já ter ouvido celebrar-se sua beleza e de tê-la visto em fotografias e no cinema, não esperava tamanho esplendor: o Rio é uma verdadeira festa da natureza e do homem, com seus edifícios modernos e suas calçadas zebradas, tigradas. Além disso, era o trópico amável, como em Cuba, e sua fragrância, vinda da floresta que rodeava a cidade, chegava até nós evanescente como o rumor do mar em suas praias. Percorri a cidade à vontade, subi ao Pão de Açúcar, à monumental imagem de Cristo, e atravessei o Rio até Copacabana, onde parávamos muitas vezes. De tarde Fidel Castro deu uma coletiva de imprensa e em meio ao público, de repente a meu lado, vi uma moça loira, não muito alta mas de corpo esbelto e serenos olhos azuis. Eu estava sentado numa cadeira, cercado de jornalistas em pé, e ela se aproximou de mim, inadvertidamente. Levantei-me e lhe ofereci a cadeira, não para que se sentasse, mas para subir nela e ver melhor Fidel Castro. Não consegui lhe falar em português, ou melhor, em brasileiro, que é um idioma tão distante do espanhol, e falei em inglês: felizmente ela entendia e falava inglês e aceitou minha oferta. Ajudei-a a subir na cadeira e senti sua pele macia em minha mão. No final da coletiva de imprensa, que se transformara quase num comício pela verborragia de Fidel Castro, eu a segui e chegamos juntos à rua.

Falei com ela, perguntei seu nome e me disse que se chamava Julia Pfeiffer: era, naturalmente, alemã, mas também muito brasileira, e convidei-a para um café, e fomos até uma cafeteria pequena e aberta que lembrava muito os cafés de Cuba. Depois insisti em acompanhá-la até sua casa e fomos num daqueles curiosos bondes abertos que há no Rio, tão originais e ao mesmo tempo tão apropriados para o clima: não entendo como os cubanos não pensaram em fazer um veículo semelhante, associando as ideias pela semelhança que o Rio tem com Havana. Ela morava um pouco longe, mas no trajeto consegui passar a mão por trás de seu ombro, sem tocá-la mas, ao mesmo tempo, como se me apropriasse dela. Chegamos à parada mas ela me disse para ficar ali, e ali fiquei: ela prometera ir comigo ao hotel naquela noite, para jantar, aparentemente estava interessada em Fidel Castro ou em política, não sei, mas o fato é que eu não esperava que viesse, embora tenha me preparado para recebê-la. Oclides Candela, que dividia o quarto comigo (apesar de tudo o que fiz, não consegui ficar sozinho e tive que dividir meu quarto com ele), disse-me:

— Aonde você vai, a uma festa?

— A festa vem a mim — falei, e já ia perguntar se ele podia me deixar o quarto livre quando percebi que eram quase oito horas e resolvi descer imediatamente ao lobby.

Apesar de meu ceticismo, às oito ela apareceu, de táxi; vinha vestida de noite: pelo menos usava uma túnica de organdi ou de uma gaze similar, e estava realmente bonita. Diante do espanto de alguns de meus companheiros de viagem, que povoavam o lobby, levei-a até o restaurante. Não lembro o que comemos (eu que sempre lembro o que comi em ocasiões importantes, e mesmo nas mais triviais), mas me lembro de ficar olhando-a comer com grande delicadeza: ela me agradava cada vez mais. Durante o jantar, perguntei se gostaria de conhecer nossos escritórios e ela disse que sim. Eu só estava esperando ela acabar de comer, o jantar terminar, para levá-la ao quarto — tinha a vã esperança de que Oclides não estivesse lá. Então, quando terminamos, quando ela terminou, com a orquestra do restaurante ainda tocando sambas intermináveis, escoltei-a até o elevador e disse meu *piso*, andar em português, e o ascensorista me disse algo que não entendi, mas vi que ela ficou pálida, mas não liguei nem para uma coisa nem para a outra. Saí do elevador e abri a porta do quarto (nossos escritórios, para ela) e a primeira coisa que vi foi a cara surpresa de Oclides, que estava meio deitado na cama. Então aconteceram muitas coisas ao mesmo tempo: ela ficou parada diante da porta aberta, Oclides se pôs de pé, sorrindo meio intimidado, meio entendido, o ascensorista continuava falando atrás de mim e finalmente ela deu meia-volta e caminhou até o elevador: foi então que me dei conta de que ela se sentira enganada (de certa maneira foi mesmo: confesso) e entendi o que o ascensorista dizia, que não era permitido levar mulheres aos quartos e ela entrou no elevador e eu a segui e descemos até o lobby. Não me disse nada, mas foi andando até a rua, enquanto eu a seguia bem de perto: pedi perdão, disse que fora uma confusão, supliquei que ficasse mas ela estava, mais do que desencantada, furiosa, e queria ir embora dali o quanto antes. Eu fiz sua vontade, e fazendo sinal para um táxi que estava estacionando junto ao hotel, pedi que me deixasse acompanhá-la até sua casa. Ela não disse nada, mas entendi que concordava em ter minha companhia. No trajeto ela não disse nada e eu não tinha mais nada a dizer: já me desculpara, ou melhor, pedira desculpas, e não havia mais nada a ser feito. O percurso durou muito tempo, quando por fim chegamos a uma esquina que ela disse que era a de sua casa.

— Por favor — disse-me —, quero ficar aqui.

Eu não respondi nada, mas ela falou com o motorista do táxi em português e ele parou o táxi. Então ela desceu enquanto eu lhe pedia para nos vermos de novo. Não consegui nenhuma promessa de sua parte: tudo o que consegui foi o endereço de seu trabalho, para onde enviei no dia seguinte um buquê de rosas com algumas palavras em inglês sobre um cartão, mas esse bilhete foi nossa última comunicação. Via-a se afastar rua abaixo até entrar numa casa. Voltei para o hotel.

Maxim me esperava no lobby, onde também estavam Oclides e Bebo, que me disse:

— Um filé formidável — querendo dizer ela —, muito melhor do que o bife em Washington.

Maxim me disse:

— Foi tudo por água abaixo, não é?

— Sim — falei —, por culpa do Oclides.

— Por minha culpa? — disse Oclides. — E eu lá sabia o que você estava inventando? Devia pelo menos ter me falado alguma coisa.

— Ah — disse eu, deixando de lado as desculpas de Oclides: certamente a culpa era toda minha, mas eu não ia admitir.

— Bem — disse Max —, o que precisamos é sair pra nos divertir. Tem um cabaré com um show muito bom. Vamos lá?

Bebo disse que não, mas Oclides disse que ia, e eu me deixei levar por Maxim ao cabaré, que ficava do outro lado do Rio. O show era bom (quando chegamos já havia começado), e com um cantor negro cuja graça se evidenciava por entre a cerrada malha do dialeto, e havia um grupo de coristas que exibiam pernas muito longas e morenas, e algumas delas eram realmente sensacionais de rosto e de corpo. Maxim e eu já fazíamos planos para ir vê-las assim que o show terminasse, quando, de repente, Oclides desabou sobre a mesa: sua cabeça literalmente golpeou a mesa, e ele ficou ali... Maxim e eu nos olhamos, perplexos, e tentamos reanimá-lo, levantar sua cabeça, mas ele estava inconsciente.

— Que aconteceu? — perguntou Maxim, retoricamente.

— Sei tanto quanto você — falei.

— Os drinques estão aditivados? — perguntou Max enquanto cheirava seu copo e depois o de Oclides. — Só têm cheiro de álcool — disse.

Cheirei o meu e confirmei seu diagnóstico: os drinques só tinham álcool e, quem sabe, água. Tentamos reanimar Oclides, mas ele continuava desabado sobre a mesa.

— Precisamos levá-lo pro hotel, não há outro remédio — me disse Max, filosófico.

— Parece que sim — respondi.

Pedimos a conta, eu e Maxim pagamos e arrastamos Oclides para fora do cabaré até um táxi. No caminho, Oclides acordou perguntando o que aconteceu, o que aconteceu.

— Nada — falei —, o que aconteceu com você?

— Não sei — disse Oclides, com a língua ainda pastosa —, a bebida me derrubou.

Abrimos a janela para que ele tomasse ar e então o motorista falou, em brasileiro: o que ele queria nos dizer?

— *You speak English?* — perguntou-lhe Maxim.

— *Yes* — disse o motorista. — *Me speakee Eenglish.*

— *What did you say?* — perguntou-lhe de novo Maxim.

— *Me say you want ooman? Me savvy place you haf ooman.*

— Ele quer nos levar à zona, com certeza — afirmou Maxim, e não estava errado.

— *The red-light district?* — perguntou Max ao motorista.

— *Yes* — disse o motorista —, *red lite yes!*

— Vamos? — perguntou-me Maxim enquanto olhava para Oclides, agora deitado no banco, mas com os olhos abertos.

— Vamos pelo menos ver como é — disse para mim.

— Tudo bem — disse eu, e Maxim disse que sim ao motorista, que se virou para nós e sorriu.

— *Red lite* — disse — *bery good!*

Demos a volta no Rio, ou pelo menos foi o que me pareceu, e fomos até a periferia, onde a vegetação quase invadia as ruas, e chegamos a umas casas iluminadas num bairro escuro, casas com portas que se abriam pela metade e nas quais mais se adivinhavam do que se viam formas femininas móveis ou estáticas, se exibindo, em todo caso.

— *Red lite* — disse o chofer, apontando para as casas.

Olhei e consegui ver umas poucas mulheres que saíam de uma casa para entrar em outra. Olhei para Maxim e depois para Oclides, que agora parecia dormir em seu canto.

— Não tenho vontade de entrar aí — disse a Maxim.

— Nem eu — disse ele.

— Voltamos pro hotel?

— Voltamos — disse eu a Maxim, e pedi ao motorista que fôssemos para Copacabana.

— Copacabana? — perguntou o chofer, admirado. — *No red lites?*

— *No, thank you. Hotel Copacabana.*

— *Okey. No red lite. Copacabana* — e o táxi fez meia-volta na rua escura e tomou o rumo de Copacabana, que devia ficar do outro lado da cidade.

Quando chegamos ao hotel, havia gente nossa espalhada pelo lobby. Não foi preciso ajuda para sair do carro e levar Oclides para o quarto, pois ele mesmo fez isso, com rapidez, para que ninguém percebesse seu estado. Maxim me disse que devíamos dar uma volta na praia, onde devia haver vida noturna. Intuição carioca ou experiência havanesa de Maxim, mas encontramos os locais noturnos, pequenos *night clubs* que se agrupavam uns sobre os outros nas ruas laterais. De um deles surgiu, como se saísse de uma caixa de surpresas, uma mulata belíssima, com uma grande aparência e muito alta. Soube imediatamente que não era brasileira (não podia ser: não tínhamos visto mulheres tão grandes no Rio), e quando Maxim a cumprimentou ela disse: "*Sorry, no Portuguese*", viu-se que era americana: uma cantora de um dos clubes. Falamos com ela, mas logo me dei conta de que a grande estatura de Maxim, sua cara de sefardita bem-apessoado, ganhava de mim: com efeito, Maxim gracejava com ela em seu inglês arranhado e a mulata ria, enquanto caminhávamos em direção à praia. Achei que era melhor ir embora e deixar Maxim entregue à sua sorte, que nessa noite era muita: pescara o maior peixe do Rio (sem tentar fazer graça). Quando ia a caminho do hotel, olhei para trás e vi Maxim e a mulata trocando beijos entre a areia e a rua. No hotel, o grupo de cubanos continuava aglomerado no lobby. Entre eles estava Luis Beale, que eu conhecia da escola de jornalismo, mas que não se fizera notar até agora, não sei dizer por quê. Veio até mim e me explicou que estava esperando o regresso de Fidel Castro, que tinha ido jantar com um tal de Nabuco. O nome, sonoro e cômico, deu-me a ideia de uma piada.

— Onde está o Conde? — Este era o nome sonoro de um conhecido jornalista político e supostamente muito amigo de Fidel Castro, ou pelo menos era o que ele proclamava, apesar de ser irmão de um ministro de Batista, agora fugitivo, mas até alguns meses antes suposto presidente da República.

— Foi dormir — disse-me Luis. — Parecia cansado, e embora estivesse esperando o Fidel Castro, acabou indo dormir.

Olhei para Luis e disse:

— E se o Fidel Castro telefonar pra ele agora e mandar buscá-lo?

— Com certeza ele sai correndo pra vê-lo — disse Luis Beale.

— E se o sr. Nabuco o convidar pra vir? — disse eu, e repeti: — *O sr. Nabuco* — imitando uma pronúncia brasileira, lembrança de meus dons de imitador nos dias de estudante.

O rosto de Luis Beale então se alegrou e ele sorriu seu sorriso de dentes grandes e numerosos.

— Você vai fazer isso?

— Pode-se tentar, não é?

— Claro que sim! — exclamou Luis Beale (Luis Beale nunca foi Luis ou Beale, mas Luis Beale) entusiasmado, e me disse: — Já volto — e foi dar a notícia para alguns jornalistas cubanos que permaneciam no lobby àquela hora (eram duas da manhã) esperando o regresso de Fidel Castro. Luis Beale voltou ainda mais entusiasmado: — Vamos telefonar pro quarto dele?

— Sim — disse eu —, mas não daqui do hotel. Vamos pra rua.

Voltei por onde tinha vindo, evitando a área de praia onde deviam estar Maxim e a mulata americana: fugindo de meus fracassos, em busca de meus triunfos: e logo encontramos um telefone público, em outro hotel. Luis Beale estava muito animado, mais com a ideia da brincadeira do que com sua realização.

— Ligue pra ele, ligue pra ele — disse-me.

— Espere — falei —, me deixe procurar o endereço de um Nabuco.

Procurei na lista e havia vários Nabucos. Decidi, por intuição, qual era o Nabuco mais distante e tomei nota mentalmente do endereço. Depois liguei para o nosso hotel e pedi que me pusessem em contato com o Conde e depois de tocar um pouco uma voz com muito sono atendeu o telefone:

— Sim?

— *Sr. Conde?* — perguntei, com meu falso carioca.

— Sim, é ele quem fala — disse Conde.

— *Fabla o sr. Nabuco* — disse eu.

— Ah — disse Conde, agora mais desperto. — Muito prazer.

— *O gusto e mio* — disse eu, personificando impossivelmente o possível Nabuco. — *Sr. Conde, e uma invitaciao a venir a mia casa* — às vezes o português derrapava para o italiano, mas o animado Conde não percebia nada, enquanto do meu lado eu tinha que limitar com cotoveladas as quase gargalhadas de Luis Beale — *Stamos aqui con o sr. Fideu* — o forte *l* brasileiro sempre me soara a *u* — *Cashtro e quishiera que usthed viniera con noixx. Puede facerlo?*

— Sim, como não! — disse Conde, alegremente.

— *Uma momentu* — disse eu, exagerando ainda mais minha dicção, jogando com o risco de que Conde percebesse o embuste —, *que voy a darle la mia direcsao.*

— Um momento, por favor — suplicou Conde —, me deixe pegar um lápis.

— *Sim, como nou* — disse eu, quer dizer, o *sr. Nabuco*, e quando a voz de Conde me pediu que por favor já estava pronto, dei-lhe o endereço do mais distante dos Nabucos possíveis.

Desligamos, Conde derretendo-se em agradecimentos e promessas de uma pronta chegada à casa do anfitrião imaginário de Fidel Castro. Luis Beale e eu corremos para o hotel, a fim de ver a saída de Conde. Luis Beale, depois de alertar os poucos jornalistas que restavam no lobby às duas da manhã, disse:

— Aposto que vai sair feito uma mascarazinha de tanto talco que passa.

Que Conde punha talco na cara para branqueá-la e atenuar sua cor morena para não parecer mulato era um gracejo e um boato (quando era mais maldoso do que um mero gracejo) que corria entre os jornalistas que voavam pela América do Sul com Fidel Castro. Efetivamente, poucos minutos depois a porta do elevador se abria e surgia Conde, ainda com sono nos olhos e com talco na cara.

— Ei, Conde — disse Luis Beale, levando o trote a seu ponto máximo —, aonde vai a essa hora?

— Nada, garoto — disse Conde —, é que o Fidel mandou me buscar pra que eu vá à casa do sr. Nabuco, onde ele está.

— Ah — disse Luis Beale —, eu estava achando mesmo que devia ser por algum motivo importante que você levantou da cama.

— Sim, garoto — disse Conde, quase com cara de quem ia dizer como é sacrificada a vida do político cubano nesses momentos, mas disse apenas: — Agora tenho que encontrar um carro de praça que me leve lá.

— Ali mesmo na esquina tem um ponto, na certa — disse Luis Beale, que quase não conseguia conter o riso, aliviado quando Conde disse até logo e saiu.

Soltou então uma grande gargalhada, tão alta que tive de lhe dizer:

— Mais baixo, porra, senão ele te ouve.

— Esse aí não ouve nada — disse Luis Beale —, agora não há quem o faça desistir de se encontrar com o Fidel Castro na casa do Nabuco — e Luis Beale tinha razão: era mesmo muito cega a idolatria de Conde por Fidel Castro, e o mais grave é que não era só ele. A mecânica do trote exigia que esperássemos Conde no lobby, mas passou-se uma meia hora, uma hora, e ele não voltava.

Às três eu estava com muito sono para esperá-lo e disse isso para Luis Beale, que resolveu ficar mais um pouco no lobby, enquanto eu subia para dormir, torcendo para que Oclides não estivesse roncando.

De manhã todo mundo sabia do trote feito com Conde, até Celia Sánchez ficara sabendo por Luis Beale — e, claro, o próprio Fidel Castro. Mas Conde levou o trote com muita equanimidade, veio me ver no salão do café da manhã, e disse:

— Tudo bem, tudo bem: você me pegou direitinho ontem à noite.

— Tenha cuidado, que não dá pra dizer isso na Argentina — intercedeu Bebo Alfonso, dando-me tempo para dizer:

— Eu? Ontem à noite? Não estou entendendo o que você quer dizer.

— Sim — disse Conde —, você e Luis Beale, os dois, me levaram no bico ontem de noite.

— Eu não sei de nada — falei, ficando sério, mas Luis Beale ria na mesa contígua e eu não pude fazer outra coisa senão rir também.

— Está vendo? — disse Conde. — O teu sorriso te condena. Não se preocupe que não vou ficar bravo, nada disso.

E era verdade: Conde tinha um ótimo temperamento e sabia suportar uma brincadeira, por mais pesada que fosse. Fiquei tentado a lhe perguntar o que acontecera na casa do Nabuco cujo endereço lhe dei, mas não me atrevi a tanto e tudo o que fiz foi sorrir mais amplamente quando Conde me deu um tapinha na cabeça e disse: "Safadinho", mas não com cara feia, e sim aceitando a brincadeira como algo natural.

Voamos do Rio de Janeiro para Brasília, onde houve um almoço com todo o entourage e com Juscelino Kubitschek como anfitrião. O palácio presidencial era uma maravilha da arquitetura moderna, e também os outros edifícios visíveis: ainda eram poucos e Brasília era o prospecto de uma cidade futura, com avenidas denominadas Espanha e Bélgica, onde ficariam as respectivas embaixadas dos países nomeados, mas agora os lugares atuais desses edifícios futuros ainda eram ermos solares. A cidade está situada numa espécie de meseta onde se sente pouco o calor opressivo da floresta que a cerca. Estávamos conversando justamente com Niemeyer, o arquiteto do palácio presidencial e de outros edifícios já construídos e um dos pais de Brasília, estávamos numa espécie de sacada-terraço, quando vi ao longe um grupo de homens examinando uns matos e outra quiçaça indiscernível.

— O que aqueles homens estão fazendo? — perguntei a Niemeyer, e ele respondeu:

— São batedores. Estão limpando essa área de cobras.

— Venenosas? — perguntei, assustado, e Niemeyer me disse:

— Sim, algumas.

Desde então caminhava com muito cuidado quando saía do palácio para percorrer a pé os outros lugares construídos de Brasília. Não sei o que Fidel Castro e Kubitschek conversaram porque não foi feito um comunicado imediato. Só sei que voamos de Brasília para São Paulo, onde chegamos já de noite. Esta cidade foi uma decepção, no sentido arquitetônico, já que era uma cidade muito mais europeia do que o Rio e sem nenhuma de suas belezas naturais. Ainda tinha bondes e sentia-se, em suas ruas, uma grande aglomeração, que não era visível no Rio. Mas nela deu-se um incidente quase amoroso que a tornou inesquecível. Maxim e eu tínhamos combinado de ir ouvir Maysa Matarazzo, cantora que estava na moda em todo o Brasil naquele momento. Ao sair, fomos deixar a chave na recepção quando esbarrei numa moça bonita, quase loira, mas muito brasileira com sua pele bronzeada. Pedi desculpas e ela sorriu.

— Está na tua, está na tua — disse-me Maxim, ao observar seu sorriso e eu, animado, falei com ela perguntando se era do Brasil.

— Sim, claro que sim — disse-me ela em brasileiro puro. — Mas sou de Santos. Somos de Santos — disse apontando para outras duas moças, uma mais bonita do que a outra, uma delas bem morena e a outra de cabelo negro e pele branca, que faziam um lindo arco-íris. Decidi abordá-la e falei, apontando Maxim:

— Podemos sair juntos?

Ela olhou para Maxim e disse:

— Agora não. Nós vamos sair pra jantar, mas — acrescentou divertidamente — podemos nos ver mais tarde.

— Mais tarde quando? — perguntei, e ela me disse:

— Daqui a uma ou duas horas, sim? Está bem?

— Sim — falei —, está ótimo — e me despedi.

Maxim me disse:

— Fisgou o peixe, meu irmão — parecendo mais cubano do que os cubanos, este sefardita aclimatado. — E aí, quando vamos vê-las?

— Mais tarde — falei.

— Onde?

— Aqui no hotel.

— Ah — disse Max —, que chatice. Contanto que não aconteça com a gente o que aconteceu no Rio com você...

— Não — falei —, não vai acontecer. Elas estão hospedadas aqui no hotel.

Fomos ver e ouvir Maysa Matarazzo cantar (dessa vez sem que houvesse um Oclides caindo rendido sobre a mesa, e além do mais estávamos no bar), que era uma versão jovem de Anna Magnani com uns dez quilos a mais, mas também uma cantora fora de série, que cantava umas músicas equivalentes ao bolero cubano, com notável sentimento e uma dicção exemplarmente brasileira, tanto que entendíamos tudo o que ela cantava e que cantando ela nos encantou. Acho, além disso, que ficamos tempo demais ouvindo Maysa (como todos a chamavam), porque quando voltamos ao hotel não havia quase ninguém no lobby, que era muito menor do que o lobby do hotel em Copacabana.

— Não devem ter vindo, ainda — disse para Max.

— Vamos torcer pra que seja isso — disse Max, especialista na arte de conquistar mulheres, como provou com a mulata americana no Rio: ele me disse que acabou se deitando com ela na areia, mas a falta de conforto, segundo ele, valeu a pena. Então uma dúvida me assaltou e a comuniquei a Max:

— E o que fazemos com a terceira garota?

Max me disse:

— Nós a dividimos em dois — e riu.

— Não — disse eu —, falo sério.

— Devíamos ter trazido o Oclides conosco? — perguntou, meio a sério, meio de brincadeira.

— Não — disse eu —, vai que ele desmaia de novo.

Max riu, eu também ri, mas parei de rir quando olhei as horas: era tarde: certamente as garotas de Santos não viriam. Disse isso para Max.

— Bem, e o que vamos fazer? — perguntou ele.

— Eu vou dormir agora — falei, e fui até o elevador, apertei o botão, a porta se abriu, entrei, e antes de ela se fechar novamente vi Max ainda no lobby, solitário. O lobby solitário. Sorri.

Eu já estava na cama quando o telefone tocou. Era Max.

— Adivinhe onde estou — disse-me.

— Não sei — falei —, não sou muito bom em adivinhações.

— Pois eu estou no terceiro andar, no quarto das garotas, que é o 35. Estou com uma delas. Desça daqui a pouco.

— Daqui a quanto tempo? — perguntei.

— Não sei, meia hora, por aí.

Vesti-me e pus os sapatos imediatamente e comecei a espiar no relógio a meia hora passar: a meia hora mais lenta que já passei na vida. Finalmente o momento chegou e desci as escadas do quarto andar para o terceiro (tinha meus motivos para não pegar o elevador: motivos ligados ao Rio) e andei pelo corredor até achar o número 35. Bati à porta. Ninguém respondeu. Bati novamente, dessa vez mais forte. Ninguém respondeu novamente. Já estava indo embora quando resolvi bater mais uma vez: foi aí que uma voz feminina disse alguma coisa em português (ou melhor, em brasileiro) e que surgiu um convite para entrar. Peguei na maçaneta, ela girou com facilidade e a porta se abriu. Entrei. Deparei com um espetáculo inusitado: as três garotas de Santos estavam na cama (que não era muito grande), evidentemente nuas debaixo do lençol que as cobria. Max não aparecia em nenhum lugar. Não soube o que dizer nem o que fazer: tinha que me deitar com as três? Devia? A que eu havia encontrado no lobby e com quem eu conversara era a mais bonita das três, e agora ela estava no meio, ladeada pelas outras duas garotas. Devia me deitar com as três? Mas — uma dúvida me assaltou — por onde entrar na cama? Além disso, eu não caberia nela, que já estava lotada com as três mulheres, as três garotas. Pensei que a primeira coisa a fazer era tirar a roupa e comecei pelos sapatos (sempre começo a desnudar-me pelos pés, como sempre termino de me vestir pelos sapatos) e já estava descalço quando o telefone tocou. A garota ao lado do telefone atendeu e respondeu, enquanto minha garota de Santos lhe disse "Não", só isso, dizendo que não atendesse o telefone, mas a garota que atendeu já estava respondendo e fazendo cara de quem não entendia nada, dizendo em brasileiro que não entendia nada. Minha garota de Santos lhe disse: "*Ninha, dexa ya el aparato*", frase que entendi muito bem, não só porque era fácil mas porque ela a repetiu várias vezes, e ouvi a frase com clareza, principalmente a palavra *aparato* (pronunciada quase *aparachu*) que me parecia divertida e encantadora saindo de seus lábios bem-feitos. Continuei tirando a roupa, agora era a vez do paletó (quando estou de terno e gravata, e eu tinha descido de terno e gravata, a primeira coisa que tiro é o paletó) e já estava com ele na mão quando a outra garota de Santos, a que não falava pelo telefone, a que estava do outro lado da cama, começou a reclamar num brasileiro muito rápido que eu não entendia, mas conseguia compreender. Ela reclamava que eu estava tirando a roupa, isso era óbvio, então parei de tirá-la. Enquanto isso, minha garota de Santos continuava metida numa luta verbal com a outra garota para que ela desligasse o telefone, com tanto afinco quanto o empenho da outra em continuar na linha. Então aconteceu uma coisa tão inusitada que nunca vou esquecer: a porta se abriu e apareceu nela, de cueca, um dos guarda-costas de Fidel Castro, um que era robusto e com uma cara romana, que se abriu, agora, num sorriso cúmplice: sorria para mim enquanto olhava para as garotas na cama (uma garota falava ao telefone e ao mesmo tempo tentava se cobrir com o lençol, operação que não conseguia realizar direito, deixando um seio despontar pela borda do lençol: era isso que fazia o guarda-costas sorrir — nunca soube o nome dele e não era hora de perguntar, acho), e agora me olhava novamente e sorria mais. Então a garota que estava do outro lado da cama falou em voz muito alta, reclamando da presença do guarda-costas no quarto, o que logo ficou óbvio, mas também de minha presença. Eu não entendia nada. Agora esta garota ameaçava ligar para a recepção (isto era óbvio) para nos tirar do quarto, enquanto minha garota (que cada vez se tornava menos minha: isso também era óbvio) reclamava do uso que uma e outra tentavam fazer do telefone. Nesse momento ouviu-se um barulho no corredor e a porta se abriu, aparecendo outro membro da escolta civil de Fidel Castro; mais um pouco e apareceria o capitão Maraña ou o assistente agaloado que ajudara Fidel Castro a pôr a coroa de flores na tumba de Lincoln — e eu não estranharia se aparecesse no quarto o próprio Fidel Castro: era óbvio que as mulheres tinham convidado mais de um — pelo menos um, que era eu, e outro, Maxim. Agora a garota do outro canto da cama se levantou (completamente nua: não era preciso usar óculos, como eu, para ver que tinha um corpão: talvez por isso tenha se levantado) e foi até o telefone, que tirou das mãos da outra garota do outro canto, e a garota toda nua (da outra só vi, sempre, um dos seios) pediu claramente que ligassem para a recepção e começou a reclamar em brasileiro que, pelo tom, era claro como cubano, e foi nesse momento que apanhei meus sapatos, meu paletó e saí, passando ao lado do guarda-costas de Fidel Castro. Já no corredor, ouvi que o elevador estava subindo e voltei sobre meus passos para pegar outro corredor, o da minha direita: caminhei por ele quase na ponta dos pés (o que não era necessário, afinal: eu estava só de meia) e de repente uma porta se abriu e apareceu a cabeça de outro guarda-costas de Fidel Castro, enquanto atrás de mim, no quarto das garotas de Santos, formava-se uma nova e grande balbúrdia. Entrei o mais rápido que pude num quarto que estava com a porta aberta e lá pus os sapatos e o paletó, ajeitando a gravata — e nisso empurraram e bateram à porta. Era o primeiro guarda-costas de Fidel Castro, de cueca e camiseta (não soube se ele sempre esteve em trajes menores ou se eu só percebera isso agora), que entrou no quarto declarando:

— Que confusão! — e quando me viu parou diante de mim e disse: — Compadre, e eu que pensei que você nunca saísse da linha! — para depois acrescentar: — Com essa cara de seminarista e estava no quarto com três mulheres — declaração que fez para os outros guarda-costas que estavam no quarto, já na cama, mas agora acordados pelo barulho que ainda se ouvia ao longe.

Só pude sorrir e ia dizer que não tinha acontecido nada quando decidi que era melhor que ele pensasse o que quisesse. Não disse nada, continuei ouvindo, tentando ouvir o escândalo ou *fracas* (eu gostava mais da segunda palavra, porque participava da condição de fracasso que eu sofrera nessa noite paulistana), até que tudo, aparentemente, se acalmou. Então saí do quarto sem dizer boa-noite e me encaminhei pelo corredor em direção às escadas, passando pelo quarto das garotas de Santos, que ainda estavam com as luzes acesas — quem sabe em companhia de um convidado sortudo.

No dia seguinte, na mesa do café, encontrei Maxim, que muito ingenuamente (ou talvez fingindo ingenuidade) me perguntou como tinha sido na noite anterior. Para não compartilhar a miséria de outro fracasso brasileiro, disse a ele que tinha sido ótimo.

— Com quantas você se deitou?

Disse-lhe que com as três.

— Ah, bárbaro! — disse Max, quase imitando Cantinflas ou Tintán ou o comediante mexicano que pusera na moda essa expressão, anos atrás.

— Pois eu — confiou-me Maxim — me deitei com uma enquanto as outras olhavam. Mas por mais que as tenha convidado para ir para a cama, as espectadoras sempre se negaram — e depois me perguntou, talvez com um pouco de desconfiança: — Como você conseguiu se deitar com as três?

— Não sei — falei —, as três estavam na cama — o que, no fim das contas, era a verdade e nada mais que a verdade.

Sorri e Maxim acreditou que meu sorriso era uma lembrança do prazer da noite anterior, do que em Cuba chamaríamos de um *triple palo*, mas na realidade eu sorria para o primeiro guarda-costas de Fidel Castro, que entrava no salão, me via e movia o dedo indicador no ar, assinalando meu caráter de maldito (no sentido havanês), a quem aguardava um castigo. Sorri, quase ri, porque meu castigo estava no falso testemunho que dava a Maxim nesse momento, em minha vaidade ferida por não ter sido um Casanova, e sim uma espécie de projeto falido do rei Candaules.

De São Paulo voamos diretamente para Buenos Aires, e no avião Fidel Castro pediu que alguém lhe falasse da Argentina, de sua história, de seus costumes — e ofereceu-se para isso José Rego, o jornalista que representava o *Diario de la Marina*, o mais antigo dos jornais cubanos. Depois que terminou sua conferência, Rego foi para o seu assento porque Fidel Castro lhe havia indicado, com pouquíssimo tato, que não tinha mais interesse em conversar com ele. Esses repentes eram frequentes em Fidel Castro. Fez um grande escândalo no Rio quando Celia Sánchez insistiu para ele usar um cachecol, porque estava fresco e ele podia se resfriar, pondo-a em seu lugar com um ataque de machismo digno do capitão Maraña. Depois, em São Paulo, foi grosseiro com o coitado do Beale, quando ele insistiu para que falasse com um jornalista brasileiro enquanto esperávamos a saída do avião. Nas duas ocasiões ele fez um uso muito liberal dos palavrões e revelou o pouco respeito que tinha por todos os seus semelhantes: ele podia amar o povo, como dizia, mas odiava o indivíduo — mais do que odiar, parecia desprezá-lo, tentava deixá-lo sempre numa posição inferior à dele, como fez agora com Conde, que chamou para ficar a seu lado. Pensei que ia lhe fazer perguntas de teor político sobre a Argentina (afinal, Conde era um jornalista político, quase um líder político em Cuba antes da Revolução, e conhecia muito bem seus textos políticos), mas o que ele fez foi pedir-lhe que cantasse tangos — e o mais surpreendente foi que Conde começou a cantar tangos para Fidel Castro, quase no ouvido. O mais extraordinário de tudo era que Conde não cantava mal e os tangos (fora de moda, se é que algum dia estiveram na moda em Cuba) soavam argentinos na cabine silenciosa (Fidel Castro tinha pedido tangos) do avião, enquanto voávamos para a Argentina!

Em Buenos Aires encontramos uma recepção não muito animada nem numerosa (fora muito menos em São Paulo e no Rio) no aeroporto e de lá fomos para o muito exclusivo Hotel

Alvear Palace, o que não agradou muito aos simpatizantes argentinos da Revolução. No Alvear Palace vi Dysis Guira (a namorada de Joe Westbrook), que eu não via desde aquela noite em que ela foi até a *Carteles* em busca de fotos de mortos e de torturados pela polícia de Batista, e seu marido argentino, Álex Olendorf, que já estivera em Cuba. Gostei muito de ver Dysis novamente, sua beleza loira, exótica em Cuba mas bem adaptada à Argentina, e Álex, de cabelo vermelho e ideias tão vermelhas quanto o cabelo, ainda que, como bom socialista, desprezasse e temesse os comunistas. No vestíbulo do hotel, ele distinguiu vários dos policiais que protegiam Fidel Castro do povo (ou melhor, que mais pareciam proteger o povo de Fidel Castro) como velhos agentes peronistas.

— Sim, tchê — disse em voz alta, de forma a que os agentes o ouvissem —, esses aí são policiais dos tempos de Perón.

Mas não aconteceu nada memorável, a não ser um passeio noturno pelos corredores e pelo lobby de duas beldades venezuelanas (não sei como soube que eram venezuelanas), com vestidos de cetim que delineavam suas luxuosas curvas e com raposas (rosadas) no pescoço. Pareciam procurar algo entre o gentio do lobby, mas sabendo que eram venezuelanas (e, consequentemente, ricas) não achei que estivessem procurando um marido rico nem soldados rebeldes, para os quais nem sequer olhavam e, ai, também não procuravam alguém como eu, certamente. No dia seguinte (chegamos a Buenos Aires no dia 30 de abril), Fidel Castro teve que fingir uma gripe quando o governo lhe pediu protocolarmente que não fizesse ato de presença pública — e ele ficou em seus aposentos, irritado, xingando e dizendo palavrões. (Soube disso porque mais tarde subi com Oclides Candela até sua suíte, acompanhando Santiago Rueda, que viera expressamente a Havana para falar de um assunto urgente com Fidel Castro: mas isso aconteceu mais tarde.) Passei aquela metade do dia na casa de Dysis e Álex, que convidaram várias pessoas de seu partido para almoçar, entre elas duas mulheres, com quem simpatizei muito, embora estivessem bem longe de ser beldades, mas eu as preferia às vãs venezuelanas. (Sempre gostei das argentinas, que são as mulheres mais independentes de toda a América do Sul; algumas revelam uma inteligência sutil e, o que é melhor, senso de humor: essas duas de hoje tinham as três coisas.) E o almoço foi muito agradável. Depois o grupo foi a comícios socialistas, celebrados no bairro norte, nos bairros operários, muito diferentes dos comícios políticos cubanos, de antes e de depois da Revolução. Nessa noite Oclides sentiu também uma súbita paixão por tangos, e fomos com Dysis e Álex ao La Boca, onde se supunha que ainda cantavam tangos: os argentinos pareciam menos amantes do tango brumoso do que esses cubanos tropicais. Mas antes ocorreu o incidente mais extraordinário da viagem.

Aconteceu na suíte de Fidel Castro (na qual ele reclamava que fazia frio, e era verdade: o Alvear Palace parecia esperar o inverno para ligar a calefação, e a umidade do outono argentino se infiltrava pelas janelas que não fechavam direito: senti mais frio em Buenos Aires do que em Montreal), aonde fui acompanhado por Oclides e Santiago Rueda. Eu não sabia por que estava lá (como estivera no quarto de Fidel Castro em Washington quando ele xingou Nixon e Eisenhower), mas o fato é que estava. Atendendo a Fidel Castro, que disse, à guisa de cumprimento: "E que diabos está acontecendo em Cuba que mandaram você pra cá?", Santiago Rueda sorriu e disse:

— Bem, comandante, há várias coisas, mas a mais importante tem a ver com o Raúl e com o Che.

Fidel Castro se levantou da cama, onde estava deitado completamente vestido e com as botas sujas sobre o lençol até então branco.

— O que houve com o Raúl e com o Che?

— Bem, comandante, eles começaram a distribuir terras para os camponeses de Oriente.

— Como?! — gritou Fidel Castro. — Não esperaram a reforma agrária?

— Não esperaram nada nem ninguém e distribuíram terras pertencentes a engenhos americanos e...

— Puta merda! — disse Fidel Castro, realmente furioso, as sapateadas do Rio com Celia Sánchez e seu cachecol e a de São Paulo com Beale eram meras queixas comparadas a essa fúria de agora.

Já havia pulado da cama com a primeira notícia de Santiago Rueda e agora passeava pelo quarto, que ficara pequeno para ele.

— Esses bostas fizeram o que lhes deu na telha! Mas eles vão ver, não sabem que comigo não se brinca. O Che eu tiro de Cuba, e quanto ao Raúl, ele sabe que se eu tiver que fuzilar meu irmão, eu fuzilo. Fuzilo os dois, porra. Caralho, puta que o pariu! Mas eu fuzilo aqueles dois se eles não pararem! Os dois!

Santiago Rueda não sabia o que fazer nem o que dizer. Oclides se levantou quando Fidel Castro o fez, mas não ficou andando com ele pelo quarto, ficou bem quieto, sem se mexer, como se fosse um Oclides de cera. Eu, por minha vez, fiquei sentado, me fazendo de invisível, já que não tinha nada a fazer ali: só subi porque Oclides me disse "Venha" e porque eu simpatizava muito com Santiago Rueda, com seu bigode marxiano (à moda de Groucho, não de Marx), seus óculos com grossos aros de tartaruga e sua afável lentidão. Até para comunicar a Fidel Castro essa notícia que ele trouxera especialmente de Cuba ele foi parcimonioso. Fidel Castro tinha acendido um charuto e fumava enquanto caminhava. A fumaça lhe dava um aspecto ainda mais formidavelmente enfurecido, e ele resmungava de vez em quando: "Fuzilo os dois, porra, fuzilo os dois!". Depois disse, numa mudança que era típica do homem, que para atacar tinha que se sentir atacado:

— Veja, fazer uma coisa dessas comigo, seu próprio irmão! Quanto ao Che, depositei confiança demais nele, que afinal de contas é argentino! — e nesse momento parou de falar e de caminhar e olhou para todo lado, para Santiago Rueda, para Oclides e para mim, como se procurasse outro argentino no quarto, ou talvez se dando conta, pela primeira vez, de que estava na Argentina.

Depois de parar, começou a andar novamente e disse:

— E o que mais está acontecendo? — com a entonação de que nada mais grave do que isso podia acontecer, mas para o que Santiago Rueda tinha uma resposta:

— Bem, o Raúl nomeou o Chaín como responsável pelo 26 de Julho em Oriente...

— O que é que há com esse Chaín ou Caim? — Devastar um indivíduo mudando seu nome também era típico do homem, e ele faria isso muitas vezes no futuro, a mais notável, porque em público, foi quando disse, referindo-se ao ministro das Relações Exteriores da Argélia: — Esse Buteflika ou Butterfly ou como quer que se chame!

Mas agora Santiago Rueda lhe respondia:

— Bem, comandante, não sei se o senhor sabe que o Chaín é comunista.

— Como eu iria saber — disse Fidel Castro —, se é a primeira vez que escuto falar nesse sujeito? Quer dizer que o Raúl o pôs à frente do 26 de Julho em Santiago?

— Em Oriente — esclareceu Santiago Rueda.

— Bem, em Santiago, em Oriente, dá na mesma — interveio Fidel Castro. — Quer dizer que ele controla o Movimento na província, a partir de Santiago.

— Isso mesmo, comandante — disse Santiago Rueda, sempre respeitoso e guardando distância de Fidel Castro, que agora andava para cima e para baixo pelo quarto com mais veemência, quase com furor.

— E o Marcelo, continua à frente do Movimento nacionalmente? — perguntou Fidel Castro.

— Sim, comandante — disse Santiago Rueda, que às vezes parecia quase um militar subordinado a Castro.

— Bem — disse Fidel Castro, detendo os passos como se chegasse à solução do problema —, vá agora mesmo para Cuba e diga pro Marcelo — Marcelo era Marcelo Fernández, último coordenador-geral do Movimento 26 de Julho na clandestinidade e agora primeiro (quase) secretário-geral do Movimento na legalidade —, da minha parte, que destitua esse sujeito, como quer que ele se chame, e se tiver algum inconveniente com o Raúl ou com o Che, que diga que está agindo sob minhas ordens diretas. Entendido?

— Sim, comandante — disse Santiago Rueda, e fez menção de bater continência.

Depois, com o mesmo impulso e com igual furor, Fidel Castro começou a falar da Argentina.

— Aquele safado do Frondizi me obrigou a ficar trancado neste hotel, mas vamos embora amanhã mesmo, porra!

E nesse mesmo dia saímos de Buenos Aires, atravessamos o Rio da Prata e aterrissamos no aeroporto de Montevidéu, onde Fidel Castro encontrou a mais calorosa acolhida de toda a sua excursão, com milhares de uruguaios dando vivas em sua chegada à acolhedora capital do Uruguai. Gostei de Montevidéu, com sua vida provinciana e aprazível, depois do gigantismo de Buenos Aires e de São Paulo. Gostei ainda mais quando vi uma mulher saindo do hotel (essa não era mais uma garota), alta, bem formada, trigueira de cabelo bem preto e rosto de uma beleza exótica, mesmo para Montevidéu, onde encontrei mulheres muito bonitas. Era evidente que era estrangeira.

Estava acompanhada por outra mulher, um pouco mais velha, que mais parecia sua dama de companhia do que sua mãe ou uma parente próxima. Vi-a novamente entrando no hotel e sua presença se fez necessária para mim cada vez que eu entrava ou saía do lobby. Naquela noite eu a vi jantando, com sua aparente dama de companhia, e isso tornou minha refeição mais ligeira do que minha companhia dessa noite, que foi, acasos da distribuição de mesas, a de José Rego e Leoncito Segundo. Não sei como Rego trouxe à baila o assunto de Che Guevara. Leoncito Segundo começou a opinar e como se via que ele só tinha as opiniões possíveis na escolta de Fidel Castro, e era claro que essas opiniões não vinham do capitão Maraña, mas do próprio Fidel Castro, sendo apropriadas, por osmose, por sua escolta, podia-se dizer que suas opiniões eram de fonte fidedigna (e nesse caso a palavra significava dignas de Fidel). Rego lhe prestou a maior atenção.

— Ele — referia-se a Che Guevara, embora várias vezes tenha empregado apenas o pronome, como se quisesse distanciá-lo, ou talvez para torná-lo mais acessível, como se Leoncito Segundo fosse íntimo de Che Guevara — é o único líder da Revolução que é comunista, mas não tem nenhum poder efetivo. Não é como o Raúl ou o Camilo, esses sim têm poder. Além disso, o Che não é muito popular entre nós — agora queria dizer com a tropa —, não é nem um pouco popular.

Eu poderia matar Leoncito Segundo com meu olhar, que ia dele a Rego, que, por sua vez, olhava para ele avidamente, como se estivesse tomando notas de suas palavras para levá-las diretamente ao *Diario de la Marina*. Eu poderia matar Leoncito Segundo naquele momento, mas não havia nada que eu pudesse fazer para evitar que continuasse falando naquele mesmo tom, então tirei meu olhar dessa mesa e o dirigi à da bela estrangeira: em certo momento nossos olhares se cruzaram e ela não afastou o seu do meu. Aquela visão de olhos negros me fez esquecer a estúpida realidade política de Leoncito Segundo dando palpite sobre Che Guevara, com José Rego como audiência. Terminamos de jantar e fomos todos ao comício que Fidel Castro faria naquela noite. Compareceram milhares de uruguaios, muito mais do que os que foram ao aeroporto, e, já tarde da noite, ouviram com devoção um Fidel Castro que perorava sobre a Revolução (subentendia-se que era a cubana, mas ele mal mencionava seu nome) durante duas horas, e durante esse tempo eu me misturei com o público que estava atento às palavras de Fidel Castro como se fosse um político uruguaio. Depois do comício, Bebo Alfonso e Maxim insistiram para que fôssemos a uma casa de putas da qual haviam falado muito elogiosamente a Bebo — e eu (a carne é fraca) me deixei levar, embora meu maior desejo fosse voltar para encontrar os olhos exóticos da mulher do hotel. A casa de putas não era exatamente uma casa de putas, mas um bar, quase um cabaré, no qual havia garçonetes que logo se deitariam com os fregueses — se ambos chegassem a um entendimento. Ou foi o que me pareceu. Veio à nossa mesa uma mulher de uns trinta anos, branca e loira, com um rosto em que o principal atrativo eram uns belos olhos claros (não azuis: talvez fossem amarelos) e uma boca bem-feita. Ficou conversando conosco um pouco e bebia um drinque especial (o mais provável é que fosse chá) enquanto nós bebíamos bebidas mais fortes: isso era evidente no modo como Bebo ficou todo meloso (nesse noite ele não fez nenhuma alusão a seu famoso bife, talvez porque no Uruguai falem espanhol), e finalmente foi com nossa anfitriã para um lugar do hotel que não recordo: só me lembro de outras duas anfitriãs de reposição que vieram até nossa mesa para manter uma conversa divertida (eram muito hábeis na conversação essas putas uruguaias: não pareciam putas, de jeito nenhum) conosco, mas era evidente que não progrediriam muito, entre outras coisas porque Maxim estava acostumado a obter o amor de graça, graças a sua estatura e seu perfil de semita bem-apessoado, e porque eu nunca consegui ter uma relação relaxada (em todos os sentidos da palavra) com uma puta, exceto com aquelas cubanas cuja lascívia mais do que aparente as retirava do contexto "putaria" e as punha entre minhas admiradoras mais *enragées*. Então fomos embora do cabaré-bordel e deixamos Bebo entregue ao amor de seu bife, como ele diria.

O dia seguinte era o último (com sua noite) que passaríamos em Montevidéu, e na falta de uma *calle* Florida percorri a avenida defronte ao hotel até chegar a um café de estilo antigo, com mesas de mármore, como os que estavam desaparecendo em Havana (o desaparecimento do café Isla de Cuba, na rua Galiano, e do Ambos Mundos, em Havana Velha, podem ser catalogados como verdadeiros desastres ambientais), e me sentei sozinho para tomar um café. Depois, de volta ao hotel, de imprevisto topei com a bela exótica, ainda acompanhada pela outra mulher que não parecia ser sua mãe, e a cumprimentei, quase fazendo uma reverência, como se tirasse um chapéu imaginário, e ela respondeu ao cumprimento e parou no lobby por um momento suficientemente longo para que eu pudesse ir falar com ela, e lhe perguntasse se ela era atriz e ela respondesse, com marcado sotaque italiano, que era, e eu, então, perguntei seu nome e ela disse que se chamava Angelina Battista, e desde que ela pronunciou esse nome eu soube que devia ser grafado com dois *t*, não só porque ela era italiana, mas também para diferenciá-lo do de nosso tirano tropical. Convidei-a para jantar comigo naquela noite no restaurante do hotel, sem esperança de que dissesse sim, e ela surpreendentemente aceitou e saiu para a rua caminhando com sua elegância mediterrânea, e eu fui para o meu quarto, esperando a noite chegar, me arrumando todo, tentando parecer elegante e mundano mesmo numa cidade estrangeira com uma estrangeira, e assim, quando encontrei Maxim de tarde, não lhe disse que tinha conseguido convidar a dama exótica (como ele a batizara), agora para mim Angelina Battista, para jantar, e me comportei como alguém que tem um segredo — só por prazer, pois Maxim não percebeu nada.

De noite a esperei no lobby, às oito, como tínhamos combinado, e ela teve o cuidado de não aparecer com sua dama de companhia, enquanto eu sabia como devia me comportar para evitar o erro do Rio com a carioca alemã. Entramos no restaurante e pedi uma mesa ao maître, que nos pôs no lugar exato do salão para que fôssemos o centro das atenção de todos os cubanos, que nos olharam, espantados, por vê-la em minha companhia, e até pude ver Maxim, sorrindo sabichão, movendo a cabeça em sinal de aprovação, como se me desse um ponto. O jantar se passou sem incidentes, com Angelina me contando, num espanhol que derivava sensivelmente para o italiano, que estava em Montevidéu para fazer um programa de televisão enquanto esperava por seu próximo filme, que seria feito na Itália. Não lhe perguntei qual seria o filme nem quantos já havia feito, porque ela me parecia uma perfeita desconhecida, apesar de sua beleza (ou talvez por isso mesmo: se fosse uma atriz italiana conhecida, ou mesmo uma *starlet*, eu teria ouvido falar dela nas revistas enviadas para a *Carteles*, como *Oggi* e *L'Europeo*, ou nas revistas de cinema, e não era assim), e me contentei não com sua história de vida, mas com sua presença, porque era realmente bela, de uma beleza que só podia ser italiana, descendente de gerações de beldades como ela, com o pescoço alongado, uma linha de mandíbula perfeita, os olhos grandes e redondos e negros, e o perfil perfeito, não romano, mais para napolitano ou siciliano (acho que em algum momento da conversa ela mencionou que era de Palermo), com toda a sua antiguidade — e me senti bem enquanto comia pouco para prestar mais atenção à beleza da mulher que me acompanhava no jantar. Depois, já tarde da noite, acompanhei-a até o elevador e nos despedimos: eu lhe disse que iria embora de manhã cedo e ela me disse, com suma gentileza, que lamentava que não nos víssemos de novo, e a convidei para ir a Cuba e ela me disse que gostaria de conhecer Havana, que tinha ouvido falar muito dessa bela cidade e eu lhe disse que sim, que era verdade que era bela e que ela deveria conhecê-la, citando o refrão que diz *"La Habana/ quien no la ve/ no la ama"*, e ela riu para mostrar seus dentes parelhos e perolados — e eu lamentei, mais nesse momento do que em qualquer outro, que não fôssemos ficar mais tempo em Montevidéu, desejando ser para Angelina Battista algo que não fui: algo mais que uma companhia para jantar. E ela partiu com o elevador.

De Montevidéu voamos novamente para o Rio de Janeiro, fazendo uma simples parada técnica, com os jornalistas de novo se aglomerando ao redor de Fidel Castro (que eu quase não vira em Montevidéu), e dali voamos até Trinidad, onde chegamos de madrugada e fomos parar no mesmo hotel longe da cidade, rodeado de janelas com tela metálica como mosquiteiros arquitetônicos. Logo nos inteiramos do boato de que Raúl Castro estava esperando Fidel Castro em Trinidad, e enquanto os jornalistas do grupo se perguntavam por quê, eu quase sorria porque sabia o porquê. De Trinidad, no dia seguinte, voamos de regresso a Havana, e Fidel Castro (que foi recebido por Camilo Cienfuegos na pista) partiu dali para a praça da República (depois chamada de praça da Revolución) num jipe, para fazer seu discurso que depois ficou muito famoso, e no qual ele falou que a Revolução (para ele sempre se devia escrever a palavra com maiúscula) era tão cubana quanto as palmas (sem que ninguém lhe dissesse que palmas como as cubanas existiam em todo o trópico), verde como as palmas (e aquele debochado do Bernardo Viera, Vierita, um jornalista, o mesmo que respondera a seu lema "A História me absolverá" com um "Mas a geografia te condena", aquele mesmo cubano espirituoso tinha dito que a Revolução era como uma melancia: verde por fora, mas vermelha por dentro), embora seu discurso fosse realmente anticomunista. Terminei de ver e de ouvir aquele discurso prolongado (como se via que seriam todos os discursos de Fidel Castro) nessa noite no jornal *Revolución*. Titón estava comigo e nós dois concordamos em que seu anticomunismo era suspeito, no mínimo demagógico. Houve uma pequena discussão entre os incondicionais, que na época estavam de visita (talvez como Titón, talvez com mais direito do que ele), e ali se invocou, para provar que Fidel Castro era fidedigno, o numeroso público que congestionava a praça da República.

— Hitler — disse eu — também exaltava as multidões alemãs.

— E Mussolini — disse Titón — na Itália.

Ernesto Biera soltou uma exclamação com uma fieira de palavrões e Emiliano Diéguez disse que somente os contrarrevolucionários poderiam pensar em comparar Fidel Castro a Hitler. (O curioso é que poucos meses depois Emiliano Diéguez estava no exílio — acusado de ser contrarrevolucionário.)

Franqui foi mais condescendente e disse que precisava falar comigo depois que o discurso de Fidel Castro terminasse. Titón resolveu ir para casa e eu fiquei no jornal, não mais na direção (onde Fidel Castro estava imperecível, perorando), mas conversando na redação com um amigo ou outro. (Enquanto estive fora, Franqui tinha conquistado Ithiel León e ele agora trabalhava para o jornal, depois de deixar a agência de publicidade, e era alguém com quem se podia conversar porque dava para brincar com ele, e embora eu sempre — não sei por quê — o tratasse formalmente, tivemos, no início de nossa comum associação com o jornal, um bom relacionamento: costumávamos contar piadas, embora ele já não se permitisse insistir em seu personagem favorito de janeiro: o iconoclasta absoluto que dá as costas para a história como as dava à intempérie de Fidel Castro na rua contígua. Mas falamos de outras coisas, entre elas das gralhas que se faziam, do ponto de vista tipográfico, na revista.)

Franqui queria conversar comigo justamente sobre a revista. Não sabia como começar e movia entre os dedos, de uma mão para a outra, um cigarro sem acender, que tinha tirado de alguém e com o qual passaria a noite toda, movendo-o de um dedo para o outro e de uma mão para a outra, até fazê-lo perder a forma — mas sem acendê-lo. Via-se que procurava um jeito de dizer o que queria me dizer e finalmente caiu *in media res*, como sempre: tinha havido um problema com a revista. Pensei que se referisse aos velhos ataques feitos a ela pela ala direita do Movimento 26 de Julho (ou melhor, por seu falso órgão cultural), mas se tratava justamente do contrário.

— Aquele sujeito — disse-me, sem identificá-lo — tentou se apropriar da revista.

— Que sujeito? — perguntei, incapaz de desconfiar de José Atila.

— Aquele, como se chama, Adriano — ele sabia que Adriano de Cárdenas y Espinoza ou Spinoza era amigo íntimo meu, mas Franqui o odiava tanto que nem queria pronunciar seu nome: fazia tempo que o odiava, e eu nunca entendi muito bem o motivo: talvez alguma indiscrição de Adriano, uma de suas brincadeiras terríveis, alguma coisa que tinha a ver com Franqui, acho: enfim, que Franqui nunca engoliu Adriano e eu não esperava que o engolisse no futuro e ri, mas ele me disse: — A coisa é séria. Aquele indivíduo tentou se infiltrar no jornal pela revista e publicou, sem que eu visse, uma crítica à revolução boliviana, e não tive saída senão desmentir tudo no jornal. Você já vai ver na revista, se é que ainda não viu.

— Não — falei —, não tive tempo nem de dar uma folheada nas revistas publicadas enquanto estive fora.

Era verdade, pois, ao chegar em casa vindo do aeroporto, fui, naturalmente, para minha casa e a de meus pais, para descobrir que minha mulher tinha alugado um apartamento no edifício do Retiro Médico — e era lá que estavam minhas coisas: minhas roupas, meus livros, meus papéis. Era uma ironia que minha mulher tivesse escolhido pra morar o edifício do Retiro Médico, um dos possíveis locais de nosso *tumbadoir*, que visitei justamente com Juan Blanco e Silvio, um ano antes, nos dias febris de amor clandestino de 1958. Agora eu morava ali onde tinha pensado em fazer um oásis erótico no deserto de minha vida afetiva. Foi por isso que não vi nenhuma cópia da revista e muito menos dessa a que Franqui se referia.

— Tem certeza disso? — perguntei-lhe, aludindo à infiltração comunista iniciada por Adriano.

— Bem — disse Franqui —, não é só essa revista, tem também um grupo de possíveis colaboradores de fora que iam se infiltrar nela. Nós os descobrimos a tempo, mas acho que você terá que fazer novos ajustes na revista. Claro, esse tal sujeito, Adriano, não me põe mais o pé no jornal, embora eu não o tenha visto muito por aqui, isso é verdade. Você confia nesse rapaz, Atila?

— O José Atila?

— Sim.

— Bem, bastante. Por quê?

— Acha que ele pode ser um agente do partido?

— Como assim, um agente?

— Não — disse Franqui —, não um agente, mas uma gente.

607

— Do Partido Comunista?

— É.

— Duvido. Por quê?

— Bem — disse Franqui —, ele estava encarregado da revista na tua ausência, não é?

— Sim — disse eu. — Ele não ficou como diretor, mas na verdade estava ocupando o meu cargo. Porém, não acredito que ele seja comunista.

— Bem — disse Franqui —, mas são muito amigos — e não falou mais nada.

— Quem?

— Ele e esse Adriano, não é?

— Sim, são amigos, como eu sou amigo do Adriano.

— Pois o Atila serviu de instrumento pros comunistas. Você vai ter que investigar tudo isso.

— Claro — disse eu, e era verdade: uma coisa era não estar de acordo com o tom anticomunista do discurso de Fidel Castro, outra era permitir uma infiltração não só no jornal, mas na revista, pela gente do partido: precisava averiguar a fundo o que estava acontecendo e uma forma era enfrentar Adriano diretamente.

— Não se preocupe — disse para Franqui —, que eu cuido disso. Quer dizer, se você não duvida que eu seja capaz de cuidar disso. Não desconfia que eu também seja um infiltrado do partido?

Franqui deu um sorriso tímido, ainda um tanto camponês.

— Não — disse —, de maneira nenhuma — e acrescentou —, mas você poderia ter sido usado sem perceber.

— Acredite que não foi assim — falei —, deixe esse assunto comigo que eu ajeito tudo.

Foi o que combinamos.

Eu devia ter ido ver Adriano naquela mesma noite, mas resolvi deixar para o dia seguinte. Nessa noite, apesar de ser muito tarde, acordei minha mulher para fazer amor, exercício que fazia tanto tempo (quase meio mês) que eu não praticava. Levantei-me tarde, com uma sensação esquisita ao acordar e me encontrar em outra casa e, apesar de ter vivido todos os últimos dias em hotéis, tive trabalho para localizar as coisas no quarto, que não tinha janelas, mas uma parede que era toda janela com persianas Miami de cima abaixo e da direita para a esquerda. Decidi visitar Adriano àquela hora (era meio-dia), pois ele também se levantava tarde. Adita me recebeu, e depois de me dar bom-dia disse que Adriano estava acordado mas ainda na cama, e que eu podia entrar no quarto, se quisesse. Já fizera isso (entrar no quarto de Adriano) muitas vezes quando ele era solteiro, e não via por que não devia fazer isso agora que estava casado e que era sua própria mulher quem me dizia que eu podia entrar no quarto. A porta estava aberta e Adriano estava na cama, lendo (talvez fosse Allah Hegel ou Marx, seu profeta, pois duvido muito que fosse Spinoza, apesar de este ser um parente distante, segundo a genealogia de Adriano em outros tempos menos marxistas) e, ao levantar os olhos, abriu-os com admiração.

— Caralho — disse. — Ninguém menos que o viajante! Já estava estranhando você não ter aparecido aqui ontem à noite.

— Não — falei —, tive que trabalhar.

— Não no fechamento da *Carteles*, não é? — perguntou-me Adriano, de brincadeira.

— Quase no fechamento da *Lunes* — falei, a sério. — E é por isso que vim te ver tão cedo.

— Se é assim como você diz... — falou Adriano —, não ironize, não ironize.

Riu, e sorri também.

— Sem ironias — falei —, venho conversar sobre a revista.

— Imagino — disse Adriano — que o ínclito Franqui já te ilustrou a respeito.

— Sim — disse —, ele me contou de uma disparidade de critério entre o conteúdo da revista e a política do jornal.

— Se é que o jornal tem política — disse Adriano — que não seja o seu anticomunismo feroz.

— Não tão feroz, acredite — falei. — Lembre do número sobre literatura e revolução.

— Você sabe que o conteúdo desse número era mais trotskista do que outra coisa.

— É possível — disse eu, que não viera para discutir aquele número em particular, nem qualquer outro número, mas a revista em geral. — Mas agora quero falar do que aconteceu. Já ouvi a versão do Franqui. Agora quero ouvir a tua. Aviso que ainda não falei com o José Atila — Adriano sorriu ante a menção do pseudônimo —, pois acho que você deve ter mais a ver com o problema boliviano do que ele.

— Bem — disse Adriano —, imagino que você leu o artigo em questão.

Eu disse que não.

— Ah, não? Pois então leia — disse-me Adriano —, e verá que não há motivo para o retumbante desmentido que nos deram no jornal. Eu falava, pra dizer sucintamente, da suposta revolução boliviana (como você deve lembrar, estive na Bolívia no ano passado e ninguém mais da revista esteve lá, incluindo você no teu périplo sul-americano, pois acredito que Fidel Castro evitou a Bolívia com muito cuidado), eu falava, como disse, da pseudorrevolução na Bolívia e esgrimia evidências, dava exemplos concretos de por que não se devia considerar esse país um Estado em revolução nem nada parecido. Diante das minhas palavras, imagino que o Franqui deve ter dado pulos, atemorizado, e foi por isso que publicou aquele quadro na primeira página me desmentindo. Ele nem sequer esperou o número seguinte.

Fez uma pausa e eu disse a ele:

— Não é desse número que venho falar concretamente, mas de toda a revista.

— Caramba! — disse Adriano, numa de suas exclamações.

— Quer dizer que precisamos falar de toda a revista, agora.

— Acho que sim — falei. — O que realmente aconteceu? É verdade que você tentou se infiltrar no jornal através da revista? (Não fora exatamente isso que Franqui me dissera, mas ficava subentendido.)

— Bem — disse Adriano. — É questão de opinião.

— Quero uma resposta concreta — falei —, creio que tenho direito a ela — invocava minha condição de diretor da revista, mas também de velho amigo de Adriano.

— Concretamente — disse Adriano —, há uma falácia *ad hominem*. Como posso me infiltrar num local ao qual nem sequer tenho acesso?

— Isso é muito fácil — disse eu, interrompendo-o —, você pode ter feito isso através do José Atila.

— Ah — disse Adriano —, o velho Atila cavalga de novo. Não, vou te dizer o que de fato aconteceu. Sim, é verdade que tentei — e vou arcar com toda a culpa, já que a ideia foi minha — derivar a revista pra uma linha mais à esquerda.

— Eu diria — falei, interrompendo-o — que seria mais à direita, se tem a ver com o partido.

— Quer dizer que você acreditou em tudo o que publicamos — Adriano usava o pronome pessoal porque ele se sentia integrante da revista na época — no número sobre literatura e revolução?

— Claro.

— Isso, meu caro — disse Adriano —, não passou de infantilismo de esquerda, se é que foi de esquerda. Eu estava pensando numa publicação avançada.

— Na direção — voltei a interrompê-lo — do jornal *Hoy*, não é?

— Não exatamente. A revista podia continuar sendo o que é, tendo a influência que tem, mas sem carregar o lastro direitista do jornal e da ala direita do 26 de Julho, que o apoia.

Fez uma pausa, e depois seguiu-se uma frase como um cólofon:

— Se é disso que me acusa, me declaro culpado. Mea culpa, mea máxima culpa.

Adriano, como Fidel Castro, não conseguia esconder que tinha sido educado pelos jesuítas. A propósito desse sentimento, mudou de direção mas não de sentido, e me perguntou:

— E o que você achou do Máximo Líder depois de conviver com ele por quase um mês?

Já não havia o que esclarecer acerca da revista: Adriano se declarava culpado do que Franqui o acusara: era verdade que tentara infiltrar-se no jornal através da revista, não havia nada a ser feito a não ser afastá-lo definitivamente da revista e agora que eu estava de volta e em guarda contra ele, nada podia ser mais fácil — então não havia por que não falar de outra coisa. De Fidel Castro, por exemplo.

— Ah — disse, sentando-me na beira da cama —, ele me enganou totalmente.

— Enganou? Por quê? E como?

Tentei responder a suas três perguntas com uma única resposta:

— Bem, eu acreditava, sinceramente, que ele havia mudado. Acreditei nisso desde o desembarque e continuei acreditando todos esses anos e acreditei mais ainda quando o Franqui me falava do Fidel Castro, antes do desembarque, quando foi vê-lo no México, como se ele fosse um apóstolo: uma encarnação de Martí e Maceo. Continuei acreditando na noite em que falou pela primeira vez na televisão, quando aproveitou o momento pra fazer picadinho do Diretório: até isso eu lhe perdoei. Mas agora, durante a viagem, comprovei que é o mesmo Fidel Castro de sempre, é o Fidel Castro da esquina do Prado com a Virtudes, o Fidel Castro que matou Manolo Castro, sem parentesco — disse-lhe, brincando, tentando suavizar meu diagnóstico —, o mesmo Fidel Castro autoritário e meio gângster que eu guardava nos fundos da memória. Os tempos vão piorar e acho que serão dias de uma ditadura anticomunista, mas de uma ditadura pura e simples.

Calei-me novamente, Adriano beliscou o lábio inferior com o indicador e o polegar de mão esquerda, e então falou:

— Caralho! — e também se calou. Depois disse: — Mais uma razão pra ficar mais perto do Partido — para ele sempre era Partido, com maiúscula —, não acha?

— Não, não acho, porque o partido está fossilizado e não tem quem o mude. Mas acho que é preciso fortalecer o 26 de Julho a qualquer custo, e ao mesmo tempo impedir que Fidel Castro se torne amo absoluto de Cuba.

— Uma tarefa nada fácil — disse Adriano —, considerando que no 26 de Julho há pessoas como o Franqui e outros tantos que idolatram o Fidel Castro.

— Ah, você acha? — falei. — Então creio que tem razão, sim. Mas também acho que o Franqui pode mudar, e tem outras pessoas no 26 de Julho que podem mudar, e embora a sua ala direita seja inimiga no… minha — quase disse nossa —, acho que tem gente lá com verdadeira vocação democrática: é esse pessoal que é preciso ganhar.

— Tarefa inglória — disse Adriano.

— Mas acho muito mais nobre, não, nobre não é a palavra, mais válido, se preferir, do que infiltrar comunistas no jornal.

— Bem — disse Adriano —, mas nesse caso, no meu caso, não houve infiltração: isso é calúnia do Franqui — mas não havia convicção suficiente nas palavras de Adriano, ou melhor, eu diria que não me passava a convicção de que ele era inocente da acusação: fui para casa convicto de sua não convicção e permanecemos amigos, mas a amizade agora ficava numa espécie de terra de ninguém.

Porra, era a segunda vez que Adriano me traía, mas, curiosamente, agora era uma traição política, em que a amizade não ficava comprometida, como da vez anterior, por sua relação com a falsa Bettina Brentano. Mas na época, como agora, havia uma ambiguidade de minha parte: talvez também agora eu o tivesse animado a me trair, compartilhando com demasiada frequência seus pontos de vista, mesmo jogando com um compromisso com os comunistas, para os quais tinha uma ambivalência de sentimentos. Em todo caso, não rompi totalmente com ele como da vez anterior. A verdade é que não havia (como a pseudo Bettina Brentano foi) alguém que o animasse a aceitar um rompimento ou a romper, por iniciativa própria, comigo.

Ao sair do Focsa, encontrei Queta Far. Parecia estar saindo de outro livro: ainda loira desbotada, ainda vulgar, ainda pálida e sorrindo um sorriso secreto sob a luz do dia. Estava sozinha.

— Queta, você por aqui?

— Ah, que bom! Estava te procurando.

— Eu?

— Sim, você. Agora mesmo eu me perguntava onde poderia encontrá-lo.

Essa era a Queta: sempre igual, sempre diferente, diferente de si mesma.

— Você se lembra que eu me perguntava quem seria a soprano calva?

Não fazia a menor ideia do que ela estava falando.

— Sim, claro.

— Ah, eu sabia que você ia se lembrar. Tem uma memória prodigiosa.

— Quem era a soprano calva?

— Era não, é.

Sorriu ainda mais, iluminada por um raio de sol, como se iluminada.

— A soprano calva é a morte.

— A soprano calva é a morte?

— A soprano calva é a morte. Bem, adeus.

Não disse mais nada e desapareceu atrás da outra esquina para a qual sem saber tínhamos caminhado.

Postscriptum

Início de 1961

Quando obtive o visto americano, encontrei Silvio e acreditei que seria a última vez.

Falei-lhe de Havana, de como seria seu fantasma, do quanto me lembraria dela no futuro, de como cada passado seria seu presente, e ele replicou:

— *Nostalgia rhymes with neuralgia. I aspire to the condition of aspirin*, embora todos nós sejamos um caso Dreyfus: inocentes condenados à ilha do Diabo. Não é só a história, a geografia também nos condena. Fizeram truques até com a topografia. Nascemos num oásis e num passe de mágica nos vemos em pleno deserto. Teremos que recorrer à topologia para desatar esse nó górdio.

Quis imitar o dr. Johnson e comecei:

— Sir...

— Ou não sir — concluiu Silvio.

— Ia falar do patriotismo.

— Sim, eu sei: é o último refúgio do canalha. Você fez isso milhares de vezes. Todo mundo fez. Até o Kubrick. Ou foi o Kirk Douglas?

— Douglas Sirk. O que eu ia dizer quando fui tão atrozmente interrompido é que o patriotismo é o primeiro refúgio do canalha. Seu refúgio é sua pátria.

— Tenho duas pátrias: a história e a geografia. Aqueles que esquecem sua geografia estão obrigados a percorrê-la. A história sempre se repete. A primeira vez como história, a segunda como geografia. O homem é um animal geográfico. A história não passa de geografia em movimento, uma espécie de ilha flutuante. As ilhas tendem a dominar o continente. Mas conheço todas essas citações. São tão abundantes que dariam pra erigir um inferno de citações.

Tive que rir. Sempre acabo rindo. Tenho que rir como homem do que perdi como mulher. Um inferninho de citações.

Meados de 1962

As revoluções são o final, não o início, de um processo das ideias, e esse processo é sempre cultural, nunca político. Quando a política intervém — ou melhor, os políticos — não se produz uma revolução, e sim um golpe de Estado, e o processo cultural se detém para dar lugar a um programa político. A cultura então se transforma num ramo da propaganda. Ou seja, as ilusões da cultura, o sonho da razão, transformam-se em pesadelo. Eu pensava nisso enquanto caminhava com Adriano pelo Malecón, percorrendo-o, não sei por quê, de La Punta para cima, como se o percurso levasse a um apogeu. Depois que Adriano me confessou sua desilusão e de eu lhe dar os parabéns não por seu cargo, mas por sua saída, recomendando que não voltasse, ele me perguntou de repente:

— Lembra das tardes do Yank, dos *steaks* texanos (que na verdade vinham de Camagüey) e dos *strawberry shortcakes* que você sempre rebatizava de *shortcuts*, o atalho pras noites de passeios e aventuras?

— Claro que lembro.

— Lembra das idas ao Mambo Club, eu atrás da Magaly, aquela puta tão boa que era a mais bem paga e podia se dar ao luxo de dirigir um Fiat conversível branco, e você descobrindo que havia uma mesa destinada somente a guardar as bolsas das putas, o que o deixou ao mesmo tempo fascinado e horrorizado com aquela mesa cheia de bolsas?

— E da música do Alas, Carlos Alas del Casino, que sempre tocava na vitrola.

— Tudo Dadá.

— *My part belongs to Ada* — como diria, talvez, o nosso doido Silvio Rigor.

— Sim. Até os jogos políticos, criando invisíveis grupos terroristas intelectuais que eram menos efetivos do que perigosos para todos nós. Lembra de como o Silvio Rigor dissolveu uma reunião clandestina quando o chamado Raymond Windy chegou, e de como sua chegada coincidiu com a de Javier de Varona, que dizia: "É preciso assumir posições". E lembra de como o Silvio, deitado na minha cama, totalmente vestido e calçado, de terno e gravata e com aqueles sapatos que ele nunca limpava, respondeu, arqueando o corpo obscenamente: "Sim, posições. O Ventoso assim e eu assim", sugerindo que levaria para a cama o cada vez mais espantado Raymond Windy, que saiu da reunião e da casa pra nunca mais voltar? Lembra? Aquela foi a melhor época da nossa vida.

— Sim — falei. — É bem possível que tenha sido a melhor.

Colofão

Olga Andreu, José Hernández *Pepe, o Louco*, Miguel Ángel Quevedo, Alberto Mora, Javier de Varona, Haydée Santamaría e Osvaldo Dorticós, todos se suicidaram.

Adriano morreu no exílio, alcoólatra e com graves problemas mentais. Falhou em várias tentativas de suicídio.

Eles, ele e ela, juntaram-se novamente e nunca mais se separaram e viajaram muito e conheceram países estranhos.

ESTA OBRA FOI COMPOSTA POR OSMANE GARCIA FILHO EM ELECTRA E
IMPRESSA PELA GRÁFICA BARTIRA EM OFSETE SOBRE PAPEL PÓLEN SOFT
DA SUZANO PAPEL E CELULOSE PARA A EDITORA SCHWARCZ
EM FEVEREIRO DE 2016